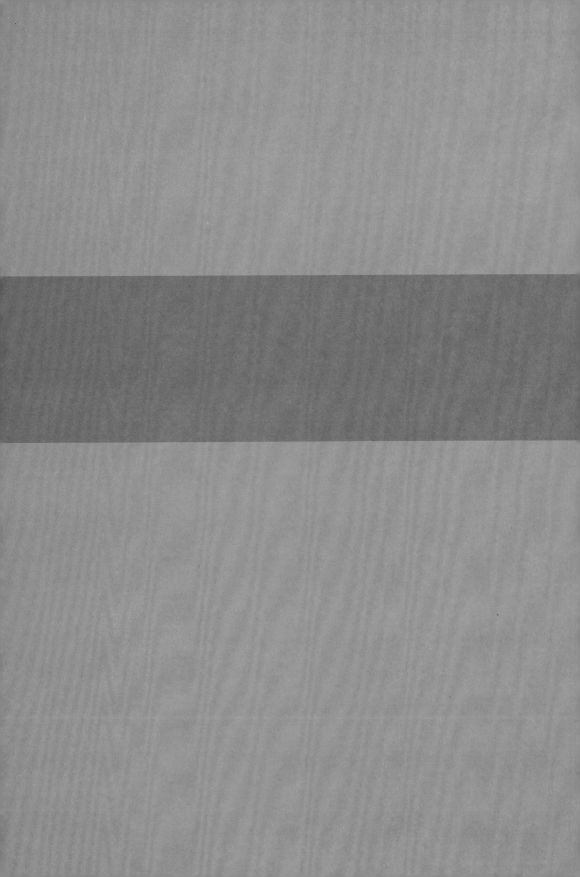

中国社会科学院创新工程学术出版资助项目

История политических
партий России:

от формирования до
крушения пирамиды власти

【上下卷】

俄国政党史

权 力 金 字 塔 的 形 成 与 坍 塌

李永全 / 著

社会科学文献出版社
SOCIAL SCIENCES ACADEMIC PRESS (CHINA)

CONTENTS 目 录

下卷　权力金字塔的坍塌

前　言

苏联解体 25 年了。虽然已过去四分之一世纪，但苏联解体的余波对世界的影响仍然在持续。

20 世纪世界历史上最重要的事件莫过于世纪之初发生在俄国的十月社会主义革命和世纪之末发生在同一国度的世界上第一个社会主义国家的解体。

苏联的解体和世界社会主义运动的挫折彻底改变了世界地缘政治格局，不仅改变了世界政治进程，也改变了世界经济面貌，正是以苏联为代表的强调社会政策的发展模式的转型导致自由主义泛滥、贫富差距加大、发展失衡，世界因此而更加不稳定。

研究苏联解体的原因是史学家，尤其是中国史学家最重要的课题之一。这不仅仅是因为近代中国发展与俄罗斯有着千丝万缕的联系，还因为正确理解和认识苏联解体的原因对于了解现在的俄罗斯和世界变革具有重要的现实意义。

研究苏联解体的课题具有浓郁的意识形态色彩和价值取向。无论在俄罗斯，还是在世界各国，由于价值观的不同、立场的不同，对苏联解体的态度往往是截然相反的。1991 年宣布苏联解散的"别洛韦日协议"签署后，在俄罗斯有饮弹自尽的，有欢欣鼓舞的；在国际上，有幸灾乐祸的，有惊诧和惋惜的。

苏联解体的课题注定成为史学家永恒的研究题目。迄今为止，在国际上和我国发表和出版了无数关于这个题目的学术成果，可谓卷帙浩繁。需要指出的是，即使在我国学术界，在苏联解体问题上，也存在巨大的观点分歧。

在所有研究苏联解体的著述中，最重要的环节应该是对苏联共产党的研究。苏联存在的整个历史时期，苏联共产党是国家的核心，是国家宪法确立的社会领导和指导力量。在某种意义上，苏联共产党的历史就是苏联历史。然而在研究苏联解体的著作中，专门研究苏联共产党及其在苏联改革和国家解体过程中的作用的著述很少，尽管这是理解苏联解体最重要的环节。

笔者撰写《俄国政党史》的想法早在20余年前就产生了。我1975年大学毕业后到中共中央编译局工作，主要从事马克思主义经典著作的翻译、校订和研究。在这个过程中，接触和研究最多的是列宁建党学说和苏联共产党历史。1986~1990年，我在莫斯科大学读研期间，仍然研究苏共历史问题，几乎目睹和亲历了戈尔巴乔夫改革和苏联解体的全过程。20世纪90年代初，我决定在自己多年研究和独特经历的基础上写作《俄国政党史》。按照当时的设计，第一卷研究苏共权力金字塔的形成和特点，第二卷研究苏共在苏联解体过程的作用。1999年，第一卷出版。但是，第二卷的写作中断了。其原因有两个：第一，工作变动和研究方向的转移，1999年，我开始主要跟踪和研究俄罗斯现实问题和当代国际问题；第二，那时苏联和苏共解体仅仅过去10余年，在历史的长河中，10年只是一瞬间，无论主观条件还是客观条件都不足以对那段历史作总结。虽然工作和研究方向发生变化，但是我始终没有放弃对苏联解体和苏共在解体过程中作用的研究和资料收集。2012年，我调到中国社会科学院俄罗斯东欧中亚研究所工作，"回归"学术界。虽然事务性工作占去了我主要的时间，但是总算又可以从事学术研究，可以继续跟踪研究多年的课题了。中国社会科学院实施的创新工程为我完成《俄国政党史》第二卷创造了必要的条件，使我能够实现多年的夙愿。

《俄国政党史》的完成前后经历了近20年，这个时间跨度也构成了这部书的特点。

第一，在史料学方面，写作第一卷时，我几乎掌握了当时出版的所有史料和资料，在某种意义上，第一卷的内容填补了该问题研究的空白点。第一卷出版后，先后再版或印刷三次。虽然后来又有大量史料出版，但是在安排与第二卷一起印刷时，我没有对第一卷内容进行补充和完善，仍然保持原貌。而第二卷写作时，可以使用的史料和资料非常丰富，选择的余地非常大，尤其数字技术的发展对传统史料学和研究人员的挑战也最为明显。

第二，在内容方面，两卷书分别考察了苏共权力金字塔的形成和坍塌过

2

程，严格地讲，两卷书不能构成一部较为完整的政党史。但是，这部《俄国政党史》无疑有益于我们了解苏联共产党，了解苏联解体和国际共产主义运动遭遇挫折的原因。

第三，在风格方面，由于两卷书的写作时间相差近 20 年，虽然我在写作第二卷时尽量努力与第一卷的风格相呼应，但是两卷书之间的差异还是比较明显的。但是，我相信，这种差异并不影响对历史的了解和对观点的理解。

虽然《俄国政党史》前后两卷有上述差异，但是撰写这部书的过程中有一个共同点，那就是立场和方法。在哲学社会科学研究中，立场和方法是辩证统一的，选择了立场也就选择了方法，同样，在某种意义上，选择了方法也就选择了立场。我始终认为，坚持以辩证唯物主义和历史唯物主义的方法认识世界、认识社会，是走向真理最正确的道路。

谨以此书求教于学术界同仁和纪念苏联解体 25 周年！

2016 年 7 月于北京百合花园

上 卷
权力金字塔的形成

序　言

　　20 世纪已经结束。回首走过的 100 年，恐怕无人否认，20 世纪人类社会历史发展中最重大的两个事件是 1917 年的十月革命和 1991 年的苏联解体。

　　十月革命影响了整个 20 世纪。它在人类历史上开创了社会主义实践的先河，并促成一系列社会主义国家的出现。1989 年秋冬，东欧 8 个社会主义国家相继发生剧变；1991 年 12 月，曾经显赫一时的超级大国之一——东欧社会主义阵营的"领头羊"苏联突然解体，苏东集团土崩瓦解。

　　苏联的突然解体令全世界震惊，甚至连西方消息最灵通的人士或集团对此也感到始料不及。苏联解体对世界的影响绝不会亚于十月革命，它将持续影响相当长的历史时期。苏联的解体改变了世界的军事、政治和经济格局，使相当一部分人的观念发生变化。旧的世界政治、经济、军事格局和价值结构被打乱以后，世界将追求建立新的格局和结构，寻求新的平衡。这是一场利益重新分割和重新组合的过程。在这个过程中，各种势力都在利用世界格局变化带来的机遇和挑战，为自己在未来的世界中寻求一个有利的空间。不管这一过程持续的时间多么长久，斗争多么激烈，结果究竟如何，人们永远不会忘记，这一过程是从苏联解体开始的。

　　与此同时，人们开始认真总结苏联发生剧变乃至解体的原因，从政治、经济、历史、文化传统等方面进行研究分析，试图找到满意的答案，从中悟出一些有益的启示。本书不谋求对苏联剧变的原因做全面的分析和探讨，更不追求最后的真理，而是试图以 19 世纪末 20 世纪初的俄国为背景，通过分析俄国各政党产生的历史条件、纲领、策略，通过对各政党进行分析和比较，揭示布尔什维克党诞生、发展和成功的历程以及布尔什维克一党制的确立和金字塔式权力结构的形成过程，从一个侧面考察苏联模式的形成及其特点。

政治是经济的集中表现。有什么样的经济基础，就应该有什么样的上层建筑。在以垄断为基本特征的经济基础之上建立的必然是集权政治。

此外，一个新的政权、新的体制、新的社会不会是凭空产生的，它们无疑是在旧政权、旧体制、旧社会的基础之上产生的。不管新旧政权的更替采取什么样的方式，是改良方式还是革命方式，新政权、新体制和新社会都必然带有旧时代的痕迹。

因此，要认识解体前的苏联和苏联的体制，必须了解十月革命前的俄国，了解俄国的经济、政治、文化以及受此制约的居民社会心理特点。

俄罗斯拥有横跨欧亚大陆的广袤国土，经济发展极不平衡；拥有众多的民族，文化差异颇大。博大的生存空间孕育了俄罗斯人豪爽、粗犷的性格；东正教培育了俄罗斯人崇拜偶像、崇拜权威的心理；古老的村社制度造就了俄罗斯人推崇平均主义、自给自足、自我封闭的意识。在专制制度的俄国，沙皇拥有绝对权威和至高无上的权力，因此，直至19世纪中叶，当欧洲资本主义已经相当发达时，俄国才刚刚开始进行农奴制改革。

1861年改革后，西方资本主义开始对俄罗斯产生越来越大的影响。但是，资本主义在俄国的发展道路不同于在欧洲其他国家。俄国资本主义没有像欧洲资本主义那样发展。资本主义在俄国几乎越过自由竞争阶段，在19世纪末20世纪初一下子发展到垄断阶段。垄断资产阶级同专制制度、王公贵族有着千丝万缕的联系。他们借助专制政府提供的保护和特惠，靠剥削本国廉价劳动力维护自己在国际上的地位。没有沙皇政府的照顾，资产阶级就不可能有力量同外国资本竞争。

由于没有经过自由竞争发展阶段，俄国不存在人数众多的私有者阶级，也没有建立起资产阶级民主制的基础。垄断资产阶级同专制制度有矛盾，但前者只是希望得到更多的特权、更少的限制，并不想彻底摧毁专制制度。

与此同时，资本主义从一开始就在俄国遇到巨大的反对力量。君主派反对触动专制制度，认为民主是西方世界产生的最大邪恶；他们反对工业现代化政策，反对触动土地私有制。资产阶级对西方资本主义，尤其对资本主义民主制的支持是有条件的。自认为代表农民利益的民粹派也坚决反对资本主义。他们看到资本主义发展中的自身矛盾和腐朽性，试图探索一条非资本主义的发展道路。他们的目标是利用俄国村社的平均主义传统和组织，没有痛苦地过渡到农民社会主义，以避免"资产阶级化"的惨剧。因此，从民粹派发展而来的社会革命党也是反对资本主义的。马克思主义者认为，俄国资本主义发展已经成为事实。垄断资本主义为社会主义创造了物质前提，是社会主义的入口，马克思主义政党不仅是反对资本主义的，而且随时准备摧毁专制制度，建立社会主义的人民政权，进行社会主义的经济建设。

十月革命前的俄国，经济上和政治上的主要特点都是垄断。垄断导致政治上独裁、经济和文化发展不平衡。一方面是帝国主义的垄断组织，另一方面是大批饥寒交迫的无产者；一方面是大土地所有者和贵族掌握大量土地，另一方面是大多数农民受到各种残酷的剥削；一方面俄国拥有一批世界级的著名文化、文学大家，另一方面绝大多数工人和农民处于文盲状态。在居民的思想观念上，既反对政治上的无权地位，又希望有一位开明君主；既希望有更多的经济自由，又向往平均主义。在广阔的国土上和特殊的生产条件下生活的大多数俄国人，在观念上是反资本主义的，正因为如此，1917 年二月革命推翻专制制度后，俄国并没有走上资本主义发展道路，历史和俄罗斯人民把布尔什维克党推到了时代的前沿。

马克思主义的布尔什维克党并不是俄国唯一的政党。十月革命前，俄国有 100 多个形形色色的政党，有君主主义政党、民族主义政党、民主主义政党、社会主义政党；有全国性政党，也有区域性政党，这些政党都有自己的纲领、社会基础。以往的研究著作，无论是关于苏联历史还是关于苏共历史的著作，均把布尔什维克党以外的政党描述为反动政党、资产阶级政党或小资产阶级政党，似乎它们在历史上只起过反动的、消极的或保守的作用。此外，关于其他政党的情况，它们的纲领、策略、社会基础，我们只能在批判它们的文章和著作中零零碎碎地了解到一些。实际上，历史的事实远非如此简单。在对待专制制度、战争、立宪会议、社会主义等问题上，这些政党的态度是千差万别的。了解俄国历史上主要的有代表性的各政党的情况，有助于我们更深刻地认识俄国、认识布尔什维克党。

十月革命胜利后，布尔什维克并没有立刻建立一党执政的政权，后来我们看到的苏联体制并不是即刻形成的。十月革命胜利后，苏维埃俄国曾存在过由多党代表组成的苏维埃和布尔什维克与左派社会革命党人的联合政府。在经过一系列历史事件之后，各政党在战争、和平、土地、社会、经济和政权建设等问题上最终没能达成妥协，不得不分道扬镳。在这个过程中，布尔什维克党依靠自己的组织性、战斗性、正确的策略和同群众的紧密联系，在众多政党中脱颖而出。

布尔什维克党领袖列宁的思想对未来社会政治制度的建立具有决定性的影响。列宁对推翻专制制度后的政权建设问题有过系统的论述。他对资产阶级的民主制、三权分立的制度持否定态度。列宁认为，资产阶级议会民主制是虚伪的和反动的，议会不过是一个"清谈馆"，立法权和行政权分立是资产阶级议会制的弊病。"资产阶级民主制冠冕堂皇地宣布一切公民平等，而实际上却伪善地掩盖剥削者资本家的统治，用剥削者和被剥削者似乎能够真正平等的思想欺骗群众。"① 资产阶级是依靠一大批官僚来统治人民的。列宁设想建立巴黎公社式的政权，即彻底打碎旧的国家机器，由工人管理国家。"工人在夺得政权之后，就会把旧的官僚机构打碎，把它彻底摧毁，彻底粉碎，而用仍然由这些工人和职员组成的新机构代替它；为了防止这些人变成官僚，就会立即采取马克思和恩格斯详细分析过的措施：（1）不但选举产生，而且随时可以撤换；（2）薪金不得高于工人的工资；（3）立刻转到使所有的人都来执行监督和监察职能，使所有的人暂时都变成'官僚'，因而使任何人都不能成为'官僚'。"② 十月革命后，列宁设想把苏维埃建成这样的权力机关。按照列宁的构想，苏维埃把立法权力和行政权力合而为一，使国家机构接近劳动群众，保证工农群众参加国家管理。

但是，后来列宁发现，在苏俄条件下这个设想是无法立刻实现的。虽然"政治应该是人民的事"，但是，苏维埃俄国还有很多文盲，而没有文化就谈不上政治。③ "由于文化水平这样低，苏维埃虽然按党纲规定是通过劳动者来实行管理的机关，而实际上却是通过无产阶级先进阶层来为劳动者实行管理……的机关。"④ 这表明，管理国家的职能是由无产阶级政党来行使的。因

---

① 《列宁选集》第3卷，人民出版社，1995，第722页。
② 《列宁选集》第3卷，人民出版社，1995，第210页。
③ 《列宁选集》第4卷，人民出版社，1995，第308、590页。
④ 《列宁选集》第3卷，人民出版社，1995，第770页。

此政党在国家生活中起着至关重要的作用。

历史发展的结果是，在苏联体制中，共产党不仅仅是执政党，而且是唯一的合法政党。它领导国家、社会，领导政治、经济、文化和居民的日常生活。国家机关、经济机关和社会组织的领导者都必须是共产党员。共产党通过党的纪律领导、管理和约束党员。不仅如此，"党的代表大会所通过的决定，对于整个共和国都是必须遵守的"①。这时的党已经不仅仅是通常意义上的政党，而且是实实在在的国家政权。应该看到，列宁认为这种情况是过渡现象，随着经济的发展和居民文化水平的提高，将逐渐实现劳动人民对国家的管理。

但是，布尔什维克党在社会中的这种地位确立后，它就不可能仅仅是由无产阶级先进分子以及由大公无私和忠于职守的人组成。它的队伍中不可避免地会钻进一些投机分子，利用共产党的执政地位谋取自己的私利。

共产党成为执政党，成为政权的体现者后，它的政治活动势必直接影响到国家权力机构的运行。事实上，党内的民主集中制后来已逐步演化为集中制，并最终演变成高度集权的国家政治和经济管理体制。在这种体制中，共产党不仅仅是核心，而且是支柱。"只要把党动摇一下，把党削弱一下，无产阶级专政马上就会动摇和削弱。"② 20 世纪末在苏联发生的正是这种情况。一个貌似强大的权力金字塔顷刻之间就土崩瓦解了。

那么这种体制，这座金字塔在最初是如何形成的呢？本书试图通过有关史料揭示这一过程。

近年来，俄罗斯公开了大批历史档案，发表了许多关于 20 世纪初俄国主要政党的纲领性文献、资料、回忆录，为这一课题的研究提供了第一手史料。重复一遍，本书只是试图从一个侧面考察这种体制的形成，并不追求全面，不追求最后的真理。谨以此拙作奉献于学术界，欢迎批评和指正。

本书的时间用法，1918 年 2 月 14 日以前用俄历，以后改用公历。两种历法所标日期，在 1900 年 2 月以前相差 12 天，从 1900 年 3 月起相差 13 天。公历和俄历并用时，俄历在前，公历在后。

---

① 《列宁全集》第 41 卷，人民出版社，1986，第 55 页。

② 《斯大林全集》第 7 卷，人民出版社，1958，第 284 页。

第一章 俄国政党产生的历史条件

一 政党的概念和西方政党的产生

"党"这一概念源于拉丁文 pars 一词，原来的含义为"一部分"，后来表示由共同的思想和利益联合起来的人们的有组织的团体。政党是政治性质的组织，代表某个社会阶级或社会阶层的利益，联合这些阶级或阶层中最积极的代表人物去实现既定目标。政党是社会中阶级或阶层积极分子的正式组织，多数情况下以进行政治斗争和夺取政权为目的；政党通常具有自己的纲领、章程和其他纲领性文件。纲领阐述政党的目标和任务以及达到目的的手段和方法；章程阐述党的结构、地方组织、中央领导机关和出版机关、党员的权利和义务。

马克思主义认为，在"政党"概念和定义问题上最重要的是阶级原则，即每个政党都应该具有一定的社会基础，代表某个阶级或社会集团的利益。虽然现在有些政党宣布自己是超阶级的，具有全民性质、全人类性质，但是实际上它们仍然代表某一社会阶层和集团的利益。

政党这种政治组织并不是从来就有的，而是社会经济和阶级斗争发展到一定历史阶段的产物。政党的产生需要有相应的客观和主观条件。最重要的客观条件是具备一定的社会经济发展水平。在前资本主义的封建社会时期没有政党存在。封建统治阶级为了强化专制君主制度不仅剥夺被统治阶级的结社自由，也不允许本阶级的成员享有结社的权利。政党是在人类社会的资本主义发展阶段，即在资本主义产生和确立的时代产生的。资本主义生产关系的本质是雇佣劳动制。为建立和发展这种制度，资产阶级要求有平等地剥削劳动力的权利，即所谓的"自由""平等"。这就要求废除封建等级制度和宗教神权制度，实行资本主义的议会民主制。这种保证剥削者享有民主的制度，不仅表现在资本主义国家的议会等机构采取普选的形式，还表现在资产阶级内部各个阶层和集团都有政党组织通过议会等机构参加国家管理、维护自身利益。最重要的主观条件是社会上的先进分子意识到自己的政治理想。历史经验表明，一个阶级（阶层、集团）的要求往往并不是由它们的直接代表首先意识到的，而是由其他阶级（阶层、集团）的代表、由那些同自己出身决裂的有教养的人首先意识到的，这就是知识分子。在大多数情况下，正是他们成为党的组织者和领袖。

西方党派和政党组织的出现是同新兴资产阶级反对封建专制制度的斗争、同资产阶级革命和民族解放运动、同议会制的发展联系在一起的。因此最早出现的是资产阶级政党，并产生于资本主义发展最早的英国，如 17 世纪末英国国会中的辉格党和托利党（19 世纪 30 年代以后逐渐演变成保守党和自由党）；18 世纪在美国争取独立的斗争中也出现了类似的政党，并于 19 世纪演变成民主党（1828 年）和共和党（1854 年）；法国大革命时期活跃在政治舞台上的有吉伦特派、雅各宾派、斐扬派等。

西方政党活动的主要舞台是议会和市政机关。它们的主要目的是争取选票，扩大政治影响，最终争取掌权。为此它们不惜采用各种手段：从提出崇高原则到进行蛊惑宣传，从诚实竞争到直接作弊或诽谤政治对手。各政党之间的尖锐斗争在某种程度上反映的是各阶级和社会阶层之间的斗争。列宁曾指出："在以阶级划分为基础的社会中，敌对阶级之间的斗争在一定的发展阶段上势必变成政治斗争。各阶级政治斗争的最严整、最完全和最明显的表现就是各政党的斗争。"[1] 虽然这种竞争、斗争让人们付出了巨大的代价，但是它最终促进了社会政治文化的发展，促进了社会、政治和民族问题的解决。与此同时，西方政党大都是公开活动，其许多机关刊物在本国社会生活中有很大影响。相对而言，政党的数量并不多，党的纪律也不特别严格，纲领和思想原则及内容

---

① 《列宁全集》第 12 卷，人民出版社，1987，第 127 页。

非常广泛，弹性非常大。政党的面貌也受本国政治、经济、文化、历史等因素的影响。即使是西方工人阶级的马克思主义政党，其面貌同俄国布尔什维克式的党组织也有很大区别。

二 俄国政党的分类

俄国历史上曾存在许多形形色色的政党，正确地将它们分类是研究这些政党活动和相应时期历史进程的重要条件。一般情况下，研究人员根据政党的社会基础、政治纲领、战略和策略原则对其进行分类。在对政党进行分类时不仅要考虑政党的宗旨和任务，党的社会成分、战略、策略、宗教观，党对当代迫切问题（如土地、财政、工人、民族等问题）的看法，党的政治领导人（领袖）的政治行为动机，还必须考虑到不同历史发展阶段各政党之间的关系。

列宁和马尔托夫等政治活动家以及俄国许多政党史的研究学者对这个问题都非常重视。由于所依据的原则和标准不同出现了不同的分类法。

列宁认为分类的基础只有一个原则即阶级原则。早在 1900 年他就写道，确定对待各种政党的态度"只有根据对它们所作的科学分析，即阶级分析才能做到"[1]。1912 年他又写道，对于马克思主义者来说当前最主要的任务（指第四届国家杜马选举运动）是向人民解释"左右这个或那个政党的是哪些真正的切身利益，躲在这个或那个招牌下的是社会上哪些阶级"[2]。列宁认为对于俄国政党来说，阶级原则具有决定性意义，因为国内政治斗争乃是阶级斗争的表现。阶级原则还意味着客观上必然存在对立的政党、对立的思想和领袖。列宁在《俄国政党的分类尝试》一文中对俄国政党做了如下分类："（1）黑帮；（2）十月党；（3）立宪民主党；（4）劳动派和（5）社会民主党。"在同一篇文章中他还做了如下划分：觉悟的社会主义的无产阶级的政党、激进的或激化的小资产阶级（首先是农村小资产阶级）政党、自由派资产阶级政党、反动资产阶级政党。[3] 七八年后，列宁在《第四届国家杜马选举运动》和《俄

---

[1] 《列宁全集》第 14 卷，人民出版社，1988，第 21 页。
[2] 《列宁全集》第 21 卷，人民出版社，1990，第 243 页。
[3] 《列宁全集》第 14 卷，人民出版社，1988，第 22 页。

国的政党》两部著作中又重复了这种分类。苏联史学界曾认为，列宁把所有政党分为四类：无产阶级的、小资产阶级的、资产阶级的、地主君主派的。也有人把资产阶级政党分为自由派资产阶级政党和反动资产阶级政党。但是严格地讲，列宁没有做过这种划分，这种划分是《联共（布）党史简明教程》归纳的。

马尔托夫对政党的分类有所不同，他把俄国政党划分为：反动保守派政党、温和保守派政党、自由民主派政党和革命派政党。他的分类法所依据的是政党对现存国家制度的态度。

苏联和俄罗斯史学界有时也按三个阵营来划分当时俄国的政党：执政党（地主君主派和资产阶级的保守派政党）；自由主义反政府派（资产阶级自由派）政党；革命民主派（小资产阶级的和无产阶级的）政党。也有人根据合法的程度来划分：公开的、秘密的和半公开的政党。

近年来俄罗斯有些学者认为，阶级原则并不是俄国政党分类的唯一标准，还应该考虑到民族、道德伦理、宗教、地理等因素。政党分类的基础应该是诸因素的综合，每一个因素都起一定的作用。

但是就本书所研究的历史时期而言，尤其是就重点研究的俄国几个全国性政党而言，列宁的阶级原则无疑是科学的、正确的，因为这些政党明显带有阶级烙印，都明显代表某个特定的阶级或阶层。

三　19 世纪下半叶俄国的改革

1861 年 2 月 19 日，亚历山大二世签署了关于在俄国废除农奴制的诏书。沙皇政府由于害怕有可能爆发革命，希望通过改革使国家的经济和政治制度转向资本主义发展轨道。列宁曾指出："2 月 19 日的法令是资产阶级的（资本主义的）生产方式代替农奴制的（或封建制的）生产方式过程中的一个插曲。"[1] 这是一次"由农奴主实行的资产阶级的改革"。[2]

---

[1]　《列宁全集》第 20 卷，人民出版社，1989，第 163 页。
[2]　《列宁全集》第 20 卷，人民出版社，1989，第 174 页。

那么改革的资产阶级内容表现在哪些方面呢？从前属于地主的农民被宣布为法律上的自由人，从奴隶状态变成有某种权利的人；地主已经不能再支配他们，干涉他们的私生活。农民还获得了一般公民权，可以以法人身份行动：签订合同、起诉、经商、务工、拥有动产和不动产。农民摆脱对地主的依附后成为独立的商品生产者，现在开始依附于城乡资本，这就为俄国资本主义的发展创造了条件。

1861年的改革是由国内统治阶级搞的，地主政府进行改革的目的是保存自己阶级的政治经济统治地位和自己的特权。因此"'伟大改革'是农奴制的改革，而且不可能是别的改革，因为它是由农奴主实行的"①。根据《1861年2月19日条例》，农民可通过赎买获得非常有限的土地，同时地主保留了"对从前其拥有的土地的所有权"。由于"解放"了的农民被迫"赎买"土地，赎金往往高出土地实际价格的四五倍。而且农民往往被迫迁到"沙地"上去，而地主得到的都是好的土地。地主的土地像楔子一样插在农民的土地中，从而使名门贵族们更容易盘剥农民。与此同时，农民并没有成为自己份地的所有者，他们购得的全部土地都是农民村社的财产。村社是全部份地的所有者，份地交给农民暂时使用或轮流使用。未经村社同意农民不能支配自己的份地，不能买卖或转让，农民想退出村社是极其困难的。沙皇政府把从封建时代继承下来的土地村社变成了管理改革后的农村的基础之一。统治阶级认为村社能够保证宗法制基础不被破坏，能够保护俄国免遭无家可归的、贫苦的无产者的侵犯。

改革后农民的生活并未得到多少改善，很多人不是没有牧场就是没有草地，不是没有森林就是没有饮马场。农民在"解放"以后也仍然是"卑微的"，仍然是纳税的贱民、平民。地主委派的长官可以对他们任意摆布、横征暴敛、鞭笞、殴打和凌辱。"世界上没有一个国家的农民象俄国的农民这样，在'解放'之后还遭到这样的破产、陷于这样的贫困、受到这样的欺侮和这样的凌辱。"②可是农奴制的崩溃震动了俄国全体人民，把他们从几百年的沉

① 《列宁全集》第20卷，人民出版社，1989，第174页。
② 《列宁全集》第20卷，人民出版社，1989，第142页。

睡中唤醒，教会他们自己去寻找出路，自己去为争取完全的自由而斗争。

农奴制崩溃后，俄国封建生产关系逐渐被资本主义生产关系取代。社会经济结构中发生的变化必然会引起社会政治（国家和法律）制度发生相应的变化。沙皇政府为了保护贵族地主的权利和特权，在被迫在管理、司法、教育等方面进行资产阶级改革时，千方百计地使俄国专制警察制度适应资本主义发展的要求。

19 世纪 60~70 年代废除农奴制度后，资产阶级改革是在尖锐的阶级斗争形势下进行的。"谁对'伟大的解放'宁愿保持缄默而不愿说出愚蠢或虚伪的赞美之词，就判谁服苦役；谁对政府的自由主义赞不绝口，对进步的时代兴高采烈，就让谁来进行改革（对专制制度和对剥削阶级无害的改革）。"①

资产阶级改革的主要内容有地方自治改革、城市改革、司法改革、军事改革。

随着资本主义生产关系在俄国的逐步确立，旧的行政管理制度越来越不适应经济发展的需要，上层建筑领域的变革势在必行。欧洲所有国家从封建社会向资本主义过渡时都伴随着人民参加地方管理。俄国改革前的地方管理是一种等级制地主阶级的和官吏官僚主义的管理。地主管理农民，贵族官吏保护地主对农民的无限统治权。沙皇政府同意实行地方自治和用资产阶级原则，即由民选机构来管理地方经济和政治生活是迫于形势压力。自上而下地进行改革也是为了在改革过程中尽量维护统治阶级和贵族集团的利益。

1864 年 1 月 1 日（13 日），亚历山大二世批准了《关于省和县地方自治机构条例》，开始进行地方自治改革。根据该条例建立由选举产生、拥有有限权力的省和县地方自治机关——地方自治会议及其执行机构即地方自治局。没有乡级地方自治机关，也没有全俄地方自治会议。省和县的地方自治机关每三年选举一次，受严格的财产资格限制。选民分为三组：第一组选民是县里的土地占有者即拥有 200 俄亩以上土地的地主和拥有 1.5 万卢布以上不动产的人士，以及受拥有 200 俄亩以上土地的地主和僧侣委托、本身财产资格不足要求的小土地占有者；第二组选民是城市有产者，即年收入 6000 卢布以上的工商

---

① 《列宁全集》第 5 卷，人民出版社，1986，第 25 页。

业者以及按城市大小拥有 500～2000 卢布不动产的人士；第三组选民是村社代表，其中主要是农民，地主、贵族和僧侣有时也以村社代表的身份参加这个选民组。按照这个办法进行选举，最大的资产阶级有 1/3 的票数（尽管属于这个阶级的居民还不到 1%），中等的资产阶级拥有 1/3 票数（尽管属于这个阶级的居民可能只有 10%），而所有其余人口也就是 90% 的居民总共只有 1/3 的票数。在县地方自治会议代表中，贵族和官吏几乎占 1/2，加上资产阶级就几乎占 2/3，而农民则只占 1/3 多一点。在选举省地方自治会议代表时（已经不是由居民直接选举而是由县地方自治机关选举），事先就保证了资产阶级占多数，而在资产阶级中又是土地占有者占多数。在省地方自治会议里，贵族和官吏已占 4/5 以上，而农民还不到 1/10。在地方自治局里，地主的优势就更大了。从地方自治机关的捐税来看情况更加明朗。19 世纪 70 年代末，在地方自治机关的税收中，每俄亩地主土地的赋税平均为 6.2～6.5 戈比，而每俄亩农民土地的赋税平均为 13.9～14.8 戈比；1897 年，每俄亩官员土地的赋税为 17.3 戈比，而农民土地为 21.8 戈比。① 地方自治改革也像在农民改革中一样，旧秩序仍然占着上风，地方自治实际上仍旧是以牺牲农民为代价的贵族自治。

另外一项地方自治改革是根据 1870 年颁布的《市政自治法规》进行的改革，城市建立杜马和自治局。在城市自治机构中保证富裕的资产阶级有大部分选举权，绝大多数城市居民完全无权参加选举。城市自治机关只负责解决一些经济问题，如城市规划、卫生保健和部分国民教育问题。市杜马的活动要受官吏的监督。市杜马选出的市长要经省长或内务部部长批准。虽然有种种限制，但地方自治制度还是给居民带来了一些福利，有一定的进步意义。

1864 年，沙皇政府进行了司法机关的改革，如建立代表各阶层的法院，确立公开的诉讼程序，法庭受理刑事案件须有陪审员参加，创立律师制度等。在实现资产阶级原则方面，司法改革总体上说是当时各项改革中最彻底的，不过它仍然带有农奴制的烙印。尤其在政治案件方面司法诉讼充满了专横和暴虐现象。

1874 年，沙皇政府又进行了军事改革。克里木战争使沙皇政府明白了农

---

① 〔苏〕明茨：《伟大的十月革命的历史》第 1 卷，莫斯科，1973，第 28 页。

奴制国家的军队很难战胜资产阶级国家的军队。军事改革的内容主要包括实行普遍义务兵役制，以代替旧的募兵制。服役期由 25 年逐渐缩短为 6~7 年，采取一些措施革新部队的装备，提高军官的训练水平。

此外，这一时期还进行了国民教育方面的改革。经济和社会生活的发展要求有更多受过教育或识字的人，需要培养工业、农业、商业和国家及地方自治机关方面的专家，因此必须扩大国民教育的基础。但是政府在进行教育改革时是非常谨慎的，它害怕人民觉醒。

19 世纪 60~70 年代资产阶级改革的意义在于，改革促进了俄罗斯国家制度的变化，用列宁的话说"这是俄国在向资产阶级君主制转变道路上迈出的一步"。"总之，60 年代的整个'改革时代'使农民仍旧贫困，受人欺压，愚昧无知，无论在法院还是在管理机关，无论在学校还是在地方自治机关，农民都得听从地主－农奴主的摆布。"①

四　俄国农业和工业的发展及其特点

农奴制的废除和以后进行的资产阶级改革标志着俄国发生了变革。"结果一种社会形式被另一种社会形式所代替——农奴制被资本主义所代替。在资本主义制度下，阶级划分仍然存在，还保留着农奴制的各种遗迹和残余，但是阶级划分基本上具有另一种形式。"②

向资本主义的过渡是一种进步，它使国家生产力的发展摆脱了农奴制社会关系的束缚。在农奴制度废除后的 20 年时间里，俄国农业和工业生产的发展速度加快，整个经济水平大幅度提高，资本主义在俄国的确立已经成为无可争议的事实。"浅耕犁与连枷、水磨与手工织布机的俄国，开始迅速地变为犁与脱粒机、蒸汽磨与蒸汽织布机的俄国。"③

废除农奴制后，农业仍然是国民经济的主要产业，但是农业已经面临新的形势。正如列宁写的那样，土地关系"无论在地主的经济中或在农民的经济

---

①　《列宁全集》第 20 卷，人民出版社，1989，第 174 页。

②　《列宁全集》第 37 卷，人民出版社，1986，第 65 页。

③　《列宁全集》第 3 卷，人民出版社，1984，第 549 页。

中，无论在'村社'以外或以内，都正在按资本主义方式发展"①。地域的劳动分工和各部门在农产品生产方面的专业化扩大了国内市场。出现了一批专门的产粮区（中部黑土地区、乌克兰南部、北高加索、伏尔加河流域）、奶制品产区（波罗的海沿岸、俄罗斯北部、中部工业省）和经济作物产区（乌克兰、西北地区）等。城市和城市居民的数量在增加，对农产品的需求越来越多。铁路和水路运输业的发展对扩大农产品贸易具有重要意义。地方农业原料加工工业（酿酒、奶酪制造业等）也在发展。总体上讲，农业中资本主义的发展促进了粮食、经济作物收获产量的提高和播种面积的扩大。1881 年，耕地面积比 1860 年扩大了 14%，达到 9400 万俄亩。据俄国欧洲部分 50 个省的资料，1864～1866 年，谷物和马铃薯的年收获量为 2040 万吨；1870～1879 年，年收获量达到 2810 万吨。但是大多数粮食仍然留在农村（87%～89%）。从 1864 年到 1882 年，农业牲畜的数量增加 11%。1861 年改革前夕，粮食商品率不到 5%，而到 19 世纪 70 年代末，粮食商品率已达到 11%～13%。

地主经济适应资本主义新形势是经济的必然要求，但是这种适应是逐渐地、缓慢地实现的。其原因正如列宁指出的那样："资本主义生产所必需的条件尚未具备。需要有一个由惯于从事雇佣劳动的人们组成的阶级，需要用地主的农具和牲畜代替农民的农具和牲畜；需要把农业象其他各种工商企业那样，而不是象老爷们的事情那样组织起来。所有这些条件只能逐渐形成……不能一下子过渡到按资本主义方式经营的另一个原因，就是旧的徭役经济制度只不过遭到了破坏，但是还没有彻底消灭。"② 此外主要的土地和农业用地仍然属于地主，根据《1861 年 2 月 19 日条例》，地主仍掌握着牧场、森林、草场、饮马场等。农民没有这些土地就无法经营独立的经济，他们不得不向地主租种土地。这就使农民在经济上依附于地主，地主仍然有实行"超经济强制"的可能性。

19 世纪 60～70 年代，大多数黑土省份的地主经济都是依靠所谓的工役制度发展的。所谓"工役制度就是用附近农民的农具和牲畜来耕种土地，其偿

---

① 《列宁全集》第 45 卷，人民出版社，1990，第 295 页。
② 《列宁全集》第 3 卷，人民出版社，1984，第 162～165 页。

付形式并不改变这一制度的实质（不管是计件雇佣制下的货币偿付，对分制下的实物偿付，或是狭义工役制下的土地或各种农业用地偿付）。这一制度乃是徭役经济的直接残余。"①

工役制度的推广严重阻碍了农业资本主义的发展。但是 1861 年改革后，一部分地主已经开始按资本主义制度经营，即"雇佣工人（年工、季节工、日工等等）用私有主的农具和牲畜来耕种土地"②。

在实际生活中，工役制度和资本主义制度的经营方式在地主经济中是交织在一起的。但是两种地主经济都比农民经济有更高的生产率和商品率。地主的农作物收获量更大，相当大一部分农作物投向农产品市场。

然而，不管地主采取什么经营方式，有一点是一致的：他们都是靠残酷掠夺农民向资本主义过渡。

这条"普鲁士式"的发展道路并不是所有地主都走得很顺利。一部分人卖掉了自己的土地，1861～1880 年，地主共卖出 700 多万俄亩土地，地主在土地所有者中的比例也由 84% 下降到 77%。

农民经济向资本主义轨道的过渡要复杂和困难得多，农民由于受 1861 年改革的掠夺，受苛捐杂税的压榨，受地主的残酷剥削，不能迅速适应新形势。农民中发生两极分化，一极是贫农，年复一年地增多；另一极是富农，他们掌握越来越多的土地、牲畜、工具，他们还逐渐成为农民村社中的统治者。这些"破落富农"不满足于只掠夺村社土地，还开始从那些破产的地主手中收买土地。仅 20 世纪 60～70 年代，就有 500 多万俄亩土地成了富农的私有财产。③

改革后农民经济的发展充分表明，尽管大多数农民都在村社土地上劳动，但是"村社农民不是资本主义的对抗者，而是资本主义最深厚和最牢固的基地"。④ 1861 年改革并没有改善人民的生活状况，反而使他们的状况更加恶化。人民群众同时受着资本主义和农奴制残余的压迫。

但是，总体上说，改革后的农业是发展了。国内国外市场的出现打破了封

---

①　《列宁全集》第 3 卷，人民出版社，1984，第 165 页。

②　《列宁全集》第 3 卷，人民出版社，1984，第 166 页。

③　《苏联历史（1861～1917）》，莫斯科，1984，第 44～45 页。

④　《列宁全集》第 3 卷，人民出版社，1984，第 146 页。

闭的自然经济性质。土地村社的稳定性被动摇了，农村居民的流动性增大，活动范围拓宽。但是资本主义在农业中的广泛发展还遇到很多障碍，主要障碍是地主土地占有制和专制制度。

与此同时，农村社会两极分化的过程对于资本主义工业的发展也具有重要意义。农民的分化为国内市场的扩大创造了条件。经济上强大起来的农村资产阶级不仅扩大了对日用品的需求，而且扩大了对农业机械、农村奢侈品和时髦用品的需求。农村贫民则不得不将自己的支出缩减到最低限度，过着半饥半饱的生活。从事生产农民家庭必需品的副业（纺织粗布、制作毡靴）开始越来越不合算，贫农越来越多地到市场上购买廉价的印花布、靴子和其他用品。中农的情况也大致如此。货币大量涌入农村，农民家庭预算中的货币部分逐年增多。

农民社会两极分化过程的第二个结果是"农民本身的分化"，出现了劳动力市场，由农村贫民组成了一支工业劳动大军，他们被迫到外乡、到城市、到工厂去挣钱谋生。尽管受到农奴制残余的限制，离开农村的人仍逐年增多，从而使企业主可以获得廉价的劳动力。

资本主义大工业需要资本。前资本主义时期的原始积累过程仍在继续。沙皇政府不断掠夺新的土地，向外扩张。借助国家的力量对农民实行剥削，用各种苛捐杂税对他们进行敲骨吸髓式的压榨并将榨得的钱以政府贷款、官方订货、生产发展奖金的形式转到企业主手里。商业利润不断提高。赎金和土地租金使地主有可能获得大量金钱来过奢侈的生活和从事资本主义生产活动。

为国内工业和铁路建设以及其他资本主义发展需要筹集资金的信贷制度发展迅速。19 世纪 70 年代初，俄国国内已有 39 家私人银行、232 家信用社和城市银行；1864 年，这些金融机构和国家银行的存款（包括固定资本）已达 2.78 亿卢布；而到 1879 年，已经超过 10 亿卢布，亦即增加了 2.5 倍。国家银行开始吸纳小额储蓄，外国资本大量涌入，从 1860 年到 1880 年，国外对俄国股份企业的投资从 970 万卢布增加到 9770 万卢布，增加 9 倍，占全部股份资本的近 1/6。英、法、德等国的投资最多。

俄国工业资本主义的发展经历了三个主要阶段：一是小商品生产阶段，主要是农民小手工业生产；二是资本主义工场手工业阶段；三是工厂（大机器工业）阶段。列宁曾写道："许多大厂主与最大的厂主本人曾经是小而又小的手工业者，他们经历了从'人民生产'到'资本主义'的一切阶段。也许这一事实，就是各种依次相连的工业形式之间有密切和直接联系的最突出表现之一。萨瓦·莫罗佐夫过去是农奴（1820 年赎身），牧人，车夫，织工，手工业织工，他曾步行到莫斯科把自己的产品卖给包买主；后来成为小作坊主——分活站的主人——厂主。他死于 1862 年，当时他和他的许多儿子已有两个大工厂。在 1890 年，属于他的子孙的 4 个工厂中计有工人 39000 名，生产额达3500 万卢布。"① 这是俄国工业资本主义发展的形象写照。

工业的布局也在发生迅速的变化，出现了一些新的工业区（顿巴斯、巴库）。

1861 年改革后的头几年，由于农奴获得解放，一些使用农奴劳动的部门工业生产有所下降。但是在 19 世纪 60 年代后期，大的工厂企业开始迅速增加。1866 年，拥有 100 名以上工人的工厂有 644 家，1897 年达到 852 家。工场手工业和手工生产在同工厂的竞争中败下阵来并逐渐被大工业吞并。

工业发展的特点是生产集中加强、大工厂数量增加。到 1880 年，大企业（拥有 100 名以上的工人）总数增加近 1/3，最大企业（拥有 1000 名以上工人）的数量增加近 1 倍（从 1866 年的 42 个增加到 1879 年的 81 个）。1860 ~1880 年，俄国资本主义工业的增长速度比英、法、德等国还高。工业的技术装备表明俄国正在发生工业革命。手工正在被机器所取代；机械、技术和生产工艺不断完善，工业的劳动生产率也不断提高。1860 ~ 1870 年代俄国工业取得了巨大进步，但是在工业发展、生产规模和居民人均产值方面，它还远远落后于西欧先进的资本主义国家。

俄国资本主义工业发展的特点主要反映在某些最重要的工业部门，如纺织业、制糖业。生产资料生产的发展最为迅速，如 1868 年同 1861 年相比，生铁产量从 1950 万普特增加到 2870 万普特，钢产量从 1240 万普特增加到 2120 万普特，煤产量从 2350 万普特增加到 21330 万普特，石油产量从 20 万普特增加4040 万普特。19 世纪 60 ~70 年代，机器制造开始发展，机器制造业的产品增

---

① 《列宁全集》第 3 卷，人民出版社，1984，第 498 页。

加了2倍。

大工厂工业发展的同时，运输业也发展起来，特别是铁路建设和船运事业迅速发展。铁路建设对工业和农业发展产生巨大影响，对于扩大和发展国内和国外市场起到了巨大的推动作用。

这就是说，俄国资本主义已在向深度和广度发展。资本主义俄国的发展使它在经济上日益接近欧洲其他国家，保证了国内的相对稳定和俄国在国际舞台上的政治影响，当然这一切都是为地主和资产阶级服务的。大生产在最主要的工业部门中确立起来。运输业的发展使产品的销售市场不断扩大。俄国在国际市场上向西方供应粮食和原料，向东方供应工业产品。它同欧洲最大国家（德、英、法）和亚洲国家（中国、伊朗等）的经济联系日益巩固和扩大。俄国已经进入世界资本主义体系。资本主义和工业危机也开始影响俄国，比如，1873年西欧、美国和俄国几乎同时爆发经济危机。

在欧洲国家中，俄国是一个大国，人口从1860年的7300万增加到1881年的1亿。俄国拥有极丰富的自然资源：肥沃的黑土地、煤炭、铁、石油、森林等。这些都需要投入劳动和资本进行开发。走上资本主义道路的时间较晚，没有彻底扫除封建主义的残余，这些妨碍了俄国的发展和建设，使俄国在经济上落后于欧美先进资本主义国家。对于这些先进国家来说，沙皇俄国成了一个有利的市场和投资场所。俄国的重工业部门（采煤、冶金、机器制造）逐渐落入外国资本家之手。

俄国经济沿着资本主义方向的发展迫使沙皇政府实行资产阶级经济政策。各种形式的保护主义（关税制度、官方订货、贷款、奖励等）和财政政策（改善货币制度、借债、增加对人民的税收）都反映了资产阶级对沙皇政府的经济政策有越来越大的影响。国家预算反映了经济矛盾和发展的不稳定性。到1880年代中期，用于弥补赤字的外债达到很大规模，按还债利息算，俄国在欧洲占第2位。俄国在经济上明显地依附于贷款国。

随着资本主义的发展，社会结构亦发生重大变化。拥有土地并掌握国家机构的贵族仍然是统治阶级。相当大一部分贵族在慢慢地适应资本主义的发展。沙皇政府千方百计支持作为自己支柱的贵族阶级，从国库向他们提供贷款，帮助他们保持住在各级机关中的官职，让贵族掌握军队的各级指挥权。

但是改革后的 20 年时间里，拥有土地的贵族数量在急剧减少，已降到整个贵族阶层的一半左右。工业资产阶级成了俄国资产阶级的骨干，正是他们开始对政府经济政策的制定产生影响。1861 年改革后，工业资产阶级并没有获得特权，但是他们获得了劳动力，可以剥削在法律上获得自由但失去财产的从前的农奴。资产阶级用无产阶级群众的血汗为自己创造了大量财富，增强了经济实力。沙皇政府不可能充分满足资产阶级的利益，因为它是一个贵族地主性质的政府。资产阶级只能"通过一群卖身求荣、横行霸道的官吏"[①] 影响政府，他们不可能公开发挥政治作用。但是专制政府维护资产阶级的财产利益，是资产阶级同工人阶级斗争的靠山。因此资产阶级不可能也不想成为专制制度的反对派，也不想同沙皇政府做斗争。正是这个特点决定了他们在后来阶级斗争中的作用。

到 19 世纪 80 年代初，俄国无产阶级已经形成为一个阶级。无产阶级在反对资本主义剥削的自发行动中锻炼了阶级觉悟，加深了对自己利益与企业主利益相矛盾的理解。但是，由于在沙皇制度下缺乏起码的政治条件，不久前刚刚离开农村的工人群众表现出了农民的局限性，无产阶级觉悟的提高受到了限制。随着大机器工业的蓬勃发展，农民脱离工具和生产资料的过程不断加快，出现了经常性的产业工人阶层。

由于资本主义在农村的发展，农民分化为农村资产阶级和农村贫民，农民是工人阶级的主要来源。贫困的农民从农村跑到城市谋生，农村为工业提供了庞大的廉价劳动力大军和受过培训的人员。俄国中部各省很久以来就有发达的家庭手工业。纺织工匠、钳工、皮匠等许多人都是祖祖辈辈从事家庭手工业，他们都有一定技能。手工业者对于俄国工人阶级的形成起了很大作用。

1861～1879 年，仅大企业和铁路部门的无产阶级人数就从 70.6 万人增加到 93 万人。废除农奴制以后，俄国一些民族地区也开始出现无产阶级。资本主义工业造就的产业无产阶级同前资本主义形态的雇佣工人和手工业工人有根本区别，他们更团结、更有组织性。俄国无产阶级作为一股社会力量，最坚决、最彻底地参加了民主力量反对沙皇专制制度的斗争。

---

① 《列宁全集》第 2 卷，人民出版社，1984，第 91 页。

农民作为俄国主要劳动居民受着双重压迫——资本主义的剥削和农奴制残余的压迫，他们的两极分化在发展。农村不断把破产的农民抛向城市，抛向工业部门。经济上受压榨、政治上无权的农民逐渐成长为一股社会抗议力量。因此，平民知识分子革命家希望通过农民革命实现自己的近期任务。

俄国知识分子的人数也在不断增长，因为国家社会发展要求不断扩大各行业、各部门熟练工作者的人数。1860～1900年，在中等学校学习和毕业的人数达120万人，而在高等学校毕业的只有8.5万人。大多数知识分子都出身于统治阶级，但是这一时期反映劳动群众情绪和利益的民主派知识分子人数开始增多，正是他们成为19世纪60～70年代革命运动的主要参与者。

五　自由主义思想的传入

西欧资本主义的发展比俄国要早。尽管俄国历史的发展有自己的特点，但是俄国不可能不受世界形势的影响。早在彼得一世时期，俄国就同西欧开始了频繁的往来。一部分俄国进步人士和知识分子在同西方交往过程中了解了西方的社会制度和价值观念，同时也认识了沙皇专制制度的腐朽和落后性。沙皇政府竭尽全力维护专制政体和农奴制的稳定，使国内不受时代进步思潮的影响。尽管如此，俄国人民反对沙皇、地主阶级的专横并争取解放斗争的光荣传统仍不断发展。19世纪，俄国解放运动蓬勃发展，其主要代表人物有拉吉舍夫、十二月党人、普希金、莱蒙托夫、赫尔岑等。解放运动推动了俄国的改革并最终导致1861年农奴制的废除。

在这一运动中，俄国知识分子中出现了两个流派：西方派和斯拉夫派。西方派反对专制制度和农奴制，主张实行英国式自由主义，走资本主义的发展道路。他们认为进行缓慢的改革，袭用资产阶级民主制，是拯救俄国的唯一办法。斯拉夫派赞成逐步解放农民，但同时又把农村公社理想化。他们提出了各个斯拉夫民族联合起来、统一由俄国沙皇政府保护的理论（泛斯拉夫主义）。斯拉夫派的思想在某种程度上是资产阶级自由主义思想和保守的贵族思想的大杂烩。

自由主义作为一种思想体系，所推崇的是个人自由、人人平等、个人财产不受侵犯和实行立宪民主。这是资产阶级反对封建专制国家的理论，是资产阶级革命的理论。由于俄国专制统治的传统，19 世纪初的俄国不具备进行这种变革的阶级。俄国资本主义的发展特点也与西欧不同，在资产阶级改良的速度方面大大落后于西方先进国家。但是由于可以广泛利用外国经验和资本，国家可以通过"自上而下"的改革来加快社会经济进步，俄国可以越过以往某些发展阶段，在国家的扶持下发展经济。正因为如此，俄国在 19 世纪末 20 世纪初一下子进入了国家垄断资本主义阶段，私有制关系并没有在社会中充分扎下根。资产阶级和资本主义是在专制国家的保护和控制下发展起来的，因此同专制制度有着千丝万缕的联系。俄国的资本家在国际市场上没有竞争力，他们只有在沙皇政府的保护下才能生存，他们的帝国主义胃口只有依靠专制制度的军事实力才能得到满足，他们是沙皇政府的宠儿，享受各种特权。所以，自由主义在俄国没有合适的土壤和牢固的根基，连自由派资产阶级的政党立宪民主党后来也宣称自己是"陛下的反对派"。他们只不过想依靠皇室的保护发展资本主义，对他们来说，最理想的政体是立宪君主制。这种状况决定了自由主义在俄国的命运以及后来俄国资产阶级及其政党在俄国政治舞台上的命运。

六　民粹主义与民粹派

俄国专制制度的统治激起了国内解放运动的发展。与此同时，专制制度的危机也加速了俄国资产阶级民主主义改造的进程。但是，西欧资本主义的发展也并非一帆风顺。资本主义就其本质而言，仍然是建立在私有制、剥削和压迫的基础之上，它并没有解决对立的社会矛盾。随着资本主义的发展，它自己的矛盾和腐朽性逐渐暴露出来。这使俄国先进知识分子非常失望，他们开始探索俄国社会改造的"特殊道路"。19 世纪 40 年代末 50 年代初，赫尔岑和车尔尼雪夫斯基提出了俄国非资本主义发展道路的理论，这就是"农民社会主义"的理论，即民粹主义理论。

赫尔岑（1812～1870 年）认为，俄国由于村社的存在，可以避免"资产阶级化"的惨剧，有了全体成员一律平等的、实行农民自治的村社，就能保证较为容易地、没有痛苦地过渡到社会主义。他在 1851 年写给法国历史学家米希勒的信中说："俄国人民的生活直到目前还没有超出村社的范围，他们只承认自己对村社及其成员的权利和义务。村社以外的一切，在他们（俄国人民）看来都是以暴力为基础的……村社组织虽然被严重地动摇了，但它还是坚持反对政权的干预，村社组织能够顺利地维持**到社会主义在欧洲发展起来的时候**。这种情况对于俄国是极端重要的……从这一切您可以看到，村社没有被消灭，个人所有制没有粉碎村社所有制，这对俄国该是多么幸运的事。俄国人民置身于一切政治运动之外，置身于欧洲文明之外，这对他们该是多么幸运的事，因为这种文明毫无疑问会破坏掉村社。"赫尔岑认为"人同土地的关系"构成了俄国人民的特点，这一特点使俄国具有完全新的社会基础。由此得出结论："俄国未来的农夫，会像法国未来的工人一样。"[1] 赫尔岑认为，俄国村社并不像斯拉夫派所想的那样是俄国不会发生革命的保证，相反，它是社会主义革命正好应该在俄国开始的证明。

后来，车尔尼雪夫斯基（1828～1889年）又发展了关于村社、关于农民社会主义的理论。车尔尼雪夫斯基是在西方资产阶级的革命性已经消失、工人即无产者登上历史舞台的时代成为社会思想家的。他强调指出，在俄国的条件下村社被保留下来，这是发展缓慢的标志、落后的标志（这正是车尔尼雪夫斯基的观点胜过赫尔岑观点的地方），但是在一定条件下，村社能够起积极的作用。在车尔尼雪夫斯基看来，不是简单地由村社占有土地，而是要把这种占有同村社生产结合起来，从而使农业和工业融合在一起，这才能够开辟通往社会主义的最好道路。他曾写道："我们没有经历原始公社和社会主义公社之间的中间时期，我们没有像西欧那样的资本主义，这并没有什么关系。有的国家在经济发展上开始得比其他国家较迟，但却能够远为迅速地通过发展的全程。也可以说，它能够跨越过整个的时期。所以俄国也就可能越过资本主义时期而一下子进入社会主义时期。"

村社社会主义理论是一种特殊的尝试，即企望利用历史上已形成的人民生活的组织形式来一方面唤起农民进行革命，另一方面保持住村社内存在的平均主义原则，直到革命后实行新的、社会主义的原则。

---

[1] 《赫尔岑全集》第7卷，莫斯科，1954，第326页。

这个思想成了 19 世纪 60～70 年代俄国平民知识分子运动的核心思想之一，是俄国民粹主义的核心内容。民粹主义在当时影响了一大批平民知识分子。赫尔岑在他主办的《钟声》杂志①上号召农民进行反抗专制制度的斗争，号召民主派青年开展革命活动。《钟声》杂志还提出了"**到民间去**"的口号。赫尔岑在向那些因参加学潮而被政府赶出大学的学生发出号召时写道："你们听……从我们辽阔祖国的四面八方，从顿河和乌拉尔，从伏尔加河和第聂伯河，到处都是哀声不断、怨声四起——这是在经过了可怕的令人厌倦的平静之后，孕育着暴风雨的、开始沸腾起来的大海波涛的最初怒吼。**到民间去！走向人民！** 这就是你们这些因信仰科学而被驱逐的人应该去的地方。"② 在民粹主义思想的鼓舞和号召下，一大批青年知识分子和学生投身到了反对专制制度的斗争中。

值得指出的是，民粹主义思想家还提出了自己的历史观。彼·拉·拉甫罗夫（1823～1900 年）本是军事学院的教授，后来他成了民粹派著名理论家。他提出的历史观不仅影响了当时的革命知识分子，也影响到后来社会革命党的纲领和策略。拉甫罗夫认为，创造历史的不是人民群众，而是"批判地思考的个人"，即知识分子。他认为历史本身毫无意义，赋予历史以意义的是研究历史的人，也就是历史学家本人。历史学家的历史观又取决于他抱着什么目的和具有什么样的理想。拉甫罗夫说："如果一个思想家相信自己的道德理想在目前或未来真正会实现，那么对他说来，为了实现这种理想而酝酿的那些事件就是全部历史的中心。"不言而喻，思想家不可能只限于对历史进行思考，他要努力把自己的理想落实到现实中，去影响历史进程。用拉甫罗夫的话来解释，就是"理想从个人的脑子里产生出来，然后从这个人的脑子传到另一些个人的脑子里去。它由于在质量上提高了这些个人的智力水平和道德水平，在数量上增加了这些个人的数目，因而不断有所发展。当这些个人意识到他们的思想一致并决心一致行动的时候，这理想就成为一股社会力量"。这样说来，创造历史的是微不足道的少数人。那么大多数群众呢？"大多数人注定必须为

---

① 《钟声》杂志是由亚·伊·赫尔岑和尼·普·奥格辽夫编辑出版的政治杂志，1857～1868 年在伦敦和日内瓦出版。

② 《赫尔岑全集》第 15 卷，莫斯科，1954，第 175 页。

了别人的利益而从事千篇一律的、令人厌倦的和无休无止的和平工作，没有闲暇来进行思考，因此始终不会发挥自己的巨大力量，来替自己争取到提高文化程度和过真正人的生活的权利。"[①]

这显然不是无产阶级的世界观，但也不是资产阶级的世界观，因为它反对资产阶级，反对资产阶级的剥削和压迫。民粹主义不是从企业主阶级当中产生的学说，而是从感觉到自己受企业主压迫而不能摆脱企业主思维方式的那个阶级中产生的学说。它是那种"有文化的工头"的世界观、小资产阶级的世界观，因此民粹主义在历史上对工人和农民的吸引力并不大。

19 世纪 70 年代中期，巴枯宁主义在民粹派中有很大影响。米·亚·巴枯宁 (1814～1876 年) 原是一个贵族军官，后来走上了同专制制度进行斗争的道路。巴枯宁主义中起决定作用的是无政府主义学说。巴枯宁认为，国家是主要的而且就实质来讲是唯一的敌人，不管它的阶级属性如何。他否定争取政治自由的斗争，如同他否定利用现存政治设施一样，他认为这些东西只能给资产阶级带来好处。巴枯宁曾参加过第一国际，他在宣传社会革命口号时尽管也在复述马克思的某些思想，但是他对社会革命的理解距马克思主义非常远。在马克思主义者看来，革命就是对社会进行根本的改造，其中包括摧毁压迫者的国家机器而代之以无产阶级专政即劳动人民自己的政权。在巴枯宁看来，革命就等于"全面破坏"和消灭社会制度的一切现存形式，用那些独立而分散的自治单位 (团体) 的总和来代替社会这个整体。这实际上是一种反动的空想，这是从人类在生产力、经济联系和文化联系方面已经达到的发展水平向后倒退。实现巴枯宁的理想不需要有革命先锋队领导的群众的自觉行动。"教导人民吗？这是愚蠢的。人民比我们更清楚他们需要什么。"[②] 群众的处境越坏，他们就越有能力和越有决心去消灭剥削制度。因此，在巴枯宁看来，流氓无产阶级即劳动人民中丧失阶级性的那些阶层是最积极的革命力量。

列宁说："'无政府主义是绝望的产物。它是失常的知识分子或游民的心理状态，而不是无产者的心理状态。'""无政府主义是改头换面的资产阶级个

---

① 〔俄〕彼·拉·拉甫罗夫：《历史书简集》，俄文版，1905，第 84～96 页。
② 参看《巴枯宁文集》，圣彼得堡，1906，第 238 页。

人主义。个人主义是无政府主义整个世界观的基础。"① 改革后的发展也为在俄国传播无政府主义思想奠定了社会基础。但是这里的基础不同于西方，这里广大的小生产者是农民，农奴制给他们带来的苦难超过了资本主义。俄国的巴枯宁主义在这种条件下就带有农民革命民主派的色彩。巴枯宁的反国家的宣传听起来就好像是在号召人们消灭那令人痛恨的专制制度即沙皇帝国。政治节制的思想在民粹主义理论中具有特殊的意义。自由主义意义上的"政治"，即在现存制度范围内进行合法活动，遭到民主派青年的公然鄙视。由于所有的民粹派都认为自己最近的目的是进行农民社会主义革命以便同时消灭社会压迫和政治压迫，所以他们在长时间内并不认为反对政府和争取民主自由的斗争有什么独立意义。巴枯宁主义加强了这一倾向，在理论上发展了这一倾向，并使这一倾向同人民经常准备起义的幻想结合在一起。巴枯宁想要青年相信，只要他们到民间去，"把所有农村中的优秀农民联合起来……把蓬勃发展的革命思想、意志和事业在各个村社之间加以沟通，那就足以使农民愤怒的零散爆发汇合成规模巨大的全俄范围的运动"。巴枯宁提出这一具体纲领，给急于干一番事业的青年平民知识分子留下了极深刻的印象，并且显然已成了促使他们走上革命道路的因素。虽然俄国民粹主义运动在很大程度上克服了巴枯宁的"轻举妄动"和从事革命冒险的倾向，但是其影响并未彻底根除。尤其在后来的俄国革命进程中，俄国的无政府主义客观上仍然受这种思想的影响。

19 世纪 60 年代末，俄国民粹派小组遍布于各个大学，不仅在彼得堡和莫斯科这些城市，而且在基辅、哈尔科夫、敖德萨，甚至在一些边疆区都出现了民粹派小组。他们在"到民间去"的活动中逐渐感觉到，必须把各个小组在共同纲领的基础上联合起来。于是，1870 年诞生了一个民粹派的秘密团体，后来取名为"土地和自由社"。这个团体的纲领要求把全部土地转交给农民，并在那些用自己的劳动耕种土地的人们中间平均分配。纲领的政治理想表述得不够明确。土地自由派和过去一样主张所有村社实行充分的不受任何限制的自治。土地自由派认为要在目前实现自己的无政府主义理想是不可能的，他们开

---

① 《列宁选集》第 1 卷，人民出版社，1995，第 288～289 页。

始摆脱巴枯宁主义。

土地自由派在建立能够抵抗专制制度的革命组织方面向前迈出了一大步。这个革命组织的原则是遵守纪律、同志之间互相监督、集中制和秘密活动。他们在各地进行革命工作，企图发动农民起义来反对沙皇政府，他们还出版和传播革命书刊，参加 19 世纪 70 年代末彼得堡的一些罢工和游行示威。

由于对农村中的革命运动日益感到失望以及政府迫害的加剧，在"土地和自由社"内部出现分化，一派主张把恐怖活动作为同沙皇政府斗争的主要手段，另一派则主张继续采取原来的斗争策略。1879 年 8 月，在"政治家"（安·伊·热里雅鲍夫、亚·德·米哈伊洛夫、亚·亚·克维亚特科夫斯基等）和"乡下佬"（格·瓦·普列汉诺夫、米·罗·波波夫、帕·波·阿克雪里罗得等）之间发生了冲突，结果"土地和自由社"分裂成两个独立的组织："民意党"和"土地平分社"。土地平分派坚持过去"土地和自由社"的纲领和策略并出版了《土地平分》杂志和《种子报》。后来土地平分派的一部分成员——普列汉诺夫、阿克雪里罗得、查苏利奇、捷依奇和伊格纳托夫转向马克思主义，于 1883 年成立了俄国第一个马克思主义团体——劳动解放社。民意党人（以热里雅鲍夫等人为首）主张推翻专制制度，该党纲领中提出了广泛的民主改革的要求，如召开立宪会议，实现普选权，设置常设人民代表机关，实行言论、信仰、出版、集会等自由和广泛的村社自治，要求给人民以土地，给被压迫民族以自决权，用人民武装代替常备军等。民意党人继承民粹主义的传统，依旧认为俄国可以超越资本主义阶段，经过农民革命走向社会主义，并且认为俄国主要革命力量不是工人阶级而是农民。民意党人从积极的"英雄"和消极的"群氓"的错误理论出发，主张实行恐怖主义的策略，把暗杀沙皇政府个别代表人物作为推翻沙皇制度的主要手段。

马克思、恩格斯和列宁曾给予民意党人很高评价。马克思当时还认真阅读过民意党人的纲领。民意党人在解放斗争的历史上起过重要作用。他们的功绩表现在对专制制度发动直接进攻，并为此目的试图把所有革命的和反政府的力量联合起来，利用普遍的不满情绪来打垮主要敌人。

马克思主义创始人怀着极大的兴趣注视着俄国的情况。马克思曾指出，决定俄国未来的并不是村社，相反，村社本身的命运完全"取决于它所处的历史环境"[1]，要看这个环境是贵族资产阶级的俄国，还是革命民主派的俄国，是资产阶级的欧洲，还是社会主义的欧洲。俄国的民粹主义和民粹派是俄国革命斗争史中的一支重要力量，由于主观和客观因素的影响，他们的发展和作用受到了限制。但是他们仍然为推动俄国革命做出了巨大的贡献。

七 马克思主义的传播

马克思主义作为无产阶级的科学世界观和革命思想体系产生于 19 世纪 40 年代，那时，西欧无产阶级已经登上历史舞台。无产阶级的阶级斗争是创建科学社会主义理论的最重要基础。由于马克思主义的产生，劳动人民关于公正社会的美好理想第一次获得了真实的内容，空想社会主义者只是谴责资本主义社会，却看不到能够成为新生活创造者的社会力量。马克思和恩格斯则不同，他们首先注意去阐明无产阶级在世界历史中的作用。他们研究了历史发展的客观规律，总结了最主要的资本主义国家中革命运动的经验，从而科学地证明：社会主义是资本主义发展的必然结果。

马克思和恩格斯通过批判地研究德国古典哲学的遗产，创立了辩证唯物主义和历史唯物主义；通过考察资本主义社会的经济运行，在英国古典政治经济学的基础上创造了剩余价值学说；在此基础上，他们利用空想社会主义者关于资本主义矛盾和未来社会主义社会的具体特征的思想，创立了科学社会主义理论。

马克思主义认为，资本主义的基本矛盾是生产的社会性和共同劳动成果的私人占有形式之间的矛盾。这一矛盾使日益扩大的生产规模同居民有限的有支付能力的需求之间发生冲突，从而导致经济危机。危机使劳动群众的状况更加恶化：失业人数增加、工资下降、小私有者陷于破产。资本主义必然使劳动群众贫困化，但是与此同时，它又产生了自身的掘墓人即无产阶级这一资本主义制度最彻底和最坚决的反对者。无产阶级与资产阶级社会的其他阶级不同，它丧失了对生产工具和生产资料的任何所有权，它是为消灭剥削制度和社会不平

---

[1] 《马克思恩格斯全集》第 19 卷，人民出版社，1963，第 451 页。

等现象而斗争的最革命的阶级，无产阶级将组织起来，为推翻资产阶级、夺取国家政权、建立社会主义制度而斗争。

俄国革命民粹派十分敬重马克思，把他看作一位学者和革命家，并读过他的一些著作。但是他们认为马克思主义不适用于俄国现实。只是到了19世纪80年代，俄国解放运动的代表掌握马克思主义思想体系的客观条件和主观条件才成熟起来。这一时期，脱离了民粹派的革命知识分子开始传播马克思主义。最著名的代表人物是格·瓦·普列汉诺夫。

普列汉诺夫是一位才华横溢的政论家和宣传家。在革命民粹派中，他以对理论的严肃态度而出众。他成了一位公认的民粹主义运动理论家，在"土地和自由社"发生分裂后，他领导了"土地平分社"。他曾因从事革命活动而遭到沙皇当局的追捕，流亡到国外。在国外期间，他有机会认真而系统地研究马克思和恩格斯的著作。普列汉诺夫与自己的志同道合者巴·波·阿克雪里罗得、维·伊·查苏利奇等人通过研究马克思主义理论，放弃了民粹主义，转向了马克思主义的世界观和方法论。

普列汉诺夫掌握了马克思主义的理论，了解了西欧各国的工人运动，这就使他能够以新的观点去看待俄国的斗争。普列汉诺夫和他的同志们已越来越清楚地认识到，俄国避免不了资本主义阶段，因此工业无产阶级注定要成为革命斗争的主要力量。

研究《共产党宣言》是普列汉诺夫思想发展的转折点。他曾写道："关于我自己，我可以说，学习《共产党宣言》构成了我一生中的一个新时代。我被《宣言》所鼓舞，并立刻决定要把它译成俄文。"[1] 马克思曾为《共产党宣言》的俄文版专门写了一篇序言。

普列汉诺夫等人曾试图说服民意党人接受马克思的科学社会主义，但是他们的努力没有成功。他决定和自己的志同道合者一起创立一个独立的马克思主义组织。这个组织就是"劳动解放社"。"劳动解放社"为在俄国传播马克思主义做出了巨大贡献。"劳动解放社"的成员把马克思和恩格斯的一些著作译成俄文，在国外出版后秘密运回俄国。如捷依奇翻译了马克思的《雇佣劳动

---

[1] 《普列汉诺夫遗著》第8集，莫斯科，1940，第17页。

与资本》，1886 年，查苏利奇翻译了马克思的《哲学的贫困》，1885 年，普列汉诺夫翻译了马克思的《关于自由贸易的演说》，1892 年，他又翻译了恩格斯的《路德维希·费尔巴哈和德国古典哲学的终结》。普列汉诺夫当时写的《社会主义与政治斗争》《我们的意见分歧》《论一元论历史观之发展》等著作有力地批判了民粹主义，用马克思主义的观点分析了俄国社会的现实和俄国革命的一些基本问题。普列汉诺夫起草的"劳动解放社"的两个纲领草案——1883 年的《社会民主主义的劳动解放社》和 1885 年的《俄国社会民主党人纲领草案》，对于俄国社会民主党的建立具有重要意义，后一个纲领草案的理论部分包含了马克思主义政党纲领的基本成分。普列汉诺夫用马克思主义来反对民粹主义的思想体系，第一次在俄国著作中准确地确定了"科学社会主义""现代社会主义"的概念。

如果说普列汉诺夫是老一代马克思主义者，那么在 19 世纪 80 年代末 90 年代初登上社会政治舞台的列宁则是新一代马克思主义者的杰出代表。

列宁（1870～1924 年）中学时代就因参加反对专制制度的秘密小组而被流放。他青年时期曾大量阅读车尔尼雪夫斯基等进步知识分子的作品。他接触到马克思主义著作后立刻成了坚定的马克思主义者，通过研究马克思主义逐步变成一位无产阶级革命家。列宁不仅研究和阅读马克思主义著作，而且思考现实存在的迫切问题，在马克思主义著作中寻找答案。1889～1893 年乌里扬诺夫一家住在萨马拉时，列宁不顾警察的监视，认识了一些地方秘密小组的领导者。列宁曾在这些秘密小组中宣传马克思主义创始人的著作《共产党宣言》《哲学的贫困》等。由于当时马克思和恩格斯的一些最重要的著作还没有被翻译成俄文，列宁把自己翻译的《共产党宣言》传给大家看。19 世纪 90 年代初，俄国的政治生活普遍活跃，民粹派也积极起来。这时大多数民粹派已经转到自由主义立场上，走上了同沙皇政府妥协的道路。自由主义民粹派虽然已不再否认俄国存在资本主义的事实，但却认为资本主义是政府用人工培育出来的，是在俄国土地上没有生根的"温室植物"。与此同时，他们企图使旧的农民社会主义理论适用于已经坚定走上资本主义道路的俄国的经济关系。为了驳斥民粹派的错误理论，论证社会民主党的纲领和策略，需要从马克思主义的立场出发来研究俄国的经济制度，揭示出各种经济形式，应当把俄国"**现实作**

为一定生产关系的体系给以完备的说明，应当指明劳动者在这个体系下遭受剥削和剥夺的必然性，指明经济发展所昭示的摆脱这个制度的出路"①。1894 年，列宁发表了《什么是"人民之友"以及他们如何攻击社会民主党人?》，对民粹派的哲学观点和"民粹派的政治经济学理论"以及策略、经济纲领和政治纲领进行批判。这部著作是俄国革命社会民主党的真正宣言。

民粹派观点的基础是主观社会学。他们否认社会发展具有客观规律性，认为历史完全是由"有批判头脑的个人"的意志和愿望决定的。列宁批驳了这种观点，指出唯物主义并不否认和贬低个人的作用，因为历史正是由个人的行动、由人民群众这些真正的历史创造者的行动构成的。但是个人的力量不在于同历史必然性背道而驰，而在于根据已经成熟的社会发展的需要来行动。一个政党只有根据历史必然性并依靠先进阶级来进行活动，才能获得成功。

民粹派断言，既然资本主义闯进了农业，使农民群众遭到破产，那它就在缩小国内市场，消灭自己发展的基础。而在这种情况下，唯一可以销售商品的国外市场俄国又不拥有，这表明，资本主义在俄国只有死路一条。列宁根据马克思的再生产理论，深入地研究了俄国资本主义市场的形成问题，指出资本主义不仅使农民遭到破产，而且还使他们分化为资产阶级和无产阶级这两个资本主义社会的基本阶级。这一过程不是导致市场的缩小，而是促成市场的建立和扩大。自由主义民粹派是从小生产者的立场批评资本主义的，这就使他们看不到农民经济已经被纳入资本主义商品生产关系的轨道。他们想用一切办法保存和永远保存小产生者，这在客观上是想保存资本主义的原始形式，这种原始形式是同最痛苦最残酷的剥削方法联系在一起的，而这种剥削方法是对群众进行政治教育和建立革命组织的最大障碍。

列宁这一时期的著作对革命理论的发展做出了巨大贡献，对在俄国革命中确立马克思主义起了促进作用。马克思主义在俄国开始对进步舆论产生越来越大的影响。俄国自由派资产阶级不能不考虑马克思主义日益发展的情况，尤其是工人阶级政党的形成过程比资产阶级快得多的情况。资产阶级思想家竭力想

---

① 《列宁选集》第 1 卷，人民出版社，1995，第 68 页。

操纵工人运动，想利用马克思主义来达到自己的目的，于是出现了"合法马克思主义"。这个思想政治流派的主要代表人物是彼·伯·司徒卢威。"合法马克思主义"利用马克思经济学说中能为资产阶级所接受的个别论点为俄国资本主义的发展做论证，在批判民粹派的同时赞美资本主义，号召人们"承认自己的不文明并向资本主义学习"，抹杀资本主义的阶级矛盾。列宁敏锐地看出"合法马克思主义"是国际修正主义的萌芽，认为宣扬"合法马克思主义"的人是一些巧妙伪装起来的资产阶级思想家。列宁指出，在俄国"除了经过工人运动，是不能有别的道路通向社会主义的"①。但是争取社会主义的斗争并不排除为争取民主改革和消灭所有一切农奴制残余而进行坚决的斗争，相反，它要求首先进行这样的斗争。在俄国所有阶级中，"只有无产阶级，才能成为争取政治自由与民主制度的先进战士，因为第一，无产阶级受到的政治压迫最厉害……第二，只有无产阶级才能彻底实现政治社会制度的民主化，因为实行这种民主化，就会使工人成为这个制度的主人"②。列宁当时揭穿了自由派资产阶级的假民主主义，以及它们为了阻挠工人运动而同专制制度相勾结的企图。

列宁不仅学习、研究和宣传马克思主义，同形形色色的反马克思主义思潮进行斗争，而且积极准备建立无产阶级组织。1895年11月，列宁在彼得堡发起创立了彼得堡工人阶级解放斗争协会，由彼得堡约20个马克思主义工人小组联合而成，同年12月定名为"工人阶级解放斗争协会"。协会是俄国无产阶级政党的萌芽，实行集中制，有严格的纪律。其领导核心成员有列宁、格·马·克尔日扎诺夫斯基、瓦·瓦·斯塔尔科夫、阿·亚·瓦涅耶夫和尔·马尔托夫。协会在俄国第一次实现了社会主义和工人运动的结合，完成了从小组内的马克思主义宣传到群众性政治鼓动的转变。协会领导了1895年和1896年彼得堡工人的罢工，印发供工人阅读的传单和小册子，并曾筹备出版工人政治报纸《工人事业报》，对俄国社会民主主义运动的发展产生了巨大影响。

---

① 《列宁全集》第1卷，人民出版社，1995，第68页。
② 《列宁选集》第1卷，人民出版社，1995，第147页。

　　1900 年，列宁和普列汉诺夫等人在国外创办了《火星报》。列宁在《火星报》上发表许多文章，阐述党的建设和俄国无产阶级阶级斗争的基本问题。《火星报》在建立俄国马克思主义政党方面起了巨大作用。1902 年，列宁发表了《怎么办？——我们运动中的迫切问题》一书，全面论述了建立新型无产阶级政党的思想，为俄国无产阶级政党的建立做了理论上的准备。

　　俄国建立无产阶级政党的条件日益成熟。

第二章　俄国主要政党的出现及其纲领

一　19世纪末20世纪初俄国主要政治力量

19世纪末90年代中期，俄国解放运动进入了一个新的阶段，即无产阶级阶段：工人代替了平民知识分子。社会民主党已经从一个思想流派变成一种同无产阶级的阶级斗争有着密切关系的积极的政治力量。列宁写道，在19世纪90年代，俄国两个深刻的社会运动汇合了：一个是工人阶级的自发的群众运动；另一个是接受马克思和恩格斯的理论、接受社会民主党的学说的社会思想运动。①

但是，俄国工人运动是在劳动者毫无经济和政治权利的国家开展起来的。1894年尼古拉二世即位。他在接见各地方自治局、各城市及各阶层的代表时宣称："让所有的人都知道，我……将像我难以忘怀的亡父那样坚定不移地维护专制制度的基础。"一些地方自治局胆怯地向新沙皇提出关于吸收"社会人士"参加内部事务管理的请求，新沙皇把这种请求称作"毫无意义的幻想"。专制政府连对现存制度最微小的抗议都要残暴地加以镇压。沙皇政府对工人运动采取特别残酷的政策。内务大臣哥列梅金发出通令："绝对禁止工人的任何集会，如果集会的目的是搞罢工，就要查明主谋，予以逮捕。"② 1895年4月，军队在"平定"雅罗斯拉夫尔大纺织厂的罢工时，有18人被打伤，3人被打

---

① 参看《列宁全集》第4卷，人民出版社，1984，第215、216页。
② 《19世纪的俄国工人运动》第4卷第1册，莫斯科，1961，第830页。

死。尼古拉二世在这次事件的通报上批示："对军队在工潮中所采取的镇静而又坚定的行动非常满意。"① 专制政府对人民的残酷经济剥削和政治压迫，激起人民的强烈反抗，罢工和抗议浪潮此起彼伏。

沙皇政府为了维护自己的统治，不仅在对内政策方面使用各种镇压手段，在对外政策方面也是如此。专制政府企图通过推行侵略性的对外政策和侵占新的领土来巩固自己的地位。19 世纪末形成的国际局势为沙皇政府实现这种企图提供了方便。英国这个最大的殖民主义强国和海上强国由于在非洲进行扩张而使自己的力量受到牵制，在欧洲，法德对抗的局面依然存在，从而迫使法兰西共和国的统治阶级同沙皇俄国结成军事和政治联盟。沙皇政府利用这种有利的时机，在远东疯狂地对中国进行侵略和扩张。沙皇政府的反动政策受到了列宁的揭露和批判。

改革后发生的深刻的社会经济变动，为 19 世纪末的工业高涨做好了准备。这种高涨是世界性的，但是走上资本主义道路比其他国家较晚的俄国，工业发展的速度却最快。1891～1900 年，俄国工业生产年平均增长率是 8.5%，德国是 4.9%，美国是 3.3%，英国是 2.4%，法国是 1.6%。② 铁路建筑的规模是空前的。19 世纪 90 年代俄国修筑了大量铁路。欧俄境内的铁路几乎全是由私人资本即沙皇政府扶持的大铁路公司修建的。与此同时，商业银行逐步深入到工业中去，垄断组织开始形成。但是由于俄国资本主义大工业是在沙皇政府的保护下发展起来的，所以俄国资产阶级是一支软弱的队伍，同专制制度有着千丝万缕的联系，他们既反对沙皇制度对资本主义发展的限制，又想寻求沙皇政府的保护，在反对无产阶级反抗的斗争中，俄国资产阶级往往同沙皇政府站在同一立场上。

资本主义的迅速发展使农民群众纷纷破产，工人阶级的队伍日益壮大起来。无产阶级在全国范围内的形成过程已接近完成。根据列宁的统计，到 19 世纪末，俄国约有 1000 万雇佣工人。工人基本集中在彼得堡地区、中部地区、克里沃罗格—顿涅茨地区、巴库地区以及波罗的海沿岸和乌拉尔。工厂工人有

---

① 《19 世纪的俄国工人运动》（第 4 卷第 1 册），莫斯科，1961，第 81 页。
② 〔苏〕波诺马廖夫主编《苏联共产党历史》第 1 卷，上海人民出版社，1983，第 231 页。

一半集中在彼得堡和莫斯科周围的一些地区。工人阶级受到企业主的残酷剥削。工厂在采用现代资本主义技术的同时，仍在使用野蛮的剥削方法。纺织企业每日的工作时间长达13个小时，有时甚至长达15个小时，而工资却不能满足工人最低的生活需要。工人被禁止集会、结社、罢工。因此，工人的反抗浪潮从没停止过。1897年6月2日，沙皇政府被迫颁布了关于把工厂每日的工作时间缩短到11.5个小时，并规定节日休假的法律。无产阶级取得了很大胜利。这个法律的颁布表明，俄国无产阶级已经发展成为一支重要的社会力量。

一些在罢工运动中被捕的工人常常被政府流放到农村，他们给农村带去了一股强大的革命动力，他们唤醒了农民，使农民认识到必须为更好的生活而斗争。于是，深受农奴制残余和资本主义双重压迫的农民反抗当局的事件日益频繁起来。

学生运动也在发展。受到革命思想影响和具有革命倾向的大学生积极参加抨击专制制度、反对警察暴政、声援城乡无产阶级革命运动的斗争。他们经常借用罢工这一无产阶级斗争的特殊形式，举行罢课。

俄国解放运动的发展使社会各个阶级、阶层和集团都积极行动起来。他们为了维护本阶级、阶层和集团的利益纷纷成立各种政治组织、政治团体和政治党派。分析和研究这些党派的政治纲领和活动情况，有助于更深入地了解俄国社会的发展。

19世纪末20世纪初，活跃在俄国政治舞台上的政党和政治组织有数百个之多。这里只能介绍最有代表性和最有影响力的几个全国性政党。

二　君主制的卫士——黑帮和"10月17日"同盟

1. 黑帮

在中世纪的罗斯，"黑帮"一词指的是城镇纳税居民，没有任何贬义。[①]20世纪初，当人们把专制制度的维护者、爱国示威游行的参加者和搞大屠杀

---

① 黑帮，俄文是 черносотенцы，直译为"黑色百人团"。

的人称为"黑帮"时，这个词就有了贬义。后来"黑帮"一词又开始指一些政党，如"俄罗斯人民同盟"。黑帮也不拒绝自由派和革命派给他们起的这个称号。他们甚至说获得这一绰号感到很荣幸，因为所谓"黑帮"，是指干粗活的普通工人。与此同时，他们更愿意称自己为"真正的俄罗斯人""爱国者""君主派"。

组织结构、人数、社会成分

第一个黑帮政党——俄罗斯会议——成立于1900年，其宗旨是维护斯拉夫和俄罗斯文化，成员大都是高官显贵和从事创作的知识分子。但是其始终未能成为一个巩固的组织。

1905年革命事件促进了黑帮运动的发展。1905年春，莫斯科出现了以保守的《莫斯科新闻》编辑出版人弗·安·格林格穆特为首的君主党。1905年10月17日诏书颁布后，右派分子的活动合法化了。黑帮组织开始迅速增加，几个月时间里有数十个黑帮同盟和政党注册登记：奥廖尔的法制和秩序协会、库尔斯克的人民秩序党、喀山的沙皇—人民协会、伊万诺沃 – 沃兹涅先斯克的专制君主党、下诺夫哥罗德的白旗协会、基辅的"双头鹰"青年爱国主义协会，等等。黑帮组织在名称上都突出民族主义和宗教色彩以及忠君保皇思想。

黑帮组织的最高机关是"俄罗斯人民代表大会"（经常称为君主派代表大会）。代表大会的决议只具有建议性质。黑帮领袖们多次想整顿本组织的活动，1906年曾试图建立统一的中央，但是没有成功。

1905年11月在彼得堡成立的"俄罗斯人民同盟"是最大的黑帮政党。该同盟一开始是一个地方组织，但是由于后来影响越来越大，联合了大多数从前独立的黑帮组织。同盟的日常事务由一个总委员会（有12名正式委员和18名候补委员）主持。地方分支机构有省委员会、县委员会、市委员会和最基层的村小组。尽管该同盟实行严格的等级制和集中制原则，但它始终是一个不定型的组织，许多分部并不认为总委员会的指示和指令具有约束力。总委员会出版同盟正式机关报《俄罗斯旗帜报》，各省也有黑帮出版发行的报纸和杂志。

政府的资助是通过内务部秘密基金拨款，它是黑帮同盟的主要资金来源之一，这些钱主要用于出版宣传鼓动材料和开展竞选活动，政府资助的具体数字始终是个谜。政府通过向黑帮提供资金来影响其政策。一些富商、贵族也向黑帮提供资助。黑帮声称，他们通过政党、同盟、协会、联合会等组织联合了300多万人。但是黑帮的政敌说，黑帮最积极的力量不过一两万人。

绝大多数极右组织成员都集中在俄国欧洲部分。然而在俄罗斯居民稠密的地区，黑帮的鼓动宣传并没有产生大的效果，因为缺少挑起民族纠纷的条件。黑帮在各民族混居的地区——白俄罗斯和乌克兰最为活跃。有一半以上的极右组织成员集中在15个"犹太人居住区"。

在"俄罗斯人民同盟"和其他君主派同盟中，上层领导人和普通成员之间有很大区别。最著名的黑帮领袖是地主普利什凯维奇和马尔柯夫。弗·米·普利什凯维奇（1870~1920年）的曾祖父是一位神职人员，从他父辈起才成为贵族。普利什凯维奇在比萨拉比亚省的同乡甚至怀疑他是否具有"真正的俄罗斯人"的血统。尽管如此，正是他成了贵族特权最狂热的捍卫者和对"外族人"的迫害者。

普利什凯维奇毕业于新俄罗斯大学历史－语言系，攻读古希腊文学和历史。当俄国兴起革命运动时，他是俄罗斯会议的成员。但是他不满意这个组织的"学究"（他的用语）性质。他渴望有更广阔的活动天地，于是号召志同道合的人高喊右派口号走上街头，走向人民。普利什凯维奇是"俄罗斯人民同盟"的创始人之一。在第二届至第四届国家杜马中，他是极右党团的领袖之一。他性情暴戾，经常同政敌发生冲突，甚至发展到决斗地步。自由派瞧不起普利什凯维奇脾气暴躁和经常闹出恶作剧的作风，但是更敏锐的观察家则认为普利什凯维奇具有成为高明的政治家、聪明的策略家的潜质。

尼·叶·马尔柯夫（1876年生）是普利什凯维奇在极右党团的同事。他是库尔斯克的地主，其父是19世纪著名的贵族作家。1905年，他同库尔斯克一些地主共同创建了人民秩序党。在第三、四届国家杜马选举中，该党取得很大成功。马尔柯夫在政治上极其厚颜无耻。与多数黑帮不同的是，他公开承认专制制度的阶级属性，认为没有必要用漂亮的语言掩盖自私自利的目的。

黑帮领导人中有相当一部分人是知识分子，有教师、医生、法学家、工程师。比如"俄罗斯人民同盟"总委员会主席亚·瓦·杜勃洛文是一位儿科医生、医学博士。总委员会成员 А. И. 索博列夫斯基是著名语言学家、科学院院士。君主派同盟领导机构中有资产阶级的代表，他们绝大多数人出身于底层，依靠资本原始积累的野蛮手段发了财；也有一些大地主和贵族代表。尽管当时禁止军人和官吏参加政党，但是黑帮组织除外。黑帮组织还得到教会的支持。

同上层领导人不同，极右组织的普通成员大都来自无产者阶层。同盟领导人千方百计把更多的农民、小手工业者、工人吸引到自己方面来。在高级僧侣支持黑帮的那些地区，常常是只要神父发布一个指示，整村整乡的人都会参加"俄罗斯人民同盟"。但是，促使大批人加入同盟的主要原因是帝国边远地区的民族矛盾。因此，在多民族聚集地区和民族、宗教冲突严重的地区，同盟的活动最为成功。城市和"犹太人居住区"的手工业者往往把爱国主义团体视为阻止犹太手工业者与己竞争的保护伞。在这些地区，黑帮往往用各种反犹宣传把俄罗斯人团结起来。

右翼极端主义的意识形态

极右翼吸取了斯拉夫派的许多观点，他们的信条是：东正教、专制制度、人民。极右分子从斯拉夫派学说中采纳的最主要的东西，是把俄国和西方截然对立起来，他们认为，西方是天主教和基督教文明。极右分子不否认西方的技术成就，但是认为取得这些成就的代价是可怕的：精神贫乏，孤独空虚，物质上狭隘的自私自利，等等。

黑帮分子同彼得一世以前罗斯时代的文人一样，认为一切罪恶都来自西方。他们对彼得一世的改革持否定态度，批评他企图把异己的政治和社会制度移植到俄罗斯来。黑帮认为，俄罗斯又一次面临来自西方的主要危险之一是社会主义。他们认为，社会主义学说是反基督教的学说，而且傅立叶或欧文的共产主义空想从来没有被实践检验过。不仅如此，所有按非宗教原则建立公社的尝试都不可避免地遭到了失败。他们宣称，资本主义是一系列深刻的社会矛盾的根源，俄国有可能避免资产阶级奴役。

与政府旨在使国家实现工业化的政策相反，极右分子认为："经济政策的指导原则应该把俄国视为一个以农民和农业为主的国家。"他们推崇小手工业生产，要求宣布俄罗斯各工业中心出现的垄断组织为非法组织。

黑帮认为，民主是西方世界产生的最大邪恶。他们绝对不相信民主价值，认为所谓言论自由一文不值。至于选举产生的机构，他们认为毫无益处可言，那些以多数票通过决议的民主程序是愚昧的，因为聪明人的一票可以胜过千百万愚昧的，或他们所说的"笨拙、恶毒的小人"的喊叫。黑帮主张实行独裁原则，认为这种权力形式最符合俄国国情，君主派 H. H. 切尔尼亚耶夫说："俄国专制制度是把俄国 1.4 亿人统一起来的最好方式。"

　　黑帮纲领最大的弱点是土地问题。极右分子声明："任何旨在改善农民生活的措施都不能触动土地所有制。"黑帮首领们不同意各种各样的妥协方案（部分没收土地等），他们主张仅限于向农民出售空闲的国有土地，发展租赁和改善信贷。这种立场使黑帮赢得了领地贵族的支持和执政集团的好感。在改善工人的状况方面，黑帮没有提出什么具体措施，尽管他们想在劳动与资本之间充当调停人。

　　民族问题在黑帮纲领中占有很重要位置。黑帮产生本身就是俄罗斯帝国民族矛盾的自然结果。黑帮所代表的俄罗斯人的地位具有很鲜明的双重性。一方面，帝国的核心是俄罗斯，俄语是国家语言，东正教是官方宗教，沙皇政权在各民族边区实行粗暴的强制俄罗斯化政策，使其他民族文化的发展受到限制。另一方面，绝大多数俄罗斯居民并没有从沙皇政府的大国政策中得到什么好处；俄罗斯中部地区居民的生活水平并不比边区高，有时甚至更低。应该指出，黑帮根本不接受作为斯拉夫主义和泛斯拉夫主义基本思想的全斯拉夫统一的思想。他们指出，一旦斯拉夫人在俄罗斯庇护下联合起来，国家会遇到更多的麻烦，因为一旦那样，一部分信奉天主教和习惯于立宪制度的民族就会涌入这个专制主义的东正教国家。

　　甚至在帝国内部，黑帮也没有想实现斯拉夫统一。他们认为，向往西方天主教的波兰人是俄国的潜在敌人。与此同时，极右分子认为，俄罗斯人、乌克兰人和白俄罗斯人完全是一个民族。这同官方的意识形态是一致的，不认为乌克兰人和白俄罗斯人是独立的民族，认为他们的语言只不过是民间土语。

　　黑帮的纲领性文献宣布："俄罗斯民族是俄罗斯土地的采集者，是俄罗斯国家的创建者，是具有统治地位和领导地位的大民族。"他们把国家领土分为"俄罗斯人的骨干州"和少数民族边区。俄罗斯人在使用、出售和租赁土地方面具有优先权，他们主张根据对俄罗斯民族的态度，把其他民族划为"友好民族"和"敌对民族"，并对其实行区别对待的民族政策。

　　黑帮意识形态的核心是反犹主义。他们不仅拥护立法方面对犹太人规定的所有限制，而且要求进一步强化这些限制。黑帮建议剥夺犹太人的所有权利，把他们从有基督教儿童学习的学校中赶出去。与此同时，禁止犹太人创办自己的学校。禁止犹太人从事的职业和行业，几乎包括了所有人类活动项目。黑帮的目的是"让犹太人下决心尽快迁移到自己的王国，从事自己的营生"。

总而言之，可以把黑帮意识形态归结为：它是一些社会阶层对 19 世纪末 20 世纪初俄国经济和生活中发生的巨变的一种独特的反应。这种意识形态既有保守成分，又有最激进的成分。它的社会基础是失去以往特权地位的领地贵族，还有相当一部分最贫困的居民，他们害怕习惯的生活方式被破坏，从而不得不去适应新的环境。黑帮的极端民族主义是俄罗斯大国意识即扩张主义的产物。从某种意义上说，黑帮的命运是同沙俄专制制度的命运联系在一起的，但是贫困居民一旦觉醒，势必会抛弃黑帮，投入到争取自身解放的斗争中去。

2. "10 月 17 日同盟"

严格地讲，把"10 月 17 日同盟"（因十月党人而著名）称为君主派政党并不十分确切，因为它实际上采取的是一种介于立宪民主党人和极右派之间的中间立场。但是，这些社会政治集团之间的界限并不十分明确。一些同十月党人有联系的组织（和平革新党）在实践中几乎同立宪民主党人融合了，而许多具有十月党人色彩的政治组织（法制党、叶卡捷林诺斯拉夫的"十月党同盟"即人民党等组织）在实际活动中同极端保皇党的区别只在于称号不同。因此，"10 月 17 日同盟"的左翼反对派认为十月党人同黑帮是一路货色，而黑帮又说十月党人暗地里搞立宪主义。

十月党人作为一股政治思潮是在地方自治机关城市代表大会的右翼少数派的基础上产生并开始形成的。1905 年 10 月 17 日诏书颁布后，自由派阵营内部基本上完成了党的界限划分，未来的十月党人认为，俄罗斯已经具备了走立宪君主制道路所必需的政治条件，于是便开始组建政党并以沙皇诏书颁布日为党的名称。他们认为，诏书的颁布是"我们祖国命运中发生的最伟大的变化"。"10 月 17 日同盟"的纲领性宣言中说："从现在起，我们的人民在政治上将成为自由的人民，我们的国家将变成法治国家，我们的国家制度中将实现新的原则——实行立宪君主制。"①

组织结构和社会成分

"10 月 17 日同盟"是 1905 年 11 月在莫斯科地方自治机关城市代表大会期间成立的。代表大会期间，制定了纲领，选举了领袖。代表们针对代表大会通过的一般性政治决议提出了"特别意见"，主张支持政府建立秩序和立刻召开国家杜马会议，反对直接选举国家杜马和把杜马变成立宪会议。此外，他们还坚决反对波兰自治，反对在各地立刻取消针对革命形势宣布的"非常措施和戒严状态"。

11 月，地方自治机关城市代表大会期间，十月党人推荐古契科夫兄弟之一——亚历山大为党的领袖。亚历山大·古契科夫（1862～1936 年）出身于莫斯科著名的企业主家庭，是世袭荣誉公民，从 1902 年起任莫斯科贴现银行行长。他曾声明，对他来说，划分政治"敌人"与"朋友"的标准是波兰自治和立法的非集中化问题。他本人坚决反对波兰自治和立法非集中化。亚·古契科夫的哥哥费多尔（1860～1913 年）在"10 月 17 日同盟"中央担任财务主管，后来还任同盟中央机关报《莫斯科之声报》的领导。弟弟尼古拉是莫斯科市市长，任十月党人中央莫斯科分部委员。十月党人领导机关中有地方自治运动的首领、大土地所有者、企业家和贵族官僚阶层的代表。

除中央委员会各分部外，1905 年年底，在彼得堡和莫斯科还建立了"10 月 17 日同盟"市委员会，在地方上还建立了 60 个同盟的支部。1905～1907 年总共有 260 个支部，其中大部分是在第一届国家杜马选举期间出现的。这一时期共有党员 7.5 万～7.7 万人。

从地理位置上看，"10 月 17 日同盟"的绝大多数地方支部分布在俄国欧洲部分贵族土地占有制相对发达的地方自治省。在其他非自治省，尤其在少数民族边区，十月党人的组织不多。在农村也有一些十月党人支部（30个左右）。

在组织方面，"10 月 17 日同盟"是一个松散的结构。十月党人从一开始就允许党员拥有双重党籍，可以同时参加其他政党和组织，参加"10 月 17

---

① 《俄国政党纲领（19 世纪末至 20 世纪）》，莫斯科，1995，第 342 页。

同盟"并不需要履行特别的义务,如缴纳党费。大多数普通党员把党看成一个辩论俱乐部,而不是一个应该遵守严格纪律和等级制度的组织。由于十月党人社会出身的缘故,他们从来不接受其他革命政党党员那种为党的目标而献身的精神。亚·古契科夫坦率地说:"在俄国国家制度方面,我们是坚定的君主派……但是在我们党内制度方面,我们是彻头彻尾的共和派,甚至还有某些无政府主义倾向……我们很难在党内树立起必要的纪律。"

就社会成分而言,"10月17日同盟"是贵族或贵族化的大工商业资产阶级和金融资产阶级的政党,既拥护君主制,又想实行一些有利于自己的改革。同盟的创立者曾试图吸收更多的居民阶层,首先是工人和农民入党,但是经过一段时间的实践,尤其是经过两次选举运动以后,党的领导人终于悟出:他们不可能得到大多数居民的支持。1907年在十月党人一次中央会议上,他们终于承认:"我们是贵族的党。"

主要纲领性原则

"10月17日同盟"制定纲领的工作经历了三个阶段:第一阶段是1905年11月以前,制定了纲领第一稿,发表了由33名第一届中央委员签署的纲领性宣言;第二阶段是1906年至1907年上半年,1906年2月,"10月17日同盟"的纲领在第一次代表大会加工修改后获得通过,1907年5月第二次代表大会又对纲领进行了加工修改;第三阶段包括两次党代表会议(1907年10月和1913年11月)和第三次代表大会(1909年10月),在这一时期,某些纲领性原则得到具体化,并作为立法案提交杜马。

纲领的中心问题是俄罗斯国家权力的性质问题。纲领第一条指出:"俄罗斯帝国是一个世袭的立宪君主制国家,沙皇作为最高权力的代表受基本法规定的若干决议的限制。"因此十月党人反对保存无限君主制。与此同时,他们坚决反对在俄国实行议会制,认为无论从历史还是从政治角度看,议会制都是行不通的。他们认为,保存君主政体是为了保证"同过去的联系",使"国家的航船沿着正确的航向航行,防止无谓的风暴和颠簸"。十月党人还认为必须保证立宪君主的"专制"地位,认为这个地位是俄国的"历史财富"。

根据十月党人的构想,俄国最高国家权力机构包括君主(实行统治和管理)和两院制的"人民代表制"。人民代表机构按有财产资格限制的选举制选举产生，在城市实行直接选举，其他地方实行间接选举。下院国家杜马按这种办法选举，上院国务会议的半数成员由君主任命。上院是一个有限资格的机关，其作用是纠正和修改国家杜马的决议。在确定"人民代表机制"和君主的权力分配时，十月党人明显偏袒后者。没有沙皇的同意，任何法律都不能生效或被废除；沙皇有权任命或撤换大臣，尽管理论上大臣对君主和人民代表机关负有同样的责任。实际上，立法院、上院和下院只能进行立法倡议、咨询和批准预算，没有真正的立法权和监督权。

在公民权利方面，十月党人纲领中列举了自由派政党通常提出的那些原则，如信仰自由，人身和住宅不受侵犯，言论、集会、结社、迁徙自由，等等。就其内容而言，十月党人纲领中这一部分最具有民主主义精神，但是他们在实践中根本不遵循这些原则，经常违反这些原则，尤其是涉及犹太人的公民权利时。他们在纲领中提出这些原则不过是赶时髦或做做样子而已。

在纲领的民族问题部分里，十月党人认为必须保存"统一的和不可分割的"俄国，反对"任何直接或间接肢解帝国的企图和联邦制思想"。但是芬兰可以例外，在一定条件下，芬兰可以拥有建设"自治的国家制度的权利"。在谈到少数民族的权利时，十月党人同意满足他们的文化"要求"，但是不同意满足他们的政治"要求"。在有关解决俄国尖锐的民族问题上，十月党人没能摆脱狭隘的民族主义和大国主义思想的束缚。

"10月17日同盟"纲领中有很大篇幅谈社会问题，首先是土地问题。十月党人意识到少地农民的艰难处境，认为应该满足农民关于扩大土地的要求。他们提出如下具体方法：第一，国家通过专门的土地委员会将空闲的官地、皇室土地分给农民；第二，通过农民银行"鼓励农民从土地私有者那里赎买土地"；第三，在万不得已的情况下"强制出让"私有者的"部分"土地，同时对土地所有者给予必要的奖励。十月党人对农民说，赎买土地"应该价格公平，不能损害地主经济，不能无偿地掠取土地。这样不公平，也不会有好结果"。实际上，十月党人维护的是地主经济的利益，只有在形势的压力下才提出解决农民土地问题。

"10月17日同盟"是资产阶级和贵族的组织，所以十月党人纲领中关于工人地位的问题阐述得非常模糊。他们先是谈提高工人的文化教育水平和改善工人的居住条件问题，然后才涉及企业主和工人的关系问题。他们认为罢工是违背国家和社会利益的。他们严格禁止罢工。在关于工作日时长的问题上，十月党人的立场是努力维护企业主的利益，在纲领中只是非常笼统地对这个问题进行了阐述，只谈"调节"工作时间过长和"调整"加班问题。十月党人 B. W. 彼得罗沃 - 索洛沃沃在一本小册子中说："当然，我们同盟欢迎缩短工作日，如果不影响工业和贸易的话，但是不能坚持必须……实行 8 小时工作制。"十月党人认为，由于俄国技术落后，而且宗教节日太多（同西欧相比），把工作日缩短到欧洲水平会使俄国商品价格昂贵并失去竞争力。

十月党人的纲领显然是在维护剥削阶级，而且是大地主、大资产阶级和贵族阶层的利益。1905～1907 年革命期间，他们同劳动群众处于对立状态，他们的命运是同整个剥削阶级的命运联系在一起的。

三 陛下的反对派——立宪民主党

立宪民主党是 19 世纪末 20 世纪初俄国自由主义运动发展的产物。俄国知识分子精英感到，落后的上层建筑——沙皇专制制度越来越不适应国家发展的需要，当局和社会之间的冲突越来越严重。这种情况导致国内局势不稳，国家前途面临巨大威胁。他们希望通过走议会道路对国家进行彻底的变革。虽然立宪民主党领袖帕·尼·米留可夫（1859～1943 年）声明立宪民主党是一个"非阶级的"、符合"俄罗斯知识分子情绪"的政党，但是从立宪民主党的意识形态和政治行为判断，它无疑是俄国自由派资产阶级的政党。

党的组织情况和社会性质

1905 年 10 月，立宪民主党召开成立大会，通过了党章和党纲，选出了党的临时中央委员会。1906 年 1 月召开党的第二次代表大会，立宪民主党最终形成。此次代表大会决定在党的主要称谓"立宪民主党"之外再补充"人民自由党"的称谓。会上选出了新的中央，对纲领和章程做了某些修改。

立宪民主党中央委员会由两部分组成：彼得堡分部和莫斯科分部。彼得堡分部的主要职能是进一步制定党的纲领，制定向国家杜马提交的法案，领导杜马党团。莫斯科分部主要从事组织鼓动宣传工作和出版工作。而总体上，由中央委员会监督代表大会各项决议的执行情况，领导党的地方建设，定期召开省委代表会议，确定党在当前的策略路线。

各省建立省委员会，由省党代会每年改选一次。省委有权组建市、县和乡委员会。

根据党章第二条，"凡承认党纲，愿意服从党章和党代表大会规定的党的纪律"的人，都可以成为党员。至 1905 年 10～12 月，已经有 72 个立宪民主党组织。它们主要分布在"解放社"① 和"立宪派地方自治人士协会"② 从前活动的那些地方。大多数地方的立宪民主党组织是在第一届国家杜马选举运动中产生的。1904 年 1～4 月，已经有 224 个立宪民主党委员会。1905～1907 年，立宪民主党人数达五六万人。

立宪民主党同大多数俄国政党一样，在组织上相当分散。实际上，立宪民主党中央始终未能同地方组织建立起稳固的经常性的联系。省一级党的"事务"处于根本无人管理的状况。甚至在一省范围内，省委和县委之间的联系也带有一种偶然性质。立宪民主党领导机关通过的决议往往在很久之后才能下达到县级组织，更不用说乡级组织，因此常常跟不上形势的要求。

中央委员会和杜马党团之间的关系相当混乱。立宪民主党杜马党团是自治性质的，实际上不受中央组织的监督，往往根据议会形势和党团之间的关系制定行动路线。如果说第一、二届杜马期间立宪民主党中央尚能对党团进行监督的话，那么在第三、四届杜马期间立宪民主党杜马党团基本上是自行其是。

参加立宪民主党的主要是俄国知识分子精英，一些具有自由主义情绪的地主，城市中等资产阶级即职员、教师、医生、店员等。立宪民主党的社会成分随着政治形势的变化而不断变化。1905～1917 年革命期间，地方党组织中有很多"社会基层"代表：工人、手工业者、职员，乡组织中还有农民。革命失败后，相当一部分民主主义知识分子对立宪民主党在第一、二届杜马中的政治行动路线表示失望，纷纷退党。

---

① "解放社"是俄国自由派资产阶级的政治组织，1904 年 1 月成立，由《解放》杂志影响的资产阶级自由派知识分子和地方自治运动左翼代表组成。

② "立宪派地方自治人士协会"是俄国自由派地主、地方自治运动参加者秘密的政治团体，1903 年 11 月成立于莫斯科。

1907～1917 年，立宪民主党内的城市中等阶级的代表人物不断增加。党同资产阶级代表人物的关系不断密切，包括商人、工业家和银行家。二月革命胜利后，党的社会成分又发生了变化。"10 月 17 日同盟"、进步党①的成员和从前一些君主派组织的代表开始参加执政的立宪民主党，使党的成分更加复杂，党内形势更加混乱。

立宪民主党的领袖及主要理论家是帕·尼·米留可夫。米留可夫 1859 年生于莫斯科一位建筑师家庭，曾就学于莫斯科大学历史－语言系。1892 年，米留可夫通过硕士论文答辩，从此开始教授生涯。1894 年，米留可夫因参加解放运动被大学开除并被行政流放到梁赞。1897 年留放期满后，他被迫到国外生活，先后在索菲亚大学和波士顿大学授课。1899 年他回到彼得堡后，参加了当时民粹派和马克思主义者之间展开的思想政治斗争。不久，米留可夫因积极参加政治活动再次被捕，在拘留所和监狱被关押一年。

作为历史学家和"极左派革命家"，米留可夫在俄国和西欧社会各界享有很高声望。旅居国外期间，他经常会见各政党的领袖，包括彼·阿·克鲁泡特金②、叶·康·布列什柯－布列什柯夫斯卡娅③、维·米·切尔诺夫④、弗·伊·列宁以及美、英、法和巴尔干各国的政治活动家及社会活动家。

意识形态和纲领

立宪民主党人认为资本主义是社会进步的最佳方案。他们反对社会革命的思想，主张社会应当渐进发展。但是，他们也承认在某种情况下可能甚至必然会发生政治革命。如果当局不能及时解决那些客观上成熟的历史任务，就会发生政治革命。他们认为，政治革命是政府采取"不理智"政策和不能及时进行改革的结果。

立宪民主党理论家认为，1861 年改革从根本上改变了物质生产方式的基础，但是这次改革实际上没能触动政治上层建筑。当局不能消除资本主义社会

---

① 进步党是俄国大资产阶级和主张实行资本主义经营方式的地主阶级的政党，1912 年 11 月成立。1915 年夏，该党同其他地主资产阶级政党的第四届杜马党团联合组成进步同盟。

② 彼·阿·克鲁泡特金（1842～1921 年），俄国无政府主义的主要代表人物。

③ 叶·康·布列什柯－布列什柯夫斯卡娅（1844～1934 年），俄国社会革命党组织者和领袖之一，曾参加"到民间去"运动和 1905 年革命。

④ 维·米·切尔诺夫（1873～1952 年），俄国社会革命党领袖和理论家之一。

基础同旧的封建上层建筑之间的"剪刀差"。立宪民主党纲领中的基本思想是对旧的国家政权逐渐改良。他们要求用立宪君主制代替无限君主制，立宪民主党人的理想是英国式议会立宪君主制。他们主张实行立法、执行和司法三权分立，要求建立对国家杜马负责的政府，对地方自治和法院制度进行彻底改革；主张在俄国实行普选制，实现一系列民主自由（言论、出版、集会、结社等自由），要求严格遵守个人的公民权利和政治权利。在当时的俄国，立宪民主党的政治纲领具有进步意义。

但是，立宪民主党人仍然坚持大国主义，继续奉行俄国单一制的国家体制。他们不承认各民族的政治自决权。在民族纲领中，立宪民主党人只限于要求民族文化自治（在学校、法院等场合使用民族语言），认为只是在个别情况下才可以实行区域自治。

在土地问题上，立宪民主党人认为，应该强制地主出让部分土地，否则就不能解决俄国的土地和农民问题。他们准备牺牲大地主土地占有制，与此同时，立宪民主党人认为，也可以让那些独立经营的地主出让部分土地。他们主张通过赎买方式出让地主土地，主张由地主、农民和官吏代表组成的土地委员会解决土地问题。

因此，与试图维护大地主利益的十月党人不同，立宪民主党人主张更进一步"清除"土地制度中最粗暴野蛮的半农奴制剥削方式，建立"典型的"纯资本主义经济。

立宪民主党纲领中关于工人问题的中心内容是要求工人有言论、集会和罢工自由。他们希望把工联主义移植到俄罗斯的土壤上，认为建立合法的工人协会有助于和平地调节劳动和资本、工人和企业主之间的相互关系。当时已经在公开建立工会组织，但是其法人资格需由司法当局决定。工会可以捍卫工人的物质利益，利用罢工基金和失业救济金，有权建立工会联合会并完全独立于行政部门。立宪民主党人主张必须由工会同企业主签订集体合同，而且只有通过法律程序才能取消这种合同。

立宪民主党人主张在有工人和资本家代表参加的情况下，由专门的仲裁机关（调停所、仲裁法庭和各种协商委员会等）解决劳动关系问题。他们认为，建立调停所可以防止罢工的发生。与此同时，他们认为，在工会领导同资本家谈判未果的情况下，工人有权宣布罢工。

工作制和工人的社会保障问题在立宪民主党工人纲领中占有重要地位。纲领中提出逐渐实行8小时工作制，缩减成年工人的超时劳动，禁止让妇女和儿童超时劳动。立宪民主党人主张，当工人由于不幸事件和职业病而丧失劳动能力时，应该对他们进行补偿，补偿费应该由企业主承担，应该实行养老、生病、死亡的国家保险制度。

立宪民主党提出了相当广泛的财政和经济改革纲领。纲领的基本要求包括：在大臣会议下设专门机构（吸收立法机关和实业界代表参加），研究国民经济各部门的长期发展规划；修改过时的工商业立法，废除限制实业活动自由的监管制度；修改税制，缩减国库的非生产性开支；扩大国家杜马的预算权，建立国家监察总署；向私人资本开放铁路建设、矿业、邮电事业；取消或最大限度地缩减非营利企业；对所有官办工厂实行所有税种的征税；建立工商会和交易法庭；扩大外贸，建立领事部。立宪民主党的经济纲领集中反映了资产阶级的利益。

在教育问题上，立宪民主党人在纲领中主张在入学方面取消性别、民族和信仰等各种限制，个人和社会团体有开办各种学校和校外教育机构的自由。纲领指出，必须在各级教育之间建立联系，以利于从低级教育向高级教育过渡。立宪民主党人还主张大学自治，高等学校教学自由，自由招收大学生，扩大中等学校数量和降低学费，实行普遍、免费和义务初等教育。纲领还指出，地方机关必须建立成人普通教育机构，建立大众图书馆、人民大学，发展职业教育。

从1908年起，立宪民主党纲领理论家开始重视制定对外政策纲领。他们对外政策纲领的实质是建立俄罗斯自由派世代所幻想的"大俄罗斯"。

总而言之，立宪民主党纲领反映了对国家进行民主改革的一般民族利益。立宪民主党人幻想建立一个没有不可克服的阶级冲突的"理想"社会，建立和谐的社会关系，为个性的发展创造理想的条件。但是俄国事态的发展表明，立宪民主党人在关键时刻都表现出了自己同资产阶级的密切关系和对专制政府的暧昧态度，他们不可能代表全体人民。立宪民主党经常表现出对君主制的忠心。党的领袖米留可夫曾声明："只要俄国有监督预算的立法院，俄罗斯反对派依旧是陛下的反对派，而不做别人的反对派。"

四 农民社会主义的鼓吹者——社会革命党

社会革命党在俄国政党体系中占有重要位置。它是人数最多、最有影响的非马克思主义的社会主义政党。二月革命后，社会革命党很快便成为最大的一股政治力量，人数达到百万人，在地方自治机关和大多数社会团体中占有统治地位，在立宪会议选举中获得了胜利。它的代表在政府中担任很多重要职务。稍为详细研究和介绍该党的理论和实践活动，不仅可以帮助我们了解 20 世纪初俄国发生的一系列事件，也可以帮助我们更好地认识历史因素对当代俄罗斯的影响。

社会革命党的出现

社会革命党的形成时期相当长。成立大会是在 1905 年年底 1906 年年初召开的，但是早在 19 世纪中叶就有一些组织以这个名称活动。1894 年，在伯尔尼成立了"俄国社会革命党人联合会"；1895 ~ 1896 年，在基辅出现了社会革命党人小组，在萨拉托夫出现了"社会革命党人联合会"。

在俄国解放运动发展的新时期，无产阶级取代平民知识分子成为主要力量，主要搞个人恐怖斗争和阴谋活动的民意党人的威信迅速下降。"民意党人"的称呼本身也越来越失去吸引力。在这种情况下，革命的民粹派分子开始使用"社会革命党人"的称呼。他们之所以使用这个名称，首先是为了同民意党人和自由主义民粹派拉开距离，同时也是为了同社会民主党人拉开距离。此外，"社会革命党人"的称呼是当时革命民粹派别和组织都能接受的称呼。

19 世纪 90 年代中期，在沃罗涅日、彼得堡、奔萨、波尔塔瓦等地又出现了一些社会革命党组织。这些组织曾尝试联合起来并曾召开若干次代表大会（1897 年 8 月在沃罗涅日、1897 年 11 月在波尔塔瓦、1898 年 8 月在基辅），商讨联合问题。

社会革命党人的主要理论家是维·米·切尔诺夫（1873 ~ 1952 年）。切尔诺夫生于萨马拉省新乌津斯克市。祖父是农奴，父亲是出纳员，父亲曾获个人贵族身份。1894年，切尔诺夫在莫斯科大学法律系读书时因民权党人①案件被捕。在经过一年半的监禁后，先被流放回老家，后又被流放到坦波夫市。在他的协助下，当时坦波夫省建立了俄国第一批革命农民协会。在他的努力下，1900年在国外建立了社会主义土地同盟，任务是帮助俄国农村的革命工作。1901年年底，切尔诺夫加入社会革命党，成为党的主要理论家，参加了社会革命党所有期刊的编辑工作，是党中央委员。切尔诺夫的理论观点既受西方关于农民问题论著的影响，也受民粹派经济学家弗·巴·沃龙佐夫和尼·弗·丹尼尔逊著作的影响。切尔诺夫的理论观点对社会革命党意识形态的形成产生了很大影响。

19世纪末20世纪初是社会革命党人运动史上的转折时期。由于工业危机、1901年饥荒以及工人和大学生骚乱的增加和政府镇压措施的强化，社会形势严重恶化。民粹派的著名活动家尼·康·米海洛夫斯基甚至提出恢复恐怖活动。很多人在这一时期加入社会革命党组织，有些是曾服过苦役的民意党人。他们中间有很多人后来成为该党的著名人物，如米·拉·郭茨、O. C. 米诺尔，以及大批年轻的大学生，如尼·德·阿夫克森齐耶夫、阿·拉·郭茨、弗·米·晋季诺夫、И. И. 冯达明斯基。社会革命党战斗组织的创建人、党的创建者之一格·安·格尔舒尼放弃文化启蒙活动并加入秘密活动。这一时期出现了一些刊物：在国外出版了《前夕》杂志（1899年，伦敦），《俄国革命通报》（1901年，巴黎），等等。

1897年，社会革命党人联合会从萨拉托夫迁到莫斯科，不断扩大自己的活动区域，在彼得堡、雅罗斯拉夫尔、托木斯克等地有一批拥护者。

1899年，在明斯克成立了俄国解放工人党。党的纲领性小册子——《自由》一书中指出，只有进行经常性的恐怖活动才能使俄国获得政治解放。

与此同时，在国外的俄国社会革命党人开始联合，各种流派的代表都在《前夕》杂志和《俄国革命通报》上撰写文章。1900年在巴黎建立的"社会主义土地同盟"是走向联合的具体表现之一。切尔诺夫是建立同盟的发起人，

---

① 民权党是俄国民主主义知识分子的秘密团体，全称是"社会革命民权党"，1893年成立，1894年被沙皇当局破坏。后来它的多数党员加入社会革命党。

他还为此写了一篇纲领性文章《革命事业的迫切问题》。同盟提出的主要任务是吸收革命知识分子参加农村工作并出版有关宣传品。这项具体工作使同盟联合了在国外的各种民粹派组织的代表。同盟还同社会民主党人的《火星报》编辑部达成协议，由《火星报》编辑部发行同盟出版物。

但是社会革命党人在联合的问题上还有一些障碍，条件尚不十分成熟，主要是存在一些分歧，包括在理论、纲领和策略问题上的分歧，在政治改革的规模和速度方面的分歧，各阶级在改革中的作用问题上的分歧，在斗争方式和方法问题上的分歧，尤其是在恐怖活动问题上的分歧，在建党原则问题上也有分歧。俄国政治解放工人党和南方的党组织主张按联邦制原则建党。他们认为，在秘密活动条件下很难由"合适人选"组成一个中央，而中央一旦被破坏，势必导致整个事业垮台，就像民意党那样。但社会革命党人联合会领导人持另一种观点，主张把社会革命党人联合成统一的全俄政党。在建党原则问题上，他们既不主张联邦制，也不拥护集中制，认为党应该围绕共同的事业发展。所谓共同的事业，他们首先指的是出版报纸。

1901年12月，联合会领导人之 M. Ф. 谢柳克在柏林同格·安·格尔舒尼等人经过协商同意将南方的社会革命党人和联合会联合成统一的社会革命党。1902年1月，在国外出版的《革命俄国报》报道了这个消息。《革命俄国报》和《俄国革命通报》杂志被确定为党的机关刊物。一般认为，上述消息的发表日期为社会革命党的建党日。后来，格尔舒尼回到俄国，说服许多俄国组织加入社会革命党，结果所有社会革命党人的组织都联合起来了。

在19世纪90年代初的革命形势下，社会革命党人的威信不断提高，人数不断增加，地方组织不断发展。到1905年年初已有40多个委员会和小组。

社会成分和组织结构

秘密活动时期社会革命党的人数很难确定，因为组织不稳定，也没有对党员进行登记。根据警察司的文件估计，第一次俄国革命前的10年里，有2万~2.5万名社会革命党人。按社会成分划分，大部分人是知识分子，占70%以上，工人占26%，农民占1.5%左右。据近年俄国出版的史学著作介绍，社会革命党不仅在世界观方面不同于其他党派，而且其思想方法、社会心理也与其他政党不同。马克思主义者通常是些理智、稳健、性格内向的人，而民粹主义者（尤者是右翼民粹派）通常是些易于感情用事、在精神上和道德上未得到满足的人。这种情况对党的发展也有不可忽视的影响。

众所周知，政党作为一股政治力量，其效率是由组织性决定的。社会革命党的组织性远远不如布尔什维克。据切尔诺夫说，他们同布尔什维克好像是处在两个极端，社会革命党人的缺点是"组织上的虚无主义，没有明确的组织界限"。在宣布建党时，根本没有讨论组织结构问题。至今没有确切材料谈中央委员会成立的时间和组成情况，作为党的基础的地方组织、委员会和小组是按地区原则建立的。每个组织中通常有宣传员协会、鼓动员会议和技术组（印刷组和运输组），从事出版、保存和散发书刊的工作。

社会革命党的战斗组织影响很大，这是负责搞恐怖活动的组织。1901年秋，格尔舒尼开始组建战斗组织。1902年4月，战斗组织宣布正式成立，当时的任务是暗杀内务大臣德·谢·西皮亚金。战斗组织是一个集中的纪律严明的组织，其成员分散居住，随时听从组织领导的召唤。该组织在党内享有自治权，中央只是给它下达恐怖活动的任务，指出施行恐怖的合适时机。战斗组织有自己的金库、秘密接头地点、地址、住所，中央无权干涉其内部事务。在战斗组织的整个存在期间（1901~1908年），总共有80多名战斗队员。战斗组织的领导人格尔舒尼（1901~1903年任职）和亚捷夫（1903~1908年任职）是社会革命党人的组织者和最有影响的人物。但是亚捷夫实际上是沙皇政府警察司的奸细。

1902年，为了扩大党在农村的工作，建立了社会革命党农民联合会，1903年5月又成立了人民教师联合会。1903~1904年，一些委员会中开始建立"工人联合会"，负责在工人中开展工作。

社会革命党地方组织之间、地方组织和中央之间的联系都很薄弱。联合初期，社会革命党人与其说是实现了组织上的联合，不如说是以《革命俄国报》为载体实现了思想上的联合。

纲领、意识形态、策略、章程

早在1902年，社会革命党人就开始讨论纲领问题，但是直到1904年5月，纲领草案才在《革命俄国报》上发表。1906年1月初，在社会革命党第一次代表大会上，对纲领草案（第四稿）做了某些修改后，通过了纲领。维·米·切尔诺夫是纲领的主要起草人。

社会革命党人是旧民粹派的直接继承者。旧民粹主义的实质是认为俄国有可能通过非资本主义途径过渡到社会主义。但是，社会革命党人根据 20 世纪初俄国和世界社会主义运动发生的变化，对民粹派关于俄国特殊社会主义道路的理论做了重大修改。

社会革命党纲领由四个部分组成：第一部分分析当时的资本主义情况；第二部分分析当时的国际社会主义运动；第三部分分析俄国社会主义运动发展的特殊条件；第四部分论述这一运动的具体纲领，各条款涉及社会生活的方方面面——国家与法律、经济和文化。

社会革命党纲领在分析资本主义时，特别注意资本主义消极（破坏性）和积极（创造性）方面的关系。这是社会革命党经济理论的中心内容之一。消极方面指"生产力的资本主义经营方式"，而积极方面指"内容本身"，即生产力本身的发展。至于消极方面和积极方面的关系，则被界定为在工业领域和工业发达国家，它们之间的关系较好，而在农业领域和农业国家这种关系则不好。根据这个理论，这种关系越好，资本主义所起的创造性作用就越大，就会更积极地实现生产社会化，为未来的社会主义制度创造物质条件，促进工业无产阶级的发展和联合。社会革命党人认为，俄国资本主义的特点是"其创造性的、具有历史进步意义的倾向同黑暗的、野蛮的破坏倾向"之间的关系是最不理想的。在俄国农村，资本主义只会起到破坏作用。不难发现，这里并没有否定旧民粹派关于俄国资本主义反动性的理论，只是针对农村问题做了某些修改。

社会革命党人认为，国内社会力量的组合是由资本主义积极和消极方面的不良关系决定的，是由存在专制警察制度、存在宗法制关系的事实决定的。同社会民主党人不同，社会革命党人不认为社会上有三个阵营，而认为只有两个阵营：一个是受专制制度保护的阵营，是贵族、资产阶级和上层官僚的阵营；另一个是由工业无产阶级、劳动农民和知识分子组成的阵营。

贵族土地所有者阶级被认为是俄国专制制度的主要支柱。该阶级保存了第一等级过去所有的特权（除了可以拥有农奴的权利）。但是，1861 年改革后，这个阶级的基础不断被削弱，在失去其主要财富——土地后，人数在减少，在社会经济、文化和思想生活中的作用在降低。这个阶级中有进步情绪的代表正在脱离它，而极端的反动分子，即所谓的"死硬派"在这个阶级中的影响越来越大。贵族土地所有者阶级日益变成"国家的荣誉寄生虫"，成为主张变革的社会力量所鄙视和仇恨的对象。他们感到了自己生存的危险，因此同独裁政权的关系越来越密切，支持和鼓励它的反动政策。

关于将资产阶级也列入第一阵营之中，社会革命党人是这样解释的，首先是因为俄国资产阶级历史较短，政治上不成熟，产生的条件特殊。在欧洲，专制制度能战胜封建主义要感谢资产阶级，在俄国则相反，资产阶级应该感谢专制制度。资产阶级实际上是政权的宠儿，能享受各种特权：贷款、各种补贴、出口奖励、收入保障、官方订货、保护性关税等。俄国资产阶级一开始就具有集中的特点，甚至脱离小资产阶级。

由于外资的引进，工业中出现辛迪加化现象，这使资产阶级组织中的政治联系得到加强。这些资产阶级组织往往能够得到政府的立法保护。因此，工商业资产阶级中层人物有"不成文的法律"所赋予的特权。在经济方面，这种"不成文的法律"对他们而言比针对所有人的宪法更优越。俄国国内市场较小，在国际市场上，俄国资本无法同发达国家资本进行自由竞争，它只有在俄国的领土上，在沙皇俄国的关税保护下才能平安生存，俄国资产阶级的帝国主义胃口只有依靠专制制度的军事实力才能实现，因此资产阶级同贵族和上层官僚的关系非常好。资本家广泛吸收高官贵族参加自己的企业，专制制度成了资产阶级的保护人。

农民在社会革命党的理论和实践中占有特别重要的地位。社会革命党人认为，就其人数和经济作用而言，农民"几乎决定一切"，而他们在法律和政治上又处于"根本无权的地位"。切尔诺夫认为，农民同外界只有一种联系，即纳贡。社会革命党人不认为农民经济是小资产阶级经济，不同意农民只有经过资本主义、经过资产阶级和无产阶级的两极分化才能走向社会主义的观点。在这方面，社会革命党人继承了民粹派经济理论家的观点，认为农民是稳定的，它可以抵抗大经济的竞争。社会革命党人认为，农村的村社—合作社关系培育了一种独特的劳动法律意识，这种意识很容易同先进知识分子宣传的农业社会主义结合起来。①

关于无产阶级，社会革命党人首先认为，同农村的贫穷困苦相比，城市工人生活得要好些，但是比西欧无产阶级的生活水平要低得多。俄国工人没有公民权利和政治权利；没有规定改善他们生活的法律。因此任何经济性质的行动往往导致同当局的冲突，变成政治行动。由于工人没有合法的行业组织，工人的发动通常是由秘密的政党组织和领导的。社会革命党人承认，工人阶级人数少于劳动农民，但是优势在于他们集中在国内的文化和政治中心，因此他们是"最活跃、积极和进步的社会阶级"，是现存制度中最危险的阶级。他们还非常重视工人同农村的联系。

社会革命党人认为，知识分子属于一个独立的社会范畴，是从事精神价值生产和传播的创造性劳动的社会群体，他们往往倾向于最能反映社会发展利益的阶级。社会革命党人认为，俄国知识分子是反资产阶级的。由于俄国资本主义的破坏性大于创造性，因此资产阶级在精神方面是无所作为的，在政治和道德方面的作用是微不足道的，资产阶级对知识分子没有吸引力，资产阶级那些不良品质反而会促使知识分子反对它，使知识分子转向社会主义和劳动阶级——无产阶级和农民。

社会革命党社会主义理论的最重要特点是土地社会化理论，这个理论的基本思想是：俄国的社会主义应该从农村开始。首先，社会主义的基础、它的早期阶段应是土地社会化。土地社会化首先是指废除土地私有制，但不是把土地变成国有财产，不是实行国有化，而是变成不能买卖的全民财产。其次，将全部土地转交中央和地方人民自治机关（包括用民主方式组建的农村和城市村社以及州和中央的有关机关）管理。最后，土地应该按照"平均－劳动"的原则进行使用，即所有劳动者都具有平等使用土地的条件。土地社会化最终将会导致农业社会化，即借助各种形式的合作社使农业生产社会化。

社会革命党人认为，社会主义的最主要条件和它的主要形式是政治自由和民主。切尔诺夫曾讲："没有自由的社会主义就犹如一个没有灵魂的躯体。"政治民主和土地社会化是社会革命党最低纲领的基本要求。纲领还提出建立民

---

① 《俄国政党历史》，莫斯科，1994，第155页。

主共和国，实施各种公民权：信仰、言论、出版、集会、结社、罢工自由，人身和住宅不受侵犯，年满20岁的公民有普遍平等的选举权。纲领还要求对各州、城市和农村村社实行广泛的自治，尽可能广泛地在各地区实行联邦制并承认它们有绝对的自决权。社会革命党人比社会民主党人更早提出了俄国的联邦制问题，他们还更大胆地提出了在选举机关内实行按比例分配代表和实行直接的人民立法（全民公决、提案权）的思想。

在国民经济方面，社会革命党的纲领首先注重重新分配已有的财产和收入。具体提出了以下措施：在国家经济和财政政策方面实行累进所得税和遗产税，彻底免除低收入人的税赋；取消间接税、保护税和针对劳动者的各种征税。在工人立法方面，要求用立法规定最长工时（8小时工作制）和最低收入，由国家和工厂主为工人缴纳保险并实行保险人自己管理的原则；建立工会并让其参加工业企业的劳动组织工作。在改造土地关系方面，社会革命党人主张，为了社会主义的利益和反对资产阶级所有制的斗争，应该依靠俄国农民的生活传统和形式、他们关于村社和劳动的观点，尊重农民关于"土地是无主的，谁劳动谁就有权使用"的信念。在实行土地社会化时，应该在不付赎金的情况下将土地变成全民财产。

在社会制度改造方面，社会革命党在纲领中首先要求召开立宪会议。他们对专制制度持不妥协的态度，认为只有通过暴力，即革命手段才能推翻它。

在策略方面，社会革命党人认为，由于现实生活复杂多变，策略方式应该多种多样，包括宣传、鼓动、和平的议会斗争和各种议会外的、暴力的斗争方式（罢工、抵制、武装示威、武装起义等）。值得注意的是，社会革命党人承认对个人进行恐怖行动是政治斗争的手段。他们并不认为恐怖行动是"唯一的和万能的斗争手段"，但认为它是"同专制制度进行斗争的最极端和坚决的"手段之一，恐怖行动是鼓动和唤醒社会、动员革命力量的有效手段。他们特别推崇对有权势的、极端反动的国务活动家采取恐怖行动。此类恐怖行动由战斗组织实施。1905～1907年革命前，战斗组织的活动最有成效，被他们枪杀或打伤的人有：内务大臣德·谢·西皮亚金（1902年4月2日被斯·瓦·巴尔马晓夫枪杀）和维·康·普列维（1902年7月15日被 E.C. 索佐诺夫杀害）、哈尔科夫省省长伊·米·奥勃连斯基公爵（他曾残酷镇压波尔塔瓦省和哈尔科夫省 1902 年春季的农民骚动，1902 年 7 月 29 日他被 Φ. K. 卡秋拉致伤）、乌法省省长 H. M. 波格丹诺维奇（他因组织屠杀兹拉托乌斯特工人而于 1903 年 5 月 6 日在兹拉托乌斯特被 O. E. 杜列波夫枪杀）。1905 年 2 月 4 日，莫斯科总督、沙皇的叔父谢尔盖·亚历山德罗维奇在莫斯科克里姆林宫被社会革命党战斗组织队员伊·普·卡利亚耶夫投放的炸弹炸死。

恐怖活动提高了社会革命党的知名度。但是在组织群众革命方面，他们明显逊色于自己的主要政治竞争伙伴——社会民主党人。根据警察司的材料，1901～1904 年，社会革命党人有 37 个印刷所，而社会民主党人有 104 个，社会革命党人有 277 种革命书刊，而社会民主党人有 1903 种。社会革命党人在这一时期在工人运动中所起的作用明显不如社会民主党人。

社会革命党的组织章程（临时）是 1906 年 5 月在党的第一次代表大会上通过的。直到 11 年后，在 1917 年召开的党的第四次代表大会上才对这个章程做了一些重要补充。组织章程共有八条。第一条规定党员资格："凡承认党纲，服从党的决定并参加党的一个组织的人，都可以成为党员。"这一条中没有谈缴纳党费的问题。章程也没有规定党员在党的一个组织中必须履行的具体工作义务。

党的最高机关是党代表大会，每年应至少召开一次。实际上这一条没能得到遵守。党存在的整个时期只召开过四次代表大会，两次在第一次革命时期，两次在 1917 年。代表大会选出由 5 人组成的中央委员会，负责在思想上和实践上领导党的活动。当选的中央委员有权增补中央委员，但总人数不超过 5 人。社会革命党第一届中央委员有叶·菲·亚捷夫、A. A. 阿尔古诺夫、尼·伊·拉基特尼科夫、马·安·纳塔松和弗·米·切尔诺夫。由中央委员会任命党的中央机关报责任编辑和党在社会党国际局的代表。中央下设专门委员会或局，有农民局、工人局、军事局、书刊出版局、技术局等。

党章还规定建立党务会议制度。党务会议由中央委员、各州、彼得堡和莫斯科委员会的代表参加。党务会议根据需要由中央或一个州党组织的倡议召开，讨论和解决策略及组织方面的迫切问题。第一次党务会议于 1906 年 5 月召开，最后一次，即第十次党务会议于 1921 年 8 月召开。

五 举黑色旗帜的无政府主义者

无政府主义作为一种社会政治学说产生于古希腊和中世纪，具有悠久的历史。它作为一种小资产阶级社会政治思潮形成于 19 世纪 40 年代。俄国无政府主义思想家在这个历史中占有一定位置，其主要代表人物有米·亚·巴枯宁 (1814～1876 年) 和彼·阿·克鲁泡特金 (1842～1921 年)。巴枯宁是主张暴力革命改造世界的理论始祖；克鲁泡特金则创造了无政府共产主义（不要国家的共产主义）理论。18 世纪法国革命时，主张无政府主义的人以黑颜色作为自由的象征，从那时起，黑颜色一直是无政府主义运动的标志。

俄国无政府主义的形成

早在 19 世纪 40～50 年代，亚·伊·赫尔岑等思想解放的激进代表人物就表现出无政府主义的思想成分。这一时期德国的无政府主义思想家麦·施蒂纳和法国无政府主义者波·约·蒲鲁东发表了阐述无政府主义理论的著作，对俄国有一定的影响。俄国无政府主义是 19 世纪 70 年代在巴枯宁思想的影响下作为一种群众社会运动确立下来的。无政府主义对民粹派的社会政治观点有一定的影响。

巴枯宁主张通过废除国家来实现社会革命。他认为，国家是一切社会不平等的根源。他在《国家与无政府主义》一书中写道："我们是所有政权的敌人，所有国家的敌人。"巴枯宁只承认一种革命斗争形式——立刻举行工人群众的全民起义，推翻资产阶级国家制度，在它的废墟上自下而上地建立"自由生产者联合会"。他认为，举行全民起义的主要障碍是村社的封闭性和农民的分散性，因此应该打破农民的封闭性，在工厂工人和农民中间建立起联系，在此基础上建立起牢不可破的、能立刻在全国进行社会革命的力量。

俄国早期的平民知识分子小组积极地接受了巴枯宁的思想。

从 19 世纪 70 年代初起，克鲁泡特金也开始自称无政府主义者。他为当时的柴可夫斯基小组起草纲领性文献《我们是否应该研究未来的理想制度》，指出未来理想的制度是"无政府主义"，即没有中央国家权力的"自由公社联盟"。

当时许多俄国青年信奉无政府主义。19 世纪 70 年代政府审理的几宗革命者案件中，最著名的被告都以自称无政府主义者为荣。

后来，克鲁泡特金进一步发展了无政府主义理论。19 世纪 70 年代至 90 年代初，他写了一系列著作（《一个反叛者的演说》《夺取粮食》《无政府主义的哲学和理想》《国家及其在历史中的作用》等），阐述了无政府共产主义理论。他认为："无政府主义乃是一种机械地理解自然界和社会生活现象的世界观。"

克鲁泡特金非常重视革命理论问题。他认为，人民对革命发动尚未做好准备，因此提出建立无政府主义政党，"以便进行冷静的思想准备工作"。他认为，社会革命乃是历史发展合乎规律的现象，是一次跃进，最终会导致彻底消灭所有国家设施和机构。在推翻旧制度后可立刻实行无政府共产主义。克鲁泡特金认为，"只有劳动者自己，即工人、农民和劳动知识分子"才能进行这场社会革命。他否认有必要建立革命政府，不承认任何革命思想。

20 世纪初的俄国，阶级斗争异常激烈，革命热情普遍高涨，为无政府主义的活跃创造了合适的环境。

组织结构和社会成分

俄国无政府主义者最初是在国外开展活动。1900 年，日内瓦出现了俄国无政府主义者的流亡组织"国外俄国无政府主义者小组"。该组织发表了关于推翻专制制度和进行社会革命的宣言。1903 年，果戈利亚夫妇在日内瓦建立无政府共产主义者小组——"面包和自由"小组，对俄国无政府主义者运动有一定影响。在克鲁泡特金等人的帮助下，"面包和自由派"分子当年在国外出版了俄国第一个无政府主义机关报——《面包和自由报》。

1900～1904 年，在其他国家（保加利亚、德国、美国、法国）也出现了俄国无政府主义者小组。1903 年春，俄国国内开始出现无政府主义者小组。到 1903 年年末，在西北、西部、南方的 27 个居民点共有 29 个无政府主义者小组。

第一次俄国革命时期，无政府主义组织的数量不断增加，1905 年有 125 个，1906 年有 221 个，1907 年增加到 255 个组织，活跃在 180 个城市和居民点。

无政府主义运动的社会基础主要是手工业者、商人、农民、一部分知识分子以及少数不满现存制度的工人。但是无政府主义组织中几乎没有产业工人。

1905～1907年革命期间，无政府主义者主要是些18～24岁的年轻人，是受过初等教育或没有受过教育的人。其中，犹太人占50%，俄罗斯人不到41%，还有乌克兰人等。年龄最大的是运动创始人克鲁泡特金。无政府主义运动的理论家和领导人大都受过高等教育和中等教育。

俄国无政府主义的主要流派

第一次俄国革命期间，俄国无政府主义运动出现三个主要流派：无政府共产主义、无政府工团主义和无政府个人主义。

无政府共产主义的代表人物是克鲁泡特金和"面包和自由派"。他们的目标是实行"社会革命"，彻底消灭资本主义和国家，代之以无政府共产主义。在政治方面，他们反对无政府主义者参加国家杜马和立宪会议；在经济方面，他们主张实现工业的非集中化，建立直接的产品交换和劳动一体化（城乡居民都可以耕种土地，脑力劳动和体力劳动相结合，建立生产技术培训制度）；在土地问题上，克鲁泡特金等人认为，必须将通过起义得到的土地交给人民，即交给耕种土地的人，但不是交给个人，而是归村社所有。

无政府工团主义的思想家和组织者有雅·伊·基里洛夫斯基（丹·伊·诺沃米尔斯基）、鲍·纳·克里切夫斯基、弗·亚·波谢。无政府工团主义者的主要目标是使劳动完全彻底地摆脱各种形式的剥削和政权统治，建立作为劳动者主要的和最高组织形式的自由职业联合会。在各种斗争形式中，工团主义者只承认工人同资本的直接斗争，以及抵制、罢工、消灭财产和对资本家施用暴力等斗争形式。

无政府个人主义（个人主义的无政府主义）的代表人物有 A. A. 巴罗沃伊、O. 维肯特、H. 勃朗斯基。他们主张个人的绝对自由，认为这"既是出发点，也是最终理想"。他们主张把集体主义原则和个人主义原则结合起来，主张通过经常性的恐怖活动同专制制度做斗争。

六 俄国社会民主工党的建立与党内分裂

从 19 世纪 90 年代中期开始，俄国工人阶级反对专制制度和资本主义剥削的斗争风起云涌，罢工、抗议的浪潮一浪高过一浪。沙皇政府慑于罢工的规模，答应在 1897 年 1 月以前颁布缩短工作日的法律。1897 年 6 月 2 日，沙皇政府在拖延近半年的时间后，终于在罢工浪潮的压力下，颁布了关于把工作日缩短到 11 个小时并规定节假日休息的法律。这件事表明，俄国无产阶级已变成一支重要的社会力量。社会民主党人通过实际接近无产阶级的斗争，开始引导无产阶级去认识工人的利益与统治阶级的利益是对立的，必须同沙皇制度进行政治斗争。

19 世纪 90 年代的许多社会民主党人，包括普列汉诺夫在内都确信，俄国无产阶级的历史命运同西欧无产阶级在民主革命时期（当时领导社会进步运动的是资产阶级）的命运是一样的。列宁则认为，俄国的情况与此不同。在俄国所有阶级中，只有无产阶级才能成为争取政治自由与民主制度的先进战士。列宁还指出，社会民主党的使命是把工人的分散的经济斗争转变成整个工人阶级反对剥削制度的自觉的有组织的斗争。为此，就必须把无产阶级团结成一个独立的社会主义工人政党。列宁认为，党是无产阶级的阶级组织，是无产阶级的司令部，在它的活动中要把理论工作与实际工作有机地结合起来。

在俄国无产阶级政党形成的过程中，出现过形形色色的思潮。列宁为捍卫无产阶级政党的纯洁性，同各种错误思潮和流派进行了激烈的思想斗争。当时最有影响的思潮之一是经济主义。经济主义和经济派的主要代表人物有康·米·塔赫塔廖夫、谢·尼·普罗柯波维奇、叶·德·库斯科娃等人。经济派反对工人阶级在斗争中提出政治要求，主张工人阶级只限于搞经济斗争，认为政治斗争是自由派资产阶级的事。此外，他们崇拜工人运动的自发性，否定革命理论的指导作用，否认从外部把科学社会主义思想灌输到工人运动中去的必要性，认为在自发的工人运动中会自发产生社会主义思想。列宁同俄国社会民主党中的经济主义和经济派进行了针锋相对的斗争。他在《俄国社会民主党人抗议书》（1899 年）和《怎么办？》（1901～1902 年）等著作中，对经济主义进行了批判。列宁指出，没有革命的理论，就不会有革命的运动。列宁通过分析工人运动中自发性和自觉性的关系，批判了经济派崇拜自发性的错误，指出社会主义学说是由革命的社会主义思想家创立的，工人的社会民主主义意识只能从外部灌输进去。列宁通过阐述工人阶级进行阶级斗争中经济形式和政治形式的相互关系，指出社会民主党领导工人不能只局限进行阶级斗争，而应通过对专制制度的全面揭露来提高工人阶级的政治觉悟，使争取改良的局部斗争服从于争取自由和争取社会主义的整个革命斗争。此外，列宁还阐述了众所周知的无产阶级在资产阶级民主革命中的领导权和工农联盟的革命思想。

列宁不仅进行大量理论研究和马克思主义传播工作，还进行积极的革命实践活动。他为在组织上把无产阶级联合起来做了大量工作。1895 年 11 月，他在彼得堡创办了"工人阶级解放斗争协会"。这是继 1883 年 9 月普列汉诺夫创办的"劳动解放社"后，俄国出现的又一个重要的马克思主义组织，是无产阶级革命政党的萌芽。列宁创办的《火星报》为在俄国建立战斗的马克思主义政党进行了大量的思想宣传工作和组织工作。列宁清醒地认识到："无产阶级的自发斗争如果没有坚强的革命家组织的领导，就不能成为无产阶级的真正的'阶级斗争'。"[1] 他坚信：给我们一个革命家组织，我们就能把俄国翻转过来！[2] 列宁认为，党的核心应该由职业革命家组成，这些人要献身革命，具有坚定的理论信念和广阔的政治视野，富于自我牺牲精神，并无限忠于工人阶级。在秘密活动的条件下，集中制是党的最重要的组织原则。

1898 年 3 月 1~3 日（13~15 日），俄国社会民主工党第一次代表大会在明斯克秘密举行。倡议召开这次代表大会的是列宁领导的彼得堡工人阶级解放斗争协会。早在 1895 年 12 月列宁就在狱中草拟了党纲草案，并提出了召开代表大会的主张。由于彼得堡等地的组织遭到警察破坏，这次代表大会的筹备工作主要由基辅的社会民主党组织承担。代表大会选出了由 3 人组成的中央委员会，《工人报》被承认为党的正式机关报。会后中央委员会以大会名义发表了《俄国社会民主工党宣言》，宣布了党的成立。但是这次大会没有制定党纲和

---

① 《列宁选集》第 1 卷，人民出版社，1995，第 414 页。
② 《列宁选集》第 1 卷，人民出版社，1995，第 406 页。

党章，没有形成中央的统一领导，而且代表大会闭幕后不久大多数代表和中央委员遭到逮捕，所以实际上没有建立起统一的党。

20 世纪初，列宁创办的《火星报》编辑部已成为社会民主党组织的领导核心。《火星报》在列宁的领导下为建立俄国无产阶级政党加紧工作。编辑部为制定党的纲领、策略和组织原则做了大量工作。尤其在制定党的纲领方面，列宁和普列汉诺夫都倾注了不少心血，他们分别起草了社会民主工党的纲领草案。虽然两人在一些重大问题上观点不同，但是都为社会民主工党的理论建设做出了自己的贡献。

1902 年 11 月 2~3 日（15~16 日），在普斯科夫召开的社会民主党人会议上，成立了组织委员会，负责召开俄国社会民主工党成立大会。但是由于后来有 2 名成员被捕，组委会未能开展工作。1902 年春天和夏天，列宁提出成立新的组织委员会并要求火星派在组委会中起主导作用。

1903 年 7 月 17 日（30 日）俄国社会民主工党第二次（成立）代表大会召开，8 月 10 日（23 日）结束。代表大会期间召开了 37 次会议，前 13 次会议是在布鲁塞尔举行的，后因比利时警察将一些代表驱逐出境，代表大会不得不迁移到伦敦，在那里举行了后 24 次会议。

派代表出席代表大会的有 26 个社会民主党组织。在代表大会上，43 名代表有 51 票表决权。按照代表大会的章程，每个享有全权的组织，不管它派来几名代表（2 名或 1 名）都拥有 2 票表决权。23 个社会民主党组织有 2 票表决权。崩得，即立陶宛、波兰和俄罗斯犹太工人总联盟，拥有 3 票。2 个彼得堡组织各有 1 票。14 个人有发言权，其中 2 人是波兰和立陶宛社会民主党的代表。代表大会上有当时党内存在的各种思想派别的代表，有党内的主流派——火星派，也有火星派的各种反对派。

代表大会的主要任务是"在《火星报》所提出和制定的原则基础和组织基础上建立真正的党"[1]。需要解决党的组织和党的活动的一些根本问题。大会的议事日程是：崩得在党内的地位，党的纲领和章程，党的地区组织和民族组织，党内工作问题，俄国社会民主工党对社会革命党人和俄国自由派的态度

---

① 《列宁全集》第 8 卷，人民出版社，1986，第 203 页。

以及其他策略问题，选举党中央委员会和党中央机关报编辑部，选举党的总委员会。

列宁认为代表大会对于党的建设具有重大意义，是把党内群众的意志变成法律的最高机关，他参加了所有最重要的决议草案的准备工作。他被选为代表资格审查委员会、纲领委员会和章程委员会的成员。列宁为使《火星报》的纲领和方针成为党的纲领和方针，为使《火星报》的组织计划能够在党章中固定下来进行了不懈的斗争。在代表大会上，列宁得到了普列汉诺夫的积极支持。

在讨论崩得在党内的地位时，崩得分子主张按照民族主义原则，按照联邦制原则建党。列宁认为，无产阶级政党是为被压迫各族人民的团结和解放而斗争的战士，按民族特征把它分割开来，就会使它遭到削弱，因为多民族国家的统治阶级总是竭力使民族之间的不和永远存在下去，以此作为自己进行统治的基础。列宁提议，如果崩得分子一定要搞联邦制，那就立即散伙而单独召开会议。列宁主张在无产阶级国际主义原则基础上建立马克思主义的政党。他得到了大多数人的拥护。

党纲对工人阶级政党具有特殊意义：它决定党的本质、党的政治战略和策略。代表们一致决定以普列汉诺夫和列宁所写的并由《火星报》和《曙光》杂志①编辑部提交代表大会的纲领草案为党纲基础。这个草案的特点是具有彻底的革命性，明确表达了党的最终目的和最近任务以及工人阶级在反对沙皇制度和资本主义制度斗争中的领导作用，概括了俄国无产阶级和国际无产阶级革命斗争的经验。

但在讨论党纲时与会代表发生了激烈的争论。

在讨论资本主义制度下无产阶级绝对贫困化和相对贫困化的问题时，与会代表阿基莫夫认为，无产阶级物质条件的不断改善，可能会成为资本主义发展的规律。这个在今天看来已是明确的观点当时遭到普列汉诺夫的反驳。他说，否认马克思主义关于无产阶级贫困化的理论就是机会主义。普列汉诺夫说：

① 《曙光》是俄国马克思主义的科学政治刊物，1901～1902年由《火星报》编辑部在斯图加特编辑出版，共出了4期（第2、3期为合刊）。

"实际上，如果工人阶级的状况不断改善，如果越来越广大的群众现在也能得到这种改善，那么很自然，社会改良主义者便有一切可能和一切权利成为无产阶级利益的真正代表者和维护者，而革命的社会民主党则只好站到机会主义旗帜下去了。然而，不，阿基莫夫同志，我们不会站到那边去；越来越广大的无产阶级群众的状况不断相对恶化和绝对恶化的事实，在召唤着我们站到革命社会民主党的旗帜之下。"①

代表大会批驳了企图修正马克思主义关于资本主义制度下劳动人民贫困化的原理的做法。纲领中保持了下面这样一种提法："危机和工业停滞时期更容易使小生产者陷于破产，使雇佣劳动更加依赖资本，并更加迅速地引起工人阶级状况的相对的而有时是绝对的恶化。"

阿基莫夫还反对把无产阶级专政的要求写进纲领。他反对的理由是：西欧各国社会民主党的纲领中并没有类似的要求。他说："当我着手研究我们现在所分析的纲领草案时……我发现几乎每一条都偏离了所有其他的纲领，有时是明显的，有时是隐晦的。"② 但是，《火星报》纲领草案的特点就在于：在马克思和恩格斯的纲领性文献之后，社会民主工党第一次在这个纲领草案中明确地提出了关于无产阶级专政的观点。列宁把阿基莫夫及其同伙的观点称为社会改良主义观点。"他们发表了已经被称为（被正确地称为）机会主义的见解。他们已经达到了'推翻'贫困化理论、否认无产阶级专政……的地步。"③

在审查纲领的一般政治部分的过程中，讨论到民主原则（普选权、国会选举等）问题时，某些代表不顾革命斗争在某一阶段的具体阶级力量对比，想把这些原则绝对化。火星派代表指出，对待任何一项民主原则都应当从工人阶级及其政党的社会主义利益的角度出发。普列汉诺夫说，对于革命者来说，革命的成功是最高法则，如果为了革命的成功要求暂时限制某项民主原则的作用，比如普选权的作用，那么在这种限制面前停止下来就是犯罪。革命的无产阶级可以限制上层阶级的政治权利，就像上层阶级限制它的政治权利那样。"④

---

① 《俄国社会民主工党第二次代表大会记录》，莫斯科，1959，第131页。
② 《俄国社会民主工党第二次代表大会记录》，莫斯科，1959，第174页。
③ 《列宁全集》第7卷，人民出版社，1986，第252页。
④ 《俄国社会民主工党第二次代表大会记录》，莫斯科，1959，第182页。

普列汉诺夫的讲话在代表中间引起强烈反响，赞赏的掌声和反对的嘘声交织在一起。列宁高度评价普列汉诺夫的发言。1918年同考茨基论战时，考茨基攻击布尔什维克，说他们剥夺了资产阶级的政治权利，列宁指出，革命的马克思主义者，从来没有把那种所谓"纯粹"的资产阶级民主看作神圣的东西，并且举了普列汉诺夫1903年的发言为例子。[1]

在讨论民族问题时，列宁提出了全体公民不分民族完全平等、承认作为国家组成部分的一切民族都拥有自决权的纲领性原则，发展了各民族工人联合成统一的阶级组织的原则。列宁所理解的民族自决是指有分离和建立独立国家的绝对权利。但是他强调，必须从阶级的立场、从国际主义的立场来解决民族问题，解决民族问题要服从无产阶级的任务。民族自决权——这首先是为反对一切民族压迫而进行不调和的斗争，并不一定在任何条件下都要求分离。代表大会通过了关于民族自决权的纲领条文。

在讨论列宁所写纲领中的土地部分时，发生了激烈的争论。列宁的纲领包括下列要求：废除赎金和代役租，废除限制农民支配自己土地的法律，把以赎金和代役租形式从农民手里勒索去的钱归还给农民，把1861年改革后从农民手里割去的并成为盘剥农民的手段的那部分土地归还给农民，成立农民委员会。不言而喻，实现这些要求就能够把农民从地主的奴役下解放出来，就能够消灭农奴制残余并保证农村阶级斗争有自由发展的条件。

列宁的土地纲领的实质，就是要在全体农民作为一个阶级起来反对农奴制残余、反对地主的资产阶级民主革命阶段建立并巩固工人阶级和全体农民的联盟。在这种条件下，无产阶级政党应该支持并促使全体农民为摆脱地主霸道和专制压迫而斗争。列宁是从为社会主义而斗争的广阔前景来考察党的土地纲领的。他说："我们相信，由于社会民主党现在为农民的利益进行了斗争，我们将来就会看到这样的事实：农民群众会习惯于把社会民主党看作他们的利益保护者。"[2]

崩得分子、"经济派分子"等起来反对土地纲领。例如，马霍夫声明，土

① 《列宁选集》第3卷，人民出版社，1995，第637页。
② 《列宁全集》第7卷，人民出版社，1986，第264页。

地纲领根本就不需要。他说："如果说的是农民无产阶级，那我们可以拿出纲领总的部分；既然现在说的是农民的另一部分即非无产阶级部分，那我们就什么也不能给他们。所以，我建议将整个土地纲领全部否决。"① 马霍夫等人不承认农民的革命作用。他认为，无产阶级是唯一的革命阶级，"其余的阶级都是微不足道的，都是无关紧要的"。他断言，农民革命即使发生，"那也不会是革命，而是反动"。② 他的观点受到大多数代表的反对。经济派分子马尔丁诺夫则批评纲领中关于"割地"的论点。他认为不能用归还农民割地的办法来纠正历史不公平现象。对此，列宁认为，把割地归还给农民这一要求的重大政治意义就在于，应当通过革命的方式来实现这个要求，由被压迫阶级来实现这一要求。列宁还指出，把割地归还给农民只是解决土地问题的第一步。③ 在革命达到一定规模的情况下可以提出没收全部地主土地的要求。

土地纲领在代表大会上以多数票获得通过。

在做了个别文字上的修改后，在1票（阿基莫夫）弃权的情况下，全体代表通过了《火星报》的整个纲领。这是俄国社会民主工党历史上的重大事件。普列汉诺夫在对纲领的讨论进行总结时说："同志们，自觉的无产阶级的政党俄国社会民主工党，从现在起有了自己的纲领……我们可以自豪地说，我们通过的纲领为我们无产阶级提供了一个同敌人进行斗争的牢固而可靠的武器。"④

纲领确实是无产阶级解放斗争的一个重要文献，它回答了最广大的劳动群众所关心的问题，精辟地论述了资本主义及其所固有的社会对抗，指出了无产阶级的历史使命。纲领着重指出，资本主义本身造就了工人阶级战胜资产阶级的社会力量。随着资本主义的发展，劳动人民的不满情绪将日益增长，他们同剥削者的斗争也会日益尖锐。随着技术的改进、生产资料和流通资料的集中、

---

① 《俄国社会民主工党第二次代表大会记录》，莫斯科，1959，第230页。
② 《俄国社会民主工党第二次代表大会记录》，莫斯科，1959，第225页。
③ 后来，在谈到第二次代表大会通过的土地纲领时，列宁指出了它的局限性。关于割地的条文的出发点是想把农奴制盘剥的土地和按资本主义方式经营的土地大致区分开来。列宁指出，这样的大致区分是错误的，因为实际上农民运动的矛头不可能只指向几种地主土地，而是指向整个地主土地所有制。
④ 《俄国社会民主工党第二次代表大会记录》，莫斯科，1959，第258页。

劳动的日益社会化，造成了用社会主义生产关系代替资本主义生产关系的物质前提。纲领中说：无产阶级革命将以生产资料的公有制代替生产资料的私有制；将有计划地去组织生产，以保证社会全体成员的福利和全面发展；将消灭社会的阶级划分，消灭任何形式的剥削。

纲领指出了无产阶级政党的特殊作用，即领导各种形式的阶级斗争，阐明当前社会革命的历史意义和必要条件，把劳动群众的所有阶层都团结在无产阶级的周围，启发他们准备进行伟大的斗争。

纲领（最低纲领）宣布，党的最近的政治任务是推翻沙皇专制制度并代之以民主共和国，这是进行无产阶级革命和对社会进行社会主义改造，即实现最高纲领的必要的先决条件。只有在整个社会政治生活广泛民主化的基础上，才有可能把无产阶级的阶级斗争提到高级阶段，才能保证实现社会主义变革的条件。因此纲领中要求实行普遍、平等和直接的选举制，要求实行地方自治，要求信仰、言论、出版、集会、罢工和结社完全自由，要求教会同国家分立、学校同教会分立，要求废除等级制，实行全体公民不分性别、宗教信仰、种族和民族一律平等。

此外，纲领还要求对法官实行选举，用全民武装代替常备军，废除间接税，实行累进所得税和累进遗产税。纲领中还提出了旨在认真改善工人阶级和广大非无产阶级劳动阶层经济状况的措施。

纲领完全依据马克思主义理论的精神和原则，指出社会革命的必要条件是无产阶级专政，有了无产阶级专政，才能镇压剥削者的一切反抗。在当时国际工人运动中，这是唯一包含了无产阶级专政要求的纲领。

此后，代表大会还通过了与纲领有密切关系的关于策略问题的各项决定。

列宁向代表大会提出了党章草案，其中规定了接纳党员的手续，应根据党组织完备的代表选举制的原则召开代表大会，讨论和通过决议要经过简单的多数，要实行地方组织在地方事务上的自治。党章草案的基础是集中制思想，它从原则上确定了解决一切组织问题的方法。此外，党章草案根据俄国社会民主主义运动的特殊条件（秘密状态），提出建立两个中央领导机关——中央机关报和中央委员会。

在讨论党章第一条即关于党员资格的条文时，发生了严重分歧，列宁和马尔托夫都提出了一个条文。列宁提出的党章草案指出，凡是承认党纲，在物质上帮助党并且参加党的一个组织的人，都可以成为俄国社会民主工党党员。列宁认为，只有那些能够为工人阶级的事业忘我斗争并在群众中进行经常不断的工作的人才能入党。马尔托夫提出的条文是：凡是承认党纲并在党的一个组织领导下经常协助党工作的人都可以成为党员。马尔托夫说，党员称号散布得愈广愈好。

马尔托夫的条文是把党和阶级混为一谈，贬低了无产阶级先锋队对无产阶级阶级斗争的领导作用。马尔托夫的条文得到一些人的支持，他们想为"党的外围"知识分子敞开党的大门。比如，阿克雪里罗得说："的确是这样。让我们拿一位自认为是社会民主党人并声明了这一点的大学教授作例子。如果我们采纳列宁的条文，就会把虽然不能被直接吸收到组织中，但终究还是党员的那一部分人抛弃掉。"①

列宁指出，这个理由是站不住脚的。他进一步解释说，由真正的革命家组成的党组织愈坚强，党内的不坚定性和动摇性就愈少，党对于在它周围的受它领导的工人群众的影响就愈加广泛、全面、巨大和有效。绝对不能把作为工人阶级先进队伍的党同整个阶级混淆起来。普列汉诺夫拥护列宁的条文。

马尔托夫联合自己的拥护者，使代表大会通过了自己的条文，但是以列宁为首的火星派经过努力，使列宁提出的其他党章条款获得了通过。

党章规定，党的最高机关是党代表大会，在可能的情况下，代表大会至少每两年举行一次。党的总委员会在两次代表大会期间是党的最高领导机关。它的责任是使中央委员会和中央机关报编辑部的活动协调一致。党章规定，中央机关报编辑部应该在思想上领导党，中央委员会则在实践上领导党。党章还规定了党中央机关同地方组织的关系以及党员的权利等内容。

在讨论民族组织问题时，由于几个火星派分子不同意代表大会意见而退出大会，列宁的火星派成了多数派。在这种力量分布的情况下，代表大会开始转入选举中央机关。

列宁及其拥护者在选举中获得了多数。代表大会选举列宁、马尔托夫和普

---

① 《俄国社会民主工党第二次代表大会记录》，莫斯科，1959，第262页。

列汉诺夫为中央机关报《火星报》编辑部成员，格·马·克尔日扎诺夫斯基、弗·威·林格尼克和弗·亚·诺斯科夫为中央委员会委员。普列汉诺夫为党的总委员会委员。总委员会由 5 人组成，由中央机关报编辑部和中央委员会各 2 名委员参加。从此，列宁及其拥护者被称为布尔什维克（多数派），马尔托夫派被称为孟什维克（少数派）。

俄国社会民主工党第二次代表大会具有重大历史意义。列宁指出："我们第一次摆脱了小组自由散漫和革命庸俗观念的传统，把几十个极不相同的集团结合在一起，这些集团过去往往是彼此极端敌对……它们准备（在原则上准备）为了我们第一次实际创立起来的伟大整体——党而牺牲所有一切集团的特点和集团的独立性。"[1]

代表大会的主要成果是在俄国建立了革命的马克思主义政党——布尔什维克党。列宁说："布尔什维主义作为一种政治思潮，作为一个政党而存在，是从 1903 年开始的。"[2]

代表大会另一个显著的特点是，俄国社会民主工党分裂成布尔什维克和孟什维克两个派别。

代表大会结束后，这种组织上的分裂活动并未停止，代表大会之后，两个派别各自出版书刊反对他们不久前的战友。与此同时，孟什维克在普列汉诺夫的帮助下控制了《火星报》编辑部，并在党的总委员会中得到 2 个位置，争取到了参加第二国际阿姆斯特丹代表大会（1904 年）的代表权。在派别争论中，最主要的问题是党的建设问题，孟什维克认为，应该以德国社会民主党为榜样建设工人政党。

但是，这种情况并不能改变这样一个事实：1903 年，列宁不仅是布尔什维克公认的领袖，而且已经成为一个非凡的领袖人物。有许多回忆作品描述列宁的吸引力和非凡才能。不仅列宁的战友们这样写，马尔托夫、波特列索夫、切尔诺夫、瓦连廷诺夫等同列宁有分歧的著名革命活动家也这样认为，波特列索夫就曾坦率地写道："无论是普列汉诺夫，还是马尔托夫或其他什么人，都

---

① 《列宁选集》第 1 卷，人民出版社，1995，第 524 页。
② 《列宁选集》第 4 卷，人民出版社，1995，第 135 页。

不具备列宁那种天生造就的对人的影响力，我甚至认为是统治能力。人们对普列汉诺夫是尊敬，对马尔托夫是热爱，只有把列宁看作唯一可以追随的、无可争议的领袖，因此在俄国条件下，只有列宁是一个非凡的人才，他有铁一般的意志、充沛的精力，他令人难以置信地相信运动，相信事业，也相信自己。法国国王路易十四曾说：'国家就是我。'可以毫不夸张地说，列宁始终感觉到，党就是他，他身上集中了运动的意志。他也是据此而行动的。"①

总的来看，列宁这时已经感觉到自己对孟什维克领袖的优势，他信心百倍地为实现自己的原则而斗争。

1904 年是列宁及其拥护者最困难的年头之一。孟什维克在《火星报》编辑部内占据上风，因此在党的总委员会中也占据优势并严格限制列宁派的财权。由于同《火星报》的争吵，工作更难开展了。《火星报》发起了一场公开反对列宁的运动。普列汉诺夫在报上尖刻地说列宁搞"波拿巴主义"；马尔托夫出版了一本小册子，批评在俄国社会民主工党内搞"戒严状态"。1904 年春，两名布尔什维克中央委员在俄国被逮捕。到 1904 年夏，列宁在党中央和党总委员会中都成了少数派。由于害怕列宁的做法引起分裂，中央中的布尔什维克对列宁的支持越来越不坚决，比如，1904 年年初，列宁就出版论战性小册子《进一步，退两步》问题征求中央的意见，中央反对出版这本小册子。但是这部著作还是出版了，这引起中央多数人的不满。列宁提出召开党代表大会的主张也遭到中央的抵制。最后，1904 年 7 月，布尔什维克调和派和孟什维克针对列宁搞了一次"政变"，他们通过特别宣言，禁止列宁代表中央讲话。

普列汉诺夫对列宁在党内处境的变化起了很大作用，由于普列汉诺夫在党内享有崇高威信，他倒向孟什维克一边使力量对比发生了不利于列宁的变化。列宁评价普列汉诺夫时说，1903 年夏他还是一名布尔什维克，秋天时他左右摇摆，到年底他就成了一名狂热的孟什维克分子。

1904 年 8 月，列宁的拥护者聚集在日内瓦，要求召开俄国社会民主工党第三次代表大会。在这次由列宁发起的、在日内瓦举行的、共有 22 名布尔什

---

① 《俄国政党历史》，莫斯科，1994，第 266～267 页。

维克出席的会议上，发表了一份《告全党书》，它成了布尔什维克为召集俄国社会民主工党第三次代表大会而奋斗的纲领，会上选出了"多数派委员会常务局"，负责筹备第三次代表大会的实际工作。此外，还创办了布尔什维克的报纸《前进报》。

1905年4月，一些代表冲破重重阻力来到伦敦参加代表大会，即俄国社会民主工党第三次代表大会。孟什维克代表没有参加会议，他们认为这次代表大会不合法。几乎在同一时间，孟什维克在日内瓦召开了全俄党的工作者第一次代表会议。就其实质和作用而言，日内瓦代表会议相当于孟什维克代表大会。于是俄国社会民主工党的两个主要派别在同一时间各自召开了代表大会。这是组织上的彻底分裂，实际上出现了两个党——布尔什维克党和孟什维克党。

在布尔什维克代表大会上，列宁的思想取得了胜利，列宁有关党章的第一条条文获得通过。领导机关的结构也发生了变化，取消了党的总委员会，建立了统一的权威机关——中央委员会。代表大会接受了列宁所有的理论和实践方针。此时第一次俄国革命已经开始，代表大会针对一系列策略问题做出了决议。

孟什维克代表会议也根据俄国已经开始革命的现实，通过许多策略决议并通过了新的组织章程，选举了孟什维克中央委员会。

在实际活动中，布尔什维克和孟什维克遵循的都是1903年通过的俄国社会民主工党纲领。但是孟什维克中，除普列汉诺夫外，没有出现全国性和国际性的马克思主义理论家。孟什维克同布尔什维克之间的分歧，在最初阶段更多表现为策略上的分歧。严格地讲，列宁派和马尔托夫派的最终目标是一致的。

还有一种情况也值得注意，普列汉诺夫、列宁、阿克雪里罗得、马尔托夫、托洛茨基等活动家在国外流亡多年，第二国际各政党以及西欧生活的特点不可能不对他们的心理和他们对俄国现实的认识产生影响。普列汉诺夫和马尔托夫往往根据欧洲的情况思考问题，而列宁派更多的是根据俄国的生活方式思考问题。总体上讲，列宁对俄国的了解比他的政敌和思想上的反对派更深刻，所得出的结论和制定出的斗争策略和斗争方法更符合俄国的传统和实际。这一点在1905～1907年革命和此后的事态发展中表现得尤为明显。

第三章　1905～1907年：革命的演习

一　1905年革命的起因

19世纪末20世纪初，资本主义进入帝国主义发展阶段。垄断已成为各个主要资本主义大国经济、政治生活以及世界政治中的决定性因素。世界已按殖民国家的势力范围被瓜分完毕，帝国主义为重新划分殖民地和各自的势力范围而不断发动战争。各国历史发展的不平衡，在这一时期表现得特别明显。在俄国，资本主义及其最新组织形式迅速发展，但是同欧美几个主要资本主义大国相比，它仍然是一个落后的国家。一方面，出现了银行和工业现代化的垄断组织；另一方面，在农村中居支配地位的仍然是大地主经济，它的经营方式为半农奴制。由于资金不足，沙皇政府开始向西欧财团请求贷款，让它们掌握国家的经济命脉。因而俄国在国际舞台上的作用，已大不如前。但是它同西欧帝国主义盟国之间却有着共同的利益，并同它们争夺世界市场，尤其是对东方邻国推行殖民政策，参加对中国的侵略和扩张。

俄国并不是典型的帝国主义国家，但是帝国主义时代的所有矛盾在它那里却表现得十分突出。在帝国主义国家的链条之中，它是最薄弱的一个环节。因此在20世纪初，俄国成了世界革命运动的中心。

19世纪90年代中期，俄国无论是工业还是农业，都在资本主义发展道路上迈出了重要的步伐。过去数十年间，由于在南方建设了新的工业区，大兴铁路建设，使工业，尤其是金属冶炼和煤炭产量有所增长。在国内市场上，本国生产的煤和金属这时已经基本上可以满足需要，而在石油开采方面，俄国甚至成了最大的石油出口国。总而言之，1893～1899年，俄国整个大工业生产的产量增长了一倍，各主要工业部门生产的产量增长了两倍。俄国工业生产能力仍然落后于先进的资本主义国家，但就其工业发展速度而言，已经超过了它们；就生产的集中程度而言，俄国也超过了西方各先进国家。

俄国本身的经济发展是畸形的。经济生活中既有最新的帝国主义垄断组织和先进的生产工艺，也有落后的中小企业，往往保持着前资本主义时期和资本主义早期的野蛮剥削方式。在包罗多种成分的经济体系中，手工业生产占有一席之地。

由于资本主义发展速度的加快和帝国主义时代的到来，俄国经济中早已存在的各种深刻的矛盾更加激化。1900～1903年，俄国也发生了工业危机和"货币恐慌"，不少企业倒闭，冶金工业和机器制造业一片凋零。政府支持银行收购濒临破产的公司股份、给予补贴，同时又自行通过各种渠道向它们提供贷款和资金。政府对经济生活的这种干预意在控制资产阶级，从政治上巩固专制制度。

在农村，农奴制残余依然存在。绝大多数农业人口一贫如洗，国内市场因而大为缩小，这从根本上束缚了资本主义的发展。农民的农业生产并不是普遍具有商品生产性质，许多地方还保留着自然经济的特点。在俄国，土地垄断是地主的主要特权。在许多地区，大土地占有者根本不愿意亲自经营自己的土地，而宁愿把这些土地就近"借给"永远需要土地的农民。在萨拉托夫省，农民耕种的土地一半都是向地主租来的；在下诺夫哥罗德省，地主自己经营的土地只占他们全部耕地的2%。俄国的大土地占有者与其说是农业企业主，不如说是土地高利贷者；与其说他们在经营自己的土地或剥削耕种他们土地的雇农的劳动，不如说他们只须利用自己的土地占有权和农民对土地的需求就可轻松获利，这导致农村迅速发生两极分化，使农民遭受到极大的苦难。在俄国中部，破产的农民大多沦为雇农，除了一块份地之外，一无所有；同他们对立的是不法富农。俄国农村经常发生全体农民同地主的斗争、农村贫民同农村资产阶级的斗争。而前一种斗争表现得更加鲜明、更加尖锐。20世纪初，农民反对地主的"骚动"事件频频发生。

农村的分化过程改变了俄国的社会结构，促进了两大阶级——无产阶级和资产阶级的形成，农民忍受不了贫困和饥饿而逃离农村，补充了产业工人的队伍。劳动后备军的存在，使无产阶级本来已经十分困苦的境况更加恶化。封建地主的压迫、工人在政治上的无权，为企业主对工人进行剥削提供了方便。工人的生活苦不堪言。无产阶级所处的境况，自然会引起阶级矛盾的尖锐化。

无产阶级逐渐成为俄国社会革命的主力军。20 世纪初，无产阶级（连同家属）的人数已达 2200 万，占全国人口总数的 18%。但是大型工矿和运输业中的工人，即产业工人并不多，不到 300 万人。无产阶级由于自身社会地位和行业特点，具有高度的组织性和纪律性，有高度的阶级觉悟。随着马克思主义在俄国的传播和马克思主义政党的建立，工人阶级的力量越来越大。在反抗沙皇制度和捍卫自己权利的斗争中，无产阶级越来越成熟。早在 1902 年的罢工和政治示威中，无产阶级就已表现出它是一支在解放斗争中起领导作用的独立的政治力量。总之，除了农村中农民反对封建地主和农奴制残余压迫的斗争日益尖锐激烈外，城市中工人阶级的斗争也风起云涌。俄国革命的形势迅猛发展，可谓"山雨欲来风满楼"。日俄战争的爆发大大加速了革命的到来。

1904 年 1 月 26 日深夜，日本鱼雷艇向停泊在旅顺口港外锚地的俄国舰队发动突然袭击。随后，日本军舰又袭击了在朝鲜仁川港附近的俄国巡洋舰"瓦良格"号和炮舰"朝鲜人"号。于是日俄战爆发了。战争是日本在英、美支持下发动的，但不论从哪一方看，这都是一场非正义的侵略战争。战争爆发的原因之一，被沙皇政府内务大臣普列维一语道破，即沙皇尼古拉二世及其仆人企图利用"一场小规模战争胜利"来防止革命。但是这场战争并非小规模，而且沙皇政府也没有胜利，它不但没有防止革命，反而推动了革命事态的发展。1904 年 5 月，在鸭绿江畔的一次战斗中，日军重创俄军，并进入中国东北。同时日本开始从陆上进攻旅顺口。8 月和 9 月，沙俄军队在辽阳城下和沙河又遭到惨败。1904 年 12 月，旅顺口被日军占领。

日俄战争中沙皇政府的战败，再一次暴露了专制制度的腐朽。由于战争的爆发，革命形势迅猛发展。在社会和政治激情达到白热化的情况下，甚至一个不大的事件也能激怒群众，成为革命爆发的导火线。1905 年 1 月普梯洛夫工厂解雇几名工人就是这样的事件。工人为抗议工厂主的压迫，宣布于 1 月 3 日进行罢工。罢工一开始就很有组织性，工人们团结一致：1.3万名普梯洛夫工厂的工人关闭了机床。法俄工厂的工人立刻参加到他们的行列中，随后参加进来的还有涅瓦造船厂、涅瓦纺织厂和叶卡特林哥弗纺织厂的工人。

俄国社会民主工党彼得堡委员会采取措施将普梯洛夫工厂工人的罢工变成彼得堡无产阶级的总罢工。它向各区、各工厂发出号召，在号召书中把各个企业工厂的需要同革命无产阶级的总要求联系了起来。布尔什维克在《告普梯洛夫工厂全体工人书》的传单中写道："是时候了，是我们摆脱警察和官吏横加在我们身上的无法忍受的压迫的时候了！我们需要政治自由，我们需要罢工、结社和集会自由，我们需要有自由的工人报纸，我们需要实行人民自治（民主共和国）！"

到1月7日傍晚，彼得堡参加罢工的工人已经超过13万。首都整个工业生产活动陷入瘫痪。城市没有照明，没有报纸，各区工人不断举行人数众多的集会。这是俄国前所未有的一次阶级斗争的大爆发。

专制政府企图扑灭革命的火焰，然而群众的不满情绪日益表现为公开的抗议。这时加邦神父提出了和平游行到沙皇的皇宫——冬宫，并呈递陈述工人疾苦的请愿书的计划。游行定为星期日即1月9日举行。1月7日和8日，到处都在讨论呈递请愿书之事，俄国社会民主工党彼得堡委员会在各工厂的鼓动员向工人解释道，自由不应该用请愿的方法，而应该通过有组织的反对专制制度的斗争去争得。1月8日，彼得堡委员会散发了《告彼得堡全体工人》的传单，传单向首都无产者反复说明，工人的解放是工人自己的事情，不要向沙皇请愿，而要"把沙皇从宝座上拉下来，并将全部专制匪帮连同沙皇一起赶跑"。传单中说："自由要用鲜血来换取，自由要在残酷的战斗中用武器去争取。"与此同时，彼得堡委员会还印发了给士兵的传单，号召他们不要向人民开枪并且要转到人民一边来。

沙皇当局决定镇压游行队伍，不允许人群靠近冬宫。1月8日，一批文学家和学者求见大臣们，恳请防止流血事件发生。但是一切努力都是徒劳的。

1月9日上午，工人队伍分别从彼得堡各工人区向皇宫广场进发。大约有15万人走上了街头。他们带着妻子儿女，手持沙皇的画像和教堂的旗幡。善良的工人们不可能想到会有一场屠杀在等待着他们，他们对沙皇还抱着一种虔诚的期望。当示威群众的先头队伍到达皇宫广场时，响起了一阵枪声，随后枪声大作。在皇宫广场和通向广场的几条大街上发生了惨不忍睹的大屠杀。沙皇的爪牙残暴地扑向人群，人们遭到马匹的践踏，排枪的扫射，被军刀砍、刺刀刺。在那个星期日，彼得堡的街头染遍了工人的鲜血。"这是对手无寸铁的和平的人民群众的最无耻最残忍的屠杀。"[1] 有数千人在这一天被枪杀。人们对"沙皇陛下"的信任转变为仇恨。到傍晚，全城不少地区筑起街垒，成群的工人全神贯注地倾听着布尔什维克的演说。"流血星期日"的消息激起了全俄各地人民的义愤和抗议。莫斯科举行了多次政治示威，里加举行了罢工和示威，华沙和梯弗利斯也举行了罢工。此后几乎全国各地都出现了抗议"流血星期日"的事件。无产阶级用群众性的政治罢工来回答沙皇的暴行。"流血星期日"也使欧美的劳动者和先进的政治家、社会活动家加强了同俄国无产阶级的团结，增进了对俄国人民的同情。

1905～1907 年第一次俄国革命爆发了。这是帝国主义时代的第一次人民革命。

二 第一次革命时期的俄国政治舞台

1905～1907 年革命前夕，在俄国政治舞台上有三个阵营：民主派阵营，即无产阶级及其同盟者——农民，他们是革命的动力，为推翻沙皇制度和建立民主共和国而斗争；自由派资产阶级阵营，它力求实现君主立宪制，防止人民革命；政府阵营（沙皇政府和贵族），它竭力阻止社会变革，维护君主制。革命的爆发使这三个阵营都活跃起来。与这三个阵营有千丝万缕联系的各个政党纷纷发表各自对革命及其发展前途的看法，制定自己在革命过程中的行动策略。

革命无产阶级反对专制制度的罢工浪潮一浪高过一浪。为了平息革命的浪潮，沙皇政府委托由内务大臣布里根任主席的委员会起草了《关于设立国家杜马的法令》和《国家杜马选举条例》，并于 1905 年 8 月 6 日（19 日）颁布，

---

① 《列宁全集》第 9 卷，人民出版社，1987，第 194 页。

同时还颁布了沙皇关于设立国家杜马的诏书。沙皇政府计划在1906年1月前召开咨议性国家杜马。由于上述两个文件是由布里根领导的委员会起草的，故这个拟成立的杜马被称为布里根杜马。但是根据《国家杜马选举条例》，大多数劳动者被剥夺了选举权。

人民并没有被沙皇政府关于建立杜马的消息所迷惑，1905年10月10日，莫斯科布尔什维克代表会议决定开始举行政治总罢工。几天之内罢工就席卷这座城市几乎所有的企业。彼得堡的罢工发展成总罢工，首都停电、车辆停驶、电话不通。罢工迅速地扩展到全国。布尔什维克在各个工业中心、各城市和各铁路枢纽同其他革命政党联合行动，在各处建立联合罢工委员会。就连自由派为了追求自己的目的，也宣布支持罢工，但是他们千方百计阻止罢工变成武装起义。罢工总人数达到200万人。"**全俄政治罢工**这一次真是席卷全国，它在最受压迫的和最先进的阶级的英勇奋斗中，把万恶的俄罗斯'帝国'的**各族人民**联合起来了。"①

罢工带有明显的政治性质，并且是在下列革命口号下进行的："打倒布里根杜马！""民主共和国万岁！"无产阶级在罢工过程中，不经官方许可自己用革命的办法实现了言论、集会和出版等民主自由，在各企业中实行8小时工作制。当时经常不断地公开举行各种工人集会和会议，在这些会议上各革命政党的代表都提出了自己的要求。

俄国这个多民族国家的无产者和广大劳动群众的战斗团结日益发展和巩固。全俄政治罢工使受沙皇政府压迫的各族人民的民族解放运动具有了前所未有的规模。沙皇政府最初企图用武力来结束罢工。10月13日，彼得堡总督特列波夫发布命令："不许放空枪，不得吝惜子弹。"但是讨伐措施没有收到预期的结果。罢工势如破竹地发展起来。到10月中旬，国内形成了势均力敌的局面，"沙皇政府**已经没有**力量取胜，——革命**还没有**力量取胜"②。在这种情况下专制政府决定要点手腕，企图通过立宪让步的办法分裂革命力量，使动摇分子放弃斗争，把自由派资产阶级拉到自己方面来，并借以镇压革命。10月

---

① 《列宁全集》第12卷，人民出版社，1987，第2页。
② 《列宁全集》第12卷，人民出版社，1987，第5页。

17 日，尼古拉二世发布诏书，声称"赐予"人民以公民自由，即人身不可侵犯以及信仰、集会和结社的自由。沙皇答应"尽可能"让那些按照布里根章程草案而被剥夺选举权利的各阶级代表参加国家杜马。沙皇诏书的主要之点是：宣布今后"不经国家杜马同意，任何法律都不能生效"①，也就是说，承认杜马有立法权。这是革命的第一个胜利。沙皇政府在人民的强大进攻面前做了让步。"10 月 17 日诏书"保证了某种程度的自由。俄国第一次出现了多党现象，从前处于秘密状态的政党纷纷走出地下，工会组织纷纷成立。

对于这种让步，列宁在《革命的第一个胜利》一文中写道："沙皇的让步确实是革命的极其伟大的胜利，但是这一胜利还远远不能决定整个自由事业的命运。沙皇还远远没有投降。专制制度根本没有不复存在。它只不过是把战场留给敌人，从战场上退却了，在一场异常激烈的战斗中退却了，但是它还远远没有被击溃，它还在集结自己的力量"②。诏书公布后没几天就证明了列宁对事态发展的估计。俄国的一些省和州并没有得到允诺的自由，而是一个接一个地宣布处于戒严状态。镇压和枪杀示威群众的事件不断发生。10 月 17 日以后不到一个月的时间里，被杀害的示威群众就有 4000 人，受伤和致残的有 1 万多人。③

十月事变表明，罢工本身不能推翻沙皇政府，要战胜沙皇政府就必须举行武装起义。革命的本能提醒先进工人，必须采取武装行动去冲击专制制度的堡垒并彻底摧毁它。这样总罢工就发展成为武装起义。

当时建立了起义机关和革命政权机关——**工人代表苏维埃**，这是革命人民创造力的最高成就之一。在举行全俄政治罢工以及武装起义已经酝酿成熟的情况下，革命人民感到需要建立一种机关，这种机关应能够得到革命人民的绝对信任，能最全面地反映群众的根本利益，并且能够成为无产阶级和农民公开反对沙皇制度的武装斗争的领导中心。苏维埃就起到了这样的作用。10～12 月，除了彼得堡和莫斯科外，还有 50 多个城市或工人居住区出现了工人代表苏维埃。在莫斯科除了工人代表苏维埃外，还成立了士兵代表苏维埃，而在克拉斯

① 《过渡时期（1904～1906）的法令》，圣彼得堡，1906，第 238 页。
② 《列宁全集》第 12 卷，人民出版社，1987，第 26 页。
③ 《俄国革命的半年》，莫斯科，1906，第 42 页。

诺亚尔斯克还出现了工人和士兵代表联合苏维埃。在赤塔成立了士兵和哥萨克代表苏维埃,在塞瓦斯托波尔成立了水兵、士兵和工人代表苏维埃。在许多农业地区,出现了农民委员会,它们实际上起着苏维埃的作用。11 月,在特维尔省出现了农民代表苏维埃。

人民创建的苏维埃起着革命政权的作用。人们夺取印刷所,出版自己的机关刊物,发布决议和命令。苏维埃不经官方许可决定在企业中实行 8 小时工作制。在罢工期间,苏维埃对公用企业和商业企业的工作实行监督,密切注视产品的价格,逮捕阻碍实行革命措施的警官。后来列宁谈到俄国第一次革命最高潮时期的苏维埃时说:"这种不是知识分子的,不是密谋家集团的,而是工人和农民的革命政权,在俄国已经有过了,在我国革命进程中实际上已经存在过了。"[1]

革命中阶级力量和政治力量的划分更加清楚,各政党的政治面貌充分展示出来。黑帮利用自己同专制政府的关系,利用自己的合法地位采取合法的和非法的斗争方式。暴力是这些极右分子政策的重要组成部分。黑帮组织中有专门进行恐怖活动的组织——战斗队。1906~1907 年,在阿尔汉格尔斯克、阿斯特拉罕、沃洛格达、戈美利、叶卡捷琳诺斯拉夫、基辅、莫斯科、敖德萨等地都有黑帮战斗队活动。在彼得堡,有一个全市性的战斗队,由俄罗斯人民同盟总委员会候补委员 H. H. 尤斯科维奇 - 克拉索夫斯基领导,下面有区级战斗队,各工厂还有分队。

参加战斗队的大都是手工业者和小商人,但是在一些大的工业中心,参加者主要是招募的工人和工厂基层行政人员。黑帮战斗队中也有其他政党的人,也有一些刑事犯罪分子和无业游民。黑帮认为,讨伐措施不能取得预期效果,因此他们试图独立开设法庭,镇压革命领袖。他们开列的革命者名单中甚至包括帕·尼·米留可夫、彼·阿·斯托雷平和伊·舍格洛维托夫[2]。黑帮分子所干的最为轰轰烈烈的事是 1906 年刺杀立宪民主党农业问题专家米·雅·赫尔岑施坦教授和《俄罗斯新闻》编辑格·波·约洛斯。他们下一个暗杀的目标

---

[1] 《列宁全集》第 12 卷,人民出版社,1987,第 331 页。
[2] 伊·格·舍格洛维托夫是俄国大地主,1906~1915 年任司法大臣,1917 年任国务会议主席。

是大臣会议主席维特。极右分子非常憎恨这位国务活动家，因为他签订了《朴次茅斯和约》，并且是 1905 年 10 月 17 日诏书的倡导者。总而言之，黑帮及其战斗队所搞的恐怖行动对反革命活动起了推波助澜的作用。

右翼分子政治活动中的主要任务是争夺国家杜马的代表席位。

1905 年 12 月 11 日，沙皇政府公布了《关于修改国家杜马条例的命令》，这一命令原封不动地保留了为选举"布里根杜马"而制定的不平等选举制。12 月起义失败后，沙皇政府一再限制曾经宣布过的杜马权力，将国家政策的最重要问题置于杜马管辖之外。

第一届杜马选举于 1906 年 2～3 月举行。布尔什维克宣布抵制，但是没有能够达到搞垮这次选举的目的。黑帮等极右势力在第一届国家杜马选举中只获得 9% 的选票。第一届国家杜马共有 478 名代表，主席是立宪民主党人谢·安·穆罗姆采夫。杜马讨论过人身不可侵犯、废除死刑、信仰和集会自由以及公民权利问题，但是占中心位置的是土地问题。在杜马会议上提出的土地纲领主要有两个：一个是立宪民主党人于 5 月 8 日（21 日）提出的由 42 名代表签署的法案，它力图保持地主土地所有制，只允许通过"按公平价格"赎买的办法来强制转让用农民的耕畜和农具耕种的土地或已出租的土地；另一个是劳动派于 5 月 23 日（6 月 5 日）提出的"104 人法案"，它要求建立全民地产，把超过劳动土地份额的地主土地及其他私有土地收归国有，让农民按劳动能力平均使用土地。这个纲领在某种程度上受到社会革命党的影响。

尽管第一届国家杜马很软弱，而且是由亲政府的立宪民主党人控制，沙皇政府仍在极右势力的压力下于 1906 年 7 月 8 日解散了杜马。与此同时，斯托雷平取代哥列梅金当上了大臣会议主席。政府认为羽翼丰满起来的右翼政党一定会改变未来杜马的组成。黑帮也满怀信心地要报上次失败的一箭之仇。俄罗斯人民同盟和十月党人主张对革命行动采取最严厉的措施。黑帮甚至建议对从事任何形式革命活动的人，一律处以死刑。

第二届国家杜马于 1907 年 2 月 20 日（3 月 5 日）召开，共有 518 名代表。杜马的组成是：右派即君主派和十月党人 54 名，立宪民主党和靠近它的党派 99 名，各民族代表 76 名，无党派人士 50 名，哥萨克集团 17 名，人民社会党 16 名，社会革命党 37 名，劳动派 104 名，社会民主党 65 名。第二届杜马讨论的主要问题仍然是土地问题。但是政府看到杜马越来越激进，是一个"叛逆"的立法机构，于是大臣会议开始制定新的选举法。黑帮等右派也开始进行反对杜马的鼓动活动。同盟总委员会给地方组织发去指令："一旦同盟机关报《俄罗斯旗帜报》上刊出十字标记，要立刻开始给沙皇和大臣会议主席斯托雷平发电，恳请甚至要求他立刻解散杜马和务必修改选举法。" 1907 年 3 月 14 日的《俄罗斯旗帜报》第一版上刊出黑色十字标记，于是请求解散杜马的电报潮水般涌进首都。1907 年 6 月 1 日，斯托雷平要求 55 名社会民主党代表立刻从国家杜马会议上退场，黑帮立刻乘机发难，普利什凯维奇要求立刻将罪犯处以死刑。1907 年 6 月 3 日，沙皇颁布诏书，宣布解散国家杜马。与此同时开始实行新的选举条例，明文规定统治阶级要在杜马代表中占多数，史称"六·三"政变。

布尔什维克等左派政党放弃第一届杜马期间的抵制策略，参加了第二届杜马选举，利用杜马讲坛揭露专制政府的反动政策，取得了很好的效果。

1907 年秋天，根据沙皇解散第二届杜马时颁布的新的选举条例开始第三届杜马选举。11 月 1 日（14 日）第三届杜马开幕，并一直存在到 1912 年 6 月 22 日。这届杜马共有 442 人，先后任主席的有尼·阿·霍米亚科夫、亚·伊·古契科夫（1910 年 3 月起）和米·弗·罗将柯（1911 年起），他们都是十月党人。这届杜马按其成分来说是黑帮—十月党人的杜马，是沙皇政府对革命力量实行反革命的暴力和镇压政策的驯服工具。这届杜马中有极右派 147 名，十月党人 154 名，立陶宛—白俄罗斯集团 7 名，波兰联盟 11 名，进步派 28 名，穆斯林集团 8 名，立宪民主党人 54 名，劳动派 14 名，社会民主党人 19 名。因此它有两个反革命多数：黑帮—十月党人多数和十月党人—立宪民主党人多数。沙皇政府利用前一个多数来保证推行斯托雷平的土地政策，在工人问题上采取强硬政策，对少数民族采取大俄罗斯沙文主义政策；利用后一个多数来通过微小的让步即用改良的办法诱使群众脱离革命。

第三届国家杜马全面支持沙皇政府在"六·三"政变后的内外政策。它拨巨款给警察、宪兵、法院、监狱等部门，并通过了一个大大扩大军队编制的兵役法案。第三届杜马的反动性在有关工人立法上表现得尤为明显，它把几个有关工人保险问题的法案搁置了3年，直到1911年在新的革命高潮到来的形势下才予以批准，但是保险条件比1903年法案还要苛刻。1912年3月5日（18日），杜马工人委员会否决了罢工自由的法案，甚至不允许把它提交杜马会议讨论。在土地问题上，杜马完全支持斯托雷平的土地法，而拒绝讨论农民代表提出的关于把土地分配给无地和少地农民的提案。在少数民族问题上，它积极支持沙皇政府的俄罗斯化政策，通过一连串的法律进一步限制少数民族的基本权利。在对外政策方面，它主张沙皇政府积极干涉巴尔干各国的内政，破坏东方各国的民族解放运动和革命。

第一次俄国革命时期，沙皇政府的杜马政策表明，专制制度不愿意进行任何稍微削弱自己权力的改革。它不惜采用任何残酷手段对革命运动进行镇压。俄国资产阶级及政党对沙皇政府采取妥协的态度，力图通过退让换取沙皇政府对自己的让步。实践表明，无产阶级和农民不可能指靠资产阶级。俄国劳动人民只有在无产阶级的领导下推翻沙皇制度才能获得自身解放。议会道路是走不通的，杜马对于无产阶级及其政党来说，不过是进行鼓动宣传和揭露专制政府反人民政策的讲坛。显然，对于无产阶级和广大劳动群众来说，他们的主要斗争场所不在杜马，而在杜马以外的阶级斗争舞台上。

三　布尔什维克和孟什维克的策略分歧

1905年第一次俄国革命开始后，俄国社会民主工党迫切需要制定自己的行动策略，但是这时党内两派的分裂已经成为事实。布尔什维克和孟什维克不仅在组织问题上有分歧，在革命的策略问题上也有重大分歧。他们对革命有着不尽相同的认识，采取了不同的态度。

俄国社会民主工党第三次代表大会由于孟什维克拒绝参加而成了布尔什维克代表大会，这次大会的主要任务就是制定党在已经开始的革命中的策略和路线。大会的议事日程中包括这样一些问题：武装起义，临时革命政府，在革命前夕对政府政策的态度，对农民运动的态度，以及对其他政党的态度等。

布尔什维克认为，已经开始的革命是资产阶级民主革命，工人阶级是革命的主要动力和领导者，农民则是其可靠的同盟者。代表大会明确地制定了党的策略与路线，强调指出，在革命的第一阶段，无产阶级应该同全体农民结成联盟，制止资产阶级的动摇，为争取民主共和制而斗争，同时要考虑到将资产阶级民主革命转变为社会主义革命的可能性。代表大会给群众指出了推翻沙皇制度和争取共和制的唯一途径——将群众性的政治罢工转变成武装起义。

代表大会讨论了武装起义问题，多数代表都坚持起义的方针，认为必须做好起义的实际准备。代表大会指出，武装起义问题是实际生活本身提出来的，因此党应该保证在群众中广泛宣传起义的思想，在党的委员会下面设立军事组织和战斗小组。在许多无产者集中的地区，工人表示坚决拥护武装起义，要求得到武器，要求建立战斗队并对他们进行军事训练。列宁对客观形势做了估计，认为"起义无疑是要举行的"[1]。它的成功在很大程度上将取决于工人阶级的组织程度和政治觉悟程度。

代表大会一致通过了列宁起草的决议。该决议指出："组织无产阶级举行武装起义来直接同专制制度斗争是党在目前革命时期最主要最迫切的任务之一。"[2] 决议责成各级党组织不仅要向无产阶级说明即将来临的武装起义的政治意义，而且要说明实践这一起义的组织方式。决议指出，要采取最积极的措施来武装无产阶级，制订武装起义和直接领导武装起义的计划，必要时应设立由党的工作者组成的专门小组来进行这一工作。[3]

代表大会还讨论了关于临时革命政府问题。列宁就这个问题做了报告。他在阐明争取无产阶级和农民的革命民主专政和建立作为这个专政的机关的临时革命政府这一斗争任务时，特别谈到社会民主工党参加临时革命政府的可能性。代表大会通过了以列宁的草案为基础的关于临时革命政府的决议。争取无产阶级最终目的的斗争，要求有尽可能充分的政治自由，要求争取民主共和制。因此，决议强调指出，只有经过胜利的起义才有可能建立共和制，而成为胜利的起义机关的将是临时革命政府，只有这个政府才能够召集立宪会议。这

---

① 《列宁全集》第 10 卷，人民出版社，1987，第 111 页。
② 《列宁全集》第 10 卷，人民出版社，1987，第 113 页。
③ 《苏维埃共产党代表大会、代表会议和中央全会决议汇编》第 1 分册，人民出版社，1964，第 87~88 页。

个政府的基本任务是实现我们的最低纲领即最近的政治要求和经济要求。代表大会在回答社会民主工党是否参加这个政府的问题时声明："如果力量对比及其他不能预先准确判定的因素对我们有利，我们党可以派代表参加临时革命政府，以便同一切反革命企图做无情的斗争，捍卫工人阶级的独立利益。"① 代表大会认为，社会民主工党可以参加这个政府，其条件是：党必须对参加这个政府的全权代表进行严格的监督；完全保持社会民主工党的独立性和自主性。社会民主工党力求实现社会主义革命，所以对一切资产阶级政党都采取不可调和的敌对态度。代表大会向各级党组织建议，无论社会民主工党是否参加临时革命政府，都要在无产阶级群众中进行广泛的宣传，"使他们懂得，社会民主工党领导下的武装起来的无产阶级为了保持、巩固和扩大革命的成果，必须经常对临时政府施加压力。"②

代表大会还讨论了"关于在革命前夕对政府策略的态度"问题。大会指出沙皇政府企图用让步和进行改良的诺言从政治上腐蚀工人阶级，引诱工人阶级放弃革命斗争。在革命的打击下，专制制度不得不对整个民主派，特别是对工人阶级做些真正的和虚伪的让步。社会民主工党应当利用这些让步，"一方面为了使经济状况的每一步改善和自由的每一点扩大都为人民所享有，以便加强斗争，另一方面为了在无产阶级面前不断揭露政府力图分裂、腐蚀工人阶级并使工人阶级在革命时期忽视自己的迫切利益等反动目的"③。沙皇政府绝对不可能为了无产阶级的利益进行改良。代表大会号召各级党组织团结无产阶级的力量，以便立刻用革命的方法实现8小时工作制以及工人阶级的其他要求，同时组织武装打击黑帮以及所有其他反革命分子。

代表大会对农民运动特别关注。列宁在就这个问题所做的报告中指出，农民运动日益发展和壮大，尽管沙皇政府企图阻止它，并用各种虚伪的让步来欺骗农民。他说，农民是无产阶级的天然拥护者。因此，无产阶级政党应当声

---

① 《苏维共产党代表大会、代表会议和中央全会决议汇编》第1分册，人民出版社，1964，第89页。
② 《苏联共产党代表大会、代表会议和中央全会决议汇编》第1分册，人民出版社，1964，第90页。
③ 《列宁全集》第10卷，人民出版社，1987，第117页。

明，它将用一切办法支持发展着的革命的农民运动，并力求首先注重农民运动的革命民主方面。列宁强调说："主要的任务是使农民运动具有政治自觉性。"① 党应当力求成立农村无产阶级的独立组织，并向农村无产阶级广泛地说明，它的利益同农民资产阶级的利益是对立的。代表大会赞同列宁的决议草案。代表大会指出，争取归还割地的斗争现在已经不够了，应该在没收地主、官府、教堂、寺院和皇族土地的口号下进行斗争。决议要求："立即组织革命农民委员会，以便实行有利于农民摆脱警察官僚和地主压迫的一切革命民主改革。"② 决议提出，要号召农民和农村无产阶级举行政治性游行示威，集体拒绝缴纳赋税，拒绝服兵役，并且不执行沙皇政权的命令。党的任务是保证把农村无产阶级独立地组织起来，并使农民在革命社会民主党的旗帜下和城市无产阶级融合在一起。

代表大会还讨论了对社会革命党人的态度问题，坚决地谴责了这个党的策略。代表们指出，社会革命党人的主观唯心主义方针、他们对资产阶级妥协的路线和政治上的冒险主义，是不信任工人阶级的力量和忽视阶级斗争的结果。同时又不能不注意到，社会革命党人是小资产阶级民主派的极左翼，他们在民主主义知识分子中，在部分农民甚至工人中是有影响的，因此代表大会在有关决议中责成中央和各地方委员会"在必要时可同社会革命党组织达成临时的战斗协议，但是地方性协议只有在中央委员会的监督下才能缔结"。③ 这样的协议无论如何不应当限制工人阶级政党的完全独立性。

第三次代表大会的决议体现了党在革命中的战略计划和策略路线。这个计划规定要把资产阶级民主革命进行到完全胜利，以使无产阶级将来能够进行争取社会主义革命的斗争。无产阶级在反对沙皇制度的民主联合阵线中的领导权思想及无产阶级和农民联盟的思想，是布尔什维克战略和策略的基础。

1905 年第一次俄国革命开始后，孟什维克也制定了自己的策略原则。他

---

① 《列宁全集》第 10 卷，人民出版社，1987，第 148 页。

② 《苏联共产党代表大会、代表会议和中央全会决议汇编》第 1 分册，人民出版社，1964，第 93 页。

③ 《苏联共产党代表大会、代表会议和中央全会决议汇编》第 1 分册，人民出版社，1964，第 95 页。

们认为，1905年1月在俄国开始的革命是资产阶级民主革命，其任务是扫除农奴制残余并为资本主义发展创造充分条件。正如普列汉诺夫指出的那样，这是"代表……最新资产阶级社会的各阶级同时进行的并在某种程度上是共同进行的反对旧制度各种残余的斗争"。孟什维克强调革命的**全民**性质，他们认为俄国资产阶级关心革命的胜利。1905年，他们同样认为无产阶级是解放运动的先锋，是"民族的解放者"，是革命的"发动机和主要角色"，是革命的领导者。但是，如果说列宁和布尔什维克追求的是对所有非无产阶级劳动阶层进行政治和组织领导，在革命胜利时建立无产阶级和农民的专政的话，那么孟什维克对工人阶级在革命中的领导作用问题有不同的理解。他们认为，无产阶级倡导运动，担负斗争的主要重担，在采取坚决的革命行动方面做出榜样，代表所有被剥削者和被压迫者在政治舞台上活动，但是无产阶级不追求做他们的领导者，不追求接管沙皇政府的权力。

孟什维克后来在评价1905～1907年革命的成果时得出结论：无产阶级的领导权完全是象征性的、临时性的，1905年10月以后再谈无产阶级的领导权已经完全不合适了。一些孟什维克直截了当地声明，在革命的"杜马"时期（1906～1907年）政治领导权已经转到立宪民主党手里。[①]

孟什维克认为，社会民主党人（他们太软弱）不应该"组织"革命，而应该帮助"发掘"人民中蕴藏的巨大潜力。同时应该把主要注意力集中于在社会各阶层中进行反政府鼓动，集中在工人的政治和职业组织上，集中在领导罢工运动方面。1906年3月，俄国工会组织获得合法活动权利（当然有不少限制条件），布尔什维克组织努力使工会运动政治化并使它服从自己的影响，而孟什维克主张工会"中立"。孟什维克并不反对党和工会组织之间经常接触，不反对工会组织参加政治斗争，但是他们认为，工会应该首先维护工人的经济利益和把工人团结起来，不管工人属于什么党派。这样一来，孟什维克像旧的主张经济主义者那样，把工人的经济利益和政治利益对立起来。总而言之，孟什维克当时反对采取激进措施。有趣的是，孟什维克在当时的工会运动中享有很高威信，他们的立场往往比布尔什维克的立场更受欢迎。

[①]　参看《俄国政党历史》，莫斯科，1994，第227～228页。

在对待农民的态度问题上，孟什维克承认农民从总体上比城市资产阶级更具有民主主义和革命精神，但是认为农民运动不仅有革命性，也有反动性，即幼稚的君主主义、平均使用土地和保存村社的要求等。因此孟什维克在全力支持并鼓励农民反对现存制度的同时，主张同任何"农民社会主义"划清界限，而且他们认为无产阶级不可能同农民建立巩固的联盟，更不可能建立联合的专政。

孟什维克根据自己对俄国革命的性质和动力的理解，提出了对政权问题的看法。他们认为，推翻专制制度后无产阶级不应该谋求政权，应该只限于起到极端反对派的作用，促使资产阶级更彻底地解决面临的问题。孟什维克理论家认为，社会民主党人"夺权"的冒险行为会导致马克思主义者蜕变为被迫放弃无产阶级根本利益的激进的资产阶级民主派。1905 年日内瓦孟什维克代表会议通过的《关于夺取政权和参加临时政府》的决议所体现的就是这种精神。

日内瓦代表会议提出支持农民用暴力夺取地主土地的要求，支持农民抗租和逃兵役。孟什维克还主张在民主原则基础上建立农民委员会，以便消除农村中所有不平等的旧制度。

综上所述，布尔什维克和孟什维克在遵循 1903 年通过的党纲的条件下存在重大的策略分歧。列宁在《社会民主党在民主革命中的两种策略》一书中批判了孟什维克的策略。孟什维克观点的出发点是，在资产阶级革命中起领导作用的应当是资产阶级，就像 18 世纪和 19 世纪西欧的资产阶级革命那样。列宁认为，孟什维克的观点是站不住脚的，他们不了解俄国资产阶级革命的本质特征，不了解新时期的本质，没有考虑到人类已经进入"政治动荡和革命的时期"，即各个阶级，首先是无产阶级和农民的意义和作用都发生了根本性变化的事实。

实际上，布尔什维克和孟什维克策略分歧的实质在于，是进行革命，还是进行改良。布尔什维克主张用革命推翻专制制度，并将资产阶级民主革命转变为社会主义革命。而孟什维克则主张用改良的办法改造俄国社会，由于不相信农民，他们主张和自由派资产阶级结成某种联盟。列宁批评他们忽视农民的作用，不懂得土地问题即农民问题是俄国民主革命的基本内容。

列宁关于民主革命胜利后所建政权的性质的观点，在马克思主义理论中是一种新的见解。如果说民主革命在西方导致了资产阶级专政，那么现在，当无产阶级已经变成一支独立的政治力量时，布尔什维克的斗争则是为了在资产阶级革命胜利后建立人民政权即工人阶级和农民的革命民主专政。

列宁关于资产阶级民主革命转变为社会主义革命的观点，在马克思主义理论中也是一种新的见解。马克思和恩格斯在 1850 年的《中央委员会告"共产主义者同盟"书》中写道，要不间断地进行革命，直到把一切大大小小的有产阶级都消灭掉，直到无产阶级夺得国家政权。不断革命的思想是马克思和恩格斯泛泛提出来的，没有考虑到任何具体情况。列宁的新贡献在于他根据马克思主义关于不断革命的思想，创造性地对它做了解释。列宁从具体分析俄国资产阶级民主革命的条件和特点入手，认为资本主义在起过进步作用后已经成为一种反动力量。在这种情况下，资产阶级民主革命的胜利不会导致资产阶级的长期统治，而必定会为直接向社会主义革命过渡打好基础。列宁认为，在俄国尽管有严重的农奴制残余，资本主义还是得到了比较高度的发展，而主要的是有了非常革命的无产阶级，它能够在一定条件下领导被剥削劳动群众为社会的社会主义改造而斗争。俄国社会经济的明显特点是存在着两种不同类型的社会斗争：一种是全体人民反对沙皇和地主、争取民主共和制的斗争；另一种是工人阶级反对资本主义的斗争。居于首位的自然是全体人民推翻专制制度的斗争。工人阶级的使命是领导全体人民，特别是领导农民，为争取完全的自由和彻底的民主革命、为争取共和制而斗争，然后是领导全体被剥削劳动者为争取社会主义而斗争。

第一次俄国革命时期，托洛茨基也提出了不断革命的思想。他在《1 月 9 日以后》（1905 年）、《总结与展望》（1906 年）等著作中分析了俄国历史发展的特点，认为俄国缺乏像西欧那样从城市手工业发展起来的资产阶级民主派，农民不能独立地起作用，俄国的资产阶级民主革命只能由无产阶级来领导，而它只能在农村无产者和半无产者中找到可靠的同盟者。革命一旦取得胜利，无产阶级掌握政权之后，必然在侵犯封建所有制的同时侵犯资产阶级所有制，这就会使无产阶级和农民的关系复杂起来，甚至同广大农民发生敌对冲突。托洛茨基认为，这个矛盾只能通过世界革命来解决，只有西方无产阶级革命才能帮助俄国马克思主义者摆脱这种局面。他写道："在一个农民人口占多数的落后国家里，工人政府中的矛盾只有在国际范围内，在世界革命无产阶级的舞台上才能够解决。"

1905 年革命形势的发展迫切要求俄国社会民主党人消除隔阂，团结起来，共同带领工人反对沙皇制度的斗争。在这种形势下，俄国社会民主工党的两个派别终于同意召开统一的代表大会，双方都为实现组织上的统一做了可贵的尝试。1906 年 4 月 10~25 日（4 月 23 日至 5 月 8 日），在斯德哥尔摩召开了俄国社会民主工党第四次（统一）代表大会。在 112 名有表决权的代表中，孟什维克占 62 名，超过半数。总之，代表大会上的分歧多于妥协。只是在批准党章修正案时才出现意见完全一致的情况，采纳了列宁提出的党章第一条条文，并开始使用"民主集中制"的提法，提出在党内实行民主集中制原则。崩得、波兰和立陶宛社会民主党以享有自治权的身份回到俄国社会民主工党，这一点变化确实具有统一的味道。大会决定选举统一的中央委员会，由中央委员会指定党中央机关报编辑部。当选的中央委员中有 3 名布尔什维克，7 名孟什维克，而选进中央机关报编辑部的全部是孟什维克。

在这次代表大会上，俄国社会民主工党只是取得了形式上的统一，布尔什维克和孟什维克仍然各自坚持自己的观点，各有其独立的组织，各自按自己的策略行事。这在对国家杜马的态度方面表现得尤为明显。

对于第一届国家杜马，布尔什维克采取了抵制策略，当时社会革命党人也采取抵制策略，他们认为下一次革命高潮时一定会把按普遍、直接和平等选举权选举立宪会议的问题提上日程。而孟什维克采取了半抵制的策略，即参加第一阶段选举，同时社会民主党人当选代表拒绝参加杜马。这种策略既满足了那些不相信会选举真正的无产阶级代表进入杜马而主张抵制的多数工人，也满足了孟什维克想利用杜马至少是利用选举运动为革命目的服务的愿望。后来第四次统一代表大会建议争取社会民主党人代表进入杜马，以便探索在这个舞台上进行活动的经验。结果有 18 名社会民主党人进入第一届杜马，他们全部是孟什维克。后来列宁承认抵制第一届国家杜马的策略是错误的。在第二届国家杜马时期，布尔什维克和孟什维克都参加了杜马选举的工作。孟什维克在杜马选举过程中曾同立宪民主党人一道反对右翼代表。第二届杜马社会民主党党团中有一多半人是孟什维克，党团领袖是 25 岁的格鲁吉亚人亚·格·策列铁里。

社会民主党人成功地利用杜马讲坛批评斯托雷平政府，维护失业者和支持农民的土地要求。但是在第二届杜马中，布尔什维克和孟什维克并没有齐心协力地合作。布尔什维克在执行与劳动派建立"左派联盟"的策略，而孟什维克则执行支持立宪民主党人的策略，但是两派在苏维埃中的合作非常协调。当时的苏维埃是起义的机关。布尔什维克领导了全国大部分苏维埃，但是孟什维克在彼得堡有很大的影响，彼得堡苏维埃主席也由孟什维克担任。

总而言之，布尔什维克和孟什维克在第一次俄国革命时期为鼓动无产阶级和广大劳动群众同专制制度进行斗争，为促进俄国政治生活的民主化和发展无产阶级的组织形式做出了贡献。他们之间存在一系列重大的原则分歧，奉行不同的斗争策略。这些意见分歧在基层组织中表现得并不十分明显，但是这些分歧后来发展成为不可调和的矛盾，影响了俄国社会民主工党的战斗力。布尔什维克和孟什维克这种分歧对后来俄国革命进程也有相当大的影响。

四 社会革命党人的斗争策略

社会革命党人对革命的认识同布尔什维克和孟什维克有很大不同。主要区别在于：社会革命党人不承认这次革命是资产阶级革命。他们主要是根据俄国资本主义的发展水平和性质做出这种结论的。

社会革命党人认为，由于自身很薄弱和对政府的依赖非常大，俄国资本主义不可能对旧的社会关系发动这场引起全国性危机的攻势。他们认为，俄国资本主义发展所遇到的社会政治阻碍没有西欧国家资本主义革命前夕那样大。俄国没有行会制度，革命前夕也没有封建主义的所有制组织，没有被封建义务束缚在土地上的农民，而且资产阶级也远不是受专制歧视的等级。社会革命党人的结论是，俄国资产阶级不可能领导革命，孟什维克关于革命的概念是错误的、站不住脚的。但是社会革命党人认为布尔什维克关于革命的观点也不正确，尽管布尔什维克也否认资产阶级是革命的动力。分歧表现在：社会革命党人不认为革命的任务是为资本主义的自由发展扫清道路；他们不认为农民是小资产阶级，否认无产阶级应该成为革命的领导者。

社会革命党人的出版物上还有这样一种观点：俄国不可能有资产阶级革

命，因为它已经被"来自上面的革命"，即 19 世纪 60～70 年代的大改革时代阻止了。这些改革为资本主义发展创造了充分的条件，那时就已经发生"农奴制专制制度向贵族资产阶级官僚制度的转变"。

社会革命党人反对把革命叫作资产阶级革命，也不认为这场革命是社会主义革命。他们认为这场革命是介于资产阶级革命和社会主义革命之间的过渡性"社会革命"。这场革命的主要特征是，它不仅限于权力更迭和在资产阶级社会范围内重新分配财产，它还努力在资产阶级制度的基础上打开一个缺口，这就是废除生产资料私有制、实行土地社会化。切尔诺夫曾声明："我们好像在同时经历 1789 年革命、19 世纪 30 年代的革命、1848 年革命、1870 年革命，如此等等。"[①]

社会革命党人认为，革命的动因不是"发展中的资本主义压力"，而是"粮食生产的危机"，即农业危机。这场危机的根源可以追溯到 1861 年改革，当时没有给解放的农民创造改进农业栽培技术的必要条件。社会革命党人认为，"农民起着巨大的革命作用"。他们认为无产阶级和那些与劳动群众利益一致的知识分子也是革命的动力。这三种力量的联盟是革命成功的保证。

社会革命党人在政权问题上的立场也与众不同。他们以批判的态度重新认识民粹派遗产，首先放弃了布朗基主义关于"夺取政权"的思想。社会革命党人认为，专制制度被推翻后政权自然应该由资产阶级掌握。比如，切尔诺夫在第一次党代表大会上解释最低纲领时说，最低纲领乃是"资产阶级掌握政权"形势下所采取的措施的总和。正因为如此，社会革命党人并不认为第一次革命过程中产生的工人代表苏维埃是新的革命政权的萌芽、是无产阶级和农民革命民主专政的具体表现。他们认为，苏维埃不过是无产阶级的职业政治协会或这个阶级自己的革命自治机关，其主要任务是把分散的工人群众组织起来。

社会革命党人认为，革命的迫切任务是建立民主立宪制，争取政治权利和公民权利。他们希望利用这些权利，通过民主选举，先在地方自治机关，然后在全国范围内，即在全民代表机关——立宪会议中获得多数。他们认为立宪会

---

① 转引自《俄国政党历史》，莫斯科，1994，第 162 页。

议是国家政体的最终形式，是最高的立法机关。社会革命党人在第一次俄国革命时期的口号是"土地和自由"。这个口号包含了推翻专制制度、争取政治自由、召开立宪会议和土地社会化的要求。

革命使社会革命党人的策略发生了重大变化。首先，他们的活动范围大大地扩大了。他们开始更加广泛、更加积极地进行宣传和鼓动，扩大宣传书刊的发行，尝试公开出版中央报纸《祖国之子报》（1905 年秋）和《思想报》（第一届国家杜马时期）。其次，党的恐怖行动也扩大了：如果说革命前只搞了 6 次恐怖行动，那么两年半的革命时期总共搞了 200 次恐怖行动。但是恐怖行动在党的策略中已经不占主要地位，工作重点转移到组织革命、培养革命群众的觉悟，转向采用各种革命表现形式，如罢工、示威、集会、抵制等。社会革命党人还积极参加组建职业政治联合会。他们在铁路工会、邮电工会、职员和教师联合会中的影响很大。"全俄军官联合会"和"全俄士兵和水兵联合会"就是社会革命党人发起成立并受他们影响的组织。社会革命党人在工人中的活动也大大超过了小组宣传的范围，但是他们在工人组织中的工作仍然逊色于社会民主党人。切尔诺夫自己也承认，在各种工人组织和工厂中，"社会民主党人的影响通常是主要的"。

社会革命党人非常关心在农村的工作。他们为组织农民代表进入第一届国家杜马做出很大贡献。第一次俄国革命时期，据统计，社会革命党人建立了1500 多个农民兄弟会。[①] 社会革命党人成功地组织了多次农民抗议行动，但大都是局部性的，而且持续的时间不长，社会革命党人还远远不能左右千百万俄国农民的行为。1905 年夏以及第一届和第二届国家杜马被解散后，社会革命党人曾尝试组织大规模的农民抗议活动，但是收效甚微。

和布尔什维克一样，社会革命党人也认为革命不仅需要组织，而且需要武装。他们在这方面做了很多工作。比如，1905 年 1 月，社会革命党中央建立了专门委员会，负责寻找武器储存地和购买武器的资金，研究抢劫武器库的可能性，建立武器小组等。但是委员会的工作没有开展起来，因为以 П. М. 鲁登堡为首的委员会成员 1905 年 4 月刚刚返回俄国就被逮捕了。社会革命党人还

---

① 参看《俄国政党历史》，莫斯科，1994，第 164 页。

参与了 1905 年夏用"夏约翰·格拉夫东号"船往俄国运输大批武器的行动，但是这些行动失败了。

莫斯科起义期间，社会革命党中央建立了一个由亚捷夫、萨文柯夫和丘特切夫组成的战斗委员会。他们在彼得堡建立了两个炸药厂，但是很快被亚捷夫出卖了。社会革命党的许多地方组织也搞制造武器和组建战斗队的工作，不过他们这样做多半是为了防备黑帮的暴行，进行恐怖活动和各种剥夺活动。但是社会革命党人在 1905 年 12 月反对专制制度的武装起义中，尤其是在莫斯科的武装起义中，在 1906 年夏天喀琅施塔得、斯维亚堡的武装起义中都起了不小的作用。

社会革命党人同革命民主派一起抵制了布里根杜马。他们参加了全俄十月政治罢工。这次罢工导致布里根杜马的解散，迫使沙皇政府颁布了 10 月 17 日诏书，许诺给居民公民权利和政治权利、扩大杜马选举法、使杜马具有立法和监督职能。

社会革命党人对诏书的反应不一。大多数中央委员倾向于认为俄国已经成为立宪国家，因此应该全力以赴地为实现政府的许诺创造条件，组织人民群众解决他们最关心的土地问题。党的策略也做了相应的调整。大多数人认为，恐怖活动这种斗争手段同立宪制度是不相适应的，因此决定停止使用恐怖手段，战斗队也解散了。多数社会革命党人主张采取"不激化事态"的策略。同时他们反对公开实行 8 小时工作制和迷恋于罢工的做法，而彼得堡工人代表苏维埃恰恰坚持这些要求。但是社会革命党人知道，苏维埃中多数人不站在他们这一边，为了遵守革命纪律，他们经常同意多数人通过的决议并尽力执行这些决议。比如在 12 月总罢工问题上，他们反对举行罢工，认为罢工会导致起义，而群众对起义尚没有准备，但是当罢工开始时，他们也参加了。

对于第一届国家杜马，社会革命党人同布尔什维克一样，采取了抵制策略。但是，当发现抵制的思想没有得到广泛的响应，特别是没有得到农民的广泛响应，形势表明杜马必要要成为政治斗争的中心时，社会革命党领导改变了对杜马的态度，开始努力争取对杜马施加影响。社会革命党对杜马中联合农民代表的劳动团影响很大，33 名代表向杜马递交的土地法案就是根据社会革命党土地纲领制定的。第一届杜马被解散时，社会革命党人做出了强烈反应。他们号召地方组织立刻同政府开展武装斗争。社会革命党中央和俄国社会民主工党中央、劳动团、农民联合会、铁路工会、教师联合会一起在《告全俄农民宣言》上签字，号召农民为争取土地和自由而斗争，但是当时居民群众对解散杜马反应冷淡。这件事表明，俄国居民的社会情绪发生了变化，开始对革命感到厌倦。

在第二届国家杜马选举期间，社会革命党人放弃了抵制策略，参加了选举。结果有 37 名代表进入杜马，但是其中没有一名党的著名活动家。社会革命党人代表在杜马中建立了社会革命党人议员团，而不是社会革命党党团。他们在杜马讲坛上积极发言，针对各种问题发表自己的看法。社会革命党人提交杜马的土地法案征集到了 104 名代表的签名。但是社会革命党人对自己的代表在杜马中的活动并不满意，认为他们的工作"远不是卓有成效的"。第二届杜马开幕前，社会革命党召开了第二次代表大会，大会通过决定：如果沙皇政府驱散杜马，将组织进行总罢工和武装起义。社会革命党人杜马代表多次声明，他们不会屈从于对杜马施用的暴力，不会放弃代表权，不会被解散，但是社会革命党中央最终并没有积极抵抗驱散第二届杜马的行为和"六·三"政变。

在革命中，政党的作用在很大程度上是由党员人数、党员的社会成分和党的组织结构决定的。与革命前相比，社会革命党的人数增加许多倍，已经有五六万人。地方组织的人数从几个人到数千人不等（在彼得堡有 6000 人，在莫斯科有 3000 人）。党的社会成分也发生了变化，工人、农民占党员总数的 90%，但是领导机关中都是知识分子。

党员人数的增加、活动地域的扩大和任务的复杂化对党的组织结构产生了影响。1906 年年底 1907 年年初是党的鼎盛时期，共有 356 个县级组织，78 个省级组织和 13 个州级组织。州级组织分别负责协调中部地区、南部地区、西南部地区、乌克兰、西北地区、伏尔加河流域、中亚、高加索等地区省党组织的活动。之所以要成立州党组织，是因为革命前夕和革命过程中地方组织发展很快，活动范围不断扩大，从一个中心很难对它们进行领导。党的第一次代表大会以前的中央已逐渐变成一个臃肿的机构，不仅不能促进地方组织的活动，反而会破坏地方组织的活动。当时的中央有 35～40 人。据马·安·纳坦松讲，没有一位同志能够记起所有中央委员，当时的中央委员斯列托夫讲，10 月 17

日诏书颁布后、第一次代表大会召开前这个时期建立的中央是非常荒唐的；中央分为彼得堡和莫斯科两部分，相互之间没有明确的职权划分，因此常常造成误解和冲突。比如，莫斯科派不承认彼得堡派通过的关于暂停恐怖活动的决议；对每位中央委员的义务也没有做出明确规定。

由于社会革命党人认为 10 月 17 日后的俄国已成为立宪国家，他们这时的策略是"不激化事态"，于是他们在组织上试图同合法杂志《俄国财富》的一些温和民粹派政论家建立合法的民粹派政党。他们一起创办了第一份合法的民粹派报纸《祖国之子报》。但是社会革命党第一次代表大会不支持建立公开的民粹派政党的思想，于是《俄国财富》的代表退出代表大会。1906 年，他们建立了自己的人民社会党（又称劳动人民社会党）。他们同社会革命党人的区别在于，他们推崇公开的组织和斗争形式，主张不是通过秘密的、革命的途径，不是自下而上，而是自上而下地在国家的帮助下进行变革，不是主张土地社会化，而是主张土地国有化。

综上所述，1905～1907 年革命期间，社会革命党人加强了自己的影响。他们同群众，尤其是同农民结合的过程非常引人注意，但是他们最终也没有充分掌握农民群众的运动。在第一届和第二届国家杜马中，社会革命党人在土地问题上的影响不如人民社会党，因为他们在解决土地问题时没有充分考虑到农民的私有本能。但是正如切尔诺夫说的那样，主要是社会革命党人"没能展示自己作为组织者和实际领导者的才能"。

五　资产阶级政党对革命的态度

第一次俄国革命就其性质而言是一次资产阶级革命，但是俄国革命同以往的欧洲资产阶级革命有很大区别。俄国是在资本主义发展到一定程度时才爆发资产阶级革命的，工人阶级已作为一种独立的政治力量登上了历史舞台。法国发生革命时，工人阶级作为一个整体尚未出现，法国无产阶级到 19 世纪初期才出现，是革命产生的这个阶级。俄国发生资产阶级革命时，工人阶级已经有了自己的政党，而 1848 年德国革命结束时才号召人数不多的德国共产主义者成立独立的工人政党，而且这个号召直到 20 年后才得以实现。俄国资本主义是在专制制度保护下发展起来的，因此俄国资产阶级同专制制度有一种特殊的关系。俄国无产阶级已经成长起来，有了自己的政党，他们在革命过程中必然要提出本阶级的要求，所以同西欧资产阶级革命时代相比，俄国的阶级关系要复杂得多。在俄国革命中我们看到，当无产阶级开始成为革命者的时候，所有的资产阶级集团都毫无例外地鼓掌欢迎；而当无产阶级要把革命进行到底的时候，他们又都一致谴责它了。同样，当工人要求政治自由、反对专制时，资产阶级感到满意；而当工人为争取 8 小时工作制而斗争、触及资产阶级利益时，工业资本便立刻同"镇压者"站在一起了。俄国资产阶级政党正是反映了资产阶级的这个特点。

立宪民主党是在"10 月 17 日诏书"颁布后建立起来的。它主张用和平的方式同专制制度斗争，觉得可以同君主制达成妥协，因此沙皇政府任何不同程度迎合社会愿望的措施都会使它受到鼓舞、感到希望。立宪民主党人对"10 月 17 日诏书"总体上持肯定态度，但是他们并不像十月党人那样无条件地支持政府。1905 年 10 月 18 日立宪民主党成立大会通过的决议指出："就实现诏书承认的新政治生活原则的条件而言，人们无法相信这些原则会得到充分和彻底的实现。"决议还指出，诏书要召开的国家杜马"不可能被认为是正确的人民代表机关"。因此党的最近任务"仍然是争取实现既定的目标——在普遍、平等、直接和无记名投票，以及没有性别、民族和信仰差别的基础上召开立宪会议"。决议贯穿的思想是：可以通过国家杜马召开立宪会议。

代表大会提出了一系列政治改革的建议，立宪民主党领袖们认为这些改革应该使国家走上和平的立宪建设道路。根据这些建议，政府应该实施下列措施：立刻着手实现"10 月 17 日诏书"中阐述的计划；取消所有专制法律；颁布召开立宪会议的选举法，立宪会议应该制定并通过选举法；从行政机关中清除那些人民憎恶的人员；建立临时的"有办事效率的内阁"，它在召开立法人民代表会议和建立由议会多数派组成的政府之前行使内阁职权；立刻对政治犯和宗教犯实行大赦。

立宪民主党人非常重视建立临时的"有办事效率的内阁"。他们提出这个要求是为了防止无产阶级可能公开建立临时革命政府。立宪民主党人希望由沙皇发起、"从上面"来建立"有办事效率的内阁"，并且主要由自由派社会活动家和沙皇政府官吏中个别自由派代表组成内阁。1905 年 10 月 12 日立宪民主党在反动势力和革命势力中间采取中立的立场。米留可夫解释说，立宪民主党的主要任务是"将两个尖锐对立的对手永远地分开，并在不影响日常生活进程的较文明的框架内进行政治斗争"。

1905 年 12 月 11 日选举法颁布后和武装起义失败后，立宪民主党领导决定把党的活动主要集中在准备杜马选举上。在 1906 年 1 月第二次代表大会上，立宪民主党领导人放弃了召开立宪会议的口号，号召积极参加杜马选举。米留可夫精辟地表述了立宪民主党策略的实质，他认为，立宪民主党路线的宗旨是使革命运动走上议会斗争的轨道。

为了把群众运动从革命道路转到议会道路，立宪民主党人使用了各种宣传手段。他们有相当好的条件：出版物（近 70 种报纸）、口头鼓动宣传、"人民权利"俱乐部，等等。党的正式机关刊物有：《言语报》，发行量达 1.2 万～2 万份；《人民自由党通报》（1906～1907 年出版）。到 1906 年春，立宪民主党地方委员会在 44 个城市出版了 124 种小册子和传单。他们宣传只有通过和平的议会道路、通过杜马才能解决俄国现实中所有迫切的问题。与右派和十月党人不同，立宪民主党人竞选的方法更狡猾：他们许诺要在杜马中同政府"算账"，要进行彻底的农民改革和工人改革，通过立法途径实现所有公民自由和政治自由，这样就能把那些具有民主主义情绪的选民吸引到自己方面来。那些没有政治经验的民主派认为，立宪民主党是反政府最坚决的政党，因此都投票支持立宪民主党人。立宪民主党有 179 名候选人当选第一届杜马代表，其中有不少著名教授、律师、政论家。立宪民主党中央委员、著名法学家谢·安·穆罗姆采夫当选第一届杜马主席，中央委员彼·多尔戈鲁科夫公爵和尼·安·格列杰斯库尔教授当选为副主席，中央委员德·伊·沙霍夫斯科伊当选杜马秘书。一些著名的立宪民主党党员成了杜马各部、各常设委员会和临时委员会的主席或秘书。立宪民主党人实际上左右了第一届杜马。

在第一届杜马中，立宪民主党人发起并起草了给沙皇的呈文，阐述了他们的主要纲领性要求，他们提出了大部分立法草案并向沙皇政府提出质询。立宪民主党人在严厉批评政府的同时，千方百计寻求同政府的妥协。1906 年 6 月，他们就建立由沙皇警察总监德·费·特列波夫、内务大臣彼·阿·

斯托雷平和外交大臣亚·彼·伊兹沃尔斯基组成的责任内阁问题再次同政府谈判，与此同时，他们批评左翼革命党团激进的立法草案和建议，否决了104名代表提出的土地法案，该法案要求实行土地国有化和公开建立农民委员会。他们还企图抵制社会革命党人和劳动派向沙皇当局提出的最尖锐的质询。

杜马的工作实践表明，立宪民主党的策略并不成功。他们最终也没能说服政府必须履行"10月17日诏书"的许诺。政府用刺刀回答了立宪民主党通过杜马进行社会改革的企图。这使群众对立宪民主党用和平办法、通过杜马进行社会和政治改革的能力感到失望。立宪民主党的妥协立场客观上导致自己在左、右两个方面的孤立。

1906年7月8日，仅存在72天的第一届杜马被解散。立宪民主党领导面临着一次选择：或者和平地解散杜马或者号召人民支持杜马。他们选择了第一条道路。1906年7月10日，120名立宪民主党代表同劳动派和社会民主党人一起签署了著名的《维堡宣言》。这个文件的实质是号召居民消极抵抗：拒绝缴纳税款，拒绝履行税民兵役制，不承认国债，等等。但是，立宪民主党关于消极抵抗的号召实际上不过是对政府的口头威胁，因为除号召外没有采取任何实际措施。立宪民主党的主要目的是防止国内出现新的革命危险。到1906年9月，立宪民主党人就放弃了《维堡宣言》，开始逐渐使自己的策略适应斯托雷平体制。1906年10月，立宪民主党代表会议通过了第二届杜马选举的行动纲领，指出党进入第二届杜马是"为了立法，而不是在杜马中搞革命"。立宪民主党领袖决定改变党的策略，"在我们的策略和左派的策略之间"彻底划清界限。

在第二届杜马中，立宪民主党比第一届杜马时期少了80个席位，但是他们仍然占据主导地位。立宪民主党中央委员费·亚·戈洛文当选为杜马主席。同第一届杜马相比，立宪民主党党团一方面削减了自己的纲领性要求，不再"滥用"质询手段；另一方面加强了同社会民主党人和劳动派的思想斗争。立宪民主党人从他们提交第一届杜马的土地法案中删去了关于建立国家土地基金的条款，扩大了不出让的地主土地范围，让农民负担全部赎金。他们采取抵制左翼政党的质询策略，结果第二届杜马只进行了36次质询，不到第一届杜马时期的 1/10。

与此同时，立宪民主党不想同斯托雷平直接合作，因为那意味着放弃他们自己的纲领和同民主派彻底决裂。他们不满意斯托雷平纲领，更反对用暴力实施这一纲领。因此，立宪民主党人在第二届杜马中否决了政府的土地立法。

在第二届杜马存在的 103 天里，以及在杜马内外进行的激烈的思想政治斗争中，立宪民主党人既没能同俄罗斯官方找到"共同语言"，也没能同俄罗斯民主派找到"共同语言"，他们想在群众和统治阶级之间架设"桥梁"的企图再次破产。

立宪民主党人的所作所为再清楚不过地反映了俄国资产阶级的特点。它充分表明，资产阶级和资产阶级政党在俄国政治舞台上的作为是有限的。在无产阶级政党已经建立、无产阶级和广大劳动群众日益成熟起来的情况下，资产阶级想利用革命来投机已经越来越困难。实际上资产阶级想在专制制度和无产阶级之间寻找第三条道路，这在西欧是行得通的，而在 20 世纪初的俄国，立宪民主党等资产阶级政党要走这条路则遇到了来自两方面的阻力。

事实上，在"六·三"政变君主制获胜的形势下，立宪民主党又对策略做了调整，目的是进一步适应斯托雷平的政治方针。右翼立宪民主党人号召"同历史上形成的权力彻底妥协"，这一立场反映在《路标》文集中。文集作者根本否定任何革命，不仅反对社会革命，也反对政治革命。他们认为，在个性没有得到思想净化之前，任何革命和变革都是没有意义的。路标派声称，俄国革命的主要罪魁祸首是那些感染上"反国家"、"反宗教"和"世界主义"思想的知识分子。这对立宪民主党领导产生一定的影响，他们比以前更明确地划清了自由派和左翼政党的界限。在第三届杜马选举运动中，米留可夫声明说："我们和整个俄罗斯的敌人来自左翼。"米留可夫认为，这个敌人首先是布尔什维克和无政府主义者。与此同时，立宪民主党领导决定暂时放弃"责任内阁"的口号，开始更多地强调自己对君主制原则的忠心。正是在这时，米留可夫声明立宪民主党人是"陛下的反对派"。在以后的事态发展中，立宪民主党同沙皇政府的关系越来越密切。

六　斯托雷平改革及其失败的原因和意义

俄国第一次革命被专制制度镇压下去了。列宁在革命开始时就没排除这场民主革命有可能失败的结局。这次革命虽然失败了，但是它的伟大历史意义是不容忽视的。革命第一次沉重地打击了沙皇专制制度，为新的决定性战斗奠定了基础。列宁指出："没有 1905 年的'总演习'，1917 年的二月资产阶级革命和十月无产阶级革命都是不可能的。"[①] 革命没有达到自己的直接目的并且最后失败了。这首先是因为工人阶级在同专制制度的斗争中没能同农民建立巩固的联盟。农民行动分散、进攻力不强，无产阶级本身也缺乏必要的团结和协调一致。俄国社会民主工党的队伍内部缺乏统一，组织上、思想上和行动上都不能团结一致。

但是革命产生了巨大的影响，它在人民的政治意识中留下了深刻的痕迹。俄国无产阶级以英勇的斗争迫使沙皇政府做出重大让步。无产阶级争得了（虽然时间很短）在俄国前所未有的言论、出版、集会、结社自由。革命迫使沙皇政府建立了代议机构，这意味着沙皇制度开始沿着向资产阶级君主制度转变的道路演变。无产阶级也争取到了一些权利，如在某些部门缩短工作日、降低罚金数量、提高工资等。沙皇政府被迫向农民做出让步，取消赎金，而地主则被迫降低了土地的租金和出售价格。

此外，要全面了解俄国第一次革命的影响，还必须分析革命后的斯托雷平政策时期，这样才能看到这次革命所产生的客观结果。

斯托雷平是大地主和贵族的代表，当时任大臣会议主席。他是以镇压 1905～1907 年革命和进行改革而闻名的。

专制政府对革命的参加者进行了残酷的镇压，目的是消灭一切使人想起革命的东西。成千上万的工人和农民横遭折磨、枪杀和绞刑，讨伐队到处肆虐。据不完全统计，从 1907 年到 1909 年，受到沙皇法庭审判的超过 2.6 万人，其中被判处死刑的达 5086 人。1906 年 8 月 19 日，整个俄国都设立了战地法庭。

---

① 《列宁选集》第 3 卷，人民出版社，1995，第 794 页。

任何一个公民，只要从他衣袋里搜出一支勃朗宁手枪，他就可以由几名部队军官任意处置，多半是被处死。斯托雷平时期，有数千人被战地法庭处死。而斯托雷平仍对战地法庭的"温和"表示不满。

斯托雷平在政治上是一个君主派，经济上是一个自由派。他要进行改革的目的有两个：一是造就千百万富裕的农民私有者、农场主，以平息革命危机，他认为"富裕农民永远是秩序和安宁的支柱"；二是以此建立政府的支柱。这是一个在保存沙皇专制制度的前提下为俄国资本主义发展创造条件的改革方案。显而易见，这个方案本身就具有不可调和的矛盾。斯托雷平改革的政治考虑是，没有农民的参与，俄国不可能发生任何革命，因此要通过改革把农民拉拢过来。而经济上的考虑是，没有坚实的农业基础、发达的农业、廉价的食品，不把千百万从前的农民——廉价的劳动力投向劳动市场，俄国不可能有真正强大的工业，不可能实现现代化。

斯托雷平改革的措施主要有两个：一是破坏俄国农村传统的村社，建立独立田庄；二是向东部空旷地区大量移民。

村社是俄国农民共同使用土地的形式，其特点是在实行强制性的统一轮作的前提下，将耕地分给农户使用，森林、牧场则共同使用，不得分割。村社内实行连环保制度。村社的土地定期重分，农民无权放弃土地和买卖土地。村社管理机构由选举产生。俄国村社从远古即已存在，在历史发展中逐渐成为俄国封建制度的基础。沙皇政府和地主利用村社对农民进行监视和掠夺，向农民榨取赋税，逼迫他们服徭役。

这种制度维护了沙皇制度，但是阻碍了资本主义的发展。斯托雷平改革的目的就是要破坏村社。1904年他任萨拉托夫省省长时就曾给沙皇写过一份报告，在"追溯"俄国农业发展的"祸因"时指出："村社土地占有制，即村社制度对于整个农民生活方式具有压倒一切的影响。这个制度在人民心目中已经根深蒂固。不能说人民喜爱这个制度，他们只是不理解其他制度，认为其他制度是不可能的。同时俄国农民喜欢大家一律平等，使大家达到一个水平，但因为不能使群众都提高到最能干和最聪明的人的水平，所以优秀人物势必屈从于最坏的和怠惰的大多数人的见解和意愿……对土地的渴望，土地的混乱状态，其本身就要求采取措施使农民摆脱当前的不正常状态。个人所有制是对村社制的一个自然平衡力量。它也是秩序得以维护的保证，因为小私有者是国家赖以稳定秩序的细胞。"

在这个问题上，斯托雷平不是孤立的。1904 年赫尔松省省长写的一份报告中也说："在村社制度下，由于使用土地有临时性，所以不仅妨碍农业技术的改进，而且使所有权的概念不明确，并且成了发生纠纷、争执和互相倾轧的根源……为了使农民的土地得到妥善安排，最好实行下列措施：规定一些便于从村庄土地占有制过渡到个体农户土地占有制的条件，并规定政府的奖励措施，使农民在其份地范围内分散居住，以便过渡到建立独立农庄经济。"①

斯托雷平当上大臣会议主席后，于 1906 年 11 月 9 日颁布的法令中规定："村社占有土地的每个农户有权随时要求将这块土地中应该归他的那部分固定为自己的财产。"② 按照斯托雷平的计划，凡是 24 年来没有进行重分土地的地方，也就是在村社已经仅仅成了一种空洞的法律形式的地方，应该强制实行这种划分，在其他任何村社里，只要有 1/5 农户主（假如农户主不到 250 人）提出要求，或者只要有 50 个农户主提出要求（如果全部农户主在 250 个以上），也可以强制实行这种划分。如果进行重分，那么甚至每个单独的农户都可以要求划分土地。第二届国家杜马抑制了斯托雷平政府的政策，但是工人和农民的革命运动被镇压下去以后，政府在实力上占有了优势。根据新颁布的选举法选出的第三届杜马，地主阶级的代表在其中占多数，因此对政府是很顺从的，这对于斯托雷平实施自己的改革计划无疑是有利的。

截至 1916 年 1 月 1 日，在 280 万声明愿意退社的农户中，实际上退出村社的有 200 万多一点，退出的农户主占全俄所有村社制农户的 21.8%。属于他们份地的土地占全部村社份地的 16.4%。但是这些数字并不说明村社在迅速解体。非黑土地带的地主一般都反对斯托雷平的改革，因为工厂是他们最可怕的竞争者，他们完全有理由担心，一旦大部分农民都脱离土地，他们势必会失掉村社所提供的廉价劳动力——雇农。因此，在非黑土地带，退出村社的农民所占比例只有15%～17%，而在北部地区甚至低到 6%。在伏尔加河流域，

---

① 〔苏〕米·尼·波克罗夫斯基：《俄国历史概要》下册，贝璋衡译，三联书店，1978，第 813～814 页。

② 《斯托雷平改革：20 世纪农村经济的资本化》，列宁格勒，1925，第 41 页。

退出村社的农民也不多。

斯托雷平认为，要彻底完成"改革"，需要 20 年时间。从 1910 年起申请退出村社的农民不断减少，到 1914 年，愿意退出村社的农民比 1909 年时已经少了 4/5。从这个意义上说，斯托雷平的纲领远没有完成，甚至可以说"失败"了。但是，俄国中世纪土地占有形式在 1906～1910 年遭到了前所未有的打击，从深度和广度来看，斯托雷平的改革可与 1861 年的改革相媲美。

斯托雷平采取的第二个措施是向东部空旷地区大量移民。这项措施也取得了某些效果。1900 年以前的 300 年间，往乌拉尔以东地区移居的俄罗斯人总数只有 500 万，斯托雷平改革时期（1906～1911 年）就移居了 300 万人，斯拉夫民族在东部所占的比重一下子提高到 85%。斯托雷平政府千方百计帮助富裕农民，通过农民银行向他们提供优惠贷款。与此同时，向农民提供实物性援助，比如修建基础设施，在移民区修筑铁路、公路、水井、水库、医院、学校等，向农民提供种子、农具等。当时很少提供资金援助，主要是担心现金被农民用来喝酒和挥霍，被商人、官吏和金融机构滥用。

斯托雷平采取的这些措施带来了如下结果。首先导致农民无产阶级化。在 200 万退出村社的农民中，有 120 万农民把自己的份地卖掉了，占总数的 60%。在中央农业区，出卖自己份地的占全体农户的 7%，或退出村社的 1/4 以上；在新俄罗斯（即现在的乌克兰南部和克里米亚的一部分）甚至达到 12.3%，或几乎达到退社农民的 1/3。[①] 出卖土地的是贫农。他们曾向往个体经济，但是很快就确信，要想在这样一小块地上经营农业是不可能的，尽管它已经成了"神圣的私有财产"。一位农民写道："这项法律（既 11 月 9 日命令）使富裕农民有可能购买份地而更加富裕，也使贫苦农民有可能出卖份地因而变成穷光蛋，而这并不是因为愚蠢或挥霍，只是因为倒霉。"份地与地主土地相比较，卖价非常便宜。在地主土地每公顷卖 121 卢布的地方，农民份地才卖 97 卢布；在地主土地卖 124 卢布的地方，份地才卖 96 卢布，如此等等。改革使相当一部分农民破产。他们不知道，这正是斯托雷平改革的初衷。其次，改革使播种面积扩大。如果把斯托雷平改革以前的 1901～1905 年同

---

① 〔苏〕米·尼·波克罗夫斯基：《俄国历史概要》下册，三联书店，1978，第 822 页。

1911～1915年加以对比，就会发现播种面积扩大了，有的地方扩大了55%，甚至高达75%。播种面积的扩大主要出现在"移民地区"（高加索北部、西伯利亚、草原边区），可见移民措施起到一定效果。

与此同时，斯托雷平开始不择手段地制造农村资产阶级。农业机器的进口总额从1909年的1710万卢布增加到1913年的2370万卢布。随着农业资产阶级的产生，市场扩大了，市场扩大又促进了工业的发展。比如，棉花的加工从1908～1909年度的32.4万吨增加到1912年的39.1万吨；炼铁从280万吨增加到460万吨；采煤量从2630万吨增加到3630万吨。粮食出口比20世纪初几乎增加了1倍。俄国铁路货运量从1905～1909年的1740万吨，增加到1910～1914年的2000万吨。其中运往国外的，1905～1909年有1240万吨，而1910～1914年只有1150万吨，即国内市场在1905～1909年有500万吨，而1910～1914年则几乎有1000万吨。

在列举上述成果的同时，不应该忘记，斯托雷平改革在很大程度上是靠官僚、警察施加压力实现的。斯托雷平时期也以残酷镇压革命者而闻名，左翼政党的活动家们在这一时期遭到跟踪和迫害，当时的战地法庭可以不经审判枪杀公民。斯托雷平甚至禁止法学家参加战地法庭。但是高压政策并未保证斯托雷平改革成功，改革也并未平息人民的不满情绪。

斯托雷平改革的两个目的达到了吗？首先，斯托雷平想通过造就私有者，以平息革命危机，但是事实上，农民的反抗情绪从来没有被镇压下去。土地改革使相当一部分农民无产者化。虽然反革命猖獗时期，没有发生过大的农民运动，但是小规模的农民反抗运动从来没停止过，1907年全俄国有2557次运动，1910年有6275次，增加1倍多，到1911年有4567次。[1] 改革也没有缓解无产阶级同资本的矛盾，从1910年年中起，无产阶级开始从反动势力给他们造成的严重挫折中恢复过来，并且转入进攻，罢工运动又一浪高过一浪地席卷全国，冲击着沙皇专制制度。至于想通过改革建立政府的支柱，这个希望也落空了。政府不仅没有得到工人和农民的支持，也没有得到地主和大资产阶级的支持。1911年9月1日，斯托雷平在基辅被刺杀，改革随之夭折。

---

① 参看〔苏〕米·尼·波克罗夫斯基《俄国历史概要》下册，三联书店，1978，第819页。

斯托雷平改革之所以失败，主要原因是：第一，在沙皇制度下，斯托雷平搞改革必须征得沙皇同意，改革的措施要得到沙皇的理解和支持，因此主动权并不在斯托雷平手里；第二，斯托雷平所要造就的千百万农民私有者并未表现出应有的积极性，其中富裕农民并不是改革的主体，而是改革的对象，其他农民也未从改革中得到好处，他们的出路是被迫移居，他们不仅自己对政府不满，还把这种不满情绪带到移居的边远地区；第三，专制制度和整个官僚集团很快明白了，千百万农民私有者最终会埋葬自己，因为一个考虑到千百万人利益的政权不会是专制制度，而是共和国，这种前途既不符合官僚的利益，也违反沙皇的意愿；第四，俄国资产阶级根本不想走西方式道路，他们已经同沙皇官僚集团勾结在一起，靠其保护生存。资产阶级不想取消沙皇官僚，只是想更多地影响他们。总而言之，斯托雷平旨在发展资本主义的改革方针既不符合专制制度的利益、官僚的利益，也不符合俄国资产阶级首先是大资产阶级的利益。无产阶级和农民、无产阶级政党和其他左翼革命政党更是严厉谴责斯托雷平的政策。斯托雷平本人成了孤家寡人。俄国史学界有一种说法，认为沙皇本人也参与了谋害斯托雷平的"阴谋"。可见，斯托雷平改革失败是不可避免的。

斯托雷平改革的失败表明，在俄国用改良办法改造专制制度、加快发展资本主义的道路已经被堵死，用新的革命推翻沙皇专制制度、消灭地主土地所有制才是解决问题的出路。新的革命暴风雨必将再次来临。

第四章　战争与政党

一　大战的爆发及其对俄国的影响

第一次世界大战是世界历史上一场惨绝人寰的浩劫，是所有参战国的帝国主义分子发动的一场瓜分世界的战争。

马克思主义认为，战争是随着生产资料私有制的出现和社会分化为对抗阶级而产生的社会现象。它是不同的社会阶级或国家为了某种经济和政治目的而进行的有组织的武装斗争。战争就其本质来说，是某一阶级以暴力手段施行的政治的继续，政治又是经济的集中表现。

19世纪末20世纪初，资本主义发展到帝国主义阶段，生产和资本的集中形成了在经济生活中起决定性作用的垄断组织。垄断组织为了获取高额利润，迫切需要新的原料产地、商品市场和投资场所，它们控制着本国政府，竭力向外扩张。由于资本主义经济政治发展不平衡规律的作用，一些过去落后的资本主义国家很快超过了老牌的资本主义强国，因此需要根据实力对比重新分割世界。19世纪60年代，英法两国的工业产量在世界工业总产量中分别占据第一位和第二位，而到20世纪初则降到第三位和第四位，原来处于第四位的德国一跃而居第二位。经济实力发生如此巨大变化，但是各方所拥有殖民地的状况并没有发生相应的变化。在第一次世界大战爆发前夕，英国占有殖民地3350万平方公里，人口3.935亿，而德国在这个时候仅有殖民地290万平方公里，人口1230万。新崛起的资本主义国家

109

要夺取殖民地，而旧的殖民帝国则拼命设法保住自己的势力范围。于是列强之间争取殖民地和势力范围的矛盾越来越尖锐，越来越激烈。

俄国在第一次世界大战中参与的军事集团，早在大战前就已形成。经过日俄战争和 1905～1907 年的革命，沙皇政府已经元气大伤，更加依赖西方，已经不可能提出一个远大的独立的侵略目标，并指望它能胜利实现。斯托雷平本人曾坦率地说："国内形势不允许我们对外执行侵略政策。"俄国只得加入英、法于 1904 年缔结的协约国。俄国同法国是老盟国，它只需要调整同英国的关系。于是俄英两国于 1907 年签订协定，双方划分了在波斯的势力范围：北方是沙俄的势力范围，南方为英国的势力范围。沙皇政府对此非常满意，因为在此之前，它在波斯的经济扩张政策已经遭到破产，是抵挡不住英国的竞争的。

加入协约国以后，沙皇政府和资产阶级扩张主义分子企图在远东和巴尔干实现自己的目标，因为德国和奥匈帝国在这些地区加强了自己的势力。这是沙皇政府外交政策方面的一个大转折，虽然宫廷内部有许多亲日耳曼派。政府对外政策的主要目标是继承传统，夺取黑海的两个海峡。持这一立场的有大工商业资产阶级的代表和地主，因为俄国很大一部分商品的输出，特别是粮食输出，要通过这两个海峡。支持他们的有外交家、陆海军专家。这些人清楚地看到，德国对土耳其的统治不但在经济上，而且在战略利益上都会使俄国遭受损失。渴望夺取博斯普鲁斯和达达尼尔海峡的立宪民主党和十月党人甚至把这项要求定为自己对外政策纲领的基础。

但是沙皇制度内部虚弱，不可能采用军事手段达到吞并的目的，而在英、法支持下通过纯外交途径顺利解决问题的企图也不可能得逞。1908 年，俄国外交人士许诺奥匈帝国，对其合并波斯尼亚和黑塞哥维那将予以同意。这两个地方是土耳其的省份，居民是塞尔维亚人和霍尔瓦特人，早已被奥地利所占领。而作为交换，奥匈帝国则许诺俄国军舰可以自由通过两个海峡。德国和意大利答应对此不表示反对，但是沙皇政府的两个盟国——英国和法国表示反对。结果奥匈帝国吞并了波斯尼亚和黑塞哥维那，但是英、法并不支持俄国对两个海峡的要求，因此俄白白承认奥地利的吞并，落得两手空空。这是俄国外交上的一个惨重失败。战前最后几年，俄国在巴尔干和近东的政策，既服从于自身的侵略目的，同时也是为了制止德国和奥匈帝国在这一地区扩大和巩固势力。1912 年，塞尔维亚、黑山、保加利亚和希腊在俄国外交的活动下结成所谓的巴尔干同盟。这个同盟于 1912 年秋发动了对土耳其的战争，前后只两个星期就打败了对手，德奥集团认为第一次巴尔干战争的结局是自己的严重失败，而巴尔干同盟的建立是俄国取得的重大优势，于是在外交上竭尽全力要拆散这个同盟。德国运用自己在保加利亚的强大影响，利用巴尔干各国的传统矛盾，伙同奥地利挑动保加利亚反对与俄国、希腊关系密切的塞尔维亚。1914 年爆发了第二次巴尔干战争，罗马尼亚和土耳其先后加入了塞尔维亚、希腊反对保加利亚的战争，保加利亚遭到了失败。此后俄国与德国在土耳其和巴尔干的角逐更加激烈。

1914 年 6 月 15 日，奥地利皇储弗兰茨·斐迪南大公被塞尔维亚的民族主义者刺死。这件事引发了一场列强之间的战争。1914 年 7 月 19 日（8 月 1 日），第一次世界大战爆发。德国和俄国相互宣战，卷入了这场战争。列宁对这场战争起因的评价是："引起这场战争的是各大国之间的帝国主义关系，即它们为瓜分赃物、由谁并吞哪些殖民地和小国的斗争，同时，在这场战争中居于首位的是**两种**冲突。第一是英德之间的冲突。第二是德俄之间的冲突。这三个大国，这三个拦路抢劫的大强盗是这场战争中的主角，其余的都是胁从的伙伴。"[①] 俄国的参战得到统治阶级的拥护，但遭到广大人民的反对。

统治阶级怀着抑制不住的兴奋和沙文主义情绪迎接沙皇关于战争的文告。垄断资产阶级希望战争能成为他们的"摇钱树"，靠军事订货发财。企业主的狂热、有价证券的投机买卖、牟取暴利之心和"弄钱"的手法，在俄国从来没有像战争年代那样登峰造极。从 1915 年起，俄国军队的给养极其恶劣，不但炮弹供应不足，步枪子弹乃至步枪都不敷供应。服装和鞋子也十分缺乏，甚至对战斗部队的粮食供应，都经常长时间的中断。

军事部门指望从官办工厂得到供应，动用战前的储存，但战争开始不久后这些期望都落空了。在战争的头 9 个月，政府本来不打算动员资本主义企业的财力以满足战争的需要，明知加强资产阶级在战时经济的作用会助长资产阶级的政治野心，但专制制度很快不得不这样做了。5 月，成立了中央军事工业委

---

① 《列宁全集》第 28 卷，人民出版社，1990，第 193 页。

员会，这是资产阶级在工业企业之间分配军事订货的权威组织。各地也成立了类似的委员会。战争一开始即已产生的全俄地方自治机关联合会和全俄城市联合会被准许参与对前线的供应。政府还建立了专门的机构，以调节经济活动，这就是国防、燃料、粮食、运输四个方面的特别会议都由相应的大臣负责主持。垄断组织或财团的规模越大、地位越重要，它在政府调节机构的扶助下所获得的利润就越多，而军事订货的分配腐败不堪、贿赂公行。

与此同时，国内经济状况日益恶化，转眼之间燃料发生恐慌。煤的开采量和运输能力明显不敷需要。本来就已捉襟见肘的铁路运输，更出现燃料恐慌。军用物资和部队的运输以及事关国计民生的国民经济货物的运输都陷于瘫痪。这种状况加速了经济的总崩溃。

战争也使农业生产、农民状况和城市粮食供应状况恶化。有1500万名成年男子走上前线，其中绝大多数是农民。这种情况造成国内粮食供应困难，即使停止大量的粮食出口，加上1915年的农业丰收，也无济于事。农业生产下降，播种面积缩小，肥料、机器和新农具的使用大为减少。牲畜缺乏，因为大量马匹被前方征调，牲畜的总头数也在缩减。地主的经营由于缺乏劳动力而遭受损失。但国内粮食供应状况恶化的原因不仅在于农业方面，国内还是有粮食的，由于粮价不断上涨，手上有粮食的人们暂时把粮食都囤积起来了。

粮食恐慌产生了深远的政治后果，它在大工业城市中激起了革命情绪的高涨。劳动人民的贫困因战争而逐日加深。通货膨胀的日益加剧使工人阶级的生活负担越来越沉重。但是金融资本家和企业主却在大发横财，他们甚至设法加速卢布贬值。战争在俄国加速了资本的集中和垄断过程。

前线战事对俄国非常不利。1915年5月和6月，俄军被迫放弃加里西亚。德军在其他战线如波兰和东普鲁士发动进攻。7~8月，俄军经过苦战，撤出了波兰和立陶宛部分地区。后来敌方完全占领了立陶宛、拉脱维亚的一部分以及白俄罗斯的某些地区。1915年的战争结果令人十分失望。俄国人员伤亡惨重。战争开始以来，俄国伤亡和被俘的人数共计350万人，国家丧失了大片在经济上和战略上十分重要的领土。军事失利加上经济崩溃，使俄国国内的政治危机更加严重。

战争使俄国工人阶级的组成发生了重大变化。1914~1916年，在俄国革命运动的中心彼得格勒，有 17% 的工人被动员去了前线，在其他工业中心，参军的工人就更多了。迅速涌进工厂顶替工人的，是那些逃避应征入伍的小工商业主、酒馆老板和房主，以及城市的半无产阶级的代表——手工业者、清洁工、看门人、仆役等。这种情况不能不对工人阶级的整体政治水平产生影响，使其的觉悟程度和组织性降低。出身非无产阶级的新工人，带来了小资产阶级的情绪，扩大了资产阶级思想影响工人阶级的社会基础。正因为如此，工人中相当一部分人感染上了护国主义情绪。工人罢工事件明显减少，因为参加罢工的人往往会被送上前线。

但是从 1915 年夏季开始，罢工运动和工人示威又掀起高潮，运动规模越来越大，它的政治性表现得越来越明显。1915 年 5 月，彼得格勒普梯洛夫工厂爆发了罢工。6 月，科斯特罗马纺织工人罢工，发生了枪击游行队伍的事件。8 月，伊万诺沃－沃兹涅先斯克发生枪击工人示威队伍事件。各地的布尔什维克组织印发传单，号召举行群众性抗议罢工。从 1915 年秋季开始，工人和作战部队中的反战情绪日益高涨。沙皇政府的威信日益低下，王朝已处在风雨飘摇之中。

二 战争期间的黑帮和十月党人

大战前，在如何对待斯托雷平改革问题上，黑帮内部发生争吵并导致了分裂。以黑帮领袖之一杜勃洛文为首的一派坚决反对斯托雷平改革，认为改革会危及君主政体，他们被称作杜勃洛文派。反对杜勃洛文的人，对斯托雷平改革采取理解和有条件支持的态度，他们被称作革新派。1911 年斯托雷平遇刺身亡后，两派的分歧并没有得到弥合，所以第一次世界大战开始时，黑帮的势力和影响力已经有所削弱。

俄国参加第一次世界大战加剧了国内的沙文主义情绪，黑帮打算利用这个机会，但是他们具有传统的亲德情绪，因此他们的立场并不坚定。第一次世界大战开始前两个月，尼·叶·马尔柯夫在杜马会议上声明："与其同英国建立友谊，不如同德国结盟。"俄国同协约国一起参战迫使黑帮对自己的立场做出一些调整。极右分子第一次提出兼并斯拉夫各国、瓜分奥斯曼帝国，甚至提出清除异教徒的要求。

杜勃洛文派和革新派在策略上存在分歧。杜勃洛文派仍然拒绝同主张立宪的政党合作。他们认为，立宪民主党人仍然是"政治小偷、骗子和刽子手的政党"，他们用虚伪的爱国主义口号掩盖自己的罪恶目的。与此相反，革新派在战争开始时对"爱国主义团结"寄予很大希望。他们说："我们俄罗斯人再不该因党派不同而相互怀疑，甚至指责对方自私和背叛。"

1915 年夏，俄国在前线的军事失利使政治形势发生急剧变化。这年 5 月，莫斯科发生了大规模破坏德国人的工厂、商店、住宅事件。如果说 1905 年极右分子把这种破坏行为看作人民群众觉醒的标志，那么 10 年之后，这种行为则使他们非常担心，因为走上莫斯科街头的群众公开否定政权当局并侮辱皇室的代表。

黑帮认为，第四届国家杜马中进步同盟①的成立是沙皇制度的敌人团结起来的标志，于是他们迅速采取措施建立"白色同盟"，以便对付自由派和右翼自由派政党的联合。1915 年 8 月，在杜勃洛文派的倡议下，在萨拉托夫召开了君主派会议，与会者要求沙皇和政府解散第四届国家杜马。

但是黑帮组织没能克服阵营内部的分歧。1915 年 11 月，他们同时在彼得堡和下诺夫哥罗德召开了两个君主派会议。首都会议的参加者主要是革新派，与会的还有教会主教和一些达官显贵。会议否决了进步同盟关于建立社会信任的内阁的要求，认为这个要求"违背俄罗斯国家的基本法律"。在下诺夫哥罗德召开的杜勃洛文派的会议上，反对进步同盟的呼声更高。但是两个会议在联合极右派方面都没有采取什么重要措施。

一些最大的黑帮同盟和极右派党团领导人没能在对政府的态度方面达成一致意见。尼古拉二世不顾杜马中多数党团的要求，没有任命自由派社会活动家，而是任命一些自称拥护极右派的人担任高级职务。如俄罗斯人民同盟成员阿·尼·赫沃斯托夫被任命为内务大臣，伊·格·格洛维托夫被任命为最后一任国务会议主席。但是，右派领袖们认为，政府庸庸碌碌，得到拉斯普廷②支

---

① 进步同盟是第四届国家杜马中的党团联盟，1915 年 8 月由十月党人和立宪民主党等地主资产阶级的党团联合组成。

② 格·叶·拉斯普廷（1872～1916 年）是沙皇尼古拉二世及皇后亚历山德拉·费多罗夫娜的宠臣。

持的一些人受到重用，败坏了最高权力的威信。

大战期间，普列什凯维奇猛烈抨击后方的混乱状态、盗窃国库行为和政府的软弱无能。1916 年 11 月 19 日，他在杜马发言时大谈沙皇周围聚集了一伙"黑暗势力"。他的发言赢得了中间派和左派代表的掌声，但是没有得到右派代表的支持。以马尔柯夫为首的革新派谴责自己同行的行为，指责他是革命者的帮凶。这一切都表明，黑帮势力已经日暮途穷，大势已去了。

早在战前，十月党人就拥护政府的对外政策，支持政府同英国和法国结盟。他们主张摧毁德国的经济实力，俄国夺取博斯普鲁斯海峡和达达尼尔海峡，扩大和加强俄国在巴尔干和近东的影响。十月党人在报刊和杜马讲坛上积极鼓吹吞并这些海峡并占领君士坦丁堡，支持俄国的其他领土要求。在杜马国防委员会，他们坚决主张扩大用于武装力量现代化的拨款，实行更积极的对外政策。

战争开始后，十月党人宣布自己完全同政府站在一起并停止一切反政府活动。他们在《莫斯科呼声报》上写道："所有政党间的分歧、所有纲领性问题和'阶级矛盾'都应该放到次要地位。现在俄国只应有一个党——俄罗斯党。"在 1914 年 7 月 26 日的杜马会议上，十月党人郑重宣誓无条件地支持沙皇政府的军事努力，他们始终信守了这一诺言。十月党人中央的活动性质也发生根本性变化，1915 年 8 月停止活动以前，中央几乎完全忙于为战争动员力量：出版小册子和宣传书籍，宣传战争的意义，采取措施帮助伤病员，募集药品和食品。1914 年夏，十月党人中央委员参加创建"全俄地方自治机关联合会"和"全俄城市联合会"①。这两个联合会同军事当局密切合作，起初是做些救助伤病员的工作，后来开始为军队供应装备和补给，以及从事安置难民等工作。十月党人参加了政府专门成立的国防、食品、运输、燃料等组织。

第一次世界大战时期，俄国资产阶级经济实力的加强以及其在政治上的联合，导致资产阶级同专制的矛盾进一步加深，因为专制政府没有能力克服战争造成的困难。从 1915 年夏起，政治危机开始具有不可逆转的性质，沙皇政府不仅不能控制事态的发展，而且也不了解事态发展的意义。

---

① 即"全俄地方自治机关援助伤病员联合会"和"全俄城市援助伤病员联合会"，这是俄国资产阶级和农场主的组织。

在政权日益瘫痪的形势下，自由派内部的"爱国主义情绪"开始转变为"爱国主义恐慌"。十月党人也开始跟随进步党人和立宪民主党人转入政府的反对派阵营。左翼十月党人和十月党人中相当一部分地方自治人士开始响应建立"社会信任的内阁"的号召，并同意加入进步同盟。该同盟联合了杜马中大多数温和的自由派党团：422 名议员中有 236 人参加，还有国务会议的 3 个集团。进步同盟纲领的主要内容是要求建立"社会信任的内阁"，进行一系列改革，更新地方管理机关人员，部分实行政治大赦，等等。但是这个具有妥协性质的、极其温和的纲领也被政府否决了，这导致进步同盟各成员同沙皇政府的关系更加恶化。但在反政府的程度上，进步同盟各成员的表现是不同的。大多数成员，包括十月党人中的地方自治人士，认为应提出"社会信任的内阁"口号。以第四届杜马主席米·弗·罗将柯为首的右翼十月党人则要求重新考虑地方自治制度，从立法上加强地方自治机关联合会、城市联合会和合作社组织的法律地位。拥有亲自向沙皇报告权利的罗将柯在最后时刻企图说服尼古拉二世放弃臭名昭著的内阁并建立一个得到"人民信任"的内阁。亚·伊·古契科夫在进步同盟中采取了与众不同的立场。他认为，要想避免发生革命，只有进行宫廷政变。

二月革命前夕，自由派中间一直在进行关于是"社会信任的内阁"还是"向杜马负责的内阁"的政治表述的争论，准备新内阁组成的各种方案，大张旗鼓地宣传应发动宫廷政变的思想。正当进步同盟的领袖们在杜马讲坛上批评政府、说服沙皇成立"责任内阁"（即"向杜马负责的内阁"）（从 1916 年 11 月起，这个口号已为所有反对派接受），而"密谋家们"在制定宫廷政变的各种方案时，俄国君主制度崩溃了。

二月革命后，十月党人作为一种政治思潮和流派，开始逐渐从政治舞台上消失。

三　立宪民主党在战争期间的活动

战争爆发后，立宪民主党人对自己的意识形态、策略和组织实践工作都做了重大调整。首先，他们根据国际军事冲突调整了自己的立场。俄国参战后，立宪民主党用狂热的爱国主义代替了传统的和平主义。在战争爆发后的3年时间里，立宪民主党的主要口号是"将战争进行到最后胜利"。

立宪民主党人根据自己对俄国国家利益的理解，希望赢得战争的胜利，德国及其同盟者的失败最终会有助于实现立宪民主党的对外政策理论，实现"大俄罗斯"的思想。立宪民主党理论家们认为，一旦战争满足沙皇政府的领土要求，就可以巩固国家的战略地位，大大加强俄罗斯在巴尔干和近东的影响，刺激国家经济的发展。此外，立宪民主党认为，同协约国其他国家的"密切联盟"会为俄国接近西方民主奠定基础。立宪民主党思想家们认为，军事上的成功有助于在国内进行政治改革。1914年7月21日，立宪民主党中央发表声明："不管我们对政府的对内政策持何种态度，我们的直接义务是保存统一的不可分割的祖国，保住国家在世界强国中的地位，不让敌人夺取这种地位。让我们停止内部争吵，不让敌人有丝毫的机会利用我们的分歧钻空子。"

1914年7月25日，立宪民主党中央和杜马①党团研究了对战争的态度问题，一些左翼立宪民主党人，包括O.A.奥博连斯基和尼·尼·舍普金，建议根据沙皇政府对某些改革的态度来决定是否支持战争，因为不进行这些改革俄国就不可能取得战争的胜利。但是这个意见被大多数人否决了。阿·弗·梯尔柯娃在中央会议上发表了另一种观点，她说，国家面临的反对德国的斗争要求每一个真正的俄罗斯人抛弃一切政治立场，做一个真正的爱国者。梯尔柯娃是彼得堡著名的小说家和社会活动家，是立宪民主党内右翼代表人物。她因性格活跃、坚定和果断而被称为"立宪民主党中央唯一的男性"。她同其丈夫——英国几家大报驻俄国记者加罗德·威廉斯一起，在使立宪民主党领导同英国报界和统治集团建立稳固的联系方面起了巨大作用。

根据立宪民主党中央的决定，米留可夫在7月26日杜马紧急会议上代表党声明，完全拥护政府。米留可夫的发言引起一片欢呼声，沙皇政府所有成员都同杜马代表一起鼓掌。

---

① 指第四届国家杜马（1912年11月5日至1917年10月6日）。第四届国家杜马保留了两个多数派：右翼十月党人多数（283票）和十月党人—立宪民主党人多数（226票）。杜马主席是十月党人罗将柯。社会民主党人布尔什维克和孟什维克参加了这届杜马并在该届杜马中分别建立了自己的党团。

战争开始后，立宪民主党的影响开始不断扩大，但这不是通过增加党员人数，而是通过积极参加各种社会团体的工作，首先是参加全俄地方自治机关联合会和全俄城市联合会的工作来扩大影响。1914 年 7 月 30 日，在地方自治机构代表大会上，成立了全俄地方自治机关援助伤病员联合会，负责主管医院、仓库，准备疏散列车，后来还参加了给军队供应食品的工作。立宪民主党人参加全俄地方自治机关联合会中央和地方机构的活动加强了他们同持十月党人观点的地方自治界的联系，促进了他们同地主反对派的接近。

1914 年 8 月，立宪民主党人发起成立了全俄城市联合会。该联合会的职能是募捐、疏散和征购军需物资，援助伤员和应征者家属，建立医院、饮食点，等等。立宪民主党人在联合会中非常活跃，其领袖在全俄城市联合会领导机关中担任重要职务。莫斯科立宪民主党人米·瓦·切尔诺科夫当选总代表。参加联合会中央的有 5 名立宪民主党人、4 名进步党人，只有 1 名十月党人，即尼·伊·古契柯夫。立宪民主党党员通常还领导全俄城市联合会的地方分会，尤其是在彼得堡、莫斯科等大城市积极活动的那些分会。

1915 年 7 月，成立了全俄地方自治机关和城市联合会统一的军需供应总委员会。当年年底，两个联合会的规模都扩大了。立宪民主党人在战争年代建立的各种合作社组织中也发挥了很大作用。1915 年 5 月，莫斯科大资产阶级发起建立了军事工业委员会，负责向工人灌输护国主义思想和协调各工业部门的活动，旨在为战争服务。立宪民主党人积极参加了军工委员会的活动。他们参加了中央和地方的军事工业委员会，并领导顿河畔罗斯托夫、敖德萨、特维尔等城市的军事工业委员会。这一期间，立宪民主党人还加强了同地方工商界和进步党人资产阶级思想家的联系。

战争开始后，国内达成某种程度的和解。反对派为了赢得战争胜利同政府精诚合作，这使立宪民主党人欣喜异常。但是这种兴奋心情没能持续多久。俄罗斯军队在 1914 年的东普鲁士战役中遭到失败。1915 年，俄军又被迫放弃加里西亚、波兰、波罗的海沿岸部分地区。面临食品、原料和运输严重危机的俄国在战争中损失惨重。于是，在经过短暂的平静之后，从 1915

年春天起，工人运动又活跃起来，农村又开始出现骚乱，城市中等阶层的不满情绪日益增长。在这种形势下，自由主义反对派不能再继续沉默了。地方自治机关联合会和城市联合会开始提出政治要求。1915 年 8 月，十月党人和立宪民主党等地主资产阶级政党在杜马中组成进步同盟，并开始积极开展活动。

立宪民主党人在建立这个跨党团体的过程中以及在这个团体中都起着主导作用。虽然同盟委员会名义上的主席是十月党人谢·伊·施德洛夫斯基，但是同盟真正的领袖是米留可夫，他起草了同盟纲领。进步同盟纲领是一个妥协性纲领。为了让中间党派、十月党人和部分民族主义者都进入同盟，为了保证同盟与国务会议进行合作，立宪民主党人不得不做出一些重大让步，他们用"社会信任的内阁"的提法取代"责任内阁"的口号；同盟宣言中没有提土地改革，而是要求农民权利平等；不再提政治大赦，而是要求停止审理政治案件；不提犹太人有平等权利的要求，而是使用一个模糊的提法——"取消限制犹太人的法律"，等等。立宪民主党人认为，做出这些牺牲是应该的。他们认为，杜马党团之间达成妥协不是为了立法纲领，而是为了撤换政府，改变国家的管理方法，保证战争胜利。

8 月 18 日，由立宪民主党人控制的莫斯科杜马通过决议，要求建立"社会充分信任的内阁"。其他城市杜马也开始仿效这一做法，纷纷通过相应的决议。全国各种社会组织也同莫斯科的发起人一道声援同盟。

但是，尼古拉二世拒绝走反对派指出的道路。他认为，反对派行动的目的是限制专制权力。1915 年 8 月底，前线形势稍微稳定下来，在南方，俄罗斯军队转入局部进攻。受这种事态的鼓舞，沙皇及其亲信认为，没有必要听从自由派改革家的建议。1915 年 9 月 3 日，日益在政治上活跃起来的杜马被强行休会。①

地方自治机关联合会和城市联合会在莫斯科分别召开紧急代表大会，讨论如何对待杜马问题，现在这两个组织成了反对派运动的主导力量。两个代表大

① 实际上，第四届杜马是在 1917 年 2 月 27 日被沙皇解散的。强行休会后的杜马不久又恢复了活动。

会通过了相类似的决议，号召建立人民信任的政府，立即恢复杜马工作。当时决定派代表去大本营，向沙皇通报代表大会的决议。地方自治机关联合会领导人之一叶·尼·特鲁别茨科伊在解释这个决定时说："我们将奉公守法，不会无视最高权力，无论地方自治人士向沙皇陈述多么大胆的言论，谁也不会说自己在国家处于危险的时候要搞革命。"但是这些代表没有机会陈述任何言论，因为尼古拉二世拒绝接见代表团。

当人们觉得进步同盟有成功希望的时候，立宪民主党内多数人认为，必须同右翼党团保持密切联系，以便保持和加强跨党联合。这一时期，立宪民主党内的左派批评家们小心谨慎地缄默不语。但是杜马被强行休会后，他们开始越来越多地发表自己的见解。在1915年10月召开的立宪民主党代表会议上，О. П. 奥勃宁斯基、亚·亚·基泽韦捷尔等莫斯科立宪民主党人向米留可夫的政策发起全面进攻。他们号召同士兵、工人、农民保持联系，在同政府的公开斗争中寻找新的同盟。1915年年底，Ц. Л. 曼德尔施塔姆、尼·维·涅克拉索夫等地方立宪民主党人开始主张同具有护国主义色彩的社会主义政党积极合作，以便发动"来自下面的"革命。

地方立宪民主党人和彼得堡领导人之间存在观点上的差异，这是因为上层精英和地方立宪民主党人所处的社会地位不同。地方立宪民主党人更了解俄国城市居民的生活条件，了解他们的情绪。1915年10月，萨马拉和基辅的立宪民主党委员会，12月底，科斯特罗马立宪民主党人都声明公开反对米留可夫的路线。

1916年2月18日，在立宪民主党第六次代表大会上，中央彼得堡分部和米留可夫本人受到严厉批评。会上，左翼立宪民主党人批评中央和党团过于迷恋进步同盟，号召党应努力扩大对地方自治机关和城市的影响、对军队的影响，要求党内应该更加民主。

但是，尽管地方立宪民主党人的发言中充满批评气氛，代表大会最终还是采纳了彼得堡领导人的意见。党的领袖能够战胜自己的政敌，是因为对他的策略方针的批评虽然很尖锐，但却是非建设性的，左翼立宪民主党人没能提出建设性的计划来代替现行方针。

米留可夫的路线在第六次代表大会上取得了胜利，新当选的50名中央委员中主要是米留可夫的追随者，主张采取纯议会的活动方式。1915 年 9 月 15 日，《俄罗斯新闻》发表瓦·阿·马克拉柯夫的文章《悲惨的状况》，文中揭示了立宪民主党领导人拒绝激进的斗争方式的原因。文章的中心思想是，中央主张"待战胜外部敌人后再同当局算账"。

1915 年秋至 1916 年秋，是立宪民主党和整个自由主义反对派政治积极性低落的时期。米留可夫后来解释说，之所以如此，是此时已经不具备议会斗争的条件，党又不承认其他斗争方式。

1916 年秋，由于严重的食品危机，前线形势继续恶化，对"工人革命"感到恐惧以及认定政府缺乏使国家摆脱危机的能力，使立宪民主党的反政府情绪又高涨起来。

1916 年 11 月 1 日国家杜马会议是立宪民主党历史上的重要事件。进步同盟在会上要求撤换新的大臣会议主席鲍·弗·施秋梅尔。他是拉斯普廷安插进来的一位庸才。米留可夫在这次会议上发表了著名的讲话，对政府的军事和经济政策提出尖锐的批评。这篇讲话将自由主义反对派同当局的矛盾推到了顶峰。讲话在全国引起强烈反响，尽管书报检查机关禁止发表这篇讲话，但它还是一传十、十传百地广泛传播开来。11 月 19 日，彼得格勒保安局指出："最近立宪民主党人的政治影响出人意料地加强起来。"他们的领袖"成了当前的真正英雄"。

与此同时，国内形势越来越紧张。到 1917 年年初，经济危机已经波及所有经济部门：工业、农业、铁路运输。1917 年年初，国家濒临饥饿边缘，革命形势不断发展，已有一触即发之势。

在这种形势下，左翼立宪民主党人越来越不满意党的领导人奉行的"纯粹办公室内的策略"，主张采取更坚决的行动。但是在二月革命前 1917 年 2 月 4～5 日召开的中央会议上仍然肯定了从前的路线，即同政府只进行议会斗争。立宪民主党认为，这种斗争迟早会迫使政府做出让步的。

立宪民主党反对专制制度斗争的目的不是消除同沙皇政府的矛盾，不是推翻君主制，而是通过批评专制制度同当局达成分权协议，以便顺利地进行战争和防止革命。但是，当时国内对专制制度的憎恶情绪非常之高，反对派的这些活动无疑也在促进蓬勃发展的革命运动。

四　孟什维克和社会革命党人在战争期间的表现

1905～1907 年革命失败后，革命转入低潮，迅速战胜专制制度的希望破灭了。俄国社会民主工党在社会中的威信下降，马克思主义不再时髦。布尔什维克的斗争方式引起某些人的反感，无产阶级群众中出现悲观、失望和冷漠的情绪。革命的失败迫使革命者或者转入地下，或者流亡国外。孟什维克的几位主要领袖马尔托夫、阿克雪里罗得、唐恩、马尔丁诺夫等人在俄国待了不长一段时间之后，又到国外去了。孟什维克在组织上也受到削弱。1907 年年底，唐恩在向阿克雪里罗得介绍俄国相当一部分孟什维克的情绪时写道："现在，作为有组织的孟什维主义在俄国已经不存在了，也不可能再把它们机械地集合起来。"阿克雪里罗得认为，旧的俄国社会民主工党完全可以解散和死亡，而俄国社会民主工党中央委员孟什维克波·伊·哥列夫（戈尔德曼）在莫斯科社会民主党人会议上甚至号召彻底摧毁"被布尔什维克败坏了名声"的"旧党"。主张这种思想的人被称为取消派。取消派的主要特征是，不仅反对社会民主党人旧的非法工作形式，而且主张只维护纯粹无产阶级的利益，而不是全民族的利益，坚决放弃在解放运动中的领导权。从 1908 年起，以普列汉诺夫为首的一部分人要求保留秘密的社会民主党组织和地下革命活动，恢复无产阶级的领导权，加强同自由派的斗争，这部分人被称为护党派，但是护党派孟什维克没有发展成为一支强大的力量。两派的产生并没有导致孟什维克内部发生严重的分歧或分裂。但是孟什维克内部有一种倾向：希望把西欧的工联主义和社会改良主义移植到俄国来。孟什维克这种策略上的调整并未得到工人的响应。工人更愿意进行坚决斗争，迫使工厂主接受自己的要求。当时孟什维克曾得到第二国际领袖的支持，他们在思想上受到第二国际，尤其是德国社会民主党的影响。直到第一次世界大战爆发前，孟什维克在组织上并未得到加强，在工人中的影响也不大。他们幻想建立一个欧化的工人政党，主张让革命形势渐进地向前发展。

但是大战的爆发使俄国渐进的发展过程中断了。

战争爆发后，欧洲各社会党和社会民主党都卷入了自发的民族爱国主义的浪潮，包括第二国际的模范党——德国社会民主党。孟什维克的表现如何呢？

开战一星期后，在第四届国家杜马会议上孟什维克杜马党团宣布了自己对战争的态度。1914年6月26日，社会民主党两个杜马党团共同发表了反战宣言，宣布所有交战国政府都应该为开始的这场冲突负责，因此不应该谈俄国各族人民同沙皇当局一致的问题。在表决军事拨款时，所有社会民主党代表都退出杜马大厅。

与此同时，在孟什维克倡议下，宣言中写进了下列提法："无产阶级是人民自由和人民利益的一贯保护者，在任何时候都履行自己的义务，并将保护人民的文化财富不受任何侵犯，不管这种侵犯来自外部还是内部。"① 后来，布尔什维克批评关于保卫文化财富不受外来侵犯的提法是向社会爱国主义让步。列宁劝告布尔什维克代表以后不要同孟什维克一起行动。

在孟什维克中间，既有公开的护国派，也有左翼革命的国际主义派，他们都对7月26日两个党团发表的宣言不满。在战争开始前，俄国政府和资产阶级没有像其他国家那样，在内部与社会主义者达成协议。俄国"上层"甚至在民族处于灾难的形势下也不愿意向人民做出让步，这使人民的爱国主义思想同反政府的革命情绪奇妙地混杂在一起。

出乎意料的是，普列汉诺夫是孟什维克中狂热的爱国主义者。10年前日俄战争期间他还持国际主义立场。他曾坚决支持遭到德国进攻的法国这个有着伟大的文化和革命传统的国家，他严厉地揭露德国帝国主义和德国社会民主党领袖以及普通党员的背叛行为。而对俄国，普列汉诺夫对沙皇政府的掠夺意图和在国内进行的民族压迫政策视而不见，认为俄国是防御的一方。他强调说，德国的胜利会使俄国经济情况恶化，会加强俄国反动阶级的阵地，缩小俄国革命胜利的机会。

随着战争的发展和国内局势的恶化，普列汉诺夫越来越公开地号召实现国内公民和解，劝告社会民主党人在杜马中投票支持军事拨款，甚至劝告工人放弃一切可能导致削弱俄国抵抗外来进攻能力的罢工等行为。到1915年秋，连取消派孟什维克都不再宣传这些护国主义号召了。普列汉诺夫开始提出一些相

---

① 《第四届国家杜马布尔什维克党团》（资料和文件汇编），列宁格勒，1938，第508页。

当模糊的观点，认为俄国可能在爱国主义旗帜下进行新的革命，因为沙皇政府不能保证战胜德国。

与普列汉诺夫观点相似的还有彼·巴·马斯洛夫、格鲁吉亚孟什维克领袖诺·尼·饶尔丹尼亚、维·伊·查苏利奇等人。1915 年秋，普列汉诺夫以一些社会民主党人和护国派社会革命党人的名义写的《告俄国自觉的劳动居民书》，曾得到沙皇政府内务部的赞许，并在俄国各种报刊上广为传播。巴黎的孟什维克和社会革命党护国派报纸《号召报》发表的普列汉诺夫的文章《两条革命路线》引起很大反响。文章指出，俄国革命发展的理想方案是将政权从沙皇政府官僚手里转到十月党人和立宪民主党人手里，然后再转到劳动派类型的小资产阶级民主派手里，最后再转到社会主义者手里。

但是，连孟什维克护国派都认为普列汉诺夫的观点不宜在俄国工人中间传播。因此他们根据专制俄国的具体情况提出了自己的爱国主义方案。波特列索夫、切列瓦宁、列文斯基、马耶夫斯基和《我们的曙光》杂志（1915 年称《我们的事业》杂志，1916 年称《事业》杂志），以及其他孟什维克著作家劝告自己的拥护者不要提出反战口号，不要在俄国军队的后方搞罢工和起义，同时还提出不要给沙皇政府提供军事拨款，要批评沙皇政府的错误，要组织社会力量帮助伤病员、难民和士兵家属，等等。他们不否认战争的帝国主义性质，但是认为，同协约国各国，尤其是俄国相比，德国帝国主义犯的是"超级罪"。1915～1916 年，这种护国主义发展成"自卫"的思想，即将保卫国家的事业由沙皇政府手里转到俄国民主派，包括工人和资产阶级手里。这些孟什维克认为，赢得战争胜利的必要条件是把所有反政府的力量协调起来，同时无产阶级要放弃自己的"激进主义的抵制幻想"，并承认资产阶级政党和组织的领导作用。

孟什维克"中央"（齐赫泽领导的杜马党团和俄国社会民主工党组委会）的立场是谴责帝国主义和帝国主义战争。中央宣布忠于无产阶级国际主义原则，主张尽快签订公正的和约，并尽快"使俄国民主化"。但是他们同时又宣称，在战争期间积极地进行群众性反战活动是不适宜和危险的，这一派孟什维克将党的工作重心转向俄国社会民主工党杜马党团、工会、合作社、合法的自由主义民主派出版物。

其实，齐赫泽党团和俄国社会民主工党组委会中既有国际主义分子，也有温和的护国派分子。这给制定统一的策略造成极大困难，降低了孟什维克的实际工作效率。

战争期间，左翼的孟什维克国际主义派领袖是尤·马尔托夫。他严厉地谴责国际帝国主义、俄国专制制度和资产阶级，以及所有交战国的社会党人护国派。他号召为了民主和平采取无产阶级的国际主义行动，提出了进行反帝的世界革命和俄国民主革命的口号。这一派别的思想中心是当时在巴黎出版的《呼声报》《我们的言论报》《开端报》。为报纸撰稿的有孟什维克马尔托夫、弗·安东诺夫－奥弗申柯、格·契切林，还有许多前布尔什维克人士和托洛茨基。1916年春，托洛茨基逐渐取代马尔托夫担任《我们的言论报》领导，使报纸更加激进并充满了不断革命的精神。这些人的路线同布尔什维克的反战行动纲领有许多共同点，但是孟什维克国际主义派和托洛茨基反对将帝国主义战争变成国内战争和使本国政府失败的口号，反对建立新的共产国际，反对在俄国社会民主工党内同社会爱国主义者在组织上划清界限。

国外的孟什维克国际主义派正式的组织中心是组委会国外书记处，成员有马尔托夫、阿克雪里罗得、马尔丁诺夫、伊·阿斯特罗夫（波韦斯）和谢·谢姆柯夫斯基（勃朗施坦）。1915～1916年，国外书记处出版了《消息报》和《战争和国际》杂志，还有给俄国孟什维克组织的指示信。

1915年11月在苏黎世起草并在俄国广为流传的文件《无产阶级与战争》，最集中和充分地表述了组委会国外书记处的行动纲领。组委会国外书记处声明，世界大战是包括俄国在内的列强进行帝国主义竞争的结果。在目前形势下，各交战国工人不应该支持本国政府，同时应该放弃革命的失败主义策略，在尽快结束战争，尽快签订普遍民主、没有割地和赔款的和约的旗帜下开展斗争。组委会国外书记处认为，在俄国的现实条件下，主要口号应该是要求召开立宪会议，消灭专制政府和战争，而实现这一口号的手段是劳动者首先是无产阶级有组织的群众性革命行动，通过这种方式促进国际工人运动的复兴。1915年9月，国际社会党人齐美尔瓦尔得代表会议讨论了这方面的问题。除布尔什维克和左派社会革命党人外，孟什维克国际主义派马尔托夫、阿克雪里罗得以及托洛茨基等人也参加了会议。

在俄国也有孟什维克国际主义派的组织在活动，但是影响都不大。战争期间，俄国的孟什维克组织没有做多少工作。俄国社会民主工党组织委员会在1914～1915年只出版3种反战传单（布尔什维克出版数百种），原定于1914年12月召开的全俄孟什维克代表会议也没有举行，只召开过一些地区性代表会议。

战争期间，俄国孟什维克的出版物先后有《北方呼声报》、《晨报》、《工人晨报》（彼得格勒1915年）、《我们的呼声报》和《呼声报》（萨马拉1915～1916年），以及首都的杂志《现代世界》和《工人保险》，流放到西伯利亚的孟什维克唐恩—策列铁里小组出版的《西伯利亚》杂志和《西伯利亚评论》（1914～1915年），等等。

孟什维克杜马党团的活动很活跃。1914年11月，杜马中的布尔什维克代表被逮捕，后来被流放到西伯利亚。此后孟什维克杜马党团成了俄国无产阶级在国家杜马中的唯一代表。以齐赫泽为首的党团成员多次发表讲话反对战争，批评沙皇政府的对内对外政策，经常拒绝投票支持军事预算，提出必须改善工人的经济和法律地位问题。他们还曾尝试在杜马外开展工作，但是后来为了安全而采取了谨慎的策略。

从1915年秋天起，无产阶级代表是否应该参加军事工业委员会的争论成了工人和社会民主主义运动的主要问题。军事工业委员会的设立是国内出现严重经济和政治危机的主要征兆。委员会的任务是动员私营工业为战争服务，宣传权力、劳动和资本联合起来保卫祖国。此外，还成立了"工人团"，作为新的军事工业结构的主要组成部分。按照军事工业委员会创建人的构想，"工人团"可以帮助缓和国内的社会紧张情绪，在国防企业发生劳动冲突时充当调停人的角色，活跃无产阶级的爱国主义情绪。

由政府批准的"工人团"选举运动在各城市进行了整整一年。布尔什维克和左派社会革命党人认为，工人参加军事工业委员会等于为战争辩护，因此一起抵制了选举，而孟什维克首先考虑的不是意识形态问题，而是实际问题，认为不应该放弃使自己的活动部分合法化，以及同资产阶级进行接触和提高工人政治积极性的机会。

普列汉诺夫和波特列索夫等孟什维克护国派持这种立场，这是很自然的。而孟什维克中间派（组委会、齐赫泽党团）则认为，为了解决他们认为更重要的组织任务，可以牺牲某些国际主义原则。但是，这些孟什维克组织在选举运动中并没有表现出特别的积极性。

到1917年2月，在244个军事工业委员会中只建立了58个"工人团"，分布在彼得格勒、莫斯科、基辅、萨马拉、顿河畔罗斯托夫、喀山、敖德萨、鄂木斯克、彼尔姆、尼古拉耶夫等城市。奇怪的是，往往是在一些小城市建立了"工人团"，如萨拉普尔、索契等，而在布尔什维克影响较大的城市没有成立"工人团"，如梯弗利斯、哈尔科夫、巴库等。

彼得格勒的中央军事工业委员会"工人团"最活跃。该"工人团"是1915年秋孟什维克护国派和国际主义派经过顽强斗争后选出的。"工人团"主席是厄里克桑电话机制造厂工人、孟什维克库兹马·格沃兹杰夫。他是一位农民的儿子，13岁便开始在铁路部门工作，参加过社会革命党人小组，多次被逮捕。格沃兹杰夫在成年时期加入孟什维克。1917年春，他当选彼得格勒工人和士兵代表苏维埃执委会成员，同年9月任临时政府劳动部部长。

共有10人被选入中央军事工业委员会"工人团"。他们中有著名的孟什维克格·叶·布雷多、E. A. 古德柯夫、弗·阿布罗西莫夫（后来发现他是沙皇政府的密探）等人。

"工人团"进行了大量的组织工作，千方百计阻止罢工发生，同时也尽量维护无产阶级的利益。中央军事工业委员会"工人团"出版"情况通报"，下设10个委员会，包括工会委员会和合作社委员会，处理粮食、工人食堂建设等问题。地方"工人团"也大致从事这类工作。但是"工人团"不仅遭到具有国际主义情绪的工人强有力的抵制，也遭到不愿意向无产阶级做出让步的沙皇当局和许多企业主的抵制。结果，它们的许多计划（工人代表大会制、劳动交易所、规定最低工资等）都没能实现。

"工人团"的纲领带有妥协性质，把"自卫"的思想（保卫祖国免受外来侵略）同齐美尔瓦尔得和昆塔尔国际社会党人代表会议决议反映的和平主义号召混淆在一起，号召同资产阶级妥协，同时又更严厉地批评无能的沙皇政府。随着国内政治危机的加深及当局转向公开镇压和逮捕某些"工人团"成员，格沃兹杰夫及其同事开始对政府持批评态度。

1916年11月底，内务大臣亚·德·普罗托波波夫提出，不能再容忍中央军事工业委员会"工人团"继续存在。1916 年 12 月 13 ~ 15 日，中央军事工业委员会和 12 个地方军事工业委员会的"工人团"成员、组织委员会代表、俄国社会民主工党杜马党团、工会、合作社和首都大工厂代表在彼得格勒召开会议。会议决议指出，当前的任务已经不是同沙皇专制制度的个别现象做斗争，而是彻底推翻现存制度，使国家彻底实现民主化。

后来中央军事工业委员会"工人团"成员同意在 1917 年 1 月 9 日举行罢工以纪念"流血星期日"的牺牲者，并定于 2 月 14 日即杜马例行会议开会的当天，举行群众和平示威，要求沙皇将议会宣布为临时政府。孟什维克为组织群众集会在彼得格勒成立了专门的演说班子。1917 年 1 月 16 日，叶·马耶夫斯基为工人集会写了若干发言提纲和题为《专制制度在扼杀国家》的宣言书。宣言书中说，必须建立临时革命政府，该政府应该能够"使国家摆脱困境和避免致命的崩溃，加强国内政治自由并按各国无产阶级都能接受的条件签订和约"。政府对此的反应是，决定将越来越危险的格沃兹杰夫领导的"工人团"同工人隔离开来。于是 1917 年 1 月 26 日夜，包括格沃兹杰夫在内的大多数"工人团"成员都被逮捕并被囚禁在彼得保罗要塞。

孟什维克的活跃是国内革命危机成熟的因素之一，但是不应过高估计他们在准备第二次资产阶级民主革命中的作用。他们力量分散、人数不多，实际上是自发的群众运动浪潮把他们带动起来。劳资冲突更加尖锐，资产阶级反对派领袖不可能成为民族领袖。1917 年 2 月专制制度被推翻是各种社会政治力量共同行动的结果，但它们之间的根本分歧最终是无法克服的。

第一次世界大战的爆发也向社会革命党人提出了新的问题，诸如战争的性质，社会主义者对战争的态度，对政府的态度，等等。

战争不仅给社会革命党人的活动条件带来巨大困难，而且加深了他们之间的思想分歧，使他们无法制定出统一的行动纲领。比如，1914 年 8 月 22 日在瑞士召开的社会革命党中央工作人员国外会议讨论在第一次世界大战形势下的行动路线时，代表们就意见不一，分歧严重，当时党的很多著名活动家出席了这次会议，如 Н. Д. 阿夫克森齐耶夫、А. А. 阿尔古诺夫、Е. Е. 拉扎列夫、马·安·纳坦松、维·米·切尔诺夫等。在会上，纳坦松认为，劳动者没有祖国，社会主义者在战争期间也不应该忘记统治阶级的利益和人民的利益依然是对立的，因此社会主义者不应该站在民族团结的立场上。切尔诺夫则持中左立场。他认为，沙皇政府进行的不是防御战争，而是掠夺战争，捍卫的不是人民的利益，而是王朝的利益，因此社会主义者不应该帮助它。他们应该反对战争，恢复第二国际，成为"第三种力量"，向两个交战中的帝国主义集团施加压力，争取签订没有割地和赔款的和约。

多数与会者都是护国派。他们声称，既然战争爆发了，那么社会主义者就应该保卫祖国，抵御外国帝国主义，关于战争的反人民性质的思想对国防是有害的。他们不否认战争期间也应同政府进行政治斗争，但是强调指出，斗争的方法不应该直接破坏国防。

8 月会议的参加者没有制定出统一的行动纲领。会后，流亡国外的社会革命党人中的分歧更加严重。由于党中央国外代表团中的国际主义派和护国派人数相等，致使当时全党机关的工作全部瘫痪。

国际主义派、左派和中左派分子（马·安·纳坦松、波·达·卡姆柯夫、尼·伊·拉基特尼科夫、维·米·切尔诺夫等人）首先着手宣传自己派别的观点，在思想上把自己的拥护者联合起来。1914 年 11 月，他们就开始在巴黎出版《思想报》。报纸主要在国外流亡者的小范围内发行，只有少部分偶然散发到俄国。

头几期报纸发表了切尔诺夫撰写的一组提纲：《战争和资本主义》《社会主义者对战争的评价》《战争与社会主义者的"重新认识"》《俄国社会主义者的状况》。这些提纲从理论上论述了社会革命党国际主义派在战争、和平、革命和社会主义问题上的立场。切尔诺夫认为，战争的根源首先在于资本主义进入"民族帝国主义阶段"，在这一阶段，资本主义在先进国家获得单方面的工业发展，而这又造成另一种不正常现象——单方面的工业社会主义，即马克思主义的社会主义，社会主义者对资本主义的发展前景做出了极其乐观的估计，而对资本主义消极的、破坏的方面估计不足，把社会主义的命运完全同这一前景联系在一起。切尔诺夫说，马克思主义的社会主义认为，农业和农村只是蓬勃发展的工业的附庸，因此工业以外的劳动居民阶层被忽视。马克思主义的社会主义确立了纯无产阶级的社会发展观，对任何不是自上而下由资本主义领导的社会化，而是自下而上由劳动者自己发起的社会化（村社土地所有制、合作社、市政社会化等）都持怀疑态度。这种社会主义把资本主义视为"既是无产阶级的敌人，也是朋友"，因为资本主义的繁荣、发展与无产阶级利害攸关。

切尔诺夫认为，战争是在拿欧洲各大国资本主义命运做赌注，也是拿这些国家的无产阶级做赌注，因此无产阶级不可能对战争袖手旁观。无产阶级生活水平的提高依赖于资本主义的发展，这是"社会主义普遍的民族主义堕落"的主要原因。切尔诺夫认为，使欧洲国家卷入战争的当代民族资本主义发展的片面工业主义造就了片面工业社会主义的代表，引起了社会主义危机和精神堕落。作为社会革命党主要理论家，切尔诺夫认为，克服危机的条件只能是，使马克思主义的社会主义克服资本主义发展的"片面工业主义和民族资本主义阶段"的各种不良现象的影响。马克思主义者美化无产阶级也属于这种不良现象。社会革命党《思想报》写道："许多社会主义政党的民族主义堕落不是个别领袖的过错，其根源在于无产阶级自身的弱点。"马克思主义的社会主义所描述的无产阶级在现实生活中是不存在的。不能说只有一个国际无产阶级，它会不分种族、民族、性别、领土、国家、职业技能、生活水平而由阶级利益联合起来，对现存制度和所有剥削和压迫力量都深恶痛绝；而是有许多无产阶级，他们之间存在许多矛盾，并同统治阶级有不同程度的协作关系。结论是，社会主义者不应该把某个劳动阶级奉为偶像，社会主义政党不应该等同于无产阶级政党。切尔诺夫指出，只有劳动者的联合力量才能够制止战争、争取签订没有割地和赔款的和约。因此每个社会主义者和社会主义政党的任务是把被战争分裂的社会主义力量团结起来。

根据这种考虑，切尔诺夫和纳坦松参加了国际主义者社会党人的两次国际代表会议：1915 年 9 月的齐美尔瓦尔得会议和 1916 年 4 月的昆塔尔会议。①

---

① 齐美尔瓦尔得会议指国际社会党人第一次代表会议，于 1915 年 9 月 4 日在瑞士伯尔尼附近的齐美尔瓦尔得召开。到会者有俄、波、意、法、荷以及瑞典、挪威、瑞士等 11 个国家的 38 名代表。会议讨论了反对帝国主义战争和为和平而斗争的问题。会议通过一项宣言，认为战争是帝国主义性质的。在这次会议上，以瑞士社会党人罗·格里姆为首的中派和半中派占多数，以列宁为首的左派占少数。这次会议形成了左派同中派和半中派的暂时性的齐美尔瓦尔得联盟。

昆塔尔会议指齐美尔瓦尔得联盟召开的国际社会党人第二次代表会议，1916 年 4 月 24 日在瑞士伯尔尼开幕。4 月 25～30 日在山村昆塔尔继续进行。出席会议的有德、法、意、俄、波、塞、瑞（士）、奥、挪、葡等国社会主义政党和组织的代表 43 人。其中左派代表 12 人。会上，以列宁为首的左派主张使本国资产阶级政府在战争中失败，中派主张迫使统治阶级结束战争。

10 年后,切尔诺夫在回忆齐美尔瓦尔得会议时指出,会议参加者追求的是不同的目的。一些人(切尔诺夫认为自己属于这些人)把会议视为中止整个国际主义社会主义梦幻的手段,另一些人(列宁及其拥护者)则想同国际决裂,建立更狭隘的"宗派国际"。只有纳坦松在齐美尔瓦尔得代表会议宣言上签字,切尔诺夫在他根据社会革命党对战争和社会主义的看法提出的宣言修正案被否决后,拒绝签署这个文件。

1915~1916 年,主张护国主义观点的国外社会革命党人出版了自己的报纸《在国外》和《新闻报》。这一派社会革命党人的政策明显地反映了战争引起的解放力量重新联合的倾向。齐美尔瓦尔得会议期间,他们在日内瓦同俄国的社会革命党人护国派召开会议。会议宣言指出"只有通过民族自卫的途径才能得到自由"。护国派用各种理由为"保卫祖国"的口号辩护。他们认为:首先,德国战胜俄国会使俄国变成殖民地,阻碍俄国生产力的发展和劳动者觉悟的提高,最终会推迟沙皇制度的彻底灭亡;其次,俄国的失败会对劳动者的状况造成最恶劣的影响,因为战争赔款的义务将导致税收增加。因此护国派得出结论,人民的切身利益要求社会主义者积极参加保卫国家的行动。

"保卫祖国"的口号受到列宁及其拥护者的严厉批评。

五 战争期间的布尔什维克与列宁的革命理论

战争爆发时,有成千上万的布尔什维克被关在监狱或被流放。沙皇当局在准备战争时,加紧对社会民主党人,尤其是对布尔什维克进行镇压。在战前的几个月里,巴库、巴统、戈梅利、敖德萨、波尔塔瓦、顿河畔罗斯托夫、图拉、乌法、雅罗斯拉夫尔等地的党组织遭到警察的残酷镇压。在战前的一个月内,俄国社会民主工党彼得堡组织的近千名党员被警察逮捕。7 月 8 日,当局查封了《真理报》。随着战争的开始,新的高压手段巨浪般猛烈地冲击着布尔什维克。沙皇政府竭力要使革命运动丧失领导,阻挠布尔什维克发动无产阶级进行积极的群众性的反战运动。仅在开战后的头 5 个月内,宪兵队就对彼得格勒、莫斯科、伊万诺沃-沃兹涅先斯克、基辅、敖德萨、巴库以及白俄罗斯许多城市的党组织进行了几十次的袭击。据列宁证实,在整个俄国"沙皇政府逮捕和放逐了成千的先进工人——我们的秘密的俄国社会民主工党的党员"①。

战争开始前,第四届国家杜马布尔什维克党团是国内党的领导中心。布尔什维克对战争的态度,是当时唯一留在彼得堡的杜马代表阿·叶·巴达耶夫于7月上旬向首都各报记者发表的。他声明说:"工人阶级要全力进行反对战争的斗争。战争不符合工人的利益。恰恰相反,它的锋芒完全是针对着全世界的工人阶级。在国际社会党巴塞尔代表大会上代表全世界无产阶级通过的决议中说,一旦宣战,就进行坚决的反战斗争,'用战争反对战争'——这就是我们的口号。我们,工人阶级的真正代表,就要为这个口号而斗争。"② 巴达耶夫的声明同党团其他成员的观点是一致的。例如,当时在叶卡特林诺斯拉夫由杜马代表彼得罗夫斯基领导召开的一次秘密会议也通过了一项明确的反战决议,号召俄国无产阶级"利用一切手段来反对已经开始的战争,并且向各国无产阶级伸出友谊之手"③。

杜马的布尔什维克党团决定在召开杜马紧急会议的7月26日,即批准军事拨款的那一天公开表示对战争的态度。布尔什维克党团成员考虑到劳动人民共同的反战情绪,曾尝试同孟什维克党团和劳动派党团代表采取共同的反战行动。但同劳动派未能达成协议,因为在谈判的第一阶段,劳动派党团的代表亚·费·克伦斯基便声明,劳动派将积极支持战争。而孟什维克党团同布尔什维克采取了共同的行动,尽管其领导人尼·谢·齐赫泽本人持护国主义立场。虽然在一系列原则问题上看法各不相同,谈判结束时还是制定了一致同意的宣言。这份宣言曾在杜马会议上宣读。俄国社会民主党人的宣言表达了无产阶级的国际主义立场,坚决谴责了战争,并且宣告一切交战国的统治集团要为发动战争承担责任。国家杜马在讨论批准军事预算时,社会民主党根据第二国际历次代表大会的决议,认为不赞成军事拨款是自己绝对应尽的社会主义义务。为了更有力地表示自己的抗议,他们退出了杜马大厅。两个党团这是第一次,也是最后一次共同行动。

---

① 《列宁选集》第2卷,人民出版社,1995,第532页。

② 巴达耶夫:《国家杜马中的布尔什维克》,莫斯科,1954,第344页。

③ 萨莫伊洛夫:《第四届国家杜马布什维克党团诉讼案》,莫斯科—列宁格勒,1927,第134~135页。

列宁从战争一开始就告诫党不要同沙文主义者进行任何形式的联合，他认为布尔什维克杜马党团的使命是表达彻底的国际主义观点。

战争爆发时列宁正在波罗宁。奥地利宪兵早就知道了列宁的革命活动并且在监视列宁。7月25日（8月7日），他们搜查了列宁的住所，7月26日，把列宁关进了监狱，使他受到审判的威胁。在波兰和奥地利社会民主党人和波兰作家的帮助下，列宁获救并举家来到中立国瑞士，在伯尔尼住了下来。

在1914年8月24~26日（9月6~8日）举行的布尔什维克伯尔尼支部的会议上，列宁第一次做了关于党对帝国主义战争的态度的报告。会议通过了报告的提纲，并把它作为"社会民主党一个小组"的决议，决议的标题是"革命社会民主党在欧洲大战中的任务"。后来，列宁又将提纲改写成宣言，以"战争和俄国社会民主党"为题于1914年10月19日（11月1日）发表在俄国社会民主工党中央机关报《社会民主党人报》第33号上。宣言明确地指出了这场战争的性质和意义，认为这是两个交战集团进行的一场帝国主义的、非正义的、侵略性的战争。这场战争是资本主义国家的统治阶级长期以来推行的那种反动的帝国主义政治通过另一种手段的直接继续。"强占别国领土，征服其他国家；打垮竞争的国家并掠夺其财富；转移劳动群众对俄、德、英等国国内政治危机的注意力；分裂工人，用民族主义愚弄工人，消灭他们的先锋队，以削弱无产阶级的革命运动——这就是当前这场战争唯一真实的内容、作用和意义。"[①] 宣言分析了导致统治阶级走上战争道路的真正原因，揭穿了帝国主义者把战争说成民族解放战争、正义战争和卫国战争的企图。

列宁在宣言中还无情地批判了社会沙文主义者。宣言对各社会民主党没有执行自己的任务表示"万分沉痛"，指出第二国际首领们的行为是对社会主义的背叛，而第二国际最有力量和最有影响的德国社会民主党的领袖对这一背叛负有特殊的责任。德国社会沙文主义者为自己支持战争的行为辩护，说他们这样做是在反对俄国沙皇制度。宣言说，反对沙皇制度的革命运动不需要这样的"助手"；近年来俄国工人阶级领导的反对沙皇制度的革命运动具有很大规模，推翻沙皇制度已经成为直接的斗争口号；如果有什么东西能够帮助沙皇政府镇

---

① 《列宁选集》第2卷，人民出版社，1995，第403页。

压革命运动的话，那就是这场战争。为了进行这场战争，沙皇政府从英、法、俄的银行家那里得到了财政上的支持。宣言指出，德国和奥地利的社会民主党领袖的所作所为只会对俄国无产阶级在完成自己的革命任务方面造成危害。宣言批判了中派分子，指出："最能给无产阶级帮倒忙的，莫过于那些动摇于机会主义和革命的社会民主主义之间的人（德国社会民主党内的'中派'之类），这些人极力闭口不谈第二国际的破产，或者用外交辞令来加以掩饰。"①列宁写的宣言还揭露了"左"的机会主义者，即无政府工团主义者。列宁写道："在目前的危机时期，作为机会主义天然的'补充'的无政府工团主义思潮（同样是资产阶级的，同样与无产阶级观点即马克思主义观点相敌对的），其特征是同样恬不知耻、自鸣得意地重复沙文主义口号。"②

列宁根据帝国主义战争的性质以及对公开的和隐蔽的社会沙文主义行为的分析确定了国际无产阶级的策略。列宁提出的中心策略口号是**变帝国主义战争为国内战争**。他认为，战争加速了革命，但是并不意味着对于一切国家来说社会主义革命都提到日程上来了。在俄国，由于国家落后，由于没有完成资产阶级革命，直接的斗争的目的仍然是建立民主共和国、没收地主土地、实行8小时工作制。此外，从变帝国主义战争为国内战争这个口号中又提出另一个策略口号，即**使本国政府在战争中失败**。这个口号的根据是：政府军队在前线的挫折和失利有利于削弱旧制度，有助于解放受帝国主义者压迫的各国人民，有利于群众起来反对剥削阶级。促使本国政府在掠夺性战争中失败的策略的目的在于要变战争为被压迫者反对压迫者的战争，赢得革命的胜利。列宁认为："只有沿着这条道路，无产阶级才能摆脱依附沙文主义资产阶级的地位，才能以不同的形式比较迅速地迈出坚定的步伐，走向各民族的真正自由，走向社会主义。"③

列宁写的宣言在国际上引起强烈反响。登载宣言的《社会民主党人报》第33号发行了1500多份，宣言还被转送到国际社会党执行局以及瑞士、法国、英国、德国、瑞典的一些社会主义报刊的编辑部。

---

① 《列宁选集》第2卷，人民出版社，1995，第407页。
② 《列宁选集》第2卷，人民出版社，1995，第408页。
③ 《列宁选集》第2卷，人民出版社，1995，第409~410页。

随着战争的继续，交战国劳动人民的战争负担越来越重，劳动人民开始要求和平了。列宁认为，群众要求和平的情绪，往往反映他们已经开始对战争发出抗议、表示愤慨，开始认识到战争的反动性质。一些有远见的资产阶级代表为反战情绪所震惊，由于害怕发生革命，也开始拥护和平。社会沙文主义者、中派分子也发出各种一般性的和平论调。托洛茨基反对变帝国主义战争为国内战争的口号，也鼓吹一切左派都在和平的旗帜下团结起来。各种形式的和平要求掩饰了帝国主义者的政策，保护了帝国主义。这种和平要求，不主张进行反对帝国主义政府的革命行动，它传播统治阶级能够结束战争这样一种无法实现的愿望，从而引导群众离开革命斗争。对这一切现象需要有一个准确的马克思主义的估计，尤其是国外有些党员已经陷入了和平主义，甚至是护国主义的情绪之中。

1915年2月14日（27日），布尔什维克党国外支部召开代表会议。列宁、克鲁普斯卡娅、季诺维也夫、布哈林等人和俄国社会民主党巴黎支部、苏黎世支部、伯尔尼支部、洛桑支部、日内瓦支部、伦敦支部的代表在伯尔尼聚会。列宁就最重要、最迫切的战争问题做了报告，进一步阐述了宣言的观点，论述了战争与和平问题。1915年7~8月，列宁和季诺维也夫又合写了一本小册子《社会主义与战争（俄国社会民主工党对战争的态度）》。列宁指出，社会民主党人有责任利用群众的和平情绪"他们应当最热情地参加在这个基础上产生的一切运动和一切游行示威。但是他们不能欺骗人民，不能传布这样一种思想：似乎不进行革命运动也可以实现没有兼并、没有民族压迫、没有掠夺、不含现在的各国政府和统治阶级之间的新战争萌芽的和平……谁希望得到持久的和民主的和平，谁就应该拥护反对政府和资产阶级的国内战争"。①

列宁制定的策略武装了布尔什维克党和它所影响的无产阶级及劳动群众，这是建立在无产阶级国际主义原则基础上的斗争策略。

在制定革命策略的同时，党面临的迫切任务是：认清历史发展新的阶段，同社会沙文主义者的反马克思主义理论做斗争。工人阶级的根本利益和制定正确的政治方针的必要性，也迫切要求对世界经济和世界政治中的新现象进行科

① 《列宁选集》第2卷，人民出版社，1995，第527页。

学的概括，揭示革命发展的前途。为此，列宁对他所处的那个时代的资本主义进行了认真的科学研究。

1916 年 1~6 月，在第一次世界大战进行期间，列宁研究并综合了大量有关帝国主义经济和政治问题的材料，批判地整理了数百本各种文字的外国书籍、文章、小册子、统计汇编等，写出了《帝国主义是资本主义的最高阶段》一书。他在这部著作中总结了马克思《资本论》问世半个世纪以来世界资本主义的发展。第一次深刻而科学地分析了帝国主义的经济实质和政治实质，论证了在新的历史条件下社会主义革命的前景。

列宁提出了作为资本主义最高阶段的帝国主义所具有的五个基本特征。第一个基本特征是在生产和资本高度集中的基础上产生了资本主义垄断组织，垄断组织变成了经济生活的决定因素。列宁把由生产集中而产生的垄断看作资本主义发展新阶段的一般的和基本的规律。帝国主义就其经济实质来说，是垄断的资本主义。生产的集中和垄断组织的形成意味着生产的急剧社会化。列宁指出："生产社会化了，但是占有仍然是私人的。社会化的生产资料仍旧是少数人的私有财产。在形式上被承认的自由竞争的一般架子依然存在，而少数垄断者对其余居民的压迫却更加百倍地沉重、显著和令人难以忍受了。"① 垄断组织靠掠夺城乡各阶层劳动人民获得巨额利润。与此同时，生产的联合、生产社会性的加强，为过渡到新的社会制度——社会主义创造了物质前提。

帝国主义的第二个基本特征是银行资本与工业资本日益融合起来并在这一基础上产生了金融资本、金融寡头。银行业的集中导致银行和银行巨头变成拥有无数财富的势力极大的垄断者。在帝国主义条件下，银行成为整个资本主义经济的主要神经中枢。它们把整个资本家阶级的货币资金的周转集中起来，并对这些资金进行社会性计算。但是，银行的一切活动是受私人利益即受大的和最大的垄断资本主义的利益支配的。实行其经济和政治统治的金融资本的代表，组成了一个比较狭小的上层金融寡头，而资本主义国家就是为这一金融寡头阶层服务的。

帝国主义的第三个基本特征是资本输出。这种输出是帝国主义所特有的，

① 《列宁选集》第 2 卷，人民出版社，1995，第 593 页。

它代替了以前占统治地位的商品输出。"只要资本主义还是资本主义，过剩的资本就不会用来提高本国民众的生活水平（因为这样会降低资本家的利润），而会输出国外，输出到落后的国家去，以提高利润。"① 资本输出导致一些国家对另一些国家的经济奴役。为争夺有利的投资场所，帝国主义各国之间的矛盾加剧了，瓜分世界和重新瓜分世界的斗争加剧了。

帝国主义的第四个基本特征是瓜分世界的资本家国际垄断同盟的形成。这些同盟是资本和生产的世界性集中的一个新的、比过去高得无可比拟的阶段。

帝国主义的第五个基本特征是最大的资本主义列强瓜分世界领土的过程已告结束。帝国主义时代开始的时候，世界领土已经基本瓜分完毕，列强之间的斗争具有新的性质，成为重新瓜分业已瓜分了的世界的斗争。这一斗争引起了帝国主义的战争，其中包括第一次世界大战。

列宁认为，帝国主义是寄生的和腐朽的资本主义。腐朽首先表现在经济方面，这是由垄断组织的统治所决定的。腐朽最明显地表现在垄断组织所固有的使生产力停滞和阻碍生产力发展的趋势上。如果技术进步对垄断利润不利，它就有可能被垄断组织人为地阻止。腐朽还渗透到了经济、政治、国家机关、文化艺术等社会生活的各个方面。腐朽也影响到工人运动，促进了社会主义的生产和发展。

列宁在给帝国主义的历史地位下定义时，称其为垂死的资本主义。他在1916 年 8 月写的《帝国主义和社会主义运动中的分裂》一文中指出："帝国主义是资本主义的特殊历史阶段。这个特点分三个方面：（1）帝国主义是垄断的资本主义；（2）帝国主义是寄生的或腐朽的资本主义；（3）帝国主义是垂死的资本主义。"② 帝国主义时代矛盾的空前激化是迫切需要推翻资本主义、向社会主义革命过渡这一新的历史时期的强大推动力。列宁认为，帝国主义的历史作用在于，它为社会主义革命和向社会主义过渡创造了充分的前提。在这个阶段"社会主义革命的客观条件已经成熟"③。垄断组织的联合为从资本主义向更高级的社会经济结构过渡准备了物质条件。而帝国主义战争加快了生产

---

① 《列宁选集》第 2 卷，人民出版社，1995，第 627 页。

② 《列宁选集》第 2 卷，人民出版社，1995，第 704 页。

③ 《列宁全集》第 26 卷，人民出版社，1988，第 121 页。

的社会化，使向社会主义过渡的可能性临近了。进行战争必须动员国民经济的一切资源，各交战的帝国主义大国政府便利用这一点对生产实行国家调节。战争促进了垄断资本主义把垄断组织的力量同国家的力量联合成一个为金融寡头服务的统一的机构。但是，国家垄断资本主义体系同时就是向社会主义物质前提成熟的道路上迈出的新的一步。列宁指出："现代社会在何种程度上已成熟到可以向社会主义过渡，这一点恰恰已为战争所证明，因为在战争期间，为了集中人民的力量，不得不由一个中央机关来调节5000多万人的全部经济生活。既然这一点能够在代表少数金融大王利益的一小撮容克贵族的领导下做到，那一定同样也能够在代表饱受饥饿折磨的十分之九的居民的利益的觉悟工人的领导下做到。"①

因此，列宁得出结论，国家垄断资本主义是社会主义最充分的物质准备。既然它建立了社会主义生产方式的物质技术前提，那么它就是社会主义革命的前阶，是社会主义革命的前夜。

但是，当时德国社会民主党领导人和理论家考茨基对帝国主义即垄断阶段的资本主义有另外一种认识。他认为："从纯粹经济观点来看，资本主义不是不可能再经历一个新的阶段，即把卡特尔政策应用到对外政策上的超帝国主义阶段……"② 这个阶段"将以实行国际联合的金融资本共同剥削世界来代替各国金融资本的相互斗争"③。在考茨基看来，走向社会主义要经过"超帝国主义"，这是"无产阶级实现自己的最终目的"以前要经过的最后一个阶段。考茨基认为，"超帝国主义"一定会为资本主义制度范围内的进步发展创造条件。

此外，当时第二国际思想家之一希法亭于1910年出版了《金融资本》一书。他认为，在资本主义经济发展到一定阶段，会出现一个总卡特尔，这个总卡特尔除了能消除工人阶级和资产阶级之间在产品分配上的对立之外，似乎还能消除资本主义制度的一切对立。④ 后来，希法亭得出了将会产生一种"有组

---

① 《列宁全集》第28卷，人民出版社，1990，第348~349页。
② 〔俄〕《新时代》1914年第2卷第21期，第921页。
③ 〔俄〕《新时代》1915年第2卷第5期，第144页。
④ 〔奥〕鲁·希法亭：《金融资本》，莫斯科，1959，第312页。

织的资本主义"，并能够从这种有组织的资本主义进化到社会主义的结论。

这表明，列宁对帝国主义时代特征及其前景的估计，同当时作为德国社会民主党领导人和理论家的考茨基和希法亭有重大的原则区别。应当承认，考茨基观点在西方社会党人和社会民主党人中间，甚至在俄国社会民主党人中间，都有相当的影响力。考茨基生活在资本主义发达的德国，他对资本主义的认识主要是基于对德国资本主义经济和政治制度的认识和理解。众所周知，20世纪初那场资本主义危机发展的结果并未导致资产阶级社会的崩溃，资本主义在第二次世界大战以后又有了很大的发展。列宁预言的"垂死的资本主义"并未实现。这为我们今天评价当年列宁同考茨基的争论和列宁的帝国主义理论带来了一定的困难。

但是第二次世界大战后资本主义的发展并不能充分解释当年关于帝国主义问题争论的是非曲直。应该看到，第二次世界大战以后资本主义世界发生的变化至少受两个客观因素的影响，即社会主义阵营的出现和其对资本主义制度的压力，以及第三次科技革命浪潮的作用。首先，社会主义在一系列国家的确立使资产阶级看到，如果不缓和劳资关系，不对资本主义经济和社会体制做些改良，无产阶级革命最终会推翻资本主义制度，于是不得不向无产阶级做出某些让步，在工人劳动报酬和社会福利方面采取一些措施，用以缓解劳资矛盾，避免发生无产阶级革命。其次，以微电子技术为核心的新技术革命的兴起，大大促进了劳动生产率的提高和物质产品的增加，改变了现在的产业结构、就业结构、产品结构以及居民的消费结构，同时对社会经济生活的各个方面都产生了作用和影响，迫使生产组织、管理体制、工作方式、社会生活方式以及人们的思想观念发生了一系列相应变化，从而使资本主义得到了进一步发展。

而在第一次世界大战期间，帝国主义的反动、腐朽本质暴露无遗。战争期间，帝国主义列强为了争夺原料市场和殖民地、瓜分世界，动用了资本主义所有先进技术发明的武器，用来反对人类本身，夺走了无数人的生命，给全世界人民带来无穷的灾难。不仅如此，1929～1933年又发生了世界经济大萧条，紧接着又爆发了更加残酷的第二次世界大战。这些都充分说明列宁当时对帝国主义的分析和判断是正确的。

然而，当时列宁同考茨基等人的分歧实际上反映了对革命前途和革命道路的不同态度。考茨基根据自己对资本主义的认识，主张走改良主义道路，并在第一次世界大战中坚持被列宁称为"社会沙文主义"的立场。列宁则是把帝国主义同无产阶级革命的条件联系在一起。

经济条件的成熟不会自然而然地引起革命，革命还需要客观政治条件的成熟，需要政治舞台上阶级力量的组合能够造成势如破竹地冲击旧制度的条件，即需要有革命的形势。

在世界大战期间，列宁研究了欧洲出现的政治形势，指出了革命形势的三个主要特征："（1）统治阶级已经不可能照旧不变地维持自己的统治：'上层'的这种或那种危机，统治阶级在政治上的危机，给被压迫阶级不满和愤慨的进发造成突破口。要使革命到来，单是'下层不愿'照旧生活下去通常是不够的，还需要'上层不能'照旧生活下去。（2）被压迫阶级的贫困和苦难超乎寻常地加剧。（3）由于上述原因，群众积极性大大提高，这些群众在'和平'时期忍气吞声地受人掠夺，而在风暴时期，无论整个危机的环境**还是'上层'本身**，都促使他们投身于独立的历史性行动。"①此外要取得胜利，就必须有一支由统一的意志和行动团结起来的社会主义革命的政治队伍。这支队伍形成的条件就是革命的觉悟和组织。列宁指出，没有组织，群众就会丧失统一的意志。为了团结群众、使他们觉悟、率领他们向剥削制度进攻，就需要有马克思主义政党，需要有党的领袖和党的领导者这样一些坚强的干部。

列宁关于革命主客观条件的相互关系的原理，对无产阶级革命运动具有重大意义。它们指引工人阶级为社会主义革命做实际准备。

这一时期，列宁发展了马克思和恩格斯关于世界社会主义革命的观点，根据对帝国主义时代的分析和研究，提出了**社会主义可能首先在少数或一个国家内获得胜利**的结论。列宁提出这个重要结论的根据，是他揭示的在帝国主义时代资本主义国家经济政治发展不平衡的规律。

众所周知，不平衡是资本主义所固有的，因为它是由建立在生产资料私有制基础之上的商业生产的本质决定的。列宁的功绩不在于揭示不平衡这一事实

---

① 《列宁全集》第 2 卷，人民出版社，1988，第 230 页。

本身（这是马克思已经知道的），而在于研究了这一不平衡在帝国主义时代所表现出的特点，研究了那些对社会主义革命具有决定性意义的特点。

帝国主义猛烈地加剧了经济发展的不平衡，并使之成为冲突性的和灾难性的。垄断限制竞争，但不能消除竞争，竞争的新形式出现了。各种金融集团和工业集团的经济实力在垄断组织范围内和垄断组织界限外继续不平衡地增长着。竞争变得更加激烈，资本主义的一切内在矛盾日益加深。资本主义国家内部一些生产部门发展的不平衡还在加剧，各国的经济和政治实力对比关系在不断变化。这种不平衡是同尖锐的利害冲突，同战争，同削弱和动摇帝国主义阵地的垄断组织之间、帝国主义列强之间的斗争相联系的。与此同时，列宁还论证了在帝国主义条件下资本主义国家政治发展不平衡正在加剧的思想。政治发展的不平衡，表现在阶级矛盾和阶级斗争尖锐程度的巨大差别上，表现在一些国家革命运动的规模与其经济水平不相适应上。

列宁在进一步研究不平衡规律的作用时发现，决定社会主义革命不可避免的那些矛盾，在各个国家的成熟情况是不一致的。在帝国主义体系里形成了一些矛盾的集合点。在这样一些集合点里，会首先出现革命的形势并为革命的爆发创造先决条件。在主观条件做了起码准备的情况下，那些矛盾特别尖锐的国家就成为帝国主义体系中最薄弱的环节，因此在这些国家产生社会主义革命并取得胜利比任何地方都要早一些和容易一些。

资本主义国家经济和政治发展的不平衡加深了帝国主义列强之间的矛盾，引起了冲突、纠纷和战争。所有这一切都在不断削弱帝国主义阵线，妨碍国际垄断资产阶级联合起来反对任何一个国家中举行起义的无产阶级。

1915 年 8 月，列宁在《论欧洲联邦口号》一文中写道："经济和政治发展的不平衡是资本主义的绝对规律。由此就应得出结论：社会主义可能首先在少数甚至在单独一个资本主义国家内获得胜利。"[①] 一年之后，列宁在《无产阶级革命的军事纲领》一文中又把这一思想具体化了，他写道："资本主义的发展在各个国家是极不平衡的。而且在商品生产下也只能是这样。由此得出一个

---

① 《列宁选集》第 2 卷，人民出版社，2012，第 554 页。

必然的结论：社会主义不能在所有国家内同时获得胜利。"①

这样一来，列宁就提出了新的适应帝国主义时代的原理，来代替社会主义在一切或大多数资本主义国家同时胜利的旧的马克思主义原理。社会主义可能首先在少数或者在单独一个国家内获得胜利的结论是列宁的社会主义革命理论的基础。

既然社会主义革命可能首先在少数或单独一个国家内获得胜利，那就会自然而然地首先提出这样一个问题：它在哪些国家产生的可能性最大。在各国社会民主党人中间，有人认为，社会主义革命一定是在生产力水平较高、无产阶级占居民的大多数，即最发达的资本主义国家中开始；也有人认为，无产阶级革命似乎应首先在最落后的国家中胜利。列宁则证明说，为实现向社会主义过渡，必须具备一定的由垄断资本主义的发展所创造的物质前提。对于一个首先打断帝国主义锁链的国家来说，经济上至少要达到一定的成熟程度，使工人阶级在建立无产阶级专政以后立即主宰一切经济命脉，并对生产过程进行社会调节。

沙皇俄国就属于那种为打破帝国主义体系的第一个缺口而创造了最有利的条件的国家。然而，俄国不能立即走上社会主义革命的道路。沙皇制度和其他封建制度的残余还未消灭。首先要完成资产阶级民主革命。这里，向社会主义过渡的可能性是同资产阶级民主革命的预先胜利联系在一起的。因此，列宁在战争时期根据新的情况发展了自己以前制定的民主革命向社会主义革命转变的理论。在帝国主义战争使欧洲革命形势日益发展的情况下，俄国的资产阶级民主革命同社会主义革命紧密地连接在一起了。列宁写道："帝国主义战争把俄国的革命危机，即在资产阶级民主革命基础上发生的危机，同西欧日益增长的无产阶级社会主义革命的危机**联系起来了**。"② 因此列宁认为，对党在资产阶级民主革命中的三个主要口号（建立民主共和国、没收地主土地、实行 8 小时工作制）必须加以补充，这就是要号召工人实行国际团结去争取社会主义、用革命去推翻各交战国政府、反对战争。

---

① 《列宁选集》第 2 卷，人民出版社，1995，第 722 页。
② 《列宁全集》第 27 卷，人民出版社，1990，第 31 ~ 32 页。

俄国民主革命如不打断帝国主义的锁链，不变帝国主义战争为国内战争，就不能实现自己的任务。然而，这只有在工人阶级的领导下，在工人阶级为把民主革命转变成社会主义革命而斗争的基础上，在同小资产阶级的沙文主义进行不调和的斗争中才能实现。除此以外，别无其他的道路。列宁指出："不抛弃资产阶级关系的基础……就**不能**从世界资本主义所产生的帝国主义战争和饥荒这个可怕的妖怪的魔爪中挣脱出来。"①

第一次世界大战期间，民主运动，即农民争取土地、被压迫民族争取民族解放、各交战国的劳动人民反对帝国主义战争的斗争变得日益波澜壮阔和声势浩大。列宁从无产阶级国际主义和世界革命的前景出发，坚决支持各民族争取解放和独立的斗争，批驳形形色色的社会沙文主义。列宁的思想对俄国的无产阶级尤其具有极其重大的意义，因为俄国已经处于在帝国主义时代发生资产阶级民主革命的前夜。

列宁不仅为布尔什维克党制定了当前的革命策略，而且率领布尔什维克党为实现无产阶级的目的而斗争。布尔什维克利用一切合法和秘密的方式开展工作。布尔什维克的组织不断扩大，不仅在首都等大城市和工业中心，而且在边远地区和农村以及军队中都建立了布尔什维克党组织。党千方百计扩大自己对无产阶级和广大居民群众的影响，在他们中间开展宣传鼓动工作。从 1915 年秋天起，罢工运动又掀起新的高潮，其中不乏政治罢工。

与此同时，布尔什维克通过揭露护国派和发动群众进行新的革命战斗来贯彻自己反对专制制度的路线。这一点在选举军事工业委员会"工人团"的运动过程中表现得尤为明显。布尔什维克声明他们坚决拒绝参加帝国主义资产阶级的阶级组织——军事工业委员会。1915 年 8 月底，布尔什维克制定了对选举"工人团"的具体策略。策略的具体内容是：吸引尽可能多的工人参加第一阶段的选举（全厂大会），向他们公开说明自己的政治路线，力争选出布尔什维克提名的候选人，使他们能在全市会议上宣读布尔什维克的反战决议，声明拒绝派工人参加军事工业委员会，以此实现对这些机关的抵制。尽管在贯彻这一策略的过程中布尔什维克受到沙皇保安机关的迫害，布尔什维克的策略还

---

① 《列宁全集》第 29 卷，人民出版社，1985，第 35～36 页。

是取得了一定的效果。在 244 个军事工业委员会中，只有 58 个军事工业委员会下面设立了"工人团"，且这些"工人团"通常都是建立在那些不大的、从工业方面来说不重要的只有少量先进工人的城市中。

布尔什维克在战争期间的立场、列宁关于无产阶级革命的理论以及布尔什维克党在工人及其他居民阶层的工作，促进了革命高潮的到来和罗曼诺夫王朝的崩溃。

第五章　二月革命后多党合作的尝试

一　二月革命爆发与君主制被推翻

沙皇政府企图通过发动战争，不仅满足俄国资产阶级的帝国主义欲望，而且还能"平定"后方，破坏日益高涨的革命，保存沙皇制度。然而这些打算全都落空了。俄国军队一再遭到失败，付出了惨重的代价。战争使一切社会经济矛盾尖锐到了极点，同时彻底暴露了沙皇制度的腐朽性。在所有交战国中，俄国所受到的经济震荡最大。

到1916年年底，国家经济已经濒临崩溃边缘。彼得格勒有39家企业因缺乏燃料而停产，有11家企业因停止供电而停产，铁路连运输军粮的任务都无法完成。城市的粮食供应急剧减少。1917年1月底，彼得格勒只剩下10天的面粉储备，肉类则完全无货。粮店门前从大清早就排起了长队。工人家庭忍受着饥饿的折磨，国民经济瘫痪状态日益严重，军事上的失利接连不断，这一切彻底动摇了腐朽的政权。沙皇政府面对这些问题手足无措，竭力进行挣扎，妄图挽救局势。

统治集团惊慌失措，内阁不断更迭。战争期间总共更换了4个大臣会议主席、6个内务大臣、4个陆军大臣、3个外交大臣。

俄国资产阶级已经不满意这样一个摇摇欲坠的政权，沙皇政府在他们心目中已经失去任何信用。但是大资产阶级又害怕同君主制度决裂，资产阶级的政治领袖们同尼古拉二世进行了长时间的讨价还价。他们用革命和经济崩溃吓唬沙皇，就军事上连接不断的失败提出警告，企图用这种办法迫使沙皇同意改组政府，建立"信任内阁"。但是这场交易以资产阶级的失败而告终。"君主政府和农奴主－地主的鲜明立场是：宁愿和德国君主政府勾结也'不把'俄国'交给'自由派资产阶级。"① 沙皇政府一方面继续高喊要把战争进行到最后胜利，同时又设法同德国单独媾和。自由派资产阶级被单独媾和的传闻弄得惶惶不安，同时又担心爆发革命，于是终于下决心采取行动。他们同军界开始策划宫廷政变，希望通过更换沙皇而保存和巩固君主制度。

与此同时，一些大公们慑于日益逼近的革命的压力，多次劝说沙皇尼古拉二世进行一些局部改革。但是软弱无能的沙皇当时受皇后和宠臣拉斯普廷的左右，不愿意做出任何让步。于是这些大公们策划谋杀拉斯普廷，并于1916年12月16日实施了谋杀计划。

但是这一切已经不能挽救沙皇制度了。人民已经行动起来，不满情绪已经忍无可忍。据克伦斯基自己回忆："1916年全国共发生了243起政治罢工，而1917年1～2月就发生了1140起。"② 沙皇政府完全陷于孤立，危机笼罩了全国。一方面，"上层"已不能照旧统治下去，它失掉了一切可以开发的后备力量和支柱；另一方面"下层"也不愿照旧生活下去，继续容忍战争的灾难和沙皇政府的罪行。1917年年初形成了直接的革命形势。

无产阶级站在了反对专制制度斗争的最前列。无产阶级不仅要求得到面包，而且为自由、为革命而进行斗争。无产阶级运动同士兵自发的反战行动汇合起来，前线士兵不愿再为别人的利益卖命。士兵疲惫不堪，战事接连失败，给养经常不足，军官惨无人道，这一切使士兵群众的愤懑达到极点。军纪完全涣散，部队处于瓦解状态。农村中的革命也活跃起来。城市广大小资产阶级群众的不满情绪也很强烈，革命危机无论在后方还是在前方都迅速发展起来。

走在俄国工人阶级队伍最前列的是彼得格勒的无产阶级。1月，彼得格勒有17万工人罢工纪念1905年的"1月9日事件"。布尔什维克正确地估计了当时的形势，号召群众走上街头，走向涅瓦大街，进行公开斗争。2月14日

---

① 《列宁全集》第27卷，人民出版社，1990，第32～33页。
② 《王朝的毁灭》，莫斯科，1992，第17页。

以后，彼得堡委员会印发一份传单，号召"工人阶级和身着军服的农民携起手来，向整个沙皇集团展开斗争，永远结束俄国所遭到的耻辱"。传单说："**进行公开斗争的时刻到了！**"2月23日（公历3月8日）是国际妇女节。布尔什维克利用这个日子举行各种群众集会，反对战争，抗议物价高涨和女工的困难境地。这一天成了革命的第一天。开完群众大会之后，许许多多男女工人扔下工作，走上街头，罢工自发地发展为游行示威。妇女们表现得很积极，她们奔走于各个工厂，呼吁工人们参加罢工。

2月24日，群众性的罢工和游行示威达到更大的规模。这一天参加罢工的有20多万人，占彼得格勒无产阶级的一半以上。工人们从一清早就在各个工厂中集合，举行群众大会，然后加入到游行示威队伍中去。维堡区的数万名工人聚集在利齐尧桥附近，许多人冲到涅瓦大街。纳尔瓦关卡的工人也冲到这里。到中午时，示威者的洪流已经挤满了兹纳缅斯卡亚广场。骑警队企图阻止示威队伍，但是没能得逞。直到当天夜晚，涅瓦大街上还在不停地举行各种集会，人们打出了"打倒沙皇政府！""打倒战争！"的旗帜。警察对示威群众束手无策。调来增援的士兵和哥萨克对行动消极，许多士兵还对示威者表现出同情。在兹纳缅斯卡亚广场上，工人们驱散了骑警，当时在场的哥萨克对此保持了善意的中立。

2月25日是转折关头。彼得格勒已有80%的工人参加罢工，一些警察所被捣毁，工厂内成立了战斗队。连续3天军队都没有开枪，人们的胆子开始大起来。士兵也意识到长官的无能，他们已经明白，现在即使命令开枪也未必有人执行。这一天的工人运动发展成为政治总罢工。

2月26日，政治总罢工开始转变成武装起义。整个彼得格勒变成了一座兵营。到处是巡逻队、岗哨、骑警队，通往市中心的道路被封锁得水泄不通。然而，到中午的时候，蜂拥而来的人群还是挤满了涅瓦大街。这一次工人遭到了枪击。士兵们多半是朝天放枪，可是警察部队却无情地向示威群众猛烈开枪。彼得格勒无产阶级表现出罕见的大无畏气概和坚强不屈的精神。示威者英勇地进行自卫，用石块、木棍和铁块同警察进行斗争。与此同时，布尔什维克和妇女们积极在士兵中进行说服和开导工作。士兵们开始觉悟起来。巴甫洛夫团的一些士兵甚至走出军营，向骑警开火，公开站到革命方面来。

2月27日，由于布尔什维克多年的工作和鼓动宣传，士兵纷纷起义。工人和士兵甚至攻下军火总库，从这里缴获了约4万支步枪和3万支手枪。士兵们积极地帮助工人武装起来。士兵的起义反映了农民对压迫者多年的仇恨，俄国农民多年来因饥饿、贫穷、无地和战争所带来的无穷灾难而郁积在心中的一切愤懑，此刻就像暴风雨一样突然爆发出来。一个团又一个团的士兵接连倒向工人方面。到2月27日深夜，已有10余万士兵站到革命旗帜下。

2月27日晚上，工人和士兵差不多已经完全控制了彼得格勒。所有的要害地点和部门，如桥梁、车站、军火总库、电报局、邮政总局和一些最主要的机关都已转入工人和士兵手中。2月27日，沙皇宣布解散杜马。当天夜里，起义的民众已经占领玛丽亚宫，政府实际上被驱散，罗曼诺夫王朝濒临崩溃。3月2日，尼古拉二世宣布退位。二月革命成功了。

沙皇俄国国内的阶级对抗、社会矛盾、沙皇政府的反动统治和腐败激发人民起来推翻了专制制度，第一次世界大战加速了这一进程。从当时的社会政治力量对比看，人民起来推翻沙皇的举动带有某种自发性，因为资产阶级并不想推翻沙皇，资产阶级政党想建立的是君主立宪制度。而左翼政党，布尔什维克党由于沙皇政府的迫害和镇压尚不能公开活动，其影响并不像十月革命前那样大。这从二月革命后事态的发展中可以看得出来。但是实际上，基本未流血的二月革命背后却是罗曼诺夫王朝最后一个沙皇的血腥统治史：日俄战争中俄国战败；1905年1月9日的"流血星期日"；1905～1907年革命时期的冲突；第一次俄国革命后反动时期对革命参加者的残酷镇压；第一次世界大战中的人员牺牲、经济崩溃、数百万人长期背井离乡；人民的无权状况。在1917年2月，人们把所有这一切都发泄到专制制度及其代表人物身上。人们渴望自由、解放，渴望新生活。俄国左翼力量，尤其是布尔什维克党为推翻专制制度进行了多年的宣传鼓动工作和组织工作。这些工作终于在1917年2月有了结果。但是二月革命是一次资产阶级民主革命。

二　立宪民主党与临时政府

1917年2月27日，正当彼得格勒人民走上城市街头，彼得格勒卫戍部队的部分人员也同人民站在一起的时候，塔夫利达宫里正在宣告解散杜马的命令，代表们静静地听着。革命之势迅猛异常，杜马领袖们对此的反应是惊慌失措和消极观望。左翼立宪民主党人建议立刻召集杜马会议，讨论局势问题。米留可夫当时说，由于不知道谁是事件的领导者，不能确定自己对当前事件的态度。

革命运动闪电般地发展和壮大，越来越多的部队同起义者站到一起。士兵、工人、大学生挤满了塔夫利达宫，杜马领袖们面临着必须表明自己态度的选择。为了不违背沙皇解散杜马的命令，他们决定私下开会。会上采纳了米留可夫的建议，等事态性质明朗后再建立由国家杜马成员组成的临时委员会，以便恢复秩序和"同有关人士及机构联系"。后来米留可夫解释说，"这个并不精确的说法"的优点在于既满足了当前的任务，又不会给以后带来麻烦。

只是到了 2 月 27 日夜，当起义的人民已经占领玛丽亚宫，政府实际上被解散，起义的普列奥布拉任斯基团已经开进杜马后，临时委员会成员（其中有 2 名立宪民主党人：米留可夫和涅克拉索夫）才不得不决定掌握政权。用舒利金的话说，他们这时的指导思想是："可以有两个出路，一个是一切顺利，君主任命新政府，我们再把权力转交给它，一个是一切都不顺利，这样的话，我们不掌权，别人就会掌权。"这种担心倒是有根据的，因为 2 月 27 日，在塔夫利达宫同一栋房子里产生了另一个权力机关——工人和士兵代表苏维埃。

新政府成立之前，临时委员会任命一些国家杜马成员为代表，一点一点地掌握国家管理权。被任命的 24 名代表中有 11 名立宪民主党人。为了阻止革命进程的发展，尤其是军队中革命事态的发展，向彼得格勒卫成部队、皇村、喀琅施塔得，以及彼得保罗要塞都派去了代表，其任务是阻止向工人发放武器。有趣的是，彼得格勒苏维埃的代表陪同和保护着这些代表。2 月 28 日，米留可夫全天都在对彼得格勒卫成部队演讲。他号召士兵回到营房去，听从军官的指挥。

1917 年 3 月 1 日，临时委员会决定成立临时政府。格·叶·李沃夫任总理兼内务部部长，立宪民主党成员组成了政府的核心。米留可夫任外交部部长，盛加略夫任农业部部长（这个职位对立宪民主党人来说非常重要，因为可以调整土地改革的进程），涅克拉索夫任交通部部长，《俄罗斯新闻》编辑亚·阿·曼努伊洛夫教授任教育部部长，弗·德·纳波柯夫任临时政府办公厅主任。

本来，按事先的安排，立宪民主党人还应获得一个职位——司法部部长。在革命事态发展的紧要关头，立宪民主党同意将这一职务交给社会革命党人亚·费·克伦斯基。立宪民主党人清楚，二月革命后在苏维埃和社会主义政党的影响不断扩大的形势下，必须充当"民主的人质"的角色以便获得群众的同情和支持。1917年3月底，米留可夫在立宪民主党代表大会上直截了当地说："如果我们党自己独掌政权，大概会发生更多的摩擦和更大的困难。"

临时政府的全部立法活动都是由1917年3月成立的立法会议来领导的。立法会议大部分成员是立宪民主党人（马克拉柯夫、阿杰莫夫、拉扎列夫斯基、诺利德、纳波柯夫）。会议主席是立宪民主党人费·费·科科什金。他是世界闻名的法学家，知识渊博。立宪民主党领导人非常重视科科什金的意见和建议，认为他是立宪民主党中最有洞察力的政治家之一。

3月1日夜，临时政府同工人代表苏维埃谈判期间，立宪民主党人在临时政府中的主导作用表现得特别明显。苏维埃代表之一、孟什维克苏汉诺夫指出，正是米留可夫代表整个杜马委员会在谈判，"看得出，米留可夫在这里不仅仅是领袖，而且是主人"。

米留可夫作为临时政府最有威望的代表，3月2日在塔夫利达宫叶卡捷林娜大厅代表刚刚组建的临时政府向水兵、士兵和工人发表演说。他在回答关于未来的管理形式问题时说："政权将转交给摄政王米哈伊尔·亚历山德罗维奇大公。继承人将是阿列克谢。"[①] 米留可夫威胁说，否则的话，将发生内战并恢复已摧毁的制度。这个保存君主制的声明引起强烈不满，米留可夫不得不后退，说这是他个人的观点，国家制度的形式将由立宪会议决定。

立宪民主党中央多数人不同意米留可夫的观点。他们认为，保存君主制是没有前途的。但是米留可夫还是热心地说服米哈伊尔·亚历山德罗维奇即位。立宪民主党领袖米留可夫维护君主制的立场严重地破坏了其在群众中的威信，也削弱了他在政府中的地位和影响。后来米留可夫的威信再也没有达到二月革

① 《俄国政党历史》，莫斯科，1994，第135页。

命初期那样高的程度。

1917 年 3 月 25 ~ 28 日，立宪民主党召开第七次代表大会。会上通过了关于党纲第十三条的修正案，提出俄国将成为一个民主议会制共和国。这样一来，就把所发生的变化用明文规定下来了，倒是社会经济纲领问题更复杂些。二月革命结束后，社会问题立刻非常尖锐地提到日程上来，立宪民主党人必须面对这些问题。

革命的根本问题之一是土地问题。在立宪民主党第七次代表大会上，有人提出必须改变纲领和承认土地国有化，但是这个建议遭到顽强的抵制。A. A. 科尔尼洛夫在关于土地问题的报告中和马·莫·维纳维尔在关于策略问题的报告中都强调指出，战争结束前农村居民都在前线，很难实现根本的改革，党的目标是"在不用无政府主义方式摧毁现存制度的情况下"给农民分配土地。

盛加略夫领导的农业部采取的实际措施仅限于没收已经属于国家财产的皇室土地，这个措施没有给农民带来任何好处。1917 年 3 月 19 日，农业部起草的临时政府宣言禁止夺取地主土地，声明这个问题只能由立宪会议解决，盛加略夫在给地方土地机关的命令中指出，此前必须保证一切不变，并千方百计保证土地所有者的人身和财产不受侵犯。

立宪民主党第八次代表大会（1917 年 5 月）根据中央提出的土地纲领草案认真讨论了土地问题。这时，代表大会参加者中间出现了更严重的分歧。连草案中提出的少数让步措施也遭到地主阶级代表的激烈反对。结果党的纲领中写进如下模棱两可的条款：土地属于所有"劳动的农业居民"。这就是说，不论是资本主义地主，还是富农，都是劳动农民。关于赎买地主土地的条款做了如下明确说明：赎金应"根据土地的正常收入"来确定。

党的第七次和第八次代表大会几乎没有涉及国家工业发展问题。在 1917 年 7 月 23 ~ 28 日举行的第九次代表大会上，讨论了亚·阿·曼努伊洛夫关于经济状况的专门报告，报告指出："我们应该公开宣布，国民经济的发展应该建立在个人积极性基础之上。我们应该说，我们不反对在工业领域存在私有财产。"报告提出了制定实际经济纲领的任务。

1917 年夏，工商业部代部长 B. A. 斯捷潘诺夫向内阁提交了临时政府关于经济问题的宣言草案和草案说明书。说明书指出，俄国目前不能用社会主义方式组织国民经济，这一点是没有疑问的。

与此同时，考虑到国内实际局势，立宪民主党人不得不接受国家调节的思想。但是斯捷潘诺夫指出，在经济中贯彻这一思想时应该特别小心谨慎。他说，对整个经济进行调节的想法显然是充满幻想的冒险主义。宣言草案指出，只对主要生产部门进行调节，而且实行国家调节时不应动摇私有制，不应排斥个人的积极性。

说明书主张广泛吸引外国资本，认为没有外资不可能大力发展生产力。立宪民主党人认为俄国是一个落后的农业国，在最近的历史时期内不可能实现工业化，因此唯一的发展道路是广泛调动外国专家的积极性。立宪民主党人希望在外国专家的帮助下实现俄国"西化"的思想，即在政治制度和经济制度方面实现"西方化"。

立宪民主党人的土地纲领和工业纲领受到社会主义政党的激烈批评。立宪民主党在工人问题上的立场（主张根据前线需要取消 8 小时工作制，反对提高工资和建立工人监督）和在民族问题上的立场（主张民族文化自治，否定民族自决权）也都受到批评。在相当一部分群众眼里，立宪民主党是保守主义的象征，是进行改革的阻力。

造成这种情况的主要原因是，在二月革命后的头几个月，立宪民主党的社会成分发生了变化，一些具有保守主义倾向，甚至具有公开反革命倾向的人加入了立宪民主党，而激进知识分子纷纷离开了立宪民主党，投向孟什维克和社会革命党人以及布尔什维克。此外，立宪民主党队伍中还有许多官吏。1917年 5 ~ 6 月，全俄兴起要求立刻划分地主土地的农民运动，一些惊恐万状的土地所有者也纷纷加入立宪民主党。他们希望利用人民自由党的招牌保护自己的财产。

二月革命后，许多十月党人和进步党人也加入立宪民主党，甚至一些黑帮也积极参加立宪民主党。于是立宪民主党和广大人民群众之间的隔阂越来越明显。

第一届临时政府是在立宪民主党的招牌下运转的。在广大人民群众的印象中，临时政府同人民自由党是联系在一起的。新统治者不能克服日益严重的经济混乱状态，推迟进行迫切的社会变革、推迟召开立宪会议的责任都应该由立宪民主党承担。

立宪民主党人越来越强烈地感觉到局势难以控制，他们所谓的理智改革同群众的要求相差甚远，他们同布尔什维克的冲突也达到顶点。立宪民主党越来越感觉到同人民在心理上已经无法达成一致。

这种心理上的不一致在临时政府对外政策方面表现得尤为明显。在公众意识中，临时政府的对外政策是由外交部部长制定的。米留可夫坚持继续进行战争，坚持要夺取博斯普鲁斯海峡和达达尼尔海峡的思想同群众是格格不入的，因此引起了人民的不满和愤怒。1917年4月20日，发表了外交部部长给盟国的照会，表明临时政府完全同意与盟国一道将战争进行到底。群众再也无法忍受了，爆发了政府危机，结果米留可夫被迫下台。

立宪民主党面临艰难的抉择：或者彻底放弃政权，秘密地为建立资产阶级军事专政而斗争；或者在联合政府中同社会主义政党合作并不断地向这些政党施加压力，阻止革命发展。这场危机导致立宪民主党内发生分裂，以米留可夫为首的一部分人同党内右翼结合；以维纳维尔和纳波柯夫为首的另一部分人同左翼结合。两派的战略实质是一样的，只是策略有所不同。但是1917年事态发展错综复杂，要求能够对事态的变化做出迅速而又准确的反应，因此策略问题非常重要，往往成为重大分歧的根源。

立宪民主党人被迫同意自己的领袖退出政府，但是他们仍奉行其政治路线。1917年5月立宪民主党第八次代表大会明显地表明了这一点。代表大会选举新中央（66人）时，米留可夫及其亲信得票最多。代表大会"以沉痛的心情"同意立宪民主党和社会主义者联合执政。1917年5月6日，成立了联合内阁。

在第一届联合政府中，安·伊·盛加略夫任财政部部长、德·伊·沙霍夫斯科伊任国家救济部部长、亚·阿·曼伊努洛夫仍任教育部部长。米留可夫最亲密的战友安·伊·盛加略夫任这些立宪民主党部长们的领袖。因此，同在上届政府中一样，仍然奉行米留可夫路线。而立宪民主党领袖本人在失去部长职位后，集中精力从事扩大和加强同各种社会组织和团体的联系，以便共同抵制苏维埃日益扩大的影响。

立宪民主党领导人希望通过市杜马和地方自治机关同地方苏维埃政权对

抗。因此立宪民主党对 1917 年 5～6 月进行的地方自治机关选举非常重视，这是二月革命后俄国举行的第一次选举。尽管立宪民主党对选举做了充分准备，但是选举结果表明，立宪民主党在政治上输得很惨。在彼得格勒，立宪民主党获得 21.9% 的选票，在莫斯科只获得 16.8% 的选票。而在以前，立宪民主党在第一届杜马选举中在莫斯科获得 63% 的选票，在第二届杜马选举中获得 54% 的选票，在第三届和第四届杜马选举中分别获得 61% 和 65% 的选票；而在彼得格勒，在第一届杜马选举中获 61% 的选票，在第四届杜马选举中获 58% 的选票。

立宪民主党从这次失败中得出什么结论呢？他们认为：必须千方百计推迟召开立宪会议；不能迁就事态这样发展下去；不能等待，要行动起来。早在 4 月初，米留可夫就在彼得格勒同海军上将高尔察克私下进行多次谈判。这期间他还同陆军军官联合会建立了联系，军官联合会主席列·尼·诺沃西尔采夫中校是立宪民主党右派。

与此同时，立宪民主党人加紧在政府中对社会主义政党的执政伙伴施加压力。1917 年 6 月中旬，立宪民主党中央再次认真讨论了联合政府问题。米留可夫声明，由于社会主义者部长们的优柔寡断和他们对苏维埃的依附关系，联合政府不可能是一个"稳固的政权"。他要求立宪民主党部长们退出政府。但是几乎所有中央委员都反对米留可夫的建议。米留可夫在这次会议上明确表述了当前的局势：现在最危险的敌人是布尔什维克。会议决定，立宪民主党继续留在联合政府中，同时对日益严重的"无政府主义"采取强硬措施。

6 月，俄国在前线的进攻失败，经济危机加深，食品供应状况恶化，失业人数增加，群众的不满情绪已经不是与日俱增，而是与时俱增。革命危机以迅猛的速度在发展。立宪民主党人清楚，不能再迟疑了。

立宪民主党人选择"乌克兰问题"作为摆脱困境的借口。6 月底，临时政府代表团与乌克兰中央拉达①在基辅进行谈判，提出批准内阁的宣言，确定由临时政府同中央拉达协商建立的总书记处管理乌克兰边疆区的事务。立宪民主

---

① 中央拉达是乌克兰资产阶级和小资产阶级政党和组织的联合机构，1917 年 3 月成立于基辅，十月革命后自命为"乌克兰人民共和国"的最高政权机关，充当德奥占领军的傀儡，1918 年 4 月被德国占领者遗弃。

党人反对宣言草案的内容。不仅彼得格勒的领导、《言语报》，而且立宪民主党地方委员会都认为在基辅达成的协议是一个犯罪性质的文件，威胁到俄国的神圣性和不可分割性。

7月2日，立宪民主党部长们退出临时政府。此后发生了"七月危机"事件，彼得格勒街头死伤700多人，使政府危机进一步加深。立宪民主党报刊要求立即逮捕列宁及其同伙，恢复军队中的死刑（二月革命后曾废除死刑）。

"七月危机"期间，立宪民主党在士兵中进行广泛的宣传，旨在破坏布尔什维克的影响，扩大立宪民主党人在军队中的影响。立宪民主党的要求得到满足，许多布尔什维克著名活动家被关进监狱，签署了关于逮捕列宁的命令。7月7日，《言语报》满意地指出："布尔什维主义已经死亡，而且是突然死亡。"

7月8日，社会革命党人克伦斯基成为临时政府的首脑，他的副手是涅克拉索夫。参加第二届联合内阁的立宪民主党人有：神学教授安·弗·卡尔塔舍夫（正教院总监、宗教部部长）、费·费·科科什金（监察总长）、谢·费·奥登堡院士（教育部部长）。第二届联合政府最主要的特点在于它是独立于苏维埃的。《言语报》指出："这个解放是所发生的变化的全部政治意义所在。"

二月革命后，立宪民主党掌握了政权，但是它并没有在俄国开创资本主义发展的新时期。它迷恋旧的君主制，自己无力掌握国家政权，这充分反映了俄国资产阶级的特点。俄国资产阶级革命发生的条件同西欧各国不同。在欧洲的法、英、德等国，资产阶级开始进行反对封建制度的革命时，无产阶级尚未作为一支独立的政治力量登上历史舞台，资产阶级是最强大的阶级，正因为如此，它利用农民和工人的力量成功地进行了资产阶级民主革命。而20世纪初的俄国，无产阶级已经作为独立的政治力量登上历史舞台，无产阶级有自己的政党，无产阶级清楚地认识到自己的历史使命，明确提出了自己的经济和政治要求，因此，俄国资产阶级民主革命不能只解决资产阶级的问题，满足资产阶级的要求，它必须考虑到资产阶级和广大人民的利益和要求。俄国资本主义发展的特点和俄国资产阶级的特点，决定了资产阶级在革命中的作用是非常有限的。二月革命后立宪民主党在临时政府中的表现恰恰说明了这一点。

三 苏维埃的产生及孟什维克和社会革命党人的活动

1917 年 2 月 27 日夜，革命把彼得格勒的塔夫利达宫分成两半：在大厦的一侧，以罗将柯为首的国家杜马临时委员会很快就要开始在这里办公，它已经决定接管国家权力；而在另一侧，工人代表苏维埃临时执行委员会正在安顿下来，当日彼得格勒苏维埃宣告成立。

孟什维克在苏维埃执行委员会中占主导地位，36 名执行委员中有 14 名孟什维克。孟什维克尼·齐赫泽任苏维埃主席，劳动派分子亚·费·克伦斯基和孟什维克马·伊·斯柯别列夫当选为副主席。

为什么孟什维克此时有如此大的影响并能掌握彼得格勒苏维埃的领导权呢？

这主要是因为，孟什维克在整个战争期间能够公开进行活动，尤其是他们有杜马党团这样的重要合法据点，而被迫进行极其秘密的地下工作的布尔什维克则没有这些条件。此外，战争期间彼得格勒无产阶级的成分明显发生了变化。由于军工生产急剧增长，彼得格勒无产阶级的人数增加了 1/3 以上，其中主要是来自城乡小资产阶级阶层。二月事变前夕，奥布霍夫工厂的 1.5 万名工人中几乎有一半来自农民以及因害怕被征兵而躲藏到工厂里的小店主、商人子弟、清洁工。成千上万的新工人在战争年代也进了彼得格勒的其他企业。另外，由于经常被动员参军，由于被逮捕和流放，在革命中经过锻炼的彼得格勒无产者减少了。这些变化导致妥协派的社会基础扩大。战争期间，孟什维克和社会革命党人持护国主义立场，这也迎合了那些具有沙文主义情绪的居民。

苏维埃的成立和开始工作这一事实本身引起了所有民主力量，尤其是士兵群众的注意。听到苏维埃召开会议的消息以后，沃伦斯基团、巴甫洛夫团、立陶宛团和其他团的士兵都向塔夫利达宫派出自己的代表团，各代表团争先恐后发言，表达革命决心。

在群众革命情绪的影响下，彼得格勒苏维埃开始作为革命的政权机关进行活动。2 月 27 日和 28 日，苏维埃通过了一系列符合起义人民要求的重要决议。当时建立了粮食委员会。粮食委员会授权没收一切官方和公共储备的面粉，负责安排卫戍部队和首都居民的面包和其他食品的供应。苏维埃的委员们分别下到市内各区去组织基层的人民政权机关。根据布尔什维克的建议，苏维埃采取了武装工人的措施。苏维埃指示在企业中组织有 1/10 的工人参加的工人民兵队。苏维埃号召工人"武装起来，储备子弹，不要把子弹白白地浪费掉"[①]。苏维埃决定立即中止旧政权对全部国家财政资金的支配，并对这些资金的支出实行监督。苏维埃决定出版自己的机关报《消息报》。尤·米·斯切克洛夫任该报的编辑。

2 月 28 日，《消息报》创刊号出版。这一号的副刊上登载了俄国社会民主工党中央委员会的宣言，还登载了彼得格勒苏维埃号召彼得格勒和俄国的居民为彻底战胜沙皇制度而团结在苏维埃周围的呼吁书。呼吁书中说："斗争还在继续：应当将斗争进行到底。旧政权应当被彻底推翻并让位于人民来管理。"[②]

列宁认为，彼得格勒苏维埃一开始是"真正人民的代表机关"[③]。它所做出的第一批决定符合革命人民的利益。在起义工人和士兵的推动下，把持苏维埃的孟什维克和社会革命党人，不得不在首批文件中反映群众的革命要求，把革命在事实上已经实现的东西明文规定下来。

起义胜利后，争取军队的斗争变得尖锐起来。资产阶级竭力"使士兵俯首听命"，把他们赶回营房。当时颁布了罗将柯的命令，他代表国家杜马命令士兵回到营房，交出武器，对军官要绝对服从。这一命令极大地刺激了士兵群众。士兵要求建立革命组织的愿望更加强烈了。

2 月 28 日，各部队的代表在布尔什维克的支持下迫使苏维埃执委会同意成立士兵部。次日即 3 月 1 日，士兵代表们陆续抵达塔夫利达宫。在有近千名工厂和兵营使者出席的情况下，召开了联合的工人和士兵代表苏维埃第一次全体会议。有 10 名士兵和水兵代表被选进执行委员会，其中有 2 名布尔什维克。会议确认了士兵部的存在，建议卫戍部队按每连 1 名代表的原则把选举工作搞完。这样一来，在二月革命战火中形成的无产阶级和士兵群众的革命联盟从组织上得到了巩固。

在 3 月 1 日的会议上，来自各部队的代表谈到有人企图解除士兵的武装，

---

① 〔俄〕《消息报》1917 年 3 月 1 日。
② 《推翻专制制度以后的俄国革命运动》，莫斯科，1957，第 188 页。
③ 《列宁全集》第 29 卷，人民出版社，1985，第 81 页。

恢复兵营的旧制度。他们要求苏维埃发布一项命令，将士兵争取到的革命成果正式肯定下来，并且按照新的原则，即在民主的基础上确定士兵与军官的相互关系。大家拟定了这一文件的基本原则。为起草这一文件，苏维埃成立了一个专门的士兵委员会。3 月 2 日晨，《消息报》公布了以苏维埃的名义发出的《给彼得格勒军区卫戍部队的第一号命令》，这是一个具有巨大革命威力的文件。它包含以下内容：（1）在所有的部队直至步兵连和炮兵连都成立由士兵代表组成的选举委员会；（2）凡还未进行苏维埃选举的地方立即进行选举；（3）在一切政治发动中士兵要服从苏维埃和自己的委员会；（4）国家杜马军事委员会的命令只有在它不与苏维埃的决定相矛盾的情况才能执行；（5）武器应当置于连营委员会的监督之下，无论如何不得交给军官；（6）在队列中和履行职责时要严格遵守军人纪律，在平常情况下则享有完全平等的公民权利；（7）取消官衔称呼，禁止对士兵说话粗鲁，包括对他们称呼"你"。① 第一号命令打破了资产阶级想解除革命武装的企图，它对士兵来说是真正的"自由宪章"，在军队中到了广泛的传播，并对军队的进一步革命化起到重要的作用。生活表明，军队不是跟着国家杜马走，而是跟着彼得格勒苏维埃走的，彼得格勒苏维埃是唯一为群众所承认的政权，是得到武装起来的工人和士兵充分信任的机关。起义的群众认为，正是彼得格勒苏维埃将组成临时革命政府，领导国家政权。

但是，虽然二月革命后成立的工兵苏维埃拥有实际力量，把持苏维埃的孟什维克和社会革命党人却宁愿把权力拱手让给资产阶级。孟什维克和社会革命党人的指导思想和行为方式对苏维埃产生了巨大的影响。

虽然孟什维克仍然是社会主义者，但他们认为，在可预见的未来，俄国只有一个任务：在包括资产阶级在内的所有进步力量实现广泛联合的基础上巩固和发展资产阶级民主制度。他们根本不想在战争弄得满目疮痍的农民国家里采取走向社会主义的任何步骤，并认为那是空想。所以当时普列汉诺夫指责列宁的《四月提纲》是"一派胡言"。当时流行普列汉诺夫的一句名言："俄国历史还没有准备好可以烙出社会主义之饼的面粉。"这意味着，工人除了同国家

---

① 《推翻专制制度以后的俄国革命运动》，莫斯科，1957，第 189~190 页。

经济的主人——资产阶级寻求可以接受的妥协外，没有别的出路。二月革命胜利后，孟什维克一开始没有提出任何权力要求，只是说要"最大限度地"向临时政府"施加压力"，以便进行民主改革。

由于孟什维克和社会革命党人采取妥协主义立场，政权落在临时政府手里。孟什维克中的护国派主张苏维埃的代表都参加政府，但是，齐赫泽、苏汉诺夫、斯切克洛夫等孟什维克分子则决定谨慎从事。于是执委会主张组织一个将在苏维埃监督之下工作的清一色资产阶级政府。但是临时政府的"四月危机"[①] 表明，清一色资产阶级临时政府不可能再管理国家。尽管 1917 年 4 月 28 日孟什维克组委会通过关于不参加李沃夫公爵内阁的决定，但是 5 月 1 日又决定建立联合政府。在彼得格勒苏维埃执委会会议上有 44 人拥护社会主义者参加政府，19 人反对，2 人弃权。于是，1917 年 5 月 5 日，孟什维克米·伊·斯柯别列夫被任命为劳动部部长，伊·格·策列铁里被任命为邮电部部长。

孟什维克参加临时政府的目的是促进国内和解，防止发生内战和维护劳动者的利益，同时对临时政府施加影响。但是，仅仅抱着这种目的或愿望并不能说明参加政府这个决定是正确的。在政府的 15 个部长职位中，孟什维克只得到 2 个，而且不是重要职位。孟什维克并没有使资产阶级向人民做出大的让步。诚然，新政府向人民许诺尽快签订和约，建立对食品生产和分配的监督，对资产阶级的超额军事订货利润征税，加快召开立宪会议，等等，但是所有这些不过是漂亮的空话而已。事实表明，孟什维克不可能真正影响临时政府，而他们参加政府的事实却严重破坏了他们在人民心目中的威信。

二月革命后，社会革命党人在苏维埃中也起着很大作用。除克伦斯基担任彼得格勒苏维埃副主席外，当选彼得格勒苏维埃执委会成员的还有亚历山德罗维奇、晋季诺夫和鲁萨诺夫。

在地方新政权机关中，社会革命党人的影响也很大。在尼古拉耶夫斯克，社会革命党人领导社会秩序委员会；在克拉斯诺亚尔斯克，社会革命党人领导

[①] 指 1917 年 4 月 20 日临时政府外文部给盟国发出照会，表明临时政府完全同意与它们一道将战争进行到底。这个照会引起群众的强烈不满，结果导致政府危机，米留可夫下台。

社会保安委员会。社会革命党人 П. И. 契热夫斯基当选乌法工人代表苏维埃主席。社会革命党人在士兵中特别受欢迎。他们在莫斯科、下诺夫哥罗德、察里津、伊尔库茨克等许多城市当选士兵代表苏维埃主席。

革命根本改变了社会革命党的活动条件和社会地位。它从一个秘密的、经常受到迫害的、对国内政治生活影响很小的政党成了执政党之一。因此党的战略和策略也发生了变化。党员人数、社会成分、组织结构都发生了变化。

社会革命党组织上的复兴在革命过程中就开始了。二月革命后两个月的时间里，党的领袖纷纷从流放地和国外回来：3 月 18 日，阿·拉·郭茨从伊尔库茨克回到彼得格勒，领导彼得格勒工人和士兵代表苏维埃社会革命党党团；4 月 18 日，弗·米·切尔诺夫、Н. Д. 阿夫克森齐耶夫、А. А. 阿尔古诺夫、伊·伊·布纳柯夫（丰达明斯基）等人取道英国回到彼得格勒。

在组织活动方面，社会革命党超过了其他社会主义政党。3 月 2 日，在彼得格勒召开社会革命党代表会议，选出了市委员会，行使临时中央的职能；同时决定出版《人民事业报》，其第 1 期于 3 月 15 日问世。

虽然社会革命党人在苏维埃中有很大影响，但是他们对临时政府寄予更大希望。二月革命后，社会革命党人立即声明，他们既拥护临时政府也拥护工兵代表苏维埃。他们号召建立地方苏维埃并积极参加了这项工作，但是社会革命党人不认为苏维埃是政权机关、国家管理机关。他们认为，主要的国家管理机关是临时政府，临时政府是历史赋予的"继续革命和巩固主要自由和民主原则"的工具。而苏维埃的作用是"联结人民和社会主义力量的纽带"，是革命的发动机，推动临时政府沿着改革道路前进，监督政府的活动。因此，在社会革命党人看来，不存在"两个政权并存"的问题。

正因为如此，社会革命党人积极参加各届联合政府。在第一届联合政府中，克伦斯基任陆军部部长，弗·米·切尔诺夫任农业部部长；在第二届联合政府中，克伦斯基任政府首脑，弗·米·切尔诺夫任农业部部长，尼·德·阿夫克森齐耶夫任内务部部长；在第三届联合政府中任职的有克伦斯基和谢·列·马斯洛夫（任农业部部长）。

由于孟什维克和社会革命党人对革命的态度，由于他们在苏维埃问题上所持的立场，二月革命后苏维埃并未发挥出应有的作用，"两个政权并存"的局面所反映是两种势力的对峙，无论资产阶级还是无产阶级和农民都不会容忍这种局面长期存在下去。而孟什维克和社会革命党人的态度不过是给资产阶级提供了更多的时间，使他们能够从容地对无产阶级及其革命组织采取行动。孟什维克和社会革命党人在苏维埃中的活动不仅没有为自己赢得威信，反而在工人和士兵面前降低了自己的威信。这对他们的政治前途不无影响。

四　布尔什维克走出地下状态

战争期间，由于沙皇政府的残酷迫害，布尔什维克组织的活动受到很大限制。党的领袖列宁被迫侨居国外，许多著名活动家被监禁或流放，如费·埃·捷尔任斯基、瓦·费·古比雪夫、格·康·奥尔忠尼启泽、雅·米·斯维尔德洛夫、约·维·斯大林，等等。各组织之间的联系及同领导中心的联系经常遭到破坏。中央委员会俄国局进行活动极其困难，它无法同中央委员会国外委员会（国外局）、同党的领袖列宁保持经常的联系。

在二月革命的日子里，彼得格勒和莫斯科的起义工人打开监狱，救出了革命者。捷尔任斯基、扬·厄·鲁祖塔克等一大批革命家都是这时走出彼得格勒或莫斯科监狱大门的。

二月革命后，俄国成了欧洲最自由的国家，沙皇政府的政治犯都获得了自由。布尔什维克从服苦役的地方和流放地纷纷归来。稍后，住在欧洲、美洲、澳洲各国的侨民也开始成批地或单独地返回祖国。这些人大多数都是经过艰苦的革命斗争考验和锻炼的人。

布尔什维克党一走出地下状态，就着手聚集力量，组织和巩固自己的队伍，并在群众中开展政治工作。首先，中央委员会俄国局担负起了中央领导工作。俄国局增加许多成员并选出了一个主席团。主席团成员有：彼·安·扎鲁茨基、马·康·穆拉诺夫、约·维·斯大林、叶·德·斯塔索娃、亚·加·施略普尼柯夫。俄国局很快同各地方党组织建立起十分牢固而经常的联系。

斯大林是1917年3月同加米涅夫一起从西伯利亚流放地回来的。他们回到彼得格勒后，主动担负起领导《真理报》的工作。二月革命后，3月4日，布尔什维克党中央委员会俄国局就出版《真理报》问题通过了一项专门决议，

161

还决定发表为《真理报》募集资金的呼吁书。3月5日，即在沙皇政府垮台的第七天，《真理报》出版了。斯大林和加米涅夫到来之前，《真理报》的观点是比较激进的。他们到《真理报》之后，开始实行温和的政策，只是号召对临时政府施加压力。当时列宁写的一些信中谈到必须结束战争、建立苏维埃共和国、从民主主义革命阶段向社会主义阶段过渡等内容。许多信件是在对内容做了删减之后刊登的。1917年3月底4月初召开了全俄布尔什维克党的工作者代表会议。斯大林在会上竭力主张防止"加快事态的发展"，主张有条件地支持临时政府，甚至主张在温和的反战立场上同孟什维克联合。这种立场遭到工人的强烈反对，当时一些愤怒的工人曾要求将《真理报》编辑开除出党。①

这时，列宁结束近10年的流亡生活，在进行了紧张的斗争和探索工作后从国外回到俄国。他是作为公认的领袖、布尔什维主义的理论家和实践家回来的。有人无条件地支持他，有人不同意他的观点，也有人想同他寻求妥协，但是都承认他是一位杰出的人物和无与伦比的理论家，而且国际社会民主党人也都这样认为。列宁回国后，布尔什维克组织开始在列宁的领导下进行工作，布尔什维克组织不断发展壮大。

二月革命前夕，布尔什维克党的人数是比较少的。根据现有的材料，布尔什维克走出地下状态时大约有2.4万人，他们集中在150多个俄国社会民主工党的组织和小组里。其中最大的组织是彼得格勒和莫斯科的组织，分别拥有约2000名和600名党员。许多城市中的布尔什维克小组只有几十个人，甚至几个人。但是他们大都是经受过锻炼和考验、对革命无限忠诚的人，无论是贫困和坐牢还是流放和苦役，都不能摧毁他们的信念。他们是一股中坚力量，是俄国马克思列宁主义政党的核心。工人党员是党的基本力量，有1.4万人，占党员总数的60%以上，农民党员占7.6%，职员，包括知识分子职业革命家占25.8%。

布尔什维克一走出地下状态，就开始努力抓组织工作。当时需要把各地几乎遭到全面破坏的党委会建立起来，使它们同中央保持经常联系，需要制定合法条件下的工作方式和方法。3月2日，彼得格勒布尔什维克召开第一次公开

---

① 《俄国政党历史》，莫斯科，1994，第291页。

会议，出席会议的有各区组织的 40 名代表。① 会议的任务是恢复被警察破坏了的彼得堡委员会。当时建立了彼得堡临时委员会。此后，基辅、萨马拉、叶卡捷林堡和许多大城市都建立了布尔什维克的临时委员会。4 月，彼得格勒、莫斯科、乌拉尔、北波罗的海地区、西南地区、伊万诺沃－沃兹涅先斯克等地党组织和其他许多党组织都召开了布尔什维克党有史以来的第一次公开代表会议，选出了党的各地方委员会。一些区级组织得到恢复和重建，选举了党的区委会。由于党的工作者不再需要遵守秘密工作的条件，委员会的人数增加了。选进委员会的除了职业革命家以外，还有最有威信的普通党员。

党委会都在积累合法工作的经验，并不断根据新的情况改善组织形式。为了同党的工厂组织和基层保持经常的联系，需要把一些城市的区划分为若干个分区，并建立相应的党委会。在各个党委会的领导下，布尔什维克支部在各工厂和各部队纷纷建立起来并不断扩大。

二月革命胜利后的最初时期，许多党委会号召无产阶级和全体劳动者加入布尔什维克党，建立布尔什维克组织和创办刊物。但是布尔什维克与孟什维克、社会革命党人不同，布尔什维克接收党员有严格的标准和组织手续。1917 年 3 月 18 日，中央委员会俄国局根据俄国社会民主工党章程通过了关于入党手续的决定，决定说："凡承认党纲并参加一个组织的人才能被接收为党员，接收党员要有两名党员介绍。"中央委员会俄国局还制定了标准式样的党证。②

到 4 月底，布尔什维克党拥有 10 多万名党员。党组织也从走出地下状态时的 150 个增加到 600 个。布尔什维克开始成为群众性的工人政党。

布尔什维克还在军队中扩大自己的组织。走出地下状态前，党在军队中只有很少一些小组，而到 5 月，彼得格勒的军队里已拥有 6000 名布尔什维克党员。

当时，在绝大多数工兵代表苏维埃里，布尔什维克都占少数，苏维埃大都是由孟什维克和社会革命党人控制的。但是布尔什维克经过努力工作，很快开始在一些苏维埃中发挥作用。3 月，已有一部分布尔什维克当选为苏维埃主

---

① 《1917 年第一届公开的布尔什维克彼得堡委员会》（资料和记录汇编），莫斯科—列宁格勒，1927，第 1 页。

② 《苏联历史问题》1962 年第 3 期，第 152 页。

席：巴库是斯·格·邵武勉，萨马拉是瓦·弗·古比雪夫，里加是尔·恩德鲁普。此外，在其他一些地方苏维埃中也有布尔什维克在工作，如莫斯科工兵代表苏维埃中有维·巴·诺根和彼·格·斯米多维奇，在明斯克苏维埃中有米·瓦·伏龙芝和亚·费·米雅斯尼柯夫（米雅斯克扬），在萨拉托夫苏维埃中有米·瓦·瓦西里耶夫（尤任）和弗·巴·米柳亭，在伊万诺沃－沃兹涅先斯克苏维埃中工作的是安·谢·布勃诺夫，在基辅苏维埃中工作的是马·亚·萨韦利耶夫，等等。

与此同时，布尔什维克还在工会、士兵、青年工人中开展工作，不断扩大自己的影响。在青年工人中的工作成效极为显著。4月，在彼得格勒一些区和企业以及其他城市中都建立了青年工人的组织。4月5日，俄国社会民主工党（布）叶卡捷琳堡委员会建立了一个属于全国第一批的青年共产主义组织。参加这个组织的是14～18岁的男女青年，其中主要是工人。

二月革命后，在不少地方布尔什维克与孟什维克同处于一个组织之中。孟什维克认为，推翻沙皇政府以后他们与布尔什维克之间在策略上的基本分歧消除了，因而实行联合的障碍也就不存在了。这种情绪也影响了一部分布尔什维克。到4月底，已经出现150多个联合组织，当时全国有440多个独立的布尔什维克组织。

布尔什维克对这个问题非常重视，俄国社会民主工党第六次（布拉格）全俄代表会议（1912年）曾将孟什维克取消派开除出党，主要原因是他们主张取消无产阶级革命政党，建立合法的政党。1914年春天，当某些孟什维克活动家号召布尔什维克"在共同的策略的基础上"同孟什维克取消派联合起来的时候，列宁写道："统一，这是伟大的事业和伟大的口号！但是，工人事业所需要的是**马克思主义者的统一**，而不是马克思主义者同反对和歪曲马克思主义的人的统一。我们必须问每一个谈论统一的人：同谁统一？同取消派吗？那我们没有必要在一起。"[①] 第一次世界大战爆发后，孟什维克采取了护国主义和同资产阶级公开妥协的立场。布尔什维克同孟什维克的原则分歧更加严重。正因为如此，二月革命胜利后，列宁立即坚决地警告党不

---

① 《列宁全集》第25卷，人民出版社，1988，第81页。

要同孟什维克实行联合，就此他曾于 3 月 6 日电告那些从中立国启程回国的布尔什维克。①

在已出现的联合组织中，随着阶级斗争的尖锐化和革命形势的发展，布尔什维克和孟什维克的分歧，尤其是在战略和策略问题上的分歧越来越大，列宁的《四月提纲》的发表，尤其是俄国社会民主工党第七次全俄（四月）代表会议，对于克服联合情绪和从组织上解决联合问题起了决定性作用。正是从这个时候起，各联合组织开始急剧地分崩离析。

推翻专制制度后，布尔什维克党所面临的最重要任务是，根据变化了的新形势和现有的阶级力量对比，制定出党的政治路线和策略。首先必须明确对工兵代表苏维埃和临时政府的态度。

列宁在国外得知二月革命胜利的消息后，从 3 月 7 ~ 12 日给俄国写去了四封"远方来信"：《第一次革命的第一阶段》《新政府和无产阶级》《论无产阶级的民警》《如何争取缔结和约》。3 月 20 日，即列宁动身回国的前夕开始写作第五封信——《革命的无产阶级国家制度的任务》，但是没有写完。②

列宁所得出的主要结论就是革命第一阶段已经结束。当时形势的特点就是要从革命的第一阶段过渡到第二阶段，第一阶段相当出色地解决了国家的政权问题，第二阶段则应当把政权转交到工人和贫苦农民手中。列宁号召："**工人们，你们在反对沙皇制度的国内战争中，显示了无产阶级的人民的英雄主义的奇迹，现在你们应该显示出无产阶级和全体人民组织的奇迹，以便为革命第二阶段的胜利作好准备。**"③

列宁认为，在革命过程中即将诞生的新政府，应当按工兵农代表苏维埃的样式来组织。这样的政府已经有了，这就是"非正式的、还没有发展成熟的、比较弱的**工人政府**，它代表着无产阶级和城乡全体贫苦居民的利益。这就是彼得格勒工人代表苏维埃，它正在努力联系士兵和农民以及农业工人……"④

关于对临时政府的态度，列宁在 3 月初给回国的布尔什维克的电报中就已

---

① 参见《列宁全集》第 29 卷，人民出版社，1985，第 8 页。
② 参见《列宁全集》第 29 卷，人民出版社，1985，第 53 ~ 55 页。
③ 《列宁选集》第 3 卷，人民出版社，1995，第 11 页。
④ 《列宁选集》第 3 卷，人民出版社，1995，第 8 页。

经扼要地提出来了，他说："我们的策略是：完全不信任新政府，不给新政府任何支持；特别要怀疑克伦斯基；把无产阶级武装起来——这是唯一的保证；立即举行彼得格勒杜马的选举；决不同其他党派接近。"[1]

但是在列宁回国前，中央委员会俄国局和地方党组织对临时政府采取了较温和的甚至妥协的立场。例如，彼得堡委员会在3月3日的决议中说，"只要临时政府的行动符合无产阶级和广大民主的人民群众的利益"，它就不反对临时政府这个政权，同时又宣称，它决心进行最无情的斗争，反对临时政府以任何形式来恢复君主制管理形式的任何企图。[2] 俄国社会民主工党（布）莫斯科委员会区域局和莫斯科委员会都采取了这样的立场，他们主张对临时政府施加压力。这种状况直到列宁回国后才有了转变。

总而言之，二月革命以后，布尔什维克走出地下状态，获得了合法活动的机会，可以直接走向人民，走向工人、士兵和农民，宣传自己的纲领和策略，发展和壮大自己的组织。可以说，在这个方面布尔什维克取得了辉煌的成就。但是布尔什维克几乎同所有政党都存在分歧，它走出地下状态后，还面临着为自己的理想而斗争的艰巨任务，而这个理想就是建立无产阶级和农民的革命民主专政和进行社会主义革命。

五 战争和土地问题

二月革命推翻沙皇专制制度后，人民渴望迅速结束战争，实现和平。但是掌握政权的资产阶级及其临时政府不想结束战争，立宪民主党人、外交部部长米留可夫甚至公开声明继续履行对盟国的义务，将战争进行到底。这种态度是符合资产阶级利益的，因为战争的负担是落在劳动者和普通平民身上。立宪民主党对战争的这种态度使他们遭到越来越多人的反对。

应该说，二月革命后决定俄国事态发展和影响各政党立场的主要因素之一是仍在进行的战争。除上面提到的立宪民主党人的立场外，其他各政党也都明

---

[1] 《列宁全集》第29卷，人民出版社，1985，第8页。
[2] 〔俄〕《真理报》1917年3月7日。

确表明了自己对战争，确切地说是对结束战争的态度。社会革命党人很清楚，如果革命不能结束战争，那么战争就会扼杀革命。因此，他们提出了"让全世界实现民主和平"的口号。社会革命党理论家认为，革命的俄国是肩负结束战争使命的"第三种力量"的前哨和支柱。这决定了社会革命党的主要活动方针：在对外政策中，同交战国帝国主义斗争，恢复国际；在对内政策方面，保卫和努力巩固革命的成果。社会革命党第三次代表大会通过的《关于对战争的态度》的决议，号召各交战国人民迫使本国政府放弃掠夺性要求，开始和解的事业；同时声明，俄国民主派过去和现在都没有掠夺性要求。代表大会提出的最近任务是：促进尽快恢复革命国际和召开社会党国际代表大会，恢复劳动者的团结，制定和解的条件和实施这些条件的措施；要求临时政府采取措施重新考虑和废除沙皇政府和盟国签订的秘密条约。与此同时，决议指出，只有所有交战国全体劳动人民联合起来才能实现这些任务。决议坚决反对单独媾和及休战。只要战争还在继续，必须保证"与盟国战线的战略统一，使军队做好充分的作战准备"，把军队变成能够为实现俄国革命和俄国对外政策任务而积极战斗的力量。因此决议指出，不允许在军队中进行不服从革命政府命令的"蛊惑性宣传"。由此可以看出，虽然社会革命党在战争问题上的立场同立宪民主党人有所不同，或者说有分歧，但仍然是从护国主义立场出发来看待这一问题的。

孟什维克在二月革命后基本上是按所谓"革命护国主义"精神解决战争问题的。其明显的例子是彼得格勒工人和士兵代表苏维埃执委会 3 月 14 日发表的《告世界人民书》。《告世界人民书》中指出，俄国民主派反对本国统治阶级的掠夺政策，号召欧洲各国人民为了世界和平的利益共同采取坚决的行动。与此同时，《告世界人民书》作者声明，俄国革命绝不会在占领者的刺刀面前退却，不会容忍外国军事力量压迫自己。

布尔什维克对战争问题的态度在二月革命胜利后仍然没有改变。斯大林在《真理报》上发表文章指出，即使在推翻沙皇政府之后，俄国所进行的战争也不是正义战争，而是帝国主义战争。中央委员会俄国局 3 月 22 日通过的《关于战争与和平》的决议指出："不仅要迫使俄国临时政府放弃任何侵略计划，而且要迫使它立即公开表达俄国各族人民的意志，向各交战国提议在解放所有被压迫、被压制和没有充分权利的人民（自决权）的条件下缔结和约。"① 列宁也明确地指出，党要详细地、坚持不懈地、耐心地向受"革命护国主义"影响的劳动人民说明，即使在沙皇政府垮台以后，俄国资产阶级进行的战争也仍然是非正义的、掠夺性的帝国主义战争；只有以有利于无产阶级的方式解决了政权问题，才能着手解决战争与和平问题。当时唯一能够摆脱世界性大屠杀灾难的道路，就是使全部政权转归工兵代表苏维埃。只有对掠夺其他民族和保护资本家利益不感兴趣的工人和贫苦农民，才能真正立刻采取有效措施来停止战争和缔结民主的和约。在这里，列宁把结束战争同建立无产阶级和农民的民主政权问题联系起来，实际上也表明了列宁对临时政府的态度。列宁和布尔什维克党对战争和和平问题的态度充分反映了广大人民的要求和心声。与此同时，这种态度也使布尔什维克赢得了广大群众的支持。

此外，土地问题也是二月革命后各政党必须回答的基本问题之一。土地问题是资产阶级民主革命的主要问题。上面谈到过二月革命后立宪民主党对土地问题的态度。他们显然是从大地主和资产阶级的立场出发来解决土地问题，所要维护的是大土地占有者和资产阶级的利益。正因为如此，立宪民主党人逐渐失去了人民的支持。

对于社会革命党人来说，土地问题是至关重要的问题。纲领中关于土地问题的提法使他们赢得了人民的欢迎。社会革命党关于土地问题的观点乃是社会革命党社会主义的特点。社会革命党第三次代表大会指出，党仍然坚持自己的要求：消灭土地私有制，把土地变成全民财富，取消赎金，由劳动者平均使用土地。代表大会还指出，立宪会议应该通过包括这些原则的土地法。立宪会议通过有关法律之前，必须将全部土地转交土地委员会管辖，土地委员会应该关心使农业生产保持在应有的水平之上，发展土地共耕制，尽可能平均地和正确地在各农户中分配土地；对牲畜和农具进行登记以便更好地加以利用；按民主原则改造土地委员会，等等。社会革命党人在土地问题上的态度在俄国有很大影响。以往的史学研究作品曾不公正地把社会革命党人在土地问题上的策略同临时政府的土地政策混为一谈，说社会革命党人的策略是等待立宪会议解决农

---

① 〔俄〕《真理报》1917 年 3 月 26 日。

民和土地问题。事实上，社会革命党人在召开立宪会议之前已经采取一系列措施，比如，他们积极参加组建农民委员会和土地委员会。社会革命党人、农业部部长切尔诺夫和马斯洛夫在1917年6月和10月两次向临时政府提出法案，但是法案没有被接受。

社会民主党人，尤其是布尔什维克在土地问题上的态度最鲜明。列宁是从无产阶级和农民的联盟和解决政权的角度来谈土地问题的。列宁指出，首先做到使绝大多数农民在没收地主土地和把全部土地收归国有的斗争中得到工人阶级的支持，只有在这种情况下，俄国无产阶级才有可能在最近的将来获得胜利。列宁在二月革命胜利后指出："只有兵农代表苏维埃自己，才能够不顾地主的利益，不用官僚的方式来解决重大的土地问题。"[1] 掌握全部政权的苏维埃应该没收地主的土地，把全国的土地收归国有。这些土地将由各地的雇农和农民代表苏维埃实际支配。在这些苏维埃的监督下，由公家出资经营，把地主的大庄园建成模范农场。

二月革命后，俄国出现了两个政权并存的局面，战争仍在继续，土地问题仍未解决，工人还在挨饿，农民还在受无地或少地之苦。但是二月革命胜利后，俄国尚无一种力量可以控制国内局势、可以在政治舞台上占据绝对优势。因此，任何一个政党都不能从容地贯彻自己的纲领和路线。在这种情况下，无论战争与和平，还是土地与面包的问题，都很难立刻解决。事实上，随着事态的发展，各种政治力量不断重新组合、发展和变化，解决这些问题的前景也在逐渐明朗。历史将把机会赐予那些最强大、最能代表历史发展潮流的力量。

六　俄国形成了多党制吗？

二月革命推翻了君主制，各政党都获得了合法存在的权利。在二月革命前，虽然一些政党也在杜马中活动，但那不是完全意义上的政党，它们的存在只不过是对沙皇制度的一点装饰。这些政党没有任何权力，沙皇政府可以随时取缔它们，这些政党的存在只不过是一种现象而已，俄国不曾存在过政党制度。

---

① 《列宁全集》第29卷，人民出版社，1985，第187页。

那么二月革命以后俄国形成了多党制吗？最近，俄国有些研究著作认为，二月革命后俄国形成了多党联合政府，建立了多党制。如果不是布尔什维克后来夺取政权，俄国就会沿着资产阶级共和制、议会制、多党制的道路走下去。

如上所述，政党是随着资产阶级制度的建立而出现和发展起来的。英国资本主义发展得最早，因此最早的政党产生于英国。政党反映社会上的阶级划分，政党制度是阶级矛盾和阶级斗争的产物。在政党活动的基础上形成的资产阶级政党制度，是资产阶级国家政治制度中的一个重要环节，是资产阶级统治的重要手段。在现代资本主义国家里，政党在形式上并不是国家机关，也不是国家组织，许多国家的宪法甚至对政党地位没有做任何规定，但是实际上，资产阶级对整个国家政权和全国政治生活的控制，通常都是通过政党来进行的，由于各国政治、经济和历史发展的具体情况不同，各资本主义国家的政党制度又有不同的形式，有一党制、多党制和两党制几种形式。所谓一党制，就是由一个资产阶级政党控制国家政权和政治生活，不允许其他政党活动。多党制条件下一般有多个政党参加资产阶级议会，而由一个取得多数议席或普选胜利的政党或政党联盟组织政府。两党制则是有两个大的资产阶级政党参加议会，由其中一个政党负责组织或主持政府。两党制的显著特点是，资产阶级让其两个主要政党轮流上台，操纵国家政权，控制国家机关的各个环节。在这两个政党以外，虽然还可能有其他政党的活动，但是这些政党根本不可能掌握国家机关的权力，有的即使在议会中占有少数席位，其作用和影响也是微不足道的。

由此看出，在资本主义国家，政党制度、一党制、多党制、两党制，都是资产阶级实行统治的手段。1858 年，马克思在评论英国的议会斗争时曾经指出，英国资产阶级的寡头政体"不是靠把政权经常保存在**同样一些人**手中而使自己永存下去，而是采用这样的办法：它轮流地使政权从一只手中放下，又立刻被另一只手抓住"①。这段话形象地向我们说明，两大政党是资产阶级有意识地轮流使用两只手来统治人民的方法。马克思还指出议会斗争的技巧恰好在于"在短兵相接的格斗中打击的不是职位，而仅仅是当时占据职位的人，并且在进行打击的时候，要这个人在作为大臣下台以后，马上又能作为**大臣的**

---

① 《马克思恩格斯全集》第 11 卷，人民出版社，1962，第 399 页。

候选人而上台"①。这进一步向我们指明，在两党制中，两大资产阶级政党表面扮演着互相反对的角色，但就反对党来说，它反对的并不是政府亦即资产阶级政权本身，而是当时在这个政权中执行权力的党，同时自己也随时准备去执行权力。这样一来，两大政党之间的关系是：在台上的党是现职政府，在台下的党是预备政府，两者随时准备互相替换。

从马克思的分析中我们了解到，两党制（原则上讲，多党制亦然）中的两大政党都是属于资产阶级的而不是属于无产阶级的，如果它们分别代表不同的阶级，那就不可能协调一致、有条不紊地轮流掌握国家权力了。此外，两党制或多党制中的各个政党，除轮流上台执政外，还起着互相竞争、互相监督、互相制约的作用。

综上所述，政党制度是资产阶级确立自己的统治后实施统治的工具。它是直接为资产阶级及其阶级利益服务的。其他阶级即使在议会中拥有若干席位，仍然不会妨碍资产阶级的统治地位，换句话说，其他阶级政党的存在以不损害资产阶级的统治地位为限度。

那么二月革命后的俄国如何呢？

俄国的情况与欧洲发达国家不同，欧洲发达国家发生资产阶级革命时，城市工人尚未形成一个独立的阶级。资产阶级是最强大的阶级，所以它能利用工人和农民起来反对封建专制制度，建立资产阶级的统治。在俄国则不同，20世纪初，俄国无产阶级已经作为一支独立的政治力量登上历史舞台，已经拥有自己的政党。俄国资产阶级民主革命不仅要解决土地问题，而且要解决雇佣劳动问题；不仅要满足资产阶级的利益，而且要解决无产阶级的问题。俄国资产阶级既是强大的，又是软弱的。所谓强大，是因为资产阶级，尤其是垄断资产阶级控制了全国的经济命脉；所谓软弱，是因为资产阶级在政治上一直依赖于沙皇政府。资本迅速集中和垄断的发展历史使俄国资产阶级在人数上处于绝对少数，俄国始终未形成一个庞大的中产阶级阶层。另外，俄国广大劳动居民，在社会心理上不仅是反对专制制度的，也是反对资产阶级的。正因为如此，二月革命后资产阶级虽然形式上掌握了政府，但是并没有掌握实际的权力。俄国

---

① 同上。

出现的是两个政权并存的局面。资产阶级的临时政府和工兵代表苏维埃所代表的是不同的阶级和利益，所追求的是不同的社会发展前景和社会制度。

所谓政党制度，如上所述，是阶级统治的工具。这就是说，只有当一个阶级确立了自己的统治地位之后，才能谈到建立为自己统治服务的政党的问题。在谁战胜谁的问题没有解决之前，管理形式问题尚提不到日程上来。两个政权并存的局面表明，资产阶级没有能力取得统治地位，无产阶级和其他劳动人民尚没有准备好夺取政权，孟什维克和社会革命党人的思想充分说明了这一点。

1917年3月至10月短短几个月的时间里，俄国有过四届政府，其中有三届联合临时政府，分别成立于1917年3月2日（15日）、5月5日（18日）、7月24日（8月6日）、9月25日（10月8日）。在后三届联合政府中，除资产阶级政党立宪民主党外，参政的还有社会革命党人、孟什维克等政党的代表。

但是，这种联合执政并不表明俄国已经建立了多党制。阶级斗争问题尚未解决，国体的问题尚未解决。在这种情况下，任何政府，清一色的资产阶级政府也好，联合政府也罢，都不过是一种过渡形式而已。政体问题的解决取决于国体问题解决的结果。事实上，当时俄国立宪会议的前途尚不明朗。

"两个政权并存局面"中，临时政府掌握着形式上的权力，而工兵代表苏维埃则掌握着事实上的权力。"毫无疑问，这种'交织'是不能长久保持下去的。一国之内**决不能**有两个政权。其中必有一个要化为乌有。……两个政权并存的局面只是反映了革命发展中的一个**过渡**时刻，这时革命已超出了一般的资产阶级民主革命的范围，**但是还没有到达**'纯粹的'无产阶级和农民的专政。"①

列宁的这段话准确地指出了俄国当时形势的实质。正因为如此，二月革命后，阶级斗争更加激烈，俄国的整个资产阶级在各地拼命用各种办法排除、削弱和消灭工兵代表苏维埃，以求建立资产阶级的单一政权，无产阶级和广大农民也在布尔什维克党的领导下积极地为建立无产阶级和农民的革命政权而斗争。总而言之，政权问题将由阶级大搏斗的最终结局来解决。

————————
① 《列宁选集》第3卷，人民出版社，1995，第41页。

第六章 从资产阶级民主革命走向 社会主义革命

一 列宁的《四月提纲》和布尔什维克党的策略

1917年4月3日，列宁结束流亡生活，回到俄国。4月4日，列宁在塔夫利达宫召开的布尔什维克会议上发表了著名的《四月提纲》。同一天，列宁还在参加全俄苏维埃会议的布尔什维克和孟什维克的联席会议上做了报告。

列宁在《四月提纲》及一些补充、解释和发展提纲的著作［如《论策略书》《论无产阶级在这次革命中的任务（无产阶级政党的行动纲领草案）》等①］中回答了俄国革命中提出的各种问题，阐述了布尔什维克对一些迫切问题的看法，如关于从民主革命阶段向社会主义革命阶段过渡问题，关于无产阶级及其政党对待战争和资产阶级临时政府的态度问题，关于苏维埃共和国问题，关于在苏维埃中争取多数的途径问题，关于在城市和农村实行迫切的经济改革问题，关于党在新的历史条件下的任务等问题。《四月提纲》是列宁根据俄国工人运动和世界工人运动以往的经验，在发展社会主义革命理论方面向前迈出的新的一步。提纲中论证了社会主义革命在俄国取得胜利的方针。

列宁说："俄国当前形势的特点是从革命的第一阶段**向**革命的**第二阶段过渡**，第一阶段由于无产阶级的觉悟和组织程度不够，政权落到了资产阶级手

---

① 参看《列宁全集》第29卷，人民出版社，1985。

中，第二阶段则应当使政权转到无产阶级和贫苦农民手中。"① 这一简短的结论不仅明确地说明了俄国当时局势的基本内容，而且明确地指出了能够实行这一具有重要历史意义的过渡的社会力量。

列宁在《四月提纲》中提出的关于从革命的第一阶段过渡到第二阶段的问题，同列宁的社会主义革命理论、关于社会主义有可能首先在单独一个国家获得胜利的结论是密切联系在一起的，是这个结论的进一步发展和具体化。列宁坚信俄国具备能使无产阶级和农民联合起来突破世界帝国主义阵线链条的一切条件。在俄国，工人阶级同资产阶级之间的矛盾、农民同地主之间的矛盾、被奴役各民族同帝国主义压迫者之间的矛盾，要比其他国家表现得更尖锐。战争空前地加剧了这些矛盾。此外，俄国无产阶级具有自己的先锋队组织——革命马克思主义者的政党。在多年阶级搏斗的烈火中，在两次俄国革命的街垒战中，锻炼出了一支伟大的革命力量——工农联盟。

在列宁争取从资产阶级民主革命过渡到社会主义革命的斗争计划中，工兵农代表苏维埃作为革命政权的现成形式，占有重要的位置。早在1905年工人代表苏维埃出现时，列宁就认为它不是简单的罢工斗争的机关，而是起义的机关，是新政权即无产阶级和农民革命民主专政的萌芽。

1905～1907年革命失败后，特别是在第一次世界大战年代，列宁对未来无产阶级政权的性质和形式问题进行了研究。1916～1917年，他认真地研究了马克思和恩格斯的有关著作，还摘录了卡尔·考茨基、安东尼·潘涅库克、爱德华·伯恩施坦的著作，并做了批注。列宁把收集到的资料汇集成一个笔记本，取名为《马克思主义论国家》②，俗称"蓝皮笔记"。这些资料反映了列宁对巴黎公社和俄国苏维埃的作用和意义的观点。二月革命前夕，列宁在撰文论述1905年群众创建的苏维埃时，把苏维埃看作巴黎公社社员创举的继续。那时他就已经得出结论，苏维埃同公社一样，其使命也是用自己来代替被无产阶级打碎的旧的资产阶级的国家机关。"这一切大致可以简单明了地表述如下：**用工人代表的苏维埃和他们的**受托人代替旧的（'现成的'）国家机器和

---

① 《列宁全集》第29卷，人民出版社，1985，第114页。
② 《列宁全集》第31卷，人民出版社，1985，第130～222页。

议会。问题的实质就在这里!!"① 列宁根据世界和俄国工人运动的历史经验，确信苏维埃共和国是俄国无产阶级国家最适宜的形式。4月4日，他说，成立工兵苏维埃就等于"向社会主义迈出的一步"。② 列宁在《四月提纲》中宣布："不要议会制共和国（从工人代表苏维埃回到议会制共和国是倒退了一步），而要从下到上遍及全国的工人、雇农和农民代表苏维埃的共和国。"③

关于临时政府，列宁提出了"不给临时政府任何支持"的口号，但列宁并没有号召人们去立即推翻临时政府。当时如果发出这样的号召，也不会得到广大劳动者阶层的支持，因为大多数人对临时政府还抱有一种不自觉的轻信态度。

列宁根据国内阶级力量的实际分布情况，提出政权转归苏维埃的唯一可行的道路是革命和平发展的道路。众所周知，马克思、恩格斯曾经认为在一些个别国家中，"工人能够用和平手段达到自己的目的"。列宁认为，革命的和平发展是合乎愿望的事，尽管这在历史上是极其少见的。二月革命后俄国出现了革命和平发展的机会。

这主要是因为，在当时阶级力量对比的情况下，临时政府不能采取暴力行动。尽管人民中相当一些阶层还信任这个政府，但是临时政府的地位是很不稳固的，因为苏维埃在劳动人民中享有崇高的威信，陆军和海军都站在苏维埃一边。列宁指出："武器掌握在人民手中，没有外力强制人民——这就是问题的**实质**。这就开辟并保障了整个革命和平向前发展的道路。"④

在革命和平发展的条件下，政权有可能在布尔什维克还没有在苏维埃中争得多数之前就转归苏维埃。在这种情况下，各政党的斗争将在苏维埃内部进行。群众则会根据自己的实际经验较快地做出选择。在这样的条件下实现"全部政权归苏维埃"的口号，会以和平方式取消资产阶级的政权，使无产阶级和农民的革命民主专政取得胜利，就会废除旧的政权机构而代之以新的真正民主的苏维埃机构。

---

① 《列宁全集》第31卷，人民出版社，1985，第185页。
② 《列宁全集》第29卷，人民出版社，1985，第108页。
③ 《列宁选集》第3卷，人民出版社，1995，第15页。
④ 《列宁选集》第3卷，人民出版社，1995，第86页。

布尔什维克党认为，通过实行符合劳动人民需要和愿望的政策，将可靠地获得他们的同情和信任；人民将利用民主的选举制和召回代表的权利把真正维护他们利益和执行他们意志的人选进苏维埃。无产阶级政党通过这种途径就能在苏维埃中争得多数，改变苏维埃的政策，把苏维埃变成无产阶级专政的机关。在苏维埃单独掌权的情况下，布尔什维克会不断加强自己在苏维埃中的影响。一旦布尔什维克在苏维埃中占据领导地位，就能在苏维埃的基地上建立起新的政府，开始实现自己的纲领。这是通向社会主义的一条最无痛苦的道路。

布尔什维克在苏维埃中争得领导权就能保证顺利地向社会主义改造过渡，就能完成二月革命所没有解决的那些民主主义任务，如摆脱帝国主义战争、争得公正的民主的和平、实行八小时工作制、改善无产阶级的物质状况、废除地主土地占有制，把俄国各族人民从民族压迫下解放出来。

"四月危机"期间，彼得堡委员会的巴格达季耶夫等人提出了推翻临时政府的"左倾"冒险主义口号。俄国社会民主工党（布）中央委员会根据列宁的提议谴责了这个冒险主义口号。中央委员会在4月22日的决议中指出："只有在工兵代表苏维埃赞成我们的政策并且愿意掌握政权的时候，我们才会主张使政权转归无产者和半无产者。"[①] "打倒临时政府！"的口号充其量不过是一句空话，搞得不好，还会促使无产阶级过早地发动，给反革命提供镇压无产阶级的机会。布尔什维克中央曾召开三次会议讨论党在"四月危机"时期的策略，在列宁起草的各项决议中极其明确地阐明了这一策略。当时必须利用临时政府给盟国的照会来揭露政府反人民的帝国主义实质，把群众自发的愤慨情绪和群众运动引导到为使全部政权转归苏维埃而进行自觉的有组织的斗争道路上去。这一策略得到了首都工人的热烈拥护。4月21日，彼得格勒的无产阶级举行了游行示威，他们高呼着布尔什维克的口号："没有割地没有赔款的和约！""公布秘密条约！""全部政权归苏维埃！"首都无产阶级的行动在全国各地引起了强烈反响。

孟什维克和社会革命党人的领袖们害怕同资产阶级的联盟破裂，害怕政权转到苏维埃手中。与此同时，"四月危机"也使资产阶级看到，靠由资本家和

---

① 《列宁全集》第29卷，人民出版社，1985，第320页。

地主的代表组成的政府来推行反革命的对内政策和帝国主义的对外政策是不可能的。于是，由资产阶级政党和妥协政党的代表人物组成联合政府的设想产生了。社会革命党和孟什维克领导人，紧接着彼得格勒苏维埃执委会和全体会议先后接受了关于成立联合内阁的建议。

4月24日，在彼得格勒召开了俄国社会民主工党（布）第七次全国代表会议（四月代表会议）。这是布尔什维克党第一次公开的代表会议。会议的任务是讨论列宁关于从资产阶级民主革命向社会主义革命过渡的方针，并使这一方针成为全党的方针。列宁在会议开幕词中指出，向资本主义旧世界发起冲击的伟大任务已经光荣地落到了俄国无产阶级身上。他说："只有从这个角度来看问题，我们才能确定自己的任务。"①

代表会议对一系列极其重要的问题进行了讨论，并做出了决定。这些问题是：目前形势（战争和临时政府）、对工兵代表苏维埃的态度、修改党纲、国际的现状和党的任务、社会民主党国际组织的联合、土地问题、民族问题、立宪会议、各地区的报告、选举中央委员会。研究得最详细的是关于目前形势问题。它包括一些极重要的现实问题：对俄国政治形势的估计，对资产阶级临时政府的态度和对两个政权并存局面的态度，等等。正是在这些问题上出现了不同观点，代表们听取了列宁的报告，加米涅夫做了补充报告。

在如何估计时代的性质，即俄国目前究竟是处于继续进行资产阶级民主革命的阶段，还是进入了向社会主义革命过渡的时期，在这个问题上，加米涅夫的观点同列宁的观点发生了冲突。加米涅夫在补充报告中说："在我看来，列宁同志说资产阶级民主革命已经结束了，这是错误的。我认为资产阶级民主革命并没有结束，我们的分歧就在这里。"② 他指出："说资产阶级民主的一切潜力已经用尽，还为时过早。"③ 巴格达季耶夫也支持加米涅夫关于资产阶级革命没有完成的论点。他说："我也认为我国的资产阶级民主革命没有结束，所

① 《列宁全集》第29卷，人民出版社，1985，第340页

② 《俄国社会民主工党（布尔什维克）第七次全国代表会议（四月代表会议）记录》，莫斯科，1958，第80页。

③ 《俄国社会民主工党（布尔什维克）第七次全国代表会议（四月代表会议）记录》，莫斯科，1958，第90页。

以加米涅夫的决议案对我来说是可以接受的。"①

在对待临时政府的态度上，列宁和加米涅夫的观点也发生冲突。列宁号召不给资产阶级临时政府以任何支持，要集中精力为建立单一的苏维埃政权而斗争。加米涅夫则相反，他主张实行由苏维埃对临时政府施加压力并对它进行监督的政策。列宁主张彻底揭露社会革命党人和孟什维克联盟在苏维埃中实行的妥协政策，而加米涅夫则主张对这个联盟采取调和态度，以便"利用这个联盟，支持这个联盟，在不破坏这个联盟的基础上制定我们的策略"②。

在这场争论中还有一些人采取了动摇的立场。例如，弗·巴·米柳亭和安·谢·布勃诺夫就是这样，他们要求除由彼得格勒苏维埃从上面对临时政府实行监督外，还要通过劳动者举行广泛的游行示威从下面对临时政府实行监督。彼·格·斯米多维克对"全部政权归苏维埃！"这个《四月提纲》的中心口号表示怀疑。他认为，既然"无产阶级组织的影响在扩大，工会运动在发展，工人代表苏维埃的影响和作用在减弱，政权就不会转到苏维埃手中，但是可以建立一些完全不同的机构"③。

由于对当前形势的性质有不同的估计，加米涅夫主张二月革命后党应当为最低纲领而斗争，他抱怨说，列宁只醉心于俄国革命的前景，却使积极的实践家们处于"没有最低纲领"的状态。④ 巴格达季耶夫在发言中把这一思想表达得更为完整，他建议把群众的注意力集中在最低纲领上，因为用他的话说，只有德国爆发革命，我们党才能实行最高纲领即实行推翻资产阶级政府，建立无产阶级专政的纲领。⑤

这样，在关于俄国当前处于什么样的革命阶段以及应当为什么样的纲领而奋斗的争论中，又产生了另一个极其重要的问题：俄国工人阶级是否能够在实

---

① 《俄国社会民主工党（布尔什维克）第七次全国代表会议（四月代表会议）记录》，莫斯科，1958，第 90 页。
② 同上。
③ 同上。
④ 《俄国社会民主工党（布尔什维克）第七次全国代表会议（四月代表会议）记录》，莫斯科，1958，第 85 页。
⑤ 《俄国社会民主工党（布尔什维克）第七次全国代表会议（四月代表会议）记录》，莫斯科，1958，第 91、92 页。

现社会主义革命方面发挥革命首创精神呢？在这个问题上，加米涅夫同意孟什维克的观点，认为俄国还没有成熟到实现社会主义革命的程度，因此，只有西方那些资本主义高度发达的国家才能首先实现社会主义革命。阿·伊·李可夫支持这一观点。他说，现在的主要问题是实现最低纲领即实现资产阶级民主改革问题。至于社会主义革命纲领，那只有在西方给予推动之后才能着手去实现，因为"实现社会主义革命的首创精神并不属于我们。我们没有力量，没有实现这一点的客观条件"①。

列宁指出，这种论断是错误的，同活生生的、创造性的马克思主义是背道而驰的，他说："李可夫同志说，社会主义应当从其他工业比较发达的国家产生。这是不对的。不能说谁来开始和谁来结束。这不是马克思主义，而是对马克思主义的拙劣的模仿。

马克思说过，法国开始，德国人完成。可是现在俄国无产阶级的成就比谁都大。"②

李可夫认为，在俄国这样一个小资产阶级最多的欧洲国家中，人民群众不会同情社会主义革命。列宁反驳道，李可夫同加米涅夫一样，他不考虑占农民大多数的农村贫民能够并且一定会跟工人阶级一起走社会主义的道路。此外，中农也一定会跟着工人阶级走，因为只有走这条道路，他们才能实现世世代代渴望得到土地的夙愿。列宁说，党如果提出口号说：不要沙皇，而要无产阶级专政，"那就会跃过小资产阶级。但我们说的是要通过工兵代表苏维埃帮助革命"③。

列宁关于社会主义可能在俄国取得胜利的思想，在《关于目前形势》的决议中得到了反映。决议指出，"在向人民解释必须立即采取若干实际上已经成熟的向社会主义迈进的步骤方面"④，必须坚持无产阶级的领导作用。

代表会议在《关于对临时政府的态度》的决议中指出，必须进行长期的

---

① 《俄国社会民主工党（布尔什维克）第七次全国代表会议（四月代表会议）记录》，莫斯科，1958，第107页。

② 《列宁全集》第29卷，人民出版社，1985，第361页。

③ 同上。

④ 《列宁全集》第29卷，人民出版社，1985，第443页。

工作来启发无产阶级的阶级意识，团结城乡无产者，因为只有这样做才能使政权转到苏维埃手中。鉴于"四月危机"的教训，代表会议指出，立宪民主党组织反革命分子，企图杀害工人，这种事件的重演是不可避免的。因此，必须抛弃信任临时政府的政策，组织和武装无产阶级，巩固无产阶级同军队的联系，这是保证政权和平地过渡到苏维埃的最重要条件。而《关于联合内阁》的决议说："无产阶级政党声明：凡参加进行帝国主义战争内阁的人，不管他们的愿望多么善良，都是资本家的帝国主义政策的同谋者。"①

四月代表会议关于土地问题的决议提出了没收地主土地、将其转交给农民委员会支配以及将全国一切土地收归国有的要求。代表会议把实行根本的土地改革同解决政权问题联系在一起。

四月代表会议除通过一系列决议外，还讨论了关于修改党纲的问题。列宁提出的关于党纲理论部分和政治部分的修改草案在代表会议专门选出的小组中进行了讨论。列宁提议将关于帝国主义即资本主义的最高和最后阶段的说明加进党纲中分析资本主义的理论部分，并对最低纲领政治和经济部分中某些过时的原理进行修改。其中包括用建立无产阶级和农民的民主共和国来代替建立议会制共和国，用苏维埃来代替议会制代议机关。根据列宁的提议，通过了《关于修改党纲》的决议，决议确定了修改党纲必须遵循的方针。代表会议委托中央委员会起草新党纲草案，并将草案提交党代表大会批准。

总而言之，代表会议的全部工作都贯穿着列宁的思想。会议使党得到了巩固，使党的组织工作走上了正轨。会上还选出了中央委员会。在党处于地下状态的年代，从1912年布拉格代表会议以来，中央委员会没有进行过改选，而是通过自行增补的办法补充的。许多中央委员不断遭到逮捕。此次会上以秘密投票方式选出了新的中央委员会，他们是弗·伊·列宁、格·叶·季诺维也夫、列·波·加米涅夫、弗·巴·米柳亭、维·巴·诺根、雅·米·斯维尔德洛夫、伊·帖·斯米尔加、约·维·斯大林、格·弗·费多罗夫。

俄国社会民主工党（布）中央委员会动用了全部宣传工具来宣传四月代

① 《俄国社会民主工党（布尔什维克）第七次全国代表会议（四月代表会议）记录》，莫斯科，1958，第251页。

表会议的各项决议。到处都在讨论列宁制定的为社会主义革命而斗争的纲领。

布尔什维克党在工人、农民和士兵中进行广泛的宣传和组织工作，各地方委员会十分注意补充和团结党的队伍，党的队伍迅速发展和扩大。在四月代表会议以后的三个月内，党组织的发展情况从以下数字中可以看得出来：

彼得格勒组织：从 1.6 万人发展到 3.6 万人；

莫斯科组织：从 7000 人发展到 1.5 万人；

中部工业区组织：从 2.3 万人发展到 5 万人；

乌拉尔组织：从 1.6 万人发展到 2.5 万人；

顿涅茨－克里沃罗格矿区组织：从 1 万人发展到 1.6 万人。

在这段时间里，工人、士兵、水兵、贫农和知识分子的优秀代表纷纷加入布尔什维克党。有许多人起初曾站在孟什维克和社会革命党人方面，后来开始转向布尔什维克一边。

由于布尔什维克队伍的发展和壮大，布尔什维克在各级苏维埃中的代表人数也在增加。例如，3 月初，彼得格勒苏维埃布尔什维克党团只有 40 人左右，到 7 月初已增加至 400 人，布尔什维克党团在工人部中占有将近一半席位，在士兵部中占有将近 1/4 的席位。苏维埃的布尔什维克化过程一直在向前发展。与此同时，如前所述，布尔什维克在武装工人、组织工人近卫军方面取得了巨大成就。按照布尔什维克的计划，工人近卫军按工厂组织起来，组织严密、纪律严格。总而言之，在革命和平发展的形势下，布尔什维克做好了夺取政权的各种准备。

二 孟什维克和社会革命党人对革命前途的认识及其策略

"四月危机"期间，彼得格勒无产阶级高呼"全部政权归苏维埃！"的口号上走上了街头，孟什维克和社会革命党人则依据他们对革命前途的认识参加了联合内阁，心甘情愿地送给资产阶级一块社会主义的招牌。孟什维克认为，俄国不具备实行社会主义的条件，因此必须由资产阶级掌握政权、管理国家，社会民主党人只能对资产阶级政府施加压力。孟什维克参加联合内阁的目的正是如此。

联合政府向人民许诺加快签订和约，建立对食品生产和分配的监督，对资产阶级的超额军事利润征税，加快召开立宪会议，等等。但是所有这些不过是漂亮的空话而已。生活表明，孟什维克不可能真正影响临时政府，而他们参加政府，却严重损坏了自己在人们心中的威望。

1917 年 5 月 9 日从国外归来的孟什维克国际主义派领袖尤·马尔托夫对此看得非常清楚。他像在 1905 年一样，认为无产阶级应该把政权让给资产阶级，但应该对资产阶级施加压力并进行监督。马尔托夫认为，只有当工人经过长期的政治斗争壮大起来，成为一种不仅能够"偶然地夺取政权，而且能够巩固政权"的力量时，才会自然地，而不是人为地出现一种形势，使社会民主党人变成执政党。由此得出结论：不应该进行任何过早的实验，不应该搞任何暴动，应该有计划地在群众中进行宣传鼓动和组织工作，为普遍的民主和平而斗争。

但是，马尔托夫等人没能使孟什维克的基本群众跟着自己走。1917 年 5 月 7 ~ 11 日在彼得格勒举行的俄国社会民主工党全俄孟什维克统一组织代表会议上，策列铁里－唐恩派取得了优势。这时孟什维克队伍中已有近 10 万人，同布尔什维克相当。走出地下状态后，孟什维克和其他革命派一样，迅速通过吸收工人、职员、知识分子和部分士兵、军官来扩大自己的队伍。但是孟什维克队伍根本没有实现统一。普列汉诺夫的"统一派"在代表会议上因不满意孟什维主义的"半列宁主义"的和平主义立场而公开同官方的孟什维主义分道扬镳，而马尔托夫领导的孟什维克国际主义派抵制了组织委员会的选举，并拒绝派自己的代表参加孟什维克中央机关报《工人报》编辑部。

尽管在代表会议上国际主义派提出批评，会议代表还是以 51 票赞成、12 票反对、8 票弃权支持孟什维克参加临时政府。他们再一次宣布在各民族享有自决权的基础上为争取没有割地和赔款的普遍民主和平而斗争。但是代表会议决议中还有一条：在国际无产阶级没有结束战争以前，革命民主派应该全力以赴地加强军队的战斗力，以便全面地保卫国家不受外来威胁。

孟什维克固执地维护临时政府越来越不受欢迎的政策。在 1917 年 6 月全俄工人和士兵代表苏维埃第一次表大会上，在俄国军队应协约国请求在西部战线发动 6 月进攻受挫以及在 7 月政治危机时期，孟什维克都没有放弃支持政府对列宁及其同事采取的镇压行动。只有以马尔托夫为首的孟什维克国际主义派没有这样做，马尔托夫谴责对布尔什维克的迫害。

1917 年 7 月政治危机以建立克伦斯基新内阁而告结束。孟什维克入阁的有 A. M. 尼基京（邮电部部长）和马·伊·斯柯别列夫（劳动部部长）。在1917 年 8 月莫斯科举行的国务会议上，孟什维克支持政府的路线再次表现出来。普列汉诺夫在会上号召无产阶级和资产阶级为了民族和解相互做出让步，苏维埃执委会主席齐赫泽在代表"统一民主派"发表的宣言中郑重地保证无产阶级不谋求政权并准备全力以赴地组织国家的防卫工作。当时多数孟什维克领导人赞成同资产阶级政党组建联合政府。

1917 年 8 月 19～25 日，在彼得格勒举行了期待已久的孟什维克统一代表大会，这是孟什维克作为"统一的俄国社会民主工党"单独召开的第一次代表大会，他们终于明白无法同布尔什维克一道工作。这时孟什维克队伍共约20 万人。孟什维克的力量主要分布在高加索——4.5 万人，莫斯科和中部工业区——3 万人，顿巴斯——2.85 万人，北部地区——1.57 万人，敖德萨及其周边地区——1.05 万人，基辅地区和伏尔加河流域分别有 1 万人。

孟什维克代表大会代表的社会组成情况是：工人占 27%，知识分子占46%，其他为职员等。同 1907 年俄国社会民主工党第五次代表大会相比，孟什维克中工人的数量减少了，而知识分子的比重大大增加了，因此 1917 年 9月策列铁里承认，大多数无产阶级民众并没有跟孟什维克走。

在八月代表大会上，代表 146 个党组织的 222 名有表决权的代表立刻分成4 个派别：以波特列索夫为首的极端护国派；以策列铁里和唐恩为首的革命护国派；以马尔托夫为首的孟什维克国际主义派；以一些拥护彼得格勒《新生活报》的人（尼·尼·苏汉诺夫等人）组成的左翼国际主义派。代表大会上孟什维克力量没有实现联合：彼得格勒区联派和拥有近千人的拉林派很快转向布尔什维克；"新生活派"在秋天开始着手建立孟什维克国际主义派的独立政党，而以马尔托夫为首的孟什维克国际主义派在八月代表大会上得到 35% 的选票，从 1917 年 9 月起，他们开始在彼得格勒出版自己的报纸《火星报》，提出如果党的路线背离阶级斗争和国际主义原则，他们有权批评党的正式路线。右翼的孟什维克护国派于 9 月开始在彼得格勒出版《工人思想》杂志，他们同普列汉诺夫派保持联系。普列汉诺夫派在 5 月底举行的会议上决定今后称自己为全俄社会民主党统一组织。

在统一代表大会上，策列铁里－唐恩的路线取得了胜利。大会批准孟什维克参加联合临时政府，批准了他们"保卫祖国"和开展"争取普遍和平的国际斗争"的方针。参加俄国社会民主工党（统一派）中央的有 16 名护国派分子（伊·格·策列铁里、尼·谢·齐赫泽、弗·伊·唐恩、米·伊·李伯尔、康·米·叶尔莫拉耶夫、安·伊·伊苏夫、列·米·欣丘克等）和 8 名国际主义派（尤·奥·马尔托夫、亚·萨·马尔丁诺夫、谢·尤·谢姆柯夫斯基、拉·阿·阿布拉莫维奇、尼·亚·罗日柯夫等）。帕·波·阿克雪里罗得当选党的主席。

后来发生的科尔尼洛夫叛乱进一步加剧了孟什维克中的分歧。叛乱使孟什维主义的所有派别，从普列汉诺夫到马尔托夫都吓破了胆，使他们看到俄国年轻的民主政权多么脆弱。1917 年 8 月，孟什维克队伍中一片混乱，俄国社会民主工党（统一派）中央竟然在 8 月 31 日提出反对立宪民主党人继续参加政府。至于左翼孟什维克国际主义派，马尔托夫清楚地反映了他们的情绪，他声称，不将国家机器交给民主派，俄国不可能赢得和平，不可能战胜经济崩溃和反革命。因此他宣布一个口号："全部政权归民主派！"①

孟什维克中央拒绝了布尔什维克关于合作的建议。9 月 8 日，孟什维克中央已经承认愿意吸收"有资格的分子"即立宪民主党人参加政府。结果，孟什维克库·安·格沃兹杰夫、П. Н. 马良托维奇和 А. М. 尼基京同立宪民主党人和社会革命党人一起参加了第三届临时政府。

马尔托夫 1917 年 9 月在民主会议上发言时，要求同地方自治机关、军队组织、工厂委员会、工会、合作社、土地委员会等机构密切联系起来解决将权力交苏维埃的问题。但是，不论是大多数孟什维克，还是列宁和托洛茨基都没有支持这个立场。马尔托夫在一封私人信件中抱怨道："群众不愿意支持我们，宁愿从护国派转向布尔什维克。"②

---

① 参看《俄国政党历史》，莫斯科，1994，第 258 页。
② 参看《俄国政党历史》，莫斯科，1994，第 258 页。

广大群众越来越同情布尔什维克和左派社会革命党人，苏维埃在迅速布尔什维克化，临时政府已经丧失最后一点威信，在这种情况下，孟什维克国际主义派还企图防止发生内战。比如，10 月 24 日，即彼得格勒武装起义开始的当天，马尔托夫要求克伦斯基立刻开始媾和谈判，将土地交给土地委员会并保证不停止军队的民主化过程。俄罗斯共和国临时议会（预备议会）① 会议多数参加者和苏维埃执委会也同意马尔托夫的意见。但是克伦斯基不愿意听马尔托夫这个建议，不想掌握 10 月 25 日即将开幕的全俄苏维埃第二次代表大会的主动权。如此，问题只能靠步枪、机枪和装甲车来解决了。

1917 年决定俄国事态发展和影响各政党立场的主要因素之一是仍在进行的战争。社会革命党人很清楚，如果革命不能结束战争，那么战争就会扼杀革命。因此他们提出了"让全世界实现民主和平"的口号。社会革命党理论家认为，革命的俄国是肩负结束战争使命的"第三种力量"的前哨和支柱。这决定了社会革命党的主要活动方针：在对外政策中，同交战国帝国主义斗争，恢复革命国际；在对内政策方面，保卫和努力巩固革命的成果。社会革命党第三次代表大会（1917 年 5 月 25 日至 6 月 4 日）通过的《关于对战争的态度》的决议，号召各交战国人民迫使本国政府放弃掠夺性要求，开始和解的事业；同时声明，俄国民主派过去和现在都没有任何掠夺性要求。代表大会提出的最近任务是：促进尽快恢复革命国际和召开社会党国际代表大会，恢复劳动者的国际团结，制定和解的条件和实现这些条件的措施；要求临时政府重新考虑和废除沙皇政府和盟国签订的秘密条约。与此同时，决定指出，只有所有交战国全体劳动人民联合起来才能实现这些任务；决议坚决反对单独媾和和休战。只要战争还在继续，必须保持"与盟国战线的战略统一"，使军队做好充分的战斗准备，把军队变成"能够为实现俄国革命和俄国对外政策任务而积极战斗"的力量。因此决议指出，不允许在军队中进行不服从革命政府的"蛊惑性宣传"。

土地问题是社会革命党社会主义主张的主要特点，纲领中关于土地问题的提法使他们赢得了人民的欢迎。社会革命党的第三次代表大会指出，党仍然坚

---

① 俄罗斯共和国临时议会于 1917 年 9 月 20 日（10 月 3 日）由民主会议决定成立，作为立宪会议召开以前俄国各政党的"代表机关"，目的是诱使群众脱离革命。10 月 25 日（11 月 7 日）被彼得格勒军事革命委员会解散。

持自己的要求：消灭土地私有制，把土地变成全民财富，取消赎金，由劳动者平均使用土地。代表大会还指出，立宪会议应该通过包括这些原则的土地法，立宪会议通过有关法律之前，必须将全部土地转交土地委员会管辖；土地委员会应该关心使农业生产保持在应有水平上，发展土地共耕制，尽可能平均地和正确地在各农户中分配土地；对牲畜和农具进行登记以便更好地加以利用；按民主原则改造土地委员会，等等。农业部部长、社会革命党人切尔诺夫和马斯洛夫于 1917 年 6 月 29 日和 10 月 19 日两次向临时政府提出关于将土地交土地委员会管辖的法案，但是该法案没有被接受。

社会革命党人不仅在土地问题上，而且在其他一些社会经济问题上也与临时政府的政策有分歧。第三次代表大会明确提出，政府应实行对生产进行调节、对贸易（对内贸易和对外贸易）和财政进行监督的政策。他们主张实行粮食固定价格，并在此之前实行工业品固定价格，他们还主张由政府调节原料分配，监督信贷、外贸、股票和证券发行、成本和价格结构，等等。但是这些主张受到"资本家部长们"的敌视。

还有一点值得注意，1917 年社会革命党领导人害怕掌权。在第十次党务会议（1917 年 8 月）上，左翼领袖玛·亚·斯皮里多诺娃建议在国内建立社会革命党一党政权（当时是最大和最有影响的政党），但是这个建议未得到支持，这同该党关于革命和社会主义的理论有关。该党理论认为，革命的目的不是夺取政权，而是通过民主途径逐渐将资产阶级排挤出政权。

社会革命党人崇尚立宪会议，认为通过立宪会议能够解决政权问题。在全俄工兵代表苏维埃第一次代表大会（1917 年 6 月 3 日召开）上有一段插曲。当时孟什维克首领策列铁里试图使大会相信，俄国目前还没有一个政党会说：把全部政权交给我们，请你们走开，我们来占据你们的位置。策列铁里在沉静的大厅里大声喊道："在俄国没有这样的党！"列宁即席给予坚决驳斥："有这样的党！"随后列宁走上大会的讲台接着说道："他说，俄国没有一个政党会表示决心要掌握全部政权。我回答说：'有的！任何一个政党都不会放弃这样做，我们的党也不放弃这样做，它每一分钟都准备掌握全部政权。'"[①] 而切尔

_____
① 《列宁选集》第 3 卷，人民出版社，1985，第 77 页。

诺夫则声明:"再过 4 个月,最多 5 个月就要召开立宪会议了,怎么能讲夺取全部政权呢?"[①]

在 1917 年的关键时刻,切尔诺夫作为社会革命党的政治领袖,表现得软弱无力,这对社会革命党产生很大影响。

三　立宪民主党人与反动将军叛乱

1917 年"四月危机"之后,又发生了"六月危机"。俄国军队在前线 6 月攻势的失利,激怒了彼得格勒的工人和陆海军士兵。同时前线的失败成了反动势力在国内发动进攻的借口,资产阶级认为结束两个政权并存局面的有利时机到来了。

1917 年 7 月 3 日(16 日),由第一机枪团带头,自发的游行示威从维堡区开始,并有发展成为反对临时政府的武装起义的趋势。鉴于当时俄国革命的时机尚未成熟,布尔什维克党不赞成搞武装行动。7 月 3 日(16 日)下午 4 时,布尔什维克党中央决定劝阻群众,但是示威已经开始,已不可能制止。在这种情况下,7 月 3 日夜晚,布尔什维克党中央又同彼得格勒委员会和军事组织一起决定参加游行示威,以便把它引导到和平的有组织的方向上去。当时正在内沃拉村休息的列宁闻讯后于 7 月 4 日(17 日)晨赶回彼得格勒。7 月 4 日这天参加游行示威的共有 50 多万人。列宁在克舍辛斯卡娅公馆的阳台上向游行的水兵发表了演说,要求群众沉着、坚定和警惕。示威群众派代表要求苏维埃执行委员会夺取政权,遭到社会革命党、孟什维克领袖们的拒绝。军事当局派军队镇压和平的游行示威,示威群众在市内好几个地方同武装的反革命分子发生冲突,死 56 人,伤 650 人。在人民意志表达以后,布尔什维克党于 7 月 5 日发表了停止游行示威的号召书。莫斯科、下诺夫哥罗德等城市也发生了反政府的游行示威。临时政府在孟什维克和社会革命党的积极支持下,随即对革命人民进行镇压。7 月 5~6 日(18~19 日),《真理报》编辑部和印刷厂以及布尔什维克党中央办公处所被捣毁。7 月 6 日(19 日),临时政府下令逮捕列宁,工人被解除武装。革

---

① 《俄国政党历史》,莫斯科,1994,第 192 页。

命的彼得格勒卫戍部队被调出首都，派往前线。"七月事变"后，政权完全转入反革命的临时政府手里，苏维埃成了它的附属品，两个政权并存的局面结束，革命和平发展时期告终，许多布尔什维克著名活动家被关进监狱。7月7日，《言语报》满意地指出："布尔什维主义已经死亡，而且是突然死亡。"

1917年夏，立宪民主党人在团结反革命力量方面起了很大作用，其同社会主义者的联合执政是迫不得已的步骤，是对自己反革命意图的一种掩护。8月11~12日，即克伦斯基在莫斯科召开国务会议前夕，立宪民主党召开中央扩大会议，在莫斯科的所有立宪民主党人都参加了会议。米留可夫在发言时说：在革命已经开始的现阶段，临时政府是注定要失败的，只有军人独裁才能拯救俄国。米留可夫认为，在这个独裁的第一阶段可以由克伦斯基和俄军最高总司令科尔尼洛夫将军共同掌握政权，在科尔尼洛夫组织的军事压力的影响下，克伦斯基将做出让步并解散苏维埃。20多名中央委员中只有4人反对军人独裁，其他人都认为军人独裁是唯一的出路。在8月20日召开的中央委员会会议上，这个意见被全体委员接受。

科尔尼洛夫加紧策划发动叛乱。立宪民党领袖米留可夫同科尔尼洛夫频繁地秘密接触。米留可夫后来回忆说："科尔尼洛夫没有告诉我他要采取行动的任何细节，但是希望立宪民主党能够支持他，哪怕以立宪民主党部长们在关键时刻辞职的形式来支持他。"在科尔尼洛夫发动叛乱的当天，立宪民主党人要制造内阁危机，使科尔尼洛夫有可能在不推翻政府的情况下根据阴谋者们的意愿组建政府，以此使国家接受新的合法政权，新政权的继任人是克伦斯基。

1917年8月25日（9月7日），科尔尼洛夫发动叛乱，调动第三骑兵军扑向彼得格勒。彼得格勒市内的反革命组织也准备起事。尽管事态的发展出乎意料，克伦斯基出于自身利益考虑，于8月26日宣布科尔尼洛夫"背叛"，但立宪民主党部长们仍然准时履行诺言，集体辞职。

科尔尼洛夫一面使部队向彼得格勒附近集结，一面给陆军部萨文柯夫拍电报说："骑兵军将于8月28日傍晚在彼得格勒近郊集中。我请求于8月29日宣布彼得格勒实行戒严。"① 在实行戒严的同时，科尔尼洛夫要求把所有军政

---

① 《1917年8月的俄国革命运动，粉碎科尔尼洛夫叛乱》（文件和资料），莫斯科，1959，第439页。

大权都移交给他。

在彼得格勒周围形成了一个包围圈。反革命军队要从南面、西面和北面三路进攻首都。叛乱得到了卡列金将军的支持，他在顿河流域发动了哥萨克。立宪民主党的部长们退出政府后，克伦斯基接受了临时政府的特命全权，他解除了科尔尼洛夫最高司令官的职务，并宣布彼得格勒实行戒严。然而，他除了下达严厉命令外，再也无能为力了。北方战线的弗·别·斯坦凯维奇后来回忆说，科尔尼洛夫发动进攻时，"众叛亲离的克伦斯基独自孤零零地坐在彼得格勒的冬宫里"[①]。

在这种危急关头，布尔什维克为发动劳动者投入平息科尔尼洛夫叛乱的斗争，为把一切革命力量聚集在自己的周围，进行了大量工作。布尔什维克认为，克伦斯基和科尔尼洛夫之间的斗争是吞噬人民成果的两种方法之间的斗争，科尔尼洛夫则是最凶恶的敌人。布尔什维克根据当时的情况，没有号召推翻同科尔尼洛夫发生冲突的克伦斯基政府，而是集中主要力量去平息科尔尼洛夫叛乱。列宁当时解释道："我们**跟克伦斯基的军队一样**，要同而且正在同科尔尼洛夫作战，但是我们不支持克伦斯基，而要揭露他的软弱性。这是差别。这个差别相当微妙，但是非常重要，决不能把它忘记。"[②]

布尔什维克一方面发动群众去粉碎科尔尼洛夫叛乱，另一方面还加强了鼓动工作以实现如下革命要求：逮捕叛乱的组织者米留可夫和罗将柯，武装工人，把土地交给农民，建立工人对生产和分配的监督，实行军队民主化，释放布尔什维克，停止对革命者的一切迫害，恢复革命所争得的自由。

社会革命党人和孟什维克，包括苏维埃中央执行委员会中的代表，慑于军人独裁的前景，要求布尔什维克与自己采取共同行动。他们企图把布尔什维克拉进这样的联盟，一旦加入这个联盟，布尔什维克也就不能在革命中执行自己的路线了。然而布尔什维克看出了这种联盟的企图，虽然不拒绝同社会革命党人和孟什维克进行合理的妥协。布尔什维克认为，这些妥协派同叛乱分子发生冲突，并不是要把革命从反革命中拯救出来，而是要把垮台的克伦斯基政权从

----

① 《科尔尼洛夫叛乱》（白卫分子的回忆），列宁格勒，1928，第126页。

② 《列宁全集》第32卷，人民出版社，1985，第116页。

科尔尼洛夫叛乱中拯救出来。因此，布尔什维克在同孟什维克和社会革命党人采取共同行动来粉碎阴谋时，实行了独立的具有原则性的、组织革命力量的政策。

布尔什维克的政策和路线得到广大群众的支持，促使孟什维克和社会革命党人在反对阴谋家方面采取了比较积极的行动。布尔什维克在粉碎科尔尼洛夫叛乱的斗争中，善于领导工人、士兵、农民，包括孟什维克—社会革命党的"下层"，从而促进了劳动者革命统一战线的建立。

布尔什维克巧妙地执行自己的策略，把自己的主要注意力集中于动员群众和准备力量，以便进行决定性的打击。俄国社会民主工党（布）中央委员会发出了《告彼得格勒全体劳动者、全体工人和士兵书》。在其中解释说，科尔尼洛夫将军企图借那些愚昧无知、受他欺骗的人之手来镇压革命，临时政府对付不了将军们和资产阶级的反革命势力。中央委员会号召："士兵和工人们！在二月事变血泊中团结起来的人们结成兄弟的联盟，向科尔尼洛夫分子表明，不是科尔尼洛夫分子压倒革命，而是革命将把资产阶级的一切反革命企图彻底粉碎，并从地球上扫除干净。"[1]

彼得格勒的工人和士兵首先起来反对反革命叛乱。在各无产者聚集区，大家都动员起来了：到处都成立了工人义勇队、赤卫队，这是由各区苏维埃、工厂委员会、工会组织起来的。工人们踊跃参加赤卫队，在同科尔尼洛夫斗争的第一天，就有数千名彼得格勒工人报名参加了赤卫队。普梯洛夫工厂的工人在3天内就收集了100多门火炮。工人们制造大炮、机枪、手榴弹，吸收了700多名军事教员来训练赤卫队员。各个党组织、工人委员会、工会都在从事实战工作。在彼得格勒城郊，工人们挖掘战壕，设置障碍。

俄国社会民主工党（布）中央委员会军事组织在彼得格勒卫戍部队的士兵和赤卫队员中做了大量工作，这些部队的士兵们表示：他们将整装待发，只要一声令下，就荷枪实弹地去保卫革命。科尔尼洛夫部队所经过地区的党组织均领导革命群众奋起反抗叛乱者。

工人阶级的义勇队和革命士兵组成的团队去迎击科尔尼洛夫部队。铁路工

---

① 《1917年8月的俄国革命运动，粉碎科尔尼洛夫叛乱》（文件和资料），第475页。

人们纷纷拆除科尔尼洛夫的军用列车所要经过的线路上的钢轨；报务员们不转发叛乱者的电报和命令。数百名鼓动员潜入科尔尼洛夫部队向那些受骗的士兵解释事实的真相，告诉他们这不是去同德国人打仗，这不是为了消除无政府状态，因为首都一切都很平静，这是去镇压同他们一样的士兵，"制服"那些要求自由、和平和面包的工人。布尔什维克鼓动员们的号召，在科尔尼洛夫部队士兵的心中引起了热烈的反响。到8月30日，即发动叛乱的第四天，科尔尼洛夫军队中已没有一支部队同意进攻革命的彼得格勒了。资产阶级企图用武力扼杀革命的尝试破产了，革命者几乎一枪未发就把科尔尼洛夫的军队阻挡住了。反革命叛乱遭到了彻底失败。

在平息科尔尼洛夫叛乱的过程中，工人和士兵的阶级意识发生了重大转变，无产阶级运动和支持它的劳动者表现出巨大的力量和觉悟。在反革命阵营中根本没有这种情况，资产阶级和军阀把希望寄托在欺骗、掩盖自己真正的目的、下达严厉的命令、凭借资本的实力和国际帝国主义的支持上，由于没有广泛的社会基础，资产阶级发动的国内战争"彻底破产……一开始就烟消云散，没有展开任何'战斗'就破灭了"[1]。

四　向社会主义过渡的准备

鉴于革命发展过程中出现的突然转折，斗争双方的力量对比发生了激烈的变化，布尔什维克党中央委员会在8月31日通过了《关于政权》的决议。中央委员会向苏维埃中央执行委员会发出呼吁，要求它脱离科尔尼洛夫叛乱的积极组织者和所有大资产阶级的代表立宪民主党人的政权。中央委员会的决议于8月31日在彼得格勒苏维埃全体会议上以压倒的多数票通过，9月5日莫斯科苏维埃也通过了这一决议。

9月1日，列宁写了《论妥协》一文。他分析了新的政治形势的特点，论证了同把持苏维埃中央执行委员会的孟什维克和社会革命党人实行妥协的可能性。这一政治行动的实质在于，布尔什维克支持苏维埃中央执行委员会在苏维

---

[1] 《列宁全集》第32卷，人民出版社，1985，第174页。

埃的基础上成立没有资产阶级参加的政府。这个政府应当保证把各地的政权也转到苏维埃手中。布尔什维克并不希望加入这个政府，也不立即提出政权转到无产阶级和贫苦农民手中，即建立无产阶级专政的要求，但却坚持在争取实现自己纲领的斗争中保留进行鼓动自由的权利。列宁着重指出，这种妥协能够保证革命获得和平向前发展的极好机会。他说："现在，只是在现在，也许**只有在几天**或一两个星期的**时间内**，这样的政府可以完全和平地成立并得到巩固。"① 为了利用这种少有的并且极其宝贵的革命和平发展的可能性，为了最顺利地达到无产阶级专政的胜利这一主要目的，布尔什维克可以而且应该实行这种妥协。列宁写道："真正革命的政党的职责不是宣布不可能绝对不妥协，而是要**通过各种妥协**（如果妥协不可避免）始终忠于自己的原则、自己的阶级、自己的革命任务，忠于准备革命和教育人民群众走向革命胜利的事业。"② 如果孟什维克和社会革命党人采纳了布尔什维克的建议，那就排除了国内战争的可能性，因为在当时，对得到绝大多数人民和革命军队支持的苏维埃政权的任何抵抗都是不可能的。

但是，又是由于苏维埃中央执行委员会中社会革命党—孟什维克领导人的过失，政权和平转归苏维埃的最后机会也错过了。这些领导人宁愿同资产阶级合作，也不同布尔什维克妥协。早在 8 月 31 日，苏维埃中央执行委员会就拒绝了布尔什维克提出的《关于政权》的决议。同时在苏维埃中央执行委员会中占多数的社会革命党人和孟什维克又急忙支持成立由克伦斯基等 5 人组成的所谓督政府（即 5 人委员会）。这样，妥协主义者就"又滚到卑鄙无耻地勾结立宪民主党人的泥坑里去了"③，而立宪民主党人又在准备新的科尔尼洛夫叛乱。列宁发表在 9 月 6 日《工人之路报》上的《论妥协》一文，遭到了孟什维克—社会革命党首领们的猛烈攻击。

实际上，布尔什维克从向孟什维克和社会革命党人建议实行妥协的时候起就恢复了一度取消的"全部政权归苏维埃！"的口号。妥协中断以后，这个口号成为建立无产阶级专政而举行武装起义的口号，因为实现它的其他道路已经

---

① 《列宁全集》第 32 卷，人民出版社，1985，第 132 页。
② 《列宁全集》第 32 卷，人民出版社，1985，第 130 页。
③ 《列宁全集》，第 32 卷，人民出版社，1985，第 256 页。

没有了。革命形势发展到了一个新的阶段。

日益临近的社会大搏斗把一系列理论问题提到首要地位，如俄国社会主义革命胜利的前提和条件；革命民主变革同向社会主义迈进的相互关系；无产阶级对一般国家特别是资产阶级国家的态度；苏维埃的历史作用等。与此相联系的还有制止帝国主义战争和消灭经济破坏的迫切任务。

在 1917 年秋，不仅布尔什维克活跃起来，孟什维克和社会革命党人也在积极活动。他们仍然说俄国"还没有成熟"到可以进行社会主义革命的程度。他们称布尔什维克的政策是"冒险主义的""不能实现的"，进行社会主义革命的方针注定要破产。

这一时期第二国际的思想家也很活跃，考茨基等人宣扬资本主义和平长入社会主义的理论，否定社会主义革命的不可避免性和无产阶级专政。他们认为资产阶级国家愈来愈由"统治的国家"变为"管理的国家"，因此无产阶级没有任何必要用革命暴力来推翻它。

俄国无产阶级准备夺取政权的现实，要求在理论上解决与此有关的一系列问题。列宁在决战前夕写了 60 多篇文章和书信，其中有《大难临头出路何在?》《国家与革命》《布尔什维克能保持国家政权吗?》《论修改党纲》等著作。他在这些著作中，把主要精力集中在全面论证社会主义革命的历史规律性及其在俄国爆发的必然性，集中揭示革命的首要任务。在此前写的《社会民主党在民主革命中的两种策略》《帝国主义是资本主义的最高阶段》《无产阶级革命的军事纲领》《论欧洲联邦口号》等著作中，列宁就已经指出，资本主义发展的整个进程正在准备着社会主义，在帝国主义时代，整个资本主义制度已经成熟到可以进行社会主义改造了；资本主义发展的不平衡为社会主义革命首先在几个甚至单独一个国家内获得胜利创造了条件。列宁这一时期的著作分析了俄国资本主义发展的特点，指出国内已经具备向社会主义过渡的客观前提。

孟什维克认为，俄国只能进行资产阶级革命，而不能进行社会主义革命。而列宁则认为，国家的落后对于过渡到社会主义虽然是强大的阻力，但绝不是不可克服的障碍，因为一个国家向社会主义过渡的经济前提是否成熟不仅取决于生产力的水平，而且取决于生产力发展的性质，取决于是否具有对生产进行社会调节的机构。俄国拥有银行、辛迪加、国家资本主义垄断组织这种调节生产的机构。

俄国在 1917 年时，虽然整个经济发展水平还不高，农业及其他许多经济部门还非常落后，但它却是一个垄断资本主义高度发达的国家。冶金、煤炭、石油等主要工业部门已经在大垄断组织中联合起来，并且"社会化"了。按照列宁的说法，俄国银行是现代经济生活的中心，是整个资本主义国民经济体系的神经中枢。战争空前加速了垄断资本主义向国家垄断资本主义的转变，而国家资本主义"是社会主义的最充分的**物质准备**，是社会主义的**前阶**，是历史阶梯上的一级，在这一级和叫作社会主义的那一级之间，**没有任何中间级**。"①

由于帝国主义战争、地主和资产阶级的野蛮掠夺造成的经济破坏，到 1917 年秋达到极其严重的程度，大规模的物质生产面临完全崩溃的威胁。工业总产量锐减。1917 年工业产量比上年度减少 36.4%，② 生铁产量由 1913 年的 420 万吨降到 1917 年的 290 万吨③，钢产量的缩减幅度大致也是这样。1917 年 10 月，俄国南部 65 个高炉只有 33 个投入生产，平均负荷量为 65%，102 个平炉，只有 55 个投入生产。④ 原料和燃料保证部门的生产也在衰落。到 1917 年年底，顿巴斯这个主要煤矿区的采煤量低于战前 1913 年的水平，而全俄的采煤量降到 1911 年的水平。轻工业生产也在下降，日用品奇缺。破坏最严重的部门是运输部门，到 1917 年 10 月，最重要的铁路干线都呈半瘫痪状态。临时政府滥发纸币，造成通货膨胀和物价飞涨。战争使农业遭到严重破坏，播种面积和粮食总产量缩减，牲畜头数减少，饥荒笼罩全国。甚至连孟什维克和社会革命党人也公开承认："一切都遭到破坏，一切都每况愈下：供应减少，生产下降，无论花多少钱买都不到一点东西……经济生活显然到了崩溃的边缘……"⑤ 劳动人民尤其是工人阶级陷于严重的贫困和苦难之中，他们不

---

① 《列宁选集》第 3 卷，人民出版社，1985，第 266 页。
② 《统计通报》1923 年第 14 册第 152～153 页。
③ 《苏联工业》（统计汇编），莫斯科，1957，第 106 页。
④ 《伟大十月社会主义革命前夕的俄国经济状况（1917 年 3～10 月）》第 2 分册，莫斯科—列宁格勒，1957，第 142 页。
⑤ 〔俄〕《工兵代表苏维埃中央执行委员会消息报》1917 年 10 月 1 日。

得不在死亡线上挣扎。

为此，列宁在《大难临头，出路何在？》一书中提出了拯救国家、避免经济破产的完整的革命纲领。

同经济衰退做斗争，就其客观内容来说，是一般民主主义的斗争，它坚决要求采取对付资本家的革命措施，这些措施将为过渡到更高的生产方式创造条件。必须用革命的手段"来扫除一切旧的东西，**在经济上**革新俄国，改造俄国"①。列宁提出了一整套经济措施。这实际上是一个详尽的、通过实现向社会主义过渡的措施对国家经济进行革命改造的纲领。

列宁提出的主要措施是由国家实行监督、计算、调节生产和分配。为了保证监督的有效性，要求做到：（1）银行国有化；（2）辛迪加国有化；（3）取消保护特权和资本利润的商业秘密；（4）强迫实行辛迪加化，即强迫工业家、商人和一般企业主合并为各种联合组织。② 当时实行普遍劳动义务制也是为了这个目的。所有这些，在资产阶级制度下，虽不意味着改变资本主义所有制关系的实质，却能同经济破坏和饥荒进行有效的斗争。用革命手段实行上面的措施，就会使它们的意义发生重要变化。这些措施是走向社会主义的步骤。列宁在强调指出它们的这个特征时写道："不走向社会主义，就**不能从垄断组织**……向前进。"他接着写道："社会主义现在已经在现代资本主义的一切窗口中出现，在这个最新资本主义的基础上前进一步的每项重大措施中，社会主义已经直接地、**实际地**显现出来了。"③ 列宁的重要理论结论是，在消灭所有特权、实现最完全的民主制的真正革命民主国家，国家垄断资本主义将不可避免地走向社会主义。

列宁认为，银行国有化和资本主义垄断组织国有化是向社会主义过渡的必要措施中的新式基本措施，因为把垄断资本的这些支柱国有化，就会给垄断资本的统治以最严重的打击。

为此，必须把国家政权转归苏维埃，这是恢复和革新国家经济的杠杆，是使劳动群众的生活得到实际改善的保证。列宁特别强调指出，临时政府不能实

① 《列宁选集》第3卷，人民出版社，1995，第269页。
② 参看《列宁选集》第3卷，人民出版社，1995，第238页。
③ 《列宁全集》第3卷，人民出版社，1995，第265、267页。

现这些措施。他严厉批评了临时政府执行的经济政策，并揭露了这种政策的阶级根源。"无论是资产阶级的政府，或者是社会革命党人、孟什维克和立宪民主党人的联合政府，都什么事也没有做，只是玩弄了一套官僚主义的改良把戏，连一个革命民主的步骤也不敢采取。"① 临时政府害怕发挥工人的独立自主精神，害怕触动私有制的"神圣性"，害怕触动一小撮资本家和地主的暴利，甚至害怕大难临头。

那么摆脱大难临头的出路何在呢？结论：只有通过夺取政权并巩固可以消灭资本主义的革命政权，才能找到这种出路。

这样一来，革命民主改革和社会主义改造问题的重心必然要从经济领域转到政治领域。正因为如此，列宁在论证俄国必须进行社会主义革命才能摆脱绝境时，特别强调社会主义革命的政治前提已经具备。革命使俄国能在选择自己的政治制度方面赶上和超过先进国家，使人民得到战时少有的革命民主自由，激发人民的积极性和主动性，这就是在其他任何一个资本主义国家都没有的走向社会主义的强大推动力。列宁在提到这种形势时写道："在用革命手段争得了共和制和民主制的 20 世纪的俄国，不走向社会主义，不采取走向社会主义的步骤……就不能前进。"② 俄国劳动群众面临着抉择：或者灭亡，或者把自己的命运托付给革命阶级及其政党，以便迅速而彻底地过渡到新的生产方式。这是《大难临头，出路何在！》的最重要思想之一。

这一时期，列宁还系统地研究了马克思主义的国家学说，撰写了《国家与革命》这部著名的著作，为无产阶级建立新型国家政权做了充分的理论准备。

列宁继马克思和恩格斯之后再次证明，国家只是阶级社会所特有的现象，随着阶级的消灭，在形成无阶级的共产主义社会过程中将会发生逐渐走向"国家消亡"的过程，即原来意义上的国家变为社会自治机关。他在《国家与革命》一书的准备材料中说，国家发展的辩证规律是"从专制制度到资产阶级民主；从资产阶级民主到无产阶级民主；从无产阶级民主到没有任何民主"③。

---

① 《列宁选集》第 3 卷，人民出版社，1995，第 245～246 页。
② 《列宁选集》第 3 卷，人民出版社，1995，第 266 页。
③ 《列宁全集》第 31 卷，人民出版社，1985，第 156 页。

在列宁的理论分析中，占中心地位的是无产阶级对待资产阶级国家的态度问题。他仔细研究了马克思主义创始人的有关著作，着重指出了对无产阶级及马克思主义政党极其重要的结论：无产阶级只有在社会主义革命过程中打碎和摧毁资产阶级创造的压迫机器——资产阶级国家，才能彻底推翻资产阶级。① 首先必须消灭主要的暴力工具——军队、官僚机构、警察、监狱、法庭。

但是，无产阶级破坏资产阶级国家政权，绝不是一般地拒绝国家政权，像无政府主义者那样。无产阶级应当建立新的即社会主义类型的国家。这种国家的使命就是保证建立不受资本支配、没有人剥削人现象的社会。

在革命后的一定时间内，只要社会上还存在敌对阶级，存在阶级斗争，社会主义国家就必须表现为只是一个阶级即无产阶级的政治统治形式。② 这个思想源于马克思，他在19世纪中叶指出："在资本主义社会和共产主义社会之间，有一个从前者变为后者的革命转变时期。同这个时期相适应的也有一个政治上的过渡时期，这个时期的国家只能是**无产阶级的革命专政**。"③

列宁在评价这个发现的长远意义时写道："马克思从社会主义和政治斗争的全部历史中得出结论：国家一定会消失；国家消失的过渡形式（从国家到非国家的过渡），将是'组织成为统治阶级的无产阶级'。"④ 无产阶级专政同以往某一时期当权的剥削阶级专政的根本区别在于，资产阶级及其他有产阶级的专政，总是对人民的专政，无产阶级专政则是捍卫革命人民利益的政权。

列宁在描述无产阶级专政的历史使命时揭示了它的实质：无产阶级建立的国家"不是原来意义上的国家"而是"半国家"⑤。因为对它来说主要的不是暴力，而是创立新的、比资本主义更高的社会主义生产方式和劳动组织。列宁在研究国家发展过程时，一方面指出无产阶级国家的消亡过程是长期的，另一方面强调指出这种消亡是必然的；一方面要消灭剥削阶级，给劳动阶级以最广泛的民主，另一方面要大大发展生产力。这些为使国家机关逐步丧失政治性质

① 参看《列宁选集》第3卷，人民出版社，1995，第142～143页。
② 参看《列宁选集》，第3卷，人民出版社，1995，第140页。
③ 《马克思恩格斯选集》第3卷，人民出版社，1995，第314页。
④ 《列宁选集》第3卷，人民出版社，1995，第159页。
⑤ 《列宁全集》第31卷，人民出版社，1985，第161页。

的职能并使它们变成具有管理经济职能的机关准备必要的前提。与此同时，列宁强调指出了苏维埃作为无产阶级政权形式的最重要意义。

此外，布尔什维克党还进行了认真的组织准备。在革命发展过程中布尔什维克党空前迅速地发展起来。到 1917 年秋，它已经成为在全国最有影响力的政党。从走出地下状态到 4 月，党的队伍扩大了 3 倍多，到第六次代表大会时扩大了 9 倍，而到十月革命前夕已扩大了 14 倍。到十月革命时约有 35 万名党员。先进工人在党员中仍占多数（约占 60%）。可以说，布尔什维克党为革命做好了充分准备。一场革命暴风雨即将来临。

五　十月革命的爆发及其历史意义

到 1917 年秋，革命发展的主要政治结果是，劳动者对临时联合政府和执政党——立宪民主党、孟什维克、社会革命党的政策感到失望。革命群众根据自己的自由选择自觉地站到了布尔什维克方面。列宁在评述这个过程的意义时指出："我们……根据**群众**选举苏维埃的经验切实地**知道**：9 月和 10 月初绝大多数工人和士兵**已经**转到我们方面来了。我们……看出：即使在农民中，联合也破产了，就是说，我们的事业**已经**赢得了胜利。"① 与此同时，孟什维克和社会革命党人也不得不承认苏维埃布尔什维克化的事实。9 月底，社会革命党的《人民事业报》确认："多数大城市的工兵代表苏维埃已转到布尔什维克手里。"②《中央执行委员会消息报》社论也指出，俄国社会民主工党（布）争取到了"多数工兵代表苏维埃"③。

劳动者转到布尔什维克一边，这就使政府和参加政府的政党失去了广泛的社会基础。孟什维克不仅内部发生分裂，而且实际上已失去了在工人中的影响力。9 月 24 日，俄国社会民主工党（布）中央委员会扩大会议指出："孟什维克在工人阶级队伍中几乎已完全消失。"④ 社会革命党这个所谓的农民党"口

---

① 《列宁全集》第 33 卷，人民出版社，1985，第 360 页。
② 〔俄〕《人民事业报》1917 年 9 月 30 日。
③ 〔俄〕《中央执行委员会消息报》1917 年 10 月 5 日。
④ 〔俄〕《工人之路报》1917 年 10 月 10 日。

头上宣传没收地主土地，事实上却拒绝实行，因而在土地问题上遭到了破产"①。社会革命党组织的普通党员纷纷同党决裂并加入布尔什维克党。社会革命党依靠它的左翼，基本上还能影响一部分农民和士兵。例如，在改选苏维埃和士兵委员会时，一般来说，左派社会革命党是仅次于布尔什维克的第二大党。

执政党的危机、联合政府的危机是"上层"即各政党统治集团出现尖锐危机的绝对标志。他们显然不能再按旧方式，即在立宪民主党—社会革命党—孟什维克联合的基础上管理国家了。他们表现出自己完全没有能力解决国家面临的最迫切任务。

资产阶级继续执行战争政策，但是迫于日益临近的革命的威胁，资产阶级内部也在加紧讨论单独媾和的办法。资产阶级准备放弃彼得格勒，从而给革命以致命的打击。

国家和国内形势的各种事实雄辩地表明，革命正处于一个伟大的转折时期，全国性的危机已经成熟并且具有空前的威力。列宁和布尔什维克党考虑到革命的飞速发展以及统治阶级及其政党在政治上的孤立，勇敢而满怀信心地率领劳动群众去战胜资本政权。

列宁当时在芬兰，处于地下状态，他于9月12～14日给俄国社会民主工党（布）中央委员会、彼得格勒委员会、莫斯科委员会写了《布尔什维必须夺取政权》和《马克思主义和起义》两封著名的信（后一封信是写给中央委员会的），列宁在这两封信中提出了保证武装起义胜利的条件。

列宁说："起义要获得胜利，就不应当依靠密谋，也不是靠一个党，而是靠先进的阶级。此其一。起义应当依靠**人民的革命高潮**。此其二。起义应当依靠革命发展进程中的**转折点**、即人民先进队伍中的积极性表现得最高，敌人队伍中以及**软弱的、三心二意的、不坚定的革命朋友队伍的中的动摇**表现得最厉害的时机。此其三。"② 这三条结论包含了几代人的斗争经验和世界工人运动的经验，特别是第一次和第二次俄国革命期间无产阶级的斗争教训。列宁在其

---

① 《列宁全集》第33卷，人民出版社，1985，第88页。
② 《列宁选集》第3卷，人民出版社，1995，第274～275页。

十月革命前的著作中把马克思主义的起义学说发展到了新的阶段。工人阶级、农民和民族解放运动斗争的性质和形式、士兵群众的政治情绪、苏维埃的布尔什维克化，这一切构成了革命发展新阶段的特征。列宁详尽地分析了这些情况后，得出几条基本的结论：

> 现在**阶级**的大多数，即能够带动群众的革命先锋队、人民先锋队的大多数已经跟我们走了。
>
> 现在人民的**大多数**已经跟我们走了……
>
> 现在我们的党所处的地位也对我们有利……
>
> 现在我们已经有了**胜利的保证**……①

这样，在起义已经完全成熟的情况下，起义的成功就取决于它的组织方面和军事技术方面。首先要武装起工人阶级的先进部队即它的赤卫队，并对他们进行军事训练。党把赤卫队看作夺取社会主义革命胜利的主要突击力量。

彼得格勒和莫斯科卫戍部队的革命战士、首都附近的西方战线和北方战线革命战士，以及波罗的海舰队的水兵，都参加了战斗编队。布尔什维克把革命几个月来所准备的突击力量全部动员起来，组成强大的突击兵团，以便在决定性的地方、在决定性的时刻首先取得胜利。

在彼得格勒和莫斯科这两个全国主要的政治、经济和文化中心取得起义的胜利，对于革命的命运具有决定性的意义。这两个城市集中了俄国将近1/3的经过阶级斗争锻炼的工厂工人；集中了在中央委员会直接领导下进行工作的最大的党组织；这里驻扎有最大的卫戍部队，它们与革命的无产阶级先锋队结成了紧密的联盟。

与此同时，彼得格勒和莫斯科也是反革命的政治中心，这里有临时政府、各资产阶级政党的中央委员会以及军事司令部、各种军官学校、许多资产阶级—地主的组织。列宁就是根据这些情况选定主要打击方向的。

选择开始起义的时机，是对革命中的群众斗争实行战略和策略领导的最

---

① 《列宁选集》第3卷，人民出版社，1995，第276页。

复杂的问题之一。俄国社会民主工党（布）第六次代表大会（1917年7月）制定了不经号召就拿起武器直接行动的起义方针。9月中旬，起义问题已经作为党迫切的实际任务提出来了。至于起义的具体的日期，即开始的日子和时刻，正如列宁指出的那样，它"只能由那些**接近**工人和士兵、**接近群众**的人共同来决定"。①

10月初，列宁从芬兰秘密回到彼得格勒。这一时期，布尔什维克中央委员会多次召开会议，讨论武装起义问题。列宁第一次参加了10月10日的会议。他明确地指出："权力转移问题在政治上条件已经完全成熟了……应该谈到技术方面的问题。关键就在这里。"②

十月革命前的日子里，布尔什维克党及其中央委员会集中致力于起义的军事和组织方面的工作。所采取的一个极其重要的步骤就是成立彼得格勒苏维埃军事革命委员会。

10月12日，彼得格勒苏维埃执委会在内部会议上通过了军事革命委员会的章程。10月16日，苏维埃全体会议批准成立军事革命委员会及其章程。10月20日，军事革命委员会举行了第一次全体会议。

军事革命委员会的活动是在以列宁为首的党中央的直接领导下进行的。参加军事革命委员会日常实际工作的，除布尔什维克外，还有左派社会革命党人巴·叶·拉季米尔和格·恩·苏哈里科夫。

俄国资本主义的命运已经注定了，但是临时政府还试图扭转事变的进程。它向全世界大肆宣扬所谓"布尔什维克的阴谋"，企图动员一切力量来粉碎革命。就在资产阶级政府彻底崩溃的前夕，它的首脑克伦斯基还夸口说，他已做完让布尔什维克暴动失败的祈祷。他说："我的力量绰绰有余。他们一定会被彻底镇压下去。"③ 陆军部部长维尔霍夫斯对形势的估计与此不同，他承认他手中没有足够的军队去同布尔什维克斗争。

克伦斯基的好战狂热得到协约国使节们的支持。美、英、法各国军事使团团长10月21日在美国红十字会召开的会议上，一致呼吁克伦斯基"向布尔什

---

① 《列宁全集》第32卷，人民出版社，1985，第233页。
② 《列宁全集》第32卷，人民出版社，1985，第384页。
③ 《俄国革命文库》第1卷，柏林，1922，第36页。

维克开枪"①。

根据克伦斯基的命令，司令部加紧从前线向彼得格勒调集部队。到 10 月 24 日，已经动员近 2000 名士官生守备冬宫。最高指挥部大本营（在莫吉廖夫）和北方战线司令部（在普斯科夫）接到了要求把军队不断从前线向首都调动的严厉命令，首都实际上已处于戒严状态。反革命准备将革命扼杀在恐怖之中。

但是，任何事情都已无法阻挡群众坚定的革命步伐了。

10 月 24 日，临时政府公开出来反对革命。清晨，士官生袭击了布尔什维克党中央委员会机关报《工人之路报》的印刷厂。临时政府继续调集部队，发布把军事革命委员会成员交付法庭审判的命令，已做好进攻布尔什维克中央委员会军事革命委员会所在地——斯莫尔尼宫的准备。

10 月 24 日早晨，布尔什维克中央委员会举行会议。列宁当时还处于地下状态。中央委员会决定，所有中央委员会没有中央的特殊决定不得离开斯莫尔尼宫。委托军事革命委员会立即把士官生赶出印刷厂，并保证对印刷厂的警卫。利托夫团和工兵营迅速而准确地执行了革命司令部的命令。拿起武器夺取政权的斗争开始了。

10 月 24 日，彼得格勒委员会通过决议：立即推翻临时政府，并把中央和地方的政权转交工兵代表苏维埃。

根据列宁的起义计划，赤卫队员、士兵和水兵必须保卫工厂、桥梁和涅瓦河渡口，保卫斯莫尔尼宫，封锁反革命的策源地；必须占领铁路车站、电话局和电报局，对它们建立切实的监督，保卫通往城市的要道，以便阻止政府调来的军事部队进入首都，并切断政府与前线的联系；必须派精锐部队占领政府机关——冬宫、彼得格勒军区司令部等。起义迅猛发展。"阿芙乐尔"号巡洋舰的无线电台曾被用来转播军事革命委员会致保卫通往城市各个要道的卫戍部队的呼吁书。呼吁书指出：你们的行动"要坚决谨慎，在需要的地方毫不留情"。

---

① 《布尔什维克的宣传，美国第 65 届国会参议院司法委员会小组委员会上的听证》，华盛顿，1919，第 779~781 页。

10 月 24 日黄昏，中央还没有同意列宁走出地下状态。列宁焦急万分，晚上他给中央委员会写了一封信，他写道："我力劝同志们相信，现在正是千钧一发的关头，目前提上日程的问题决不是会议或代表大会（即使是苏维埃代表大会）所能解决的，而只有各族人民，只有群众只有武装起来的群众的斗争才能解决……无论如何必须在今天晚上，今天夜里逮捕政府成员，解除士官生的武装（如果他们抵抗，就击败他们），如此等等。不能等待了！！等待会丧失一切！！"

列宁继续写道："政府摇摇欲坠。必须不惜任何代价**彻底击溃**它！拖延发动等于自取灭亡。"①

天已很晚的时候，列宁在中央委员会联络员的陪同下，到达起义的指挥部——斯莫尔尼宫。

列宁的到来加速了时局和事态的发展。10 月 24 日夜间，斯莫尔尼宫频频收到胜利的消息：占领了中央电话局、市邮政总局、波罗的海车站和尼古拉车站、彼得格勒市行政长官公署……

列宁的起义计划迅速地、有步骤地、完全没有流血地实现了。这一点甚至连彼得格勒军区司令也不得不承认，他在 10 月 25 日的报告中说："没有紊乱，而是有步骤地占领了机关、车站，进行了逮捕。任何命令也没有执行。士官生没有反抗就交出岗哨投降了。"②

临时政府在街垒的掩护和士官生的保护下，还躲在冬宫里面，但是它的末日就要到了。它已经没有实权了。10 月 25 日早晨，克伦斯基离开了冬宫，他乘坐挂着美国国旗的汽车跑往北方战线去了。

10 月 25 日成了伟大十月革命胜利的纪念日。

当天发表了列宁写的《告俄国公民书》：

> 临时政府已被推翻。国家政权业已转到彼得格勒工兵代表苏维埃的机关，即领导彼得格勒无产阶级和卫戍部队的军事革命委员会手中。

---

① 《列宁全集》第 32 卷，人民出版社，1985，第 430～431 页。
② 《红色文献》1927 年第 4 期（总第 23 期）第 149 页。

立即提出缔结民主的和约，废除地主土地所有制，实行工人监督生产，成立苏维埃政府，人民为之奋斗的这一切事业都已有了保证。

工人、士兵、农民的革命万岁![1]

10月25日晚10时40分，全俄工兵代表苏维埃第二次代表大会在斯莫尔尼宫大礼堂开幕。代表大会代表劳动人民宣布革命胜利了，宣布全国政权转归苏维埃，宣布成立第一届苏维埃政府，并通过了列宁的《和平法令》和《土地法令》。

彼得格勒起义的枪声迅速席卷全国。

震撼世界并影响整个20世纪的俄国十月革命胜利了!

十月革命的胜利为俄国摆脱战争、探索替代资本主义的社会发展道路创造了条件。

但是，在此书撰写过程中，十月革命的故乡又发生一次剧变，苏联社会主义制度已经崩溃，苏联解体了，东欧国家也纷纷放弃了社会主义道路。在这种情况下，仍应该对十月革命有一个客观的评价和认识。我们在客观地评价十月革命时，应该注意到以下几个重要方面。首先，列宁当时并没有想在俄国立刻实施社会主义。他在评价工人对生产和分配实行监督、对银行和辛迪加实行国有化、取消商业秘密、没收地主土地和全部土地国有化等措施时指出，这些措施还不是实行社会主义，但它们是走向社会主义的步骤。但是在"战时共产主义"实践过程中，布尔什维克党和列宁的确表示出某种急躁冒进的情绪和乌托邦思想。其次，列宁把俄国社会主义革命同世界社会主义革命联系一起。他认为："资本是一种国际力量，要想彻底战胜它，就需要国际范围内的工人共同行动起来。"[2] 他告诫俄国无产阶级不应当忘记，"俄国无产阶级的运动和革命仅仅是世界无产阶级革命运动的一部分"[3] "只有同许多国家结成联盟，战胜国际资本，才能把革命进行到底"[4]。最后，无产阶级革命并非像马克思

---

[1] 《列宁全集》第33卷，人民出版社，1985，第1页。

[2] 《列宁全集》第32卷，人民出版社，1985，第103页。

[3] 《列宁全集》第29卷，人民出版社，1985，第339～340页。

[4] 《列宁全集》第31卷，人民出版社，1985，第287页。

主义创始人预料的那样，首先在发达资本主义国家取得胜利，而是在相对落后的俄国首先获得胜利。列宁指出："我们所以走在前面，不是因为我们比其他国家的工人能干，不是因为俄国的无产阶级比别国的工人阶级高明，而仅仅是因为我国曾是世界上最落后的国家之一……我们的落后使我们走在了前面"①。由此决定了俄国走向社会主义的不同道路。列宁曾指出："既然建立社会主义需要有一定的文化水平（虽然谁也说不出这个一定的'文化水平'究竟是什么样的，因为这在各个西欧国家都是不同的），我们为什么不能首先用革命手段取得达到这个一定水平的前提，**然后**在工农政权和苏维埃制度的基础上赶上别国人民呢？"② 社会主义革命起始条件的不同，决定了向社会主义过渡和建设社会主义道路的不同。俄国发生十月革命时的社会经济、政治、文化及历史条件对俄国后来的社会主义建设产生巨大而深远的影响。这说明，列宁和布尔什维克党不得不解决史无前例的在落后的俄国建设社会主义的任务。这个任务在马克思主义创始人的著作中找不到现成答案，只能在实践中去寻找。列宁生前进行了"战时共产主义"和新经济政策两种实践，为我们留下了宝贵的经验和教训。

苏东剧变后，国际上有一种观点，认为十月革命违背了历史发展规律，如果不发生十月革命，俄国会走上西方资本主义国家发展道路，似乎十月革命之前资本主义有一个"光明的过去"，十月革命之后资本主义也会有一个"灿烂的未来"。这种观点是违反历史唯物主义的。

十月革命前俄国的情况本书已经做了较为详细的介绍。十月革命前西方资本主义也是如此，不仅不是"光明的"，而且是"黑暗的"。建立在生产资料私有制基础上的资本主义是靠残酷剥削和压迫无产阶级获得最大限度的剩余价值。生产社会化和生产资料私人占有形式之间的矛盾导致资本主义发生周期性经济危机。一方面是千百万人的贫困，另一方面是无止境的剥削欲望。到了帝国主义阶段，垄断组织形成，出现了金融寡头，资本超出国界，向国外扩张，列强争夺国外市场，并逐渐形成了瓜分世界的国际垄断同盟。为了重新瓜分世

---

① 《列宁全集》第34卷，人民出版社，1985，第219页。
② 《列宁选集》第4卷，人民出版社，1995，第777页。

界，帝国主义列强之间和帝国主义同殖民地国家之间经常发生冲突并导致世界大战。第一次世界大战期间，动用了所有先进技术发明的武器，用来反对人类本身，夺走了无数人的生命。总之，资本主义生产方式和社会制度暴露出其反动性和腐朽性，它给人民带来无穷的灾难，遭到所有被剥削、被压迫人民和民族的反对。十月革命之后世界上又出现了瓜分世界的《凡尔赛和约》、1929～1933年的世界大萧条和第二次世界大战，这都是资本主义制度造成的。正因为如此，才发生了世界范围内的共产主义运动，试图推翻并改变这个不平等的世界，推翻反动腐朽的资本主义制度。十月革命乃是推翻这种制度的成功革命，是建立替代资本主义的新社会的伟大尝试。人民摆脱了被剥削、被压迫的处境，成了国家主人。第一个社会主义国家曾是全世界劳动人民向往的国家。

十月革命改变了世界，苏联建立初期的经济发展速度充分显示了新制度较之资本主义的优越性。1929～1933年世界资本主义经济危机期间，两种制度的差别表现得尤为明显。正因为如此，第二次世界大战后，又有一批国家摆脱资本主义走上了社会主义发展道路。世界上出现了两个阵营。

应当说，第二次世界大战后，世界资本主义发生了巨大的变化。以微电子技术为核心的新技术革命的兴起，大大促进了劳动生产率的提高和物质产品的增加，改变了现存的产业结构、就业结构、产品结构以及居民的消费结构，同时对社会经济生活的各个方面都产生了作用和影响，迫使生产组织、管理体制、工作方式、社会生活方式以及个人的思想观念发生一系列相应变化。与此同时，资产阶级看到，如果不缓和劳资关系，无产阶级革命最终会推翻资本主义制度，于是不得不向无产阶级做出某些让步，在工人劳动报酬和社会福利方面采取一些措施，用以缓解劳资矛盾、避免发生无产阶级革命。但是资本主义国家的垄断组织通过输出资本，剥削第三世界国家，使自己在国内受到的"损失"得到补偿，将劳资矛盾转移到国外，变成民族间、国家间和地区间的矛盾。在经济管理方面，资本主义各国也不同程度地吸收了计划原则，以解决生产的无政府状况及其带来的后果。但是资本追求剩余价值的本性并没有改变，而且还变本加厉了。发达资本主义国家通过向第三世界各国输出资本，利用发展中国家廉价的劳动力和资源发了横财。但是它们的自私自利破坏了世界环境，导致全球性生态危机。

二战后社会主义各国的经济在经历了恢复时期的迅速发展后，开始放慢速度，扩大了同发达资本主义国家的差距。这主要是因为：（1）在所建立起来的社会主义经济管理体制中决策权过于集中，计划过死，忽视市场作用；（2）在政治体制上缺乏民主，限制了广大人民群众积极性的发挥；（3）执政党内不同程度地存在腐败问题，脱离了人民；（4）在第三次科技革命浪潮中落伍，影响了生产力的发展和劳动生产力的提高；（5）在东欧等国家不顾具体国情照搬或强行推行苏联模式。正是这些因素最终导致了苏联解体和东欧剧变。

对于资本主义和社会主义发展中遇到的这些问题以及出现的这些变化，我们应该客观地、实事求是地进行分析。但是，无论如何，20世纪初的十月革命对世界历史发展所起的作用是不能被忽视和低估的。十月革命仍然是20世纪最伟大的事件。

第七章　国内战争时期的集中制试验

一　是立宪会议，还是苏维埃

十月革命胜利后，在全俄苏维埃第二次代表大会结束工作后，国家管理权交给了代表大会选出来的人民权力机关——全俄中央执行委员会和人民委员会。从此开始了建立新型国家权力机关的进程。

如果说马克思、恩格斯和列宁对资本主义的生产力发展水平、技术成就、管理经验给予高度重视的话，那么他们对资本主义的政治制度、国家机器则是完全否定的。

马克思认为，无产阶级必须打碎旧的国家机器，用巴黎公社式的国家取而代之。马克思主义创始人认为，资产阶级的议会制、普选制只不过是为资产阶级服务、维护资产阶级统治和利益的工具。列宁也认为，资产阶级议会制的本质是"每隔几年决定一次究竟由统治阶级中的什么人在议会里镇压人民、压迫人民"[①]，资产阶级的代表机构是"清谈馆"。马克思认为，作为新型国家政权形式的公社"不应当是议会式的，而应当是同时兼管行政和立法的工作机关"[②]。

十月革命胜利后，立宪会议的命运问题被提上日程。布尔什维克党对立宪会议的态度有一个变化过程。

---

① 《列宁选集》第 3 卷，人民出版社，1995，第 150 页。
② 《马克思恩格斯选集》第 3 卷，人民出版社，1995，第 121 页。

　　1903 年俄国社会民主工党第二次代表大会通过的党纲在谈到党最近的政治任务时指出，要"建立人民专制，即国家整个最高权力掌握在立法会议手里，立法会议由人民代表组成，它是单一的议院"。"俄国社会民主工党坚信，只有**推翻专制制度**并召集由全民自由选举的**立宪会议**，才能完全、彻底、巩固地实行……各种政治改革和社会改革。"[①]

　　1905~1907 年革命时期，群众创造了苏维埃组织。列宁对苏维埃给予高度评价，认为它是新型的无产阶级政权的雏形。二月革命后，俄国出现了两个政权并存的局面，工人和士兵代表苏维埃掌握相当大一部分实际上的权力。列宁认为，苏维埃政权同 1871 年的巴黎公社"是**同一类型**的政权"[②]，因此，作为资产阶级政权形式的立宪会议已不再被布尔什维克重视。列宁在《四月提纲》中明确宣布"不要议会制共和国"。

　　当时孟什维克、社会革命党人和立宪民主党人都拥护立宪会议，希望由立宪会议解决国家政权问题。孟什维克认为苏维埃不过是一个"临时的简易木房"，立宪会议才是"坚固的大厦"。

　　列宁认为，苏维埃具有国家组织和社会组织的双重特点。无产阶级专政的现成形式——苏维埃——是由劳动者自己从下面建立起来的、以他们的首创精神为基础的政权，它不同于议会制共和国那种资产阶级的国家机构。苏维埃同群众的密切联系使无产阶级国家能够在阶级社会里实行最广泛的民主，获得前所未有的稳定和巩固。苏维埃有可能做到兼有议会制的长处和直接民主的长处，并在自己的活动中把立法的职能同执行职能结合起来。"同资产阶级议会制比较起来，这是在民主发展过程中具有全世界历史意义的一大进步。"[③] 但是列宁指出，苏维埃只有在夺取全部国家政权之后，才能充分发挥自己全部的天资和才能。

　　十月革命后，正是根据这些原则进行苏维埃政权建设的。苏维埃第二次代表大会选出的全俄中央执行委员会，在苏维埃两届代表大会间隔期间具有苏维埃国家最高立法、执行和监督机关的全权。

---

① 《苏联共产党代表大会、代表会议和中央全会决议汇编》第 1 分册，第 38、41 页。
② 《列宁选集》第 3 卷，人民出版社，1995，第 19 页。
③ 《列宁选集》第 3 卷，人民出版社，1995，第 296 页。

起初，苏维埃政权的最高机关是作为多党的机关建立起来的。同布尔什维克一起参加全俄中央执行委员会的还有未退出苏维埃第二次代表大会的一些政党和团体的代表，他们是：左派社会革命党人，社会民主党人国际主义派、最高纲领派和乌克兰社会主义者。虽然孟什维克和右派社会革命党人离开了代表大会，但是他们并没有被剥夺在苏维埃中的代表资格。所以，对他们来说，并没有失去参加苏维埃代表大会和全俄中央执行委员会工作的机会。

人民委员会是苏维埃国家内外政策的中央国家管理机关。根据全俄苏维埃第二次代表大会的决议成立的人民委员会，是由主管政治和经济生活各个部门的委员会（人民委员部）的主席（人民委员）组成的机构。和全俄中央执行委员会不同，苏维埃政府最初成立时是一党政府。

由于孟什维克和右派社会革命党人不承认苏维埃政权，布尔什维克就没有建议他们参加政府。社会民主党国际主义派很快就效法起右派小资产阶级政党，左派社会革命党人起初也不接受向他们提出的参与苏维埃政府的建议。他们的首领之一卡姆柯夫对于拒绝的原因做了如下解释："向我们建议参加人民委员会的时候，我们拒绝了这个建议，因为我们知道……我们不会对事业有所帮助……我们只是要以此表明，我们不想与一切其他的民主派结成联盟……我们曾经与布尔什维克想要实现'无产阶级专政'的意图进行过斗争，并提出'民主派专政'与无产阶级专政相对抗。"[①] 但是后来，左派社会革命党人还是参加了苏维埃政府。

这样一来，就出现了如何对待立宪会议的问题。

克伦斯基的临时政府曾指定在 1917 年 11 月 12 日（俄历）进行立宪会议选举。布尔什维克掌权后，没有改变这个日期。但是选举结束后，布尔什维克千方百计将立宪会议开始工作的时间推迟到 1918 年 1 月 5 日，即召开全俄工人和士兵代表苏维埃第三次代表大会的时候。在 68 个选区中，布尔什维克获得 24% 的选票，社会革命党人、孟什维克和各民族地区政党的代表共得到 59% 的选票，立宪民主党和比立宪民主党更右倾的政党得到 17%

---

① 《左派社会革命党人（国家派）第一次代表大会记录》，莫斯科，1918，第 43、73 页。

的选票。在立宪会议 703 个席位中社会革命党人得 229 席，布尔什维克得 168 席，左派社会革命党人得 39 席，立宪民主党人得 17 席，孟什维克得 16 席。[①]

　　布尔什维克及其盟友左派社会革命党人犹豫不决，是驱散立宪会议、宣布它的组成（社会革命党竞选名单）有"作弊行为"，还是把立宪会议中的左派（布尔什维克、左派社会革命党人和孟什维克国际主义派）组成革命公会。许多人根据 1789～1794 年法国大革命的经验来看待二月革命和十月革命，因此他们建议建立作为工人和农民革命民主专政机关的公会就不足为怪了。但是，当时俄国已经有工人和农民革命民主专政的机关，即工人和士兵代表苏维埃、农民代表苏维埃的全俄中央执行委员会，只须通过全国的代表机关使它的权力合法即可。解决这个问题并不需要立宪会议，苏维埃例行代表大会完全可以通过俄国宪法（基本法）来解决这个问题。

　　反对工人和农民革命民主专政的人，对立宪会议有完全不同的看法。他们希望立宪会议能从工人、士兵和农民代表苏维埃全俄中央执行委员会那里把政权夺过来，并按照议会民主国家的模式来组建政权，即有一定任期的当选议员是立法权力的唯一代表者。从原则上讲，当时也不排除另一种可能性：由于社会主义政党代表在立宪会议中占多数，立宪会议同意十月革命后通过工人、士兵和农民代表苏维埃代表大会来组建政权，而自己只是根据国内社会革命日益发展的需要从事制定最重要的法律的工作。

　　社会革命党人在关于国家制度的法案中，要求保证"俄国各民族和地区的公民都有人权和公民权，公民一律平等，消灭等级，实行言论、信仰、结社、集会和罢工自由"，实行"普遍、直接、平等和无记名投票选举制"。

　　立宪会议社会革命党和孟什维克党团委员会反对在俄国按照社会主义原则组织经济生活。比如，孟什维克党团委员会认为，只有工业的发展和国民财富的增长为生产社会化创造了必要条件，大多数人民都关心社会主义革命时，才能实现社会主义。但是他们并不反对国家坚决地干预经济生活，国家调节生产、运输和分配，对最重要的消费品实行专卖制。孟什维克和社会革命党党团

　　[①]　《俄国政党历史》，莫斯科，1994，第 318 页。

委员会准备在必要时用武力来保卫立宪会议。1917 年 11 月初，孟什维克和社会革命党人建立了保卫立宪会议委员会，负责领导口头和报刊的鼓动宣传工作，支持及时召集立宪会议。

但是，多数工人和士兵是忠于人民委员会的，于是布尔什维克和左派社会革命党人决定驱散立宪会议。1918 年 1 月 3 日晚，全俄中央执行委员会、彼得格勒苏维埃和保卫彼得格勒非常委员会采取紧急措施制止反对苏维埃政权的行动。彼得格勒卫戍部队进入备战状态，通往塔夫利达宫和斯莫尔尼宫的路口部署了保卫部队，加强了对国家机关的保卫和街头巡逻，从"阿芙乐尔"号巡洋舰和"共和国"号装甲舰上调来"可靠的水兵"在塔夫利达宫执勤。

社会革命党和保卫立宪会议委员会领导决定尝试"在道义上解除"忠于布尔什维克的部队的武装，在召开立宪会议那一天组织和平示威，声援立宪会议。但是示威游行被驱散，死伤近 100 名示威者。这一天在莫斯科也发生了武装冲突，保卫立宪会议委员会在莫斯科也组织了示威活动。但是在其他大城市保卫立宪会议委员会没能组织起示威活动。

1918 年 1 月 5 日 16 时，立宪会议第一次（也是最后一次）会议开始举行。全俄中央执行委员会主席斯维尔德洛夫宣布俄国立宪会议开幕，然后宣读前一天全俄中央执行委员会批准的《被剥削劳动人民权利宣言》。[①] 这实际上是向立宪会议社会革命党多数发出的最后通牒：或者承认十月革命和苏维埃政权，或者反对苏维埃政权。当选的立宪会议主席、社会革命领袖切尔诺夫在发言中试图缓解对社会革命党党团最后通牒式的严厉态度。他拥护普遍民主和平的思想，甚至欢迎"俄国劳动群众实现社会主义的伟大意志"。他建议把全俄中央执行委员会的《被剥削劳动人民权利宣言》作为议事日程上的问题之一付诸讨论和表决。

会议就日程问题表决。立宪会议多数派拒绝讨论《被剥削劳动人民权利宣言》，于是布尔什维克和左派社会革命党人要求暂时休会，以便召开党团会议。两党领导人决定让大家随便发言，但是第二天不复会，而是宣布立宪会议

---

① 《列宁选集》第 3 卷，人民出版社，1995，第 386～388 页。

解散并建议代表各自回家。复会后，布尔什维克党团代表首先发言，然后左派社会革命党人代表发言，他们宣读了退出立宪会议的声明，并退出会场。布尔什维克和左派社会革命党人退出后，会议继续按议事日程讨论，讨论了土地问题、和平问题和国家制度问题。社会革命党党团领导决定在就这些问题通过有关决议之前不散会。1918 年 1 月 6 日早晨 5 时，塔夫利达宫卫队长走到会议主席跟前，要求大家退场。会议主席没有服从命令，建议不经过讨论就通过社会革命党起草的一些法案。比如，通过了"土地法的主要部分"，宣布废除土地私有制，通过了给交战国政府和人民的关于立即开始和谈的呼吁书和《关于俄国国家制度》的法律，宣布俄国是"民主联邦共和国，是在联邦宪法范围内享有主权的各自由民族的联盟"。

1 月 6 日（19 日），人民委员会审议了解散立宪会议的问题。在会议前一天，列宁写了《解散立宪会议的法令草案》的初稿①。在会议召开前列宁又在初稿的基础上写成了法令提纲。人民委员会通过了关于解散立宪会议的法令提纲。1 月 6 日夜，全俄中央执行委员会以多数票赞成、2 票反对、5 票弃权，通过这项法令并在苏维埃的报纸上公布。

1918 年 1 月 10～18 日，全俄工人、士兵和农民代表苏维埃第三次代表大会在彼得格勒塔夫利达宫举行。会议上的力量对比发生了根本性的变化。1587 名代表中只有 1/10 的人不属于布尔什维克和左派社会革命党人。代表大会批准了《被剥削劳动人民权利宣言》，完全赞成全俄中央执行委员会和人民委员会的政策，并决定从苏维埃立法中删除有关立宪会议的内容，使苏维埃成为真正的立法机关。

因此，在立宪会议和苏维埃的斗争中，布尔什维克取得了胜利。立宪会议被取消使孟什维克和社会革命党人又受到一次打击，使他们在政治舞台上的作用再次缩小。

苏维埃作为一个全新的政权机关，它的作用和效率将对苏联社会主义制度产生巨大影响。而在十月革命后的 1918 年，虽然苏维埃取代了立宪会议，但是苏维埃政权的建设工作刚刚开始。

---

① 《列宁全集》第 33 卷，人民出版社，1985，第 451～452 页。

二　围绕布列斯特和约的斗争

十月革命胜利后，苏维埃政权面临着消除战争的迫切任务，因为人民已被战争折磨得疲惫不堪、苦不堪言。

但是，苏维埃政府在解决和平问题时遇到很大困难。尽管 1917 年 11 月底俄奥德和俄土（耳其）战线上实现了暂时停火，但是苏维埃政府提出的签订没有割地没有赔款的和约的建议，既没有得到俄国在第一次世界大战中的盟国（协约国）的支持，也没有得到敌对国（四国同盟）的支持。协约国各国主张俄国继续参战，四国同盟想单独签订对自己有利的和约。1917 年 11 月 20 日，由布尔什维克阿·阿·越飞、列·波·加米涅夫、格·雅·索柯里尼柯夫和左派社会革命党人 A.A. 比参柯和谢·德·马斯洛夫斯基率领的苏俄代表团抵达当时德国东方面军司令部所在地布列斯特 – 里托夫斯克。第一轮谈判达成在 1918 年 1 月 1 日前暂时停火的协议。1917 年 12 月 12 日，开始第二轮谈判。德方声明不会从它占领的领土上撤军。此外，四国同盟还利用苏维埃政府宣布的民族自决权，要求承认乌克兰拉达的代表为享有充分权利的谈判代表。当时乌克兰的政治自决过程刚刚开始，哪种政治力量会占上风，是工兵农代表苏维埃还是民族爱国主义的乌克兰拉达，形势尚不明朗。尽管如此，苏维埃代表团仍在德国和奥匈帝国之后承认了乌克兰拉达的代表权。

从 1918 年 1 月 9 日起，由外交人民委员列·托洛茨基领导在布列斯特 – 里托夫斯克的苏俄代表团。他肩负着极其艰巨的任务：在起草和约时尽可能少地向德国帝国主义者让步，同时尽可能利用德国的领土要求和其他要求向世界舆论揭露其帝国主义的实质。作为一个出色的演说家和雄辩家，托洛茨基完成了自己使命的第二部分，但是他拒绝接受德方提出的和约条件。根据德方的条件，被吞并的俄国领土将达 15 万 ~16 万平方公里，包括波兰、立陶宛和爱沙尼亚、拉脱维亚的一部分以及乌克兰人和白俄罗斯人居住的大片地区。苏俄代表团要求暂停谈判。俄国社会民主工党（布）中央召托洛茨基回彼得格勒讨论业已形成的局面。他在出发之前声明，不可能按德国人提出的条件签订和约。

　　无论在苏维埃政府内部，还是在布尔什维克领导集团内部，在是否接受德国条件问题上，从布列斯特－里托夫斯克谈判一开始就没有达成过一致意见。人民委员会主席列宁认为，应该签订和约，使德国人没有借口对已经被削弱的和涣散的俄国军队恢复军事行动。许多布尔什维克党组织（包括莫斯科和彼得格勒的党组织）、左派社会革命党领导人以及此时在全俄中央执行委员会和地方苏维埃中起合法反对派作用的孟什维克和社会革命党人，都反对按德国人的条件签订和约。列宁及其拥护者的立场遭到主张同德国人进行"革命战争"的人组成的强大政治阵线的抵抗。这些人认为，同德国的战争最终会推动欧洲革命形势的发展。

　　在围绕布列斯特和约问题进行争论的过程中，布尔什维克党内发生了分裂，主张同德国进行"革命战争"的人组成了以布哈林为首的"左派共产主义者"集团。"左派共产主义者"很兴奋地认为，由于军事失利和食品供应状况恶化，德国和奥匈帝国国内的和平主义运动已经活跃起来，有可能发展成为政治总罢工。1918年1月底，仅柏林一市就有近50万人罢工。德国政府威胁将罢工者征兵并在工业中心设立军事法庭以及进行大规模逮捕，在1918年2月初才暂时稳定了国内政治局势。正是考虑到德国和奥匈帝国国内这种一触即发的局势，托洛茨基（他不认为自己是"左派共产主义者"）主张，"不妨考验一下德国工人阶级和德国军队，因为他们面临两方面的压力，一方面是要求宣布结束战争的工人革命，另一方面是命令向这个革命进攻的霍亨索伦政府"。所谓"不战不和解散军队"的说法就是从这里来的，苏联史学著作中经常把这种说法评价为荒唐的和背叛的言论。但是在1918年1月24日俄国社会民主工党（布）中央会议上，这个说法被大多数人接受，而建议按德国人提出的条件签订和约的列宁成了少数派。列宁嘲笑那些原则上否认同资本主义国家缔结和约可能性的人，指出客观现实使苏维埃政权不得不签订和约。列宁指出，可以说出许许多多保卫革命的祖国之类的漂亮词句，但如果没有大炮和机枪，如果士兵们成千上万地离开前线，那就没有力量，也不可能击退德军的进攻。列宁深切地体察到穿着军装的农民们的情绪和处境，知道他们疲于战争，渴望和平。

　　托洛茨基回到布列斯特－里托夫斯克，他本着俄国社会民主工党（布）

中央的决定行事，即"停止战争、不签订和约、复员军队"。与此同时，他得到列宁一个口头建议：尽量拖延谈判，而一旦德国提出最后通牒，就必须签订和约。然而，托洛茨基没有执行这个建议，当德国人提出最后通牒后，他竟于1918年1月28日在布列斯特－里托夫斯克和会的会议上声明："苏维埃俄国拒绝签订和约，但准备停止战争，复员自己的军队。"德国方面认为，苏维埃代表团的立场实际上是撕毁停火协议。但是德国人没有立刻表态，而是等待俄国军队按托洛茨基的说法撤出前线。在这种情况下，托洛茨基认为，是德国人不敢发动进攻。然而，1918年2月18日，德国人开始进攻，在推进的过程中，实际上没有遇到任何抵抗。数万德军进逼彼得格勒和莫斯科。几天时间里，俄国失去数十万平方公里的土地和数百亿金卢布的军事物资和储备。

就在德国人发动进攻的当天晚上，俄国社会民主工党（布）中央召开会议，在经过长时间的争论后，会议决定通过无线电广播通知德国人同意签订和约。"左派共产主义者"再次对此表示反对。布哈林退出中央，辞去《真理报》编辑的职务。全俄中央执行委员会多数成员都声明不接受和约的条件。据官方报纸报道，他们认为："俄国革命能够经受住考验，应该抵抗到底。"与此同时，德国人的要求更加苛刻。他们要求苏维埃政府同意芬兰、库尔兰、里夫兰、爱斯兰和乌克兰独立，有权自由地免税向德国输出矿石和其他原料，放弃针对四国同盟的任何鼓动宣传等。列宁要求立刻同意德国人的条件，否则他将辞职。1918年2月23日，俄国社会民主工党（布）中央例行会议以7票赞成、4票反对、4票弃权决定接受德国的最后通牒。与此同时，中央还决定"立刻准备进行革命战争"。在当时情况下（军队瓦解、经济崩溃等），这个决定显然只是向"左派共产主义者"做出的口头让步。

1918年3月6～8日，召开了俄国社会民主工党（布）第七次紧急代表大会，讨论布列斯特－里托夫斯克和约。这时党内已经拥有30多万名党员。出席这次代表大会的有46名有表决权的代表和58名有发言权的代表。代表大会代表着约17万名党员。当时相当多的一部分组织没有来得及选派代表，或者由于某些区域的部分领土暂时被德国人占领而不可能派代表参加。代表大会上的主要人物是列宁和布哈林。在对待和约和进行反德"革命战争"的可能性问题上，他们在布尔什维克党内代表着两种截然对立的观点。代表大会通过的

《关于战争与和平》的决议中承认，"俄国在历史上进行解放的、卫国的和社会主义的战争不可避免"，但是又承认，"鉴于我们没有军队，前线士气沮丧的部队已经疲惫不堪……须利用一切即使是最短促的喘息时间"①，现在进行这种战争是不合时宜的。"左派共产主义者"投票反对这个决议，认为和平喘息时间给国家带来的好处，同布列斯特和约给无产阶级革命和俄国经济带来的损失，是不能相比的，因为俄国失去了乌克兰的粮食和煤炭。"左派共产主义者"拒绝参加中央委员会，并声明有宣传自己的观点及在地方党组织和苏维埃中建立自己派别的权利。

布列斯特和约的签订所造成的政治影响是巨大的。和约的签订使布尔什维克和左派社会革命党人的政治同盟破裂，成了1918年7月6日事件（左派社会革命党人刺杀德国驻莫斯科大使米尔巴赫，以及此后发生的左派社会革命党人叛乱）的前奏。布列斯特和约的签订加强了德国帝国主义的经济和军事战略潜力，的确不同程度地阻碍了德国和奥匈帝国革命形势的发展；与此同时，和约对第一次世界大战的结局也产生了影响，战争的结果不是像俄国"革命战争"拥护者所期望的那样爆发欧洲革命，而是一个帝国主义集团（英法）战胜另一个帝国主义集团（德奥）。战后签订的凡尔赛和约使德国受到的掠夺和蒙受的耻辱并不亚于布列斯特和约对俄国的耻辱（凡尔赛和约规定，德国将阿尔萨斯—洛林归还法国，萨尔煤矿归法国所有；德国的殖民地由英、法、日等国瓜分，德国向美、英、法等国交付巨额赔款；德国承认奥地利独立；限制德国军备，把莱茵河以东50公里的地区划分为非军事区）。此外，苏维埃俄国遵守布列斯特和约的各项条款，而德国方面则不断破坏这些条款，这使苏维埃政府在部分公众眼中成了"背叛民族的政府"。最后，乌克兰和波罗的海沿岸被德国占领使俄国的国民经济实际上处于瘫痪状态。

那么，如果布尔什维克不批准布列斯特和约呢？从军事观点看，情况是明朗的：德国军队由于没有遇到强大的抵抗，会占领更多的领土，给俄国经济造成更大的物质损失。由于德国人向彼得格勒方向进攻，1918年2月，苏维埃

---

① 《苏联共产党代表大会、代表会议和中央全会决议汇编》第1分册，人民出版社，1964，第520～521页。

政府被迫从彼得格勒迁到莫斯科。德国人可能还要向东推进，苏维埃还可能失去一个又一个社会基地，即工业中心和城市无产阶级。由于其他政党的活动日益活跃，每个政党都有可能在群众民族解放运动的浪潮中夺取政权，苏维埃政府被推翻和自然垮台的危险不是不存在的。当然，群众民族解放运动将对德国占领军给予重创。这将有助于德国社会主义者以革命方式结束第一次世界大战。总而言之，有可能出现另一种发展结局，国家也有可能出现另一种前景。

列宁正是看到了这一点，所以他为保住苏维埃政权而吞下了布列斯特和约这颗苦果，他甚至为此准备做出更大的牺牲。签订布列斯特和约以后，德国人继续奉行扩张政策。1918 年 5 月 6 日，布尔什维克中央召开紧急会议，讨论苏维埃俄国的国际形势。会议决定继续向德国人让步，同时"全力以赴地保卫乌拉尔—库兹涅茨克地区，以防德国人和日本人"，"立刻将包括国家有价证券印刷厂在内的所有重要设施向乌拉尔地区疏散"。托洛茨基回忆说，做出这个决定是因为担心德国人进攻莫斯科。当时列宁已经准备"继续东撤，撤到乌拉尔……库兹涅茨克煤田蕴藏着丰富的煤炭。我们建立乌拉尔—库兹涅茨克共和国，依靠乌拉尔的工业和库兹涅茨克的煤炭和乌拉尔的无产阶级以及从莫斯科、彼得堡带来的那部分工人……万不得已的情况下，还可以东撤，撤到乌拉尔以东，即使撤到堪察加，我们也要坚持"[①]。

由于列宁的决心和勇气，苏维埃政权终于赢得了宝贵的喘息时机，站稳了脚跟。1918 年 7 月 10 日，全俄苏维埃第五次代表大会通过了《关于建立红军》的决议。决议提出实行普遍兵役制并决定动员不同年龄段的工人和农民入伍。代表大会指出，必须在政治委员的监督下广泛利用旧俄军官中的军事专家的经验和知识，政治委员是"红军和整个工农政权紧密联系的维护者""纯洁的革命者""为无产阶级和农村贫民的事业而斗争的坚强战士"。到 1918 年 9 月底。红军已有 80 万人，组建了 40 个师，合计 10 个集团军，建立了以托洛茨基为首的共和国革命军事委员会。

1918 年 11 月 10 日，传来了德国爆发革命的消息，资产阶级容克政府垮台，威廉二世被推翻。德国也像俄国一样，出现了工兵代表苏维埃，实际上同

---

① 〔苏〕列·托洛茨基：《论列宁》，俄文版，1924，第 88~89 页。

临时政府分掌政权（两个政权并存的局面）。苏维埃政府废除了布列斯特和约，要求德国军队立即撤出前俄罗斯帝国的领土。德国军队匆忙从乌克兰、白俄罗斯、波兰和波罗的海撤走。

实践表明，列宁主张签订布列斯特和约的立场是正确的，同时充分显示了他所具有的无产阶级革命家的战略气魄和胆识。

但是，围绕布列斯特和约进行斗争的过程中，社会革命党人、孟什维克和左派社会革命党人同布尔什维克的关系进一步恶化，这对后来俄国政治舞台政治力量的变化产生了影响。

三 "战时共产主义"实践与契卡的活动及其影响

德国爆发革命，布列斯特和约被废除。但是，布尔什维克领袖们期待已久的世界无产阶级革命大举进攻的时刻并未到来。协约国各国（英、法、美、意）千方百计阻止苏维埃共和国加强其国际国内地位，于1918年11~12月出兵俄罗斯北部（摩尔曼斯克、阿斯特拉罕）和南部（新罗西斯克、塞瓦斯托波尔、敖德萨、尼古拉耶夫、赫尔松）。与此同时，协约国各国对邓尼金、克拉斯诺夫、尤登尼奇和米列尔将军指挥的白卫军给予大量的财政和物质技术援助，使他们能够加强现有的军队和组建新部队。美国也援助高尔察克领导的西伯利亚政府，协约国各国政府承认高尔察克是全俄合法的"最高统治者"。残酷的国内战争和外国武装干涉时期开始了。

为了同国内外敌对势力做斗争，苏维埃俄国变成了一个军事营垒，一切为了战争的需要，组织经济的办法亦发生了变化。国家实行粮食贸易垄断，收缴一切余粮，禁止私人粮食买卖。在工业方面，加速实行国有化，不仅大工业，连中小工业也收归国有，其目的是最大限度地利用生产资料，提高劳动生产率，把工业品集中在国家手里。整个国家机构实行严格的集中化。这便是著名的"战时共产主义"政策。

当时，国内经济形势非常严峻。其实，早在十月革命前俄国的经济已经开始崩溃。十月革命胜利后，尖锐的社会问题不可能立刻得到解决，由于军事订货剧减和许多大企业停产，无产阶级的生活水平下降，出现大规模失业，不满

219

情绪与日俱增。1918 年 4～5 月，大工业中心和西北地区、中部工业区和乌拉尔各省出现粮食危机。莫斯科和彼得格勒经常出现面粉储备只够两三天的情况，迫使当局削减已经很少的最低食品配额。出现粮荒的原因是：德国的占领使乌克兰和北高加索停止向苏维埃共和国供应粮食；旧的粮食采购机构已经不存在，而苏维埃领导的采购机构尚未开始工作；运输业混乱不堪，铁路运载能力锐减。主要原因是工业品价格太贵，不能刺激农民按临时政府时期规定的固定价格出售农产品。苏维埃政府想用实物（鞋、布匹、五金制品等）同农民交换粮食，但是这需要有更多的时间和良好的经济环境。

在这种情况下，为了城市居民不致饿死，布尔什维克和苏维埃政府采取了可能唯一现实的决定：依靠工人专门的武装队伍和农村贫农委员会（贫委会）强行征收余粮。根据 1918 年夏天粮食人民委员会机关颁布的命令，征收余粮的工作（理论上）将按照如下办法进行：征粮队来到一个村子，召集农民和从前线回来的战士开会，让他们选出一个由 5～7 人组成的委员会，赋予该委员会全权并发给他们 20～50 支枪。然后开始挨门挨户地仔细收缴武器和粮食，命令粮主在 3 日内将自己的全部粮食运到附近的收购点，凡销毁或隐藏不交者，以叛国罪就地处决。粮食应按固定价格上缴，收缴的粮食先满足农村贫农。无偿地发给他们一定数量的粮食。征粮队视情况而定，在当地留下 30～50 人，然后去另一个村子继续用这个办法征粮。对武装抵抗者，征粮队就地予以处决。

这种做法引起农民的强烈不满和顽强抵抗，包括武装抵抗，同时也使农民和城市工人的关系紧张起来。孟什维克、社会革命党人和左派社会革命党人对布尔什维克和苏维埃政府的粮食政策提出了严厉批评，他们认为，这种做法只能加剧社会紧张局势，使国家陷入内战。左派社会革命党人尤其反对建立贫委会。当时，左派社会革命党人在农村苏维埃中占多数。1918 年 3～7 月，在 31 个省的 96 个县级工兵农苏维埃代表大会上，左派社会革命党人占代表总数的 1/4。① 当时他们无疑有可能争取到大多数代表的支持，成为多数派党，因为当时布尔什维克的影响和威信由于国内粮食危机而开始下降。

---

① 《俄国政党历史》，莫斯科，1994，第 400 页。

那么，当时布尔什维克的政敌有其他解决粮食问题的办法吗？既有，又没有。说有办法，是因为他们提出的经济措施（商品交换，实行灵活的价格，对向国家交售粮食的人实行物质鼓励，在采购粮食方面给合作社更大的自主权和优惠等）比强制征粮更有效。说没有办法，是因为上述措施不可能收到强制办法带来的快速效果，不可能在短期内装上一列车粮食发往指定地点，如莫斯科或彼得格勒。

当时布尔什维克正在经历最严重的困难时期，党内状况也很严峻："左派共产主义者"在闹分裂，多数党组织因党员干部进入国家政权机关和管理机关而受到削弱。1918 年 5 月 22 日《真理报》发表的中央指示信中谈到了党内的这种状况，号召党组织在目前的困难时刻加强自己队伍内部的纪律和团结。两天后，《真理报》发表了列宁《论饥荒（给彼得格勒工人的信）》①　一文，再次强调了这一点，并指出苏维埃政权有被推翻的危险。

5 月 29 日，布尔什维克中央又向党员发出一封信，再次指出，党目前面临的危机"非常非常严重"，党员人数在减少，党员质量在下降，党内冲突在增加；党的机构的完整性受到破坏，党的行动统一不复存在，一向严整的纪律性被削弱；党的工作全面下滑，组织在解体。

在 6 月 15 日彼得格勒苏维埃会议上，格·季诺维也夫通报西西伯利亚、乌拉尔和俄欧东部面对捷克斯洛伐克军②和右派社会革命党人联合反对布尔什维克的形势时说："我们被战败了，但是我们不会屈服……我们宁愿同敌人同归于尽。"

了解当时俄国国家和执政集团面临的危机，可以使人更好地理解苏维埃政府的行为逻辑。

当时军事化的管理方式非常普及，征粮队虽然隶属于"民政"部门——粮食人民委员会，但却是一种准军事编制。党组织本身也在"军事化"，向党

---

① 《列宁全集》第 34 卷，人民出版社，1985，第 334 ~ 341 页。
② 捷克斯洛伐克军是俄国临时政府和捷克斯洛伐克民族委员会在俄国建立的军队，由第一次世界大战中被俄军俘虏的奥匈帝国军队中的捷克人和斯洛伐克人组成。十月革命后，苏维埃政权允许该部队开往东方，绕道海参崴回欧洲，该部队在英法帝国主义的指使下，同自卫分子和富农在伏尔加河中游和西伯利亚一带发动武装叛乱。1918 年 9 ~ 10 月，叛乱被平息。

员发放武器、服装等物品。

国内战争时期，全俄肃反委员会对于贯彻布尔什维克的政策起到了巨大作用。全俄肃反委员会成立于 1917 年 12 月。1917 年 12 月 6 日，人民委员会听取了"关于全俄范围内政府机关职员罢工的可能性"问题的报告，决定"委托捷尔任斯基同志组建一个特别委员会，以制定镇压罪恶怠工行为的办法"①。于是成立了全俄肃清反革命和怠工非常委员会，简称"全俄肃反委员会"（契卡）。契卡成立之初，主要任务是同怠工做斗争。列宁在契卡成立时给捷尔任斯基写的便条中，谈了契卡同反革命、怠工、饥荒和酗酒闹事的组织者斗争的庞大计划，但是列宁当时没有提到对反革命分子施行恐怖手段。按照列宁的想法，对反苏维埃政权的最严重犯罪所采用的惩罚手段只有监禁和罚款。

契卡的任务是调查和肃清反革命阴谋活动，把怠工者和反革命分子送交革命法庭审判，制定同怠工和反革命斗争的必要措施。契卡有很大权力。契卡的惩罚措施有没收财产、剥夺配给证、公布人民的敌人的名单等。契卡最初只负责搜查和预防犯罪，侦查和起诉由革命法庭的侦查委员会负责。但是，随着阶级斗争的激化，1918 年 2 月，肃反委员会获权就地处决奸细和破坏者。契卡最初没有针对苏维埃政权的政治敌人行使这个权力，但是从 1918 年 9 月起，它开始对政治敌人使用这个权力。各地也成立了肃反委员会。到 1918 年上半年，已有 40 个省和 365 个县成立了肃反委员会。

1918 年秋，国内阶级矛盾和阶级斗争异常激烈，白色恐怖笼罩全国。8 月 30 日，彼得格勒肃反委员会领导人莫·乌里茨基在彼得格勒被杀害。当天社会革命党妇女范·卡普兰刺伤列宁。全俄肃反委员会和全俄中央执行委员会发表告居民书："工人和农民将以对资产阶级及其代理人的大规模的红色恐怖来回答工农政权敌人的白色恐怖。"②

此后，恐怖手段成了对敌斗争的主要手段。但是，在国内战争和实行"战时共产主义"政策时期，在落实社会经济措施（从征粮到普遍劳动义务制）时，也不适当地采用了恐怖手段。尤其是契卡机关和军事法庭不经审判

① 《全俄肃反委员会历史文件集》，莫斯科，1950，第 72、78 页。
② 《全俄肃反委员会历史文件集》，莫斯科，1950，第 179~180 页。

和调查，单凭怀疑某人参与"反革命活动"就可判处死刑，而且不许上诉。受到迫害的不仅有反革命分子，还有那些不同意布尔什维克政策的其他政党的党员，甚至普通群众。这种做法无论在当时，还是对后来苏联社会的发展，都产生了消极影响。

由于布尔什维克采取"战时共产主义"措施，粮食征购工作有相当进展，1917～1918 年度征购粮食 4700 万普特，1918～1919 年度达 10800 万普特，1919 年度上升到 21220 万普特，1920～1921 年度提高到 36660 万普特。所征集的粮食主要用来满足军队需要。1918～1919 年，除供应部队外，粮食人民委员会只能满足国内粮食需要的 40%，居民所需其他食品的供应量更少。1919 年和 1920 年年初，城市居民凭证领取的食品只是他们实际需要量的 20%～25%。其他商品也都主要或全部用于军需。1919～1920 年，有 40% 的棉布拨给军队，其他的布匹用于军需的占 70%～100%，男鞋占 90%，糖占 60%，烟占 100%。[1] 由于采取这样的措施，苏维埃国家赢得了国内战争的胜利，保卫了苏维埃政权。应该指出的是，这些措施即使在当时也遭到了农民的反对，各地不时地发生农民骚动。

列宁在总结"战时共产主义"政策的经验教训时，除强调实施这一政策的特殊条件和这一政策对于苏维埃国家的胜利所起的积极作用外，还坦率地承认了布尔什维克党在实施这一政策过程中所犯的错误及头脑中存在的乌托邦思想。

列宁后来在回忆这段历史时说："我们计划……用无产阶级国家直接下命令的办法在一个小农国家里按共产主义原则来调整国家的产品生产和分配。现实生活说明我们错了。"[2] 这一时期，包括列宁在内的布尔什维克主要领导人都有直接过渡到社会主义的想法，认为可以比较快地消灭商品货币关系，从而更直接地过渡到完全的社会主义的产品分配制度。1918 年 8 月，列宁在为俄共八大拟定的党纲草案中指出："在分配方面，苏维埃政权现时的任务是坚定不移地继续在全国范围内用有计划有组织的产品分配来代替贸易。目的是把全

---

① 〔苏〕格·克尔日扎诺夫斯基：《苏联经济建设的十年（1917～1927）》，莫斯科，1928，第67页。
② 《列宁全集》第42卷，人民出版社，1986，第176页。

体居民组织到统一的消费公社网中，这种公社能把整个分配机构严格地集中起来，最迅速、最有计划、最节省、用最少的劳动来分配一切必需品。"又指出："俄共将力求尽量迅速地实行最激进的措施，为消灭货币作好准备，首先是以存折、支票和短期领物证等等来代替货币，规定货币必须存放到银行等等。"① 列宁在"战时共产主义"时期写的著作对过渡到社会主义的前景过于乐观，想法过于简单，有不少空想、幻想成分。虽然列宁在实行新经济政策的过程中对自己这一时期的思想进行过理论反思，但是他这一时期的许多论述仍然被后人作为经典运用到社会主义实践中去。

"战时共产主义"原则并不是共产主义原则，它是战时特殊条件下组织国家经济生活的办法，一种在同样情况下任何国家都可以采取的办法。把"战时共产主义"原则当作共产主义原则，这是一种误解。这种误解曾在几十年的时间里一直影响世界社会主义的实践。

"战时共产主义"时期，布尔什维克同其他社会主义政党，尤其是孟什维克和社会革命党的分歧和斗争更加尖锐起来。

四 布尔什维克与孟什维克和社会革命党人的摩擦

国内战争爆发后，苏俄国内各种政治力量和政治党派的立场又一次面临考验。立宪会议被解散后，布尔什维克与孟什维克和社会革命党人的关系更趋紧张。孟什维克和社会革命党人一度处于非法状态。例如，1918 年 6 月 16 日，苏维埃政府宣布两个星期后开始全俄苏维埃第五次代表大会，此前进行地方苏维埃选举，但是不允许社会革命党人和孟什维克参加。

事实上，孟什维克和社会革命党人很难同布尔什维克对话，因为他们对布尔什维克及其代表的苏维埃政权有不少"犯罪"行为。1918 年夏，孟什维克和社会革命党人在雷宾斯克、穆罗姆、雅罗斯拉夫等地组织了很多次反对布尔什维克的地方武装暴动。1918 年 8 月 30 日，社会革命党人卡普兰开枪把列宁打成重伤。尽管社会革命党和孟什维克中央千方百计证明自己没有参与这些恐

---

① 《列宁选集》第 3 卷，人民出版社，1995，第 748、749 页。

怖活动，并决定将有关人员开除出党，但是并未改变布尔什维克对他们的态度。

然而，社会革命党和孟什维克毕竟是布尔什维克最强劲的政治对手。为了分化反政府的各种社会主义政党，防止白卫分子在立宪会议问题上同这些政党联合起来，布尔什维克领导决定对从前的政敌做某些让步，只要他们改变对苏维埃政权的态度，他们就可以合法活动。

孟什维克首先接受了这个条件。1918 年 10 月 17～21 日，孟什维克中央通过决议，承认"1917 年 10 月布尔什维克革命是历史的必然"。孟什维克中央发表《告所有真正的革命者书》，呼吁他们"坚决彻底地同有产阶级断绝关系，无条件地反对外国强盗的干涉"。

根据这种情况，1918 年 11 月 30 日，全俄中央执行委员会在其会议上指出，孟什维克及其领导中心已经放弃"同俄国和外国资产阶级政党及团体结盟"。因此，苏维埃政府决定："认为全俄中央执行委员会 1918 年 6 月 14 日决定中有关孟什维克的部分不再有效。"[①] 与此同时，全俄中央执行委员会指出，此决定"不适用于那些仍然勾结国内外资产阶级反对苏维埃政权的孟什维克"。

社会革命党的合法化过程比较复杂和困难，因为该党领导人中有不少人反对同布尔什维克和解。1918 年 12 月 5 日，社会革命党的某些中央委员在乌法开会，决定"停止反对布尔什维克的武装斗争，发动所有民主力量反对高尔察克叛乱"。但是，1918 年 12 月 10 日社会革命党中央又通过决议，认为上述决定是错误的，警告党员"千万不要因为反动派在西伯利亚取得胜利而去同布尔什维克和解"。决议还指出，必须在两条战线上开展斗争，"既反对西伯利亚反对派，也反对布尔什维克反对派"。1919 年 2 月 8 日，苏维埃俄国领土上的社会革命党组织在彼得格勒召开代表会议，会上社会革命党中央在关于同布尔什维克和解问题上的立场再次动摇。社会革命党代表声明，他们反对"用

---

① 1918 年 6 月 14 日，全俄中央执行委员会通过决定，指责社会革命党人和孟什维克组织"反对工人和农民"的武装暴动。这表明孟什维克和社会革命党人作为合法政治组织的时代已开始完结。决定指出："把社会革命党和俄国社会民主工党（孟什维克）的代表开除出全俄中央执行委员会，并建议所有工人和士兵代表苏维埃把这些派别的代表驱逐出去。"

武装斗争推翻苏维埃政权的做法"，认为协约国各国以消除无政府状态为名干涉俄国内政的做法"是对俄国劳动阶级利益的致命威胁"，应该"坚决拒绝同资产阶级政党结盟和联合"。代表会议指出，党的主要任务是"克服城乡劳动群众的冷漠和涣散，把他们联合在过去的阶级组织中。劳动人民只有团结起来和组织起来才能捍卫自己的利益，抵抗布尔什维克政权的反民主政策，切实防止反动派的复辟行为"。会议建议社会革命党党员"积极参加工人和农民代表苏维埃选举运动，为恢复民主自由、增加工人阶级在苏维埃中的代表名额而斗争"。

苏维埃政府认为，社会革命党的这个态度符合苏维埃宪法原则。1919 年 2 月 26 日，全俄中央执行委员会认为，对愿意执行 1919 年 2 月 8 日社会革命党代表会议决议的社会革命党人，不使用 1918 年 6 月 14 日通过的决定，将允许他们"参加苏维埃工作"，并命令苏维埃政权的行政和司法机关释放在押的社会革命党人。

但是，那些反政府的社会主义政党的活动并未完全合法化。全俄肃反委员会及其地方机关没有执行全俄中央执行委员会关于孟什维克和社会革命党人合法化的决定，仍千方百计地阻止他们利用出版、言论和集会自由来反对苏维埃政权。

事实上，孟什维克和社会革命党人也没有同苏维埃政权、同布尔什维克和解，尤其在西伯利亚和远东地区。高尔察克被击败后，社会革命党和孟什维克地方组织曾试图建立由自己控制的行政权力机关。

这一时期，孟什维克和社会革命党的纲领和策略也有了某些修改。1917 年二月革命和十月革命使俄国政治和经济生活发生重大变化。对广大劳动者来说，苏维埃政治制度比建立在普遍、平等和无记名选举制以及三权分立和言论、出版、集会、结社自由基础上的共和民主制更具有吸引力。通过苏维埃这种群众政治组织形式，俄国实现了大规模的土地革命，废除了地主土地所有制和其他形式的土地私有制，几乎所有耕地都转归农民协会管理。农民协会根据平均主义原则、地方劳动定额和消费标准，以及农户间土地分配传统来使用土地。在工人代表苏维埃的领导下，俄国还进行了反对资产阶级的革命，取缔了私人的和股份制的资本主义工业和商业公司，将公司财产和公司所有者在私人和国家银行的存款收归国有。国有化的工商企业最初交工会管理，后来又转交专门成立的国家机关——经济委员部、国民经济委员会和各种跨部门委员会管理。

社会革命党和孟什维克作为主张社会主义选择的政党，不能不承认消灭土地私有制和工业、商业、运输业中主要生产资料的大私有制的合理性；他们看到，主要生产资料国有化同苏维埃制度一样，是一种历史现实。他们应根据自己的社会主义观把这个现实反映在自己的纲领性文献中。

1919 年 6 月 18 ~ 21 日，社会革命党召开第九次党务会议。此前，切尔诺夫起草了社会革命党纲领修改意见。切尔诺夫认为，旧的自由的私人资本主义正在变为民族组织的、由国家保证和控制的资本主义，变为超资本主义；应该限制资本主义，即最大限度地发挥它的创造性，抑制它的破坏性；在资本主义不能发挥组织作用的农业等部门，采取措施保证劳动农民按照平均主义原则顺利发展，实行土地社会化，对过多使用土地者加强征税，实行级差地租；保证劳动农户走社会化的道路，鼓励从小经济向大经济过渡；逐渐实行消费合作化，调整国家供应和分配活动；不断扩大国有的、地方自治局的和市政的经济，削减资本主义经济；消灭资本家的工厂专制主义，发展工厂立宪主义等。党的第九次党务会议基本上肯定了这些观点。后来，切尔诺夫把他的观点概括为"建设性的社会主义"。

1919 年 7 月 17 日，孟什维克中央也提出了自己的社会经济纲领，主要内容有将地主和国有土地分给农民集体或个人使用，取消贫农委员会，公平地分配国有农具和种子储备，取消现行的粮食专政制度，建立以下列原则为基础的新制度：(1) 国家按合同价格购买粮食（广泛实行直接的商品交换），以低价向城乡贫困居民出售粮食，国家对差价进行补贴，国家通过自己的代理机关、合作社或私商按代购代销原则采购这些粮食；(2) 在产粮省按生产成本向较富裕的农民征收一部分余粮；(3) 由合作社和工人组织采购粮食并将采购到的粮食交给国家粮食机关。在国家掌握大工业企业的情况下，允许按租让制原则使用私人资本，但必须有助于改善、扩大生产和降低生产成本；彻底放弃小工业的国有化，国家调节最重要的大众消费品，除少数专门规定的专卖商品（如药品等）外，允许合作社和个人自由经营；改善信贷制度，以保证商业、工业和农业领域的个人积极性；同投机和商业欺诈行为做斗争，工会完全独立于国家机关；根据消费品的物价指数提高工资和规定最低工资，撤销关于消费公社的法令。

从这里可以明显地看出孟什维克和社会革命党人同布尔什维克的分歧。他们坚决反对布尔什维克的"战时共产主义"措施。布尔什维克党和苏维埃政权实行战时动员式措施事实上并没有取消传统的买卖关系和货币流通。这些关系仍然秘密地和半公开地存在,并且不仅对居民的粮食和工业品供应(城市居民消费的粮食有一半是在"黑市"上购买的),而且对国有企业的原材料供应,都产生很大影响。布尔什维克政权采取各种措施同这一现象进行斗争:关闭地方市场,逮捕和处决投机商人,在铁路和其他运输干线上设置"拦截队",以防止"小贩"贩运商品,但效果甚微。1919 年 1 月 11 日,孟什维克中央委员、著名历史学家尼·亚·罗日柯夫写信给列宁说:"请不要对任何一种食品,甚至粮食实行贸易垄断。供应工作可尽力而为之,但是应该允许进行自由贸易,请命令所有地方苏维埃撤销所有关于输出输入的禁令,解散所有拦截队……不应在 20 世纪把国家变成一个中世纪封闭的地方市场的大杂烩。"社会革命党人 B. K. 沃尔斯基曾建议重新研究肃清反革命和怠工的非司法机关的权限问题,主张将全俄肃反委员会的权限限制在事先调查的范围内,建议给拥护苏维埃政权纲领的政党以行动自由。沃尔斯基特别谈到农民在社会主义革命中的作用。他指出:"劳动农民过去和现在都是在商品生产条件下生活的,显然,任何强制措施、任何警察机关的措施都不可能使政治组织代替商品生产。"因此沃尔斯基强调指出,必须用实物税代替农产品征集制。①

由于国内战争的形势和布尔什维克同孟什维克和社会革命党人的关系,他们的意见没有被重视,对于反对派社会主义政党的批评,列宁在全俄中央执行委员会和人民委员会的总结发言中指出:"其实这里丝毫没有社会主义的气息……人们却又向我们宣传资产阶级的旧观点"。列宁认为,不镇压从商品生产中产生出来的资产阶级,就不可能有任何"纯粹的"民主。他说:"在商品生产的条件下,一个农民家里有几百普特的余粮,不肯贷给工人国家救济挨饿的工人,而要拿去做投机生意,——这是什么呢?这不是资产阶级吗?资产阶

---

① 参看《俄国政党历史》,莫斯科,1994,第 340~341 页。

级不是从这里产生的吗?"①

在以后的事态发展中,布尔什维克同孟什维克和社会革命党人都各自坚持自己的观点,真正和解的希望越来越小。值得指出的是,布尔什维克在军事成绩的鼓舞下越来越充满信心,相信自己政策的威力和正确性,而孟什维克和社会革命党人越来越显得悲观,充满失败主义情绪。

但是国内战争结束后,"战时共产主义"政策的弊端越来越突出地显现出来,工人和农民的矛盾越来越尖锐,农民暴动事件不断发生。形势迫使布尔什维克党调整自己的政策。

五 积极参政的左派社会革命党人及其命运

左派社会革命党人在俄国政治舞台上存在的时间并不长,但是他们是唯一与布尔什维克进行过认真合作和联合执政的人或政党。

左派社会革命党作为一个政党存在是在 1917 年年底,但是其从社会革命党中分裂出来的过程早在第一次世界大战期间就开始了。作为社会革命党中的国际主义派,左派社会革命党人反对帝国主义战争并在战争期间进行了大量的反战宣传工作。在对战争的态度上,他们同中央有严重的分歧,他们不是"主战派",而是"主败派"。战争年代,他们参加了协约国社会党人伦敦代表会议(1915 年)、齐美尔瓦尔德代表会议(1915 年)和昆塔尔代表会议(1916 年)。左派社会革命党人因进行反战宣传活动曾受到沙皇政府的迫害。

二月革命以后,社会革命党中的左派同布尔什维克的关系密切起来。在 1917 年 9 月的民主会议和预备议会②上,左派社会革命党都同布尔什维克站在一起。在这一时期,左派社会革命党人领袖之一斯皮里多诺娃曾声明:"左派社会革命党人对政权的态度同布尔什维克一样,认为唯一可以挽救俄国的办法是将权力转交苏维埃。"9 ~ 10 月,地方上的左派社会革命党人也开始同布尔

---

① 《列宁全集》第 37 卷,人民出版社,1986,第 398、401 ~ 402 页。

② 民主会议即全俄民主会议,1917 年 9 月由苏维埃中央执行委员会的孟什维克 - 社会革命党领导集团召集。预备议会是指在这次会上产生的"俄罗斯共和国临时议会",10 月 25 日(11 月 7 日)被彼得格勒军事委员会解散。

什维克合作。他们还在军事革命委员会①中合作，中部地区有 41 个军事革命委员会，在其中 37 个军事革命委员会中左派社会革命党人同布尔什维克是协同行动的。值得指出的是，彼得格勒革命军事委员会②主席就是左派社会革命党人巴·叶·拉季米尔。

十月革命后，布尔什维克诚恳地建议左派社会革命党人参与执政。结果，左派社会革命党人在全俄中央执行委员会主席团及其常设委员会中获得了 1/3 的代表资格和名额。布尔什维克和左派社会革命党人按平等原则共同承担了全俄中央执行委员会最重要的工作机构即各局的领导工作，比如，雅·米·斯维尔德洛夫和 B. A. 阿尔加索夫领导外埠局，弗·沃洛达尔斯基和 И. K. 卡霍夫斯卡娅领导鼓动局，莫·乌里茨基和普·普罗相主管民族问题，玛·斯皮里多诺娃领导全俄中央执行委员会农业部。

众所周知，布尔什维克主张立法权力和执行权力的统一，而左派社会革命党人则主张分权原则并一贯主张实行议会制，要求人民委员会在重大问题上向全俄中央执行委员会负责。1917 年 12 月中旬以前，左派社会革命党人向政府进行了下列质询：10 月 27 日——关于军事革命委员会违反公民自由，占领彼得格勒市杜马；11 月 4 日——关于未经全俄中央执行委员会预先讨论和批准颁布若干法令，关于查封许多报纸；11 月 14 日——关于在立宪会议选举运动中苏维埃报刊进行亲布尔什维克的片面宣传；11 月 21 日——关于未经全俄中央执行委员会审理和批准颁布人民委员会关于解散彼得格勒杜马的法令；11 月 24 日——关于逮捕立宪会议中央选举委员会成员，关于查封有关报刊；11 月 27 日——关于逮捕莫斯科粮食组织代表大会选举产生的苏维埃代表；12 月 1 日——关于逮捕立宪民主党领袖，关于粮食工作、运输工作状况和国内工业生产下降问题；12 月 7 日——关于同中央拉达（乌克兰）冲突的原因和同中央拉达谈判的进程。

对左派社会革命党人的质询，列宁、斯维尔德洛夫、波德沃伊斯基、粮食

---

① 军事革命委员会是十月革命期间为进行武装起义的准备工作，由俄国社会民主工党（布）各地方组织领导成立的，是附属于工兵代表苏维埃的战斗机关。

② 彼得格勒革命军事委员会是十月革命期间成立的第一个战斗司令部，由彼得格勒苏维埃于 1917 年 10 月 12 日（25 日）成立，同年 12 月 5 日（18 日）撤销。

人民委员施利希特尔、民族事务人民委员斯大林、最高总司令克雷连柯不得不出面给予答复。答询通常都伴随着激烈的辩论，在 11 月 4 日和 21 日的质询过程中，甚至提出了对政府的信任问题。虽然布尔什维克在全俄中央执行委员会中占多数，但是作为执政党不能不考虑反对派的意见，结果释放了一些被逮捕的人，允许一些被查封的报纸重新出版，组织有关人民委员在全俄中央执行委员会全体会议上报告工作。

在联合执政的过程中，布尔什维克也对左派社会革命党人做出过一些让步。在组建联合政府时，根据两党达成的协议，左派社会革命党人领导下列人民委员部：俄罗斯共和国国有产业人民委员部（费·亚·卡列林）、农业人民委员部（安·卢·柯列加耶夫）、邮电人民委员部（普·佩·普罗相）、地方自治人民委员部（弗·叶·特鲁托夫斯基）、司法人民委员部（伊·扎·施泰因贝格）；B. A. 阿尔加索夫和 A. И. 布里利安托夫还获得"无任所人民委员"待遇，在有关部务委员会工作：阿尔加索夫在内务人民委员部，布里利安托夫在财政人民委员部；他们都出席人民委员会会议并拥有表决权。

从这里可以明显地看出，左派社会革命党人领导着一些非常重要的部门。唯一例外的是俄罗斯共和国国有产业人民委员部，这是一个因人而设的建制，对左派社会革命党人来说，不过是在政府会议上多了一票。

左派社会革命党人积极地、富有建设性地参与执政，参加几乎每日举行的人民委员会会议。尤其是阿尔加索夫、特鲁托夫斯基、普罗相和施泰因贝格表现出特别积极的工作热情。在联合执政的不长时间里，特鲁托夫斯基签署了 41 份政府法令，阿尔加索夫签署了 17 份，普罗相签署了 14 份，如此等等。这只不过是 1917 年 12 月至 1918 年 3 月左派社会革命党人的人民委员参与制定的政府法令和决定的一部分。

当然，联合执政过程中并不是没有摩擦，但是双方都认为工作得很和睦。这种和睦关系当然也反映到两党关系方面，当时左派社会革命党内部曾热烈讨论将两个主张"社会革命"的政党联合起来的问题。

但是，批准同德国签订布列斯特和约给左派社会革命党与布尔什维克的顺利合作以沉重的打击，甚至是致命的打击。此前，左派社会革命党人积极支持俄德谈判进程，并派遣自己的代表参加俄国代表团。但是，事实表明，他们主张绝对国际主义，不允许单独媾和，认为单独媾和会推迟世界革命的到来。在全俄苏维埃第四次（非常）代表大会（1918 年 3 月 14～16 日）上，左派社会革命党人党团投票反对批准和约并从政府中召回自己的人民委员。

左派社会革命党人退出人民委员会，但是仍然留在全俄中央执行委员会、人民委员部部务委员会等机关。到 1918 年夏，左派社会革命党人由于反对布尔什维克的粮食政策，双方的矛盾再次激化，反对布列斯特和约的浪潮也再次掀起。

左派社会革命党人坚决反对《关于粮食专政》和《关于贫农委员会》的法令。首先，他们作为"纯粹民主派"不仅反对粮食专政，而且反对任何专政；其次，他们反对粮食专政法令中所体现的管理粮食事业的集中制思想，主张非集中化，让地方苏维埃决定各自的粮食政策；最后，在关于粮食专政的法令中不仅讲到"农村资产阶级""富农"，而且还讲到所有"粮食持有者"，这使左派社会革命党人非常气愤。左派社会革命党人拥护反对富农的斗争，但是担心这一斗争会打击到中、小农民，因为法令中要求所有"粮食持有人"交出粮食，并宣布"所有拥有余粮和不将粮食运到粮食收购站的人……是人民的敌人"。左派社会革命党人主张实行按收入来源区分剥削者和被剥削者的路线。

左派社会革命党人根据自己的阶级理论，不承认农村贫农是一个阶级范畴，因此他们对"贫苦农民委员会"持否定态度，认为把农村贫民同其他阶层、同劳动农民对立起来是没有意义甚至是粗暴的。左派社会革命党人不认为农村贫民具有创造精神，他们称"贫苦农民委员会"是"痞子委员会"。在这个问题上，左派社会革命党人的观点有一定的正确成分。的确，当征粮队进村时，引发了农村的暴力事件，苏维埃遭到破坏，中、小农民离开了布尔什维克。在俄共（布）第八次代表大会上，列宁承认，由于苏维埃工作人员没有经验和问题的复杂性，"对富农的打击往往落到了中农头上"[1]。1918 年年底，贫苦农民委员会停止活动。

随着左派社会革命党人和俄共（布）矛盾的加深，1918 年 6 月 28 日至 7

---

[1] 《列宁选集》第 3 卷，人民出版社，1995，第 786 页。

月1日，左派社会革命党召开第三次代表大会，对俄共（布）的"战时共产主义"政策进行了严厉的批评。代表大会关于目前形势的决议指出："实行高度集中制，用专政代替官僚机关，成立不受地方苏维埃监督和领导的征粮队，搞乱了农村的阶级关系。"卡姆柯夫在总结发言时号召："再次进行武装起义……以恢复被践踏的革命成果。我们左派社会革命党人在这场斗争中将起主要的和决定性的作用。世界革命将由于我们进行反对德国帝国主义的起义而爆发。"[①]

左派社会革命党人认为，1918年春夏两季布尔什维克采取的那些不受欢迎的措施都是德国施压的结果。于是党的上层越来越认为有必要恢复"中央恐怖活动"。6月24日，党中央决定"可以针对德国帝国主义的一些重要人物组织恐怖活动"。实际上，这里指的是刺杀在乌克兰的德国占领军司令埃赫根和德国驻俄国大使米尔巴赫伯爵。社会革命党中央对此做了周密部署，试图以此破坏布列斯特和约，甚至引发世界革命。

7月6日，德国驻俄国大使米尔巴赫被勃留姆金刺杀。具有讽刺意味的是，勃留姆金在全俄肃反委员会是负责德国大使馆安全的。从左派社会革命党人的情绪看，他们搞这次恐怖活动的初始目的并不是反苏维埃的暴乱行动，如后来苏联官方史学著作写的那样。他们最初的意图是通过刺杀米尔巴赫使政府面对布列斯特和约被破坏的事实。但是，他们没有想到，德国并不急于撕毁布列斯特和约。于是这些左派社会革命党人竟然去逮捕捷尔任斯基等布尔什维克人士，以免自己被后者逮捕。但是，他们没有想到，党的领袖之一、任邮电人民委员的普罗相的举动大大超出了他们事先约好的范围，他竟占领电报局，向全俄发出通令，宣布左派社会革命党人掌权。

这一天，历史的公理无疑在布尔什维克一边。布尔什维克国务活动家们对这种有可能破坏以高昂的代价得到的和平喘息时机的做法，采取了坚决而果断的措施。当时正在召开全俄苏维埃第五次代表大会（1918年7月4~10日），参加代表大会的左派社会革命党党团的全体成员被逮捕。一个强大的政党两天时间里失去了政治空间和统一的领导，变成一群乌合之众，各奔东西。

---

① 转引自《俄国政党历史》，莫斯科，1994，第364页。

首先分裂的是参加苏维埃第五次代表大会的左派社会革命党人，有一部分人坚定地转到布尔什维克一边，同自己的中央保持距离。此外，1918 年 7 月 6 日的行动如晴天霹雳，震惊了左派社会革命党基层组织。许多组织匆匆忙忙地同中央划清界限，地方苏维埃中的许多左派社会革命党人纷纷退党，许多人加入了布尔什维克。

7 月 6 日事件后，左派社会革命党人从许多地方苏维埃中被驱逐出去。到秋天，只有 31 个县的苏维埃中还有左派社会革命党人。而在 1918 年 11 月 6～9 日召开的全俄苏维埃第六次代表大会上，100 名代表中只有 1 名左派社会革命党人（上届代表大会上他们的代表占比 30%）。此后，左派社会革命党人的政治影响力每况愈下。

这个结局是很令人遗憾的，这表明左派社会革命党人作为一个政治组织并不成熟。十月革命前后，他们同布尔什维克曾有过很好的合作：1917 年 7 月一起转入地下，10 月在军事革命委员会中合作，在第二届和第三届全俄中央执行委员会中共同工作，在人民委员会（1917 年 12 月至 1918 年 3 月）中密切配合。所有这一切使两党间及个人之间建立了稳固的联系，这种联系是很难割断的。引人注意的是，斯皮里多诺娃后来在克里姆林宫牢房中还给左派社会革命党第四次代表大会（1918 年 10 月）代表写信："但是，同志们，当我们进行反对布尔什维克宣传、同布尔什维克进行斗争时，绝不能忘记他们已经干出了伟大的事业，在国外，全世界都站到了他们的旗帜下；绝不能忘记我们和布尔什维克有共同的敌人和朋友。"最后，她还沉痛地补充道："这是我们党的主要悲剧。"

但是，此后，左派社会革命党人同布尔什维克的关系日益紧张，他们之间已不可能再进行合作了。这对左派社会革命党人的命运产生了决定性的影响。

六　俄共（布）第二个党纲

1918 年 3 月召开的俄国社会民主工党（布尔什维克）第七次代表大会通过了关于改变党的名称的决定。党开始称作"俄国共产党（布尔什维克）"。代表大会还决定"在已经开始的国际社会主义革命时代"修改党的纲领。

一年以后，1919年3月，俄共（布）第八次代表大会通过第七次代表大会党纲修改委员会起草的党纲草案。

党纲草案分两部分：理论部分和党在各个活动领域所面临的具体任务部分。理论部分对时代做了总的评价，而对党的主要任务的阐述包括党在一般政治、民族关系、军事、司法、国民教育、宗教关系、经济、农业、分配、货币和银行、财政、住宅问题、劳动保护和社会保证、人民保健事业方面的任务。

新党纲根据俄国社会民主工党第二次代表大会以来国际形势和国际共产主义运动的发展以及十月革命胜利的历史现实，以马克思主义理论为准绳，提出了俄共（布）的行动指南。列宁为新党纲的制定做出了巨大贡献。他写的《俄共纲领草案初稿》的大部分论点几乎原封不动地被采纳。

理论部分强调，俄国的十月革命实现了无产阶级专政，为人类发展史上的新时代——从资本主义向社会主义革命过渡的时代奠定了基础。党纲草案中指出："只有无产阶级社会主义革命才能把人类从帝国主义和帝国主义战争所造成的绝境中解救出来。不论革命有什么样的困难，可能遭到什么样的暂时失利，不论反革命掀起什么浪潮，无产阶级的最终胜利是不可避免的。"[1]

党纲指出，帝国主义是资本主义的最后阶段和世界无产阶级共产主义革命的前夜，同时指出商品生产是"资本主义生产关系的基础"。在这个问题上，布尔什维克理论家之间存在严重分歧。布哈林认为，在整个文明世界中，从无组织的、无政府的资本主义向有组织的、可调节的资本主义过渡已经具有不可逆转的性质，因此，小商品生产必然要遵循生产和资本集中的铁的规律；只有利用现代工业技术和现代科学技术成就的大工业和农业生产，才能够成为社会主义社会的基础，而小商品生产和在这一范围内进行的私人交换同大生产是对立的，已经失去历史意义，必然会慢慢地痛苦地死去。因此布哈林"援引旧纲领"有关部分，只限于对帝国主义做出评述，而"完全抛开"对资本主义做分析。[2] 布哈林认为，金融资本主义是"决定新时代性质的最典型的东西"[3]。实际上，分歧的实质在于对帝国主义的本质、社会主义革命的理论和

①《列宁选集》第3卷，人民出版社，1995，第719页。

②《俄共（布）第八次代表大会记录（1919年3月）》，莫斯科，1959，第45页。

③ 同上。

无产阶级的同盟者问题有不同的见解。

列宁坚持在纲领中写进关于对帝国主义的分析和论述、对商品经济和资本主义基础的分析。代表大会采纳了列宁的意见。列宁认为，哪里存在着小商品生产，哪里就必然会每日每时地、自发地和大批地产生着资本主义因素。布尔什维克不得不长期考虑到农民的小资产阶级心理和传统的影响。此外，俄国没有建立有组织的资本主义的经验，而曾经存在的一些因素也因经济破坏的影响而消失了。

另一个有争议的问题是民族问题。布哈林和皮达可夫反对民族自决权的提法和民族政策。他们认为，在帝国主义条件下进行民族解放战争是不可能的。在资本主义条件下，民族自决权是不可能实现的，而在社会主义条件下，它又是多余的，因为社会发展的方向是使各民族融合。布哈林主张用各民族的劳动阶级自决的论点来代替民族自决的提法。列宁认为："我们的党纲不应当说劳动者自决，因为这是不正确的……既然各个民族还处于从中世纪制度进到资产阶级的民主或从资产阶级的民主进到无产阶级的民主的道路上的不同阶段，那么我们党纲中的这个原则便是绝对正确的。"[1] 列宁指出，正确地解决民族问题，是吸收俄国所有民族的劳动者捍卫革命成果和建设社会主义社会的条件。从国际解放运动的观点来看，共产党只有始终不渝地捍卫各民族有直到分离出去成立国家的自决权，才能加速无产阶级团结的进程和加强遭受着民族压迫和殖民压迫的群众的革命斗争。但是后来列宁又强调，承认民族自决权并不意味着在任何情况下都要分离。在第八次代表大会上，列宁的观点占了上风。

俄共（布）第八次代表大会是在国内战争条件下召开的。"战时共产主义"政策的实施使农民遭到很大损失。因此，代表大会关于农民，尤其是关于中农的决议在当时具有重要意义。代表大会建议对中农这个社会阶层采取灵活的政策：把他们同富农区分开，关心他们的需要，在确定社会主义改造的方法时向他们让步。列宁在俄共（布）第八次代表大会上做的关于农村工作的报告中号召党员说："任务不是剥夺中农，而是照顾农民生活的特殊条件，向

---

[1] 《列宁选集》第 3 卷，人民出版社，1995，第 762 页。

农民学习向更好的制度过渡的方法，**决不可发号施令！**"① 在"战时共产主义"时期工农关系日益紧张的环境下，这个决定无疑是非常及时的。

在党纲草案中占有很大篇幅的是经济部分。这一部分所阐述的社会主义经济原则和向社会主义过渡的方法，反映了列宁和布尔什维克党这一时期对这个问题的认识。此时正值国内战争和外国武装干涉时期，布尔什维克党为保证苏维埃政权的胜利，采取了"战时共产主义"政策。这个历史实践也不同程度地对党纲有关部分的内容产生了影响。

在列宁提出并最终被代表大会基本采用的党纲草案中指出："要实现共产主义，绝对需要在全国范围内把劳动最高度地最严格地集中起来，这就要首先克服工人在职业上和地区上的散漫性和分散性。"根本的任务是"按照一个全国性的计划把国内所有经济活动最高限度地联合起来；使生产最大限度地集中起来：亦即按每个部门和几个部门将生产联合起来"。"在分配方面，苏维埃政权现时的任务是坚定不移地继续在全国范围内用有计划有组织的产品分配来代替贸易。目的是把全体居民组织到生产消费公社中，这种公社能把整个分配机构严格地集中起来，最迅速、最有计划、最节省、用最少的劳动来分配一切必需品。"在从资本主义向共产主义过渡的时期，立即消灭货币是不可能的。但是"俄共将力求尽量迅速地实行最激进的措施，为消灭货币作好准备，首先是以存折、支票和短期领物证等等来代替货币"。在农业方面，苏维埃政权已着手"实现一系列旨在组织大规模的社会主义农业的办法"②。其中最主要的办法是国营农场、农业公社和共耕社。③

这些措施不仅仅是在国内战争形势下被迫采取的。列宁和布尔什维克党在这一时期确实有向社会主义直接过渡的想法，这些措施乃是向社会主义直接过渡的具体办法，是自觉采取的措施。列宁曾设想通过实施这些措施，在实践中

---

① 《列宁选集》第3卷，人民出版社，1995，第785页。
② 《苏联共产党代表大会、代表会议和中央全会决议汇编》第1分册，人民出版社，1964，第526～534、540～544页。
③ 农业公社是苏俄当时农业生产合作的一种形式。在农业公社里，所有生产资料以及土地使用一概实行公有化。社员没有副业，公社内部不按劳动而按人口进行分配。而在共耕社里，集体劳动只限于耕地和播种，其余农活由农民个人分别完成。社员拥有农具和自己那份土地上的产品的私有权。

检验"哪些措施是最适当的",以便进行广泛的推广。

纲领中还提出了布尔什维克党在军事、司法、社会保证等方面的任务。这个纲领是布尔什维克党进行社会主义建设的行动指南。

众所周知,从俄国社会民主工党第二次代表大会通过第一个党纲到俄共(布)第八次代表大会通过第二个党纲,前后历时 16 年;而从 1919 年通过第二个党纲,到 1961 年苏共第二十二次代表大会通过第三个党纲,前后历时 40 多年。所以第二个党纲对苏联社会主义建设的影响是巨大的,同时对世界社会主义革命和社会主义建设的影响也是巨大的。第八次代表大会在讨论党纲草案时,虽然布哈林等人在时代特征的表述和民族关系方面发表了一些不同看法,但是在建设社会主义道路的问题上,布尔什维克党的主要领导人在基本原则问题上的认识是一致的。布哈林和普列奥布拉任斯基为宣传俄共(布)第八次代表大会的纲领而撰写的小册子《共产主义 ABC》,曾被译为多种文字在世界出版。这本小册子得到列宁的好评。小册子中所反映的向共产主义直接过渡和有关商品、货币等一系列问题上的思想,被后来的社会主义实践所否定,但是俄共(布)第二个党纲所起的影响是不容忽视的。

第八章 新经济政策时期：经济民主
与政治集中的探索

一 新形势下布尔什维克与各党派的关系

1919 年年底至 1920 年年初，红军在国内战争各条战线上取得了决定性的胜利。西方民主舆论纷纷表示反对协约国各国干涉俄国内政，迫使这些国家从俄国领土撤出干涉部队。高尔察克、邓尼金和尤登尼奇等白匪政权失去协约国的直接军事援助后根本抵抗不住红军的进攻。在经济战线上，粮食人民委员瞿鲁巴领导的强大的粮食机构迅速从农民手中搞到大量粮食并运往工业区，莫斯科和彼得格勒工人的粮食定额大幅度增加，工人的劳动生产率有了提高。1920 年春天和夏天，工业开始增加日用品生产。1921 年的生产计划几乎提高一倍。1920 年年初，以克尔日扎诺夫斯基为首的国家电气化委员会集中了 200 名科学家和工程师开始编制第一个国民经济长期计划。同年 12 月 22～29 日举行的全俄苏维埃第八次代表大会批准了俄罗斯国家电气化委员会提出的《全国电气化计划》。和平的经济发展时期正在到来。

但是，国内战争时期实行的高度集中的"战时共产主义"体制还在继续发挥作用。这种体制是建立在对农民进行剥夺的基础之上的。内战时期，苏维埃政权"实际上从农民手里拿来了全部余粮，甚至有时不仅是余粮，而是农民的一部分必需的粮食"，用这些粮食供给军队和养活工人。列宁说："我们当时不这样就不能在一个经济遭到破坏的小农国家里战胜地主和资本家。"[1]

---

[1] 《列宁选集》第 4 卷，人民出版社，1995，第 501～502 页。

那时，农民（主要是中农）对此尽管不乐意，但尚可以暂时忍受。正如基洛夫讲的那样："农民从地主那里夺得了土地，只经过一个播种季节就已经习惯于在这块土地上生活了。当他听说地主来了，立即拿起枪，参加了红军，把自己的余粮交给了红军和居民。因为他知道，卷土重来的地主强加给他们的制度要比共产党人的粮食垄断更严厉。"① 不过，即使内战时期，这些措施也不是所有农民都能接受的，余粮征集制遇到各种形式的反抗。根据苏俄中央统计局的数字，1920 年，农民隐瞒的实际播种面积超过 2000 万英亩，占播种面积总数的 14%；隐瞒的收获量占粮食总收获量的 33%。②

随着内战的结束，农民对苏维埃政权的粮食政策越来越不满。事实上，1920 年粮食人民委员部搞到的大批粮食仍然是按余粮收集制的办法强行征收的。1920 年，农民反对粮食垄断和余粮收集制的活动达到高潮，因为 1920 年夏天俄国许多地区歉收，而粮食征购任务并没有减少。各地不断传来农民暴动的消息。以往的史书大都把这些农民暴动说成反革命政党尤其是社会革命党搞的叛乱。从社会革命党对布尔什维克的态度、同布尔什维克的关系以及社会革命党同农民的传统联系来看，不排除社会革命党人参与和组织这些农民暴动的可能性，但是仅靠欺骗手段是不可能动员起那么多农民反对苏维埃政权的。

在众多的反对苏维埃政权的农民暴动中，最著名的是 1920 年秋季发生在坦波夫省的农民暴动（史称"安东诺夫叛乱"）。这次的农民反抗活动席卷坦波夫省的很大一部分地区以及沃罗涅日与萨拉托夫省的一些地区。参加者约有 3 万人之多，历时 5 个月。结果暴动被镇压下去。但是苏维埃政权也向农民做出重要让步：在省内停止一切征粮活动，召回征粮队，对农民发放种子。1921年 2 月 8 日列宁给中央政治局会议写了《农民问题提纲初稿》，建议"满足非党农民关于用粮食税代替余粮收集制（即收走余粮）的愿望……扩大他们将纳税后的余粮投入地方经济流转的自由"③。此前，孟什维克和社会革命党人也多次以口头和书面形式强调必须采取这些措施。在全俄苏维埃第八次代表大会上，孟什维克唐恩也提出此问题，但是当时布尔什维克没有决心取消余粮收

---

① 《基洛夫文章和演说选》，莫斯科，1957，第 141 页。
② 《1917 年以来苏联的经济发展》，伦敦，1953，第 116～117 页。
③ 《列宁全集》第 40 卷，人民出版社，1986，第 338 页。

集制，反而要农民服从国家播种委员会的命令。

1921年2月28日，彼得格勒附近，也是苏俄在波罗的海的主要海军基地——喀琅施塔得爆发反对当局、反对布尔什维克的起义。水兵们不服从长官的命令，建立了自己的革命委员会。事件最初发生在"彼得罗巴甫洛夫斯克"号和"塞瓦斯托波尔"号主力舰上，随后起义者在市内举行群众大会，会上提出了建立"没有共产党人的苏维埃""贸易自由"等口号。大会决议中还提出了给予左派"社会主义"团体和无政府主义团体行动自由的要求。苏维埃政府认定这次事件是反革命叛乱，于是决定采取镇压措施。但是，全俄肃反委员会关于这次事件原因的调查结果却表明事实并非如此。调查报告中说："喀琅施塔得卫戍部队和工人的起义（本年3月1～17日）是2月下旬彼得格勒某些工厂骚乱和罢工发展的直接逻辑结果……起义的工人不仅仅是要求扩大粮食配额……总体上讲，运动是在取消共产党专政和建立自由选举的苏维埃政权的口号下进行的。彼得格勒的运动之所以没有组织性，没有普遍性，在很大程度上是因为及时和迅速摧毁了社会革命党、孟什维克、左派社会革命党人和无政府主义者的组织……俄共（布）喀琅施塔得组织中的大多数党员很快都脱离党，拿起武器同叛乱者并肩作战……起义领袖都声明自己不属于任何政党……调查没有发现叛乱发生前要塞指挥员中有反革命组织或协约国间谍活动的迹象。"[1] 这份报告再清楚不过地说明了喀琅施塔得事件的性质。当时喀琅施塔得水兵中几乎有80%的人来自对余粮收集制不满的农民，主要是中农。这说明作为苏维埃政权基础的工农联盟已经面临崩溃的威胁。为了平息喀琅施塔得起义，当局派出红军部队，党组织派出几千名共产党员去喀琅施塔得。俄共（布）第十次代表大会的300名代表也奔赴彼得格勒，准备参加战斗。

3月16日夜，即起义爆发半个月之后，当局派出的部队向要塞发起猛攻。在付出重大的伤亡代价后，起义的要塞终于被制服。这次事件对布尔什维克党触动极大，布尔什维克党开始认真分析喀琅施塔得事件的原因。列宁写道："1921年春天的经济转化为政治：'喀琅施塔得事件'。"[2] 俄共（布）第十次

---

[1]　转引自《俄国政党历史》，莫斯科，1994，第426～427页。
[2]　《列宁全集》第41卷，人民出版社，1986，第383页。

代表大会期间发生的这次事件，对于俄共（布）调整政策，重新认识"战时共产主义"实践起到了促进作用。

布尔什维克认为，在这一时期发生的一系列反对苏维埃政权和布尔什维克党的事件中，都有孟什维克、社会革命党人和无政府主义者等"小资产阶级政党"参与。因此，在平息各地突发事件的过程中，苏维埃政权对孟什维克和社会革命党组织进行了镇压。到1921年3月初，肃反委员会在全国逮捕了数千名孟什维克、社会革命党人和无政府主义者积极分子，并把他们关进监狱和集中营。孟什维克和社会革命党组织都转入地下。

孟什维克地方委员会还在活动，但已不是公开活动。地方委员会原来都是在全体会议上选举产生，现在开始搞补选，或在小范围内选举产生。党中央委员会因无法召开全俄党代表大会而连续几年没有改选。孟什维克中央委员大都流亡国外，在组织方面只是出版党的政治读物。马尔托夫和阿布拉莫维奇在柏林编辑出版杂志《社会主义通报》。

社会革命党在1921年年初的确参加了反对苏维埃政权的活动。喀琅施塔得和坦波夫等地的农民起义或暴动都有社会革命党人参加。结果这一时期有一大批社会革命党人或在同现政权的武装冲突中被打死，或被捕后被处决，或被关进集中营。但是直到1922年夏，社会革命党人对许多省的居民仍然有影响力，包括阿尔泰、沃罗涅日、维捷布斯克、叶尼塞斯克、西伯利亚、萨拉托夫和坦波夫等省。由于在这些省份社会革命党组织很活跃，1921年年初，布尔什维克在这些地方实行了戒严状态，社会革命党随即转入地下。1922年6~8月，在莫斯科举行了对"社会革命党中央委员会和社会革命党其他组织成员案件"的审判。全俄中央执行委员会最高法庭指控在各个时期被全俄肃反委员会机关逮捕的社会革命党领袖阿·哥茨、Д. Д. 顿斯基、Д. Я. 格尔施泰因、米·雅·亨德尔曼－格拉波夫斯基、М. А. 利哈乔夫、М. Н. 伊万诺夫、Е. М. 季莫费耶夫等人图谋推翻苏维埃政权，帮助白卫分子和外国干涉者，并进行反革命宣传鼓动。俄共（布）中央政治局领导了这次审判活动。审判案的目的是杜绝社会革命党人可能搞的恐怖活动。全俄中央执行委员会对被告判处极刑，但暂缓执行。这样一来，这些社会革命党的前领袖便成了政治人质，用他们可以防止其他社会革命党人恢复革命前的恐怖活动传统，防止他们暗杀当局要人。被镇压的孟什维克和社会革命党人的最好结局是自愿或被迫流亡国外，但这大都是少数最有影响的人物，其他人被发配到西伯利亚和偏远地区的特殊集中营。

国内战争结束后，日益激化的工农关系以及农民群众同苏维埃政权的关系，在政治斗争进程中被转化为布尔什维克党同社会革命党和孟什维克等反对党之间的关系。俄共（布）第十次代表大会决定采用新经济政策后，苏维埃政权同农民的关系得到改善。孟什维克和社会革命党人因反对布尔什维克政权或直接参与了反对苏维埃政权的武装行动而受到镇压，布尔什维克党在同反对党的斗争中取得了决定性的胜利。可以说，国内战争结束后，国内已经没有任何一个政党可以和布尔什维克并驾齐驱、平分秋色。从此以后，俄国政治斗争的表现形式也发生了根本的变化。

二 俄共（布）十大与新经济政策

1921 年年初，共产党已经拥有了相当雄厚的力量，有 2 万多个支部、73 万余名党员，其中约有 35 万人在全国各城市工作，农业地区集中了约 20 万人，红军中有 16 万余人。

在各苏维埃社会主义共和国内都建立了共产党，它们都是俄共（布）的组成部分，如乌克兰共产党有 6 万名党员，年轻的白俄罗斯共产党有 3000 名党员，阿塞拜疆共产党约有 1.5 万名党员，亚美尼亚共产党有 7000 名党员，如此等等。

在国内战争和外国武装干涉年代，俄共（布）的成分有了显著变化。只有 10% 的党员是十月革命前入党的，其余都是 1918～1920 年入党的。党内工人占 44%，农民同手工业者和手艺人约占 24%，职员和属于其他社会集团的人约占 30%。1921 年年初，俄共（布）成员中约有 7% 来自其他政党，但是这些党员大都在以后的清党运动中被开除出党。

为了加强俄共（布）对各部门的领导，中央派出数千名党员去加强各省委和经济机关。对党中央委员会的工作也进行了改组，它的执行机构——政治局、组织局和书记处开始主要抓恢复国民经济的问题，如燃料、开采、运输工作、农业状况、粮食供应等。中央委员会也非常关心工会、共青团和苏维埃的工作。

俄共（布）中央委员会十分重视经济建设重点地区党的力量配置。当时中央全会、政治局和书记处所审核的全部问题的一半以上、组织局会议所讨论问题的 3/4 以上，都涉及干部的挑选和分配问题。总而言之，俄共（布）的地位得到了全面巩固。

在这种形势下，俄共（布）中央和列宁认真地研究了过去几年国家在社会政治和经济方面发展的结果，总结了劳动人民从事创造性活动和在"战时共产主义"的特殊条件下建设社会主义的经验，批判地评价了在那个时期形成的关于向社会主义过渡的途径和经营方法的概念，从而为向新经济政策过渡做了思想和理论上的准备。

"战时共产主义"是企图用"正面进攻"的办法消灭城乡资本主义，通过捷径实现向社会主义过渡。列宁说："当时我们认定，农民将遵照余粮收集制交出我们所需数量的粮食，我们则把这些粮食分配给各个工厂，这样，我们就是实行共产主义的生产和分配了。"① 列宁对"战时共产主义"的分析，既包括肯定"战时共产主义"是动员国民经济保卫国家的政策，也包括对"战时共产主义"时期所形成的关于向社会主义过渡的途径那些概念错误的分析批判。在全俄苏维埃第八次代表大会（1920 年 12 月 22～29 日）开会期间，列宁参加了非党农民代表的会议，并且像他所说的那样："从他们对农村生活中最棘手的问题……的讨论中，我得到了很多东西"②。所有发言的人都反对保留余粮收集制，认为必须让农民感到有利可图，不然农业就无法搞下去。列宁记下了代表们的发言。1921 年 2 月 4 日，莫斯科五金工人扩大代表会议通过决议指出，余粮收集制"不仅不符合农民群众的利益，而且对工人群众的状况也产生了极其有害的影响"，希望"以一定的实物税代替余粮收集制"③。列宁在会上发表演说，首次提出重新考虑工人阶级和农民的关系问题。④ 调整布

① 《列宁全集》第 42 卷，人民出版社，1986，第 182 页。
② 《列宁全集》第 40 卷，人民出版社，1986，第 170 页。
③ 《共产主义劳动报》（莫斯科）1921 年 2 月 16 日。
④ 《列宁全集》第 40 卷，人民出版社，1986，第 316 页。

尔什维克党经济政策、调整工农关系的问题终于在俄共（布）第十次代表大会上得到实现。

1921年3月8日，俄共（布）第十次代表大会在莫斯科举行。代表大会的议事日程包括如下一些基本问题：中央委员会的报告、关于以实物税代替余粮收集制、工会及其在国家经济生活中的作用、党在民族建设方面的任务、党的建设问题、关于政治教育总委员会和党的宣传鼓动任务、关于军队的改组、处于资本主义包围中的社会主义共和国的状况、俄共（布）驻共产国际代表团的报告、选举中央委员会和中央监察委员会。

代表大会对以实物税代替余粮收集制问题的讨论，以及通过的有关决议具有重要的历史意义，它标志着新经济政策的开始。列宁解释说，实物税的问题，"首先而且主要是一个政治问题"①，因为它的实质在于巩固工农联盟这两个阶级的关系，决定着整个革命的命运。

新经济政策的任务是吸引农民群众参加社会主义建设，为此而采取农民最能理解和最合心意的方式、方法。"小农只要还是小农，他们就必须有同他们的经济基础即个体小经济相适应的刺激、动力和动因。"②

列宁明确回答了由于实行粮食税而产生的问题：能不能在国内有一定的周转自由，同时又不至于破坏无产阶级专政、削弱社会主义基础呢？他指出全部问题在于确定周转自由的范围。如果无产阶级把政权掌握在手里，搞好工农业之间正确的经济周转，那么，国家除了政治权力之外就又有了经济权力。③

列宁在代表大会上建议立即向全世界宣告："我们执政党的代表大会已经基本上决定以实物税代替余粮收集制，从而给小农许多刺激，推动他们来扩大经营增加播种面积"，代表大会相信，在新政策的基础上"一定能够在无产阶级和农民之间建立起牢固的关系"④。

俄共（布）第十次代表大会关于以实物税代替余粮收集制的决议，标志着列宁和布尔什维克党放弃直接向社会主义过渡的思想，开始冷静地考虑俄国

---

① 《列宁选集》第4卷，人民出版社，1995，第444页。
② 《列宁选集》第4卷，人民出版社，1995，第449页。
③ 同上。
④ 《列宁选集》第4卷，人民出版社，1995，第459页。

的现实，制定符合客观条件要求的政策。

所谓粮食税，它与余粮收集制的最大不同点就在于，它是从农民对个人利益的关心上来促进生产的发展。粮食税额低于余粮收集额。农民事先知道应该交多少税，缴税后剩余的粮食可以自己支配。这表明工农联盟的军事政治形式将被经济形式所代替。

众所周知，工农联盟中的核心问题是工人阶级对农民的领导权，或者说是通过什么途径领导农民和使农民经济走向社会主义的问题。应该说，粮食税本身并不是目的，仅靠粮食税这种具体办法也不可能使农民走上社会主义。我们理解，粮食税只是一种标志，标志着工农军事政治联盟形式的完结，标志着探索新的经济联盟形式、探索建设社会主义新方法的开始。

关于以实物税代替余粮收集制的法令执行一个月后，列宁发表了《论粮食税》一文，第一次把粮食税作为一项新政策来论述其意义。列宁指出，同"战时共产主义"相比较，粮食税乃是向正常的社会主义产品交换过渡的一种形式。在小农国家内，无产阶级正确的政策是用农民所必需的工业品去换取粮食，而粮食税就是向这种粮食政策的过渡。

实行新经济政策，取消余粮收集制而改行粮食税，这意味着允许发展商业，允许周转自由。因此在起草俄共（布）十大关于粮食税的决议草案时，列宁强调应明确规定小农有周转的自由，但是要改变传统观点是不容易的，当时的粮食人民委员亚·德·瞿鲁巴就不同意在决议草案中写上周转自由的说法，为此列宁曾专门写信给瞿鲁巴做说服和解释工作。但是瞿鲁巴等人在起草的决议草案第二稿中，仍对农民的周转自由提出如下限制：既允许在农村联合组织（村社）的范围内，也允许在这个范围以外进行交换，但在后一种情况下，交换只能通过粮食委员会机关进行；在所指定形式以外的任何其他形式的交换，都要作为投机行为予以追究。虽然后来由于列宁的坚持，文中取消了对农民处理余粮的上述限制，但保留了"允许在地方经济周转范围内实行交换"的提法。

其实，在向周转自由过渡的问题上，开始时列宁和布尔什维克领导人的认识是有局限性的。他们认为农民的周转自由只能采取商品交换的形式，不能放开市场，所以要把小农周转自由限制在地方范围内。所谓商品交换，按当时列宁的理解就是：设想"在全国范围内，或多或少要按照社会主义方式用工业品换取农产品"①。1921年春天，列宁还没有充分意识到商业、市场问题的重要性，还不打算一下子退到国家只是调节商业和货币流通上来。他当时设想把买卖自由、贸易自由纳入合作社资本主义，即国家资本主义的轨道。列宁这时所说的商品交换在很大程度上就是产品交换，还不是商品的自由买卖，不是现金交易。他在1921年5月还认为，"社会主义工厂的产品，已不是政治经济学意义上的商品，决不单纯是商品，已不是商品，已不再是商品"②。因此，1921年3月至10月，只允许农民在地方经济周转范围内实行交换，这同列宁和当时党内领导人对这个问题的认识有着密切的关系。

新经济政策实行半年以后，列宁发现这种商品交换实际上行不通。因为工业品价格定得太高，农民对此不满意。在这种情况下，私商的活动范围大大地扩大了，再把周转限制在地方范围内，限制在国家资本主义商品交换的范围内，是不可能的，所以列宁说这种商品交换关系失败了。实际情况超出了原来的设想，经济发展的结果，私人市场比社会主义商品交换强大，通常的商品买卖、货币流通代替了商品交换。根据这种情况，列宁在1921年秋天提出："我们还退得不够，必须再退，再后退，从国家资本主义转到由国家调节买卖和货币流通。"③ 亦即用通常的买卖、贸易来代替产品交换。到此，列宁比较彻底地放弃了"战时共产主义"那种直接向社会主义过渡的方法。

当然，在新经济政策时期，从"战时共产主义"向后退却不仅仅表现在粮食问题上，不仅仅表现在农村和农业领域，工业和商业领域也发生了相应的变化。工业领域出现了非国有化倾向，扩大了租让制和租赁制的实践范围，商业领域的合作制、代购代销、合营股份公司等国家资本主义形式都有了一定的发展。列宁把国家资本主义作为落后国家社会主义改造和建设的一种经济形式确定下来。

采取这些措施调动了农民和各种生产者的积极性，使危机深重的经济状况得到改善，粮食、燃料等极为紧迫的问题得到缓解。新经济政策尤其促进了农

① 《列宁全集》第42卷，人民出版社，1986，第228页。
② 《列宁全集》第41卷，人民出版社，1986，第276页。
③ 《列宁选集》第4卷，人民出版社，1995，第605页。

民生产积极性的提高和农村市场的活跃，使"战时共产主义"时期一度处于危机边缘的城乡关系、工农关系重新获得改善并得到巩固。

私营商业的不断活跃扩大了国家财政的税收来源。到 1923 年第一季度，国家从私商征收的税款占税款总额的 79.8%，到第二、三季度，私商所纳税款仍占税款总额的 75.7%。私营纳税额的增长速度大大超过了国家征收税款的增长速度。对此列宁曾指出："我国的商业活动已经使我们得到了一些资本。诚然目前还是很少的，才 2000 万金卢布多一点。但总算有了一个开端，我们的商业使我们得到了资金，我们可以用来发展重工业。"①

商业原则在新经济政策中占有十分重要的位置。列宁认为，商业是工农关系的结合点，是多种经济成分之间的联结纽带。这表明苏维埃国家在国民经济中已经开始从行政命令的领导方法向经济方法过渡，即向民主的、发挥广大群众积极性和主动精神的方法过渡。这也正是新经济政策的实质所在。

还应该看到，俄国革命是一次复杂的革命，它不仅仅是无产阶级反对资本主义的革命，也是农民反对封建主义的革命。如何处理两种不同革命任务的关系，决定着未来革命的发展。革命前的俄国，虽然资本主义有一定程度的发展，但是 84% 以上的人口在农村，这一事实本身就表明，俄国仍然是一个农业国。因此，反对封建主义的任务比反对资本主义的任务更艰巨。所谓农民反封建的革命，其使命是把农民彻底地变成自由的商品生产者，恢复或建立积累财富的自由和权利，使基本农民群众能够自由地走向市场，去利用商品货币关系，因此，从某种意义上讲，也可能出现不同程度的资本主义剥削。如果在国内战争结束后继续阻止小商品生产者走向市场，就是阻碍发展小私有经济的生产力，其结果必然导致无产阶级和基本农民群众的冲突，造成无产阶级革命和农民革命脱钩，从而发生喀琅施塔得之类的事件。小生产者农民由于其所处的经济地位，不仅从经济上，而且从心理上也不可能一下子过渡到社会主义。这一点已经在实践中得到证明。因此必须经过一个中间环节，新经济政策所规定的所有退却措施正是起到了这样一个作用。

当然，通过新经济政策来解决农民反对封建的任务，同一般农民反封建革

---

① 《列宁选集》第 4 卷，人民出版社，1995，第 724 页。

命是根本不同的，因为新经济政策是在无产阶级国家的指导下实行的。因此，发展商品货币关系也好，发展市场也好，允许一定程度的资本主义剥削也好，其范围都是受控于无产阶级政权的，其目的是向社会主义过渡，而不是向资本主义过渡。

新经济政策是列宁和布尔什维克党在十月革命后，经过"战时共产主义"政策的挫折之后，进行的一次较成功的实验，是社会主义史上一次伟大的实验。正是通过这次实践，列宁声明："我们对社会主义的整个看法根本改变了。"① 这句话具有极其深刻的含义。它既包含着对过去实践中的成功与挫折的清醒估计，也包含着对未来深沉的思索；既包含着对从资本主义向社会主义过渡途经的看法的改变，也包含着对未来社会主义社会看法的某些改变。

新经济政策是列宁对马克思主义做出的巨大贡献。列宁的新经济政策思想概括了他对建设社会主义道路的理解。但是新经济政策反映的是列宁和布尔什维克党当时对社会主义道路的认识水平，这个认识是建立在实践的提示基础之上的，因此是有时代局限性的。这样评价丝毫不影响列宁及其思想的伟大和他对马克思主义理论所做的贡献。列宁当时强调要认真地长期执行这样的政策，但同时强调并不是永远执行这样的政策。在1921年12月召开的俄共（布）第一次全国代表会议上，布尔什维克的主要理论家布哈林也多次讲："我们贯彻新经济政策的方针是认真的和长期的，但不是永远的。""总有一些东西是不可逾越的，这就是共产主义前景。"因此新经济政策无非是"一种战略手段"。这个思想在布尔什维克领导人中是很有代表性的。列宁也认为新经济政策将搞一二十年，甚至更短的时间。1922年11月20日他在莫斯科苏维埃全会上讲话时指出："社会主义现在已经不是一个遥远将来，或者什么抽象图景，或者什么圣像的问题了……只要我们大家共同努力，不是在明天，而是在几年之中，无论如何会解决这个任务，这样，新经济政策的俄国将变成社会主义的俄国。"②

还应该指出的是，新经济政策原则同俄共（布）第二个党纲中所阐述的

---

① 《列宁选集》第4卷，人民出版社，1995，第773页。
② 《列宁选集》第4卷，人民出版社，1995，第737~738页。

社会主义原则是相矛盾的。当时始终没有提出修改党纲问题，也表明列宁和布尔什维克领导人没有打算把新经济政策作为社会主义原则更加长期地执行下去。这使斯大林在 20 世纪 20 年代末能够轻而易举地提出："让新经济政策见鬼去吧！"①

马克思主义是发展的理论，社会主义是不断改革和发展的社会，任何墨守成规、僵化教条的做法都会阻止社会的发展。如果把马克思主义理论的不断发展过程比作一场接力赛，那可以说，列宁出色地完成了自己这段接力棒的任务。他给我们留下了正确认识问题和解决问题的方法和原则立场。

新经济政策是列宁和布尔什维克党在十月革命后向社会主义过渡过程中思想认识上的一次从空想向现实的转变。新经济政策的实施巩固了俄共（布）在社会中的领导地位，改善了工农关系。但是新经济政策没有解决也不可能解决全部问题。探索和发展社会主义建设理论和道路的任务远没有完结。

三　《关于党的统一的决议》及其影响

俄共（布）第十次代表大会代表的选举是按照"关于工会"的争论期间形成的各个纲领派进行的，这在苏联共产党的历史上是第一次，也是最后一次。当时代表大会上有以列宁为首的十人纲领派，以布哈林为首的缓冲纲领派，以奥新斯基和萨普龙诺夫为首的民主集中纲领派，以施略普尼柯夫和柯伦泰为首的工人反对纲领派等。

1920 年年底 1921 年年初，俄共（布）党内发生了一场关于工会的作用和任务问题的争论。当时苏俄国内战争临近结束，从战争转向经济建设的任务已经提到日程上来，围绕工会在经济建设中的任务和工会在苏维埃国家中的作用问题，布尔什维克党内出现了分歧。

1920 年 11 月 2～6 日，召开了全俄工会第五次代表会议。列入会议日程的问题有：全俄工会中央理事会工作报告、最高国民经济委员会主席团报告、工会的生产任务、粮食运动与工会、工资政策与工人的物质供应、工会目前的

---

① 《斯大林全集》俄文版第 12 卷，第 171 页。

组织任务及其实现的方法、工会参加工农检查院等问题。俄共（布）在这次会议上提出了改变工会的工作方法，即用民主的方法代替行政命令的军事方法以适应社会主义和平建设的任务。会上，托洛茨基反对采用新的工作方法。他主张对工会采取强硬命令式的"整治"政策，要求"拧紧螺丝"和实现"工会国家化"。12 月 25 日，托洛茨基发表纲领性小册子《工会的作用和任务》，阐述了他的观点。他主张：工会国家化，即按各工业部门把经济机关同工会立即融合起来，赋予这个联合体以管理经济的行政职能，把工会变成国家机器的附属品；工会军事化即实行托洛茨基在领导铁路和水运员工联合会中央委员会时采用过的强迫命令方式。

工会问题争论中的工人反对派形成于 1920 ~ 1921 年，但是工人反对派的纲领则早在 1919 年就已开始形成。在 1920 年举行的俄共（布）第九次代表大会上，施略普尼柯夫提出一个关于俄共（布）、苏维埃和工会之间关系的提纲，主张由党和苏维埃管政治，工会管经济。柯伦泰在俄共（布）第十次代表大会前出版的小册子《工人反对派》详细地阐述了其纲领。他要求把整个国民经济的管理交给加入各产业工会的生产者代表大会，由他们选举出中央机关来管理共和国的整个国民经济；各国民经济管理机关也分别由相应的工会选举产生，而且党政机关不得否决工会提出的候选人。[①]工人反对派的纲领曾得到部分工人的支持。

另一个派别集团是民主集中派，1919 年开始出现，1920 年最终形成。民主集中派否认党在苏维埃和工会中的领导工作，反对在工业中实行一长制和厂长个人负责制，要求在党内有组织派别和集团的自由。在俄共（布）第九次代表大会（1920 年 3 ~ 4 月）上，民主集中派提出了《关于委员制和一长制的提纲》。他们要求党中央"无条件地承认委员制是无产阶级专政机关一切环节的建设原则"[②]。他们反对一长制、主张委员制的主要论据是：委员制是反对苏维埃机关的本位主义和官僚主义的有力武器，是能保证广大非党群众和工人

---

① ［苏］亚·米·柯伦泰：《工人反对派》，叶林、段为译，商务印书馆，1981，第 28、54、100 ~ 101 页。

② 中共中央马克思恩格斯列宁斯大林著作编译局：《"民主集中派"和"工人反对派"文选》，人民出版社，1984，第 33 页。

参加管理的制度。

在 1920～1921 年有关工会问题的争论中还出现一个以布哈林为首的缓冲派集团，参加者有尤·拉林、叶·阿·普列奥布拉任斯基等人。缓冲派试图缓和列宁与托洛茨基在工会作用和任务问题上的分歧。

列宁积极参加了关于工会问题的争论。他在 1920 年 12 月 30 日苏维埃第八次代表大会上发表演说（不久即以《论工会、目前局势及托洛茨基同志的错误》为书名出版了单行本），后来又发表了小册子《党内危机》《再论工会、目前局势及托洛茨基同志和布哈林同志的错误》等著作，批判反对派在工会问题上的观点。列宁认为，工会应以共产主义精神来教育工人阶级，应该成为使群众获得必要的经营和管理经验的学校；工人通过工会积极参加社会主义建设，对根据一长制管理生产的经济领导者的活动实行监督；工会的主要任务是为提高劳动生产率、加强劳动纪律、开展社会主义竞赛而斗争。列宁指出，托洛茨基和布哈林所犯的政治错误就是"使我们党离开经济任务，**离开'生产'工作**"[1]。

俄共（布）第十次代表大会前夕，中央工会委员会制定了《俄共（布）第十次代表大会关于工会的作用和任务的决议草案》（即著名的"十人纲领"）。列宁、季诺维也夫、加米涅夫、斯大林、托姆斯基、加里宁等人在这份文件上签字。该纲领在 1921 年 1 月 18 日的《真理报》上发表。

俄共（布）第十次代表大会根据"十人纲领"通过了《关于工会的作用和任务》的决议[2]，对工会问题的争论做了总结。代表大会批评了托洛茨基等反对派的观点，反对在组织和生产管理问题上把国家权力交给工会。决议肯定了列宁关于工会是共产主义学校这一评价，并强调指出工会只有在吸引最广大的劳动阶层参加社会主义建设并以共产主义精神教育他们的条件下，才能完成自己的任务。代表大会再次强调工会不应当作为一种独立的、组织上孤立的力量，而应当作为共产党领导下的苏维埃国家的基本机构之一。

俄共（布）第十次代表大会日程上并没有专门讨论党的统一问题。由于

---

① 《列宁选集》第 4 卷，人民出版社，1995，第 410 页。
② 《苏联共产党代表大会、代表会议和中央全会决议汇编》第 2 分册，人民出版社，1964，第 72～90 页。

会上在讨论各种问题，尤其是党的建设问题时，各派别之间发生激烈的争论和斗争，列宁在代表大会上做了"关于党的统一和无政府工团主义倾向的报告"，专门为代表大会起草了《关于党的统一的决议》草案。[①] 列宁的决议草案得到代表大会大多数人的赞成。《关于党的统一的决议》草案做出的主要政治结论是：党的统一、党员在思想上和组织上的团结一致，是党内生活不可违背的准则，是党的革命改造活动赖以取得成就的必不可少的条件。决议草案要求解散所有小集团，而且今后也不容许任何派别活动。凡是不执行这项决议的，就立即无条件地开除出党。中央委员会授权对破坏党的统一的共产党员采取一切党内处分办法，直至开除出党；若是中央委员则把他们降为候补中央委员，甚至采取开除出党的极端措施。

《关于党的统一的决议》及其规定的严厉措施虽然保证了党在形式上的统一，但是开创了认为党内有意见分歧就是分裂党的先例，使党内正常的民主生活无法开展，当时就有人反对这个决议。第十次代表大会也决定当时不公布有关处分办法的条款。

俄共（布）第十次代表大会是以实行新经济政策、放宽经济活动中的限制、扩大各种经济成分的经营自由而著名的。《关于党的统一的决议》强调的是集中。这是第十次代表大会上的一个矛盾现象，也是新经济政策年代的一个矛盾现象，即经济上放开，政治上强化控制。这个现象的产生在史学界引起很多争论。尤其是近年来，研究人员认为《关于党的统一的决议》给反对官僚主义的斗争，反对党内过分的集中制甚至独裁造成了困难，使各级领导者的权力越来越大，越来越不受监督和控制。后来斯大林正是利用或滥用了第十次代表大会上的有关决议，排斥异己，建立个人集权。直到 1922 年年底列宁才惊奇地发现"斯大林同志……掌握了无限的权力"[②]。这种看法是有一定道理的。列宁当时曾认为这是一项临时性措施，因为看到了这个决定可能导致的后果。

但是，《关于党的统一的决议》的通过同当时列宁对新经济政策的态度有密切的联系。

---

① 《列宁全集》第 41 卷，人民出版社，1986，第 370 页。
② 《列宁选集》第 4 卷，人民出版社，1995，第 745 页。

当时列宁认为，实行新经济政策是有危险的，"新经济政策所采取的每一个步骤都包含着许许多多的危险"。而这种危险同苏维埃共和国以往遇到的危险相比，要严重得多。列宁说："在解决建立苏维埃政权和解散立宪会议的问题时，危险来自政治方面。这种危险是微不足道的。在全世界资本家所支持的国内战争的时期到来后，出现了军事上的危险，这种危险就比较严重了。而在我们改变了我们的经济政策后，危险就更大了……资本主义的恢复、资产阶级的发展和资产阶级关系在商业领域的发展等等，这些就是我们目前的经济建设所遇到的危险，就是我们目前逐步解决远比过去困难的任务时所遇到的危险。"①

此前，布尔什维克党在同其他政党的竞争中巩固了自己的执政党地位，在围绕布列斯特和约的斗争中赢得了喘息时机，在同国内反苏维埃政权势力的斗争中赢得了国内战争的胜利。列宁认为，这些危险都是可以克服的，而实行新经济政策后资本主义的活跃，尤其是农民小资产阶级如汪洋大海般的威胁，这个危险是空前的，因此需要布尔什维克党步调一致地迎接各种严峻考验。应该说，在苏维埃的历史上，对农民的认识始终是不公正的。在强调工农联盟、改善工农关系重要性的同时，始终认为小农经济是苏维埃政权的危险。正是这种认识导致苏联历史上农民问题、农业问题始终处理不好。而在当时对农民的这种认识更加绝对，认为小农经济的活跃意味着资本主义的活跃，这对无产阶级政权是巨大的威胁。当时不仅禁止党内出现各种派别，而且还对党组织进行了清洗，以此来加强党组织的战斗力。从1921年8月到1922年年初，约有13.6万名党员被开除出党，占全体党员的1/5。这些人大都是在十月革命后布尔什维克成为执政党时期入党的，据说被开除者中11%是"因拒绝执行党的指示"，被开除的很多人无疑是真正的或潜在的反对派。其他被开除的理由有"表现消极"（34%），钻营之徒、酗酒、资产阶级生活方式等（25%）和贪污受贿、敲诈勒索等（9%）。②清党工作是正确的，但也有一些发表不同意见的人被开除出党。

① 《列宁选集》第4卷，人民出版社，1995，第608页。
② 参看《俄共（布）中央通报》1922年3月第40期。

列宁希望今后在情况变化时能够恢复党内活跃的民主生活。即使当时，列宁也提出要"采取一切手段并试验各种新的办法，来反对官僚主义，扩大民主"①。但遗憾的是，这个问题在苏共的历史上一直没有得到妥善的解决，而在这方面，《关于党的统一的决议》的影响是不可否认的。

四　无政府主义者的命运

俄国无政府主义者在十月革命后仍然开展了积极的活动，尽管他们的影响没有其他政党那样大。从总体上讲，俄国无政府主义运动是在20世纪20年代初消失的，所以在这一章里介绍一下无政府主义者在十月革命后的活动。

1917年夏，著名的无政府主义运动的组织者 И. М. 盖茨曼曾说，在当前和最近的将来，无政府主义运动的命运取决于无政府主义者能否解决三个问题：第一，明确对第一次世界大战的态度；第二，明确对立宪会议的态度；第三，明确对工兵代表苏维埃的态度。对于第一个问题，无政府主义者认为，应该争取使血腥的残杀变成"世界革命"，并在俄国军队士兵的帮助下彻底打垮德国反动派。无政府主义者对待立宪会议的态度也是明确的，他们认为立宪会议是"革命的阻力"，并不期望它的召开会带来什么积极的成果。对于第三个问题，伊尔库茨克无政府主义者的举动有一定的代表性。他们不打算参加"革命正式机关"——工兵代表苏维埃的工作。他们认为，无政府主义者在革命中应该与起义的人民共同前进；他们的道德要求他们同革命群众共同前进，而不是爬到上面去统治革命群众。他们不当统治者，那些把统治者赶下台的人才应该成为统治者。

但是，在对苏维埃的态度方面，情况比较复杂。一部分人主张参加苏维埃并同它进行合作，利用苏维埃进行宣传（阿·尤·格耶、А. А. 卡列林、А. Г. 热列兹尼亚科夫等人）；另一部分人持左右摇摆的立场，总体上承认苏维埃是人民革命机关，但是不支持布尔什维克政府采取的措施（Х. З. 雅尔丘克、И. Х. Ш. 勃列伊赫曼等人）。还有一部分人疯狂反对苏维埃和政府（戈尔金兄

---

① 《列宁选集》第4卷，人民出版社，1995，第471页。

弟、Ц. M. 沃林等人）。他们希望苏维埃成为群众组织，不履行任何政府职能，不服从布尔什维克。

十月革命后，无政府主义者参加建立革命工会，即由工人、农民和劳动知识分子组成的工厂公社和农村公社。他们试图得到工会运动的支持。他们的活动基地主要是在彼得格勒、莫斯科、哈尔科夫等地的个别工厂委员会。无政府主义者试图在这里具体实现工团主义思想，即革命胜利后立刻在剥削者和被剥削者之间建立社会和睦。他们千方百计阻止工厂委员会同布尔什维克控制的工会联合。工团主义者建议用工会联合会代替国家机关，建立"松散的联邦社会"。

这一时期活跃在党际斗争舞台上的无政府主义者，依旧是无政府共产主义派、无政府工团主义派和各种无政府个人主义倾向的代表。

在俄国无政府主义运动中起主导作用的是无政府共产主义者。他们想把所有无政府主义者团结在无政府共产主义的旗帜下。但是无政府共产主义派中间出现了分裂，一些自称无政府合作社派的人脱离了正统的无政府共产主义派，并组成了"创举"集团，拥有同名的出版机构和杂志。

无政府合作社派认为可以不经过无产阶级专政，而经过合作社从资本主义过渡到共产主义。1918～1920 年，克鲁泡特金多次会见列宁。这位无政府主义理论家在会见时总是提出合作社作为实现革命解放任务的手段问题，足见这个思想对无政府主义者的影响。

十月革命胜利后，无政府工团主义者曾试图比其他无政府主义者更积极地行动。原因是：第一，与无政府共产主义者不同，工团主义者经常在工人中间（工会、工厂委员会、合作社联合会）活动，更了解劳动者的需要和困难；第二，工团主义者的领袖 B. M. 沃林、阿·莫·阿尼克斯特、X. 3. 雅尔丘克、Г. И. 马克西莫夫等人把国外的一些经验运用到俄国实践中。无政府工团主义者认为，在社会革命胜利的第二天就应该消灭国家政权，建立由工会联合会领导的新社会，负责组织生产和分配。

1918 年，从无政府工团主义者中又分化出无政府联邦主义派，其领袖是 Н. И. 普罗费朗索夫和 И. K. 列别捷夫。他们宣布同以往所有的无政府主义理论决裂，主张以非集中化和联邦主义思想为核心的"纯粹的工团主义"。他们认为，社会革命成功后，应该根据合同和协议的原则把个人联合到公社里，以此来建立社会生活。

十月革命胜利后，除无政府共产主义者和无政府工团主义者外，无政府个人主义者也很活跃。这个流派的主要代表人物是弗拉基米尔·戈尔金和阿巴·戈尔金兄弟。他们的口号是泛无政府主义，即主张普遍和立即实行无政府主义的思想。这是针对无业游民和流氓无产者"发明"的思想。1920年秋，阿巴·戈尔金宣布创立泛无政府主义的新分支——无政府普遍主义，其主要内容包括了各种无政府主义流派的观点，包括承认世界共产主义革命的思想。阿巴·戈尔金这种思想曾引起许多无政府主义者的注意，因为当时他们正面临着选择：是跟布尔什维克走，还是宣传自己的社会发展道路。

无政府主义者的各种思想不断翻新，以致一些无政府主义思想家觉得"经典"无政府主义是站不住脚的，于是又提出无政府生物宇宙主义，认为无政府主义的理想是个人和全人类在将来获得最大限度的自由，为此必须把自己的力量扩大到宇宙的无限空间中去。生物宇宙主义的追随者们还承认个人永生的原则，认可在宇宙的生存权和死人可以复生。

此外，还有新虚无主义和马哈伊斯基主义。前者否认任何社会制度，而后者（代表人物是马哈伊斯基）反对布尔什维克专政，认为在这种专政条件下，工人阶级和农民将会面临困境，如此等等。

俄国无政府主义者与其他政党的主要区别是成分复杂、思想混乱、组织涣散。这种状况使无政府主义者根本无法统一起来。

俄国无政府主义领袖在许多著作中对布尔什维克夺取政权的做法抱着一种复杂的心态。如克鲁泡特金主张将无政府联邦主义同马克思主义的共产主义统一起来。他反对布尔什维克巩固自己权力的做法。他写道："让他们去建设工业兵营和集权共产主义的教堂吧。我们认为，社会将朝着相反的方向发展，我们要的是个人自由。"克鲁泡特金的目标是建立没有国家、没有国家设施的社会。他认为，社会不应该用统治手段，而应该由相互间的契约联系起来，个人自由地联合成团体，团体自由地联合成协会，协会自由地联合成联合会。他认为，"为了在村社内部的生产者、消费者和其他公民群众之间建立和睦关系"，必须实行联邦制原则，即各居民区、工会、消费和交换协会等组织自由地进行联合。村社联合会是唯一正确的"共产主义的生活方式"。新社会里将不存在私有制和惩罚制度，道德会得到复兴。人类只知道公共财产，分配将实行"各尽所能，按需分配"的原则。在无政府主义社会，农业和工业将实现联合，每个人都同时"既是农民又是工人"，不存在脑力劳动和体力劳动的差别。

A. A. 卡列林主张对俄国社会实施另一种无政府主义的改造方案。他在一系列文章和《国家与无政府主义者》（1918 年莫斯科版）这本小册子中阐述了自己的看法。卡列林认为，未来的理想是一个以自由村社联盟（联邦）为基础的建制。"自由村社、自由城市、自由州和世界上自由国家的联盟和大联合体，应该取代现在的国家地位。"他认为，在这样的社会中，由于有充分的自由和平等的物质条件，所有的人都会得到幸福。但是，为此必须采取以下措施：首先把所有土地交给人民并由人民管辖，而不是由"人民选出的机关管辖"；其次把所有工厂、作坊交给工人并由工人管理，而不是由国家管理。

总而言之，形形色色的无政府主义思想中充满幻想和荒唐。无政府主义作为一股社会思潮，它反映了在资本主义已经占据统治地位、无产阶级正在崛起的历史条件下，小生产者、小资产阶级没落阶层的绝望心理。因此，无政府主义者不了解社会发展的规律，他们在如何改造社会，在对待剥削的根源、国家的性质和地位及作用、人性的本质、群众在历史上的作用等现实社会问题上，存在着极其错误的看法。比如在国家问题上，无政府主义者认为无论什么国家都是万恶之源，人世间的不幸、罪恶都是由国家造成的。他们只想打倒国家，而不去触动私有制，这完全是反马克思主义的。列宁在批判无政府主义时，深刻地揭示了无政府主义的特征：无政府主义"除了讲一些反对剥削的空话以外，再没有提供任何东西"，他们"不懂得剥削的**根源**……不懂得社会的发展——大生产的作用——从资本主义向社会主义的发展"[①]。

由于无政府主义的这些特点，俄国无政府主义者周围聚集了一大批流氓和刑事犯罪分子，他们认为，所谓无政府主义就是可以随心所欲，无法无天，他们曾组织战斗队，搞暴动，反对布尔什维克和苏维埃政权。1918 ~ 1919 年年底，无政府主义者及其组织大都被肃反委员会逮捕或监禁。1921 年 2 月克鲁泡特金逝世后，无政府主义运动分裂，部分人加入俄共（布）。

---

① 《列宁选集》第 1 卷，人民出版社，1995，第 288 页。

第九章 布尔什维克党在社会中的地位

一 布尔什维克一党制的确立

二月革命后，俄国曾一度成为世界上最自由的国家。其实更确切地说，专制制度崩溃后，俄国曾短时间地出现了一个权力"准真空"状态。这是因为，在专制制度的高压控制下，各种政治力量都还没有成熟和壮大到能够立刻接管政权的程度。随时准备夺取政权的布尔什维克，由于自己的领袖流亡在国外，很多革命者在监狱和流放地，也没有能力接管政权。

但是，布尔什维克在列宁的领导下，准确地抓住了历史提供的宝贵时机，发动群众起来推翻了资产阶级临时政府，阻止了资本主义在俄国的发展，建立了工兵农代表苏维埃政权。

十月革命后，全俄工兵农代表苏维埃一度是一个多党参政、执政的机构。布尔什维克同左派社会革命党人也曾在政府中进行过愉快和睦的联合执政实践。但是经过"战时共产主义"、布列斯特和约、国内战争的考验和新经济政策的实践，布尔什维克逐渐同其他形形色色的政党分道扬镳，最后确立了布尔什维克党一党执政的局面。

随着布尔什维克在政治舞台上确立自己的执政地位，其他政党纷纷从苏俄政治舞台上消失。这些政党的消失，同它们对苏维埃政权和布尔什维克党的态度有必然的联系。如孟什维克和社会革命党根本反对布尔什维克一党执政和苏维埃，它们主张搞西欧式的议会民主，在同布尔什维克的争论和争斗中，它们不惜采用暴力和暴动手段。而布尔什维克对这些政党也采取了势不两立的立场。布尔什维克认为，孟什维克、社会革命党以及无政府主义等政党均是小资产阶级的政党，是工人运动内部的敌人。列宁对此有过详细的论述。

列宁认为，孟什维克和社会革命党人一开始就实行叛卖政策，直接或间接地为"保卫祖国"即保卫本国资产阶级强盗辩护。后来他们又进一步实行叛卖，同本国的资产阶级联合，一起来反对本国的革命无产阶级。"他们在俄国起初同克伦斯基和立宪民主党人结成同盟，后来又同高尔察克和邓尼金结成同盟……他们同帝国主义强盗的妥协，自始至终都表明他们已沦为帝国主义强盗的同谋者。"① 对于无政府主义者，布尔什维克领袖也提出批评，认为他们是小资产阶级、小生产者在饱受专制制度摧残条件下绝望的产物，同无产阶级是不相容的。

值得指出的是，不仅仅布尔什维克领袖对其他政党采取这种态度，大多数布尔什维克也都持这种态度，当国外有人批评布尔什维克在苏维埃俄国搞一党制、不允许其他政党存在和活动时，托姆斯基曾并非开玩笑地说，不对，我们这里不只有布尔什维克一个政党，我们这里还有许多政党存在，所不同的是，我们这里是一个党在执政，而其他政党在监狱中。

列宁逝世后，布尔什维克对其他政党采取了更加强硬的政策。1922 年 8 月俄共（布）第十二次全国代表会议指出，在新经济政策的条件下，各反苏维埃党派企图利用在苏维埃的合法机会来为自己的反革命利益服务，俄共应该采取正确的策略，采用镇压措施，在较短的时期内彻底消灭社会革命党和孟什维克这些政治力量。② 代表会议提出的这个任务无疑比较顺利地完成了。布尔什维克能够在多党竞争中确立自己的执政地位，有各方面的原因，既有主观原因（党的自身建设），也有客观历史原因。

在主观方面，布尔什维克的思想理论建设无疑是最出色的。且不说黑帮、立宪民主党等大地主和资产阶级政党意识形态的腐朽和没落，即使社会革命党人的理论也是违背历史发展规律的。虽然孟什维克和布尔什维克都以 1903 年

① 参看《列宁选集》第 4 卷，人民出版社，1995，第 149 页。

② 参看《苏联共产党代表大会、代表会议和中央全会决议汇编》第 2 分册，人民出版社，1964，第 234~239 页。

俄国社会民主工党第二次代表大会通过的党纲为指导原则,但是孟什维克在策略上,甚至在一些纲领性原则上,受第二国际某些理论家的影响太大,提出的策略和观点往往脱离俄国实际,而布尔什维克领袖列宁虽然也常年流亡国外,但是他始终关注俄国革命运动的发展,对俄国的社会政治、经济和历史传统进行过科学、系统的研究,并根据俄国的实际来运用和发展马克思主义,制定党的斗争策略。正是列宁的无产阶级革命理论和斗争策略引导布尔什维克走向胜利。

在客观历史方面,俄国专制制度的传统对俄国一党制的形成产生了重要影响。首先,俄国历史上没有民主的传统,没有建立民主制的经济基础,即社会上没有形成一个人数众多的私有者阶层、中间阶级。政治上实行沙皇君主专制,经济上占统治地位的是大地主土地占有制和垄断资本主义,因此,严格地讲,革命前缺乏民主设施和民主文化传统,居民也不具备相应的社会心理。在推翻沙皇制度和资产阶级临时政府后,甚至同是以社会主义为目标的布尔什维克、孟什维克和社会革命党人,尤其是布尔什维克和左派社会革命党人之间,也无法达成协议,不能相互理解,经常用暴力和恐怖手段解决分歧。这也是苏俄最终形成一党制的重要原因之一。

另外,布尔什维克党内有铁的纪律,这也是该党能在众多政党中脱颖而出的重要条件之一。列宁在总结布尔什维克胜利的原因时明确指出,"实现无条件的集中和极严格的纪律,是战胜资产阶级的基本条件之一"①。那么这种铁的纪律是靠什么来维持的呢?列宁指出:"第一,是靠无产阶级先锋队的觉悟和它对革命的忠诚,是靠它的坚韧不拔、自我牺牲和英雄气概。第二,是靠它善于同最广大的劳动群众,首先是同无产阶级劳动群众,**但同样也同非无产阶级**劳动群众联系、接近,甚至可以说在某种程度上同他们打成一片。第三,是靠这个先锋队所实行的政治领导正确,靠它的政治战略和策略正确"②。一个革命政党要真正成为推翻资产阶级并改造整个社会的先进阶级的政党,没有上述条件,就不可能建立起纪律。在1917~1920年异常艰难的条件下,布尔什

---

① 《列宁选集》第4卷,人民出版社,1995,第135页。
② 《列宁选集》第4卷,人民出版社,1995,第136页。

维克仍能顺利地实现严格的集中和铁的纪律，从而保证布尔什维克战胜一个又一个困难，这正是布尔什维克与其他政党的不同之处。而其他政党，从立宪民主党到孟什维克和社会革命党，从一开始就处在不断产生分歧和分裂之中，没有形成统一的策略和行动。

严格的集中和铁的纪律是布尔什维克成功的主要条件之一。这也是布尔什维克的主要特点。这不仅决定了布尔什维克组织的特点，也决定了他们的执政特点。在革命前的地下活动年代，布尔什维克依靠严格的集中和铁的纪律保全了自己的组织；在国内战争和武装干涉的时期，布尔什维克依靠严格的集中和铁的纪律（不仅针对党员）保卫了十月革命的成果，巩固了苏维埃政权。严格的集中和铁的纪律成了布尔什维克的工作作风。在实行新经济政策时期，苏维埃政权给小农某些自由，允许农民在市场上自由出售缴税后的剩余农产品，这种做法曾在党内引起不解和不同程度的抵制，认为这是违反社会主义的。在这些人看来，"战时共产主义"才是无产阶级的政策，才是社会主义。他们已经适应、熟悉和喜欢上这种政策和工作方法。① 这对执政党后来的政策有巨大的影响。

二 执政党与国家政权

苏维埃俄国的国家政权建设是在列宁和布尔什维克的直接领导下进行的。

列宁早在十月革命前很久，就批评资产阶级议会民主制的虚伪性和反动本质，认为议会不过是一个"清谈馆"，而立法权和行政权分立是资产阶级议会制的弊病。列宁指出："资产阶级民主制冠冕堂皇地宣布一切公民平等，而实际上却伪善地掩盖剥削者资本家的统治，用剥削者和被剥削者似乎能够真正平等的思想欺骗群众。"② 列宁认为，苏维埃是真正的民主制度，是比任何完善的资产阶级民主制度都更加民主的制度，它使一切劳动者真正享有平等权利，使大多数人即劳动者实际参加国家管理，而不是像在最民主的资产阶级共和国

---

① 参看《无产阶级专政的七年》，莫斯科，1925，第227页。
② 《列宁选集》第3卷，人民出版社，1995，第722页。

里那样，实际管理国家的主要是资产阶级的代表。按照列宁的构思，苏维埃把立法权力和行政权力合二为一，使国家机构接近劳动群众，保证工农群众比在资产阶级民主和议会制度下有更大的可能，并用最容易最方便的方式来选举和罢免代表。①

在实际生活中，苏维埃政权的确是这样组建起来的。最高国家权力机关是全俄苏维埃代表大会，在两届代表大会间隔期间是全俄中央执行委员会。1922年苏联成立后，各加盟共和国也建立了相应的权力机构。

全俄中央执行委员会不仅是立法机关，也是执行和管理机关。它负责组建政府，制定政府活动的总方针，监督宪法的贯彻执行情况。全俄中央执行委员会成员既参加全俄中央执行委员会会议，同时也在各苏维埃机构和企业中工作，把实际工作经验带到全俄中央执行委员会活动中来。

最初，全俄中央执行委员会是常设办事机构，几乎经常不断地开会（通过简单的多数解决各种问题），从1918年秋天起，改为定期开会，而到1919年，由于其所有成员都到前线去作战了，就无法开会了。

苏联成立后，建立了苏联中央执行委员会。苏联中央执行委员会一开始是一院制，从1923年7月起为两院制。两院具有平等的权力，分别进行表决。最初两院是分别讨论问题，共同讨论问题的建议经常得不到支持。从20世纪20年代末起，经两院同意，经常召开联席会议。这同20年代末的政治形势有很大的关系。

根据1924年的苏联宪法和1923年苏联中央执行委员会通过的有关条例，中央执行委员会的职权范围非常广泛：批准有关政治和经济生活准则的法令；通过苏联统一的国民经济计划和国家预算，建立全苏的税收制度，建立统一的货币制度；解决各加盟共和国之间有争议的问题。苏联中央执行委员会有权废除各加盟共和国苏维埃代表大会和中央执行委员会通过的违反苏联宪法的决定，建立土地规划和土地使用制度，确立司法制度的司法程序。在对外政策方面，苏联中央执行委员会有权举借外债，批准条约。②

① 参看《列宁选集》第3卷，人民出版社，1995，第722~733、738页。
② 参看《苏联国家机构史》，莫斯科，1986，第50~61页。

在全俄苏维埃第二次代表大会上成立了临时工农政府——俄罗斯联邦人民委员会，列宁任人民委员会主席。苏联成立后，建立了苏联人民委员会。这是苏联中央执行委员会的行政管理机构。

众所周知，十月革命后的全俄中央执行委员会是多党参政机构。在各政党的权力竞争中，列宁和布尔什维克发动布尔什维克党员到各级苏维埃开展工作。1918年9月21日，布尔什维克中央向地方党组织发出指示信，论述党接管国家权力的任务。此前，1918年5月，布尔什维克中央发布命令，要求各级工兵农代表苏维埃及其执行委员会中的布尔什维克党团服从地方党委会的指示。中央命令中指出："鉴于党团、党的委员会和小组之间经常发生冲突，中央提醒各级苏维埃及其执委会党团的全体党员同志必须服从党的领导机关的指示。中央提醒大家党团是党组织的一部分，其领导中心是党的委员会。"这是在多党执政形势下布尔什维克确立的自己同权力机构的关系。

1919年，列宁在俄共（布）第八次代表大会上做关于党纲的报告时谈到了国家管理问题。十月革命前和十月革命后的初期，列宁曾设想通过苏维埃吸引全体劳动人民参加国家管理，从而实现最完备的民主制度，但是在实践上不得不使用旧的官僚来参加国家管理工作。不久，列宁改变了过去那种认为厨娘也可以管理国家的想法，而是把国家管理同文化任务和教育任务联系起来。列宁讲道："由于文化水平这样低，苏维埃虽然按党纲规定是**通过劳动者**来实行管理的机关，而实际上却是通过无产阶级先进阶层来**为劳动者**实行管理而不是通过劳动群众来实行管理的机关。"①

这样一来，实际上明确了由无产阶级政党来代替劳动群众进行国家管理的思想。在俄共（布）第八次代表大会通过的决议中，对此做出了更加明确和详尽的规定。代表大会的决议指出："党要特别力争在当前的国家组织——苏维埃中实现自己的纲领和自己的全部统治……在所有的苏维埃组织中，必须建立严格服从党的纪律的党团。在该苏维埃组织中工作的全体俄共党员都应该参加这种党团，俄共应该把自己最坚定忠实的党员提拔到所有苏维埃中，取得政

---

① 《列宁选集》第3卷，人民出版社，1995，第770页。

治上的绝对统治地位，并对苏维埃的全部工作进行实际的监督。"①

这是第一个较系统地论述党和苏维埃关系的文件，该文件同时指出，无论如何也不应当把党组织的职能和国家机关即苏维埃的职能混淆起来，党努力领导苏维埃的工作，但不是代替苏维埃。

根据这样的原则也建立了苏维埃国家的其他机构，包括行政－政治机关、司法机关和检察机关以及军队，等等。

在理论上，共产党是实行一般政治和政策性领导，即通过制定政治路线来解决经济和社会等领域的问题，把自己的政策变成国家机关必须遵守和执行的法律、法令、决议等贯彻下去，并通过党员保证这些法律、法令、决议的执行和监督。

在这种情况下，干部问题是非常重要的问题。列宁曾多次强调，干部的选拔和配备不仅是组织问题，也是政治问题。于是，各级苏维埃、国家管理机关和社会团体的领导人都由党组织推荐，实际上是任命。此外，还在从中央到基层的各级党、国家和社会组织的领导机关中采取兼职的形式。比如，区党委第一书记都在同级苏维埃执委会中兼职。俄共认为，这种做法可以更好地协调党和国家机关的行动。当时列宁就兼任人民委员会主席。

共产党和各级权力机关的这种相互关系自然而然地使党内的纪律和领导作风也推及苏维埃及其他管理机关中。这种工作作风的典型特征就是严格的集中和铁的纪律以及行政命令。此外"百分之九十九的负责的共产党员被派去干的并不是他们现在就胜任的工作，他们不会干自己那一行"②，这更加重了行政命令的工作作风。这种状况导致党、苏维埃和其他国家管理机关职责不清，经常是以党代政，官僚主义现象严重。

1920年年底，列宁承认："我们的国家是一个带有官僚主义弊端的国家。"③

党政不分、以党代政的问题严重影响了工作效率。虽然无论是党代表大会

① 参看《苏联共产党代表大会、代表会议和中央全会决议汇编》第1分册，人民出版社，1964，第570~571页。
② 《列宁选集》第4卷，人民出版社，1995，第698页。
③ 《列宁全集》第41卷，人民出版社，1986，第47页。

的决议，还是列宁本人，都一再强调不能混淆党和苏维埃的职能，但是这个问题一直没有得到很好的解决。1922 年，列宁在俄共（布）第十一次代表大会上公开承认，"在我们党同苏维埃机构之间形成了一种不正常的关系"①。很多具体小事都要弄到政治局去解决，而从形式上规定不允许这样做又很困难，因为国家是由唯一的执政党在进行管理，执政党内部又实行严格的集中和铁的纪律。列宁曾坦诚地说："在这一点上我也有很大的过错，因为人民委员会和政治局之间很多事情都是通过我个人来联系的。一旦我离开工作，两个轮子立刻就不能动了"②。不仅如此，当时有 18 个人民委员部，其中"工作根本不行的不下 15 个"（列宁语）。

但是，党政不分的问题一直没有得到解决。这主要是因为，党的有关文件已经确定了党同其他机关的关系和党员对党组织应负的责任。虽然党员在政府各机关和各级权力机关中担任负责工作，但是他主要应该服从党组织的领导，听从党组织和党的领导人的指示。这一点已经深深地印在党员的脑海里，并有党的纪律的约束。

因此，1922 年第九届全俄中央执行委员会第三次常委会在讨论检察机关条例草案时，因"双重"领导问题引起激烈争论。司法人民委员部起草的条例草案第 5 条规定："地方检察长越过地方执行委员会，直接受共和国检察长的领导；地方检察长的任免、调动和停职也只通过共和国检察长。"常委会有关委员会在审议该条款时，多数委员主张地方检察长受省执行委员会和中央机关（通过共和国检察长）的双重领导。俄共（布）中央为领导全俄中央执行委员会而设立的专门委员会也通过了同样的决议。实际上，这是否定司法、检察机关独立，把司法、检察机关置于地方行政当局，同时也是置于俄共（布）的领导之下。因此，列宁专门通过电话口授给政治局一封信，建议中央委员会否决"双重"领导，规定地方检察机关只受中央机关领导。5 月 22 日，政治局以多数票通过了列宁的建议，并把这个问题提交全俄中央执行委员会常委会的共产党党团审议，可是常委会共产党党团仍主张"双重领导"。最后中央政

---

① 《列宁选集》第 4 卷，人民出版社，1995，第 696 页。
② 同上。

治局再次出面干预，才使否定"双重领导"的条款获得通过。

这个例子充分说明执政党同国家权力机关的关系。事实上，一切重要问题，甚至并非重要的问题都要由俄共（布）最高机关解决。久而久之，党政不分、以党代政的问题又有了发展，发展到机构重叠、办事拖拉、互相推诿、无人负责。由于机构重复设置，党的机构一般负责通过决议，而政府机构一般负责执行，因此决策机构和执行机构脱节，决策缺乏科学性，执行缺乏积极性。这个问题在整个社会主义建设历史上，直到苏联解体以前都没有得到彻底解决。这种做法一直作为固定的模式和体制存在于所谓的苏联模式之中。

三 党同其他社会组织的关系

所谓社会组织，这里主要指工会、青年组织即共青团、妇女组织和合作社组织。这些组织可囊括所有行业和所有年龄的成年公民。共产党同这些组织的关系是一种领导和被领导的关系。共产党正是在这些组织的帮助下动员工人和农民积极参加社会主义建设的。

1921年，苏维埃俄国有将近850万名劳动者参加了各行业工会，其中人数最多的是：铁路和水路运输工会，大约有150万人；五金工会，大约有60万人；纺织工会，有42.8万人；矿工工会，有32万人。因此发挥工会的作用至关重要。

关于工会的作用，俄共（布）和工会历次代表大会和代表会议的许多决议中已经做过规定。1918年1月初，全俄工会第一次代表大会的决议指出："目前工会工作的重点应当转到组织经济方面。工会是按生产原则建立起来的无产阶级的阶级组织，它应当担负起组织生产和恢复我国被破坏了的生产力的主要工作，积极参加调节生产的各级领导机关的工作，组织工人监督、登记和分配劳动力，组织城乡之间的交换，积极参加工业的军转民工作，同怠工现象做斗争，实行普遍劳动义务制，等等……这就是当前的任务。""在当前的社会主义革命进程中，日益发展的工会应当成为社会主义政权的机关，应当同实现组织经济生活的新原则的其他组织并列地进行工作。"

1919年，俄共（布）党纲指出："公有工业的组织机构应当首先依靠工会……工会应当把作为统一经济整体的全部国民经济的全部管理切实地集中在自己手中。因此，工会用这样的方法来保证中央国家管理机关、国民经济和广大劳动群众之间的密切联系，并且广泛地吸引后者直接参加经济管理。"①

1920年秋天，在关于工会问题的争论中，托洛茨基建议按各个工业部门把经济机关同工会合并起来，赋予这些统一体以行政-经济管理职能，使工作"国家化"。托洛茨基还建议对工会进行"整顿"，把善于"拧紧螺丝"的人放到工会岗位上，采用强制性的工作方法。他非常热衷于"战时共产主义"的方法。众所周知，这一时期俄共（布）内部就工会作用问题展开了激烈的争论。党内许多重要领导人，如布哈林、普列奥布拉任斯基、索柯里尼柯夫等，都卷入了这场斗争，列宁批评了托洛茨基和布哈林在工会问题上的观点，提出了在苏维埃俄国，工会的最重要作用是**共产主义学校**的观点。但是托洛茨基等反对派在争论中显然是从党纲中的上述论点出发的，他认为列宁等人对工会的态度背离了党纲。

但是，1920年俄共（布）第九次代表大会对工会的作用又做了明确规定，实际上是修改了党纲中的说法。对此托洛茨基等人显然是有意回避了。代表大会《关于工会和工会的组织问题》的决议指出："工会的任务主要是在组织经济方面和教育方面。工会不应当作为一种独立的、组织上孤立的力量，而应当作为共产党领导下的苏维埃国家的基本机构之一来完成这些任务。"代表大会接着指出："由于苏维埃政权是集中无产阶级全部社会力量的最广泛的组织，所以显而易见，随着群众的共产主义觉悟的提高和创造精神的发挥，工会应当逐步变成无产阶级国家的辅助机关，而不是相反。"②

1921年，俄共（布）第十次代表大会对关于工会问题的争论进行了总结，并进一步明确了工会的地位和作用。代表大会指出："工会是共产主义学校……是向阶级觉悟程度不同的一切无产者敞开大门的群众性组织。"③

---

① 《苏联共产党代表大会、代表会议和中央全会决议汇编》第1分册，人民出版社，1964，第541~542页。

② 《苏联共产党代表大会、代表会议和中央全会决议汇编》第2分册，人民出版社，1964，第18~19页。

③ 《苏联共产党代表大会、代表会议和中央全会决议汇编》第2分册，人民出版社，1964，第75页。

由此可见，关于工会的地位和作用问题是在激烈的争论中逐步明确的。虽然托洛茨基仍然反对关于工会是共产主义的学校的提法，但是俄共（布）第十次代表大会之后，这个问题原则上算是有了结论。

从此以后，工会的主要活动就是在党的领导下从组织上和思想上团结劳动者，吸引他们参加无产阶级专政机关的工作。工会开始更加坚定地动员工人，努力提高生产率和加强劳动纪律，更加重视在劳动者当中开展文化教育工作和举办职业技术训练，关心保护私人企业和小手工业中工人的利益。

俄共（布）为了加强对工会的领导，派出一些有威望的党员加强共产党党团和工会机构，如1921年5月，派扬·厄·鲁祖塔克任全俄工会中央理事会的责任书记、费·安·谢尔盖耶夫（阿尔乔姆）任全俄矿工工会主席、伊·伊·列普斯为全俄五金工会主席。瓦·弗·古比雪夫也参加了全俄工会中央理事会。

俄共（布）认为："只有当工会在形式上是非党的组织，但是在实质上是共产主义的组织并执行共产党的政策的时候，无产阶级专政和社会主义建设才有保证。"[1] 因此，党要求在每个工会中都应当有纪律严明、组织力强的共产党党团；每个党团是地方组织的一部分，隶属于党的委员会，而全俄工会中央理事会党团则隶属于俄共（布）中央委员会。

此外，俄共（布）还非常重视对基层工会的领导。共产党领导工厂委员会和地方工会委员会的选举工作。例如1922年秋天，索尔莫沃工厂改选工厂委员会时，省里党的积极分子中的优秀力量都被吸引来参加这个大企业的选举工作。结果，在新选出的工厂委员会中，先进的工人共产党员占了多数。彼得格勒五金工人在改选五金工会各工厂委员会的运动中取得很大的成绩，改选前，各工厂委员会中党员占32%，改选后占60%。其他地区情况亦大致如此。

在从战争向和平建设过渡的过程中，经济困难对青年人产生很大影响，很多没有专门技能的青年工人失去工作。在实行新经济政策的最初几年，私人企业数量增加，许多青年到私人企业谋生，这部分青年同共青团组织失去联系。

---

[1]　《苏联共产党代表大会、代表会议和中央全会决议汇编》第2分册，人民出版社，1964，第19页。

他们的困难处境严重影响了他们的社会情绪。为此，俄共（布）中央采取一系列措施来改进俄国共产主义青年团的工作，希望通过共青团组织加强对所有青年的影响。仅仅在从俄共（布）第十次代表大会到第十一次代表大会的一年时间里，中央组织局和书记处就审议了 156 个有关共青团活动的问题。[①] 中央委员会要求党的组织经常帮助共青团，选派共产党员加强俄国共产主义青年团的基层组织。俄共（布）中央指示共青团组织，尤其是各民族、共和国的共青团组织要改进组织活动和对青年的思想政治教育活动，更加积极地参加苏维埃的工作。中央还要求共青团维护在私人企业中工作的青年的经济权利。

1921 年 6 月，举行了俄国共产主义青年团第一次全国代表会议。代表会议认为，必须把共青团的工作重心转移到工厂支部上，加强共青团同劳动青年的联系，扩大共青团的工人核心。代表会议规定，非工人成分的青年在被吸收入共青团时要有预备期。会议还通过了关于共青团员参加社会主义建设、关于在工厂中组织突击队的决定。

1921 年 9 月，举行了俄国共产主义青年团第四次全国代表大会。这充分说明了向新经济政策过渡后俄共（布）对青年工作的重视。代表大会号召各级共青团组织更加广泛地吸引青年参加恢复工厂、运输业和发展农业的工作，同时要求共青团组织更加关心青少年的劳动保护，提高职业教育水平和改善青年工人的日常生活。与此同时，代表大会号召共青团组织巩固农村支部，吸收贫雇农青年参加共青团，提高他们的文化政治水平。

应当指出，俄共（布）的青年政策对于组织青年参加社会主义经济建设，巩固苏维埃政权，起到了巨大的促进作用，同时也促进了社会的稳定。

随着向经济建设过渡，劳动妇女在国家生活中的作用越来越大。在专制制度下，妇女处于完全无权的地位，受到残酷的压迫。十月革命后，妇女得到解放，社会地位不断提高。战争结束时，列宁指出："妇女……参加党和苏维埃的工作具有巨大的意义。"[②] 他还指出了妇女对社会主义建设的重要意义，"只

① 《俄共（布）第十一次代表大会速记记录（1922 年 3～4 月）》，莫斯科，1961，第 675 页。
② 《列宁全集》第 40 卷，人民出版社，1986，第 86 页。

有在全俄国千百万妇女而不是几百个妇女参加进来时"，社会主义事业"才能够向前推进"。① 虽然当时还没有正式的妇女组织，但是俄共（布）中央和地方党委员会下面都设立了妇女工作部。党中央制定了俄共（布）中央和省委会妇女工作部章程，经常召开这些部的领导人会议。俄共（布）中央妇女部还出版机关刊物《女共产党员》杂志，《真理报》等许多报纸都定期出《女工专页》，等等。这些工作提高了妇女在社会中的地位，提高了她们的文化水平、政治水平和劳动技能。在少数民族地区，由于妇女从前受的剥削和压迫更加深重，党组织对妇女工作给予特别的重视。1921 年 4 月，中央委员会召开了苏联东部第一届妇女工作组织会议。会议对成立妇女俱乐部给予高度评价。1920 年，根据阿塞拜疆共产党中央妇女部的倡议，成立了第一个妇女俱乐部，不久许多地区都成立了妇女俱乐部，这是文化教育性质的机构，在这里妇女们可以了解医学知识、生产情况，甚至在游牧民聚集的地区也成立了流动红色帐篷俱乐部。所有这些都有助于吸收广大妇女群众参加经济建设。

随着新经济政策的实施，合作社的作用越来越大。严格地讲，合作社不仅仅是社会组织，它更是一个经济组织。合作社在联合劳动农民和手工业者，发展农业、手工业和小手工业，实现城乡间商品交换方面起着巨大的不可替代的作用，影响着越来越多的城乡居民，所以俄共（布）对合作社给予高度重视，努力使合作社运动服从党的领导，按照俄共（布）确定的方向发展。

很早以前合作社在俄国就已经存在。它在打破俄国村社的封闭状态、发展农村资本主义关系方面发挥了巨大的作用。布尔什维克认为，革命前俄国农村和城市的各种合作社均属于资产阶级性质的合作社。十月革命后，苏维埃政权对旧的合作社进行了改造，把它们置于国有企业和国家机关的控制之下。布尔什维克政权把合作社作为国家资本主义的一种形式加以利用。实行新经济政策后，布尔什维克党对合作社的态度又有了巨大变化。列宁晚年曾明确指出："在我国现存制度下，合作企业与私人资本主义企业不同，合作企业是集体企业，但与社会主义企业没有区别，如果它占用的土地和使用的生产资料是属于国家即属于工人阶级的。""在我国的条件下合作社往往是同社会主义完全一

---

① 《列宁选集》第 4 卷，人民出版社，1995，第 50 页。

致的。"① "合作社的发展也就等于……社会主义的发展"②。

正因为合作社具有如此重要的意义，俄共（布）及苏维埃政府加强了对合作社的领导和引导。从新经济政策时期起，俄共（布）中央和人民委员会通过了一系列法令，规范合作社的活动，培养合作社干部，把富裕农民、孟什维克和社会革命党人赶出合作社领导机关。

布尔什维克党所做的这些工作加强了合作社在经济上和政治上的作用，促进了国内政治局势的稳定。

布尔什维克在确立了一党统治地位后，又把所有的社会组织纳入自己的领导和影响之下，使整个社会都能够按照共产党的方针发展，按照俄共（布）和列宁的社会主义目标前进。

四　党同人民的关系

列宁在俄共（布）第十一次代表大会上指出，"在人民群众中，我们毕竟是沧海一粟，只有我们正确地表达人民的想法，我们才能管理。否则共产党就不能率领无产阶级"③。

这段话精辟地论述了党和人民之间的关系，即党应该表达人民的愿望，维护人民的利益，为人民的事业而斗争；只有这样，党才能得到人民的拥护和支持，才能实现自己的目标。

二月革命后，布尔什维克并不是俄国最大的政党。立宪民主党、孟什维克和社会革命党都比布尔什维克的影响大。但是立宪民主党企图恢复君主制或搞君主立宪，它维护的是一小撮垄断资产阶级和地主阶级的利益，它很快就被人民抛弃了。孟什维克和社会革命党人虽然都主张俄国走社会主义道路（当然他们对社会主义的理解各不相同），主张对俄国进行革命改造，但是他们从护国主义立场出发，主张继续进行战争，而且他们没有准备掌握政权，主张由资产阶级掌权。这样一来，他们实际上无法反映广大人民的利益，而只能跟在资

---

① 《列宁选集》第 4 卷，人民出版社，1995，第 772 页。
② 《列宁选集》第 4 卷，人民出版社，1995，第 773 页。
③ 《列宁选集》第 4 卷，人民出版社，1995，第 695 页。

产阶级后面，或至多起资产阶级政府反对派的角色，他们也不可能得到人民的支持。饱受战争之苦、深受资产阶级和地主阶级剥削和压迫的广大人民的迫切要求是：和平、土地和面包。布尔什维克清楚地认识到了人民的迫切要求，勇敢地出来为人民的利益而斗争，毫不犹豫地承担起历史的责任，及时果断地领导无产阶级向资产阶级临时政府发起进攻，赢得了历史性的胜利。十月革命胜利后，布尔什维克立即着手实现和平，满足农民对土地的要求，得到了大多数人民的拥护。因此布尔什维克和苏维埃政权才能在国内战争和外国武装干涉面前坚守自己的阵地。但是，国内战争结束后，布尔什维克仍然实行旨在向共产主义直接过渡的"战时共产主义"政策，严重损害了农民的利益，也损害了工人的利益。1920年年底1921年年初俄国各地爆发的大规模农民起义和城市骚乱，说明布尔什维克已经同工人和农民处于危险的对立状态。苏维埃政权面临着被推翻的危险。在俄共（布）第十次代表大会上，布尔什维克及时改变政策，停止实行"战时共产主义"政策，改行新经济政策，充分考虑和照顾农民的要求和愿望。新经济政策的实施改善了作为苏维埃政权牢固基础的工农关系，活跃了国家的经济生活。

俄共（布）根据历史经验把党和劳动者的紧密团结看成向社会主义顺利前进的条件。党的第十一次代表大会号召全党"到群众中去"。列宁曾严厉批评个别党员企图以空话和命令来代替在人民中间进行耐心的教育工作和组织工作的高傲态度和官僚主义作风。他要求共产党员深入研究劳动群众的情绪，善于说服群众并把他们吸引到自己方面来，不要迁就缺点和偏见，而要提高他们的积极性和政治觉悟。列宁写道：真正搞好同广大人民群众的联系就是：

联系群众。

生活在群众之中。

了解**情绪**。

了解一切。

理解群众。

善于接近。

赢得群众的**绝对**信任。

领导人不应脱离所领导的群众，先锋队不脱离整个劳动大军。①

为了加强同工农群众的联系，当时实行了召开非党的会议和代表会议的制度。中央委员会建议各级党组织认真对待这两种会议。在这些会议上，非党农民和工人同共产党员一起认真地讨论复杂的国家问题，提出建议，制定克服企业和机关工作中缺点的具体措施。担任企业和苏维埃机关领导人的共产党员在会上要向群众解释党的政策，介绍工作进展情况，阐明有待解决的任务和必须克服的困难。这些会议对于沟通党和群众的联系，促进群众积极性和政治觉悟的提高，起了很大作用。

但是，在党和人民群众关系中，当时更多地强调党对各阶层劳动群众的领导和教育，而忽视了人民群众对党的领导干部的监督，对各级管理工作的参与。这个不足和缺陷一方面影响了广大人民群众首创精神的发挥，另一方面也使官僚主义逐渐滋生和蔓延开来。

历史的发展进程表明，俄共（布）以及后来联共（布）、苏共在领导俄国和苏联人民进行社会主义建设的过程中同群众的关系不断疏远。苏维埃政权初期，布尔什维克认为，由于群众普遍文化水平低，不可能实现劳动群众的管理，而只能通过无产阶级先进阶层来对劳动者进行管理。这一时期，由于彻底摧毁旧制度后缺乏管理人员，一些旧时代的官吏被吸引参加管理机关，从而助长了机关中的官僚主义作风。但是最根本的原因是没有建立起一整套使劳动人民参与国家管理和对国家官吏进行监督的有效机制。人民无法监督和召回他们选出的代表，无法通过有效途径赶走那些不称职的，甚至腐败的官吏。

众所周知，苏联最终形成了高度集中的行政管理体制，这个体制的核心是党。而党内实行严格的集中制（实际上民主集中制中的"民主"一直没有得到实现）。人民群众在社会中始终处于被动的地位，主人公的作用没有发挥出来。久而久之，执政党和群众的关系又变成了简单的统治与被统治的关系。

没有从制度上解决好执政党同人民群众的关系、领导者与被领导者的关系，这是苏联官僚主义严重泛滥，最终导致执政党垮台的原因之一。

---

① 《列宁全集》第 42 卷，人民出版社，1986，第 525~526 页。

第十章　共产党与苏联体制

一　共产党的组织政治活动

共产党成为执政党，掌握了国家政权，确立了对所有社会组织的领导地位。共产党的组织政治活动对国家的政治经济生活和社会发展具有重大影响。

俄共（布）的组织政治原则是在 1919 年俄共（布）第八次代表大会上确定的。众所周知，这时正值国内战争和外国武装干涉时期，布尔什维克党内部和苏维埃国家正在实行严格的集中制、铁的纪律和"战时共产主义"政策。这些都不同程度地对布尔什维克党组织政治活动原则的制定有所影响。

第八次代表大会上，奥新斯基和萨普龙诺夫等人认为，在国家机关建设中建立严格的集中制、制定铁的纪律是践踏民主制。此外，还有人对中央的组织政治工作提出严厉批评，主要内容有"在国家建设方面群众工作死气沉沉""文牍主义严重""党组织取代了苏维埃的职能"，等等。奥新斯基、萨普龙诺夫、伊格纳托夫和柯伦泰建议把党和国家机关的工作分开，赋予全俄中央执行委员会实际职能，把各人民委员部变为全俄中央执行委员会的部门，以便更有效地监督它们的工作；在地方苏维埃执委会内设特别行政司法部，以杜绝滥用职权的现象，以立法的形式明确中央和地方权力机关的权限等。奥新斯基认为，这些措施"可以防止苏维埃机构出现官僚主义现象，活跃苏维埃的工作，吸收新干部参加苏维埃的工作，并有助于消除群众对苏维埃机构缺点的不满情绪"。

代表大会批评奥新斯基和萨普龙诺夫等人的观点，拒绝了"反对派"的建议，强调保持原来的党和国家的权力结构，特别强调"在目前阶段党必须直接实行军事纪律"①。与此同时，代表大会也指出了国家机关工作人员有"沾染官僚主义的严重危险"，但是这时并没有把官僚主义视为一种社会现象，是缺乏民主和监督机制造成的，而认为是由个别领导干部的个人品质造成的。

按照第八次代表大会的设想，党和国家的权力结构是这样的：俄共（布）最高权力机关是党代表大会，至少每年召开一次会议；代表大会选举中央委员会，由19名委员和8名候补委员组成。根据俄共（布）八大关于组织问题的决议，中央委员会每月召开两次全体会议，讨论"一切急需解决的最重要的政治和组织问题"。为了主持日常的政治和组织实践工作，俄共（布）中央设立政治局、组织局和书记处。政治局由5名中央委员组成，每周召开一次会议，"对不容拖延的问题做出决定"。组织局也由5名中央委员组成，每周至少召开三次会议，"指导党的全部组织工作"。组织局还主管中央鼓动宣传部、登记和分配部、党的新闻部等部门。书记处由1名责任书记（由组织局成员担任）和5名负责处理日常事务的书记组成。

俄共（布）组织政治机关负责保证中央同地方党组织的日常联系，下发信件和指示，收集地方上报的关于地方政治形势，关于俄共（布）省委、县委针对最重要的社会经济政策问题通过的决议的情况。俄共（布）中央机关负责对党的前线动员工作、粮食工作、运输业工作进行一般性指导，还负责"有计划地调派"党的干部。俄共（布）中央组织局关于党的干部分配的决议是必须执行的，只有经组织局批准才能撤销决议。在地方，党的省委员会和市委员会也有相应的权力。根据党的干部"调动"的资料形成有关登记文件（档案），记载某干部的工作能力以及关于该干部在党和国家机关岗位上晋升的情况。

在俄共（布）中央注册的党员干部为俄共（布）中央"主管干部"；在

---

① 参看《苏联共产党代表大会、代表会议和中央全会决议汇编》第1分册，人民出版社，1964，第567页。

省委注册的干部为省委"主管干部",以此类推。各级主管干部职务的设置和任命须经上级机关批准。由中央书记处发明的这套工作程序逐渐变成了一种社会制度,涉及一个特殊的共产党员阶层,在俄共(布)(苏共)的历史上俗称为**"在册干部"**。这些"在册干部"得到中央或地方省委员会的特殊信任,一般不受人民和党员的监督或无法对他们进行监督。在俄共(布)第七次和第八次代表大会间隔时期,雅·斯维尔德洛夫任中央责任书记。他对干部状况比较熟悉,不须查阅专门的登记资料就能提出干部人选。斯维尔德洛夫去世后,负责为组织局会议讨论党的干部任命问题准备材料的俄共(布)中央书记处逐渐变成苏维埃俄国一个官僚机构①,下设有局、处,一开始有几十个人,后来发展成数百人,有办事员、打字员、速记员、信使,等等。当然,这种局面的出现主要是因为由书记处提交组织局和政治局讨论的问题越来越多,越来越复杂。组织局和政治局不得不陷入一些纯行政事务工作中。接替斯维尔德洛夫任中央责任书记(在八大到十大期间)的是尼·尼·克列斯廷斯基。他同时兼任组织局委员,在解决党的最重要的组织和政治活动问题方面拥有很大权力。

在1919年12月举行的布尔什维克第八次全俄代表会议上,俄共(布)八大关于组织问题的建议正式写进党章。党章中还增加了党员预备期(工人和农民至少经过2个月预备期,其他人员需要6个月预备期,入党须经两个人介绍并由当地党委审查),还有关于州、省、县和乡党组织和党支部的组成等内容。新增加了关于党的纪律的条款,指出,"严格遵守党的纪律是全体党员和一切党组织的首要义务";关于党外机关和组织(苏维埃、执行委员会、工会、公社等)中的党团的条款要求这些党团"严格而坚决地执行"各级党组织的决议。全俄代表会议还特别重视"使用"新党员问题。为了积极吸引新党员参加党的工作,建议教不识字的共产党员识字,执行"最简单的管理职能",要求党员学习共产主义理论,参加党史方面的讲座,等等。所有党员都必须参加基础军事训练,并"参加特别支队"。②

---

① 再后来,这项工作由苏共中央总务部负责。
② 《苏联共产党代表大会、代表会议和中央全会决议汇编》第1分册,人民出版社,1964,第589~604页。

俄共（布）第八次代表大会《关于组织问题》的决议明确要求党组织"在劳动者的一切组织（工会、合作社、农业公社等）中起决定性的影响和掌握全部领导权"。决议号召党力争在当前国家组织——苏维埃中实现自己的全部统治。[1] 实际上，这意味着俄共（布）中央组织政治机构的权限不仅扩大到各级党委会，而且扩大到包括全俄中央执行委员会和人民委员会在内的各级国家机关。全俄中央执行委员会和人民委员会的作用被忽视，从宪法规定的实行最高立法和执行权力的集体领导机关，变成了全俄中央执行委员会主席和人民委员会主席一长制领导的机关。

全俄中央执行委员会开会只是为了批准俄共（布）中央起草的法案。全俄中央执行委员会成员大都是各省党的领导人，他们可能很熟悉地方的社会政治生活问题，但完全不懂得全俄的立法工作。而且全俄中央执行委员会会议会期很短（1~2个星期），根本不可能认真研究某项法案。人民委员会会议是经常和定期召开的，但是当时人民委员很少出席会议，经常是派自己的副手与会。当时的人民委员会主席是列宁，据有关资料记载，会上很少发生争论，因为主要决策环节在党内。

俄共（布）中央组织政治机构在地方的全权代表是党的各州、省和县委员会，负责领导地方苏维埃执委会的工作。州委、省委、县委和市委（大城市）常委会在相应的州、省、县和市党代表会议（每年召开一次）上选举产生，并经上一级党的机关批准。地方苏维埃执行委员会形式上是在苏维埃（共和国、州、省、县和市）代表大会上按照地方党组织常委会提出的名单中选举产生，但须经上级党的机关批准。原来布尔什维克党章规定的地方党组织在处理地方事务上的相对自治权受到很大限制。

中央执行机关和职能部门——各人民委员部和部门对俄共（布）中央组织政治机构有某种相对的独立性。这些部门的领导均由俄共（布）中央任命，但是他们的工作不受党的监督，因为这都是些要求专门知识的具体工作。这些中央职能部门的共产党领导人要熟悉这些工作的特点（粮食、运输、工业

---

[1] 《苏联共产党代表大会、代表会议和中央全会决议汇编》第1分册，人民出版社，1964，第570页。

等），他们要迅速学会利用各种专家做具体工作，而自己负责维护上级部门的利益。军事部门内部这种"劳动分工"最明显。

当时在这种体制下，人民委员部在地方的全权代表同地方党和国家机关工作人员之间经常发生摩擦，因为代表中央利益的全权代表并不总是考虑地方的利益和条件，不认为自己应该服从地方党组织的领导。甚至俄共（布）中央政治局也对中央职能部门那些不完成中央任务的责任人没有办法，因为没有办法惩罚不做具体工作的人民委员部领导，而那些做具体工作的人有时根本不是党员，而是"党外专家"。

中央各职能部门都配备了"党外专家"。布尔什维克经常讲，这些专家是官僚主义的根源，这些为苏维埃政权服务的资产阶级专家把专制官僚机关很多坏作风和传统都带到苏维埃机关中来了，如工作拖拉和滥用职权等。

俄共（布）中央非常重视国家镇压机关，特别是全俄肃反委员会。这些机关有不经审判镇压"苏维埃政权的敌人"的特权。俄共（布）中央要求所有共产党员同时又是"出色的契卡人员"，随时保持高度警惕，向"有关部门"通报所有"可疑分子"。当时鼓励揭发那些批评党和国家领导人及其政策的人。俄共（布）中央不仅没有阻止滥用暴力的行为，反而主张施行"红色恐怖"。国内战争时期，有些地方已经出现20世纪30年代那种"三人小组"，由党委书记、地方苏维埃执委会主席和地方契卡主席组成。在许多地方，"三人小组"已成为省或县的权力机构。

俄共（布）这种组织结构和国家政治权力结构是在"战时共产主义"时期形成的。在当时历史条件下，这种组织政治形式的存在有一定的合理性。问题是，在国内战争结束后并没有改变这种结构，甚至在新经济政策时期也是如此。实际上，这已经是苏联体制或模式的雏形。

1920年年初，俄共（布）党员人数已经增加到60万人，其中至少2/3的人在红军服役或在各种国家机关中工作。他们都是由国家保障供给，职务越高供给水平越高。另外，据有些非官方资料表明，这60万名党员中有近18万名工人，但是他们不是根据职业，而是根据出身而被列入工人一类。其中究竟有多少真正的工人，党内没有统计。有一点非常重要，即这一时期的共产党员大都承担一定的管理工作，因此党事实上已经同政权融为一体，成为行使政权和管理职能的政党。

像在任何国家一样，由于存在国家权力机关和管理机关的结构等级制，苏维埃俄国的国家职员阶层的成分是极其复杂的。对于一个行使国家权力和管理职能的政党来说，党员的权利、义务和责任是不同的，一个人的职务越高，他的权力、义务和责任就越大，个人的物质待遇和特权往往取决于所谓的职务。因此党内自然地分化为"上层"和"下层"，不是简单的上下级领导关系，而是同物质因素混杂在一起。党内上、下之间的矛盾随之产生。这不是通常的党内矛盾、党内事务，而是更加复杂的社会问题。

首先，由于国家权力和管理的不断集中，党内出现社会分化；与此同时，由于出现不同的政治群体和两代共产党人（十月革命前入党的老布尔什维克和新党员）之间的冲突，党内上层经常发生政治分歧。1920 年曾访问苏维埃俄国的著名英国哲学家和政论家贝·罗素看到了这种情况。他写道："我认为，整个执政阶层可以分成三种类型的人。第一种是多年受反动专制制度和临时政府迫害的老革命近卫军。大多数最高领导职务都由这部分人担任。监禁和流放生活锤炼了他们坚韧不拔和狂热的性格。这是一些非常忠诚的人，深信共产主义会改造这个世界。他们认为自己没有伤感情绪，但是在共产主义和他们所建立的制度面前，他们非常容易伤感。执政阶层中的第二种人是野心家，他们由于布尔什维主义物质上的胜利而成为狂热的布尔什维克……执政官僚的第三种人不是热心的共产党员，但是他们团结在政府周围，因为政府比较稳定，他们是从爱国主义思想出发为政府做事，或者觉得这里可以施展自己的才能。他们中间有些人能力不亚于美国托拉斯巨头，均靠自己的双手和智慧取得功名，他们不是为了金钱而是为了功名为政府效力。可以说，布尔什维克成功地解决了利用实业家为国家服务的问题，但是不允许他们像在资本主义社会中那样发财。"[①]

其次，俄共（布）"上层"和"下层"以及上层各种政治群体代表人物之间矛盾的客观发展，使布尔什维克党不断受到党内斗争和组织分裂的威胁。由于党政不分，在党内斗争中常常采用非同志式的态度和方式，甚至用阶级斗

---

① 〔英〕贝·罗素：《布尔什维主义的理论和实践》，莫斯科俄文版，1991，第 45～46 页。

争的方法解决党内问题。俄共（布）在十月革命后最初几年形成的这套组织政治活动原则亟待改变和改善，因为党的活动决定着国家的发展，决定着社会主义的前途。党的前途决定着国家的前途。

二　反对官僚主义的斗争

官僚主义是以往一切剥削阶级政权无法摆脱的疾患。无产阶级政权机关能否克服官僚主义？怎样克服官僚主义？这是新政权面临的一个重要问题，是布尔什维克党领袖列宁始终关心的问题。十月革命后，他曾非常忧虑地指出："如果说有什么东西会把我们毁掉的话，那就是这个。"① （指官僚主义——作者注）

人类历史上第一个无产阶级政权巴黎公社曾在反对官僚主义方面采取了两个可靠的办法：第一，它把行政、司法和国民教育方面的一切职位交给由普选选出的人担任，而且规定选举者可以随时撤换被选举者；第二，它对所有公务员，不论职位高低，都只付给跟其他工人同样的工资。② 列宁充分肯定并高度评价了巴黎公社的原则。他在《国家与革命》这篇著作里针对公社采取的这两条民主措施，指出："在这里恰巧看到了一个'量转化为质'的例子。""最明显地表现出一种转变：从资产阶级的民主转变为无产阶级的民主。"③ 列宁在《国家与革命》这部阐述马克思主义国家学说和无产阶级在革命中的任务的著作里，设想"工人在夺得政权之后，就会把旧的官僚机构打碎，把它彻底摧毁，彻底粉碎，而用仍然由这些工人和职员组成的新机构来代替它；为了防止这些人变成官僚，就会立即采取马克思和恩格斯详细分析过的措施：（1）不但选举产生而且随时可以撤换； （2）薪金不得高于工人的工资；（3）立刻转到使所有的人都来执行监督和监察的职能，使所有的人暂时都变成'官僚'，因而使任何人都不能成为'官僚'"④。"把国家官吏变成我们的

---

① 《列宁全集》第 52 卷，人民出版社，1988，第 300 页。
② 《马克思恩格斯选集》第 3 卷，人民出版社，1995，第 13 页。
③ 《列宁选集》第 3 卷，人民出版社，1995，第 147、148 页。
④ 《列宁选集》第 3 卷，人民出版社，1995，第 210 页。

委托的简单执行者"①，"变为特殊'兵种'的工人"②。列宁坚信："如果沿着这样的道路前进，我们就一定能彻底破坏官僚制。"③

但是，由于十月革命胜利后不久便爆发了国内战争和外国武装干涉，国家建设等问题暂时被搁置起来。到国内战争结束、和平建设时期到来的时候，苏维埃俄国的官僚主义现象已经相当普遍地反映出来。1918 年，官僚主义问题尚未引起人们的注意，到 1919 年 3 月举行俄共（布）第八次代表大会时，列宁已经提醒说："官僚主义就在苏维埃制度内部部分地复活起来。"④ 1921 年春，苏维埃第八次代表大会和俄共（布）第十次代表大会都开始对官僚主义问题给予更多的关注。1923 年，列宁在自己的晚年郑重地宣布，"官僚不仅在苏维埃机关里有，而且在党的机关里也有"。他痛心地指出，"我们的苏维埃共和国建立还不很久，却已积了这样一堆形形色色的渣滓"⑤。

当时官僚主义的主要表现是：办事拖拉、议而不决、不学无术、狂妄自大、滥用职权、独断专行等，对事业造成很大损害。

与此相联系，当时严重存在人浮于事、机构庞杂和臃肿的问题，各种公文浩如烟海。苏维埃机构陷入琐碎小事和官僚主义烦琐事务的泥坑而不能自拔。有一个例子，1918 年 8 月对莫斯科的机关进行过一次调查，当时国家机关和苏维埃机关的工作人员总共有 231000 人。于是提出精简机构问题。到 1922 年 10 月，又进行了一次调查，精简的结果是，机关工作人员数量反而增加到 243000 人。

为什么会产生官僚主义？它的根源在哪里？列宁认为，官僚主义的经济根源主要有两个方面："一方面是已发展起来的资产阶级正是为了反对工人的（部分地也是为了反对农民的）革命运动而需要官僚机构，首先是军事的、其次是法庭等等的官僚机构。这种现象我们这里是没有的……我们这里官僚主义的经济根源是另外一种：小生产者的分散性和涣散性，他们的贫困、不开化，

---

① 《列宁选集》第 3 卷，人民出版社，1995，第 154 页。
② 《列宁选集》第 3 卷，人民出版社，1995，第 20 页。
③ 《列宁选集》第 3 卷，人民出版社，1995，第 218 页。
④ 《列宁全集》第 36 卷，人民出版社，1985，第 408 页。
⑤ 《列宁选集》第 4 卷，人民出版社，1995，第 791 页。

交通的闭塞，文盲现象的存在，缺乏农工业之间的流转，缺乏两者之间的联系和协作。"① 除经济方面的原因外，还有其他方面的原因。首先是观念上的原因。在旧制度下广大人民群众深受压迫和奴役。在苏维埃政权条件下，人民群众"对于**自己**现在是**统治**阶级这一点还不习惯"，而"革命不可能**立刻**在一生困于饥饿贫穷而不得不在棍棒下工作的千百万人身上培养出这些品质"②。其次，劳动人民缺少知识和文化，他们不能立即行使管理国家的职能。由于缺乏管理人才，当时不得不在许多部门起用一些资产阶级专家，这对苏维埃政权内部滋生官僚主义起了一定的作用。此外，"战时共产主义"体制也助长了官僚主义的产生。第十次代表大会的决议就指出，这一时期"党的工作方法总的说来趋向于**战斗命令制**……由于需要极端集中化……就发展了官僚主义和脱离群众的倾向"③。因此党的十大决定用新经济政策代替"战时共产主义"政策的同时，还决定改变党的领导体制和工作方法，用"工人民主制"取代极端集中制，使民主集中制的重心由集中转向民主，以防止和克服官僚主义。

与此同时，列宁已经意识到官僚主义是一种顽固的现象，不是简单地把旧社会残缺不全的民主制加以扩大、实行政治变革就可以消除干净的。他指出："可以赶走沙皇，赶走地主，赶走资本家……但是，在一个农民国家中，却无法'赶走'、无法'彻底消灭'官僚主义。只能慢慢地经过顽强的努力**减少**它。"④ 列宁在世时为同官僚主义斗争做出很大努力。首先，他希望通过吸引劳动群众参与国家管理来克服官僚主义。"只有当全体居民都参加管理工作时，才能把反官僚主义的斗争进行到底，直到取得完全的胜利。"⑤ 但是，由于受文化水平限制，居民不可能大规模地参加国家管理。鉴于这种情况，列宁要求尽可能地吸引和选拔工人参加管理，参加工农检查院。其次，主张大力发展生产力，改善人民的经济条件，提高居民的文化水平。为了向官僚主义做斗争，让全体人民管理国家，"首先应当改善一般生活条件，使工人不必拿着口

---

① 《列宁选集》第 4 卷，人民出版社，1995，第 511 页。
② 《列宁全集》第 33 卷，人民出版社，1985，第 205 页。
③ 《苏联共产党代表大会、代表会议和中央全会决议汇编》第 2 分册，人民出版社，1964，第 51～52 页。
④ 《列宁全集》第 50 卷，人民出版社，1988，第 330 页。
⑤ 《列宁全集》第 36 卷，人民出版社，1985，第 154 页。

袋四处奔走找粮食"①，"需要每个人都识字，每个人都有文化"②。因为在贫穷落后、缺乏生活保证的条件下，谈不上劳动人民当家做主。再次，主张精简机构，重视人才，提高工作效率。列宁要求"毫不留情地赶走多余的官员，压缩编制，撤换不认真学习管理工作的共产党员"③。他要求寻找和选拔能干的人才，同官僚主义和拖拉作风做斗争。最后，列宁主张对官僚主义者采取法律措施。他指出："要让人民法院加倍注意对官僚主义、拖拉作风和经济工作上的指挥失当进行司法追究。"④ 由司法人民委员部进行公审。对于那些失职犯罪者，列宁特别强调指出，苏维埃共和国需要的不是神圣的品德，而是处理事情的才能。

列宁曾设想，一旦打碎了旧的国家机器，把权力交给人民，由人民自己管理国家，历史上那种因统治阶级与被统治阶级的阶级矛盾和利益冲突而产生的官僚主义就会消失。让所有的人暂时都成为"官僚"，就是为了消灭官僚，真正建立起一个人民当家做主的社会。因为按照巴黎公社采取的两个步骤，第一可以克服国家政权的异化；第二，可以防止国家官僚、官吏享有政治和经济特权，这样也就消除了官僚主义制度赖以存在的基础。

但是，十月革命后不久，列宁发现，在苏维埃政权内部官僚主义已经复活，几乎每个部里都存在官僚主义，而且不仅苏维埃机关内部有，党内也有官僚主义。布尔什维克党及其领袖认为，官僚主义的主要根源在于经济、文化不发达和管理机关中有旧社会的专家，以及一些公职人员品行不端。反对官僚主义的措施也是针对这些根源制定出来的。

事实上，官僚主义产生的原因要复杂得多。巴黎公社采取的两个措施在十月革命后的俄国没有实行，也不可能实行。假使实行，也未必能够杜绝官僚主义。只要有国家存在，就会有专职的官吏、专门的管理阶层存在（厨娘管理国家的说法无疑带有浓郁的乌托邦色彩）。这个阶层（即使在无产阶级国家）也有自己的利益，而这种利益（物质方面的）同官吏的社会地位有直接的联

---

① 《列宁全集》第 40 卷，人民出版社，1986，第 48 页。
② 《列宁全集》第 40 卷，人民出版社，1986，第 259 页。
③ 《列宁全集》第 42 卷，人民出版社，1986，第 395 页。
④ 《列宁全集》第 42 卷，人民出版社，1986，第 362 页。

系。无产阶级国家作为整个社会利益的代表者，也有自己的利益。它需要掌握一定的人力和物力资源，以便贯彻自己的政策。因此国家的利益并不总是同社会上各阶级、阶层和集团的利益相一致的。这一点在"战时共产主义"时期已经明显地表现出来了。当然无产阶级国家的利益同社会及其某个阶级、阶层和集团的利益并不一定是对抗性的。尽管如此，要克服官僚主义，仅靠推翻旧制度，砸碎旧的国家机器是不够的，甚至仅靠发展生产和提高居民的文化水平也是不够的。还需要建立有效的监督、制约和制衡机制。

在这方面，苏维埃俄国的政权建设尚不完善。十月革命胜利后，苏俄建立了议行合一的苏维埃政权。随着布尔什维克在革命进程中战胜其他政治对手，掌握了全部政权，苏维埃俄国的权力结构已不仅仅是议行合一，而且是党政合一。由于党内实行高度的集中制，对权力机关和公职人员实行监督的问题一直没有得到解决。在一个得不到有效监督和制衡的权力结构中，产生严重的官僚主义是不足为奇的。正因为如此，在苏联历史上，官僚主义一直是影响人民积极性发挥、阻碍社会发展的因素之一。

三　关于党内民主

虽然俄共（布）和苏联建立了高度集中的行政命令体制，但是列宁的建党学说是重视民主的。列宁主张发扬党内民主。在俄国社会民主工党第二次代表大会上，虽然列宁提出的党章草案的基础是集中制思想，但是包含了一系列民主原则，如实行集体领导，讨论和通过决议要经过简单的多数；实行地方组织在地方事务上的自治，每个党员或者同党有来往的任何人，都有权要求把他们的声明文本送达党的中央领导机关；所有党组织都有权处理它专门主管的党的工作范围内的事务，等等。这个思想后来用"民主集中制"一词表述。"民主集中制"一词最早是由孟什维克在1905年11月的一次会议上提出的。1905年，布尔什维克第一次代表会议确认了民主集中制的原则。1906年，俄国社会民主工党第四次（统一）代表大会把民主集中制原则正式写进党的组织章程。

在党内生活中，列宁坚决执行少数服从多数的原则，在自己处于少数时，一方面服从多数人所通过的决议，一方面为自己的正确观点而斗争。俄国社会民主工党第二次代表大会关于党章第一条的争论、十月革命后关于布列斯特和约问题的争论，都充分反映了列宁的民主作风。

在不同时期，在合法条件下和不合法条件下，在和平条件下和战争条件下，在党执政条件下和不执政条件下，列宁对民主和集中制原则强调的重点有所不同，但总的来说，列宁尽量强调发扬党内民主的重要性。当然，党内民主程度不仅仅取决于党所处的历史条件、社会经济条件和政治条件，而且还取决于党的宗旨、党员的数量和质量、党的政治文化水平、党的领导者的民主作风等。列宁主张民主和集中的辩证统一，通过实行民主集中制提高党的战斗力。

在党内实行民主，首先要创造条件使党员群众能充分发表自己的意见，表达自己的意志，监督党的工作，因此要让党员及时了解党的方针、政策。列宁认为，一个欺骗自己的党员、掩盖事实真相的党是注定要灭亡的。"如果一个党竟使自己最诚实的代表陷入如此骇人听闻的进行欺骗和撒谎的泥潭，那么这样的党也就彻底完了。"① 列宁认为，党内可以有不同意见、不同观点之争，在争论中辨明是非，认识真理。他说："没有各种倾向之间的公开斗争，不向**群众**介绍党的哪些活动家、党的哪些组织正在采取哪种路线，那就不可能有群众性的政党。"② 马克思主义创始人也认为："大国的**任何**工人政党，只有在内部斗争中才能发展起来，这是符合一般辩证发展规律的。"③

其次，要发扬党内民主，必须在党内开展积极的批评与自我批评。列宁强调指出："自我批评对于任何一个富有活力、朝气蓬勃的政党来说都是绝对必要的。再庸俗不过的是沾沾自喜的乐观主义。"④ 批评应当贯穿于党的整个生活之中，应当允许对党的所有文件，包括纲领性文件，对所有党员，包括党的领导人都自由地进行批评，批评不应当只是上级对下级的批评，而首先应当是下级对上级的批评。"共产党人的责任不是隐讳自己运动中的弱点，而是公开

① 《列宁全集》第34卷，人民出版社，1985，第464页。
② 《列宁全集》第16卷，人民出版社，1988，第154页。
③ 《马克思恩格斯全集》第35卷，人民出版社，1971，第370页。
④ 《列宁全集》第10卷，人民出版社，1987，第334页。

地批评这些弱点，以便迅速而彻底地克服它们。"① 但是列宁反对批评时走极端和不做任何区别，谴责为批评而批评、为哗众取宠而批评，要求批评应该是建设性的。

正是由于党内有这种民主风气，苏维埃俄国比较成功地解决了布列斯特和约问题，比较及时地解决了从"战时共产主义"向新经济政策过渡的问题。

列宁一方面认为必须实行民主集中制原则即少数服从多数的原则，另一方面坚决反对任何对少数人采取的暴力形式，反对多数人的胡作非为，反对对少数人的硬性压制，等等。他认为，必须保障任何少数和任何忠实的反对派的权利，通过相应的文件确认这些权利，并且必须保障有坚持自己的观点、进行思想斗争的权利。历史经验表明，少数人在许多情况下是正确的，忽视或压制他们的观点使俄国社会遭受了巨大的损失。

值得指出的是，1921 年俄共（布）第十次代表大会通过的《关于党的统一的决议》在苏共、苏联乃至国际共产主义运动的历史上都造成了很大影响。前面已经指出，该决议是在新经济政策条件下实行的措施，当时列宁曾设想这是一项临时措施。但是历史的发展表明，这个决议的有效期被无限地延长了。由于后来在联共（布）党内所有与斯大林持不同意见的人都被视为反对派，并往往被打成"人民的敌人"和受到镇压，党内已无正常的民主生活可言。

应该承认，在以往的党内生活中，派别活动影响了党的行动的统一、思想的统一，但是并不是所有持不同意见的人都是反对党的。在列宁时代，党内不同观点、不同意见之间的争论、斗争，即使是尖锐、激烈的斗争，均被视为正常现象，而且在大多数情况下，这种争论有助于党做出慎重的决策，所谓反对派的某些不同意见，并非总是没有道理。在民主的气氛中必然会有各种意见、观点。但是从俄共（布）十大起，情况发生了变化。首先，当时主要反对派"民主集中派"的主要领袖人物中，没有一个人进入中央委员会，而他们中有些人原是中央领导，如安·布勃诺夫曾任中央书记、政治局委员。虽然列宁重视党内民主，但纵观俄共（布）的历史，在大多数情况下更强调集中制。民主集中制原则在实践中没有得到充分的贯彻，也没有为此建立一整套组织上的

---

① 《列宁选集》第 4 卷，人民出版社，1995，第 235 页。

保证措施。列宁在世时未完善新形势下党内民主原则，也未能使之具体化，在党的生活准则、党内选举制、监督机制的建设方面还有许多工作未完成。

列宁逝世后，党内斗争日趋激烈。斯大林确立自己在党内的领袖地位后，党内民主生活开始不断恶化，一些持不同意见的人不仅被定为反对派，而且往往被视为反党集团，视为阶级敌人、"人民的敌人"。从此党内只能听到一种声音、一种意见。这种作风还扩展到国家各机关，形成了一种制度。虽然表面上出现了"统一的思想、统一的意志、统一的行动"，但是全党的智慧、人民的智慧受到压制。享受不到正当民主权利的党员，不可能具有高度的责任感，党的领导和党员群众的关系开始疏远。苏共最终在 20 世纪末垮台，最主要的原因之一是苏共内部没有完善的民主机制。

四　谁来监督执政党

布尔什维克在领导人民推翻资产阶级和地主统治后，明确表示要建立无产阶级的民主，即以苏维埃为代表的"高级类型的民主"，实现广泛的无处可与之相比的地方和区域自治，真正把权力和自由交给无产阶级和农民，"消灭议会制的缺点，特别是立法权和行政权的分立、代表机关脱离群众"等。所有这些内容都已写进布尔什维克党纲，成为布尔什维克为之奋斗的宗旨。

但是在实际生活中，政权结构是以执政党为中心建立起来的。布尔什维克在十月革命后迅速战胜其他形形色色的政党，成为执政党，也是合法存在的唯一政党。由于劳动群众的文化水平不高，不能直接管理国家，所以实际上管理国家事务的是无产阶级政党。无产阶级政党掌握政权和管理国家的基本模式是这样的：（1）共产党员应该掌握所有国家政权机关，应该领导所有劳动者的社会组织；（2）在政权机关供职和在各社会组织中担任领导职务的共产党人必须绝对服从同级地方党委的领导，接受党组织的监督；（3）各权力机关和社会组织的领导人由同级或上级地方党组织推荐或任命；（4）党内实行民主集中制。这样一来，实际上所有国家权力都集中在执政党手中。由于十月革命后国家面临严峻的经济和政治形势，中央权力机关控制了绝大部分资源（首先是粮食），地方苏维埃代表大会和苏维埃执行委员会的权力以及在国家政治生活中的作用，是非常有限的。

由于权力过于集中，而且担任各级领导职务的布尔什维克党员大都是职业革命家出身，不懂得经济工作，所以苏维埃俄国出现严重的官僚主义现象。

布尔什维克党中央认为，必须成立一个监察机构，负责监督领导干部的工作，同"违犯党纪""滥用职权"和各种官僚主义现象做斗争。1920 年 9 月，俄共（布）第九次全国代表会议决定："成立一个同中央委员会平行的监察委员会。监察委员会应当由党内最有修养、最有经验、最大公无私并能够严格执行党的监督的同志组成。"监察委员会由党的代表大会选举产生，有权接受和协同中央委员会审理一切控诉，必要时可以同中央委员会举行联席会议或把问题提交党的代表大会。① 1921 年 3 月，俄共（布）第十次代表大会选出了首届中央监察委员会。一般说来，中央委员不应当被选入监察委员会，但是在代表会议上，中央委员普列奥布拉任斯基和捷尔任斯基被任命为监察委员会首届委员。不过，中央决议同时指出，这两个中央委员在监察委员会的工作中不受中央委员会决议的约束。在监察委员会专门讨论同他们的工作有关的问题时，他们不参加表决。

地方也建立了相应级别的监察委员会。为了使监察委员会独立于党的其他机构，地方监察委员会也由党的地方代表会议选举，党委会成员不能参加监察委员会。监察委员会和相应的党委会之间的争端应当在双方联席会议上解决，如果联席会议上仍然达不成协议，则应由上一级党委会解决。中央委员会和中央监察委员会之间的分歧应交由党代表大会解决。② 但是，在实际工作中，要明确划分监察委员会和党委会的职权并非易事，因为，一方面，人们希望党委会本身应该杜绝滥用职权现象，另一方面这种滥用职权的现象又往往同日常的行政事务联系在一起，因而监察委员会不得不接触地方党组织的实际工作。于是便出现一种情况：监察委员会成员有权出席党委会会议，但没有表决权，而党委会要负责实施监察委员会的决议，因为监察委员会没有自己的执行机构。事实上，监察委员会不可能保持超然的独立地位。地方监察委员会不可避免地

---

① 《苏联共产党代表大会、代表会议和中央全会决议汇编》第 2 分册，人民出版社，1964，第 43～44 页。
② 参看（俄）《党的工作者手册》第 1 册，第 56～57 页。

要卷入地方党的生活矛盾之中，形成一种"剪不断，理还乱"的复杂关系，而且经常不知不觉地卷入地方党组织的派性之中。这种情况损害了地方监察委员会的声誉，降低了它的作用。人们呼吁加强监察委员会本系统的纵向联系。

1922 年 3 月，俄共（布）第十一次代表大会对监察委员会的工作进行了总结，明确指出："中央监察委员会过去在统一和领导各级地方监察委员会方面是做得不够的，所以要求下一届中央监察委员会更多地注意这方面的工作。"① 代表大会重申，监察委员会担负着严肃和重要的任务，应防止发生无谓的纠纷和派别活动。为了使各级监察委员会切实发挥应有的作用，代表大会再次强调，监察委员会和党委员会平行地行使职权，向本级代表会议报告工作，即省监察委员会向省代表会议报告工作，州监察委员会向州代表会议报告工作，俄共中央监察委员会向党的全俄代表大会报告工作。代表大会还明确了担任各级监察委员会委员的条件：中央监察委员应至少有 10 年党龄，省监察委员会应至少是二月革命前入党的党员；监察委员不得兼任党委员会委员，也不得兼任负责的行政职务等。

这些规定对于改善各级监察机关的工作起了积极作用。但是，随着俄共（布）权力结构的变化，监察委员会制度的应用范围和所起的作用发生了变化。众所周知，当时俄共（布）内部的最高机构依次分别是代表大会、中央全会、政治局、组织局和书记处。其中书记处最初只是为组织局做决策服务的机构，1920 年以前实际上只有 1 名责任书记斯维尔德洛夫（他于 1919 年 3 月去世后由克列斯廷斯基担任这一职务）。1920 年 3 月，又加派了两名书记，即普列奥布拉任斯基和谢列布里亚科夫。这 3 个书记每人主管中央委员会的几个部，具体工作程序是，凡是需要由 1 名书记做出决定，而无须提交组织局研究的比较重要的事情，应在 3 名书记协商的基础上处理。1921 年，对书记处和组织局的关系形成了一个明确的说法："如组织局成员中无人表示反对，书记处的决定可视为组织局的决定。"② 书记处的权力扩大了。1922 年 4 月在俄共（布）第十一次代表大会后的全会上，斯大林当选中央委员会总书记。他成为

---

① 《苏联共产党代表大会、代表会议和中央全会决议汇编》第 2 分册，人民出版社，1964，第 193 页。
② 参看《俄共（布）中央通报》1921 年 7 月第 31 期。

一身兼任中央委员会、政治局、组织局和书记处这4个机构领导职务的人，斯大林充分利用了这个条件。他逐渐地把中央监察委员会也控制在自己的手里。1921年选出的中央监察委员会委员（按规定中央监察委员会由5名委员和2名候补委员组成）中，只有1人在1922年重新当选，而在1922年当选的7名委员中有4人后来曾多年保持自己的职位。从此，中央监察委员会开始转化为与党的书记处权力平行的另一个高度集中的权力机构，从最初防止党内官僚主义的机构逐渐变成党内某些领导人手中的政治斗争工具，监察委员会曾在惩罚官僚主义和滥用职权等腐败现象中发挥过重要作用。但是后来，一些人被开除出党、撤职或受到其他处分，往往是因为发表独立见解或同领导者有不同意见。

此外，当时苏维埃俄国还有另一个监督和检查机关——工农检查院。它的主要任务是监督各国家机关和经济管理机关的活动，监督各社会团体，同官僚主义和拖拉作风做斗争，检查苏维埃政府法令和决议的执行情况，等等。工农检查院在工作中依靠广大工人、农民和专家中的积极分子行使监督和检查职能。但是，工农检查院的工作也不尽如人意。列宁对这个机构的工作评价极低，多次说过该部门毫无威信可言，没有比它办得更糟的部门。

总之，列宁在晚年发现了这个问题。他对中央监察委员会和工农检查院的工作效果不满意，对国家机关的状况不满意，明确指出："我们国家机关的情况，即使不令人厌恶，至少也非常可悲"[1]。因此，列宁建议改组工农检查院和中央监察委员会。

列宁主张扩大中央监察委员会的组成，"从工人和农民中选出75～100名……新的中央监察委员。当选者也像一般中央委员一样，应该经过党的资格审查……他们也享有中央委员的一切权利"。按照列宁的计划，工农检查院应保留300～400个职员，他们应该是高度熟练、经过特别审查、非常可靠的人，应该享受"很高的薪金"[2]。这些想法同列宁一贯主张的劳动人民参加国家管理的思想是一致的。在选拔国家机关工作人员的问题上，列宁主张"宁可少

---

① 《列宁选集》第4卷，人民出版社，1995，第784页。
② 《列宁选集》第4卷，人民出版社，1995，第781页。

些，但要好些"，对准备录用的人员要有几名党员推荐，经过考试和考核，"与其匆忙从事而毫无希望得到优秀人才，倒不如再过两年甚至三年好些"①。列宁还主张把党的监察机关同苏维埃的检查机关合并。在 1923 年俄共（布）第十二次代表大会上，中央监察委员会和工农检查院虽然形式上还是两个机关，但实际上已经合并成为党和苏维埃的联合监察机构。

应当说，列宁的思想是明确的，也是正确的，即在布尔什维克一党执政的情况下，通过设立与中央委员会平行的监察委员会使权力得到制衡，通过设立有工农分子参加的、独立的监察机构的办法来防止官吏腐化、堕落，防止新政权机关变成脱离人民的官僚主义机构。

但是，在 1923 年 4 月党的十二大上，斯大林没有采纳列宁关于加强中央监察委员会的建议。大会通过的《关于组织问题的决议》中规定，中央候补委员可以兼任中央监察委员，中央委员会有权派有发言权的代表参加中央监察委员会。② 决议还规定，只有中央监察委员会主席团的成员才是相当于中央委员一级的工作者。这极大地降低了中央监委的地位并改变了其成员不得兼职的规定。1926 年 11 月，联共（布）中央委员会和中央监察委员会召开联席全会。会议决定奥尔忠尼启泽担任中央监察委员会主席，同时兼任政治局候补委员。这不仅否定了有关中央监委不得兼职的规定，而且实际上取消了中央监察委员会成员由全国代表大会选举产生的决定。1934 年 1 月，联共（布）十七大决定，将中央监察委员会改名为党的监察委员会，并决定派 1 名中央书记为领导者。大会通过的党章规定，党的监察委员会的职责是："（1）监督党和党中央委员会决议的执行情况；（2）审理违反党纪的人；（3）审理违反党的道德的人。"③ 这样，监察委员会已经不再是中央的机构了。1939 年 3 月，联共（布）十八大对党章做了进一步修改，决定把党的监察委员会再次改名为附属于联共（布）中央委员会的党的监察委员会。④ 党章明确指出，党的监察委员

---

① 《列宁选集》第 4 卷，人民出版社，1995，第 786 页。
② 《苏联共产党代表大会、代表会议和中央全会决议汇编》第 2 分册，人民出版社，1964，第 297~298 页。
③ 《苏联共产党代表大会、代表会议和中央全会决议汇编》第 4 分册，人民出版社，1957，第 402 页。
④ 《苏联共产党代表大会、代表会议和中央全会决议汇编》第 3 分册，1954 年俄文版，第 387 页。

会是联共（布）中央委员会的下设机构，规定党的监察委员会由中央委员会选举产生并在中央委员会领导下进行工作。1952 年 10 月，联共（布）十九大对党章中关于监察委员会的条款又做了修改，进一步缩小了监委的职权范围，取消了监委监督党和中央委员会决议执行情况的权力，仅保留了监委检查党员遵守党纪的情况，并对违反党纪和党的道德的行为追究责任的权力。这样一来，中央监察委员会的性质、地位、任务和权限发生了根本性的变化，从先前监督中央委员会（包括政治局和书记处）的工作变为在中央委员会领导下进行工作，先前被它监督的对象成了它的上级领导机关。这样，再没有任何机构、任何人可以对政治局、书记处和党的最高领导人进行监督了。

实践表明，列宁原来的设想并未实现。事实上，监察机构的作用不仅取决于条例，而且取决于党内整个民主生活制度，取决于国家政治体制的整个框架。苏联的历史表明，由于执政党内部没有正常的民主生活，国家管理体制上又实行高度集中和行政命令，对各级权力机关工作人员的监督问题始终没有得到妥善解决。权力结构是金字塔式的，责任制度是层层对上负责，公职人员的升迁往往只由上级领导决定，只接受领导的监督和考验。公职人员需要首先具备的是忠心，不是对党、对事业、对人民、对国家的忠心，而是对某个或某些领导人的忠心。结果，俄共（布）作为执政党，虽然建立了一套监督机制，但实际上自己是不受监督的。列宁希望建立起一套少而精、高效率的政权机关，而实际生活中出现的却是多而滥、低质量的机关。一个不受监督的政权是无法防止官僚主义和腐败的。一个脱离群众的政权是不可能得到人民衷心拥护和爱戴的。

五　列宁遗嘱

列宁的遗嘱问题曾几度被学术界和新闻界"炒"得沸沸扬扬。"遗嘱"一词，通常作为法律术语使用，指一个人在生前或临死前按法律程序或通过有关途径处理身后财产问题或有关事务的嘱托。这里所谓的列宁"遗嘱"当然不是在这个意义上使用这个词。

所谓"列宁遗嘱"，通常指列宁晚年（1922 年 12 月至 1923 年 1 月）口授的几篇文章和书信，史称列宁最后的文章和书信，总共有八篇。也有人只把列宁口授的《给代表大会的信》作为"列宁遗嘱"，这是一种狭义上的理解。

1922年12月23日，列宁经医生允许，开始每天从事少量工作，向秘书口授自己对一些重大问题的看法，他先口授了《给代表大会的信》。此后，他又口授了《关于赋予国家计划委员会以立法职能》《关于民族或"自治化"问题》《日记摘录》《论合作社》《论俄国革命》《我们怎样改组工农检查院》《宁肯少些但要好些》。列宁在这些文章和书信中阐述了他对社会主义革命和建设问题、政权建设和党的建设问题的看法。这是列宁在自己生命最后时刻表达的对自己为之毕生奋斗的伟大理想和事业的希望。

1922年年底1923年年初对列宁和布尔什维克党来说是一个什么样的时期呢？首先，革命后立即建成的"战时共产主义"没有取得成功。它在国内战争时期发挥了作用，但是在和平时期，尤其在对内政策方面，没有显出预想的效果。经济上的崩溃局面和群众不满情绪的爆发迫使布尔什维克紧急转向新经济政策。但是新经济政策刚刚显示出初步成效，就有许多人认为向新经济政策的过渡是一种明显的退却，甚至认为是退回到资本主义。其次，布尔什维克期待发生的世界革命显然"延迟"，并没有发生一连串新的"十月"革命。最后，社会主义胜利的问题已经逐渐演化成两个问题：无产阶级革命胜利的可能性问题和建成社会主义的可能性问题。归根结底，问题在于俄国能否取得无产阶级革命和社会主义的胜利。

列宁在这些文献中批评了孟什维克关于俄国没有进行社会主义革命的客观前提，俄国的生产力和文化发展水平没有达到能够建成社会主义的程度的观点。列宁认为，俄国存在建成社会主义所必需的客观条件，也存在主观前提。十月革命的胜利、地主和资本家被推翻、无产阶级专政的确立，为克服由旧制度继承下来的经济上和文化上的落后状态创造了决定性前提。俄国经济、文化上的落后使俄国革命具有某种特殊性。"我们没有从理论（一切书呆子的）所规定的那一端开始，我们的政治和社会变革成了我们目前正面临的文化变革，文化革命的先导。"[①] 列宁说，无产阶级革命的胜利，使俄国各族人民能够

---

① 《列宁选集》第4卷，人民出版社，1995，第773~774页。

"用……不同的方法来创造发展文明的根本前提"①，来提高生产力。俄国具有"建成完全的社会主义社会所必需的一切"：无产阶级专政、工农联盟、工人阶级在这个联盟中的领导作用、基本生产资料的公有制。"这还不是建成社会主义社会，但这已是建成社会主义社会所必需而且是足够的一切。"② 列宁在布尔什维克党和苏联人民面前展示出了胜利进行社会主义建设的前景，巩固了社会主义必胜的信念。列宁坚信，苏维埃国家能够依靠自己的力量来克服经济技术方面和文化方面的落后，赶上发达的资本主义国家。他认为，做到这点的保证在于工人阶级革命政党的正确领导。

列宁在谈到在苏联建成社会主义的可能性和国际意义时，强调指出它同世界革命前程的总前景有不可分割的联系。他认为，十月革命是世界无产阶级革命的伟大开端；十月革命给世界各国人民指出了走向社会主义的道路。"我们的道路是正确的，因为这是其他国家早晚必然要走的道路。"③

列宁还把世界社会主义革命的前景同无产阶级的、一般民主的和民族解放的革命进程联系起来，同全世界大多数居民特别迅速地投入反对帝国主义、争取自身解放的斗争联系起来。"在这个意义上说，世界斗争的最终解决将会如何，是不可能有丝毫怀疑的。在这个意义上说，社会主义的最终胜利是完全和绝对有保证的。"④

在最后的文章和书信中，列宁再次重申了建成社会主义同国家工业化的联系，强调在最新科学技术成就的基础上建立和发展重工业、机器工业的重要性。他认为，只有借助于大机器工业才能保证劳动农民转上社会主义道路。大机器工业能够为扩大对农民的经济援助提供条件，为合作社制度建立物质技术基础。

在《论合作社》一文中，列宁论述了合作社的重要作用。十月革命前的合作社是资产阶级合作社，十月革命后和新经济政策初期，列宁曾把合作社视为国家资本主义的一种形式。在实行新经济政策后，苏维埃政权向作为商人的

---

① 《列宁选集》第4卷，人民出版社，1995，第777页。
② 《列宁选集》第4卷，人民出版社，1995，第768页。
③ 《列宁全集》第42卷，人民出版社，1986，第338页。
④ 《列宁选集》第4卷，人民出版社，1995，第796页。

农民做了让步，即向私人买卖原则做了让步，"正是从这一点……产生了合作社的巨大意义。""我们改行新经济政策时做得过头的地方，并不在于我们过分重视自由工商业的原则；我们改行新经济政策时做得过头的地方，在于我们忘记了合作社，在于我们现在对合作社仍然估计不足。"① 列宁发现，在新经济政策条件下，正是通过合作社找到了"私人买卖的利益与国家对这种利益的检查监督相结合的合适程度，发现了私人利益服从共同利益的合适程度"。在向新制度过渡方面，合作社是"**农民感到简便易行和容易接受的方法**"②。列宁认为，为了过渡到社会主义，目前我们并不需要任何其他特别聪明的办法。"在生产资料公有制的条件下，在无产阶级对资产阶级取得了阶级胜利的条件下，文明的合作社工作者的制度就是社会主义制度。"③ 列宁这时所讲的合作社，主要是指流通领域的合作社。但是列宁又强调指出，在这方面，文化变革、文化革命，具有重要意义。列宁所说的文化革命，既包括纯粹文化方面，也包括物质方面，即文化建设所应具备的相当发达的物质基础，只有到那时才能建成社会主义。

此外，在列宁口授的这几篇文章和书信中，苏维埃政权机关建设问题占有重要地位。他在《怎样改组工农检查院》《宁肯少些但要好些》两篇文章中提出了完善国家机关的具体措施。

列宁对国家机关的现状非常担忧。他说："我们的国家机关，除了外交人民委员部，在很大程度上是旧事物的残余，极少有重大的改变……仍然是一些最典型的旧式国家机关。"④ 十月革命后，列宁和布尔什维克为建立和改善国家机构做了大量工作，但是成效甚微。列宁晚年对这项工作的效果非常不满意，他说："在改善我们的国家机关方面，我们已经瞎忙了五年，但只不过是瞎忙而已，五年来已经证明这是无用的，徒劳无益的，甚至是有害的。这种瞎忙使我们看来像是在工作，实际上却搅乱了我们的机关和我们的头脑。"⑤ 这

---

① 《列宁选集》第 4 卷，人民出版社，1995，第 768 页。
② 《列宁选集》第 4 卷，人民出版社，1995，第 768 页。
③ 《列宁选集》第 4 卷，人民出版社，1995，第 771 页。
④ 《列宁选集》第 4 卷，人民出版社，1995，第 779 页。
⑤ 《列宁选集》，人民出版社，1995，第 786 页。

种状况如持续下去，必然会威胁苏维埃政权的存在。所以列宁在晚年特别强调要完善国家机关，提高国家机关工作人员的文化水平和管理水平，号召他们学会科学地组织劳动和管理，学会在日常实践中运用科学成就的本领，与此同时，列宁指出，改善国家机关、选拔优秀的人才应遵循"宁肯少些但要好些"的原则。

在列宁晚年口授的这些文章和书信中，我们认为，最重要的问题是党的建设问题。这不仅仅是因为《给代表大会的信》在这些文献中排在最前面，列宁最先口授的是这封信，而且因为党的建设、党的统一是苏维埃政权成败的关键。

当时的政治体制是从夺取政权的秘密斗争时期延续下来的，所以最高领导人的个人素质、品质在很大程度上决定着党、国家和社会的前途和命运。为了加强党的稳定性，防止中央委员会一小部分人的冲突对党的整个前途产生过大的影响，列宁在1922年12月23日建议把中央委员人数增加到几十人甚至100人，主要从工人阶级中选出。列宁认为这样做是必要的，这样可以增加中央委员会集体的作用。他警告说："如果我们不实行这种改革，我想，一旦事态的发展不是对我们十分有利（而我们不能寄希望于十分有利这一点上），我们的中央委员会就会遭到很大的危险。"①

列宁预感到中央的稳定性会出问题，党内可能会出现分裂，而这种分裂的危险首先来自斯大林和托洛茨基之间的关系，即党内两个最有影响力的领导人之间的关系，而这种关系多半是由他们的个人特点决定的。为此，在12月24日的信中列宁谈了他对这两个主要领导人的看法："斯大林同志当了总书记，掌握了无限的权力，他能不能永远十分谨慎地使用这一权力，我没有把握。另一方面，托洛茨基同志，正像他在交通人民委员部问题上反对中央的斗争所证明的那样，不仅具有杰出的才能。他个人大概是现在的中央委员会中最有才能的人，但是他又过分自信，过分热中于事情的纯粹行政方面。现时中央两位杰出领袖的这两种特点会出人意料地导致分裂，如果我们党不采取措施防止，那么分裂是会突然来临的。"②

---

① 《列宁选集》第4卷，人民出版社，1995，第743页。
② 《列宁选集》第4卷，人民出版社，1995，第745页。

"在年轻的中央委员中，我想就布哈林和皮达可夫谈几句。依我看，他们是最杰出的力量（在最年轻的力量中），对他们应当注意下列情况：布哈林不仅是党的最宝贵的和最大的理论家，他也理所当然被认为是全党喜欢的人物，但是他的理论观点能不能说是完全马克思主义的，很值得怀疑，因为其中有某种烦琐哲学的东西（他从来没有学过辩证法，因而——我想——他从来没有完全理解辩证法）。

……其次是皮达可夫，他无疑是个有坚强意志和杰出才能的人，但是太热中于行政手段和事情的行政方面，以致在重大的政治问题上是不能指靠他的。

当然，我对两人作这样的评语是仅就现时情况来说的，而且还假定这两位杰出而忠诚的工作人员得不到机会来充实自己的知识并改变自己的片面性。"①

这里，列宁对这些党和国家的活动家主要品质的评价，并不像后来那些诠释者所描述的那样，充满强烈的否定色彩。比如，列宁还讲到："我不打算再评述其他中央委员的个人特点了。我只提醒一下，季诺维也夫和加米涅夫在十月的那件事②当然不是偶然的，但是此事不大能归罪于他们个人，正如非布尔什维主义不大能归罪于托洛茨基一样。"③ 对这个说明应该做如下理解：不应把这些人的错误看成阴险预谋的结果，而应视为某些人利益和情绪的反映。可以说，列宁对他们的评价是中肯的，更是充满善意的，是出于对党的事业的责任心而讲的肺腑之言。

1923 年 1 月 4 日，列宁又对 1922 年 12 月 24 日的信做了补充："斯大林太粗暴，这个缺点在我们中间，在我们共产党人相互交往中是完全可以容忍的，但是在总书记的职位上就成为不可容忍的了。因此，我建议同志们仔细想个办

---

① 《列宁选集》第 4 卷，人民出版社，1995，第 745～746 页。
② 1917 年 10 月 11 日（24 日）在布尔什维克党中央会议通过举行武装起义决议的次日，季诺维也夫和加米涅夫向中央提出一个声明，并给俄国社会民主工党（布）彼得堡委员会、莫斯科委员会、莫斯科区域委员会、芬兰区域委员会以及苏维埃中央执行委员会和北方区域苏维埃代表大会的布尔什维克党团写了一封《论时局》的信，申述他们反对立即举行起义的理由。他们的信曾在 10 月 15 日（28 日）彼得堡委员会扩大会议上宣读过。但是，不论在彼得堡委员会扩大会议上，还是在 10 月 16 日（29 日）中央扩大会议上，他们都没有得到支持。但是他们仍然坚持自己的立场。加米涅夫于 10 月 18 日（31 日）在半孟什维克报纸《新生活报》上用他们俩人的名义发表了反对武装起义的声明。列宁当时非常气愤，曾要求将他们开除出党。
③ 《列宁选集》第 4 卷，人民出版社，1995，第 745 页。

法把斯大林从这个职位上调开，任命另一个人担任这个职位，这个人在所有其他方面只要有一点强过斯大林同志，这就是较为耐心、较为谦恭、较有礼貌、较能关心同志，而较少任性等等。这一点看来可能是微不足道的小事。但是我想，从防止分裂来看，从我前面所说的斯大林和托洛茨基的相互关系来看，这不是小事，或者说，这是一种可能具有决定意义的小事。"①

列宁根据切身体会在自己生命的最后时刻做出的这个评价是非常重要的。这封给代表大会的信充分反映了列宁对党内状况、党的命运的担忧。他认为，这番话若送达代表大会代表，足以撤换过于强硬的总书记。这是列宁在组织问题上提出的建议。他没有强迫代表大会接受自己的建议，直至生命的最后时刻，列宁仍然坚持他的民主作风，遵守党的章程，努力通过党的最高机关解决党内最重要的问题。

列宁作为布尔什维克的领袖，对俄共（布）党内的状况了如指掌。他关于斯大林和托洛茨基之间的关系可能导致党内分裂的警告是有充分根据的。事实上，当时斯大林和托洛茨基之间争夺在党内领导权和影响的斗争已经开始。1922 年 12 月 21 日，列宁让克鲁普斯卡娅记录下他就对外贸易垄断问题口授给托洛茨基的一封信。斯大林得知此事后，对克鲁普斯卡娅大发雷霆，打电话粗暴地骂了她，并以投诉监察委员会相威胁。其实，这封信的内容没有什么特殊之处，列宁只是对中央全会关于这个问题的处理决定表示满意，并打算在代表大会上再提出这个问题。斯大林对信的内容不应该有异议，因为他当时也开始接触这个问题，并且是支持列宁路线的。问题的关键在于：第一，这封信不是给他的，而是给托洛茨基的；第二，这封信表明列宁仍然保持着政治积极性，仍在参与党和国家的生活。这对斯大林来说，是他不愿意看到的，也是危险的，对此只能做这样的解释。他当时暴跳如雷的情况从 1922 年 12 月 23 日克鲁普斯卡娅给列·波·加米涅夫的信中看得非常清楚。

克鲁普斯卡娅写道："列夫·波里索维奇：由于我记录了弗拉基米尔·伊里奇经医生许可口授的一封短信，斯大林昨天竟然对我极其粗暴无礼。我入党不是一天了。30 年来从未听见任何一位同志对我说过一句粗话，我珍视党和

---

① 《列宁选集》第 4 卷，人民出版社，1995，第 746 页。

伊里奇的利益并不亚于斯大林。现在我需要最大限度地克制自己。什么可以同伊里奇讲，什么不可以讲，我比任何医生都清楚，因为我知道什么事会使他不安，什么不会，至少比斯大林清楚。"①

从整个情况判断，克鲁普斯卡娅是1923年3月初把这件事告诉列宁的。列宁知道此事后非常生气，并给斯大林写了一封信。② 列宁在《给代表大会的信》及其补充内容中对斯大林的评价并没有受这件事的影响，即没有私人成见，完全是从党的利益出发考虑问题的。在此做这个说明也许并非不必要。

列宁在最后的文章和书信中阐述的问题对于社会主义建设和共产主义运动来说，是极其重要的问题，涉及社会主义革命和建设的最重要方面。历史的发展充分证明了这一点。甚至他关于斯大林和托洛茨基之间的关系这种"小事"的观点，也是非常重要的。正是由于没有处理好这件"小事"，苏联和国际共产主义运动付出了沉重的代价。

六　斯大林体制的形成

列宁《给代表大会的信》本来是写给俄共（布）第十二次代表大会的，但是斯大林等人在这个问题上做了手脚，没有向第十二次代表大会的代表介绍列宁信的内容。斯大林把列宁《给代表大会的信》说成是写给第十三次代表大会的。但是在第十三次代表大会上，这封重要的信也没有向整个代表大会宣读，而是分代表团进行口头传达，且不是传达全部内容。列宁关于撤换斯大林的观点是明确的，但是在代表大会上却对列宁的话进行了歪曲，似乎列宁是在提出某种建议：如果……有可能撤换……云云。斯大林还辩解说，他的粗暴只是表现为对敌人粗暴。斯大林没有在党内确立绝对统治地位之前，这封信对他来说始终是一种威胁。

1927年，联共（布）第十五次代表大会上再次提到列宁的这封信。当时决定将列宁的信作为副件收入大会记录。这意味着将把这封信作为正式文件放

---

① 参看《列宁全集》第52卷，人民出版社，1988，第703页。
② 参看《列宁全集》第52卷，人民出版社，1988，第555页。

在《列宁文集》中发表。当时正值党内斗争异常激烈的时期，斯大林经过努力只发表了信的前一部分，而且是发表在联共（布）第十五次代表大会的第30号通报上。这是一个秘密文件，只有少数人能看到。整个信的全文直到1956年才由苏共中央决定在《共产党人》杂志1956年第9期上发表。

斯大林隐瞒或篡改了列宁《给代表大会的信》中对自己不利的内容，但是在同各种反对派的斗争中却充分利用了列宁对其他人的批评性评语。

正像列宁预料的那样，在他逝世后，两位最有影响的领导人之间的关系迅速恶化，这种恶化的起因是争夺领导权的斗争。对于斯大林来说，对他威胁最大的就是托洛茨基。他同托洛茨基的斗争早在列宁在世时就已经开始。在这场斗争中斯大林同季诺维也夫和加米涅夫结成了联盟。

在1924年1月举行的俄共（布）中央全会上，政治局将中央委员托洛茨基、拉狄克、皮达可夫等人列入正式"反对派"和"派别集体"之列，并把这一切匆匆地登载在报纸上（《真理报》1924年1月16日）。在1924年1月16～18日，即列宁逝世前两天举行的第十三次紧急代表会议上，斯大林做了关于谴责"托洛茨基反对派"的报告。会议通过的决议认为，"托洛茨基反对派"是党内的"小资产阶级倾向派"。

1924年1月21日，列宁逝世。此后党内斗争日趋激烈。权力开始向斯大林手中集中。1924年5月在党的第十三次代表大会上，党的主要领导人都做了报告，但是没有让托洛茨基及其拥护者做报告。代表大会还批准了第十三次紧急代表会议所通过的关于谴责托洛茨基"党内小资产阶级倾向"的决议。1925年1月，托洛茨基被解除苏联陆海军人民委员和革命军事委员会主席职务。

挫败托洛茨基后，1925年，斯大林又向以季诺维也夫和加米涅夫为首的"新反对派"发起进攻。不久，"新反对派"领导人相继被撤销领导职务。

1926～1927年，联共（布）党内又出现一个反对派即托洛茨基-季诺维也夫联盟（托季联盟），主要代表人物有托洛茨基、皮达可夫、季诺维也夫和加米涅夫等人。反对派在社会主义革命理论、国内工业和农业政策问题上同斯大林为首的联共（布）中央有意见分歧。1926年7月至1927年10月，季诺维也夫和托洛茨基先后被撤销共产国际执委会主席、政治局委员和中央委员职务。在联共（布）第十五次代表大会（1927年12月）上，托季联盟的75名骨干分子被开除出党。

托季联盟被粉碎后，党内最有影响的老布尔什维克就只剩下布哈林、李可夫和托姆斯基了。20世纪20年代末期，苏联社会正面临从一个发展阶段向另一个发展阶段的过渡时期。新经济政策已经实行6年多时间，它对于恢复经济、活跃城乡交流、调动人民的生产积极性和劳动热情起了巨大的推动作用。但是在党的领导人中很多人仍然认为，新经济政策条件下富裕阶层力量的扩大对无产阶级专政是严重的威胁，因此主张停止施行新经济政策。1928年发生的粮食收购危机使关于新经济政策命运的争论激烈起来。以斯大林为代表的一派主张采取非常措施收购粮食，而以布哈林为代表的一派则反对采取非常措施，主张继续用新经济政策的方法发展经济。此外，在工业化和农业集体化问题上两派也发生分歧。布哈林等人被指责为"右倾投降主义"，1929年，布哈林和托姆斯基被解除在《真理报》的职务。1930年，李可夫被开除出中央政治局，同时被解除人民委员会主席职务。

20世纪30年代大镇压期间，制造了一系列案件，这些当年的反对派均遭到镇压，命丧黄泉。

这里并没有详细介绍各反对派同斯大林在观点上的分歧，因为这些斗争的实质是争夺领导权问题，观点上的分歧只是表面现象，或只是借口而已。例如，在反对托洛茨基反对派时曾严厉谴责托洛茨基在工业化方法问题上的立场，批评托洛茨基通过剥削和剥夺农民为工业化积累资金的观点，但是斯大林后来的做法比托洛茨基的主张有过之而无不及。

同反对派的一系列斗争导致了以下结果。首先，在党内：（1）出现了"一言堂"局面，不能发表不同意见；（2）在干部问题上主要的任用标准不是个人品质和能力，而是对上级领导人是否忠诚；（3）党内已没有正常的民主生活，一党执政变成了一人专政；（4）开创了在党内搞残酷斗争，无情打击，用对付敌人的办法对待党内同志的先例。其次，在国家管理和经济管理方面：（1）放弃新经济政策，倒退回"战时共产主义"的管理办法；（2）缺乏有效的民主机制，一人说了算或主要领导人说了算，抑制了广大群众积极性和智慧的发挥；（3）用强制和恐怖手段贯彻上级的命令和指示（尤其在解决1928年粮食收购危机过程中）；（4）建立了高度集中的行政命令管理体制。

所有这些方面正好构成了斯大林体制的主要特点。苏联依靠这种体制搞了工业化、农业集体化，打赢了第二次世界大战，增强了国家的军事实力，成了唯一能与美国和西方相抗衡的超级大国。这是一种适合于战时和准战时条件下的管理体制。作为一种通常条件下运转的体制，它的缺点是显而易见的：决策过于集中、不承认市场作用；政治上缺乏民主；权力过分集中和缺乏监督制衡机制导致严重腐败；对科技革命成果反应迟钝等。

历史的悲剧在于，斯大林把这种体制看成社会主义的理想模式，把它意识形态化并推广到所有社会主义国家，从而使本应生机勃勃、不断发展、不断改革的社会主义运动变成了僵化的、死气沉沉的运动。

在这种体制中，党和国家权力机关的关系始终没有理顺，以党代政成为一种普遍的现象、普遍的规律。列宁晚年曾多次强调要划分党和苏维埃机关的职能，而这个问题始终没有得到解决。党包揽了全部权力，同时也承担了全部责任；同人民形成了一种领导与被领导、统治与被统治的关系，同时也要面对这种关系所带来的必然后果；党没有精力真正加强自身建设，没有能力监督所有的党员，而人民群众又无法切实有效地监督执政党的党员。在这种情况下，共产党不仅是无产阶级的先锋队，也成了一切投机钻营、阳奉阴违、野心家和阴谋家追求的目标。对于这些社会渣滓来说，只有钻进党内才能实现自己的私欲，党的人事制度和干部政策恰恰为他们向上爬提供了条件。这种现象从十月革命胜利时起就已经开始了。

在地下活动年代，参加布尔什维克是要冒风险的，有时是要冒生命危险的，所以只有那些真正的革命者才参加党。二月革命后布尔什维克走出地下状态时只有2万多名党员。在1917年的革命高潮中，党员人数迅速增加。十月革命前夕已发展到近35万人。[①] 就是这35万名布尔什维克党人发动无产阶级和其他劳动群众取得了十月革命的伟大胜利。十月革命后，布尔什维克党内涌入大批新党员。到1921年3月召开第十次代表大会时，党员人数约75万人。此后多次进行清党，清出大批不合格的党员。应该说，在社会主义革命和建设

[①] 参看《苏联共产党历史》（多卷本）1967年俄文版第3卷上册第243~244页；关于十月革命前布尔什维克党员的数量，另有其他说法，如《一个英国学者笔下的苏共党史》作者伦纳德·夏皮罗所引资料表明，至1918年1月1日，布尔什维克党员人数只有11.5万人。

时期，在战争年代，大多数共产党人起了模范作用。但是由于党内民主生活制度不健全，党员的责任和义务感日益淡薄。因此，到1991年苏联发生剧变前夕，苏共党内虽有1900万名党员，但是在反对派的进攻面前毫无抵抗之力，甚至可以说共产党是不攻自破，而且那些反对派正是来自党内。

所有这些现象的根源，应该从历史中去寻找。本书在这方面只是做一点初步的尝试。

结束语

在苏联的权力结构中实际上存在一种等级制度，各级权力机关的组成就犹如一座金字塔，层层对上负责。下级机关同上级机关的关系只是一种服从关系；人民群众的监督职能、参与国家管理的权利只不过是一种口号、标签，实际上从来没有有效地实行过。在这座权力金字塔上，处于最上层的部分拥有了无限的权力。人们已经习惯于这种结构、这种政治生活气氛，尽管不是出于自愿的。这种政治体制已经形成一种惯性，并依赖于这种惯性向前发展。

历史上形成的这种权力结构拥有权威。表面上看，它是威严的，威严得没有人敢于触动它；它也是稳固的，稳固得似乎坚不可摧。但是一座建筑物，不管它多么雄伟、多么威严，总要不断进行维护、维修，才能使它坚固如初。政权亦是如此。而维护和保养政权这座建筑的最好方式就是监督、制衡，最佳的维护和保养人员应当是人民群众。只有当人民群众把政权看作自己的生命，如同保护眼睛一样来保护它时，这样的政权才能够经得起暴风雨的考验。

苏联后期，人民对于自己的政权机关，对于高度集中的这座权力大厦、权力金字塔，只剩下敬畏，人民不敢靠近它，也很难靠近它，甚至当这座大厦、这座金字塔轰然倒下时，人民仍然木然地站在远处，无动于衷。其实，在苏联后期，这座貌似坚固的权力金字塔就如一座倒置的金字塔，只要最关键部位的一块石头发生腐烂和异位，就足以使这个庞然大物土崩瓦解。

我们可以看出，列宁对苏维埃政权的设计不是这样的，他设想让全体人民都来参加国家管理，甚至当他发现人民群众由于文化水平的制约不可能直接进行国家管理时，仍然希望通过吸收更多的工人党员参加俄共（布）、吸收工人参加工农检查院来监督手中掌握权力的各种官吏，防止他们变成官僚主义者。

但是列宁并没有勾画出未来政权的详细结构。他对资产阶级政权的形式也是持完全的否定态度的。他要建立一个全新的、摆脱资产阶级民主制弊端的人民政权。但是这个全新的政权的形式只能通过实践来摸索，在实践中形成。

历史的发展表明，苏联政权建设并没有完全按照列宁的思路发展。历史的、传统的、文化的、个人的、社会心理方面诸因素合力运作的结果，使苏联形成了所谓斯大林式的体制。了解这一体制形成、发展和崩溃的过程，对于我们认识苏联解体的原因无疑是有帮助的。

参考文献

一　经典著作

1. 《马克思恩格斯全集》中文第 1 版；
2. 《马克思恩格斯选集》中文第 2 版；
3. 《列宁全集》中文第 2 版；
4. 《列宁选集》中文第 3 版。

二　中文参考文献

〔苏〕尼·伊·布哈林：《布哈林文选》（上、中、下册），人民出版社，1981；

〔苏〕尼·伊·布哈林：《世界经济与帝国主义》，中国社会科学出版社，1983；

〔苏〕尼·伊·布哈林、叶·阿·普列奥布拉任斯基：《共产主义 ABC》，三联书店，1982；

〔苏〕米·尼·波克罗夫斯基：《俄国历史概要》（上、下册），三联书店，1978；

陈启能主编《苏联大清洗内幕》，社会科学文献出版社，1988；

陈之骅主编《苏联史纲（1917～1937）》（上、下册），人民出版社，1991；

《卢森堡文选》（上、下卷），人民出版社，1984；

〔俄〕罗伊·麦德维杰夫：《让历史来审判》（上、下册），人民出版社，1983；

〔苏〕列·托洛茨基：《不断革命》，三联书店，1966；

〔苏〕列·托洛茨基：《论列宁》，三联书店，1980；

〔苏〕康·米·西蒙诺夫：《我写斯大林——我这一代人的见证》，世界知识出版社，1992；

〔英〕伦纳德·夏皮罗：《一个英国学者笔下的苏共党史》，东方出版社，1991；

郑异凡：《布哈林论稿》，中央编译出版社，1997；

郑异凡：《天鹅之歌》，辽宁教育出版社，1996；

〔苏〕亚·米·柯伦泰：《工人反对派》，商务印书馆，1981；

《列宁论苏维埃俄国社会主义经济建设》，人民出版社，1979；

《马克思恩格斯列宁斯大林论无产阶级革命政党》，人民出版社，1978；

《"民主集中派"和"工人反对派"文选》，人民出版社，1984；

《苏联共产党代表大会、代表会议和中央全会决议汇编》，人民出版社，1956年、1964年版第1分册，第2分册，第3分册；

〔苏〕波诺马廖夫主编《苏联共产党历史》（多卷本）第1卷，上海人民出版社，1983；

〔苏〕波诺马廖夫主编《苏联共产党历史》（多卷本）第2卷，上海人民出版社，1987。

三 外文参考文献

Л. Алексеева，«История инакомыслия в СССР». Вильнюс – Москва，1992.

Б. Буранов，В. Хрусталев，«Гибель императорского дома»，М.，Прогресс，1992 г..

Ю. А. Буранов，«К истории ленинского «политического завещания»»，«Вопросы истории КПСС»，1991，No. 4.

Н. Ф. Бугай，«Чрезвычайные органы советской власти»，М.，«аука»，1990.

Р. Ю. ВипперИ. П. Реверсов, А. С. Трачевский, «История нового времени. », М. , Республика, 1995.

М. Геллер, А. Некрач, «Утопия у власти. история Советского Союза с 1917 года до наших дней. », М. , 1995.

Е. Г. Гимпельсон, «Формирование советской политической системы», М. , «Наука», 1995.

Г. Иоффе, «Семнадцатый год: Ленин, Керенский, Корнилов», М. , «Наука», 1995.

«Корниловский путч и раскол революционной демократии», «Вопросы истории КПСС», 1991, No. 8.

С. М. Киров, «Избранные статьи и речи (1924 ~ 1934)», М. , Партиздат ЦК ВКП (б), 1937.

Г. М. Кржижановский, «Десять лет хозяйственного строительства (1917 ~ 1927гг.)», М. , 1928. .

В. А. Кувшинов, «Программа партии кадетов», «Вопросы истории КПСС», 1991, No. 8.

Б. В. Леванов, «Праграммные принципы партии социалистов – революционеров», «Вопросы истории КПСС», 1991, No. 6.

М. Н. Леонов, «Партия социалистов – революционеров в 1905 ~ 1907 гг. », М. , РОССПЭН, 1997.

В. В. Леонтович, «История либерализма в России (1762 ~ 1914)», М. , 1995.

А. В. Луначарский и М. Н. Покровский, «Семь лет пролетарской диктатуры», М. , "Московский путь", 1925.

Роберт Слассер, «Сталин в 1917 году», М. , Прогресс, 1989.

А. Рубцов, А. Разумов, «Политическое завещание В. И. Ленина», М. , 1989.

М. Ферро, «Николай II», М. , 1991.

О. В. Хлевнюк, «Политбюро. механизмы политической власти в 1930 – е годы», М. , РОССПЭН , 1996.

« Большевистское руководство. переписка. (1921 ~ 1927)» . М , РОССПЭН , 1996.

« Второй съезд РСДРП. июль — август 1903 года. Протоколы и стенографические отчеты съездов и конференций Коммунистической партии Советского Союза», М. , Госполитиздат , 1959.

«Десятый съезд РКП (6) . март 1921 года. стенографический отчет », М. , Госполитиздат , 1963.

«История Коммунистической партии Советского Союза. т. 3 , кн. 1 », М. , Политиздат , 1967.

«История Коммунистической партии Советского Союза. т. 3 , кн. 2 », М. , Политиздат , 1968.

«История политических партий России», М. , "Высшая школа", 1994.

«История России. Советское общество. (1917 ~ 1991)»М. , Терра , 1997.

«Кто избирали секретарями ЦК партии в (1917 ~ 1922) гг. », «Известия ЦККПСС», 1989 , No. 8.

«К истории опубликования статьи В. И. Ленина «Как нам реорганизовать Рабкин»», «Известия ЦККПСС», 1989 , No. 11.

«К вопросу об отношении В. И. Ленина к И. В. Сталину в последний период жизни Владимира Ильича», «Известия ЦККПСС», 1989 , No. 9.

«Либерализм в России», М. , Агентство«Знак», 1993.

«Меньшевики. документы и материалы (1903 ~ февраль 1917 гг.)», М. , РОССПЭН , 1996.

«Нэп. приобретения и потери», М. , «Наука», 1994.

« О так называемом « антисоветском правотроцкистском блоке »», «Известия ЦК КПСС», 1989 , No. 1.

« О так называемом « антисоветском объединенном троцкистскоз — иновьевском центре»», «Известия ЦК КПСС», 1989 , No. 8.

« О так называемой « контрреволюционной децистской орнанизации

Сапронова, Т. В. и Смирнова, В. М. »», «Известия ЦК КПСС», 1991, No. 7.

«Одиннадцатый съезд РКП (б). март – апрель 1922 года. стенографический отчет», М., Госполитиздат, 1961.

«Партия социалистов – революционеров. документы и материалы (1900 ~ 1907 гг.). т. 1», М., РОССПЭН, 1996.

«Политическая история России (хрестоматия). В 2 томах», М., 1995.

«Политическая история России в партиях и лицах», М., Терра, 1993.

«Политическая история России в партиях и лицах», М., Терра, 1994.

«Политическая история середины XIX в. ~ 1917 г. », Изд. МГУ, 1992.

«Программа политических партий России. конец XIX – начало XX вв. », М., РОССПЭН, 1995.

«Седьмая "апрельская" Всероссийская и Петроградская общегородская конференция РСДРП (б)», М., Партийное издательство, 1934.

«Третий очередной съезд Российской социал – демократической рабочей партии, 1905 года. Полный текст протоколов. », М., Гос. изд., 1924.

«Финансовое оздоровление экономики: опыт нэпа. Московский рабочий», М., 1990.

«Хозяйственный механизм периода новой экономической политики (по материалам 20 – х годов)», . М., 1990.

下　卷
权力金字塔的坍塌

序　言

　　《俄国政党史：权力金字塔的形成与坍塌》是中国社会科学院创新工程项目《苏联执政党最后十年》的最终成果。与此同时，也是我数十年来一直研究和跟踪的课题。20年前，当我还是年轻学者的时候，出版了专著《俄国政党史——权力金字塔的形成》。那部拙作是我在从事经典著作翻译和研究过程中，通过资料积累和思考而形成的粗浅的研究成果。在策划和撰写《俄国政党史——权力金字塔的形成》时，最初曾设想撰写两卷，第二卷计划研究苏联共产党和苏联解体的过程及其原因。由于本人工作的变动，也由于这个题目本身的复杂性，我一直没有勇气启动第二卷的写作。2012年年初，我被调到中国社会科学院俄罗斯东欧中亚研究所。此时，中国社会科学院正在实施创新工程，为科学研究创造了全新的环境。正是在这种形势下，我又可以投入主要精力继续一直没有放弃的对俄国政党，准确地说，对苏联共产党的研究。

　　问题的提出与现实意义

　　苏联解体已经过去四分之一世纪了。苏联的解体改变了世界的发展进程，改变了世界地缘政治版图，改变了世界上第一个社会主义国家人民的命运。能与这个事件齐名并价的只有1917年发生在同一个国家和地区的十月社会主义革命。一个曾经改变世界历史进程的进行了近70年的苏联社会主义实践的中断、一个社会主义超级大国的解体，其原因不仅具有重要的学术意义，而且具有绝对重要的实践意义。

　　在苏联解体的过程中，苏联共产党的作用是巨大的，甚至是决定性的。

　　在苏联社会主义建设实践中，在苏联社会主义国家建设和社会主义经济建设的实践中，苏联共产党已经不仅仅是政党，而且成为实实在在的政权。苏联共产党以自己的组织、干部、思想体系（意识形态）指导和指引国家生活的方方面面。在某种意义上，分析研究苏联共产党的组织和思想状况以及苏联共产党与国家的关系，是探究苏联解体原因不可回避的关键所在。正因为如此，自从苏联解体，关于苏联共产党的研究著述始终受到关注。

本课题国内外研究状况和特点

研究苏联解体问题始终是俄罗斯和我国有关学术界关注的最重要问题之一，其研究成果可谓卷帙浩繁。

在俄罗斯，这项研究工作具有鲜明的特点。第一，由于立场不同，对苏联解体的态度经常是截然不同的。25年过去了，俄罗斯社会已经发生巨大变化，人们的社会地位差距也与苏联时期不可同日而语，由于社会地位的不同，有的人对苏联解体表示惋惜，有的人表示支持。这种态度在相关研究成果中亦有明显表现。第二，由于所从事的职业或专业不同，所谓的研究成果，实际上包括不同体裁的作品。关于苏联解体的著述既有学术性的，也有政论性的，还有文艺性甚至戏说性的。本课题在研究过程中严肃对待这些成果，明确区分学术研究与政论和传媒作品的差异。第三，关于苏联解体的著述经常带有鲜明的主观性。虽然这个重要的历史事件已过去25年，但是这个事件的当事人大都还在，他们的研究成果或著述不仅带有主观情感色彩，而且与自己在这个历史过程的角色和历史责任具有密切联系。

在我国学术界，甚至不仅学术界，对苏联解体的关注度始终没有减弱，没有降温。学术界、政论界、传媒等都在关注、研究和阐述苏联解体事件，探讨苏联解体原因。我国关于苏联解体的研究和成果具有如下特点。第一，关注的层次高。研究及阐述苏联解体的人士遍布全社会，甚至历届国家领导人都发表过重要讲话，指导问题的研究。第二，具有鲜明的警示作用。许多作品的出发点是通过介绍和阐述苏联解体的过程及其原因提醒人们防止事件在中国重演的重要性，尤其李慎明主编的《居安思危：苏共亡党二十年的思考》（社会科学文献出版社，2011），电视系列专题片《居安思危——苏共亡党的历史教训》等。第三，参与的学科齐全。不仅仅限于研究国际政治的学者，研究历史、经济、文化、民族等问题的学者也都从各自学科的角度对20世纪这个最重要的历史事件进行研究。第四，观点分歧最大，争论最激烈。恐怕没有哪个历史事件让学者之间产生这么大的分歧，争论如此激烈。第五，与中国社会历史发展联系最紧密。苏联问题研究从来都不是单纯的学术问题，苏联解体前如此，现在仍然如此。正因为如此，该问题的研究始终是一个复杂的过程，研究人员之间甚至出现势不两立的观点。

但是，迄今为止，我国学术界关于苏联解体的著述中还没有专门研究苏联共产党在戈尔巴乔夫改革和苏联解体过程中所起作用的专著，虽然有关著作中对苏联共产党的作用有相应的阐述，如陆南泉、姜长斌、徐葵、李静杰主编的《苏联兴亡史》中指出："苏联社会主义政治经济制度的建立和巩固、统一的联盟国家的出现和存在，有赖于统一的苏联共产党的存在和它在国家和社会生活中所起的领导作用，有赖于由共产党起核心作用的政治体制的运转。"① 这个分析是十分准确的，说明我国学术界对苏联解体的认识达到一定深度。

但是，迄今为止，尚没有一部完整阐述或描述苏联共产党在苏联解体过程中作用的专著。这一方面是因为这个问题过于敏感，另一方面是因为过去多年来发表的史料还不足以支撑这样的研究，即使在俄罗斯，也是最近几年才开始出现研究苏联共产党在其最后岁月的活动的专著。

关于课题涉及的史料和资料的分析

史料是史学研究的基础。传统史料学所界定的史料范围是非常严格的。

在传统史料学中，现代研究所能使用的最重要史料是档案资料。档案之所以受到重视，是因为它最客观地记述历史事实，最客观地描述历史事件和最准确地反映某个历史阶段的重要决策过程。在本课题研究中，档案资料的问题具有独特性。苏联的解体使研究者可以更容易接近有关档案，而无须经过通常的解密期，当然涉及俄罗斯国家机密的有关档案除外，如苏联克格勃档案。

但是，档案是一个笼统的概念，实际上，在浩如烟海的档案中，研究者几乎可以找到任何有利于自己观点的素材。因此，如何使用档案既是一门学问，也反映出研究者的立场。

有关时期的立法文件、政府文件，包括地方立法机关和政府文件、会议记录等也是重要的史料。这部分史料具有如下特点。第一，无须经过所谓的解密

---

① 陆南泉、姜长斌、徐葵、李静杰主编《苏联兴亡史》，人民出版社，2004，第762页。

期。由于苏联已经解体，苏联时期通过的党中央、政府和最高苏维埃的决议、决定、法令等大都已经出版，甚至出版了按照专题分类的多卷本汇编。第二，鉴于苏联共产党在苏联社会政治发展中独特的地位和作用，苏共中央、苏联政府和议会的决策文件具有几乎同样的重要作用。在针对某个重要事情通过决议或决定时，通常由苏共中央决策，有时也有苏共中央和苏联政府联合发布决议的情况。在改革初期，即使苏联最高苏维埃通过的决议，也是出自苏共中央决策机构。第三，某些地方政府通过的决议、决定和法令对于了解戈尔巴乔夫改革进程和苏联解体原因也具有史料意义。这类素材虽然不多，但是具有代表性。第四，改革年代出现的各种政党的文献。这些文献是了解当年苏联多党制形成的重要史料，也是了解苏联社会情绪的重要史料。这些材料也是我们了解苏联共产党内部政治状况、思想状况、组织状况的重要依据。第五，缺乏新兴有产阶级发迹、成长和联合的关键资料。苏联改革时期，随着经济体制的变化、管理形式的变化、苏共社会地位的变化，社会上出现了新的社会阶层。这个阶层与合作社运动、个体劳动的出现是同步进行的。这个阶层从最初的小私有者到国家财富的攫取者，迅速完成了新兴阶级的成长过程。这个阶层在资本积累过程中逐渐参与或委托代理人参与政治决策进程，从而从新兴经济力量发展成为政治力量。最终正是这些人在埋葬苏联和苏联社会主义的过程中发挥了决定性作用。然而，恰恰是这方面的史料极其欠缺。

在有关苏联解体问题的重要史料方面，历史当事人的回忆录具有鲜明特点。如所有的回忆作品一样，反映苏联解体过程的历史当事人的回忆具有比较鲜明的主观性。由于在苏联解体过程中所处的地位和发挥的作用不同，由于对苏联解体事实的态度或立场的不同，这些回忆作品在阐述、回忆、评价历史事实时，带有鲜明的个人主观价值观选择痕迹。值得指出的是，20余年来俄罗斯出版了大量关于苏联解体过程的回忆作品。这些作品的作者具有比较全面的代表性，既有所谓的右翼人士，也有所谓的左翼人士，还有大量著名的、不著名的政治家、社会活动家、法学家、文学家以及当年参与决策过程的学者的回忆。虽然这些作品都具有鲜明的主观性，但是他们对历史过程和历史事件的论述、论证使研究者可以对他们不同的阐述进行比较，从中得出比较客观的分析结论。尽管如此，这类史料的学术价值还是有限的。因为这类作品具有如下特点：第一，作者论述苏联解体事实时带有浓郁的感情色彩。这种感情色彩有许多是对社会主义制度、社会主义文化、社会主义国家的怀念，部分也来自对共产主义的信仰。第二，政治家明显有为自己开脱责任的目的。无论对苏联解体持何种态度，是惋惜还是兴奋，他们都对自己在这个过程中所发挥的历史作用做正面解释。第三，这类史料作品对于我们了解某些历史事件的细节和历史事件当事人当时的心态具有不可替代的价值。

报纸、杂志等出版物作为史料历来是有争议的，因为报纸和杂志，包括学术刊物，包含的主观成分最多，而这是史料使用过程中的大忌。但是，对于本课题研究的时期而言，报刊的作用不容忽视，当时一些重要的历史事件和理论界的重要争论都是最先在报刊中反映出来的。在这里，报刊的作用在于准确地提示某些事件发生的时间和社会反应。此外，一些重要的决议和文献最早是在苏联中央报纸上发表的，这部分资料已经超出报刊资料的范围，而具有经典史料的意义。

在信息和数字化时代，网络信息对传统史料学提出了挑战。网络上的信息具有多样性、扩张性、复杂性等特点，回避网络信息是徒劳无益的，因为上述所有类型的资料在网络上都可以找到。网络信息是千差万别的，既有糟粕，也有精华。一些历史事件的细节，当事人恰恰是在网络上透露的。当然，使用网络信息需要极其谨慎、严肃，需要反复核查、甄别。

课题研究的立场和运用的研究方法

有关苏联解体和苏共垮台的课题具有强烈的政治色彩，研究立场的差异往往导致观点的对立。同样，研究方法的选择也对研究结果具有重要的意义。这个原则不仅对于研究者具有重要意义，对于历史当事人也具有重要意义。对于苏联解体这个结局，有人惋惜，也有人兴奋，站在不同的立场，对问题的阐述一定是截然不同的。1991 年 12 月 8 日的"别洛韦日事件"，即俄罗斯、白俄罗斯和乌克兰三国领导人签署宣布苏联解体的"别洛韦日协议"后，俄罗斯国务秘书布尔布利斯的感觉是：那个梦寐以求的理想终于实现了！这与那些为苏联解体和社会主义事业夭折而痛心疾首的人的心情，反差何其大！

研究方法绝不仅仅是研究手段问题，在某种意义上说，选择了方法也就选择了立场。全世界都在研究苏联解体这个具有世界历史意义的事件，由于立场不同，方法亦不同，结论也不同。

本课题坚持马克思主义辩证唯物主义和历史唯物主义的立场和方法，坚持实事求是原则，尽量客观地追述那段惊心动魄的历史，恢复重要的历史画卷，揭示一个个重要的历史人物的内心世界，厘清一个个错综复杂的历史事件之间的关系。

研究对象和研究重点

这是一个涉及领域广泛、各种关系盘根错节、各种人物扑朔迷离、关系世界上第一个社会主义国家命运的课题。完成这个课题需要进行理论准备、知识储备，需要阅读海量史料、辨别史料真伪，工作量非常大，本课题只能重点研究其中若干重要问题。

课题以苏联共产党为主要研究对象。苏联共产党是苏联社会的领导和指导力量，是唯一的执政党。它有严密的组织系统、强大的意识形态基础和宣传手段，它深入政治、经济、文化、工会、青年和军队等各个社会阶层和组织。

苏联共产党是苏维埃国家和苏维埃社会存在的重要保证。1917 年沙皇制度崩溃时，国家也面临解体的威胁，正是通过建立苏维埃政权，布尔什维克成功地把不同民族、不同信仰、不同宗教的人民联合起来，保证了国家的统一。不仅如此，按照苏联的决策程序，关系到国家发展的任何重要决策都要首先在苏共中央做出决策，然后由政府各部门贯彻执行。因此，苏共的发展状况、组织和思想状况决定着苏维埃国家机构的运行质量和办事效率。

苏联共产党是苏维埃多民族国家的顶梁柱，多民族国家的存在是以苏联共产党的组织结构为依托的。各加盟共和国都建立了共产党组织，由苏共中央统一进行政治、组织、思想领导，离开了苏共的统一，联盟国家就会失去赖以依托的支柱。

苏联共产党是苏联国家机器，如军队、警察、国家安全委员会（克格勃）的指挥机关，军队和强力部门绝对听从苏共中央指挥，因此各级领导必须是苏共党员。

苏联共产党是苏联对外政策的制定者和践行者。在相当一段时期里，苏联共产党对外政策的基本原则是无产阶级国际主义和世界革命的思想。依靠这个思想和理论，苏联建立了自己的势力范围，扩大了国际影响，保证了国家发展利益。与此同时，这个理论也成为东西方对立和冷战的理论之一，美国正是借口共产主义意识形态的目标是消灭帝国主义而在西方组织与苏联集团对抗的北约集团。

苏联共产党是国家经济生活的组织者和领导者。苏联实行计划经济，而经济计划的制订是在苏联共产党中央的领导下完成的。苏共中央按照经济领导工作的需要进行机构设置。中央的经济领导职能与政府相关部门完全重叠。在重复的机构设置中，中央机构的职权更大，政府职能部门只是执行和负责落实计划的机构。

苏联共产党是苏联各种社会组织的领导者。苏联各种社会组织：工会、共青团，以及妇女、儿童、文艺、体育团体等都在苏联共产党领导和指导下活动。简而言之，在苏联不存在不受苏共影响的组织。

这种管理体制的运行需要苏共组织和思想的统一，需要政治和经济的统一，需要统一意志，统一行动。这种体制在相应历史条件下是有效的，在战时和战后恢复时期，在需要动员型工作时，这种体制是有效的。但是，这种体制也有明显的缺陷，即忽视个人积极性的发挥，忽视经济手段的运用，忽视物质利益原则，因此这种体制最终导致效率低下，对科技进步反应迟钝，特别是在世界经济全球化趋势开始出现时，这种体制的弊端就更为明显地显现出来。

苏联历届领导人都曾经尝试改革这种体制，赫鲁晓夫、勃列日涅夫、安德罗波夫……每个领导人发起的改革都出于良好的动机，都希望苏联社会主义能够保持活力。每次改革也都留下了历史痕迹，但是效率问题、结构问题始终困扰着苏联经济、苏联社会、苏联体制。

戈尔巴乔夫要改革这个体制。这部专著要研究的就是这个过程，考察戈尔巴乔夫改革及其失败的原因。

本项目从历史和现实的结合上研究 20 世纪 80 年代苏联社会状况，苏共的内外政策及理论和实践，力求准确描述和阐述改革前苏联社会的真实情况和改革进程中的问题，梳理出苏联解体和苏共垮台的原因，探索出具有历史意义的经验和教训。

该研究项目重点研究 20 世纪 80 年代苏共和与苏共有密切联系的历史事件。主要包括以下内容：20 世纪 80 年代苏共的机构设置以及与国家权力机构的关系，包括苏共地方机构与地方权力机构的关系；苏联解体前国家的潜力；对勃列日涅夫时代的评价；80年代苏联社会经济状况和对外关系；戈尔巴乔夫其人及其历史作用；安德罗波夫改革与戈尔巴乔夫改革的关系与差异；经济改革缘何被政治改革代替；苏共第十九次全国代表会议是苏共走向衰败的开始；研究戈尔巴乔夫幕后之人及苏共当年的组织状况和思想状况；反对派运动以及第一个政治反对派——跨地区议员团；民族问题激化是导致苏联解体的加速器；新奥加廖沃进程是苏联瓦解的进程；"8·19"事件的实质；苏共被解散、亡党亡国，为什么没有人出来抵制及其历史教训，等等。

书中所涉及的事件、人物及其评价都是非常敏感的话题，学术界在许多问题上都存在分歧、争议，这些分歧和争议的产生有许多原因，笔者不谋求弥合这些分歧，也不针对某个分歧发表看法，只是根据自己所掌握的资料、史料尽量完整地恢复若干历史画面，期望能有助于读者，尤其研究者认识那段波澜壮阔的历史。

创新点和不足

本课题研究过程中的创新点在于：第一，以马克思主义辩证唯物主义和历史唯物主义为指导，在我国学术界第一次以大量史料为基础还原那段既波澜壮阔又悲壮凄惨的苏联共产党历史；第二，以科学的实事求是的态度总结苏联共产党建设过程中的经验和教训；第三，厘清某些被模糊的历史现象，如苏联后期经济危机的真相、加速战略与反酗酒运动表面上的荒唐与内在逻辑关系、苏共大批党员退党内幕，如此等等。

本书的主要不足是：第一，笔者的知识结构和水平还不足以全面驾驭这样一个囊括多学科和多领域的题目，因此考察和结论都不可能是全面的；第二，有些领域本应该作为重点进行研究，比如苏联共产党与东欧国家的关系，由于本人知识结构的关系，不得不放弃这部分的研究；第三，苏联体制的形成是一个历史过程，但本书重点研究戈尔巴乔夫时期，因此对苏联体制的认识和分析不免会有片面性。

实际上，到1990年，苏联和苏共的命运已经比较明朗了。一个具有1900万名党员的政党、一个领导着超级大国的政治组织，需要统一思想，统一意志，统一行动，需要得到人民的支持。而在1990年年初，据苏共中央社会科学院这个苏共最高研究和教学机构所做的民意测验，苏共的威信已经不足以团结人民，甚至团结党员去实现执政目标。1990 年春天苏共中央社会科学院民意测验的结果是：只有 3% 的居民还相信苏联共产党确定的共产主义最终目标。在 1991 年 1 月所做的民意测验中，只有 9% 的居民认为苏共可以实现自己的目标；在首都知识界中只有 2% ~ 3% 的人认为党的工作者是正派人，在地方居民中也只有约 30% 的人认为党的工作者是正派人。[①] 在这种情况下，在任何选举中，共产党人要赢得胜利都是非常困难的。笔者亲身经历过那段历史，清楚地记得当时各种选举的场景和居民情绪，有时选民在不了解候选人时，唯一的选择标准就是不投共产党人的票。这种现象仅仅用反共宣传已经无法解释了。

个人在历史上的作用始终是史学家关注的问题。在苏联和苏共解体过程中，个人的作用问题也是无法回避的。在某种意义上，决策过程越是集中，个人的作用就越大，因此戈尔巴乔夫的责任是不可推卸的。但是，仅仅看到一个人的作用也是不够的，因此，本书还专门研究和介绍了戈尔巴乔夫身边的人，介绍他们的经历、行为和世界观变化，以及对戈尔巴乔夫的影响。

苏联解体前，苏共内部的思想状况是极其混乱的，各种思潮和政治派别活跃在政治和社会舞台上。书中以详细的篇幅介绍了当时各种社会思潮的情况，转述了当时苏共中央某机关给中央和强力部门的报告。这说明，苏共中央对社会情绪和党内情绪了如指掌，只是束手无策而已。

压垮苏联和苏共的最后一根稻草是什么？又是谁？这个问题国内外学术界都十分关注，而且分歧最大。笔者认为，最后压垮苏联和苏共的是新兴的资本集团，虽然它们并不强大，但足以让分崩离析的苏联和苏共灭亡。

苏联共产党垮台了，但是历史并未结束。如果这部拙作能够为苏联共产党和苏联解体问题的研究提供一点素材，并推动人们去深入思考，则笔者甚幸！

---

① Опубликованы в журнале«Рабочий класс и современный мир», N4, 1990.

第十一章　苏联共产党

——苏联社会的脊梁

苏维埃社会主义共和国联盟即苏联是 1917 年十月革命创立的世界上第一个社会主义国家。作为一个联邦制国家，它成立于 1922 年 12 月 30 日，到 1991 年 12 月苏联解体时，存在不足 70 年。

苏联是幅员辽阔的多民族的联邦制国家，领土面积 2240 万平方公里，占世界陆地面积的六分之一。

苏联位于欧洲东部和亚洲北部及中部，地跨欧亚两大洲；东西最远距离 10000 多公里，横跨 11 个时区，南北长近 7200 公里，跨越 5 个气候区域。到 1991 年苏联解体时，人口总数为 2.89 亿。

苏联由 15 个加盟共和国组成，分别是俄罗斯苏维埃联邦社会主义共和国、乌克兰苏维埃社会主义共和国、白俄罗斯苏维埃社会主义共和国、乌兹别克苏维埃社会主义共和国、哈萨克苏维埃社会主义共和国、格鲁吉亚苏维埃社会主义共和国、阿塞拜疆苏维埃社会主义共和国、立陶宛苏维埃社会主义共和国、摩尔达维亚苏维埃社会主义共和国、拉脱维亚苏维埃社会主义共和国、吉尔吉斯苏维埃社会主义共和国、塔吉克苏维埃社会主义共和国、亚美尼亚苏维埃社会主义共和国、土库曼苏维埃社会主义共和国和爱沙尼亚苏维埃社会主义共和国。

苏联历史上总共通过四部宪法，即 1918 年第一部苏维埃共和国宪法、1924 年苏联宪法、1936 年苏联宪法和 1977 年苏联宪法。按照 1977 年苏联宪法第二条的规定："苏联的一切权力属于人民。人民通过作为苏联政治基础的人民代表苏维埃行使国家权力。其他一切国家机关受人民代表苏维埃的监督并向人民代表苏维埃报告工作。"

苏联政治制度不是实行三权分立的原则，而是立法权力高于执行和司法权力。苏联最高苏维埃是最高立法机关，日常立法活动实际上由苏联最高苏维埃主席团完成。最高苏维埃主席团由主席、15 名副主席、20 名其他成员和秘书组成。苏联最高苏维埃每届任期 4 年，负责选举最高苏维埃主席团，组建苏联部长会议（政府），选举苏联最高法院法官，任命苏联总检察长。

苏联最高国家权力机关的名称在每个时期都有所区别。

1922～1937 年，苏联最高国家权力机关是全联盟苏维埃代表大会，最高立法、执行和监督机关是苏联苏维埃中央执行委员会，由民族院和联盟院两院组成，两次会议间隔期间的常设机构是苏联苏维埃中央执行委员会主席团。

1937～1989 年，最高国家权力机关是苏联最高苏维埃，由民族院和联盟院两院组成。两次会议间隔期间的常设机构是苏联最高苏维埃主席团。

1989～1990 年，最高国家权力机关是苏联人民代表大会，最高立法、执行和监督机关是苏联最高苏维埃，由民族院和联盟院两院组成。两次会议间隔期间的常设机关是苏联最高苏维埃主席团，最高领导人是苏联最高苏维埃主席，而在 1990～1991 年，苏联最高领导人是苏联总统。

但是，在实际生活中，苏联的实际权力由苏联共产党加以保证和实现。苏联共产党是苏联这个多民族新型国家的凝聚力量，是苏联大厦的顶梁柱，并且这种状况是由苏联宪法确定的，这是一个历史过程。

一 苏联共产党的法律地位和作用

苏联共产党与国家的特殊关系是历史上形成的，与当时的历史条件有着密切关系。这种关系的形成过程大致经历如下几个时期。

1918～1920 年国内战争和外国武装干涉时期

在国内战争时期，苏维埃国家机关是在多党制条件下工作的。除布尔什维克外，参与国家管理的还有孟什维克和社会革命党人。尽管布尔什维克在国家机关中占据多数，布尔什维克党仍然需要加强和巩固自己的执政地位。布尔什维克党的目标是在政权中取得绝对优势地位，或者单独掌握政权。俄共（布）第八次代表大会指出，党应该争取在苏维埃中获得单独的政治统治，对苏维埃的所有工作实现全部控制。当时建议在所有苏维埃机关中建立严格执行党的纪律的布尔什维克党团。与此同时，布尔什维克建议，应该在宪法范围内通过苏维埃机关贯彻党的政策，党领导苏维埃，而不是取代苏维埃。

这个时期，在所有或几乎所有苏维埃机关中都有其他政党的代表，主要是小资产阶级政党的代表，如社会革命党人、孟什维克、无政府主义者等。各政党之间有一种竞争和监督关系。

1921～1929 年新经济政策时期

这是建立苏联的时期。建立苏联的所有准备工作都是在布尔什维克党层面上进行的。正是强大而统一的布尔什维克中央机构领导的党组织进行了大量的组织和宣传工作，才联合了整个国家。

1922 年 8 月 11 日，俄共（布）中央组织局建立了专门委员会，负责起草向中央全会提交的关于各共和国相互关系的文件。列宁建议把所有苏维埃共和国联合成一个联盟国家，所有成员都具有平等地位。根据列宁的思路，所有加盟共和国在保持主权地位的同时，将一些最重要的管理权限转交联邦支配。这个联邦的名称是：苏维埃社会主义共和国联盟（苏联）。1922 年 10 月，俄共（布）中央全会通过了关于必须在列宁提出的原则基础上联合各苏维埃共和国的决议。

1922 年 11 月，俄共（布）中央政治局批准"苏联宪法基本原则"。1922 年 12 月，在这个文件基础上中央专门委员会制定了关于建立苏联的声明和条约草案。1923 年，斯大林对条约草案进行了修改，联盟中央扩大了自己的权限，并从文件中删除了关于共和国退出苏联的程序条例。

在 1924 年的苏联宪法中没有提及共产党。

1930～1941 年，苏联的社会关系发生巨大变化

1936 年 12 月 5 日苏联通过新一部宪法，又称斯大林宪法。新宪法规定，苏维埃社会主义共和国联盟是工农社会主义国家。苏联的政治基础是劳动者代表苏维埃，苏联的经济基础是生产资料的社会主义所有制。新宪法第一百二十六条提到，共产党是"一切社会团体和国家机关的领导核心"。新宪法的颁布，标志着社会主义制度在苏联基本确立。1936年苏联宪法确定了共产党的领导地位，共产党在国家管理体系中成为唯一的合法政党。此前存在的所有其他政党都已经消失。苏联法律没有禁止联共（布）以外的政党的建立和存在，不仅如此，1936年苏联宪法甚至允许和保证公民实现联合和建立社会组织，但是实际上建立某种政党是不可能的。布哈林在一次演讲时曾经形象地说："我们只有两个政党，一个在执政，另一个在铁窗内。"但是，应该承认，20世纪30年代，尤其是在1936年的苏联宪法中并没有明确规定共产党在国家的执政地位，甚至没有提及共产党，只是谈到"工人阶级、劳动农民和劳动知识分子中最积极最觉悟的公民自愿结成的先锋队，是劳动者所有一切社会团体和国家机关的领导核心"[1]，虽然布尔什维克事实上是执政党并领导国家社会政治生活。

1977年《苏维埃社会主义共和国联盟宪法（根本法）》则第一次明文规定了苏联共产党的领导地位。

该宪法第六条规定："苏联共产党是苏联社会的领导力量和指导力量，是苏联社会政治制度以及国家和社会组织的核心。苏共为人民而存在，并为人民服务。用马克思列宁主义学说武装起来的苏联共产党规定社会发展的总目标，确定苏联对内对外政策的路线，领导苏联人民进行伟大的创造性活动，赋予苏联人民争取共产主义的斗争以计划性和科学性。"[2] 这里以宪法的名义把苏联共产党在国家各级组织包括社会组织中的领导作用明文规定下来。

政党领导国家，这种做法本身无可厚非。资产阶级国家也实行政党领导的做法。某个政党获得选举胜利，由自己的人进行组阁，当其他政党掌权时，再发生人事变动。但是，由于苏联只有一个政党，且肩负着领导苏联人民建设社会主义和实现共产主义的历史重任，因此谋求长期甚至永远执政就成为党的

① 参见《苏联宪法》1936年版第一百二十六条。Ю. С. Кукушкин，О. И. Чистяков. Очерк истории Советской Конституции. М.，Политиздат，1987.
② 参见1977年《苏维埃社会主义共和国联盟宪法（根本法）》第六条，http://www.docin.com/p-69118744.html。

使命。

历史上，苏联共产党对国家领导的形式并不总是单一的。早期也成立过一些党和国家机构联合发挥作用的机关，如中央检查委员会和工农检查院，或者机器拖拉机站和国营农场政治处等。比较流行的做法是党的领导兼任各级国家机关领导职务。党的机关取代国家机关的职能，即党政不分或以党代政，是苏联体制发展的最终结果，也是其最显著的特点。

由于苏联共产党在国家和社会中的地位，在很大程度上可以说，苏联作为多民族的联邦制国家，是由苏联共产党凝聚起来的。苏联共产党联合各加盟共和国的主要方式是通过自己的干部政策和经济政策。

在 1924 年苏联第一部宪法中，没有提及苏联共产党的领导地位问题。苏联共产党在宪法中获得领导地位是从 1936 年苏联宪法开始的。1936 年宪法第一百二十六条"公民的基本权利和义务"条款中规定，全联盟共产党（布尔什维克）是所有社会组织和国家组织的"领导核心"。1936 年宪法还规定，国家的最高立法机关是苏联两院制的最高苏维埃，而在最高苏维埃两次会议间隔期间是其常设机构——苏联最高苏维埃主席团。

苏联共产党的绝对领导地位是在著名的发达社会主义宪法即 1977 年苏联宪法中确定的。关于苏联共产党领导地位的表述出现在"政治制度"一章的第六条，其内容是："苏联共产党是苏维埃社会的领导和指导力量，是苏联社会政治制度以及国家和社会组织的核心。苏共为人民而存在，并为人民服务。用马克思列宁主义学说武装起来的苏联共产党确定社会发展的总目标，确定苏联对内对外政策的路线，领导苏联人民进行伟大的创造性活动，赋予苏联人民争取共产主义的斗争以计划性和科学性。所有党组织在苏联宪法框架内活动。"1977 年宪法确定苏联共产党领导地位的条款，并不是提高苏共的政治地位，而是把苏联共产党的实际政治地位和作用做客观认定和法律表述。苏联共产党已经成为国家和社会的最重要支柱。在 1977 年宪法中没有提及其他政党，这是因为苏联社会上已不存在苏联共产党以外的政党。

苏联共产党的组织结构与国家行政区划具有密切联系。除俄罗斯联邦外，其他 14 个加盟共和国都建立了自己的共产党，服从苏共中央统一领导。加盟共和国共产党中央领导人由苏共中央任命。

此外，在苏共中央设有俄罗斯局，负责处理与俄罗斯党组织有关的事务。实际上，俄罗斯联邦境内的共产党由苏共中央直接领导。

二　苏共中央的结构

苏联共产党从一开始成立就是一个组织严密、纪律严明的组织。正是这种严密的组织结构和严明的纪律，保证了党的战斗力和活力。

苏联共产党在历史上各个时期的称呼有所不同：

1898～1917 年——俄国社会民主工党；

1917～1918 年——俄国社会民主工党（布尔什维克）；

1918～1925 年——俄国共产党（布尔什维克）；

1925～1952 年——全联盟共产党（布尔什维克）；

1952～1991 年——苏联共产党。

苏联共产党的最高机关是代表大会，代表大会确定党的政策基础，选举新的权力机构。

历史上总共召开过 28 次代表大会。第一次代表大会于 1898 年在明斯克举行，是俄国社会民主工党第一次代表大会。

1917～1925 年，俄国社会民主工党（布）、俄国共产党（布）和全联盟共产党（布）每年举行一次代表大会，此后直到第二次世界大战前不是每年举行，两次代表大会之间的最长间隔时期为 13 年，即第二十三次和第二十四次代表大会期间（1939～1952 年）。1961～1986 年为每 5 年举行一次代表大会。

代表大会选举中央委员会。根据苏共党章的规定，中央委员会对党和地方党组织的全部活动实行领导并制定党的干部政策。苏共中央委员会指导中央、国家和社会组织的工作，通过党小组领导劳动群众，建立党的各种机关、机构和企业并领导它们的活动，任命由它监督的中央报纸和杂志的编委会，分配党的财政资源并对财政执行情况进行监督。

苏共中央作为集体领导机关定期召开全会，即所有中央委员和候补中央委员的会议。根据党章，每 6 个月至少应该举行一次中央全会。

中央全会选举中央政治局（主席团）、书记处和组织局、党的监察委员会

（1934～1990 年）。

苏共中央政治局是党的最高领导机关，在两次代表大会间隔期间领导中央的政治工作。俄共（布）第七次代表大会（1918 年 3 月）后，政治局一直作为常设机构负责解决最重要的政治、经济和党内问题。政治局委员实际上都算作苏联最高领导人，即使他们在形式上不担任国家职务。

斯大林时期，党内大部分权力归总书记。总书记由政治局委员选举产生。1934 年曾经取消了"总书记"一职，1952 年"政治局"更名为"主席团"，但是 1966 年勃列日涅夫又恢复了"政治局"的称谓。

苏联政治生活中，苏共中央总书记实际上就是苏联首脑，苏共中央政治局实际上是国家的政府；而苏联议会（苏联最高苏维埃）和政府（苏联部长会议）发挥的是辅助作用。

苏共中央书记处是苏共中央的集体领导机关。苏共中央书记们有权参加苏共中央政治局会议并拥有发言权。根据苏共党章，书记处由苏共中央全会选举产生，负责领导党和中央的日常工作。

在基层，党组织由党委会领导。党委会由选举产生的党委书记领导。企业、研究所、集体农庄等都有自己的党委会。在高层，分别有区委（区级）、州委（州级和自治共和国级别）。过去，在取消省、县、乡的设置之前，曾经有"省委""县委""乡委"的设置。在市级则设有党的市委，如此等等。

为了监督执行党的纪律的情况，建立了中央监察委员会，负责审理中央委员和候补中央委员的违纪行为。中央监察委员会有权将违纪分子开除出党。受处分的人有权向上级机关申述。中央监察委员会由苏共中央全体会议选举产生。1952 年以前，该机构称为中央检查委员会。

苏联共产党中央委员会是一个庞大的机构。这个机构的发展历史告诉人们，它并不是从一开始就具备包罗万象的功能和如此庞大的规模。

1921 年俄共（布）第十次代表大会选举产生的中央委员会只有 25 名委员和 15 名候补委员，而中央检查委员会只有 7 名委员和 3 名候补委员。[①] 此时，

---

① Десятый съезд РКП（б）8 – 16 марта 1921 г.，в кн.：КПСС в резолюциях и решениях съездов，конференций и пленумов ЦК，8 изд.，т. 2，М.，1970；История КПСС，т. 4，М.，1969.

俄共（布）总共有党员约 73 万人，而到 1981 年召开苏共第二十六次代表大会时，选举产生的苏共中央委员已经增加到 319 人，候补中央委员 151 人，中央监察委员会由 75 名委员组成。[①] 此时，苏共党员人数已经达 1700 万人。[②]

苏共中央及其机构设置

苏联共产党内设有各种机关，分担不同的职能。

首先是党的中央委员会。

苏联共产党中央委员会，简称"苏共中央"，是 1952 年以后的称谓。历史上由于党的名称几次变更，中央的称谓也不尽相同。1917 年春以前为"俄国社会民主工党中央委员会"，1917～1918 年为"俄国社会民主工党（布）中央委员会"，1918 年～1925 年为"俄国共产党（布）中央委员会"，1925～1952 年为"全联盟共产党（布）〔简称联共（布）〕中央委员会"。

苏联共产党中央委员会是两次代表大会之间党的最高机关。历史上人数最多的一届中央委员会是苏共第二十八届中央委员会（1990 年），总共有 412 名委员。

苏共党章规定，中央委员会对党、党的地方组织的全部活动实行领导，并制定党的干部政策。定期召开中央全会（根据党章，至少每 6 个月举行一次中央全会）。苏共中央监察委员会委员有权出席中央全会并具有发言权。中央全会选举中央政治局（主席团）、书记处和组织局、党的监察委员会。

苏共中央书记处

苏共中央书记处是苏共中央的集体领导机关。党章规定，书记处由中央全会选举产生，负责领导党和中央的日常工作。苏共中央书记有权出席苏共中央政治局会议并具有发言权。初期，中央书记有时甚至不是中央政治局委员。中央书记一开始只是发挥技术性作用。

中央书记处下设由各行业部门组成的中央办公厅，中央书记处就是依靠中央办公厅开展全部实际工作。

[①] 26 – й съезд КПСС（23 февраля – 3 марта 1981 года）: Стенографический отчет. Том 1. （М.: Политиздат，1981）.

[②] http://www.agitclub.ru/center/comm/commall1.htm.

中央书记处是在 1919 年俄共（布）第八次代表大会上成立的纯工作性机构。1919 年俄共（布）党章明文规定了书记处的地位。1988 年 7 月，苏共中央全会通过关于改革党的机关的决议，决定大幅度削减中央办公厅的机构，取消了按照行业设置的部级编制，减少了中央书记的数量。同年 11 月，苏共中央成立了各种常设委员会，由中央书记领导。这个做法实际上意味着取消了中央书记处，此后书记处始终没有召开过会议，尽管形式上书记处一直存在到1991 年。

1990 年曾实行新办法，书记处吸收了 5 名不担任书记的成员。

苏共中央政治局

苏共中央政治局是两次中央全会之间领导党的政治工作的最高机关。列宁等布尔什维克党奠基人从建党初期就制定了党内民主原则。苏共历史上从来没有设党主席、中央主席、主席团主席的职务。政治局内的所有成员原则上都是平等的。

最早的政治局是 1917 年 10 月 10 日（俄历 23 日）在俄国社会民主工党（布）中央委员会会议上成立的，主要任务是对武装起义进行政治领导。参加政治局的有：A. C. 布勃诺夫、Г. E. 季诺维也夫、Л. Б. 加米涅夫、В. И. 列宁、Г. Я. 索克里尼科夫、И. B. 斯大林、Л. Д. 托洛茨基。俄共（布）第八次代表大会（1919 年）后，政治局开始作为常设机构，负责决定最重要的政治、经济和党内问题。1952 年，在联共（布）第十九次代表大会上，政治局改名为苏共中央主席团。1952 年 10 月 16 日，苏共中央全会选举通过了苏共中央主席团常务局名单。成员有：Л. П. 贝利亚、H. A. 布尔加宁、K. E. 伏罗希洛夫、Л. M. 卡冈诺维奇、Г. M. 马林柯夫、M. Г. 佩尔乌辛、M. 3. 萨布罗夫、И. B. 斯大林、H. C. 赫鲁晓夫。1953 年 3 月 5 日，斯大林去世后，苏共中央、苏联最高苏维埃主席团和苏联部长会议联席全会决定取消苏共中央主席团常务局。1966 年苏共第二十三次代表大会上苏共中央主席团又改名为苏共中央政治局。

苏共党章规定，苏共中央政治局在苏共中央全会上选举产生，负责在两次中央全会之间领导党的工作。中央政治局是真正的决策机构，它通过决定后再由中央批准。1990 年以前，出席政治局会议的除政治局委员外，还有政治局候补委员。

苏共中央政治局委员的数量，在不同时期有很大差别。20 世纪 20 年代初的政治局只有 8 名委员，20 世纪 70 年代的中央政治局有 25 名委员。通常情况下，苏共中央政治局委员包括：苏共中央总书记、苏联部长会议主席、苏联最高苏维埃和俄罗斯联邦最高苏维埃主席团主席、乌克兰共产党第一书记、苏共莫斯科和列宁格勒州委第一书记，从 1973 年起，苏联克格勃主席、苏联外交部部长和国防部部长也是政治局成员。

赫鲁晓夫时期，经常吸收某些加盟共和国共产党第一书记参加苏共中央主席团，这个传统保持了很长时间。戈尔巴乔夫后期，所有加盟共和国共产党中央第一书记都是政治局委员。

担任中央政治局委员时间最长和最短的是两位元帅。最长的是苏联元帅伏罗希洛夫，他当了 34 年半的政治局委员，最短的是朱可夫元帅，只担任过 120 天的政治局委员。

苏共中央总书记

苏联共产党内一把手职务的设置不是始终一致的。1917～1918 年，俄国社会民主工党（布）一把手是"俄党（布）执行局书记"；1918～1919 年，称为"俄共（布）中央书记处主席"；从 1919 年起，在书记处内设责任书记一职；1922～1934 年，设总书记职务；1953～1966 年，设第一书记；从 1966 年 4 月起，恢复苏共中央总书记的职务。

历史文件中，有俄共（布）中央主席的签名，但那不是规范的职务。1917 年，亚·米·斯维尔德洛夫以俄国社会民主工党（布）中央主席的名义签署过党的若干指令文件，但他从来没有当选过这个职务。

值得指出的是，1922 年斯大林被任命为总书记以前，中央责任书记是纯粹技术性职务，不负责党内领导工作。

苏联共产党历史上，担任过党内一把手的分别是：

1917 年——叶·德·斯塔索娃；

1917～1919 年——亚·米·斯维尔德洛夫；

1919 年——叶·德·斯塔索娃；

1919～1921 年——尼·尼·克列斯金斯基；

1921～1922 年——维·米·莫洛托夫（斯柯里亚宾）；

1922～1934 年——约·维·斯大林；

1953～1964 年——尼·谢·赫鲁晓夫；

1964～1982 年——列·伊·勃列日涅夫；

1982～1984 年——尤·弗·安德罗波夫；

1984～1985 年——康·乌·契尔年科；

1985～1991 年——米·谢·戈尔巴乔夫。

形式上，中央书记处内部并没有所谓的等级制原则，但是不同时期有不同的做法。

赫鲁晓夫时期，尤其在 20 世纪 50 年代，非正式地公认苏共中央第二书记是 A. И. 基利琴克（1960 年失宠之前），而后是 И. Г. 伊格纳托夫，再后来是 Ф. P. 科兹洛夫。

勃列日涅夫时期，在州委、市委、区委一级，主管工业的书记是第二把手，主管意识形态的是第三把手，而在党的最高层次（苏共中央、加盟共和国共产党中央）有一个原则，即主管意识形态的书记为第二把手，随后是主管工业的书记，所以一般认为，主管工业的是第三书记。勃列日涅夫时期，第二书记是 M. A. 苏斯洛夫，第三书记是 A. П. 基里连科。基里连科当时是苏共中央军事工业委员会主席。勃列日涅夫时期，在召开书记处会议或政治局会议时，如果勃列日涅夫缺席会议（从 1974 年起勃列日涅夫极少参加会议），会议则由苏斯洛夫主持，如果苏斯洛夫缺席会议，会议则由基里连科主持。后来在苏共中央主管意识形态的书记 A. H. 雅科夫列夫在一次接受俄罗斯中央电视台记者采访时回忆说，当苏斯洛夫缺席会议时，由基里连科在会上下达指示、指令或命令后，出差回来的苏斯洛夫就会提醒："执行基里连科的指示，想都不要想！"

前苏联部长会议办公厅主任 M. C. 斯米尔丘克夫也回忆说："当勃列日涅夫外出时，通常主持书记处会议的苏斯洛夫就会代替勃列日涅夫主持政治局会议，而基里连科则主持书记处会议。基里连科主持会议时完全是主人的派头，脱去外衣，瘫坐在椅子上。"①

---

① M. C. Смиртюков «Он не любил, когда его окружает охрана», Журнал «Коммерсантъ» № 29 (380) от 25. 07. 2000.

А. Н. 雅科夫列夫还说，苏斯洛夫实际上一个人领导中央书记处的工作，而"苏斯洛夫外出时，安德烈·帕夫洛维奇·基里连科代替他主持书记处工作。于是，苏斯洛夫每次出差回来后，做的第一件事就是取消他不在时通过的决定。在书记处通过决议过程中他非常独断"①。

应该指出，这个传统，即主管意识形态的书记是第二把手，不是勃列日涅夫时代产生的，而是在第二次世界大战后斯大林时期出现的。当时认为书记处内的二号人物是联共（布）中央组织局的领导。1945 年 5 月 10 日中央主管意识形态的书记 А. С. 谢尔巴科夫逝世后，Г. М. 马林科夫接替了他的职务。但是，1946 年 4 月 13 日，联共（布）中央政治局通过决定，马林科夫不再领导意识形态工作，由 А. А. 日丹诺夫接替马林科夫，1946 年 5 月 4 日，斯大林不再让马林科夫担任中央书记。1946 年 8 月 2 日，政治局决定由日丹诺夫主持联共（布）中央组织局的工作，实际上成为联共（布）中央书记处的第二号人物。

值得指出的是，从 1934 年起，联共（布）中央没有设置总书记一职，形式上，斯大林只是中央书记之一。

关于第二书记的作用

形式上，苏共内部不存在这样的职务，一般情况下，把替代总书记（第一书记）领导中央书记处工作的书记视为第二书记。1964 年苏共中央十月全会上，赫鲁晓夫被撤销党和国家最高领导职务，会上苏联部长会议副主席 М. А. 列谢奇科提出了设立第二书记的问题。但是当时主持中央全会的勃列日涅夫立刻终止了对这个问题的讨论。会议场景是这样的（全会速记记录）："列谢奇科：在中央第一次全体会议（指苏共第二十二次代表大会结束后关于组织问题的全会）上，当我们选举党中央第一书记时，我们同时也投票，选举了中央第二书记科兹洛夫同志，如果你们记得……勃列日涅夫：不对，列谢奇科同志，我们没有选举，我们只是投票了。同志们，过去有过这样的事情：在一次中央全会上，赫鲁晓夫同志问，根据党章，我们到底有没有第二书记，

---

① Евгений Жирнов «После тяжелой и продолжительной работы», Журнал «Власть» № 2（455）от 22. 01. 2002.

大家都明白，好像在确定二号人物。这是一个错误的说法。您现在指的是什么？现在我们不提这样的问题。"

在苏联和苏联共产党的历史上，苏共中央政治局是一个拥有巨大权力的决策机构。按照列宁的设计，政治局应该实行集体领导，不能搞家长制、一言堂，总书记是这个领导集体的班长。但是在实际工作中，总书记的权力是很大的，往往是主要的决策者，后来甚至发展为唯一的决策者。正因为如此，列宁晚年对斯大林担任党的总书记一职很担心，在给代表大会的信中建议："把斯大林从这个职位上调开，任命另一个人担任这个职务，这个人在各方面同斯大林一样，只是要有一点强过他，这就是较为耐心、较为谦恭、较有礼貌、较能关心同志，而较少任性等等。"①

列宁的担心是有道理的。他担心的不仅仅是斯大林的性格对工作的影响，他还看到了潜在的、更深层次的问题——党内可能出现专断的决策机制。

斯大林时期，包括后来的赫鲁晓夫时期，苏共和苏联决策层权力过分集中。苏共中央曾经通过决定，禁止一个人同时担任苏共中央第一书记和苏联部长会议主席。这个做法只通行了一段时间，后来又可以兼任了，即一个人可以同时兼任苏共中央总书记和苏联最高苏维埃主席团主席。形式上，这个做法没有违反过去通过的党的决议，而是绕开了决议。按照宪法规定，最高苏维埃主席团主席的职务，不是领导职务，而是代表职务，但形式上则是高一级的职务。

这是一种无奈的做法，也是生活本身的需要。对于苏联国内来说，苏共中央总书记无疑是国家的一把手，虽然他没有被赋予相应的国家权限，但是在对外交往中往往会出现不方便的局面，因为重要的外交谈判都是在国家元首或相应级别的政府官员间进行。实践中经常出现这样的情况，即在外交场合外国出席的是国家元首或政府官员，而苏联出席的却是党的领导人，即社会组织的领导者。严格地讲，在没有担任苏维埃主席团主席之前，勃列日涅夫没有资格代表苏联，但是他经常到国外进行正式访问，与外国领导人会见。勃列日涅夫当选苏联最高苏维埃主席团主席后，这种在外交场合的尴尬就消失了。

① 《列宁选集》第4卷，人民出版社，2012，第746页。

这种兼职的做法更加巩固了党的领导作用。具有典型意义的例子是，有时苏共中央的某些决议是在苏维埃出版物上颁布的，如在苏联最高苏维埃的机关报《消息报》上。

在基层，苏共按照地域原则进行组织。在所有社会组织、机关和企业中必须建立党的基层组织，把在该单位工作的所有共产党员吸引进来。房管处按照居住地原则管理退休党员。

基层组织设书记一职。如果组织内人数多，书记可以是脱产的，可以拿工资。如果组织内人数少，则书记不脱产。党的区委员会由党的专业干部组成，区委设第一书记，掌握区里的实权。区委员会服从州委员会，州委员会设州委书记。再往上是加盟共和国的党组织。最后，也是最高一级，就是苏共中央，总书记是党内最高领导者。由此构成苏共等级制管理形式。它不仅在苏联共产党内部通行，也传播到所有国家的共产党组织。

三　苏共职能与苏联政府职能的重叠

在苏联体制下，苏联共产党的机构设置与国家机构的设置是重叠的。苏联共产党领导国家不是简单地通过决议和决定以及制定有关法律法规，而是有具体的组织措施。苏共中央设有与国家机关重叠的部委，其权力和职能高于同级的国家机关。比如20世纪80年代，直至1989年10月以前，苏共机关的组成是这样的：

（1）军事部（同时行使苏军和苏联海军总政治部职能）；

（2）国际部；

（3）国防工业部；

（4）总务部；

（5）行政机关部；

（6）对外贸易部；

（7）信息部；

（8）文化部；

（9）轻工业和日用品部；

（10）机械工业部（内设汽车工业局等）；

（11）国际信息部；

（12）科学和教育部；

（13）党的组织工作部，下设：党内文件监督局，干部教育和培训局，社会组织、苏维埃和共青团工作局，巡视局，地方局，包括乌克兰局、摩尔达维亚局、中亚局、哈萨克斯坦局、外高加索局、波罗的海局、白俄罗斯局；

（14）计划和财政机关部；

（15）宣传鼓动部，内设：宣传局、鼓动局、群众工作局、报刊局、广播电视局；

（16）国外干部和出境管理部；

（17）苏共中央与社会主义国家共产党和工人党联系部；

（18）农业和食品工业部；

（19）建筑部；

（20）贸易和生活服务部；

（21）交通和通信部；

（22）重工业和能源部；

（23）化学工业部；

（24）经济部；

（25）巡视部；

（26）办公厅。

1989 年戈尔巴乔夫改革的主要内容和任务之一，就是减少党对经济工作的干预，苏共中央的结构发生很大变化，撤销了除农业部以外的所有经济部门，与此同时，根据社会上非政府组织日益活跃的现实，成立了社会政治组织联系部。

从 1989 年 10 月起，苏共中央只设 10 个部，分别是：

（1）党的建设和干部工作部；

（2）意识形态部；

（3）社会经济部；

（4）农业部；

（5）国防部；

（6）国家与法部；

（7）国际部；

（8）总务部；

（9）办公厅；

（10）社会政治组织联系部。

苏共中央还下属若干科研和教学单位：苏共中央马克思列宁主义研究院、苏共中央社会科学院、苏共中央高级党校。

四　苏共意识形态工作与苏美意识形态竞争

共产主义意识形态是苏联共产党的理论基础，也是苏联共产党领导苏联人民建设社会主义的理论基础，更是团结全体苏联人民的精神纽带。与此同时，共产主义的意识形态也是苏联对外政策的理论基础。

马克思列宁主义是苏共意识形态的核心。马克思主义意识形态是无产阶级的科学指导思想，也是苏共的指导思想。它作为政治上层建筑的意识形态，从一开始就具有鲜明的特征，包括阶级性和实践性。所谓阶级性，就是为统治阶级服务。从理论上讲，无产阶级、劳动农民和先进的创作知识分子就是苏联社会主义社会的统治阶级。

在国内政治中，马克思主义意识形态是苏共团结人民、教育人民、动员人民的手段。

苏联共产党非常重视意识形态工作。这首先表现在以下几点。

1. 出版马克思主义经典著作以及对经典著作进行研究

苏共中央马克思列宁主义研究院是专门出版经典著作的机构。早在苏维埃政权初期，俄共（布）中央就决定成立负责翻译出版马克思和恩格斯著作的委员会，列宁亲自参加编辑工作。1921 年，俄共（布）中央组织局决定成立马克思恩格斯研究院，任务是收集、研究和出版马克思主义经典作家的著作并研究马克思主义理论。研究院的首要任务是收集和整理马克思主义奠基人的手稿并建立一个科学图书馆。列宁逝世后，该机构改称马克思列宁主义研究院（简称马列主义研究院）。到1972年，马克思列宁主义研究院档案馆内收藏的马克思主义经典作家文献资料已经相当可观：近8000件马克思和恩格斯的文献，包括原稿和拍摄的胶卷，其中有1844～1845年马克思哲学－经济学手稿，二三十本写作《资本论》的准备材料，八本《政治经济学批判》的最初方案、《工资、价格和利润》《德意志意识形态》《自然辩证法》的手稿，等等。在马列主义研究院档案馆中保存着将近200个马克思和恩格斯的笔记本，上面是从不同知识领域的5000多册书中抄录的笔记，还保存着他们之间大量的书信；关于列宁的文献资料包括3万多件列宁的文献，列宁在世时拍摄的反映列宁生活和工作的874米长的电影胶片资料，396幅列宁的照片，14盘记录列宁讲话的录音资料等。① 苏联先后出版两版《马克思恩格斯全集》和五版《列宁全集》。20世纪80年代，受中国出版60卷本中文第二版《列宁全集》的影响，苏共中央马列主义研究院曾经准备出版第六版《列宁全集》，这项工作因后来的社会剧变而夭折。

2. 全国建有研究和宣传马克思列宁主义的网络

苏联各加盟共和国都有马列主义研究院分院、马克思恩格斯博物馆和列宁博物馆分馆。1968年6月15日苏共中央通过决定，责成苏共中央马克思列宁主义研究院承担若干项新任务：对加盟共和国马列主义研究院分院、马克思恩格斯博物馆和列宁博物馆分馆以及党史研究所给予科学指导；协调党史研究工作；监督和协助出版有关马克思主义经典作家生平事业的文学及艺术作品等。② 从而在全国形成了协调学习、研究、宣传和出版党的意识形态文献的中心。

3. 科学共产主义理论教育成为苏联高等院校所有大学生的必修课

马克思主义是无产阶级争取自身解放的学说，它与资产阶级意识形态是截然对立的。无产阶级的胜利和资产阶级的失败，共产主义的前景和资本主义的

---

① 参见《马克思恩格斯著作的发表和出版》，人民出版社，1976，第172页。
② Большая советская энциклопедия，Институт марксизма－ленинизма при ЦККПСС.

灭亡是共产党人追求的目标，也是共产党人行动的宗旨。这个理论体系集中体现在苏联共产党有关科学共产主义的理论体系中。学习这套理论不仅是共产党员干部的任务，也是苏联高等院校大学生的必修课程。苏联共产党正是通过这个教育系统培养一代又一代新人。

4. 培养和任命一批从事意识形态工作的干部

在苏联政治体系中，意识形态是重要领域。每个党组织中都有专门负责意识形态工作的干部。苏共中央分管意识形态工作的领导通常是党内第二号人物，因此也是国家第二号领导人。历史上不乏为争取主管意识形态工作而发生党内争斗的事实。

苏共意识形态工作和党的宣传教育工作是一个统一的整体，是系统工程，对于维护党的领导地位和社会主义建设具有重要意义。但是，这项工作具有很大的缺陷，充斥着僵化的教条和形式主义，因此投入的人力、物力、精力和资源与效果有很大差距。大多数人，尤其是青年人，对宣传的内容并不十分相信，而且在很多情况下甚至带有反感情绪。

5. 苏联书报检查制度与苏美意识形态博弈

苏联政府在加大意识形态宣传的同时，还对来自大洋彼岸的宣传进行抵制和反宣传，苏美之间进行着一场针锋相对的意识形态宣传战。这种意识形态斗争反映的是两种社会制度、两个阵营之间的斗争，即以苏联为首的社会主义阵营和以美国为首的帝国主义阵营以及以美国为首的北大西洋公约组织和以苏联为首的华沙条约组织，这是势不两立的两大阵营。这种意识形态和社会制度的对立导致两大阵营的军事政治对峙。

苏联以及苏联共产党的意识形态宣传维护了党的团结和国家统一，但是由于宣传工作过于刻板、教条，充满形式主义，宣传效果并不理想，到苏联后期，这种宣传甚至导致逆反心理，尤其在年轻人中间。

苏共意识形态工作的一个重要内容是反对资产阶级和资本主义价值观对苏联公民尤其是苏联青年人的侵蚀。为此，苏联宣传部门对于来自境外的文学、艺术、音乐、电影等进行严格的书报检查制度。

苏联的书报检查制度是非常严格的。曾几何时，连著名电视连续剧《春天里的十七个瞬间》也曾经因政治原因被推迟放映，1973 年这部连续剧才出现在屏幕上，这是在安德罗波夫出面干涉后才被解禁的。而此前负责意识形态的苏斯洛夫之所以查禁这部电视剧，是他认为这个电视剧没有反映苏联人民在战争中的伟大功绩。这部电视剧播出后，据说勃列日涅夫对剧情很痴迷。

20 世纪 60 年代末，苏联和中国因珍宝岛问题发生军事冲突，两国关系异常紧张。苏联文化部门接到关于书报检查的补充条例，禁止刊登有关远东地区经济指标的信息，包括纺织品和捕鱼的产量。结果地方出版物的编辑们抱怨，报纸版面上简直没有什么内容可以登载。这条禁令直至中苏关系缓和后才被取消。

20 世纪 70 年代，著名诗人和演员维索茨基红极一时。他自己创作歌曲，自弹自唱，颇受欢迎，但是他也曾经被禁止演出。1973 年 4 月 17 日，维索茨基给苏共中央政治局候补委员、苏共中央书记杰米切夫写信。信的内容是："您肯定知道，现在国内要想找到一台播放我的歌曲的收录机比找一台不播放我歌曲的收录机更容易。9 年来我一直在争取一件事情，即希望允许我直接为观众演唱，允许我为音乐会选择歌曲，允许我商定节目单。"

1974 年 9 月 15 日，发生了驱赶莫斯科先锋派画家"推土机画展"事件。画展被驱赶的原因是作品风格与官方提倡的社会主义现实主义风格不相符。

苏联书报检查机关还监督音乐会的节目安排。所有在苏联演出的歌曲必须事先经过检查，音乐会的节目单要单独检查。1983 年苏联文化部通过管理条例，规定所有职业和业余演唱会必须做到 80% 的作品是苏联作曲家学会会员创作的作品，而苏联作曲家协会会员的平均年龄是 60 岁，从 1973 年起就再没有接纳过新会员。摇滚乐音乐人也受到迫害，例如，1983 年，著名青年摇滚歌星尤·舍甫丘科因歌曲内容不符合检查机关的规定而接到克格勃乌法分局的函告，要求他书面保证"永远不演奏、录制和创作自己的歌曲"[1]。这些做法严重伤害了他的歌迷，而他的歌迷遍布在青年之中。

在苏美意识形态博弈中，苏美之间的广播战也十分激烈。其实早在 20 世纪 40 年代，以美国为首的西方国家就开始对苏联进行无线电宣传。20 世纪 70

---

① Шевчук, Юрий Юлианович, https://ru.wikipedia.org/.

年代美国开始对苏联进行俄语广播，宣传美国价值观。在短波收音机已经普及的年代，西方无线电广播的影响日益扩大，自由广播电台、美国之音、德国之声、BBC 俄语广播等非常活跃。苏联采取各种措施抵制美国和西方的广播宣传。比如，限制生产波长少于 25 米的收音机，这种波长的收音机主要用于出口，国内销售的数量很少，因此，在苏联短波收音机非常抢手。其次，严格查禁西方出版物。

苏联书报检查曾经弄出许多尴尬事情。1980 年莫斯科奥运会开幕前夕，书报检查机关在《奥林匹克纵览》（Олимпийская панорама）杂志上发现，一张全景照片上有费里区一个几乎看不见的"干扰器"塔台。虽然这张照片是在开放的列宁山观景台拍摄的，外宾每天都在观景台拍摄这个全景，书报检查机构仍是在出版者把塔台从插图上删除后才允许出版。①

东欧社会主义国家都在仿效苏联的做法，有段时间，甚至对南斯拉夫的无线电台也进行干扰。

形式上这种干扰是有效的，但是实际上在居民中的作用往往是消极的。由于对官方宣传不信任，使所谓外台的诱惑力更大。于是，"偷听"外台和传播西方电台播出的内容便成为一种流行。"假作真时真亦假"，可谓当时大众传媒与受众关系的真实写照。

五　苏共的决策机制和干部政策

决策机制对于执政党来说具有特别重要的意义。它关系到国家机关的工作效率，关系到社会经济发展质量。与此同时，一个国家或者政府的人事制度则关系决策过程的科学性。执政党的干部政策是苏联人事制度的核心。

1. 苏共决策机制的形成与特点

苏共决策机制中最重要的内容是苏联共产党与苏维埃政权的关系。这种关

---

① Ямской Н. «Плейбой» для академика Капицы//*Совершенно секретно*: газета. – июль 2007. – № 7/218.

系的基本框架是在十月革命后逐渐形成的。

1919 年召开的俄共（布）第八次代表大会通过的决议是第一部较为系统地论述党和苏维埃关系的文件。决议指出："共产党要特别力争在当前的国家组织——苏维埃中实现自己的纲领和全部统治……在所有的苏维埃组织中，必须建立严格服从党的纪律的党团。在该苏维埃组织中工作的全体党员都应该参加这种党团。"俄共（布）应该把自己最忠实的党员提拔到所有苏维埃中，取得"政治上的绝对统治地位，并对苏维埃的全部工作进行实际监督"[1]。党通过制定政治路线来解决经济和社会等领域的问题，把自己的政策变成国家机关必须遵守和执行的法律、法令、决议，并通过党员去执行和监督。

俄共（布）第八次代表大会规定，党代表大会是俄共（布）最高权力机关，至少每年召开一次会议；代表大会选举中央委员会，由 19 名委员和 8 名候补委员组成；中央委员会每月召开两次会议，讨论"一切急需解决的最重要的政治和组织问题"；设立政治局、组织局和书记处，主持日常的组织和组织实践工作；政治局由 5 名中央委员组成，每周召开一次会议，"对不容拖延的问题做出决定"；组织局也由 5 名中央委员组成，每周至少召开三次会议，"指导党的全部组织工作"，同时还主管中央鼓动宣传部、登记和分配部、新闻部等部门；书记处由 1 名责任书记（由组织局成员担任）和 5 名负责处理日常事务的书记组成。

该文件同时指出，不应该把党组织的职能和国家机关即苏维埃机关的职能混淆起来。但是，由于"百分之九十九的负责的共产党员被派去干的并不是他们现在就胜任的工作，他们不会干自己那一行"[2]，所以加重了行政命令的作风，导致党、苏维埃和国家其他管理机关职责不清，以党代政，官僚主义现象严重。"党同苏维埃机构之间形成了一种不正常的关系"[3]，很多具体小事也要政治局来解决。列宁承认："在这一点上我也有很大的过错，因为人民委员会和政治局之间很多事情都是通过我个人来联系的。一旦我离开工作，两个轮

---

① 参看《苏联共产党代表大会、代表会议和中央全会决议汇编》第 1 分册，人民出版社，1964，第 570 ~ 571 页。
② 《列宁选集》第 4 卷，人民出版社，1995，第 698 页。
③ 《列宁选集》第 4 卷，人民出版社，1995，第 696 页。

子立刻就不转动了……"① 由于机构重复设置，所以党的机构只负责通过决议，政府机构只负责执行，决策机构和执行机构严重脱节，决策缺乏科学性，执行缺乏积极性。全俄中央执行委员会开会只是为批准俄共（布）中央起草的法案，其作用被忽视，从宪法规定的最高立法和执行权力的集体领导机关变成了一长制机构。这个问题直至苏联解体都没有得到彻底解决。

1921 年召开的俄共（布）第十次代表大会是以实行新经济政策而被载入史册的。为了保证新经济政策的实施，大会通过了《关于党的统一的决议》。决议强调，党的统一、党员在思想上和组织上的团结一致，是党内生活不可违背的准则，是党的革命改造活动取得成就的不可缺少的条件。决议要求，解散所有小集团，今后也不容许有任何派别活动。凡是不执行这项决议的，立即无条件开除出党。这项决议极其严厉的规定虽然保证了党在形式上的统一，但也开创了党内有意见分歧就是分裂党这一认识的前奏，使党内正常的民主生活不能展开。列宁当时曾认为这是在实施新经济政策情况下的一项临时措施。因为"新经济政策所采取的每一个步骤都包含着许许多多的危险"，② 而且比国内战争和外国武装干涉具有更大的危险性，必须加强党的统一。今后在情况变化后可以恢复党内活跃的民主生活，但实际上这个决议的有效期被无限延长。纵观历史发展的过程，列宁虽然重视党内民主，但在大多数情况下更强调集中制。列宁在世时未能完成新形势下党内民主原则的完善和具体化，在党的生活准则、党内选举制、监督机制的建设方面还有许多工作未完成。

列宁逝世后，党内争夺领导权的斗争日益激烈。斯大林利用党内机制，清除了所有竞争对手，确立了自己在党内的领袖地位。党内民主生活开始不断恶化，一些持不同意见的人不仅被定为反对派，而且被视为反党集团和"人民的敌人"。党内只能听到一种声音、一种意见。这种作风还扩展到国家各个机关并形成制度，出现了表面上的"统一的思想、统一的意志、统一的行动"。

在这种体制下，唯意志论和教条主义盛行就不可避免了。这种风气和做法后来逐渐成为国家决策的常态。决策缺乏民主是苏联和苏共体制最典型的特征。

---

① 《列宁选集》第 4 卷，人民出版社，1995，第 696 页。
② 《列宁选集》第 4 卷，人民出版社，1995，第 608 页。

2. 以任命制为主要特征的苏共干部政策

制度确定后，干部就是决定的因素。俄共（布）的干部制度是任命制和终身制。

在苏共内部通行"在册干部"（номенклатура）① 制度。在俄共（布）中央注册的干部为中央主管的"在册干部"；在省委或州委注册的干部为省委主管的"在册干部"，以此类推。各级"在册干部"职务的设置和任命均须经过上级机关批准，而实际上是上一级领导人批准。干部任命制逐渐发展成为干部任职终身制，这些人成为不受人民和党员监督的特殊阶层。此外，从中央到基层的党、国家和社会各级组织的领导机关都采取兼职形式。比如，区委第一书记都在同级苏维埃执委会中兼职，以便协调党和国家机关的行动。

所谓的"在册干部"，在苏联戈尔巴乔夫改革时期受到严厉批判，戈尔巴乔夫本人和舆论界认为，这是苏联体制中关键的弊病之一。实际上，"在册干部"是苏联通行的职务系列清单。根据 1967 年苏联劳动和工资部颁发的《关于批准职员统一职务系列》的决定和苏联部长会议国务委员会通过的该决定附件，全国几乎所有工作人员的职务都有明确统一的称谓，进入统一的管理系列，从部长到接货员无一例外，而且这些职务在该系统或系列中是有标号的。② 这是有利于人事管理的一套行政程序。

苏联干部体制的问题在于任命制，而且是具有特定风格的任命制。领导干部的任免主要取决于其上级领导的印象和态度，由此必然产生任人唯亲的作风。首先，在挑选干部时往往依据某个领导的好恶，被选上的人常常并不是有能力、有魄力、有才干的人，而是会揣摩领导意图、讨领导喜欢的人。其次，给那些试图利用执政党地位为自己谋私利的人提供了投机钻营的机会，他们无须在工作中展示自己的能力，只要让某位上级领导满意即可达到自己的目的。

---

① 俄语 номенклатура，原意是职务系列清单或表格的意思。在苏联或苏共体制中，它具有特殊的含义，不同于官僚或官吏。官僚是职务或功能的分配，而所谓的 номенклатура 包含的是一个系统详细的职务清单，所有公务人员和管理人员，不管在党的机关还是在苏维埃机关以及社会机关工作，都必须按照相应的系列分配工作，享受相应的待遇。

② http：//base. consultant. ru/cons/cgi/online. cgi？req＝doc；base＝ESU；n＝3583.

再次，容易造成领导者一贯正确的气氛。最后，容易出现以一个领导人和他所提拔起来的人组成的小集团。在这种情况下，国家利益、党的利益、集体利益很容易被个人和小集团的私利所代替。

在苏联和苏共通行的干部体制下，确实有大批有能力和有才干的人走上了领导岗位，他们是苏联社会主义事业发展的中坚力量。但是也不能否认，也有一批人加入苏共并在苏共体制内获得权力和地位并不是出于对苏共事业的信仰，而是为了私利。正是这批人的存在使苏共的性质不断发生变化。

小　结

苏联共产党在苏维埃社会中的地位决定着苏维埃国家的发展与稳定。苏联社会的构成是以苏联共产党为核心的。苏联宪法保证了共产党的执政地位和决策作用。苏联共产党团结社会的主要手段是共产主义的意识形态和党员干部。苏联共产党在苏联社会的影响深入社会每个行业、部门和角落。共产主义的意识形态是苏联人民的精神支柱。苏联的政治、经济和外交决策是在共产党的核心机关做出的。苏联共产党实行民主集中制，个人，即总书记在党的决策过程中发挥着决定性作用。

第十二章　苏联社会政治经济形势

——稳定下的隐忧

20 世纪 70 年代至 80 年代初，苏联社会最典型的特征是稳定。这种稳定是在战后迅速医治战争创伤、恢复国民经济基础上实现的。这反映了苏联社会在特定环境下的生存和发展能力。

一　战争废墟上建立的福利社会

伟大卫国战争期间，苏联的损失空前严重。战争不仅摧毁了国家的工业中心，还摧毁了主要的粮仓乌克兰、北高加索、伏尔加河流域大部分地区。1710座城市被炸毁，7 万多个村庄被夷为平地，31850 座工厂和 1135 个煤矿遭到破坏，65000 公里的铁路被毁坏。播种面积减少 3680 万公顷。苏联的物质损失达 25690 亿卢布（按战前价格计算），全国损失了约 1/3 的国民财富。

战后经过 5 年重建，国家已经旧貌换新颜。根据苏联大百科全书的统计，5 年间恢复和建设了 6200 个大型工业企业，包括著名的第聂伯水电站、南方的工厂和顿巴斯的矿井。到 1950 年，工业总产值是战前 1940 年的 72%，而计划规定达到 48%。国民经济基本建设投资达 480 亿卢布。在城市和城市型乡镇恢复和建设了 2.01 亿平方米的设施。1955 年工业总产值比 1950 年又增加 85%，计划规定增加 70%。基本建设投资 911 亿卢布。3200 个新的工业企业投产。前两个五年计划执行完毕后，企业固定资产总值比 1955 年提高 1 倍，国民收入比 1940 年提高 1.8 倍。

1953 年赫鲁晓夫成为苏共中央第一书记后，实施了以扩大社会福利为主要内容的方针，当年的研究人员肯定地说，赫鲁晓夫时期，集体农庄和国营农场领导者的权力扩大了。农业主要是开垦处女地，在西西伯利亚和哈萨克斯坦建立了数百个新的国有农场和机器拖拉机站，铺设道路，兴建乡镇。专家评价说，虽然这是粗放式的发展道路，但是 5 年时间里农业产值增加了 34%，在国家的东部地区建立了一些新的农业产（品）区。

当时居民生活水平有很大提高，取消了中学和大学的学费，许多工业行业都提高了工资，并在农业领域实行最低工资和保障工资，工人的劳动时间缩短，如此等等。尤其令人瞩目的是住房条件的改善。20 世纪 70 年代末 80 年代初，城市居民家庭基本实现单独住房。

当时庞大的管理机构是苏共中央。虽然当时也批评说存在官僚主义，但是上传下达非常迅速。正是在战后时期，苏联在科技领域取得一系列骄人的成绩：建立了核武器和导弹，制造了第一颗人造地球卫星，实现了宇航员太空飞行。根据联合国统计，苏联 20 世纪 60 年代的饮食质量在世界排名前十位。

到 20 世纪 80 年代中期，从许多经济指标来看，苏联已经与西方大国并驾齐驱了（见表 12 - 1、12 - 2）。

表 12 - 1　1987 年苏美经济发展指标比较

1987 年指标	苏　联	美　国
GDP	23750 亿美元	44360 亿美元
人均 GDP	8363 美元	18180 美元
谷物产量	2.11 亿吨	2.81 亿吨
牛奶产量	1.03 亿吨	6500 万吨
马铃薯产量	7600 万吨	1600 万吨
石油产量	1190 万桶/天	830 万桶/天
天然气产量	25.7 万亿立方英尺①	17.1 万亿立方英尺

---

① 1 英尺约等于 30.48 厘米。

续表

1987 年指标	苏联	美国
发电量	16650 亿千瓦时	27470 亿千瓦时
煤炭产量	5.17 亿吨	7.6 亿吨
生铁产量	1.62 亿吨	8100 万吨
水泥产量	1.28 亿吨	6390 万吨
铝产量	300 万吨	330 万吨
铜产量	100 万吨	160 万吨
铁矿石产量	1.14 亿吨	4400 万吨
塑料产量	600 万吨	1900 万吨
铝土产量	770 万吨	50 万吨
汽车产量	130 万辆	710 万辆
住宅建设	1.29 亿平方英尺	2.24 亿平方英尺
黄金开采	1060 万盎司	500 万盎司

资料来源：Американский Справочник, Soviet Economic Structura and Performance，转引自 Независимой Газете от 20.10.2011。

<h3 align="center">表 12-2 主要国家与领先国家之比较</h3>

年份　领先国家	第二位国家	第三位国家	第四位国家
GDP			
1984 年美国—100%	苏联—51%	日本—34%	联邦德国—17%
1950 年美国—100%	苏联—29%	英国—19%	法国—13%
军费开支			
1984 年美国—100%	苏联—100%	中国—18%	英国—15%
1950 年苏联—106%	美国—100%	中国—18%	英国—16%
工业生产			
1984 年 美国—100%	苏联—52%	日本—30%	联邦德国—16%
1950 年 美国—100%	苏联—24%	日本—19%	联邦德国—13%

资料来源：Russett B. U. S. Hegemony: Gone or merely Diminished and How Does it Matter? //The Political Economy of Japan Vol. 2，转引自 Опубликовано в Независимой Газете от 20.10.2011。

二 庞大的军工综合体及其对苏联政治和 经济体制的影响

军工综合体在苏联经济中占有特殊的重要地位，其特殊性不仅仅体现在经济结构和经济规模方面，而且反映了苏联经济体制的最重要特征。

1. 军工综合体的产生

"军工综合体"一词，最早是 1960 年美国总统艾森豪威尔针对美国使用的，后来被苏联借用。

俄美军工综合体几乎是同时出现的，即二战结束前和 1960 年代初期，这是著名的冷战时期。两国军工综合体的出现和发展有共同的规律，是两个竞争国家中一定的社会经济和政治系统所决定的。因此，军工综合体不是某种或某些军工行业的综合体，而是一种独特的权力系统。军队、国家和党的领导者的结合导致了一个特殊的社会阶层的出现，它对社会和国家的发展产生重大影响。

苏联军工综合体在形成过程中有两个突出的方面：经济技术方面和社会政治方面，即包括经济军事化过程和作为权力系统的军工综合体的形成过程。

实际上苏联军工综合体产生的时间更早。按照俄罗斯学术界的说法，苏联军工综合体从 20 世纪 20 年代就开始形成。

历史上，苏联经济实际上是军事经济。军事经济的主要环节是军事工业，而军事工业的核心是武器工业：航空火箭工业、核工业、军舰制造业、军用无线电行业、装甲技术、弹药、火炮类武器等。

苏联将国家 1/3 的物资、财政和科学技术资源都投入到发展军工综合体中。用美国学者的话说，"苏联本身就是军工综合体"。① 有资料显示，83% 的科学家和技术人员从事军事和与之有关课题的研究，苏联 1/4 以上的 GDP 被

---

① Дэвид Холлоуэй, War, *Militarism and the Soviet State.*, Harmondsworth, 1980. p. 158.

军工综合体吞掉。①

军事工业的领导部门，每个时期有所不同，但是没有实质性变化。20 世纪 20 年代，如 1927 年主管国防事务和建设军工综合体的有苏联军事和海运事务人民委员部和苏联最高国民经济委员会军事工业总局，此外还有国家政治保卫总局（ОГПУ）、最高国民经济委员会军事工业总局、特别技术局、交通人民委员部、贸易人民委员部、邮电人民委员部、劳动人民委员部、地方的防空和防化学机构。

这些机构统一受苏联人民委员会劳动和国防委员会的战略领导和具体领导。

到 20 世纪 50 年代，参与国防事务的部门更多了。除苏联国防部和苏联国防工业部外，直接参与国防事务的还有：苏联通用机械部、苏联中型机械部、苏联航空工业部、苏联船舶工业部、苏联无线电工业部、苏联部长会议国家安全委员会、国家利用原子能委员会、国家物质储备总局、国家对外经济联系委员会总工程局、国家特殊装配建设委员会特殊建设总局，甚至像全俄狩猎协会这样的组织都不同程度地参与了国防工业。

2. 军工综合体的领导与组织

党的最高领导人经常直接领导军工综合体，尤其是军工综合体中重要部门的工作，比如斯大林、贝利亚、马林柯夫都曾经直接领导研制最新式导弹和核武器的工作。斯大林通常让那些在战争年代经受过锻炼和考验、非常忠诚的人在军队和军工部门担任要职，例如让 H. 布尔加宁、贝利亚领导部长会议下属的主管原子能事务的第一专门委员会，让马林柯夫领导主管火箭技术的第二专门委员会。苏联后期的两位国防部部长拉基奥诺夫和乌斯季诺夫都出自军工综合体。

在苏联军工综合体发展过程中，尤其是在重要领域的决策过程中，个人意志始终具有非常重要的作用。长官决策带有明显的主观性，忽视客观规律。然

---

① Больше четверти ВВП Советского Союза поглощал ненасытный Молох. Валентин Фалин США и агония СССР, http://library.kiwix.org/wikipedia _ ru _ all/A/html/B/П/К/_ /ВПК _ CCCP. html.

而，这种决策特点在苏联往往是有效的。第二次世界大战期间苏联航空业成绩卓著。斯大林在 1946 年 2 月 9 日的竞选演说中曾经指出，航空工业在最近 3 年每年生产飞机近 4 万架。

二战的硝烟还没熄灭，从前的盟友就开始加紧开发新式战略武器，首先是进攻性武器，而不是裁减军备。参与新的军备竞赛，对于像苏联这样经济并不强大的国家来说，只有一条路可走，那就是强制集中主要的经济、人力、科学技术资源来完成这个任务。

20 世纪 40 年代末 50 年代初，苏联军工行业曾展开激烈的争论，争论的焦点是使用哪种手段：飞机还是火箭，能够更快速、更可靠、更有效地在大规模杀伤性武器方面，首先是核武器方面达成目标。最初两项工作是并列进行的，但是逐渐地开始向火箭技术倾斜。

最高领导人并不是立刻意识到新技术领域的战略意义，这经历了一个过程。战后苏联与美国争抢和瓜分德国战利品时，尤其在瓜分德国喷气技术的先进研究成果时，似乎美国得到的比苏联多，美国人从德国喷气技术中心运走了设备并得到了大批专家，包括德国"火箭技术之父"——冯·勃朗。

由于担心在大规模杀伤性武器方面落后于美国，苏联最高领导人从古拉格集中营释放了苏联第一批火箭专家 C. П. 科罗廖夫、B. П. 格鲁什科，并把他们派到德国去研究和掌握缴获的技术。

与此同时，苏联对喷气技术的研究也没有放松，因为当时已经意识到喷气技术的重要性和战略意义。

核武器被发明出来后，运载工具问题立刻被提上日程。在这方面，美国重点发展远程轰炸机技术，而苏联则发展火箭技术。直到今天，俄美在这两个领域的各自特点仍非常突出。

苏联军工综合体走的是一条独特的发展道路：对行业，实行集中领导；对人员，恩威并用。

苏联的肃反扩大化也殃及军工部门，许多设计师和科学家遭到迫害。比如，1946 年航空工业和国家武装力量在肃反扩大化过程中遭到重创。航空工业人民委员 A. И. 沙胡林、空军总司令 A. A. 诺维科夫、空军总工程师 A. K. 列宾、空军军事委员会成员 H. C. 希马诺夫、苏共中央航空部部长

А. В. 布德尼科夫、Г. М. 格里戈里杨等人被指控从事"反对国家的实践"，以及在战争期间和战后用"残次的"飞机和发动机装备部队并向政府"掩盖"事实。

但是在这些军人、科学家、工程师、设计师受迫害的同时，科研院所、设计局仍在继续扩大建设规模，这些科学家、工程师、设计师还在进行秘密武器的研制，尽管是如同犯人一样工作。这是苏联和苏共历史上一个独特的现象。

这样的清洗运动完全是政治性的，是有关军事工业发展方针的斗争的反映。但是总体上说，军事化的方针并没有出现大的改变，国家继续在军事化进程中发展新的更先进的武器。

3. 军转民的尝试从来没有成功

苏联军工综合体在国家社会经济发展中占有中心位置，对苏联体制的形成具有举足轻重的作用。军工综合体的优势和副作用都非常明显。苏联曾多次尝试军工转产，但是从来没有成功过。主要原因是从事军工生产的部门极力抵制军转民的做法，军工部门已经成为一个独特的社会利益集团。

二战后，苏联曾经打算将部分军工企业转产，如让乌兰乌德飞机制造厂转产生产联合收割机和播种机。军事部门和有关部委千方百计加以抵制。航空工业部部长赫鲁尼切夫1946年12月给部长会议写信，强调必须保存喀山、萨拉托夫、乌兰乌德所有编号企业生产战斗机的能力。他特别强调指出，乌兰乌德飞机制造厂是远东唯一生产拉沃奇金总设计师设计的"拉－9"战斗机的企业，现在让企业转为生产联合收割机和播种机是非常不合适的。他认为，这样的转型需要许多年才能完成，结果很可能是既生产不出飞机，也生产不出联合收割机。

各军事部门和企业的这种抱怨信雪片似地送达上面。它们抵制转产，一方面是因为习惯于在战时特殊条件下工作，另一方面，它们没有能力也没有愿望转产。

即使戈尔巴乔夫时期开始大量裁军，军转民问题依然没有得到解决。

4. 苏联解体前的军事实力是苏联军工综合体发展的写照

20 世纪 80 年代苏联这台军事机器是什么状况呢？

1988 年，苏联在联合国大会上宣布，苏联将在 1989～1990 年裁军 50 万人，裁减坦克 1 万辆，火炮 8500 门。1989 年 4 月 7 日，戈尔巴乔夫在伦敦宣布，截至 1989 年 4 月 7 日，苏联武装力量总共有 425.8 万人，其中陆军 159.6 万人，海军 43.7 万人，其余为战略导弹部队、空军和防空兵部队以及其他作战部队和作战物质保障部队。这还不包括克格勃的边防军和内务部队，按照美国的估计，这两个部分加起来有 43 万人。那年苏联的军费是 743 亿卢布，其中 320 亿卢布用于购买武器和作战装备（此前苏联正式承认的军费规模是 170 亿卢布）。

苏联国防的撒手锏是所谓的"三剑客"，即战略导弹部队、海军的潜射导弹部队、空军的远程战略航空军。"三剑客"在数量上的情况如下：1989 年有 1390 套洲际弹道导弹发射装置，其中 812 套装置配备多弹头单独制导系统（弹头总数 6000 枚以上）；926 枚潜射弹道导弹，用于 61 艘战略核潜艇（近 3000 枚弹头，其中 2500 枚装备的是多弹头单独制导系统）；162 架重型战略轰炸机，其中 72 架携带 X－55 远程巡航导弹（大约 1000 枚核弹头）。因此，苏联的战略潜力及核弹头，即进攻性战略武器在数量上与美国相当。

20 世纪 80 年代，由于前 10 年的大量工作，苏联军事技术实现了数量上的巨大飞跃。1981 年苏联拥有洲际弹道导弹 1398 枚，6420 枚核弹头，其中 308 枚是当时世界上威力最大的 SS－18 洲际弹道导弹，每颗导弹携带 10 枚装载着当量为 500 千吨（kt）的单独制导弹头。

战略导弹部队发展的下一个重要阶段是研制和部署铁路载 PC－22 导弹（1987 年）和 PC－12M"白杨"导弹，使用 1985 年产的 MA3－547B 底盘运输车。到 20 世纪 80 年代末已经拥有 50 套 PC－22 导弹发射系统，其作战技术指标相当于美国的 MX，并有 250 套 PC－12M 导弹发射系统。在一些导弹基地，PC－22 导弹通常使用的是安全保障非常好的井式发射平台，而"白杨"系统此时还都使用移动发射装置。移动洲际弹道导弹至今仍然是战略导弹部队最现代化武器的组成部分，在世界上尚没有类似的武器。

355

20 世纪 80 年代，苏联海军战略力量迅速发展。从 1980 年起，大型核动力潜艇——941 型"鲨鱼"战略核潜艇开始服役，在西方，这种潜艇是以"台风"型潜艇闻名的。该艇长 170 米，宽 25 米，水下排水量 44500 吨，是世界上最大的潜艇，当时美国最大的核动力导弹潜艇的排水量是 18700 吨。1989 年，苏联海军拥有 6 艘"鲨鱼"和 4 艘"鲸鱼"战略潜艇，这有力地回敬了美国"俄亥俄"级战略核潜艇。

空军战略力量也发生数量上的变化，虽然规模没有那么大。远程航空兵的主力机型仍然是图 - 95 螺旋桨式中型轰炸机。从 1984 年起，新型图 - 95MC 型开始服役，装备 6 枚或 2 枚 X - 5 远程巡航导弹，相当于美国的 AGM - 86B "战斧式"巡航导弹（AGM - 86B "Томагавк"）。但是 20 世纪 80 年代空军远程航空兵最重要的事件无疑是装备最新式的携带中型战略导弹的图 - 160 战略轰炸机。这是人类航空史上最大的作战飞机，它的最大起飞重量达 275 吨，大大超过美国的 B - 1B 型飞机 180 吨的水平。图 - 160 战斗负载分别为 45 吨和 22 吨。1987 年，这种新型飞机开始装备一个重型轰炸机团，驻扎在乌克兰的普里卢基基地。一开始苏军准备采购 100 架图 - 160。但是随着"改革"的迅猛发展，到 20 世纪 80 年代中期就没有能力完成这个计划了。80 年代末，包括试验性飞机在内，总共只有 10 ~ 15 架图 - 160 战略轰炸机服役。尽管如此，图 - 160 的研制成功说明苏联航空工业达到了很高的水平。

其实，这是一场疯狂的军备竞赛，苏美拥有的核武器足以摧毁地球多次。

5. 苏联军工综合体的特点和历史影响

特点

（1）军工综合体在苏联国民经济中占有重要地位，80% 的科研人员在军工领域工作，70% 的民用产品是在军工企业生产的，1/4 的 GDP 与军工系统有关。

（2）军工综合体反映了苏联经济结构的重要特征，是苏联经济结构的体现，全国一盘棋的局面首先是在军工综合体中实现的。

（3）军工综合体的布局遍布苏联各个加盟共和国，如乌兹别克的飞机制造和装配业，乌克兰的战略轰炸机、造船以及某些导弹制造业，等等。

（4）军工综合体对大多数从事军工产品生产的城市具有举足轻重的意义。许多城市就是为军工产品而存在的，一个产品，甚至一个配件的生产就是该城市的全部产业结构。

（5）任何与军工有关的企业都不能独自生存。

影响

（1）对苏联行政命令管理体制形成的影响。军工综合体的存在和规模对苏联经济体制具有决定性影响。首先是行政命令式管理方式的流行和传播，这种战时的管理方式在和平时期继续通行。这种管理方法在某种形势下，如经济恢复时期，是非常有效的，但是在和平时期，就无法发挥应有的作用，无法调动从业人员的积极性。其次，管理者在这种体制下不能发挥主观能动性。这种体制不利于培养创新型人才，不利于发挥广大职工的积极性，因为这种体制过于僵化。

（2）对苏联经济结构的影响。这种影响主要表现为国民经济军事化倾向日益加重，垄断化倾向日益严重，经济活力日渐减退。

（3）对东欧社会主义集团的影响。东欧社会主义集团在政治上与苏联基本上是步调一致，经济上基本上是分工合作，形成统一的经济体系、分工体系和统一市场。更重要的是，东欧国家是苏联军工产品的重要市场。作为世界两大阵营的一方，东欧国家处于对苏联政治依赖、经济依赖、军事依赖的地位。

（4）对苏联人民观念的影响。影响主要表现在：第一，培养了服从命令的观念，苏联人不喜欢命令，却习惯于命令，不喜欢服从，但是必须服从；第二，养成了非市场化的观念，俄罗斯人市场观念不强，因为国家就是一个军工综合体，企业依靠订货生存，全世界的军工综合体都是这样，因此在全球市场经济的大潮中，俄罗斯显得格格不入，而对于垄断，无论是经济垄断还是政治垄断，苏联人都习以为常，至少反应是平缓的。

（5）对俄罗斯结构改革的影响。结构问题一直是困扰苏联经济的难题，也是当代俄罗斯经济的难题，而这个问题中的相当一部分是在军工综合体内部形成的。据有关资料记载，俄罗斯目前有700多个单一化城市（又有资料说有360个），所谓单一化城市大都是军工综合体发展的产物，由于涉及军工行业特点，解决这个问题就变得异常困难。

（6）对干部和人才培养的影响。军工综合体行业具有鲜明特点，与此同时，从业的干部也具有鲜明的行业特点，最典型的表现就是善于服从，而不善于创新。

苏联体制之所以能够延续，与军工综合体的运转机制有很大关系。今天的俄罗斯依然没有摆脱这个怪圈，这是我们在研究和认识俄罗斯时需要给予重视的问题。

三 能源依赖型经济结构的形成

1. 新能源帝国的产生

俄罗斯是生产能源的传统大国。能源，这里主要指石油和天然气，在苏联社会经济发展中始终占据非常重要的地位。

俄罗斯石油工业发展始于彼得大帝时代，即 17 世纪末 18 世纪初。而到 19 世纪末，俄罗斯出现了油气工业发展的第一个高潮，石油开采量从 1878 年的 33.7 万吨增加到 1887 年的 262.1 万吨，增长了 6.78 倍。1898 年，俄罗斯石油开采量首次超过美国，达到 796 万吨，占世界开采量的 51.6%。[1]

苏联建立后，能源工业迎来一个新的发展时期。经过几个五年计划，苏联的石油产量分别从 1927 年的 1028 万吨增加到 1940 年的 3110 万吨；而在战后，经过恢复时期和几个五年计划，到 1955 年石油产量达到 7825 万吨；1975 年，苏联石油产量达 4.9 亿吨，已经超过美国。苏联历史上石油产量最高点是 1987 年的 6.2 亿吨。[2]

20 世纪 60 年代初，苏联地质学家在西西伯利亚发现了大油田，这是苏联石油发展历史上的重大事件。这个时期被称为伟大的西西伯利亚石油时代。苏联政府通过了一个又一个关于石油工业发展的决定，比如 1960 年苏联部长会议通过《关于立即采取措施加强西西伯利亚地区石油天然气联合体建设》的决议，1962 年通过《关于加强西西伯利亚地区石油天然气地质勘探工作的措

---

① 〔俄〕В. Ю. 阿列克佩罗夫：《俄罗斯石油：过去、现在与未来》，人民出版社，2012，第 4 页。
② 〔俄〕В. Ю. 阿列克佩罗夫：《俄罗斯石油：过去、现在与未来》，人民出版社，2012，第 5 页。

施》的决议，1963 年又通过了《关于开展工业性开发秋明州已发现的石油天然气田以及进一步开展勘探工作》的决议。政府的重视使西西伯利亚石油勘探和开采工作得到突飞猛进的发展。1964～1965 年注定要在苏联石油发展史上留下重要痕迹：在西西伯利亚发现 8 个油田和 2 个气田。

1961～1964 年，在这个地区总共发现 27 个油田。1965 年 4 月发现了马莫托夫斯克油田，5 月 29 日，P－1 号油井在 2123～2130 米井深处首次获得日产 300 立方米的油流。6 月 22 日，射穿坚硬的岩层后，获得了强大的无水自喷油流，石油日流量达 1000 立方米，这标志着大型油田的发现（见表 12－3）。

新油气田的发现令政府和石油工作者异常兴奋。但是新的问题出现了：如何处理开采出的石油？有限的水路运输已经远远不能满足需要！于是一场修建石油天然气输出管道的宏伟事业开始了，这是苏联时期开发西伯利亚的重要内容之一。

西西伯利亚石油开发事业在苏联石油工业中占有重要地位。

表 12－3 苏联和西西伯利亚石油产量

年 份	苏联石油产量	西西伯利亚石油产量	西西伯利亚在全苏石油产量中的比例
1965	2.4288 亿吨	90 万吨	0.37%
1970	3.53 亿吨	3140 万吨	8.9%
1975	4.91 亿吨	1.48 亿吨	30.1%
1980	6.03 亿吨	3.126 亿吨	51.8%

资料来源：见〔俄〕阿列克佩罗夫《俄罗斯石油：过去、现在与未来》，第 316 页。

目前俄罗斯石油天然气运输管道，相当一部分是 20 世纪 60～80 年代修建的，对于石油天然气行业的发展发挥了举足轻重的作用。

俄罗斯国有的石油管道运输公司及其子公司拥有世界上最长的管道运输系统，总长度达 48700 公里（2006 年 6 月资料），俄罗斯 90% 以上的石油通过该系统运输。

俄罗斯最长的、运输能力最大的石油管道——"友谊"石油管道，年运输石油能力为 6650 万吨。

2008 年，俄罗斯管道系统运输 4.88 亿吨石油和石油产品，比 2000 年增加 53%。

俄罗斯管道运输业非常发达。2008 年，包括石油和石油产品的管道运输总量达 11000 吨/公里。

2008 年，俄罗斯石油天然气管道总长度达 63000 公里，比 2000 年增加 2000 公里。截至 2012 年年底，俄罗斯总共有各种运输管道 25 万公里，其中天然气管道 17.5 万公里，石油管道 5.5 万公里，石油产品管道 2 万公里。①

天然气管道不仅在苏联大地上星罗棋布，而且铺设到东欧和西欧，把苏联经济与欧洲经济紧密联系在一起。

2. 能源依赖型经济的出现，"成也石油，败也石油"

石油天然气行业的发展根本改善了苏联人民的生活面貌。根据 1980 年 5 月的统计，1.85 亿苏联人使用天然气，大大改善和方便了苏联人民的生活。

87% 的钢、60% 以上的水泥依靠天然气生产；1/3 的电站或燃料动力系统依靠天然气运转；90% 的化肥是使用天然气生产的……②

但是，值得关注的是，石油天然气使苏联走向强大和繁荣的同时，也使苏联经济走向危机。20 世纪 70 年代初的世界能源危机为苏联经济提供了莫大的机会，世界石油价格提高了 19 倍，原料价格提高了 7~9 倍。销售原油赢利的诱惑使苏联石油天然气工业的发展超乎一般规律。从 1969 年起，苏共中央和苏联部长会议通过专门决议加快发展石油和天然气开采。在 10 年间石油开采量增加了 9 倍。③ 国家大力出口原油，换取的外汇用于购买包括小麦、消费品和食品在内的一切生活必需品。国家经济结构原材料化、能源化倾向日益加剧。原材料和中间产品出口占苏联出口的 83%~85%，而制成品只占 15%~17%。为了获取更多的外汇，解决商品短缺问题，短时间内就修建了通往西欧的天然气管道（当时跨度最大的欧洲天然气管道乌连戈伊—波玛尔—乌日哥

---

① Трубопроводный транспорт России, https：//ru. wikipedia. org.

② http：//www. stroygaz. ru/90－let－sg/neftegazovaya－industriya－bet－rekordy/.

③ 〔俄〕亚·维·菲利波夫：《俄罗斯现代史（1945—2006）》，吴恩远等译，中国社会科学出版社，2009，第 171 页。

罗德），输出量几乎是苏联石油产量的 1/3 和天然气产量的 75%。① 国家财力对能源出口的依赖越来越大。这种状况本身就潜伏着危机。

由于缺少系统周密的对外经济战略和过分依赖能源及原材料出口，从 20 世纪 80 年代起，苏联经济开始出现危机征兆。1980 年，世界石油价格下降，苏联出口损失严重，收入减少达百亿美元。由于石油出口收入对于保证社会经济正常运转具有决定性意义，苏共号召提高石油产量。1981 年 3 月，苏共第二十六次代表大会通过《1981~1985 年以及 1990 年之前的苏联经济和社会发展指导方针》，提出到 1985 年石油和天然气凝析油的开采量要达到 6.2 亿~6.45 亿吨，建设 9900 公里的原油管道，3800 公里的石油产品管道。

由于没有有效的激励机制，苏共只能提出许多鼓动口号。但是这种"政治口号"的效果已经很有限了。1981~1985 年第十一个五年计划期间，石油产量递减，1983 年产量为 6.2 亿吨，1984 年为 6.1 亿吨，1985 年为 6.0 亿吨。与此同时，用于出口的石油份额没有减少。1980 年，苏联能源出口份额在苏联出口总额中占 46.8%，1985 年上升到 52.7%。而且出口收入不是用于购买石油天然气行业急需的机械设备，而是购买食品和日用品，以应付可能出现的生活必需品供应危机。

1985 年秋，沙特阿拉伯退出欧佩克价格协议，导致世界石油价格暴跌，从 29~30 美元/桶下跌至 12~15 美元/桶。苏联出现必需品供应危机，虽然危机具有多方面的原因，但是石油价格暴跌是不可否认的因素之一。

1991 年，美国"解冻"自己的战略石油储备，沙特阿拉伯把石油产量提高 3 倍。国际市场石油价格迅速跌至每桶 8 美元，而此时苏联西伯利亚石油生产成本是每桶 9 美元。

1991 年年底，苏联解体了！原因显然不只是石油，但也与石油有关。

四 冷战条件下的苏联对外政策

冷战是第二次世界大战结束后几十年间（1946~1991 年）以美国为首的资

① 〔俄〕阿列克佩罗夫：《俄罗斯石油：过去、现在与未来》，人民出版社，2012，第 326~327 页。

本主义国家和以苏联为首的社会主义国家两个阵营在政治、经济、军事、外交、文化、意识形态等领域处于全面对抗的历史时期。

之所以称为冷战，是因为这种对立不是真正意义上的战争。对立的主要内容之一是意识形态。冷战产生的主要原因是资本主义和社会主义两种发展模式的深刻矛盾。在第二次世界大战中获得胜利的两个超级大国都试图按照自己的意识形态原则来改造世界。随着时间的推移，冲突变成了双方意识形态的要素，从而帮助军事政治集团的领袖把自己的同盟者团结起来一致对付"外部敌人"。新的对立要求对立同盟的双方把自己所有的盟友都团结起来。

1. 冷战的产生

"冷战"一词最早是美国总统杜鲁门的顾问巴鲁赫（Бернард Барух）于1947年4月16日在南卡罗来纳州参议院发言时使用的。

二战结束后，苏联控制了东欧国家，尤其在波兰建立了亲苏联的政府，排挤了设在伦敦的波兰流亡政府，美国和英国决策者开始把苏联视为威胁。苏联人认为，美帝国主义的对外政策目标是煽动冲突，出发点是维护美国垄断集团的利益，目的是保存和巩固资本主义制度。

1945年4月，英国首相丘吉尔命令制订对苏战争计划。他在自己的回忆录中列举了提出这项任务的一些原因：

第一，苏联对美欧是致命的威胁；

第二，必须立刻建立新的战线阻止苏联的快速推进；

第三，欧洲这条战线应该尽量向东延伸；

第四，英美军队的主要和真正目标是柏林；

第五，解放捷克斯洛伐克并使美国军队进驻布拉格具有最重要的意义；

第六，维也纳以及整个奥地利应该由西方强国控制，或者至少与苏联平等控制；

第七，必须制止铁托元帅对意大利的侵略意图。[①]

1946年3月5日，丘吉尔在美国富尔顿发表针对苏联的演讲。他在演讲

---

① Вторая мировая война. Черчилль У. Сокр. пер. с англ. Кн. третья, т. 5 – 6. М 1991, С. 574.

中提出，应当建立盎格鲁－撒克逊国家军事同盟以反对世界共产主义，并声明，苏联和美英的关系应该建立在讲英语国家占据军事优势的基础之上。丘吉尔首先决定巩固与美国的关系，因为美国拥有对核武器的垄断。这个声明加剧了苏联和西方的对立。通常认为，这个演讲标志着冷战的开始。

一周后，苏联领导人斯大林在《真理报》上发表答记者问。斯大林把丘吉尔比作希特勒，认为丘吉尔的讲话是号召西方对苏联宣战。

1947 年 3 月 12 日，美国总统杜鲁门发表声明，打算对希腊和土耳其提供 4 亿美元的军事和经济援助。与此同时，他阐述了美国对外政策的任务是援助那些抵抗军事奴役和外部压力的“自由人民”。杜鲁门在这个声明中明确指出，美苏开始的竞争是民主和专制的冲突。杜鲁门的这个理论成为苏美从战后合作转向竞争的起点，两种制度之间的竞争由此开始。

1947 年 6 月 5 日，美国国务卿乔治·马歇尔在哈佛大学发表演说，首先提出援助欧洲经济复兴的方案，即著名的“马歇尔计划”。当时的欧洲就如同一个奄奄一息的病人：经济濒于崩溃，粮食和燃料等物资极度匮乏，所需要的进口量远远超过其支付能力，如果没有大量的额外援助，就会面临性质非常严重的经济、社会和政治的危机。

1948 年 4 月 3 日，美国国会通过《对外援助法案》，标志着开始正式执行“马歇尔计划”。到 1951 年年底美国宣布结束计划，美国对欧洲拨款共达 131.5 亿美元，其中赠款占 88%，其余为贷款。

1947 年，在苏联的坚持下，社会主义国家拒绝参加“马歇尔计划”。按照美国的这个计划，在战争中遭受损失的国家可以接受援助，条件是将共产党人逐出政府。苏联没有被列入接受援助的国家名单，正式理由是：苏联宣布预算是盈余的，因此美国认为苏联不需要援助。后来在苏联的坚持下，社会主义国家，还有芬兰都放弃参加“马歇尔计划”，尽管有些国家开始时曾经表示接受美国援助。[1]

这期间，美国撕毁了关于与苏联共同解决德国问题的协议，单方面把西柏林纳入“马歇尔计划”范围。作为回应，苏联对西柏林进行交通封锁。1948

[1]　Пихоя Р. Г. Советский Союз: история власти. 1945 – 1991, Новосибирск: Сибирский хронограф, 2000, стр. 26 – 27.

年 8 月,美国国务院将苏联驻纽约总领事雅可夫·洛马金以"不受欢迎的人"为由驱逐出境。作为回报,苏联停止了关于柏林问题的谈判并关闭了在纽约和旧金山的领事馆。这一关就是 24 年,苏美领事关系到 1972 年才得以恢复。

2. 两种政治制度的竞争与军备竞赛

进入冷战状态的苏美关系迅速走向恶化。冷战是建立在两种社会制度势不两立的基础之上的,也是建立在两个集团缺乏最基本信任的基础之上的。

苏美开始军备竞赛,核武器是竞赛的最重要领域。二战后期美国在日本投下的原子弹及其影响给世界留下深刻印象。美国在核武器领域处于优势地位。

与此同时,苏联在努力打破美国的核垄断。1949 年 8 月 29 日,苏联进行了第一次核武器试验。美国科学家早就预测苏联会搞自己的核武器,但是没想到这么快就搞出来了。

虽然苏联开始拥有核武器,但是美国在核弹头数量和战略轰炸机数量上仍然处于遥遥领先的地位。无论发生何种冲突,美国都能对苏联进行核打击,而苏联则很难回击。军备竞赛愈演愈烈,核讹诈之风盛行。1959 年 11 月,赫鲁晓夫说:"……目前我们掌握的导弹及核武器贮备的数量足以让企图侵犯我们的敌人从地球上彻底消失。"赫鲁晓夫是个特别有性格的人,他精力充沛,易冲动,爱发脾气,行为怪癖,讲话常常同他的政治纲领相矛盾。他的行为对当时苏联的对外政策和苏美关系具有一定影响。赫鲁晓夫作为那个时代和当时政治环境下的政治家,坚信社会主义和共产主义在全世界必定取得最终胜利,在评价国内和国际生活时始终坚持阶级的观点。他在自己的讲话和言论中总是重复一个命题:"如果帝国主义发动第三次世界大战,它必然在战争中毁灭。"

因此,苏联也和美国一样,把掌握大量武器,首先是核武器作为最重要的任务。赫鲁晓夫在 1960 年 1 月 14 日苏联最高苏维埃会议上指出:"在我们这个时代,国家的国防能力并不取决于我们有多少拿着武器的士兵……如果抛开一般的政治和经济因素……国家国防能力的关键取决于这个国家能够支配和使用什么样的武器和设施。"在 1961 年苏联出版的《马克思列宁主义论战争和军队》一书中对此论述得更为坦率:"拥有原子弹及其运载工具具有特殊重要的意义。""如果国家在战前能够最有效地集中力量和设施，就能在战争初期阶段取得最大的成果，并能最快地取得胜利。"

苏美军事竞赛的规模远远地脱离了现实需要，而且美国在实力上，即数量上远超苏联。20 世纪 60 年代初，美国的核能力已超出苏联核潜力很多倍。根据美国国防部资料，这一时期苏联的核力量与美国相比为 1：17。苏共和苏联政府为国防工业制定的任务是，在原子弹及其运载工具的数量上赶上美国。这意味着苏联将被卷入疲惫不堪的军备竞赛。既然美国没有停止完善核武器的工作，那么苏联就处于追赶的状态，需要对军事工业投入更多的人力和物力，包括物资和财政支出。

以苏美为首的两个阵营不仅搞冷战，还经常把关系拉到"热战"的边缘。与此同时，两个阵营也在寻求缓和。

随着赫鲁晓夫"解冻"时期的来临，世界大战的威胁逐渐减退。1955 年 7 月 18～23 日，美国总统艾森豪威尔、苏联部长会议主席布尔加宁、苏共中央第一书记赫鲁晓夫、法国总理埃德加·福尔、英国首相伊登在日内瓦举行会谈，即著名的日内瓦四国政府首脑会议，商讨缓和国际紧张局势问题。

在这次会谈中，朱可夫说，西方经常指责苏联拥有强大的能够攻击西欧和美国的武装力量，我们从来不否认苏联拥有强大的地面和空中军事力量，拥有强大的战略航空军，拥有原子弹和氢弹，但是苏联是被迫拥有这些强大的武装力量，虽然这会影响到苏联的民用经济和满足人民的消费需求。我们只是不想让 1941 年的事件重演。此外，在掌握实权的军事领导人，包括北大西洋公约领导人不断向苏联发出威胁的情况下，苏联不可能削弱自己，因为这些人竟然公开宣称将从位于苏联周围的军事基地用原子弹摧毁苏联。艾森豪威尔一定明白，苏联不会拿自己的安全开玩笑，美国也不会。因此苏美两国应该尝试寻找共同的途径、共同的语言，以消除彼此之间的不信任，争取实现友好关系。美国是一个富足的国家，但是，我认为美国人民也希望减轻因军备竞赛而带来的负担。

艾森豪威尔指出，这符合事实……但他想强调几个事件，谈一谈他的政府对这些事件的理解。美国在战后立刻进行裁军，其规模甚至导致美国没有足够的军队占领德国、日本和韩国，但是美国有足够的储备。美国政府之所以这样做，是因为它认为全面和平的新时代来到了。不过，美国政府刚刚开始裁军就发现，它面临着来自所有方向的压力：它在希腊的朋友受到来自保加利亚和南斯拉夫支持的力量的进攻；后来是柏林被围困；在远东，蒋介石也受到来自各方的压力，不管对蒋介石怎样评价，战时他是盟友；最后又发生朝鲜战争。结果美国决定开始重新进行大规模武装，虽然这个决定的代价高昂，对美国人民也是沉重负担。美国得出结论，应该更坚决地行动，以捍卫自己面临威胁的利益。美国开始保卫韩国，为德国组建空中桥梁，建立北大西洋公约组织。美国这样做，是因为坚信莫斯科正在把波兰、捷克斯洛伐克等东欧国家的武装力量联合成为统一的武装力量。美国建立北大西洋公约组织就是为了与此抗衡，此外，还为了使法国不再遭到德国的威胁。于是开始军备竞赛，开始储备原子弹和氢弹，这样做的代价是高昂的，而且——按照艾森豪威尔的观点——是毫无益处的，如果国家间能够建立信任的话。

朱可夫指出，他认为，没有必要走回头路。他不否认过去双方都有不少错误，而造成这些错误的原因是信息不准。但是，今天应该向前看，而不是向后看。

艾森豪威尔说，马克思、恩格斯、列宁、斯大林著作中包含着用暴力推翻资本主义制度的原理，他相信这种说法。苏联领导人从来没有否认马克思学说的这些原理，这是引起美国人民不安的主要原因之一。

朱可夫指出，他认为，这种担心是多余的，因为不存在世界范围内的国际共产主义运动领导者。他可以告诉艾森豪威尔，从1949年起，共产党情报局就没有开过会，没有讨论过任何问题。如果存在一个外国共产党的领导者，那么苏联首先应该关注美国共产党，会努力在数量和质量上把美国共产党提高到可以推翻美国的资本主义制度的水平。但是众所周知，美国共产党是最弱的共产党之一。关于哪种社会制度将在美国存在的问题，苏联人认为这是美国人民自己的事情。至于马克思的学说，它已经存在100多年了，得到许多国家、许多人的承认，就像资本主义制度有许多追随者一样，这是每个人的信仰问题。

艾森豪威尔指出，毕竟马克思主义学说是要用暴力推翻资本主义制度，但是，他——艾森豪威尔——得以宽慰的有两点：第一，朱可夫说，各国共产主义运动没有集中的领导者；第二，马克思学说中关于暴力推翻现存制度的学说可能被遗忘或者被推迟。艾森豪威尔继续说，遗憾的是，地球上两个最大的、拥有强大生产力的国家不能将自己的财富用于造福本国人民和其他国家的人民。为了实现这个目标，首先必须消除存在的恐惧，实现相互信任。

朱可夫说，应该努力建立密切的关系，互相帮助。问题不在于马克思主义学说中的某些原理是否会被推迟或被遗忘，而在于苏联认为，每个国家都可能发生一种社会形态被另一种更先进的社会形态所取代的事情，但是取代的形式有所不同。在一种情况下是通过战争，另一种情况下是通过革命，在其他情况下还会有其他形式。每个国家的进步和发展没有统一的"配方"，社会制度的形式问题是每个民族的内部事务。至于苏联，它不会干涉其他国家的内部事务。①

1959 年，赫鲁晓夫访问美国，这是历史上苏联领导人第一次对美国进行访问。赫鲁晓夫对访问结果非常满意，他在莫斯科召开大型群众集会，赞赏艾森豪威尔爱好和平，具有政治智慧，而且坦率和诚信。②

虽然两个大国之间的关系有所缓和，但是，1953～1959 年，接连发生了1953 年 6 月 17 日民主德国的事件，1956 年波兰事件、匈牙利事件，以及苏伊士运河危机等。

针对苏联轰炸机数量的增加，20 世纪 50 年代，美国在大城市周边建立了由拦截飞机、高射炮和地对空导弹组成的相当强大的防空系统。还主要研发搭载核武器的轰炸机，以便摧毁苏联的防线，当时认为要对如此广阔的领土进行有效和可靠的防卫几乎是不可能的。

这种观点在美国战略计划中根深蒂固，美国人起初认为，没有必要担心，因为美国战略力量的实力超过苏联武装力量的潜力。不仅如此，美国战略问题专家还认为，苏联经济在第二次世界大战期间已经被摧毁，没有可能建立起与美国对等的反击力量。

但是，苏联迅速建立起自己的战略航空军，而且在 1957 年试验了能够打

---

① Запись беседы Г. К. Жукова с президентом США Эйзенхауэром 20 июля 1955 г. в Женеве. , Новая и новейшая история, 1999, № 5, http: //www. alexanderyakovlev. org/fond/issues-doc/1002828.

② В. Абаринов. One Man Show, Знаменитой поездке Никиты Хрущева в Америку – 50 лет, http: //cripo. com. ua.

到美国本土的洲际弹道导弹 P-7。从 1959 年起苏联开始系列化生产洲际弹道导弹，1960 年 1 月试验了最大射程的导弹。美国是 1958 年首次试验洲际弹道导弹。从 20 世纪 50 年代中期起，美国意识到，一旦发生核战争，苏联有能力对美国城市进行有效的回击。因此从 20 世纪 50 年代末起，美国军事专家承认美国不可能对苏联发动全面核战争。

1960 年，美国 U-2 型间谍飞机多次进入苏联领空的事件导致苏美关系出现新的激化，而 1961 年的柏林危机和 1962 年的加勒比危机使苏美双边关系恶化到极点。

核军备竞赛在继续。西方核武器的管理集中在美国手中，加之其核武器运载工具多次发生事故，使美国的核政策受到越来越激烈的批评，北约内部在核武器控制原则方面的矛盾导致 1966 年法国退出北约。1966 年 1 月 17 日，发生了与核武器有关的最严重事件之一：一架美国空军 B52 轰炸机在西班牙一居民点"误投"了核武器。[①] 这次事件后，西班牙拒绝谴责法国退出北约，并开始限制美国空军在其领土上的军事活动，暂停了西班牙 1953 年与美国签署的军事合作条约，1968 年有关恢复这一条约的谈判也以失败告终。

以勃兰特为首的社会民主党人在联邦德国执政时提出了新的"东方政策"，最终，苏联和联邦德国在 1970 年签署了莫斯科条约，规定欧洲现行边界不可改变，联邦德国放弃领土要求并声明不谋求与民主德国的合并。

1968 年，捷克斯洛伐克尝试进行民主改革，导致苏联及其盟友采取军事干涉的行动，即著名的"布拉格之春"事件。

但是，与赫鲁晓夫不同，勃列日涅夫没打算在自己的势力范围以外冒险，所以 20 世纪 70 年代总体上是"缓和国际紧张局势"。表现形式就是赫尔辛基欧洲安全与合作会议的召开和苏美联合太空飞行，即著名的"联盟-阿波罗"计划。这个时期还签署了限制战略武器条约。这个局面在很大程度上是经济原因造成的，因为当时苏联的消费品和食品越来越依赖进口，需要大量的外汇和贷款，而西方在阿以冲突引发的石油危机期间也急需

---

① 指 1966 年 1 月 17 日一架美国空军 B52 轰炸机在西班牙海岸上空进行加油时与加油机发生相撞，导致 B52 轰炸机解体，以及两枚"非核武器"氢弹撞地时发生爆炸，致使西班牙 490 英亩的区域被放射性钚污染的事件。

苏联的石油。在军事领域，缓和的基础是两个联盟之间在核武器和导弹领域实现了力量平衡。

1973年8月17日，美国国防部部长詹姆斯·施莱辛格提出了新的战略，即追求的主要目标是借助配备激光、红外制导的中短程导弹和巡航导弹消灭敌人的指挥系统。这个方法的核心是赢在回击之前，即在敌人指挥系统尚未发出回敬攻击之前就把它消灭掉。1974年，在美国核战略的许多文件中都对这个立场做了明文规定。在此基础上，美国和其他北约国家开始对前沿部署系统（Forward Base Systems），即部署在西欧及其边界的美国战术核武器进行现代化改造。与此同时，美国开始研制新一代能够精确打击目标的巡航导弹。

美国的这些做法引起苏联担忧，因为美国前沿部署的武器以及英法两国的"独立"核潜力可以击中苏联欧洲部分的目标。1976年，乌斯季诺夫出任苏联国防部部长。他主张对美国的行为进行坚决回应，不仅要加强常规武装力量的步兵集群，而且要完善苏联军队的技术装备。苏联开始把实现欧洲战区中短程核武器运载工具现代化作为目标。

苏联以SS-4和SS-5中程导弹已经老化为名，开始在西部边界部署SS-20中程导弹。1976年12月，该系统导弹部署完毕，1977年2月，该系统导弹在苏联西部地区进入战斗值勤。苏联总共部署了300枚这种型号的导弹，每枚导弹搭载3枚可单独制导的弹头。这个部署使苏联可以在几分钟内摧毁北约在西欧的军事基础设施——控制中心、指挥中心，尤其是港口，一旦发生战争，美国军队将无法在西欧登陆。与此同时，苏联还对部署在中欧的常规部队实现现代化，尤其是把图-22M轰炸机现代化，使之达到战略轰炸机水平。

苏联的行为引起北约国家的强烈不满。1979年12月12日，北约通过了具有双重意义的决议，一方面在西欧国家部署美国的中短程导弹，另一方面开始与苏联就欧洲导弹问题举行谈判。但是，谈判陷入僵局。

当然，在谈论苏美尖锐的军事对峙的同时，不能不谈苏美为缓和双边关系所做出的努力。这种缓和愿望产生的原因首先是，20世纪70年代初苏联经过巨大的努力，尤其是付出了经济上的代价，终于在核储备的数量上赶上了美国，实现了苏联和美国核潜力的大致平衡。所谓核潜力的平衡，不仅指核弹头的数量，还包括运载工具数量的基本平衡。而这种平衡的代价则是使苏联经济背上了沉重的负担以及造成苏联经济结构严重畸形的状态。

直到 20 世纪 80 年代中期，苏美缓和才真正开始。那已是戈尔巴乔夫上台后的事情了。

五　苏美争霸，不仅是军事竞争

两强争霸，不仅是军备竞赛。这是两种社会制度、两种意识形态、两种价值观的斗争，而斗争的背后是巨大的地缘政治和经济利益。

首先，这是两种政治制度的竞争。实际上是两个阵营之间即社会主义和资本主义的势不两立。共产党人在自己的纲领里明确宣布要取代资本主义，并发动全世界共产党人和无产者为社会主义取代资本主义而斗争。双方缺乏最起码的互信，斗争，而且是你死我活的斗争成为双边关系的基本原则。

其次，这是两种经济制度的竞争和斗争。既是效率的竞争，也是规模的竞争。这是一种充满矛盾、充满猎奇、充满智慧的竞争。苏联在一些领域的确超过了美国，如钢铁、煤炭、石油、水泥等行业，但是在新兴产业，如电子、机械制造、机器人制造等决定科技进步的技术领域则落后了。

最后，这是两种意识形态和价值观的竞争。在这场竞争中，两个阵营使用了各种宣传手段、技术和渠道，针对各种群体，发布各种真实的或不真实的信息。

值得指出的是，苏联在这场经济和意识形态的竞争中，由于手段和形式单一、观念保守、决策滞后，到 20 世纪 80 年代已经明显处于下风。

此外，在其他领域，苏美两国的争夺也异常激烈。苏联的反对派运动就是在这种竞争条件下产生的。苏联反对派产生的主要条件有两点。

第一，苏美从寻求优势到寻求缓和。

苏美军备竞赛的结果是双方达到战略上的平衡，同时也耗费了大量财政资源。苏美各自拥有的核武器数量足够摧毁对方并把地球摧毁无数次。在此形势下，双方开始寻求缓和。

20 世纪 60 年代末 70 年代初，在美国的倡议下，美国和苏联于 1969 年 10

月 25 日达成协议，决定自 11 月 17 日在芬兰首都赫尔辛基开始举行会谈，并最终签署了旨在限制洲际战略核武器军备竞赛的一系列协议。

会谈包括两个阶段。第一阶段 1969 年 11 月至 1972 年 5 月，双方代表先后在赫尔辛基和奥地利首都维也纳举行了 7 轮会谈、120 余次会议，拟定了条约草案。1972 年 5 月 26 日，美国总统尼克松与苏联领导人勃列日涅夫在莫斯科签署了美苏《限制反弹道导弹系统条约》，即著名的"反导条约"和《关于限制进攻性战略武器的某些措施的临时协定》及一个补充议定书。《限制反弹道导弹系统条约》规定，美苏以及各当事国限制反弹道导弹系统；双方可在保卫首都的一个地区配备不超过 100 枚反弹道导弹，以及在保卫洲际导弹基地的一个地区配备不超过 100 枚反弹道导弹。由于这种反弹道导弹系统效果不大且代价昂贵，1974 年 7 月 3 日，美苏又签订了《关于限制反导弹防御系统条约议定书》，把原先可在两个地区部署改为只在一个地区部署反弹道导弹系统。美国计划的区域是北达科他州，苏联是在莫斯科州。《关于限制进攻性战略武器的某些措施的临时协定》及其补充议定书有效期为 5 年，规定双方的陆基洲际导弹冻结在 1972 年 7 月 1 日实有和正在建设的水平上，即苏联为 1618 枚，美国 1054 枚；潜射导弹和导弹核潜艇冻结在 1972 年 5 月 26 日双方实有和正在建造的水平上，即苏联为 950 枚和 62 艘，美国为 710 枚和 44 艘。协定规定，导弹及其发射架可进行现代化更新，即该协定只限数量，不限质量。此后，美苏军备竞赛转为在提高质量上发展。

第二阶段谈判是在 1972 年 11 月至 1979 年 6 月。中心议题是拟定一项限制进攻性战略武器的"永久性条约"，以取代到 1977 年 10 月期满的临时协定。1973 年 6 月勃列日涅夫访美时，同尼克松签署了《关于进一步限制进攻性战略武器谈判的基本原则》，规定双方可以对进攻性核武器进行"现代化和更新"。1974 年 6 月，尼克松访苏，双方准备签订一项有效期到 1985 年的 10 年协定。1974 年 11 月 24 日，美国总统福特与勃列日涅夫在符拉迪沃斯托克举行会议，签署了《关于进攻性战略武器问题的联合声明》。初步商定各自的进攻性核武器运载工具总数不得超过 2400 件，其中分导式多弹头导弹不超过 1320 枚。1979 年 6 月 18 日，美国总统卡特同勃列日涅夫在维也纳签署了《关于限制战略性进攻武器条约》和一系列附件。条约规定双方战略武器总限额为 2250 件，分导式多弹头导弹为 1320 枚。双方还在限制重型导弹、苏联限制逆火式轰炸机、美国限制巡航导弹等问题上达成协议；但对双方战略核潜艇不加限制。苏联对条约的签订表示"深为满意"。

第二，在西方的支持下苏联开始出现持不同政见者运动。

1975 年 8 月，欧洲国家、苏联以及美国和加拿大领导人在芬兰首都赫尔辛基召开欧洲安全与合作会议。在会议签署的《赫尔辛基最后文件》的内容中，除签字国政府所承担的义务外，还有承诺遵守人权方面的标准。

《赫尔辛基最后文件》第七条的内容是：

> 第七，尊重人权和基本自由，包括思想自由、信仰自由、宗教信仰自由。
>
> 参加国要尊重人权和基本自由，包括尊重不分种族、性别、语言和宗教的所有人的思想自由、信仰自由、宗教信仰自由。
>
> 将鼓励和发展公民的、政治的、经济的、社会的、文化的及其他权利和自由，使它们得以有效地实现，这些权利和自由来源于人类个体所固有的尊严，是人的自由和人的全面发展的非常重要的东西。
>
> 在这一框架内，参加国要承认并尊重个人自由，承认并尊重人内心所需要的个人或者与其他人共同的宗教或信仰。

该文件的这一条款为苏联反对派运动提供了发展的机会，尤其成为苏联护法运动的法律基础。分析家们认为，当时苏联领导人在与美国经过艰苦谈判取得军备上的战略平衡后，对文件中的整个条款做出了让步。阿·多勃雷宁[1]曾经指出："不得不在苏联刊物上登载赫尔辛基通过的文件文本，持不同政见者们拿这些文件武装自己……勃列日涅夫和他的同僚们对此显然估计不足。"[2]莫斯科赫尔辛基小组创始人尤·奥尔洛夫回忆说："赫尔辛基协议把人权问题

---

[1] 苏联著名外交家。从 1962 年起任苏联驻美国特命全权大使，在美国工作近 25 年。其间，苏联换了 5 个总书记，美国换了 6 个总统。他在大使任上，为解决加勒比导弹危机，促进国际紧张局势的缓和以及稳定苏美关系发挥了出色的作用。

[2] ПОЛИТ. РУ: Война за мир: СССР, США и политика разрядки в «долгие» 1970-е.

从良好的愿望和'我们的内政'正式变为具体的国际政治问题，虽然苏联当局不承认这一点，而西方暂时还没有利用这个机会。我当时想，一般地向西方社会舆论发出呼吁已经不能解决问题，应该建立我们自己的组织，以便向有关政府寄送关于苏联当局违反所签署的国际义务的专门文件。"[1]

1976 年年初，苏联持不同政见者尤·奥尔洛夫、安·阿玛利克、瓦·图尔奇娜和阿·夏兰斯基产生一个想法：建立一批小组，收集各国，首先是苏联违反人权的信息，通报给赫尔辛基文件签字国政府。于是，一个只限于在苏联活动的小组产生了，其名称是"督促苏联履行赫尔辛基协议社会小组"，后改名为"莫斯科赫尔辛基小组"。随后，1976～1977 年，在乌克兰、立陶宛、格鲁吉亚和亚美尼亚也相继成立了赫尔辛基小组。再后来，大多数欧洲国家和美国都成立了赫尔辛基小组。

"莫斯科赫尔辛基小组"成立后，收集大量苏联违反人权的材料，发送到国际社会。尤其在 1977 年，他们成立了专门调查以政治目的利用精神病学的工作小组，收集和揭露苏联滥用精神病学的事例并公之于众。

"莫斯科赫尔辛基小组"的活动受到苏联克格勃和各级党组织的严厉批评和处理。一些积极活动家被逮捕，一些人流亡国外。1982 年，"莫斯科赫尔辛基小组"停止活动。1989 年，在戈尔巴乔夫改革后期，"莫斯科赫尔辛基小组"又恢复活动。

"莫斯科赫尔辛基小组"的经费主要来自美国的几家基金会，如美国民主基金会及索罗斯基金会等。

苏联持不同政见者运动有三种类型：一是公民运动，主要是各种护法运动，保护人权运动等；二是宗教团体；三是民族主义运动，尤其在乌克兰、立陶宛、拉脱维亚、爱沙尼亚、亚美尼亚、格鲁吉亚和克里米亚鞑靼人、犹太人等的运动。

史学界对苏联保卫人权运动在加重苏联体制政治危机中的作用有各种评价，而且也存在很大分歧，但是有一点大家的认识是一致的，那就是：持不同政见这一现象本身对苏联最后几十年精神状况的影响，远远超过持不同政见者

---

[1] Московская Хельсинкская группа，https：//ru.wikipedia.org.

本身数量和他们组织的运动规模。[①]

各地赫尔辛基小组成员后来成为各加盟共和国人民阵线的骨干成员。他们在戈尔巴乔夫改革后期苏联各地的独立运动中和苏联解体过程中发挥了重要的作用。

小　结

苏联体制具有鲜明的特点，这种体制在战时和战后恢复时期的作用尤其明显。在苏联经济结构中，军工综合体和能源综合体具有举足轻重的作用。这两个综合体不仅决定了苏联管理体制的特点和效率，也形成了相应的社会关系和利益集团。在与美国和西方的竞争中，苏联成为超级大国。这种竞争不仅仅是经济实力的竞争，更是社会制度和发展道路的竞争。苏联曾经在这种竞争中显示出优势，但是在 20 世纪 80 年代中后期，苏联体制的弊端开始暴露出来。

---

① 〔俄〕亚·维·菲利波夫：《俄罗斯现代史（1945—2006）》，中国社会科学出版社，2009，第217 页。

第十三章　葬礼催生出的年轻领导者

——戈尔巴乔夫

1982 年 11 月 10 日早上 8 时至 10 时之间，苏联领导人勃列日涅夫去世。之所以没有指出勃列日涅夫去世的具体时间，是当工作人员发现时，勃列日涅夫的身体已经冰凉，他是在自己的床上静静地离开人世的。勃列日涅夫的辞世标志着"与世长辞的不仅仅是他一个人，而且是一个时代，一个靠革命、战争、斯大林的社会主义观点培育起来的人支撑的时代"①。

一　勃列日涅夫逝世，功过难以评说

苏联共产党和国家领导人勃列日涅夫·列昂尼德·伊里奇从 1964 担任苏共中央第一书记到 1982 年去世，在位 18 年。

勃列日涅夫 1906 年 12 月出生在一个技术工人家庭，自己当过土地规划员，当过工程师，当过兵，参加过卫国战争，在战争中获得过卫国战争一级勋章。战后恢复期间，他因工作成绩突出于 1947 年获得第一枚列宁勋章。他在许多地方工作过，包括在哈萨克斯坦担任过第一书记，主持开垦处女地、建设拜科努尔发射场等重要工作。从 1956 年起任苏共中央主管国防工业的书记，1956～1957年任苏共中央主席团候补委员，从 1957 年起任苏共中央主席团委员。1960 年 5 月至 1964 年 7 月任苏联最高苏维埃主席，同时，从 1963 年 6 月

---

① 〔俄〕瓦·博尔金：《戈尔巴乔夫沉浮录》，李永全等译，中央编译出版社，1996，第 37 页。

至 1964 年 10 月任苏共中央书记，此后任中央第一书记。

勃列日涅夫在位的 18 年里，苏联社会和苏联的国际地位发生了巨大变化。

国际上，与美国展开军备竞赛，在战略核武器上与美国达到平起平坐的地位，使苏联成为超级大国。20 世纪 70 年代，苏美两国进行裁军谈判，东西方关系开始缓和。勃列日涅夫以联邦德国问题为突破口，在艰苦的谈判中捍卫了苏联的利益。1975 年签署的《赫尔辛基协议》肯定了欧洲边界不可变更的原则，而此前联邦德国是不承认改变波兰和德国边界的《波茨坦协定》的，也不承认民主德国的存在。联邦德国此前实际上也不承认加里宁格勒和克莱佩达并入苏联。

国内方面，1967 年他首次提出"发达社会主义"概念，宣称苏联已经"建成发达的社会主义社会"。勃列日涅夫是在纪念十月革命 50 周年的演说中首次提出苏联已建成"发达的社会主义社会"。1971 年苏共二十四大强调了社会主义社会阶段划分的重要性，再次宣布苏联已建成发达社会主义。从此，"发达社会主义"的概念被肯定下来，成为苏联理论界研究的中心，并逐渐发展成一个内容十分广泛、庞大的理论体系。

根据苏联领导人及苏联理论界的论述，发达社会主义的特征是：社会主义作为完整的社会制度各方面已经成熟，并全面协调地发展，生产力高水平地发展，生产关系中已经没有非社会主义成分，社会主义的各种制度、规律和优越性全面充分地发挥作用，集体所有制逐渐接近国家所有制水平；各级劳动者的差异进一步缩小，无产阶级专政国家长入全民社会主义国家；共产党已成为全民党，苏联人民已成为人类新的共同体；自觉的共产主义劳动态度普遍形成，马克思列宁主义已经成为全体人民自觉的世界观。1977 年，勃列日涅夫进一步阐述说，"成熟的发达的社会主义阶段，是从资本主义走向共产主义道路上一个相当长的发展阶段"，这个社会的宗旨是"依靠强大的先进工业，依靠大规模的高度机械化农业，把越来越充分地满足公民的多方面需要作为社会发展直接的主要目标"。这在某种程度上修正了赫鲁晓夫关于到 1980 年"在苏联基本建成共产主义社会"的冒进政策。

勃列日涅夫时期，苏联社会经济有了较大发展。实现了人类第一次载人航天飞行，发现和开采西伯利亚油气田，修建贝加尔－阿穆尔大铁路，等等。苏联的经济实力和军事实力有明显增强。1965~1981 年，苏联国民经济固定生产基金增长 2.42 倍，社会生产总值增长 1.46 倍，国民收入增长 1.44 倍，工业产值增长 1.77 倍，农业平均产值在第十个五年计划期间比在第七个五年计划期间增长 50%。

苏联人的生活水平稳定提高。在工资不高的情况下（工人和职员的平均工资为每月 195.5 卢布，最低工资为每月 70 卢布），国家实行的低物价使绝大多数俄罗斯人并没有感觉到贫穷。比如，1985 年年初，手表的价格平均 26 卢布，照相机——70 卢布，自行车——90 卢布，录音机——310 卢布，摩托车——926卢布，小轿车——7840 卢布。在国家交易网点中，最便宜的是食品：一公斤面粉 20~40 戈比，土豆——14 戈比，肉——1 卢布 81 戈比，黄油——3 卢布 42 戈比。一升啤酒只需 50 戈比，一份冰激凌雪糕是 20~48 戈比。一个工人和职员家庭每月的伙食费只占其收入的 1/4 多。苏联人，尤其是上了年纪的人认为，勃列日涅夫时期是苏联生活最稳定、最好的时期。

勃列日涅夫时期进行了某种改革。这一时期的改革，在苏联被称为"柯西金改革"，而在西方则被称为"利别尔曼改革"。

改革的主要内容是采取经济办法来管理经济，扩大企业经营自主权，广泛利用物质刺激原则，等等。1962~1964 年，展开了关于经济问题的全民大讨论。改革的最初思路体现在哈尔科夫工程经济学院和国立哈尔科夫大学教授 Е. Г. 利别尔曼在《真理报》上发表的文章《计划、利润、奖金》和他给苏共中央撰写的报告《关于完善计划和工业企业工作的物质刺激》。利别尔曼在自己的文章和报告中提出的建议得到苏联国家计划委员会主要经济学家和企业领导人的支持。他的文章在媒体上掀起了一场全国大讨论并促进了一系列经济实验活动。这些实验验证了他提出的建议的效果。

这场改革是苏共中央领导的，改革的指导性文件是苏共中央和苏联部长会议联合发布的，包括：1965 年苏共中央九月全会《关于改善工业管理，完善计划和加强工业生产的经济刺激》的决定；1965 年 10 月 4 日苏共中央和苏联部长会议《关于完善计划和加强工业生产经济刺激》的决定；1965 年 10 月 4 日苏联部长会议批准的《社会主义国有生产企业条例》；1967 年 4 月 3 日苏联部长会议《关于进一步改进国民经济贷款和核算的措施以及提高贷款在生产中的刺激作用》的决定；1967 年 4 月 13 日苏联部长会议《关于国营农场和其他国有农业企业转入完全的经济核算制》的决定；各行业主管部门都通过了将所属企业转入新的计划和经济刺激机制的决定。①

总体上，改革措施由五个部分组成。

第一，撤销区域经济管理和计划机关，即 1957 年建立的国民经济委员会，企业成为主要经济单位；恢复行业工业管理体系，恢复全苏的、加盟共和国的相关部委和部门。第二，削减命令性计划指标，由 30 项指标减少到 9 项。第三，扩大企业经营自主权，企业可以自主确定产品种类，利用自有资金投资生产，供销之间确立长期的合同关系。第四，赋予生产综合效率指标即利润和盈利以特殊意义；企业也可以利用利润形成各种基金——生产发展基金、物质刺激基金、社会文化基金、住宅建设基金等。第五，价格体系改革。实行批发价格以保证企业的盈利，同时实行长期有效的产品计划成本标准。

在农业领域，产品的采购价格提高 50% 至 100%，超计划的收成按照优惠价格收购，降低农机设备和配件的价格，减低农民的所得税。

这些新的原则写进了 1977 年通过的苏联宪法。

在苏联第八个五年计划（1965 ~ 1970 年）期间，主要改革措施都得到具体实施。到 1967 年秋天，有 5500 个企业，其工业产值占工业总产值的 1/3，其利润的 45% 都按照新制度运转。到 1969 年 4 月，32000 个企业，其产值占总产值的 77%，开始按照新制度运转。整个"八五期间"经济增长记录不断被打破。1966 ~ 1979 年，苏联国民收入年增长 6.1%。一批大的经济项目得到落实，如统一电力系统，自动化管理系统，民用汽车制造业等。住宅建设得到快速发展，社会文化事业依靠企业资金也发展起来。工业生产规模增加 50%，总共新建近 1900 个大型企业，包括陶里亚蒂的伏尔加汽车厂。②

这一时期在苏联历史上被称为"黄金五年计划"期。

但是，这场改革没有进行到底就半途而废了，主要原因是意识形态方面的障碍。由于出现失业、贫富差距拉大等现象，尤其是不敢触及苏联长期以来形

---

① Экономическая_ реформа_ 1965_ года, https：//ru. wikipedia. org/wiki/.
② Экономическая_ реформа_ 1965_ года, https：//ru. wikipedia. org/wiki/.

成的管理体制问题，"柯西金改革"没有解决苏联经济如何持续增长这一实质性问题。到 20 世纪 70 年代后半期，苏联的经济增长速度慢了下来，经济体制不适应生产力发展要求的弊端日益暴露。究其原因：其一，理论上不能突破社会主义条件下对市场机制作用的传统认识，勃列日涅夫执政后期还组织了对东欧国家"社会主义市场经济"理论探索的批判，阻碍了对社会主义新经济体制的进一步探索；其二，新经济体制仍然没有处理好国家与集体和个人利益之间的关系，有些企业并没有正确使用新机制带来的机会，甚至滥用改革提供的机会。加之政治体制内部各种势力相互争斗，经济体制改革已难以发挥应有的效力，最终只能被中断。

勃列日涅夫当政时期，继承了苏联经济发展的一贯传统，即偏重重工业和国防工业。他认为，"发展重工业，过去和现在都是苏联经济政策的不变原则"，是完成一切国民经济任务的前提。为此，他把 85% 以上的工业设施用于发展重工业，尤其重视发展军事工业，强调发展战略核武器和远洋海军。这使苏联的军费开支不断增大，从 1965 年的 326 亿美元增至 1981 年的 1550 亿美元，即增长了 3.75 倍，占苏联财政支出的 1/3。这种做法加剧了苏联经济结构的畸形发展。

在对外政策方面，对美国的缓和进程和对东欧国家的控制欲望，使苏联国际环境存在巨大隐忧。1979 年苏联出兵阿富汗无疑是其对外政策中的败笔。

勃列日涅夫后期，老人政治的弊端逐渐显现出来，既得利益集团为了保护自己的利益，不希望改革，不希望变化，使历史上形成的问题不断发酵。这些问题的核心是体制缺乏活力、缺乏创新能力、观念陈旧、既得利益集团不思进取。虽然经济结构弊端引起的问题因国际能源市场行情暂时得到缓解，但是潜伏着危机。所谓的"停滞"，是苏联体制缺乏效率的具体体现。

苏联以及当代俄罗斯人对勃列日涅夫一生和执政生涯的评价充满矛盾。但是，随着时间的推移，人们对他的评价逐渐趋于公正。他领导苏联成为超级大国，但是他没有能够解决苏联历史上形成的一系列发展问题。他爱好虚荣，但是他去世时的官邸却相当朴素。据苏共中央书记博尔金回忆：勃列日涅夫的郊外官邸或别墅是一个二层的低矮小楼，内设几个小厅和一间会客室……第一层，除前厅外，是一个 50 平方米左右的餐厅，通向二层的楼梯很陡，二楼有几处卧室，每间 15～18 平方米，带一个小卫生间……勃列日涅夫的办公室也不算大，20～25 立方米，有一张很平常的桌子，沿墙摆着书架，还有一张不太大的双人沙发。①

勃列日涅夫走了，他为苏联的发展做出了巨大贡献，也给这个国家留下了沉重的遗产。有人怀念他，有人把他当作马戏团小丑一样评论……②他平静地去世似乎预示着一场风暴即将来临。

二 安德罗波夫改革，伟大的创举与历史之谜

勃列日涅夫逝世后，苏共中央在 1982 年 11 月 12 日立刻召开非常全会讨论接班人问题。前克格勃主席、苏共中央第二号人物尤·安德罗波夫当选苏共中央总书记。这个结局在所有人的意料之中。

安德罗波夫·尤里·弗拉基米罗维奇 1914 年 6 月出生于苏联斯塔夫罗波尔省纳古特斯科耶的一个普通家庭。父亲在铁路上工作。他 5 岁时丧父，7 岁随母改嫁。上大学前他做过许多工作，如电话局的操作员，电影院的放映员，甚至当过摆渡船夫。大学毕业后被分配到雅罗斯拉夫尔，担任共青团组织的领导人，1939 年加入共产党。1940 年当选卡累利阿 - 芬兰苏维埃社会主义共和国共青团中央第一书记，卫国战争期间参加卡累利阿游击队。从 1944 年起，在卡累利阿地区先后担任市、共和国领导工作。第二次世界大战结束后，1947 年当选卡累利阿 - 芬兰苏维埃社会主义共和国党中央第二书记。由于在地方上工作出色，1951 年他被调到莫斯科，进入苏共中央机关，得到苏共意识形态领导人苏斯洛夫的赏识，从此开始在政坛平步青云。

1954 年 7 月至 1957 年 3 月，安德罗波夫出任苏联驻匈牙利大使，在解决 1956 年匈牙利事件的过程中发挥了重要作用。

从匈牙利卸任后，安德罗波夫继续在苏共中央工作，1961 年在苏共二十二大上当选为中央委员，1962 年起任中央书记。1967 年至 1982 年，安德罗波

---

① 〔俄〕瓦·博尔金：《戈尔巴乔夫沉浮录》，中央编译出版社，1996，第 36 页。
② 同上。

夫担任苏联国家安全委员会（克格勃）主席。1976 年获得大将军衔。安德罗波夫是在克格勃主席任上当选苏共中央政治局委员的。

安德罗波夫担任克格勃主席期间，对国内持不同政见者运动采取了严厉的监控措施。他也以反腐败而著称。1982 年 2 月苏共中央主管意识形态的苏斯洛夫逝世后，安德罗波夫接任他主管意识形态工作，实际上成为党内第二号人物。

勃列日涅夫逝世，安德罗波夫接任可以说是一个自然的过程，虽然据各种会议文献记载，苏共党内对此也有分歧甚至斗争。安德罗波夫是一位非凡的人物，在知识界和军界有广泛的联系，在东欧社会主义国家的共产党中有很高的知名度。但是，据前苏共中央书记博尔金回忆，当时也有一股势力，即安于现状、不想失去自己既得利益的集团不希望安德罗波夫担任总书记。但是安德罗波夫的影响力和所处的党内第二把手的地位，决定了安德罗波夫的历史命运。①

安德罗波夫主管克格勃 15 年，身上有鲜明的行业作风，他的执政风格也带有他的性格特征。尼·雷日科夫②评价他说，一是"性格决定命运"，高度的组织性、强烈的事业心、与纪律涣散势不两立、不尚空谈——这一切都是安德罗波夫身上突出的特征；二是他掌握着大量关于国内局势细节的情报，这使他比权力高层的其他人拥有更大的优势；三是他自觉不自觉地带来自己已经习惯的方法，即在他过去的"公司"里，任何时候都必须善于在需要的地方"拧紧螺丝"。

安德罗波夫比任何人都了解国内局势，无论是政治局势还是经济和社会局势，也了解国际局势和苏联的处境。他想改变这种状况，他想在社会主义制度框架内进行必要的改革。

安德罗波夫的出现，在工作作风上带来的是全新的气象，与勃列日涅夫晚年的作风完全不同。在勃列日涅夫时代后期，民众已经开始厌倦那种夸夸其谈、装模作样、言行不一的表现，迫切希望有一位务实能干，品行端正的领导人——他终于出现了。

---

① 〔俄〕瓦·博尔金：《戈尔巴乔夫沉浮录》，中央编译出版社，1996，第 39 页。

② 尼·雷日科夫（Николай Иванович Рыжков），1929 年 9 月 28 日生，曾任苏联部长会议主席。

但是从目前掌握的情况看，安德罗波夫在自己 15 个月的执政生涯中，真正工作的时间只有一年多，后来就病魔缠身了。

安德罗波夫执政时期的第一次中央全会就解除了 76 岁的基里连科政治局委员和中央书记的职务，选举 59 岁的政治局候补委员阿利耶夫为政治局委员，选举 53 岁的苏联国家计委第一副主席雷日科夫为中央书记。

安德罗波夫担任总书记后，试图以务实的态度真正了解苏联社会，以便确定发展战略。他说："必须把我们所处的社会研究清楚。"在列宁之后，安德罗波夫是第一个提出要分析社会所走过的道路问题、确定社会历史及其发展阶段的人。他指出："我们必须清楚地看到，我们处于什么地方。超前——等于提出不能实现的任务；原地不动——等于不去利用我们所拥有的条件。看清楚这个社会的现实进程以及它的全部可能性和需要，这就是当务之急。"①

安德罗波夫就任苏共总书记后不久，在 1983 年第 3 期的《共产党人》杂志上发表了理论文章《卡尔·马克思的学说与苏联社会主义建设若干问题》。他指出，完善苏联民主制度就必须摆脱官僚主义束缚，避免形式主义；根除一切禁锢劳动人民创造性和首创精神的东西。他还指出，为了实现真正的社会主义的人民自治，就要探索新形式和新方法来发扬民主、扩大劳动者在生产和整个社会政治实践中当家作主的权利和作用。

他在文章中指出："坦率地说，我们至今尚未充分认清我们生活和劳动的这个社会，没有充分揭示它的规律，尤其是经济规律。因此我们不得不以非常不理性的方式进行探索并在行动中错误地采用经验主义的手段。"在这篇文章中，安德罗波夫还重复指出了一个重要的理论观点，即苏联处于完善发达的社会主义这一漫长历史阶段的起点。这与苏共当时流行的已经建成发达社会主义的观点差距非常大。这段话在当时被理解为：安德罗波夫实际上承认所宣布的"发达的社会主义"是一种幻想。安德罗波夫的名言——"我们不了解我们所生活的社会"成为当时的流行语。

安德罗波夫这篇文章发表后，苏联知识分子期待对社会发展状态做出新的定义，但是，要做到这一点需要更多的时间，而安德罗波夫后来的身体状况已

---

① 〔俄〕尼·雷日科夫：《大动荡的十年》，中央编译出版社，2006，第 27 页。

经不允许他做得更多了。这是他没有完成的事业。

为了开创自己设想的事业，安德罗波夫在位期间对中央机关采取了一些年轻化措施。他依靠老一代的乌斯季诺夫（国防部部长）和安·葛罗米柯，将年轻有为的、具有实际工作经验的干部吸收进领导班子，如吸收苏联部长会议第一副主席盖·阿利耶夫、沃罗特尼科夫（1983年6月起任俄罗斯联邦部长会议主席）、米·索罗门采夫（1983年6月前任俄罗斯联邦部长会议主席，后来任苏共中央党的监察委员会主席）进入中央政治局和中央书记处；新任克格勃主席切布里科夫成为政治局候补委员；新增了几位中央书记：尼·雷日科夫（苏共中央经济部部长），负责军工综合体的政治局委员格·罗曼诺夫（列宁格勒州委第一书记），叶·利加乔夫（苏共中央组织部部长）。

与此同时，他抓了两项工作：第一抓劳动纪律，第二搞改革试验。

安德罗波夫抓劳动纪律成为当时苏联社会最鲜明的特征，当时甚至动用了强力部门的力量。比如在列宁格勒，民警在工作时间检查电影院、大商场以及人员聚集场所，检查身份证件，核实是否有人在工作时间外出游荡。有些单位领导也到商店抽查，看自己的员工是否擅自离开岗位。当局针对劳动纪律涣散的情况，连续颁发几个关于加强社会主义劳动纪律的文件。这个措施既有必要，也反映出当时苏联社会体制中的问题，工作人员，无论是在企业还是在机关事业单位，劳动纪律涣散到需要动用警力维持，这说明依靠宣传教育已经不能解决人们的劳动态度问题，需要激励机制。

尽管如此，抓劳动纪律还是有些成效。1983年第一季度生产增长6%，1983年国民收入增长3.1%，工业生产增长4%。但是，安德罗波夫明白，仅仅依靠加强劳动纪律所获得的效果是暂时的，必须完善社会主义经济和生产管理办法。

此外，他还进行了反腐败斗争，抓了几个轰动全社会的大案子，开展反对非劳动所得运动，反对投机倒把行为，尤其在商业领域，反腐败规模空前。当时莫斯科市执委会商业总局局长被判处死刑，莫斯科贸易总公司25名工作人员、几家大型食品店的经理涉案被羁押。当时被处理的还有乌兹别克共和国的"棉花黑社会"集团，被处理的官员有苏共克拉斯诺达尔州委第一书记梅杜诺夫，内务部部长丘尔巴诺夫和他的副手也因卷入腐败案被处理。

安德罗波夫开始逐渐谨慎地清洗党和国家机关。他上任 5 个月撤换了 18 位部长，改选了 37 位州委第一书记。与此同时，提拔重用了一批精干的领导者。米·戈尔巴乔夫、叶·利加乔夫、维·沃罗特尼科夫①、尼·雷日科夫、维·切布里科夫②、盖·阿利耶夫③、格·罗曼诺夫④等都是在这个时期被提拔起来的。

1983 年 6 月 16 日，安德罗波夫兼任苏联最高苏维埃主席团主席。在 1983 年 6 月 15 日苏共中央全会上，他阐述了关于经济改革的方针，指出必须对苏联几十年来形成的复杂的社会现象给予科学评价。安德罗波夫主张在一些国民经济部门进行改革试验。与此同时，他邀请一些著名的学者设计改革方案，这些学者包括：А. Г. 阿甘别吉扬、Г. А. 阿尔巴托夫、Т. И. 扎斯拉夫斯卡娅、О. Т. 博戈莫洛夫院士，以及经济学博士 Л. И. 阿巴尔金、Н. Я. 佩特拉科夫等人。

安德罗波夫时期的经济改革是从一些试验开始的。1983 年 6 月 17 日通过了《劳动集体法》。《劳动集体法》规定：企业、机关和组织的劳动集体是社会主义社会的基层组织，根据苏联宪法，在国家的政治、经济和社会生活中行使广泛的权利；国家政权和管理机关在做出涉及有关企业、机关和组织的决议时，应该考虑劳动集体的意见和建议。⑤苏联颁布的这个法律具有重要意义。法律颁布当天，《真理报》刊登苏联部长会议第一副主席阿利耶夫关于《苏联劳动集体法》草案的报告，指出该文件具有重大的政治、经济和社会意义，是对发展列宁的社会主义自治思想和实践的新的重要贡献。⑥

根据这个法律，劳动集体成员可以参加讨论计划，参与制定集体合同，确

---

① 维·沃罗特尼科夫（Вита́лий Ива́нович Воротнико́в，1926 年 1 月 20 日～2012 年 2 月 19 日），苏联国务活动家，苏共中央政治局委员。

② 维·切布里科夫（Ви́ктор Миха́йлович Че́бриков，1923 年 4 月 27 日～1999 年 7 月 1 日），曾任苏共中央政治局委员、克格勃主席。

③ 盖·阿利耶夫（Гейда́р Али́евич Али́ев，1923 年 5 月 23 日～2003 年 12 月 12 日），苏联国务活动家，曾任阿塞拜疆苏维埃社会主义共和国克格勃主席（1966～1969 年），阿塞拜疆共和国共产党第一书记，苏共中央政治局委员，苏联部长会议第一副主席，克格勃少将；阿塞拜疆独立后，1993～2003 年为阿塞拜疆总统。

④ 格·罗曼诺夫（Григо́рий Васи́льевич Рома́нов，1923 年 2 月 7 日～2008 年 6 月 3 日），苏共中央政治局委员。苏联解体后，加入俄罗斯联邦共产党。

⑤ «Известия»，18.06.1983.

⑥ «Правда»，18.06.1983.

定企业劳动报酬基金的使用原则，并在讨论过程中发现人才，发现好的思想。但是由于没有机制上的保障，所以在大多数场合下，劳动集体只有发言权。于是1983年7月14日，政府又通过了《关于扩大工业生产企业在计划和经营活动中的权力以及加强它们对工作结果的责任》的决定。这个决定在某种程度上扩大了企业领导者在使用各种基金（首先是企业发展基金和科技基金）方面的权限，强化工资与实现产品总量的关系。由此开始进行大规模试验。8月1日，苏联部长会议决定成立经济试验领导委员会。从1984年1月1日起，苏联重型机器和交通机器制造部、电力工业部以及加盟共和国的食品工业部（乌克兰苏维埃社会主义共和国）、轻工业部（白俄罗斯苏维埃社会主义共和国）和地方工业部（立陶宛苏维埃社会主义共和国）的近700家企业参加经济改革试验，后来又扩展到1850家企业。参加试验的企业实行经济核算制，企业可以自主决定部分生产计划，降低中央指标的数量。与此同时，强化了企业对执行合同义务的责任，企业行政部门在内部有很大自主权。

1983年8月18日，苏共中央和苏联部长会议又颁布了《关于在国民经济中加快科学技术进步的措施》的决定。该决定规定企业产品要经过质量检验，不合格产品将不被收购，明确了"加速战略"（1985～1986年）。计划在1985～1986年大规模实施生产现代化。

这些文件确定了安德罗波夫改革的大致方向和内容，因此后来有学者说，戈尔巴乔夫是在继承安德罗波夫的改革。这种说法未必准确，因为安德罗波夫是在尝试着推进改革，并没有完整的改革计划。

在对外政策方面，安德罗波夫始终努力与美国改善关系，与美国这个战略对手实现理性的妥协，但是双方缺乏最基本的互信，而且这期间发生了美国在欧洲部署中程导弹的危机。1983年3月8日，美国总统里根在演讲时称苏联为"邪恶帝国"，并于3月23日宣布"战略防御倡议"计划，即著名的"星球大战"计划。1983年9月1日，苏联防空部队SU-15战机在苏联领空击落韩国航空公司载有269名乘客的波音747飞机，苏联与西方的紧张关系达到顶点。美国和整个西方世界对苏联领导人发起了大规模抨击。1983年，美国在联邦德国、英国、丹麦、比利时和意大利部署潘兴-2号导弹，该导弹在5～7分钟内就可以飞抵苏联欧洲部分的战略目标，同时还部署了各种巡航导弹。作为回应，苏联退出日内瓦中程核武器谈判。安德罗波夫宣布，苏联将在民主德国和捷克斯洛伐克部署载有核弹头的战术导弹，苏联核潜艇将抵近美国海岸。

1983 年秋天，安德罗波夫的健康状况恶化，他的许多设想和构想未能实现。

至今，关于安德罗波夫与戈尔巴乔夫的关系仍然是个谜。安德罗波夫与戈尔巴乔夫是同乡，戈尔巴乔夫能够进入中央有安德罗波夫的扶持。正如苏共中央书记、中央总务部部长博尔金回忆的那样："选举安德罗波夫为总书记的中央全会开过以后，戈尔巴乔夫非常高兴，好像他当选了一样。晚上我给他送文件时，他忍不住说：'我同安德罗波夫是老朋友，两家关系也很好。我同他多次无拘无束地交谈过，我们的观点一致。'""1970 年代……戈尔巴乔夫对安德罗波夫说：'政治局里不能都是些上年纪的人。一座大森林里总是要有些小灌木丛的。'戈尔巴乔夫回忆说：'后来，我被选进政治局时，安德罗波夫向我表示祝贺，并说：怎么样，小灌木丛，好好干吧。'"①

安德罗波夫执政后，虽然器重戈尔巴乔夫，但并没有推荐他为接班人。安德罗波夫不仅了解戈尔巴乔夫的优点——年轻，精力充沛等；也了解戈尔巴乔夫的弱点——好虚荣、喜欢掌声、有野心、浮躁。1983 年年底，安德罗波夫甚至公开表示了对戈尔巴乔夫的失望，因为他在农业领域没有干出什么成绩。关于安德罗波夫有遗嘱，建议让戈尔巴乔夫担任总书记的传闻，显然与事实不符。

1984 年 1 月，苏联《真理报》发表社论，纪念列宁逝世 60 周年。社论指出，列宁主义精神就是创造精神，探索精神，对形形色色的刻板公式、陈规陋习和盲目模仿等现象毫不妥协的精神。

2 月 9 日，安德罗波夫逝世，享年 69 岁。

三 契尔年科——力不从心的守摊者

安德罗波夫逝世后，苏共按照惯例，立刻召开中央非常全会。全会是在安德罗波夫逝世后的第二天召开的。72 岁的契尔年科在中央全会上当选苏共中

---

① 〔俄〕瓦·博尔金：《戈尔巴乔夫沉浮录》，中央编译出版社，1996，第 39 ~ 40 页。

央总书记。

契尔年科·康斯坦丁·乌斯季诺维奇（Константи́н Усти́нович Черне́нко 1911 年 9 月 11 日~1985 年 3 月 10 日），1931 年加入联共（布），1966 年成为苏共中央政治局候补委员，1971 年起为中央政治局委员，1984 年 2 月 13 日成为苏共中央总书记，1984 年 4 月 11 日兼任苏联最高苏维埃主席团主席。

契尔年科出生于西伯利亚一个农村家庭，毕业于三年制的农村青年学校。1945 年毕业于联共（布）中央党的组织干部高级学校，曾经担任历史教师。

契尔年科走的是经典仕途之路。1929~1933 年，任共青团诺沃谢罗夫斯克区宣传鼓动部部长；1933~1941 年，在哈萨克斯坦服兵役；1941~1943 年，任联共（布）克拉斯诺亚尔斯克边疆区区委书记，而后到莫斯科学习；1945~1948 年，任党的奔萨州州委书记，从 1948 年起，任摩尔达维亚共产党中央宣传鼓动部部长。这期间他认识了担任第一书记的勃列日涅夫，从此，契尔年科的仕途与勃列日涅夫的仕途紧密联系在一起。

1956 年，契尔年科调到苏共中央，任中央宣传部群众鼓动局局长。1960~1965 年，任苏联最高苏维埃秘书局局长（此时勃列日涅夫任苏联最高苏维埃主席团主席）。1965~1982 年，任苏共中央总务部部长，并于 1976 年起任苏共中央书记，1977 年 10 月，任苏共中央政治局候补委员，1978 年 11 月，任苏共中央政治局委员。契尔年科是一位出色的组织者，所有地方的领导人都希望能够见到他，请求他帮助解决问题，而他总是能够高效率地解决人民关切的问题。他还负责总书记的信件，帮总书记撰写回函，负责准备政治局会议讨论的问题并准备相应的材料。他总是能够及时提醒勃列日涅夫即将要做或者将要决定的事情，并事先准备好方案。久而久之，契尔年科成了勃列日涅夫身边不可替代的人物。

从 20 世纪 70 年代末起，苏联国内外就把契尔年科视为勃列日涅夫的接班人。1982 年勃列日涅夫逝世时，他与安德罗波夫都是可能的总书记人选。但是在政治局会议上，他提名安德罗波夫为总书记。

1984 年 2 月 13 日，契尔年科当选苏共中央总书记。这是苏联历史上第一位在担任国家领导人之前没有独立掌管过一个部门的人。此时契尔年科已经

72 岁，且身体健康状况欠佳。1985 年 3 月 10 日，契尔年科在领导国家 1 年零 5 天后逝世。

虽然契尔年科一再表示将继续安德罗波夫的改革做法，但是舆论普遍认为，契尔年科在政治上或是守摊、或是后退。

在实践中，这种担心部分地被证实。一方面，契尔年科的确继承了安德罗波夫的某些提法和做法，如继续坚持苏联处于发达社会主义起点的理论观点。他在 1984 年 4 月 10 日苏共中央全会上谈到完善发达社会主义时说，向共产主义前进，既不应行动迟缓，也不应超越必要的历史阶段。4 月 25 日，契尔年科在苏共中央重新修订苏共纲领委员会上发表讲话时指出，最近几年党通过的一些文件得出非常重要的结论：我们正处在一个漫长的历史阶段——发达社会主义阶段的起点，苏共纲领应该是完善发达社会主义的纲领。

但是在干部政策方面，契尔年科在走回头路，4 月 11 日，已 79 岁的吉洪诺夫再次被任命为部长会议主席。

契尔年科当政期间，由于身体原因，也由于观念的不同，没有继续安德罗波夫的改革事业，而是不同程度地向后退，暂停了安德罗波夫的某些改革措施。他采取了一些自相矛盾的政治决定，比如他想在政治上给斯大林彻底平反，但是又同意出版鲍·瓦西里耶夫创作的反斯大林的中篇小说——《明天曾发生战争》。①

契尔年科当政时为比自己年长 21 岁的莫洛托夫②平反，此事给人留下深刻印象。他作为总书记亲自宣布为斯大林时期的传奇政治家、时年 94 岁的莫洛托夫平反。当时苏联社会上甚至流传一个政治笑话："契尔年科在为自己培养接班人。"莫洛托夫是在契尔年科之后去世的。契尔年科逝世前两天在中央临床医院接受电视访问，接受俄罗斯联邦最高苏维埃选举证书，并吃力地对着电视镜头发表了贺词。

契尔年科的逝世标志着勃列日涅夫时代的结束。他是整个苏联历史上担任国家领导人时年龄最大的一个。他是一个出色的副手，一个正派、保守、心细

---

① 鲍·瓦西里耶夫的小说《明天曾发生战争》发表在杂志《少年》1984 年第 6 期上。
② 莫洛托夫（Вячеслав Михайлович Молотов，1890 年 3 月 9 日~1986 年 11 月 8 日），曾任苏联政府首脑、外交部部长，在政治局排位第二，实际上是当时斯大林之后的第二号人物。

的政治家。他作为国家领导人，大部分时间是在医院里度过的。人民期待着，期待这个没有生气的国家能够得到振兴。

连续的葬礼终于把新一代领导人推到历史的前台。这个人就是戈尔巴乔夫。

四　戈尔巴乔夫——没有选择的选择

从 1982 年到 1985 年，4 年时间里莫斯科红场上三次举行葬礼，送走三位总书记、国家领导人。人民期待变化，期待全新的领导人带领人民继续前进。

1985 年 3 月 10 日，契尔年科逝世当天，苏共中央政治局召开会议，会议没能解决接班人问题。苏共中央内部在为新总书记的人选忙碌。最终在政治局中资历最老的葛罗米柯的提议下，选举戈尔巴乔夫担任苏共总书记。虽然史学界对戈尔巴乔夫当选过程中的一些斗争有过描述，但是总体上说，戈尔巴乔夫是顺利当选的。或许在当时的政治局委员中，戈尔巴乔夫不是最有能力的，但却是最年轻的，而且在政治局工作的时间也较长。在当时情况下，戈尔巴乔夫的当选既可以说是众望所归，也可以说是没有选择的选择。他在当选总书记的中央全会上表示："同志们，我向你们保证，我将全力以赴地为我们的党、为我们的人民、为列宁的伟大事业服务。"[①]　时间是 1985 年 3 月 11 日。

戈尔巴乔夫时年 54 岁。

米哈伊尔·谢尔盖耶维奇·戈尔巴乔夫（Михаи́л Серге́евич Горбачёв）1931 年 3 月 2 日出生于北高加索边疆区（今斯塔夫罗波尔边疆区）一个农民家庭，父亲是俄罗斯族，母亲玛丽亚是乌克兰族。米·戈尔巴乔夫的祖父和外祖父都曾经在 20 世纪 30 年代受过政治迫害。

祖父安德烈·莫伊谢耶维奇·戈尔巴乔夫（1890~1962 年）是个体农民，因未完成播种计划于 1934 年被流放到伊尔库茨克州，两年后获释，回村后加入了集体农庄。

外祖父潘杰雷·叶菲莫维奇·戈尔卡洛（1894~1953 年）是切尔尼戈省

---

① 〔俄〕瓦·博尔金：《戈尔巴乔夫沉浮录》，中央编译出版社，1996，第 82 页。

农民，曾经担任集体农庄主席。1937 年因被指控搞托洛茨基主义遭逮捕，在监狱被关押 14 个月，受尽折磨和讥讽。若不是 1938 年联共（布）中央二月全会纠正过火行为，他险些被处决。之所以提起这个插曲，是因为戈尔巴乔夫在辞去总统一职和苏联解体后曾经多次提起，祖辈的遭遇是他不接受苏维埃制度的因素之一。[1]

卫国战争期间，戈尔巴乔夫的父亲奔赴前线作战，获得红星勋章和勇敢勋章。

戈尔巴乔夫从 13 岁起就开始半工半读，除学习外还在集体农庄的机器拖拉机站干活儿，15 岁时就担任机器拖拉机站康拜因司机助手。1949 年，19 岁的戈尔巴乔夫因在谷物收割季节的突击劳动中表现优秀被授予劳动红旗勋章。10 年级时，戈尔巴乔夫经校长和老师介绍成为苏共预备党员。1950 年，戈尔巴乔夫以银质奖章毕业并免试进入莫斯科大学法律系学习，当时获得过政府奖励的人可以享受这种待遇。1952 年，戈尔巴乔夫成为苏共党员。大学期间戈尔巴乔夫结识了莫斯科大学哲学系女生赖莎，二人于 1953 年 9 月 25 日结婚。

1955 年，戈尔巴乔夫在莫斯科大学法律系毕业后回到斯塔夫罗波尔边疆区，任边疆区共青团委宣传鼓动部副部长，1956 年，任部长，从 1958 年起任边疆区共青团委第二书记，1961～1962 年，任边疆区共青团委第一书记。

1962 年 3 月，戈尔巴乔夫走上党的领导工作岗位，先后担任边疆区农业局党组工作人员，从 1963 年起任斯塔夫罗波尔边疆区党委组织部部长。1961 年，他当选为苏共二十二大代表。

戈尔巴乔夫酷爱学习，为了抓好农业工作，1967 年在斯塔夫罗波尔农学院经济系函授毕业，获得农业经济师专业资格。

据称，戈尔巴乔夫曾经两次有可能到克格勃系统工作。一次是在 1966 年，打算让他担任斯塔夫罗波尔边疆区克格勃局长，但被当时的克格勃主席谢米恰斯特内[2]否决了。另一次是在 1969 年，安德罗波夫曾经考虑让戈尔巴乔夫担

---

[1] Михаил Горбачев: "Что бы ни происходило с Россией, назад она уже не вернется" // Пресс-конференция в ИА «Росбалт», 2 апреля 2005.

[2] 谢米恰斯特内（Семичастный, Владимир Ефимович, 1924 年 1 月 15 日～2001 年 1 月 12 日），苏联党和国家政务活动家，1961～1967 年任苏联国家安全委员会主席。

任苏联克格勃副主席。①

戈尔巴乔夫曾经回忆说，在担任边疆区第一书记之前，他曾经想去从事学术研究，而且已经通过了研究生水平考试。但是，1968 年，戈尔巴乔夫被推举和任命为苏共斯塔夫罗波尔边疆区区委第一书记，他的仕途出现转机。1970 年，他当选苏联最高苏维埃代表，从 1979 年起，他担任苏联最高苏维埃联盟院青年事务委员会主席。

据不同渠道消息透露，最欣赏戈尔巴乔夫的人是米·苏斯洛夫②和安·葛罗米柯③。

1971 年，戈尔巴乔夫成为苏共中央委员。据戈尔巴乔夫本人说，是安德罗波夫把他调到莫斯科的。

戈尔巴乔夫的家乡斯塔夫罗波尔边疆区是旅游休假胜地，著名的"矿水城"就坐落在这里。苏共中央领导人经常到这里来休假，安德罗波夫更是对此地情有独钟。1978 年 9 月，在这里发生了被后人称为"四任总书记聚会"的著名事件。④ 当时勃列日涅夫视察巴库途径这里，契尔年科陪同视察，安德罗波夫正好在这里休假，而未来的总书记戈尔巴乔夫是作为斯塔夫罗波尔边疆区的"主人"迎接和招待到访的客人。戈尔巴乔夫当年 47 岁，是苏联政坛上最年轻的政治家。他精力充沛，细心周到，给勃列日涅夫等人留下深刻印象。据著名医学家、医疗保健专家恰佐夫⑤回忆，1978 年，苏共中央书记费·库拉科夫⑥逝世后，勃列日涅夫开始凭借记忆挑选中央书记的后

①　Особая папка Леонида Млечина. Загадочный Андропов；Игорь Фроянов, Отступать некуда, позади страна.

②　米哈伊尔·苏斯洛夫（Михаил Андре́евич Су́слов，1902 年 11 月 8 日~1982 年 1 月 25 日），苏联党和国家活动家，苏共思想家，从斯大林时代到勃列日涅夫时代一直活跃在政治舞台上。

③　安·葛罗米柯（Андре́й Андре́евич Громы́ко，1909 年 7 月 5 日~1989 年 7 月 2 日），苏联外交家、国务活动家，1957~1985 年任苏联外交部部长，1985~1988 年任苏联最高苏维埃主席团主席。

④　〔俄〕米·戈尔巴乔夫：《真相与自白》，社会科学文献出版社，2002，第 11~13 页。

⑤　恰佐夫（Евге́ний Ива́нович Ча́зов）（1929 年 6 月 10 日—），苏联著名心脏病学家，医疗保健专家，苏联科学院和苏联医学科学院院士，曾任苏联卫生部第四总局局长、苏联卫生部部长（1987~1990 年）。

⑥　库拉科夫（Фёдор Давы́дович Кулако́в，1918 年 2 月 4 日~1978 年 7 月 17 日），苏联党和国务活动家，曾任苏共斯塔夫罗波尔边疆区为第一书记，苏共中央农业部部长，中央政治局委员。

备人选，他第一个想到的就是戈尔巴乔夫。

1978 年 11 月 27 日，戈尔巴乔夫当选苏共中央书记，12 月 6 日，他们举家迁到莫斯科，从此开始了在苏共中央的政治生涯。1979～1980 年他成为政治局候补委员，1980 年 10 月当选政治局委员，从 1989 年 12 月至 1990 年 6 月还兼任苏共中央俄罗斯局主席。虽然苏联共产党地方组织是按照区域原则建立的，各加盟共和国都有自己的共产党，但是苏联最大的共和国——俄罗斯苏维埃联邦社会主义共和国是没有自己独立的共产党组织的，苏共中央专门设立俄罗斯局，主管俄罗斯共产党组织事务，因此这个职务是非常重要的。

戈尔巴乔夫的政治生涯是顺利的。他勤奋、好学、细心、周到，深谙苏联和苏共体制的特点，因此在这个体制下迅速成长起来，并得到老一辈政治家的赏识。而在这个体制下，一旦进入所谓的"在册干部"名录，只要不是持不同政见者，或者不是极其腐败的分子，一般是不会出局的。同样，在这种体制下，不需要有更多的思想，需要的只是执行能力；不需要创新精神，需要的只是严谨，准确。

戈尔巴乔夫当上了苏联这个超级大国的国家领导人。苏联人民充满期待，苏联共产党员充满期待，大洋彼岸也充满期待。

性格就是命运，性格决定命运，对每个人都是如此，对政治家也是如此，对一个大国、一个超级大国的政治家更是如此，而且这时决定的不仅仅是个人的命运，而且决定了国家、民族的命运。

担任世界上超级大国的执政党——苏联共产党——的中央总书记，应该需要什么样的性格呢？在某种程度上，这取决于一个政治家要做什么样的事业。如果是维持原来的体制或模式不变，即维持原来的经济管理体制、原来的经济结构，那么不需要特殊的性格和品质，连风烛残年的契尔年科都可以胜任。如果要进行大胆的、全面的，甚至是根本性的改革，则需要有政治家的魄力、战略家的智慧和理论家的视野。

那么，戈尔巴乔夫的性格有什么特点呢？当时很少会有人知道，苏共中央政治局成员也不清楚，人民更不了解，甚至连戈尔巴乔夫本人恐怕也未必清楚。从他对即将进行的改革的深度、广度，以及改革会走向何方这样重大的问题并没有做到胸中有数这一点来看，他是一个没有主见、容易被人左右的人。

但是，苏共、苏联需要改革，而且势在必行，戈尔巴乔夫将要驾驭这艘巨轮去迎风破浪。

小　结

勃列日涅夫的逝世结束了"苏联发达社会主义时代"。连续的葬礼催生出年轻的党和国家领导人——54 岁的苏共政治局委员戈尔巴乔夫，这是没有选择的选择。人们对年轻的领导人抱有无限的期望，国际社会也对戈尔巴乔夫寄予极大关注。苏联社会百废待兴，戈尔巴乔夫踌躇满志。

第十四章　戈尔巴乔夫改革的开始与新思维

一　苏共中央四月全会，初次提出"改革"

1985 年 4 月，即戈尔巴乔夫担任总书记一个月后，苏共中央召开全会，讨论国家发展问题。戈尔巴乔夫作为总书记第一次出席中央全会，这是他初次亮相，人们期待着新的风气、新的变化。

戈尔巴乔夫在全会上做了演讲，这是他作为苏共中央总书记的首次演讲。根据苏联前总理雷日科夫的回忆，戈尔巴乔夫在四月全会上的报告是他自己写的，当然有中央工作人员的帮助，比如准备材料等，但的确是他自己提出大纲，自己起草，自己修改，足见戈尔巴乔夫对此次讲话的重视。

他在讲话中按照传统允诺将继续前任的方针，也承诺将进行变革。

戈尔巴乔夫在中央全会上做了纲领性报告《关于召开例行苏共第二十七次代表大会和关于代表大会筹备和举行的任务》。他在这个报告中宣布了加快苏联经济和社会进步的方针，并把此前的时期描述为"停滞"时期。"改革"一词就是在这次会议上被首次提出来的。

戈尔巴乔夫在报告中提出新方针，要使苏维埃制度现代化，要对经营机制、社会机制、政治机制和意识形态机制进行结构性和组织上的变革。他在演讲中阐述了经济改革的主要任务："如果我们把经济集约化和加快科技进步作为工作中心，改革管理和计划工作，改革结构政策和投资政策，全面提高组织性和纪律性，根本改变工作作风，那么，加快而且是大大加快增长速度的任务是完全可以实现的。"①

四月全会提出的任务是使苏联社会状况发生实质性的新变化。主要标志是对生产进行科学技术更新，使劳动生产率、人们的物质和精神生活达到世界先进水平；使社会和政治制度充满活力。

戈尔巴乔夫在苏共中央四月全会上提出革新"发达社会主义"行政命令式分配体系的计划，这在初期是以温和的方式实施的。最初没有提及改变社会主义经济基础和政治制度，也没有怀疑苏联的社会主义发展方向。按照党内改革派的思路，革新就是要充分发挥"社会主义的资源和优越性"，提高生产劳动纪律，即当时所说的"人的因素"，主要是通过加强行政工作和在生产中有效地利用最新科技成果等。戈尔巴乔夫号召广泛利用积累的财政资源和物质资源，保证生产能力满负荷运转，包括实行多班制，尤其在机器制造业领域，要提高产品质量，发扬合理化传统，发扬社会主义竞赛的先进形式和方法，如此等等。

这次全会的要点是：在有效利用科技进步成果、调动"人的因素"和改变计划程序的基础上，加快在社会主义道路上的前进步伐。而实现这个目标的主要手段是大幅度加快社会经济发展。实施社会经济发展的"加速战略"，就要依靠苏联传统的把"社会主义热情"与加强行政命令监督和向国民经济优先发展领域加大投资相结合的原则。

1985 年苏共中央四月全会提出的加快社会经济发展的战略计划在苏共第二十七次代表大会决议和 1987 年一月全会决议中得到了进一步的阐述。

二　苏共第二十七次代表大会及其新思想

苏共第二十七次代表大会于 1986 年 2 月 25 日至 3 月 6 日在莫斯科召开。这是戈尔巴乔夫当选总书记后的第一次代表大会，也是苏共历史上倒数第二次代表大会。它在苏共改革的历史上具有重要意义。

在全苏总共选举产生 5000 名代表，实际出席苏共第二十七次代表大会的

---

① 　Ежегодник БСЭ. М. Советская энциклопедия，1986 с. 36.

代表有 4993 名。

代表大会的议程是：①苏共中央的报告和提出党的任务；②关于苏共纲领新版本；③关于苏共章程的修改；④苏共中央监察委员会的报告；⑤关于1986～1990 年和 2000 年前苏联经济和社会发展的基本方针；⑥选举党的中央机关。

苏共总书记戈尔巴乔夫就议程上的第一个问题做了报告。苏联部长会议主席尼·雷日科夫就第五个问题做了报告。

此次大会把勃列日涅夫时期正式称为"停滞"时期。大会总体上是在平静的气氛中进行的。戈尔巴乔夫在代表大会上做的报告，全面阐述了党在新时期的路线，报告第一部分仍然沿袭了比较传统的内容，而第二部分则较全面地分析了当前的形势和改革的基本任务。在谈到 20 世纪 70～80 年代的经济困难时，戈尔巴乔夫说："主要原因在于，我们未能对变化了的经济形势做出政治评价，没有认识到国民经济过渡到集约化发展、积极利用科技成果的尖锐性、必要性和迫切性。这方面的口号和言论不少，但实际工作却踏步不前。"①

关于经济改革，戈尔巴乔夫在报告中做了比较详细的阐述。主要原则是：在科技进步的基础上实现经济改革。经济改革的主要内容是：首先要改变结构和投资政策。变革的实质是：主要注意力要从数量指标转向提高质量和收益，从中间结果转向最终结果，从扩大固定资产转向更新，从增加燃料和原料资源转向更好地使用这些资源、加快发展技术密集型部门、发展生产领域和社会事业的基础设施，重点发展部门是机器制造业。② 报告指出："正是这一部门把重大的科技构想物化，制造能决定其他经济部门所需的先进的劳动工具、机器系统。广泛采用崭新的能节约资源的工艺，提高劳动生产率和提高产品质量，要由这一部门来奠定基础。"③

报告还提出了经济管理体制改革的基本方针。这个方针是苏共中央及其政

① 〔苏〕米·戈尔巴乔夫：《苏共中央委员会向党的第二十七次代表大会提出的政治报告》，莫斯科新闻出版社，1986，第 26 页。

② 〔苏〕米·戈尔巴乔夫：《苏共中央委员会向党的第二十七次代表大会提出的政治报告》，莫斯科新闻出版社，1986，第 29 页。

③ 同上。

治局确定的。主要内容是：

提高经济集中领导的实效，在实现党的经济战略的主要目标方面、在决定经济发展速度和比例以及经济平衡方面，加强中央的作用，与此同时，应该改变中央干预下级经济环节的日常做法。

极力扩大联合公司和企业的独立自主权，提高它们对取得最高成果的责任感。为此，它们应当实行名副其实的经济核算制，自负盈亏、自筹资金，企业集体的收入必须和工作效益直接挂钩。

国民经济所有环节的领导工作中要采取经济方法，为此，需要改变物质技术供应制度，改进物价形成、财政拨款和信贷制度，制定出卓有成效的防治浪费的刺激办法。

管理体制应具备现代化组织结构，而且必须顾及生产的集中化、专业化和协作趋势。这里指的是，成立一组相互联系的部门、科技中心、各种形式的经济联合公司和地区性生产组织。

各部门和区域性经济管理必须很好地结合起来，实现共和国和地方经济与社会事业的综合发展，建立合理的部门间联系。

实现管理的全民民主化，提高劳动集体在管理中的作用，加强来自下面的监督，加强经济机关工作中的汇报制度和公开原则。[①]

苏共第二十七次代表大会实际上提出了几个涉及苏联经济发展的特别关键的问题：结构问题、效率问题、管理体制问题。所谓的"加速战略"，其核心是改变经济增长方式，改变结构，为此必须改变传统的管理体制。这个报告的内容得到苏联各界的支持，也得到专家的赞赏。但是，如何贯彻这个思路和战略，则是另外的问题。

苏共二十七大上还有一个插曲，引起人们的关注，即叶利钦的发言。但是，那时人们还没有意识到叶利钦发言中所反映的在党内一些原则问题上的分

---

① 〔苏〕米·戈尔巴乔夫：《苏共中央委员会向党的第二十七次代表大会提出的政治报告》，莫斯科新闻出版社，1986，第236~237页。

歧有多么严重。

莫斯科市委书记叶利钦在代表大会上发言，公开反对党的机关干涉经济问题，号召在制度上保证最高领导人进行报告的制度，呼吁他们要为自己的行为承担责任。在这次发言中，叶利钦还谨慎地提出了官员的特权问题。

叶利钦说："党的机关深深地陷入经济事务，经常失去自己作为政治领导机关的立场。中央和部委的结构几乎成了政府各个部的复制品，这不是偶然的。在中央各部，许多人忘记了什么是党的工作，简直就是在重复国家计委、部长会议的工作。非常简单的事情也要协商几年，无所事事……看来，在新形势下必须改变整个党中央机关的结构……应该在苏共中央制定各级领导者的定期报告制度。我认为，苏共中央书记应该在中央政治局和中央全会上报告工作。"他还说："大概代表们都遇到劳动集体中的社会公正问题。他们总是热烈地讨论这些问题，因为这涉及人的许多切身利益。每每听到对不公正现象的愤慨，感到非常不舒服……因此，我认为，凡是各级领导享受的不合理待遇都应该取消。"

叶利钦还在会上做了自我批评，这在"停滞"时期的高层领导者中间是唯一的例子。叶利钦说："代表们可能会问我，你为什么不在第二十六次代表大会上说这些呢？我可以回答，而且非常坦率地回答：'因为那时我还没有勇气和经验。'"①

叶利钦的发言给代表大会的代表和整个社会留下深刻印象。

苏共第二十七次代表大会选举产生了由 307 名委员组成的中央委员会，选举产生了 170 名中央候补委员和由 83 人组成的中央监察委员会。苏共二十七大产生的中央委员会选出了中央政治局，由 11 名政治局委员和 7 名候补委员组成。

苏共中央政治局委员是：Г. А. 阿利耶夫、В. И. 沃罗特尼科夫、М. С. 戈尔巴乔夫、А. А. 葛罗米柯、Л. Н. 扎伊科夫、Е. К. 利加乔夫、Н. И. 雷日科夫、М. С. 索罗门采夫、В. М. 切伯利科夫、Э. А. 谢瓦尔德纳泽、В. В. 谢尔比茨基。政治局候补委员是：П. Н. 杰米切夫、В. И. 多尔吉赫、Б. Н. 叶利

---

① https：//ru. wikipedia. org/wiki/XXVII .

钦、Н. Н. 斯柳恩科夫、С. Л. 索科洛夫、Ю. Ф. 索洛维约夫、Н. В. 塔雷津。

这里值得指出的是，苏共在戈尔巴乔夫时期的人事变动非常频繁。1986～1990 年，苏共中央政治局的组成发生巨大变化。到 1990 年苏共二十八大召开时，政治局委员的组成是：政治局委员有 В. И. 沃罗特尼科夫、М. С. 戈尔巴乔夫、В. А. 伊瓦什科、Л. Н. 扎伊科夫、Е. К. 利加乔夫、Н. И. 雷日科夫、В. А. 克留奇科夫、Ю. Д. 马斯柳科夫、В. А. 梅德韦杰夫、Н. Н. 斯柳恩科夫、Э. А. 谢瓦尔德纳泽、А. Н. 雅科夫列夫；政治局候补委员有 А. П. 比留科娃、А. В. 弗拉索夫、А. И. 卢基扬诺夫、Е. М. 普里马科夫、Б. К. 普戈、Г. П. 拉祖莫夫斯基、Д. Т. 亚佐夫。

这说明，两次代表大会之间，苏共中央政治局委员更换了 50%，而政治局候补委员则全部被更换。

苏共第二十七次代表大会是以"加速战略"载入史册的。

这次代表大会通过了《关于 1986～1990 年和 2000 年前苏联经济和社会发展基本方针》的重要文件，提出了加速科技进步和加速社会经济发展的任务。

关于"加速战略"，其主要内容是戈尔巴乔夫在 1985 年苏共中央四月全会的讲话中阐述的。他指出，苏联共产党加速发展经济的主要战略杠杆是国民经济集约化，利用多年积累的潜力，首要任务是大力加速科学技术进步。

戈尔巴乔夫指出："大多数领域的科技进步进展缓慢，实质上就是渐进地发展，主要是通过完善现有的技术，部分地使机械设备现代化。这些措施当然取得一些成效，但是太小了。需要革命性变化，过渡到全新的技术体系，采用能够提高效率的最先进技术。这里说的，实际上是在现代科学技术成果的基础上重新武装我们国民经济。"

"关键是机器制造业。必须优先发展这个行业并在第十二个五年计划期间使该行业增长 50% 甚至一倍。主要任务是迅速转向生产新一代机器设备，保证先进技术的推广，大幅度提高劳动生产率，降低物质消耗，提高基金产值率。最优先关注的领域应该是完善作为科技进步核心的机床制造业、仪器仪表行业、电力技术、电子技术。"

"无论我们从哪个角度看任何经济问题，我们都会发现，最终要解决完善整个经济体制的管理。在这个问题上，我越发坚信不久前在苏共中央与工人和企业领导者代表会见以及视察'吉尔'汽车厂时了解的情况。会见时参加者非常担心地讲述了由于管理体制不完善而面临的复杂处境：管理事无巨细、公文如山。出路只有一个：在综合管理问题上立刻采取果断措施。"

"现在，我们对改革经营体制的概念比较清楚了。那就是继续发扬在战略问题上集中决策的原则，同时大胆地在扩大企业权利、企业自主性的道路上前进，实行经济核算制，并在此基础上提高劳动集体对最终产品的责任和利益所得。"[①]

这时提出的"加速战略"，核心是提高劳动生产率，手段是发展机器制造业。这是在原有体制框架内的改革，不触动社会主义制度的基础。这个战略也可以说是安德罗波夫战略的继续。非常典型的例子是，安德罗波夫在提出加速发展战略的同时，还提出与非法劳动所得做斗争。而提高劳动生产率，一靠技术进步，二靠人的因素，即加强劳动纪律。

苏共二十七大还提出，到 2000 年苏联每个家庭都将拥有单独的住宅。

三　禁酒运动：目的和后果

戈尔巴乔夫时期著名的禁酒运动后来受到各方面，从普通老百姓到官员的批评和讥讽。那么，当时为什么要搞这样一场轰轰烈烈、得不偿失、不得人心的运动呢？要知道，戈尔巴乔夫 3 月当选总书记，苏共中央四月全会提出加速国家社会经济发展计划，5 月 7 日就宣布开始"禁酒运动"。

禁酒运动的决定是 1985 年 5 月 7 日由苏联部长会议通过并颁布的[②]，但是该决定无疑是苏共中央的决定。实际上，1985 年春天，苏共中央就开始为开展一场反酗酒斗争积极地征求意见。

禁酒决定指出："第一，责成苏联各加盟和自治共和国部长会议、各边疆区和州苏维埃执行委员会、苏联各部和部门坚决加强同醉酒和酗酒现象、同私

---

① История современной России. документы и материалы（1985–1999），ч. 1，изд. Московского университета，2011，стр. 41–42.

② 指 1985 年 5 月 7 日苏联部长会议通过的《关于克服醉酒和酗酒行为以及根除私自酿酒业》的决定。见《苏联法典汇编》第 10 卷，1990，第 269 页。

自酿酒和在家庭酿制其他酒精饮品的行为做斗争……第二，苏联人民检察委员会及其地方机关充分利用赋予它们的权力，处理那些不执行党和政府关于加强反酗酒斗争决定的领导者，坚决杜绝在劳动集体中的饮酒行为，杜绝利用国家和社会资金举办各种带有酒精饮品的庆典，要严厉追究责任人的责任，直至撤销其职务。第三，责成苏联内务部采取措施杜绝在公共场所的酗酒行为，保证内务部机关与各种人民志愿者纠察队、同志法庭、防止犯法委员会、社会秩序维护点等组织积极配合。积极配合劳动集体、社会组织和家庭对滥用酒精者给予治疗和教育。"1985 年 5 月 16 日，苏联最高苏维埃又通过了《关于加强反酗酒斗争》的命令，1985 年 7 月 3 日，以苏联法律的形式批准了该命令。[1]

据有关资料记载，禁酒运动是苏共中央政治局委员 M. C. 索洛门采夫和 E. K. 利加乔夫倡议发起的。他们和安德罗波夫持相同的观点，认为苏联经济停滞的原因之一是"共产主义建设者"的道德精神价值水准普遍下降以及对劳动的消极态度，而这一切的罪魁祸首就是大规模酗酒。20 世纪 70 年代末，苏联酒精饮品的消费量达到历史记录。在沙俄时期和斯大林时期，居民消费酒类饮品年人均不超过 5 升，而 1984 年，有记录的人均消费量达到 10.5 升，如果考虑到地下酿酒业的因素，则专家估计人均消费酒精饮品达 14 升。按照这个估计，相当于每个成年男子每年喝 90 ~ 110 瓶白酒，不喝酒的男性只是少数。在这个饮酒数量中白酒占 1/3，其余为自酿酒、葡萄酒和啤酒。

苏共中央和苏联部长会议以及苏联最高苏维埃有关决定规定，所有党的机关、行政机关和护法机关应与醉酒和酗酒行为展开坚决和全面的斗争，要求大幅度减少酒类饮品的生产、销售网点和销售时间。

执行命令的规模是空前的。国家破天荒第一次自愿减少出售酒类的收入，而这是国家预算的重要收入来源之一。反酗酒斗争开始后，酒类产品的生产锐减，全国大多数销售酒类的商店被迫关闭。但是，反对醉酒和酗酒斗争的措施往往也就止于此。比如，苏共莫斯科市委第一书记格里申在关闭了许多贩卖酒类饮品的商店后就向中央报告说，莫斯科的反酗酒运动已经结束。

禁酒运动开始后，白酒的价格迅速提高，而且是成倍地提高。各地规定，

---

① Ведомости ВС СССР，1985，№21，ст. 369.

商店卖酒的时间限制在 14～19 点，其他时间禁止卖酒，因此在每天 14～19 点，酒店门前都要排起长长的队伍。民间甚至出现许多段子来讽刺这种现象。比如："早晨 6 点欣闻公鸡鸣，上午 8 点布加乔娃献歌声，下午 2 点酒馆要关张，戈尔巴乔夫把钥匙兜内藏。"

当时采取严厉措施禁止在公园、路边以及长途列车上饮酒。在工作岗位上饮酒将被处以开除公职和开除党籍的处分，甚至禁止举办与论文答辩有关的宴会，提倡没有酒精的婚礼。社会上还出现许多"清醒区域"，即不销售酒类的区域。必须完成这项任务的还包括工会、教育系统和医疗系统以及所有社会组织，甚至包括那些创作协会，如作家协会和音乐家协会等。

禁酒运动对酿酒业和酿酒业的原料产业造成极大负面影响。当时对葡萄种植园和管理的拨款剧减，而对酒业的税收大幅度增加。苏共二十七大批准了《关于 1986～1990 年和 2000 年前苏联经济社会发展基本方针》，该文件涉及葡萄种植业发展问题。文件中说："各加盟共和国要彻底改变葡萄种植业的结构，首先生产满足餐饮的葡萄品种。"① 20 余年后，许多对禁酒运动的批评文章透露，当时砍掉许多葡萄园，乌克兰、俄罗斯、摩尔达维亚等许多加盟共和国都曾经砍伐葡萄园。

当时在摩尔达维亚总共有 21 万公顷葡萄园，在禁酒运动期间被砍伐掉 8 万公顷。摩尔达维亚著名的"Cricova"葡萄酒厂厂长博久尔回忆说，当时每逢周末都强迫人们拿着斧头去砍伐葡萄园，有些人不服从，试图保护葡萄园，竟然被判处 14～15 年的监禁。②

1985～1990 年，俄罗斯葡萄种植园面积从 20 万公顷减少到 16.8 万公顷，葡萄年产量从 1981～1985 年的 85 万吨减少到 43 万吨。原乌克兰共产党中央书记雅可夫·伯格列博尼亚克曾经负责执行苏共中央的禁酒令，他回忆说，糟糕的是，在反酗酒运动中乌克兰损失了大约 1/5 的预算，共和国内总共毁掉了 6 万公顷葡萄园。著名的"马桑德拉"葡萄酒厂得以幸存，完全是因为共和国领导人谢尔比茨基和苏共克里米亚州委第一书记马卡连柯的干预。反酗酒运动

---

① Состояние и основные задачи развития виноградарства в СССР，https：//ru. wikipedia. org.

② 《Перестройка，перестройка…ты за водкою постой-ка！》，https：//ru. wikipedia. org.

的积极鼓吹者是苏共中央书记利加乔夫和索洛门采夫。据说他们主张摧毁葡萄园。盛传利加乔夫到克里米亚休假。人们把他带到"马桑德拉"酒厂参观，这个有 150 年历史的著名葡萄酒厂里储存着许多陈年名酒的样品。世界著名酒厂都有这样的名酒样品酒窖。但是利加乔夫却命令毁掉这个酒窖，关闭"马桑德拉"酒厂。

利加乔夫本人坚决否认有这回事。2010 年，他在回答记者有关提问时说：这一切都是无中生有，"利加乔夫从来没有去过'马桑德拉'酒厂"。①

据有关资料反映，当时 30% 的葡萄园被销毁了，比第二次世界大战期间的损失还严重，那时损失的比例为 22%。根据乌克兰共产党第二十七次代表大会资料，要恢复毁掉的 25.5 万个葡萄园需要 20 亿卢布和 5 年的时间。

禁酒运动使葡萄酒等酒类产品产量锐减，还影响到对外经济活动，导致苏联与经互会国家的匈牙利、罗马尼亚、保加利亚的贸易关系复杂化。这些国家每年向苏联出口大量葡萄，禁酒运动期间苏联外贸部停止从这些国家进口葡萄。

据苏联官方统计，禁酒运动期间，苏联酒类销售量下降 60% 以上，但是1985～1987 年，国营商店销售的酒类产品下降，人口寿命延长，出生率上升，死亡率下降。整个禁酒运动期间苏联每年诞生新生儿 550 万人，比前 20～30 年每年多出生 50 万人，男子平均预期寿命增长 2.6 岁，达到俄罗斯历史上的最高水平。

禁酒运动对苏联财政预算的打击是巨大的。每年零售商品流转额减少 160 亿卢布。预算损失之大出乎预料，过去每年食品工业收入为 600 亿卢布，而1986 年为 380 亿卢布，1987 年为 350 亿卢布。1985 年以前，酒类商品在零售贸易中对财政的贡献是 25%，从酒类商品获得的收入被用来补贴面包、牛奶、食糖等其他食品。据计算，禁酒 3 年财政预算损失了 670 亿卢布。② 而禁酒运动导致的财政预算亏空没有得到补偿，到 1986 年年底，苏联预算实际上早已不堪重负。

① Егор Лигачев：«Мы хотели быстро избавить народ от пьянства. Но мы заблуждались!»// KP. RU.
② 〔俄〕尼·雷日科夫：《大动荡的十年》，中央编译出版社，2006，第 79 页。

禁酒运动只是部分限制了人们的饮酒。随着禁酒运动的开展，私自酿酒行业应运而生，作为酿酒原料的食糖也开始迅速短缺。根据苏联国家统计委员会的统计，仅 1987 年用于私人酿酒的食糖就达 140 万吨，酿出 14 亿～15 亿升酒，这使食糖市场供应严重短缺。私自酿酒是违法的，很多人因此被处罚。在禁酒运动中有大批人因为喝酒、制酒而受到处罚。这次禁酒运动遇到巨大阻力，劳民伤财。

由于大多数民众的不满和 1987 年苏联发生经济危机，苏联领导人被迫停止了反酗酒运动。

史学家和政论家都在探索，为什么当时要搞这场反酗酒或禁酒运动？实际上，这是在苏联管理体制下一个无奈的举动，是一个尴尬的决策。1987 年以前，无论是安德罗波夫还是戈尔巴乔夫，都认识到苏联经济中存在的问题，但是在现有管理体制下，由于传统观念和意识形态方面的障碍，他们没有太多的政治回旋余地。戈尔巴乔夫的"加速战略"与安德罗波夫的改革政策内容一致，方式也一致，那就是：加速科学技术进步，加速发展机器制造业，充分利用人的因素。安德罗波夫解决人的因素问题是依靠加强劳动纪律。1983 年，连续通过两个关于这方面的决定：一个是 7 月 28 日苏共中央和苏联部长会议通过的《关于加强社会主义劳动纪律工作》的决定；另一个是 8 月 18 日苏共中央和苏联部长会议通过的《关于在国民经济中加快科技进步的措施》的决定。在苏联社会主义词典里，发挥人的因素基本上不包括有效的物质刺激手段，而且有些物质刺激手段被认为是违反社会主义原则的。社会主义劳动积极性和热情依靠的是社会主义觉悟。

戈尔巴乔夫的"加速战略"初期与安德罗波夫的战略一致，手段及所指目标也一致，即端正人的劳动态度，但是具体方法不同，戈尔巴乔夫发动了反酗酒运动，这是体制上的无奈与尴尬。

四　国内和国际上对戈尔巴乔夫的评价

戈尔巴乔夫的出现不仅在苏联国内，而且在国际上引起强烈反响，甚至出现一股"戈尔巴乔夫热"。

在苏联国内，戈尔巴乔夫的出现犹如一股春风，吹散了多年来老年政治的沉闷空气。戈尔巴乔夫一上台就开始在国内视察。他视察了列宁格勒和乌克兰，所到之处受到极其热烈的欢迎，"甚至在国内引起某种程度的快感……人们发现元首精力充沛，并不孱弱多病，念起东西来并不困难，也没有文理不通。"① 戈尔巴乔夫开始陶醉于人民的这种欢呼和热捧，不断地外出视察，到处发表演讲，他在人民中的威信也迅速上升。人民看到了全新的领导人，对他寄予厚望，而戈尔巴乔夫也在视察中不断鼓舞人们的士气。可以说，戈尔巴乔夫赢得了人民的信任，这是新领导人需要的信任！接下来的问题是：新领导人如何对待这种信任，如何不辜负这种信任。

实际上，西方早就在关注苏联的接班人问题。历史上，苏联以外的媒体，尤其是西方媒体多次误报勃列日涅夫逝世的消息，闹出许多笑话。但是这也说明，西方始终在关注后勃列日涅夫时代并为这个时代做准备。安德罗波夫接替勃列日涅夫成为苏共中央书记后，西方不免有些失望。但年迈体弱的契尔年科接替安德罗波夫后，西方将目光盯住了戈尔巴乔夫这个苏共中央政治局内唯一的"年轻人"。

在这方面尤其应该提及戈尔巴乔夫首次访问英国的情况。

1984 年 12 月，戈尔巴乔夫首次对英国进行访问。访问的目的是发展苏联与西方的关系。这次访问是由英国首相撒切尔倡议的，撒切尔夫人想认识一下苏联潜在的领导人。与此同时，她想充当苏联领导人和美国总统里根的调停人。

当时的英国刚刚经历与阿根廷争夺马尔维纳斯群岛的战争。英国正踌躇满志地要作为积极的角色参与世界事务，而活跃与苏联的关系是这个方针的内容之一。

作为苏联未来可能的领导人，戈尔巴乔夫和英国方面都对这次访问非常重视。

访问期间，撒切尔夫人与戈尔巴乔夫在英国首相的郊外官邸进行了 3 个多小时的会谈。两人在会谈中首先讨论了战略稳定问题，相互了解对方在此问题

---

① 〔俄〕尼·雷日科夫：《大动荡的十年》，中央编译出版社，2006，第 69 页。

上的立场。两国在这个问题上并没有签署任何协议，因为一般情况下这类协议都是在苏美两国领导人之间签署的。戈尔巴乔夫与撒切尔夫人主要讨论双边问题，包括扩大两国经济合作的问题。会谈还涉及一切敏感问题，如人权问题和苏联支持英国矿工罢工等问题。戈尔巴乔夫与撒切尔夫人会谈时首次提出必须在欧洲实现新思维、把欧洲视为"统一大厦"的观点，但是此时伦敦方面并没有在意这个观点，认为不过是例行的说辞而已，没有任何实际意义。

对于撒切尔夫人来说，戈尔巴乔夫的英国之行是非常重要的。撒切尔夫人初次与戈尔巴乔夫接触就敏锐地发现了戈尔巴乔夫的性格特点。戈尔巴乔夫给撒切尔夫人留下非常好的印象，给英国社会舆论界也留下深刻印象。撒切尔夫人在与戈尔巴乔夫会谈后给美国总统里根的秘密信件中说："我发现，他是一位可以共事的人。我甚至喜欢上他了。他是一位可以进行诚信对话的苏联政治家。"

据资料记载，会见几天后，撒切尔夫人赶赴戴维营会见美国总统里根，告诉他，戈尔巴乔夫与其他苏联领导人不一样，与勃列日涅夫、安德罗波夫和契尔年科不一样，戈尔巴乔夫愿意倾听对方的谈话。

苏共中央书记博尔金在评价戈尔巴乔夫同撒切尔夫人的第一次会见时说："这位夫人当时就高瞻远瞩地预见到这位客人是未来的领袖。当然，事情不仅仅在于她有远见卓识，还在于她消息灵通。我觉得，西方某些势力当时已经把戈尔巴乔夫当成国家领导人的可能人选并尽可能地支持他了。"[①]

撒切尔夫人发现了戈尔巴乔夫！她发现了什么？性格、性格方面的弱点，还是他的观点和立场？当时戈尔巴乔夫作为苏联党内和国家的二号人物，不存在立场问题，在双方正式会谈中他只不过是重复苏联官方立场。博尔金说："英国首相撒切尔夫人通过与戈尔巴乔夫会谈，发现了他性格方面的特点和弱点。这个特点或弱点就是：爱虚荣，没有主见，思路容易被交谈者控制。"据博尔金判断，撒切尔夫人发现戈尔巴乔夫这个弱点后，与时任美国总统里根进行了交流，于是在戈尔巴乔夫担任苏共中央书记和苏联国家领导人后，整个西

---

① 〔俄〕瓦·博尔金：《戈尔巴乔夫沉浮录》，中央编译出版社，1996，第65~66页。

方媒体针对戈尔巴乔夫发起了一轮又一轮的舆论战，吹捧、赞扬之声不绝于耳……①

在戈尔巴乔夫就任苏共总书记不久，他性格上的特点就越来越清楚地暴露出来，在后来的改革进程中更是暴露得淋漓尽致。

小　结

戈尔巴乔夫提出了改革的设想，开启了改革与新思维的进程，唤醒了苏联人的激情和希望。以加速科技进步和加强机器制造业为主要内容的国内改革和以缓和东西方关系为主要内容的对外政策改革涉及国内发展模式和管理体制，也涉及国际关系，尤其是苏联与西方关系的基础。

但是，禁酒运动要解决的并不是体制问题，而是传统体制内的劳动纪律问题，这说明当时在改革前途的问题上，即使在苏共高层，也有不同的认识。

---

① 这个内容是笔者 1997 年夏与博尔金先生的谈话内容，那时他刚从监狱获得释放不久，博尔金是因为参与"8·19"事件而被捕入狱的。

第十五章　经济改革：愿望与结果

戈尔巴乔夫改革从经济领域开始，要解决经济发展效益和质量问题。改革持续的时间并不长，但是在苏联历史上留下了值得关注和深思的印迹。

一　1987年苏共中央一月全会与全面经济改革的开始

1987年1月27~28日，苏共中央召开一月全会。这在苏联改革历史上是一次重要的会议。全会提出要对苏联社会的所有领域进行大规模改革。

戈尔巴乔夫在全会上做了《关于改革与党的干部政策》的报告。实际上干部政策问题涉及政治体制改革问题，戈尔巴乔夫在全会的报告中详细阐述了改革选举制度的必要性和办法。具体办法就是要过渡到差额选举。全会决议指出："社会生活和干部政策民主化的关键方向之一是完善苏维埃选举制度。"戈尔巴乔夫希望通过改革干部政策、改革选举制度来推进他的改革。此时的改革已经不是苏共中央四月全会和苏共二十七大提出的"加速战略"。

正是在这次全会上提出了著名的"阻碍机制"概念。戈尔巴乔夫对改革一年来的效果不满意。他在报告中认为："实际上，出现了一整套削弱政府经济手段的系统，形成了社会经济发展的阻碍机制，阻碍揭示和利用社会主义优越性。这种阻碍机制的根源在于社会主义民主设施运行中有许多缺陷，在于一些政治和理论原则过时了，不符合现实需求，在于保守的管理机制。"

戈尔巴乔夫在报告中说："如果做政治总结，可以满怀信心地说，苏联社会生活正在发生巨大的变化，积极的倾向在发展……与此同时，我们应该看到，积极变化发展得很慢，改革事业比想象得更艰难，社会中积累问题的原因比我们想象得更深刻。我们越是深入发展改革事业，越是清晰地感觉到它的巨大规模和意义，越是更多地发现历史遗留的悬而未决的问题……我们的成就是巨大的和不容置疑的，苏联人民有理由骄傲。这些成就是我们实现当前面向未来的计划和构想的坚实基础。但是，党应该看到改革的全面性和复杂性。任何成就，哪怕是巨大的成就都不能掩盖社会发展中的矛盾，不能掩盖我们的错误和失误。"

戈尔巴乔夫在报告中系统地阐述了他对改革的理解。

改革——就是坚决克服停滞过程，摧毁阻碍机制，建立加速苏维埃社会发展的可靠的有效的机制。我们战略的主要内涵在于把科学技术进步的成果与计划经济结合起来，发掘出社会主义的全部潜力。

改革——就是依靠群众的积极创造性，依靠全民发扬民主和社会主义自治，鼓励首创精神、自主性，就是加强纪律和秩序，就是在社会生活各个方面扩大公开性，实现批评和自我批评；就是高度尊重个性的价值和尊严。

改革——就是不断提高苏联经济发展中集约化因素的作用，在国民经济管理中恢复和发展列宁的民主集中制原则，全面实施经济管理方法，保证各个经济环节过渡到完全的经济核算制，过渡到新的劳动和生产组织形式，鼓励全民创新和社会主义的企业精神。

改革——就是坚决地面向科学，在实践中以务实的态度与科学界合作，以便取得最新的最高成果；就是善于把所有创新方案都建立在坚实的科学基础之上，就是科学家愿意和渴望积极支持党的革新社会的方针；与此同时，也是关注科学的发展和科学干部的成长，吸引他们积极参加改革的进程。

改革——就是优先发展社会领域，充分满足苏联人民日益增长的对良好劳动、生活、休闲、教育和医疗条件的需求；就是一贯关心每个人和整个社会的精神财富和文化；就是有能力把解决人民关切的重大社会问题与现实问题结合起来。

改革——就是坚决纠正社会上对社会主义道德的扭曲，彻底贯彻社会公正原则；就是言论与行动的一致，权利与义务的统一；就是崇尚诚实的熟练的劳动，克服劳动报酬和消费中的平均主义倾向。

改革的最终目的——就是对国家生活的各个方面进行深刻的改革，赋予社会主义最现代的社会组织形式，最深刻地揭示我们制度在经济、社会政治和道德等所有关键领域的人道主义实质。[1]

这是当时著名的改革七项原则，每个原则都与社会主义联系在一起。

"阻碍机制"在当时是非常流行的词语。戈尔巴乔夫认为，改革之所以进展缓慢，效果不佳，主要是存在"阻碍机制"；而"阻碍机制"主要是指党内存在一个不希望改革的利益集团。为此，戈尔巴乔夫开始大量撤换各级领导干部。到1987年召开苏共中央一月全会时，戈尔巴乔夫已经撤换了70%的政治局委员，60%的州委书记，40%的苏共中央委员。

一月全会预示着全面经济改革的开始

二 具体改革措施的出台与效果

1987年的确是苏联戈尔巴乔夫改革，尤其是经济改革的重要年头。一月全会提出改革选举制度的任务，实际上这不仅涉及经济改革，也部分涉及政治改革。但总体上说，1987年是以苏联经济体制改革载入史册的。

这一年，苏共召开若干次全会讨论改革问题并出台了一系列重要的改革措施。6月25～26日的中央全会主要讨论了改革经济管理体制的问题。

戈尔巴乔夫在六月全会上做了《关于党的根本改革经济管理的任务》的报告。他指出：根本改革经济管理的目的是使经济增长从中间结果转向最终结果，转向满足社会需要，使人得到全面发展，使科技进步成为经济增长的主要

---

[1] История современной России. документы и материалы（1985－1999），издательство Московского университета，2011，часть 1，C. 79－80.

因素，建立可靠的反消耗机制。为了达到这些目的，必须实现从主要是行政的领导方法转向主要是经济的领导方法，转向管理的民主化、大力活跃人的因素。

改革措施有五个方面：第一，扩大企业自主权，企业完全改行经济核算制和自筹资金，提高对最终成果的责任，广泛发展集体承包制；第二，根本改革中央领导经济工作的方法，中央集中处理决定整个国民经济发展的战略、质量、速度、比例及平衡的问题，坚决不干预下级的业务工作；第三，根本改革计划工作、价格形成、财政信贷机制，向生产资料批发贸易过渡，改革对科技、对外经济联系、劳动与社会性事务的管理；第四，建立新的组织机构，以便加深专业化和提高合作联系的可能性，使科学与生产密切结合；第五，从过分集中的指令性管理体制向决策民主化体制过渡，发展自治，建立调动个人积极性的机制，明确区分党、苏维埃和经济机关的职能并根本改变它们的工作作风和方法。

虽然这里使用的都是当时的语言和术语，但是改革的基本思想和目的是清楚的。

戈尔巴乔夫还指出，改革管理体制的目的是加强社会主义和民主。但是，不能把社会主义看成某种僵化的和一成不变的社会；根本改革经济管理体制不可能一蹴而就，它是一个过程，拖延可能是它最主要的危险。

戈尔巴乔夫还指出，1987 年年底以前拟通过关于管理体制改革重大问题的一揽子具体决议，从 1988 年起完成向新的经营条件过渡，到 1990 年同时实现经济管理最重要职能的改革，包括计划工作、价格形成、财政信贷、物资技术保障，并制定出第十三个五年计划长期有效的明确的经济定额。

全会批准了苏共中央政治局提交的《根本改革经济管理的基本条例》。

1986～1987 年，通过了几部涉及重要改革的法律。

其一，通过了《个体劳动法》。该法律是苏联最高苏维埃于 1986 年 11 月 19 日通过的。

《个体劳动法》的主要内容是规定在 29 个生活服务领域允许从事个体劳动。该法案对个体劳动做出许多明确的规定和限制。比如，规定个体劳动的领域是手工业和生活服务领域；其他以公民个人和家庭成员为基础的劳动形式；

国家调节个体劳动以保证其为社会服务。

该法案在苏联劳动立法中首次明确规定，个体劳动是在个体的基础上，而不是在社会主义企业或合作社企业范围内提供劳动和计酬的劳动。

该法律的原则还规定，对于有利于社会的个人活动应该取消一切没有根据的限制；个体劳动的收入应该符合个人劳动消耗和社会公正原则；地方人民代表苏维埃机关有权发放个体劳动许可证和调节个体劳动。

但是，法律依然没有把个体劳动视为与其他劳动形式平等的地位。不仅如此，法律鼓励从事个体劳动的公民与国营的、合作社的、集体的其他组织建立合同关系，并明确二者之间不是劳动关系。

该法律明确规定不允许使用雇佣劳动，个体劳动活动只允许家属参加。[①]该法律从 1987 年 5 月 1 日起生效。

其二，1987 年 6 月 30 日苏联最高苏维埃通过了有关国有企业的法律，即《国有企业法》。

该法律的主要内容包括：对国有企业的概念和性质做了重新界定，不仅规定国有企业是统一的国民经济综合体的基本环节，而且第一次以法律的形式规定"企业是商品生产者，根据计划和合同生产和销售产品，在完全经济核算制、自筹资金和自治的情况下完成工作和提供劳务"。此外，确定企业活动的两个新原则。一个是"企业根据完全经济核算制和自筹资金原则活动，劳动报酬依靠劳动集体所赚的资金实现"。根据自筹资金原则，企业把一部分利润上缴国家预算、支付银行贷款利息和上缴主管部门；另一部分则完全由企业支配，留给企业支配的利润和劳动报酬基金构成企业的经济核算收入。另一个是企业实行自治，按照自治原则进行企业活动。

《国有企业法》还规定了企业管理的民主集中制原则，把集中领导和劳动集体的社会主义自治结合起来。职工全体会议是行使劳动集体权限的主要形式；企业各级领导都在相应的劳动集体中实行选举制；企业领导选举产生后须经上级机关批准，任期 5 年。

---

① История современной России. документы и материалы (1985 – 1999), издательство Московского университета, 2011, часть 1, C. 59.

412

法案还对企业的生产活动和社会活动做出一系列规定。企业可根据国家控制的数量、长期经济定额、国家订货等指标以及用户的订货和统一分配的物资限额独立制定五年计划。而国家指标应由苏联部长会议确定，企业的上级机关无权确定。企业也可以自行规定员工总数和职业构成，即确定编制；可以依靠盈利情况实行新的工资标准和职务工资；可以开展对外经济活动；有权出租、出售不用的财产。

《国有企业法》在规定企业权利的同时也强调了企业的责任和义务。

《国有企业法》还明确指出，长期亏损、失去支付能力、产品无销路，而且长期不能扭亏为盈的企业，应停止其活动。①

这个法律充分扩大了企业自主权，规定了上级机关不得干涉企业经营活动的原则，这在苏联经济改革历史上是没有先例的。

其三，完善对外经济活动。

1987 年 11 月，《经济报》第 41 期报道了苏联通过的《关于在新的经营条件下完善对外经济活动的补充措施的决定》及其有关情况。该决定扩大了各加盟共和国和各部委在对外经济活动方面的权限。规定在同社会主义国家的经济联系方面，要简化建立合资企业的程序并将权力下放；任何企业组织均可同国外签订一次性提供产品、原料和服务的合同；除重大的跨部门问题，苏联政府各部和共和国部长会议有权签订部门间国际合同；在与资本主义国家和发展中国家的经济联系方面，苏联政府各部和共和国部长会议有权决定建立合资企业问题；合资企业可以确定用作销售和购买商品结算的货币种类，以及在苏联市场上销售和购买商品的手续，允许创办合资的科研组织和各种公司，共同维修出口设备，派遣专家和工人，购买、发行股票及其他有价证券。②

其四，1988 年 5 月 26 日，苏联通过了《合作社法》。这是一个具有重要意义的法律。

该法律明确规定，合作社企业（组织）是国民经济统一综合体的基本环

① История современной России. документы и материалы (1985 – 1999)，издательство Московского университета，2011，часть 1，С. 103 – 106.

② Экономическая газета，№ 41，1987.

节；合作社内的劳动是受到尊重的、体面的工作，得到国家全力以赴的扶持。法律规定国家将为合作社提供现实条件，使合作社在自主制定生产、分配和商品销售计划的基础上提高经营效益。法律制定者希望通过合作社的发展促进合作社之间以及合作社与国有企业之间的社会主义竞赛和市场竞争，借以全面提高经营效益。

该法律还规定了合作社的制度和类型。按照该法律的规定，在国内持之以恒地发展合作社运动将把合作社变为与国有经济成分和个体劳动活动有机联系在一起的广泛网络。可以建立合作社的领域包括：农业、工业、建筑业、运输业、商业、公共饮食业，也可以包括有偿服务等生产和社会文化领域。

这一系列改革措施的出台，表面上具有系统性、配套性，但是实施的结果却事与愿违。这中间有一些客观因素。1986 年 4 月，苏联乌克兰共和国境内发生严重的核泄漏事故。1988 年，苏联亚美尼亚共和国境内发生里氏 10 级大地震。在国际石油价格迅速下跌、苏联财政状况日益严峻的情况下，这两起灾难对苏联经济造成严重打击。

1986 年 4 月 26 日，乌克兰切尔诺贝利核电站第四号反应堆发生事故，导致爆炸。据记载，这是有史以来最严重的核事故。

据专家估计，此次核泄漏事故后产生的放射性污染物质相当于日本广岛原子弹爆炸产生的放射性污染物质的 100 倍。

切尔诺贝利核泄漏事故导致 9.3 万人死亡，27 万人致癌，经济损失 180 亿卢布。[①]

不仅如此，处理切尔诺贝利核事故过程中的疏忽行为引起居民对当局的不满，也引起周边国家的不满。核事故是 4 月 26 日发生的，但是 5 月 1 日，基辅仍然在举行庆祝五一的游行。消除核事故的工作不仅承担了巨大的人员风险和损失，也使苏联政府本来拮据的预算雪上加霜。

1988 年 12 月 7 日 11 时 41 分，苏联亚美尼亚共和国境内发生里氏 10 级地震。共和国全境都有 6~8 级的震感。根据专家评估，地震在震中地区斯皮塔

---

① http：//baike. haosou. com/doc/5387308 - 56238；https：//ru. wikipedia. org/wiki.

克城市释放的能量相当于 1945 年在日本广岛投放 10 枚原子弹的当量。据统计，当时就造成 2.5 万人死亡、14 万人致残、51.4 万人无家可归。地震摧毁了共和国 40% 的工业潜力，震毁了 21 万所学校、4.2 万所幼儿园、41.6 万个医疗机构、2 座剧院、14 座博物馆、391 座图书馆、349 座俱乐部和文化馆。毁掉 60 万公里的公路，全部或部分摧毁了 230 座工业企业厂房。

由于政府需要大量资金救助灾区，也由于国家外汇收入急剧减少，还由于实施的经济改革措施并没有带来市场上商品的充盈，苏联商品的供应状况日益恶化。商品短缺达到几十年来空前未有的境地。

在苏联，商品短缺已经成为苏联计划经济独特的现象，个别商品和服务出现经常性短缺，消费者有钱买不到商品。

商品短缺几乎存在于苏联所有历史时期。在计划经济时代，有时连最普通最急需的商品都会供不应求，例如手纸。出现短缺的最主要原因与计划经济的特点有密切联系。高度集中计划的体制不可能考虑周全繁杂的商品种类和不断变化的需求情况。

苏联历史上有过几次商品短缺高峰，每逢短缺高峰时，都会不同程度地实行配给制（配给证或凭券供应等）。第一次出现商品短缺高峰是新经济政策时期，当时许多商品，包括食品都出现短缺。1928 年年底，苏联实行了多级配给制，按照居民群体定额分配食品，同时保存了部分食品的自由买卖，这部分商品价格相当高昂。1935 年才取消配给制。

第二次短缺高峰是第二次世界大战后的一段时期，战后恢复时期结束后短缺现象得到缓解，配给制取消。

第三次短缺高峰是 1960 年代柯西金改革失败后，并一直延续到戈尔巴乔夫改革时期。戈尔巴乔夫改革后期，几乎所有的商品都出现了短缺。

于是，在短缺经济时代就出现了特权供应的奇特现象。

短缺经济时代的特权供应包括的群体和供应方式非常有特点。

一是向享受优惠待遇的居民群体供应短缺商品，如卫国战争老战士、博士，科学院通讯院士、院士等。

二是为高官和其他享受特权待遇的官吏和党务活动家以及将军们设置内部商店，如莫斯科国立百货商店（ГУМ）内部的特供部等。

三是外汇商店，即著名的"小白桦"商店，使用专门的外汇券购买紧俏商品。只有那些在国外工作的苏联公民回国后可以享受此待遇。

四是军人及其家属的特供系统（军人商店供应紧俏食品）等。

五是封闭的科学城和军工城商店。

六是专门给远洋商船海员设置的供应系统。

七是石油天然气、铁路和水运部门的行业供应系统。

八是食品工业企业职工的供应系统。

九是新婚商店，低价供应结婚戒指、结婚礼服等，但须出示结婚证。

十是殡葬所，出示死亡证明后限量供应殡葬礼仪用的布匹、毛巾和手绢等物品。

此外，在企业、机关、学校还有内部食堂，低价向本单位职工供应食品，如此等等。

根据对20世纪80年代的调查研究，在莫斯科和列宁格勒，97%的购买者在国有商业系统购买商品，因为这里价格便宜。在各加盟共和国首都，79%的人在国有商业系统购买必需品，17%的人利用合作社的服务。光顾集体农庄市场的人很少。

没有市场，没有正常的商业，自然也就没有广告业务。

苏联时期是没有广告的，因为有限的商品，尤其是著名商品根本不需要做广告。

到20世纪80年代后期，苏联商品短缺已发展到了荒唐的程度。最严重的时候，商店里只要有商品，居民不管是否需要，都会排队购买。排队已经成为苏联社会，尤其是苏联后期的独特社会风景。最后不得不对一些日用品实行已经中断几十年的"供给制"，即凭票供应。居民经常以各种形式表示对商品短缺的不满。1990年，列宁格勒、斯维尔德洛夫斯克、彼尔姆等城市曾经发生居民凭配给券也买不到商品的情况。人们往往排队数小时购买香烟和白酒，结果一无所获，愤怒的人群自发举行集会并封锁市内交通。

改革的结果越来越令居民失望，戈尔巴乔夫的威信也随着商品的减少而日益降低。

三 经济改革效果与经济危机之谜

戈尔巴乔夫经济改革的主要目的和特点可以归纳为：加速发展机器制造业，改变经济结构；扩大企业自主权，调动企业生产积极性；让苏联共产党放弃对经济生活的干预；预计只要采取相应措施，颁布有关法律，社会经济就会出现大的转机；改革中出现阻碍机制，管理阶层是最大的阻力。但是，实际上，1987 年出台各种改革措施后，这些措施的实施不仅没有使苏联经济出现明显的改善迹象，相反，经济状况和市场状况日益恶化，到 20 世纪 80 年代后期，苏联经济甚至出现了危机。这是为什么呢？

实际上，从 1987 年起，苏联经济已不再是苏联原有的计划经济。改革措施引起的后果是改革设计者始料不及的，但国家领导人并没有发挥应有的作用，依然沉迷于群众的赞誉，或抱怨所谓的"在册干部"的抵制，抱怨所谓的"阻碍机制"，对经济生活中发生的一切并没有深刻地理解和加以认真的研究。

那么，国家经济生活中到底发生了什么呢？

根本问题是财政体制和消费市场的失衡。苏联国家内部通行的是特殊的财政政策，由两个部分组成。

第一，在生产领域推行的是非现金货币（或曰虚拟货币），货币的数量取决于跨行业平衡状况，由相互结算系统处理。实际上，苏联不存在金融资本和信贷利息（货币是不进行买卖的）。在消费市场，流通的是通常的货币，这部分货币是居民以工资、退休金等形式获得的。这部分货币的数量是严格按照实际商品和服务的总量调节的。这种财政体制运行的条件是严格禁止两者成分的混合，即严格禁止将非现金货币转变为现金货币。

第二，卢布不可兑换原则。苏联的价格水平和规模与世界市场完全不同，因此卢布只能在国内通行，是类似票据之类的东西，居民凭这个票据从全民财产中获得自己的红利，即以较低的价格购买商品。因此现金货币部分对外部世界是禁止的、封闭的，手段就是国家实行对外贸易垄断。

但是，1987 年通过的《国有企业法》打破了对非现金货币的限制，允许二者转换。与此同时，从 1987 年 1 月 1 日起，苏联 20 个部委和 70 家大型企业获得从事进出口业务的权利。一年后，取消了苏联对外贸易部，成立了苏联对外经济联系部。新部门的主要业务是"为从事进出口业务的企业、合作社和其他单位进行注册登记"。1990 年，地方苏维埃也获得了外贸权。

根据 1988 年通过的《合作社法》，许多企业和地方苏维埃成立了出口商品的合作社，导致国内市场商品数量锐减。许多商品的赢利率高得离谱，达到 1 卢布获利 50 美元，因此有关企业的产品往往没出厂就被抢购一空。有些产品，如铝制器皿，被作为废金属原料出售。

在计划经济时代，企业利润是按照下列原则分配的，以 1985 年为例：58% 上缴国家预算，38% 留给企业，其中 15% 用于经济刺激基金（发奖金、补贴等）。1990 年，企业利润分配发生变化，上缴国家预算 45%，企业留成 43%，其中 40% 用于经济刺激基金。这样一来，预算收入大幅度减少，职工收入增加 1.7 倍，而用于企业自身发展的资金几乎为零。[①]

此外，企业可以自主定价和确定产品种类。其后果可以从下面的资料看出：1988 年 10 月 29 日苏共中央政治局讨论有关问题时，中央有关部门介绍说："由于企业追求生产零售价格高的新商品，不再生产一些有需求的但是价格低廉的商品，转而生产价格更高的产品，以便保证用价值衡量的生产规模的增长……这必然导致以实物表现的商品生产的缩减……有些企业，实物商品生产缩减 20% ~25% 以上。"[②]

据苏联国家统计局资料，按照合同价格销售商品的利润比平时的利润高 2 倍，比成本高 60%。比如，丝绸的利润是 81%，床单的利润是 97%，袜子的利润高达 104%。

经济改革既没有使经济效益提高，也没有使商品数量增加，更没有导致管理体制的改善，这是改革倡导者、设计者和执行者始料不及的。这其中的原因是多种多样的，但是，新旧体制不配套、不协调，人们的观念没有改变，习惯没有改变，等等，都在影响经济改革的成效。比如政策规定给企业一定的自主

---

① http：//anticomprador. ru - mif_ ob_ ehkonomicheskom_ krizise_ v_ sssr.

② http：//anticomprador. ru - mif_ ob_ ehkonomicheskom_ krizise_ v_ sssr.

权，但是如果国家订货安排不能与这项政策一致，则一切都会按照原来的体制运转。1988 年 3 月，著名经济学家阿巴尔金院士在《消息报》谈国家订货及经济体制改革时说：现在国家订货的做法受到普遍批评，这个批评是公正的。在《国有企业法》解释国家订货概念的各个条款中，只有一点得到实现，即国家订货带有强制性质，而其他条款（即国家订货只包括具有优先战略意义和社会意义的有限数量的极重要产品）都没有实现。现在的国家订货实际上包括了所有产品。①

1988 年 3 月 4 日，苏共中央总书记戈尔巴乔夫在视察莫斯科第一国营轴承厂时，对国家订货问题表示关心。他透露，许多工厂在 1988 年得到的国家订货达到现有生产能力的 99.7%，其中包括不赢利的产品。

戈尔巴乔夫的经济顾问阿甘别吉扬 1987 年曾经说，国家订货只应占企业产量的 50% ~ 60%，实际上现在（1988 年）占 90% 以上。许多企业发现，国家订货占其生产能力的 100%，甚至更高。国家所订购的产品中，有根本没有销路的产品和被认为是企业生产本身使用的产品。这说明，旧的管理和指挥系统还在发挥作用。

再比如工资改革。苏联国家劳动和工资问题委员会委员兼工资局局长谢尔巴科夫的文章《劳动报酬的新条例：如何组织实行》透露，到 1988 年年初，已经对 2600 多万名（大约占劳动者总数的 37%）劳动者实行新的劳动保障制度，预计到年底将对 80% 的职工实行这种新的劳动保障制度。

但是，这个改革措施在落实过程中也出现扭曲和变味的情况。一些单位在实行新工资条例时搞形式主义，许多单位不是依靠内部挖潜，而是依靠改变工资结构；企业技术考核走过场，虚报工作成果，企业领导人不敢利用新制度赋予的权力实行承包制等。②

改革领导者显然低估了改变旧体制和建立新体制的复杂性，认为只要按照过去的做法，下一道命令，改革事业就可以展开了。不理想的经济改革结果不仅影响着人民的情绪，也影响着决策者的思维和行为方式。

①　«Известия»，1 марта. 1988.
②　Экономическая газета，февраль 1988. №7.

小 结

1987 年开始的经济改革提出了一系列相当有力度的改革措施，但是这些措施落实后的结果却事与愿违，不仅没有促进经济效益的提高和商品的增加，反而导致经济危机。这一方面是由于改革措施不配套，另一方面则是由于决策者低估了改革的困难，以为像在行政命令体制下一样，发一道指令就可以畅行无阻地得到执行。当然，最主要的还是对人们观念的变化估计不足，准备不充分。

第十六章　戈尔巴乔夫周围的人

——并非都是志同道合者

苏联共产党是苏联社会的脊梁，是苏联大厦的顶梁柱，是苏联决策机制的灵魂，因而苏共主要领导人的作用是关键性的。考虑到戈尔巴乔夫软弱的性格以及他周围的人对他的影响，在这里介绍一下戈尔巴乔夫周围人的情况显然不是多余的。

戈尔巴乔夫周围的人远非志同道合者，而是异常复杂的精英和决策群体。他们不仅仅反映当时苏共核心圈的政治思想状况，更反映苏共最后岁月命运转折的缘由。

一　安·葛罗米柯——杰出的外交家，失望的伯乐

安·安·葛罗米柯（Андре́й Андре́евич Громы́ко，1909 年 7 月 5 日～1989 年 7 月 2 日）——苏联著名外交家和国务活动家，从 1957 年至 1985 年任苏联外交部部长，历时 28 年。1985 年至 1988 年任苏联最高苏维埃主席团主席。

俄罗斯外交部部长拉夫罗夫在评价葛罗米柯时说：葛罗米柯是"苏联时代伟大的外交家"。葛罗米柯的确是一位传奇的外交家、政治家，他是许多重要的历史事件的参与者和见证人。1944 年，他率领苏联代表团参加了在华盛顿召开的关于建立联合国的国际会议；1945 年，他参加筹备和组织在苏联克里米亚召开的雅尔塔会议及在德国波茨坦召开的国际会议；同年，他率领苏联代表团在美国旧金山会议上签署《联合国宪章》；1985 年 3 月，他在苏共中央政治局会议上提名米·戈尔巴乔夫为苏联共产党领导人人选。

葛罗米柯出生于俄罗斯帝国莫吉廖夫省戈梅利县老葛罗米柯村，全村的人都姓葛罗米柯。这个村位于现在的白俄罗斯。其父亲是农民，但是在城里工作，用中国时下的说法就是"农民工"。葛罗米柯是白俄罗斯族，但是在苏共中央委员的正式简历中，他填写的是俄罗斯族。

葛罗米柯13岁时便随父亲一起出外打工。7年制职业技校毕业后，又进入明斯克州老鲍里索夫区的农业技术学校，1931年，加入联共（布）并很快当选为党支部书记。同年，葛罗米柯考入明斯克经济学院，在校期间与未来的妻子相遇、相爱并结婚。1933年，葛罗米柯被任命为明斯克附近一所学校的校长，因此经济学院的课程他是通过函授完成的。

根据白俄罗斯共产党中央的推荐，葛罗米柯成为白俄罗斯科学院研究生。毕业后于1936年调到莫斯科俄罗斯农业科学院农业研究所，成为一名研究员。后来又被调到苏联科学院经济研究所，曾任经济所学术秘书。20世纪30年代，斯大林肃反扩大化期间，苏联外交人民委员部出现人才奇缺的状况。外交人民委员部开始大批招收新干部，选择条件很简单：第一，必须是工农出身；第二，最好懂点外语。葛罗米柯具备所有的条件：受过高等教育、年轻、朴实，讲一口典型的白俄罗斯方言。1939年年初，葛罗米柯被党中央负责挑选外交干部的委员会看中，走上外交舞台。当年同他一起被选中的还有一些后来著名的外交家，如马立克、左林、多勃雷宁等。

1939年5月，葛罗米柯成为外交人民委员部美洲司司长。同年秋天，他成为苏联驻美国外交代表处（相当于大使馆）参赞。在美国工作期间，有个性的葛罗米柯与当时的驻美大使马·李维诺夫关系并不融洽。1943年年初，李维诺夫被斯大林召回莫斯科，葛罗米柯成为苏联驻美国大使。他在这个岗位一直工作到1946年。正是在这期间，他积极参与德黑兰、波茨坦和雅尔塔会议，成为外交界的一颗明星。

战后，葛罗米柯曾任苏联常驻联合国代表、苏联外交部副部长、外交部第一副部长、苏联驻英国大使，1957~1985年任苏联外交部部长，历时28年。他在这个岗位上为苏联做出了巨大贡献，他以谈判风格强硬而著称，被西方外交界称为"不先生"。在与美国关于限制以军事目的利用核能、关于全面削减和限制武器以及关于不扩散核武器条约谈判，关于限制进攻性战略武器谈判等一系列重大谈判中，他坚定地捍卫苏联的国家利益。为此他曾经获得许多嘉奖，如两次获得"社会主义劳动英雄"称号，并获得过劳动红旗勋章、列宁奖金和苏联国家奖金等。葛罗米柯拥有经济学博士学位。

葛罗米柯一生的大部分时间活跃在外交战线。在斯大林时期、赫鲁晓夫时期以及勃列日涅夫时期他都出色地完成了国家赋予他的使命。与此同时，外交部部长往往是国家领导人政治战略的践行者，因此他的成就与国家领导人的风格具有密不可分的关系。

在自己政治生涯的最后时期，葛罗米柯做的最重要的事情是在契尔年科去世后推荐戈尔巴乔夫担任苏共中央总书记。

1985 年 3 月 10 日，苏共中央总书记契尔年科逝世。在继任人的问题上，据当年权力圈子内的人回忆，并非意见完全一致，虽然戈尔巴乔夫具有一定的优势，比如年轻，而且实际上已经成为党内第二号人物。但在关键时刻正是葛罗米柯出面才使戈尔巴乔夫走上苏共和苏联国家领导人的岗位。据当年苏共中央书记博尔金介绍："戈尔巴乔夫也是费了很大劲才当上总书记的。3 月 10 日的政治局会议没能解决契尔年科接班人的问题，于是，整整一个晚上，加上第二天午饭前的时间，有人一直在戈尔巴乔夫拥护者中间做相反的工作，但是，不管地方领导人怎样进行煽动，起决定性作用的还是葛罗米柯。"①

据博尔金介绍，1985 年 3 月 11 日中央政治局开会前，戈尔巴乔夫就已派密使与葛罗米柯商定接班人问题，因此在政治局会议上，葛罗米柯提出让戈尔巴乔夫作为党的新领袖人选。他的建议得到与会者一致拥护。博尔金的回忆也得到葛罗米柯孙子的印证。葛罗米柯的孙子、现任俄罗斯科学院欧洲所所长的安德烈·葛罗米柯回忆说，"正是他第一个明确提出让戈尔巴乔夫出任苏共总书记"，虽然后来，葛罗米柯对自己当初的决定很后悔，因为他发现，戈尔巴乔夫没有能力应对苏联面对的挑战和问题。② 不仅如此，作为苏共老党员的葛罗米柯对社会主义发展道路具有坚定的信念，对戈尔巴乔夫改革过程中那些明显偏离社会主义原则的做法，曾经提出不同意见，但是他已经无回天之力了。

---

① 〔俄〕瓦·博尔金：《戈尔巴乔夫沉浮录》，中央编译出版社，1996，第 78 页。
② http：//pravdoryb. info/andrey-gromyko-pozhalel-chto-prodvinul-gorbacheva-na-post-genseka.

二 苏共意识形态掌门人——利加乔夫

叶戈尔·库兹米奇·利加乔夫（Егор Кузьмич Лигачев）——苏联和俄罗斯国务活动家和政治活动家。1966～1989 年他是第 7～11 届苏联最高苏维埃联盟院托木斯克州代表，1989～1991 年为苏联人民代表，1966～1976 年，为苏共中央候补委员，1976～1990 年为中央委员，1983 年任苏共中央组织党务工作部部长，同年 12 月 26 日至 1990 年任苏共中央书记，1985 年 4 月至 1990年为苏共中央政治局委员。

利加乔夫于 1920 年 11 月 29 日出生在托木斯克省杜宾季诺村（现为新西伯利亚州丘雷姆区）一个农民家庭。1937 年毕业于新西伯利亚第 12 中学。1942 年开始在新西伯利亚航空工厂工作，任工程技师和技术科科长。1943 年从莫斯科奥尔忠尼启则航空学院飞机制造专业毕业。1944 年加入共产党。1945 年战争结束后从事共青团工作，任共青团新西伯利亚捷尔任斯基区委书记，后任州委第二书记、第一书记。1951 年获得联共（布）中央高级党校高等教育第二学位。1953～1955 年任新西伯利亚州文化局局长，1955～1958 年任州执行委员会副主席。1958 年当选为苏共新西伯利亚苏维埃区委第一书记，1959 年任苏共新西伯利亚州委书记。1961～1965 年任苏共俄罗斯联邦宣传鼓动局副局长和苏共中央俄罗斯联邦工业局副局长。1965～1983 年任苏共托木斯克州委第一书记。他先后在托木斯克州任领导人 17 年。

1983 年，苏共中央总书记安德罗波夫提议由 63 岁的利加乔夫担任苏共中央组织和党务工作部部长（1983～1985 年）。利加乔夫回忆道："1983 年 4 月戈尔巴乔夫给我打电话说，叶戈尔，你来一趟，咱们谈谈。打算让你担任组织和党务工作部部长。"不久之后，在谈起是谁对安德罗波夫任命利加乔夫担任负责干部工作的领导人这个决定产生影响时，戈尔巴乔夫说，是葛罗米柯提的建议①。

在利加乔夫到中央工作之前，戈尔巴乔夫就说过："我很欣赏他的旺盛精

---

① Егор Лигачёв: перестройку задумал Андропов. – Мир новостей, 30 Ноября 2005.

力和果断作风。我在苏共中央工作时同托木斯克州委第一书记利加乔夫经常接触，目睹了他如何为自己的州争取利益……他在州委书记中不仅以能干著称，而且其眼界开阔，文化修养高。"

1985 年 3 月，利加乔夫支持戈尔巴乔夫担任苏共中央总书记的职务。1985～1988 年利加乔夫任苏共中央主管意识形态的书记，实际上成为党和国家的第二号人物。1988 年以前，他是改革的倡导者和执行者之一。1988 年以后，他不止一次地对实施苏联社会经济和政治改革的速度和方法进行批评。

利加乔夫在提拔叶利钦问题上发挥了一定的作用。据利加乔夫本人回忆，他完全是按照安德罗波夫的意思重视叶利钦的。著名记者 Л. 姆列琴指出："利加乔夫不止一次地回忆说，1983 年 12 月底，安德罗波夫多次从医院打电话给他，嘱咐他去斯维尔德罗夫斯克'考察一下'叶利钦……安德罗波夫当时没来得及提拔叶利钦。"戈尔巴乔夫回忆说，利加乔夫去斯维尔德罗夫斯克期间，给他打电话，按捺不住兴奋地说："米哈伊尔·谢尔盖耶维奇，这是我们的人，应该提拔他。"当时正面临解除莫斯科市委第一书记 В. В. 格里申职务的问题，于是，戈尔巴乔夫"决定试一试叶利钦"。叶利钦给利加乔夫的印象是"一个很大气的人，会办事"。根据利加乔夫的建议，1985 年 4 月叶利钦被调到苏共中央机关工作。接着，戈尔巴乔夫建议在苏共中央书记的岗位上"考察"他，戈尔巴乔夫欣赏叶利钦的热情和"不因循守旧的工作方式"。

根据当事人的回忆，利加乔夫是 1985 年著名的禁酒运动的始作俑者和积极参加者。他本人也曾说："我是这场禁酒运动最积极的组织者和贯彻者。""我们希望人民尽快摆脱酗酒。但是我们错了！要战胜酗酒，需要长期的和灵活的禁酒政策。"①

利加乔夫是西伯利亚历史上最有能力的地区管理者之一。他在担任州领导人期间完成了该州发展中最重要的一些项目，比如，建立石油化工企业、家禽场，修建地下引水工程，开通城市无轨电车（1967 年），设立长途汽车站，修建"托木斯克"宾馆、"波加邵沃"机场（1968 年）、游艺和体育馆（1970年）、穿越托木河的市政大桥（1974 年）和剧院（1978 年）等。

---

① Комсомольская правда. 13. 05. 2010.

　　熟悉他的人对他的评价是："就本质而言，利加乔夫不是个卑鄙的人，他怎么想就怎么说。他不是搞密谋和政变的人，而是希望开诚布公地在中央和政治局把大多数人吸引到自己方面来。"

　　利加乔夫是苏共党内主张稳妥改革的代表人物之一，主张在社会主义选择范围内进行改革，反对否定苏联 70 年社会主义建设的成就，强调阶级斗争、共产党的领导，曾与叶利钦、雅科夫列夫等人发生多次冲突。

　　在改革历史上，与利加乔夫的名字联系在一起的最著名事件中，除反酗酒运动外，还有尼娜·安德烈耶娃那封《我不能放弃原则》一信的发表事件。

　　1988 年 3 月 13 日，《苏维埃俄罗斯报》登载了列宁格勒工学院教师尼娜·安德烈耶娃《我不能放弃原则》的信。这实际上是一篇文章。安德烈耶娃在这篇文章中谴责在改革和公开性形势下那些批评社会主义和斯大林政策的行为，指责所谓的改革派（文章中称为"左翼自由主义知识分子的社会主义"）搞西方主义、世界主义和伪造历史。此时，苏共中央总书记戈尔巴乔夫正在国外访问。《苏维埃俄罗斯报》是苏联最有影响的报纸之一。该报 1956 年创刊，1966 年以前是苏共中央俄罗斯局和俄罗斯联邦部长会议的机关报。从 1974 年起成为苏共中央、苏联最高苏维埃和苏联部长会议的机关报。在这样的报纸上刊登这样的文章，社会上的反应是：这是一项"命令"，是停止改革的信号。不仅如此，当时莫斯科党组织甚至把安德烈耶娃的文章列入政治学习计划①，社会上突然发现，甚至在中央最高领导层也出现了分歧。戈尔巴乔夫回国后，对安德烈耶娃的信做出评价，认为这是"反改革的"，要求政治局立刻讨论并批判这封信。但是据博尔金回忆，戈尔巴乔夫对安德烈耶娃文章的态度并非一开始就这样，而是有个转变过程。"米哈伊尔·谢尔盖耶维奇读了这篇文章后，对文章没有表示特别的异议，大概他的家人还支持这篇文章的观点……有一天晚上，他在翻阅文件，让我处理他案头的问题时似乎很随意地问我：'《苏维埃俄罗斯报》上发表的尼·安德烈耶娃的文章你读了吗？'我说，刚开始读，还没读完。'那上面说的好像都很对，只不过会引起一场很大的争

―――――――――――

① История современной России. документы и материалы (1985 - 1999)，издательство Московского университета，2011，часть 1，С. 127.

论，'他说。……过了两天，戈尔巴乔夫的态度来了个急转弯，他这时认为，这篇文章是在攻击改革。"① 戈尔巴乔夫立场的变化是受雅科夫列夫的影响。戈尔巴乔夫认定这封信与利加乔夫有关，责成雅科夫列夫撰文进行反击。4 月 5 日，《真理报》发表未署名文章《改革的原则：思维和行动的革命性》。文中对安德烈耶娃的信进行了激烈的抨击，称其为"反改革势力的宣言"。由于这篇文章没有署名，又是发表在《真理报》上，全社会都把这篇文章理解为最高领导人的指示，标志着改革没有回头路了。

从此，利加乔夫就一直被视为"戈尔巴乔夫的对立面""改革的反对派"，社会上"保守势力的代表"。但是，熟悉利加乔夫的人都认为，他是一位有信仰、有魄力、有原则的人，一个正直坦荡的人。

他的妻子季娜伊塔·伊万诺夫娜于 1997 年去世，他的儿子亚历山大·利加乔夫是一位物理数学博士。

三　实干家——尼·雷日科夫

尼古拉·伊万诺维奇·雷日科夫（Николай Иванович Рыжков）——苏联国务活动家和党务活动家。在戈尔巴乔夫执政的大部分时间（1985～1990 年）担任苏联部长会议主席一职。1956～1991 年为苏共党员。1974～1989 年是苏联最高苏维埃斯维尔德洛夫州的代表。

雷日科夫 1929 年 9 月 28 日出生于乌克兰顿涅茨克州捷尔任斯基区德列也夫卡村（现为乌克兰顿涅茨克州捷尔任斯基市基洛夫新村）一个矿工家庭。1946～1950 年在克拉马托尔斯克机器制造学校学习，1953～1959 年在乌拉尔基洛夫工学院学习。1950～1975 年在乌拉尔重型机械厂工作，其间：1955～1959 年任车间主任，1959～1965 年任总焊接师，1965～1970 年任总工程师，1970～1971 年任经理，1971～1975 年任总经理。1975～1979 年任苏联重型和运输机器制造部第一副部长。1979～1982 年起任苏联国家计划委员会第一副主席，1981～1991 年当选为苏共中央委员。1982 年 11 月 22 日至 1985 年 10

---

① 〔俄〕瓦·博尔金《戈尔巴乔夫沉浮录》，中央编译出版社，1996，第 206 页。

月 15 日任苏共中央书记，同时兼任苏共中央经济部部长。1985 年 4 月 23 日至 1990 年 7 月 13 日为苏共中央政治局委员，同年 9 月 27 日至 1990 年 12 月 26 日任苏联部长会议主席。1990 年 12 月 26 日辞去部长会议主席职务。1989 年 3 月当选为苏联人民代表。1991 年 6 月，代表苏共参加俄罗斯联邦总统竞选，获 16% 的选票，位列第二，排在叶利钦后面。

雷日科夫曾是苏联最高苏维埃第九、十、十一届议员（1979~1989 年），俄罗斯联邦最高苏维埃议员（1986~1990 年），苏联人民议员（1989~1991 年）。

戈尔巴乔夫开始改革时，雷日科夫是支持者，但他主张谨慎地对待改革，所以 1988 年他在国有经济中引进了垄断和竞争的理念。[1] 1990 年 5 月 24 日，他在苏联最高苏维埃会议上宣布，粮食和食品价格偏低，应该提价。但是 20 世纪 80 年代末，苏联粮食减产，经济形势恶化，指责的矛头全都对准联邦政府，以激进派提出的整顿国家经济的"500 天计划"为一方和以雷日科夫领导的部长会议制定的政府方案为另一方展开的政治斗争更加白热化，所有这一切导致雷日科夫于 1990 年 12 月 26 日因大面积心肌梗死，被迫退休。斯塔尼斯拉夫·沙塔林曾说过："雷日科夫是戈尔巴乔夫的同盟者。"[2] 利加乔夫也在 2010 年时说："雷日科夫从未在公开场合反对过戈尔巴乔夫。"[3]

雷日科夫在改革初期担任部长会议主席的职务，当时需要在国家经济生活中奠定改革的基础，于是大幅度减少了基本储备和生产资料的生产，明显加剧了居民各阶层收入的分化。所以，他担任领导职务的这个时期为 1991~1998 年俄罗斯经济体制危机制造了先决条件。但雷日科夫绝不是有意搞垮苏联经济，根据他的同僚们的回忆，究其原因，是他没有改革的经验，缺少必要的专业知识，受其周围助手的操控。[4]

实际上，对雷日科夫在改革过程中作用的评价，俄罗斯社会各界是存在分歧的。他作为政府总理，对当时国家社会经济发展和存在的问题无疑负有责

---

① Н. Рыжков：«Я Хотел Избежать Потрясений»//Издательский Дом«Новый Взгляд».

② Явлинский Григорий Алексеевич. Документы. Были люди Официальный сайт.

③ Егор Лигачев：«Мы хотели быстро избавить народ от пьянства. Но мы заблуждались!»// КР. RU.

④ Евгений Чазов. Здоровье и власть. Воспоминания кремлевского врача. . Архивировано из первоисточника 27 мая 2012.

任，但是在苏联体制下，他对决策的影响是有限的，更多情况下是在执行总书记的指示。实际上，雷日科夫与戈尔巴乔夫在改革措施方面存在分歧，而且是原则性分歧，只不过由于地位和性格的关系，这种分歧长期没有暴露而已。著名的"500 天计划"和政府计划之间的分歧最鲜明地表现出雷日科夫与戈尔巴乔夫在改革问题上的态度。

苏联解体后，雷日科夫撰写了大量著作，阐述他对当年改革的态度，披露大量史实，最著名的被译成中文出版的有：《背叛的历史——苏联改革秘录》，吉林人民出版社，1993；《大动荡的十年》，中央编译出版社，2006；《大国悲剧：苏联解体的前因后果》，新华出版社，2008，2010 年再版。

他的妻子——柳德米拉·谢尔盖耶夫娜·雷日科娃生于 1932 年 5 月 5 日；女儿——马利娜·尼古拉耶娃·雷日科娃生于 1956 年 10 月 22 日；女婿——鲍利斯·米哈伊洛维奇·古金尼多次获得各种嘉奖和勋章。

四　神秘的雅科夫列夫

亚历山大·尼古拉也维奇·雅科夫列夫（Алекса́ндр Никола́евич Яковлев）——俄罗斯和苏联政治活动家、社会活动家和戈尔巴乔夫改革思想的提供者之一。他参加过卫国战争。1944～1991 年 8 月为苏共党员，1986～1990 年为苏共中央委员和中央书记，1987～1990 年为苏共中央政治局委员。普遍认为，雅科夫列夫在改革年代对戈尔巴乔夫的影响最大。

雅科夫列夫 1923 年 12 月 2 日出生在苏联雅罗斯拉夫省卡罗廖沃村（现为雅罗斯拉夫州雅罗斯拉夫区）一个贫困农民家庭。1938～1941 年在红色纺织工人新村中学上学。中学毕业后很快入伍，参加了苏联卫国战争。最初在炮兵教练营当列兵，不久成为列宁格勒第二机枪射击学校的学员。1942 年 2 月 2 日从该校毕业，加入作战部队，在沃尔霍夫方面军海军陆战队第 6 旅当排长。1942 年 8 月受重伤，被送到后方治疗。1943 年 2 月之前一直在医院养伤，之后因伤复员。

雅科夫列夫于 1944 年加入联共（布），1943 年 11 月至 1944 年 11 月在雅罗斯拉夫师范学院任教，并担任军事物理教研室主任，同时还在历史系学习。

1945 年 10 月被选送到联共（布）高级党校学习。1946 年，由于高级党校改组而被分配到联共（布）雅罗斯拉夫州委会工作。从 1946 年起大约两年时间，在苏共雅罗斯拉夫州委会宣传鼓动局工作，之后，直到 1950 年是该州《北方工人报》编辑部成员。1950 年被任命为苏共雅罗斯拉夫州委会宣传鼓动局副局长，第二年任州委会中高等教育局局长。

1953 年雅科夫列夫调到莫斯科工作。1953 年 3 月至 1956 年先后在苏共中央中等教育部、科技和中高等教育部工作。1956～1959 年他在苏共中央社会科学院工作，并在国际共产主义和工人运动教研室在职攻读研究生。1958～1959 年被派往美国哥伦比亚大学进修。进修期间他与克格勃工作人员奥列格·卡卢金①在同一个小组。1960 年，雅科夫列夫完成在苏共中央社会科学院的研究生学业，通过副博士论文答辩，题目是"1953～1957 年美国对外政策中的美国资产阶级文化"。

1960 年 4 月至 1973 年雅科夫列夫在苏共中央机关（中央宣传部）工作——从普通工作人员干到局长。1965 年 7 月起任苏共中央宣传部第一副部长（勃列日涅夫签署的任命）。在该部的最后 4 年担任代理部长职务。与此同时，还是《共产党人》杂志编委会成员（1966～1973 年）。1967 年通过博士论文答辩，题目是"美国的政治学和美帝国主义对外政策的主要理论（对 1945～1966 年关于战争、和平和国际关系问题的政治出版物的批判分析）"。

1972 年 11 月雅科夫列夫在《文学报》上发表著名文章《反对反历史主义》②，该文在知识分子（西方派和乡土派）中引起强烈反响和反对。1973 年他因此事被解职，被派到加拿大担任大使，在那里待了 10 年。1983 年戈尔巴乔夫到加拿大访问后，将雅科夫列夫调回莫斯科。1983～1985 年雅科夫列夫担任苏联科学院世界经济和国际关系研究所所长。这期间，该所分别向苏共中央递交了论证在苏联建立外资企业合理性的报告，向国家计划委员会递交了论

---

① 奥列格·卡卢金（Олéг Данилович Калýги），1934 年 9 月 6 日生于列宁格勒，是苏联克格勃少将，戈尔巴乔夫改革后期是苏联人民代表。1995 年离开俄罗斯去美国，在美国出版揭露克格勃的书《第一总局：我 32 年反西方的情报和间谍生涯》。2002 年被俄罗斯缺席判处剥夺自由 15 年。现在美国居住和讲学。

② Александр Яковлев：«Против антиисторизма», «Литературная газета», 15 ноября 1972.

证苏联经济危机日益迫近以及同西方发达国家差距不断加大的报告。安德罗波夫当政后，决定成立写作班子，起草苏共新党纲。作为世界经济和国际关系研究所所长的雅科夫列夫实际上负责领导这个写作小组。[①]

1984 年，雅科夫列夫当选为苏联最高苏维埃代表，1985 年夏，担任苏共中央宣传部部长，1986 年，成为苏共中央委员，担任主管意识形态、信息和文化问题的中央书记，在 1987 年 6 月全会上当选为苏共中央政治局委员。他担任宣传部部长后，主张积极发展同西方国家以及亚太地区和近东国家（包括以色列）的联系，促使在国内出版纳博科夫、索尔仁尼琴、雷巴科夫、普里斯塔夫金、杜金采夫等人的作品，公开放映了近 30 部过去被禁止的电影；促成了中央政治局于 1988 年 5 月决定在《真理报》和《哲学问题》杂志上发表过去被禁止的俄罗斯哲学家的一些作品；促使苏联国家和俄罗斯东正教会恢复联系，并因此而获得俄罗斯东正教圣谢尔盖·拉多涅日斯基勋章。在苏共第 19 次全国代表会议上，雅科夫列夫领导筹备起草"关于公开性"决议的委员会。1988 年苏共中央九月全会决定让他代表苏共中央主管苏联对外政策。从 1988 年 10 月起，他担任中央政治局"补充研究与 1930~1940 年代以及 1950 年代初镇压有关材料"的委员会主任。

1989 年，雅科夫列夫当选苏联人民代表。1989 年 12 月，他在第二届苏联人民代表大会上做了关于 1939 年苏联和德国签署互不侵犯条约（莫洛托夫 - 里宾特洛甫条约）以及秘密附加议定书的报告。代表大会通过决议，首次承认条约附有秘密议定书（原稿直到 1992 年秋天才找到），并对此加以谴责。1990 年 3 月至 1991 年 1 月，雅科夫列夫任苏联总统委员会成员，在担任这个职务的第二天就宣布退出苏共政治局，并且不再担任中央书记的职务。总统委员会解散后，他被任命为苏联总统高级顾问。雅科夫列夫因与戈尔巴乔夫在苏联前途问题上存在分歧（雅科夫列夫主张邦联制），于 1991 年 7 月 29 日辞去苏联总统高级顾问的职务。1991 年 7 月，他与谢瓦尔德纳泽一起组建反对苏共的政党——民主改革运动。1991 年 8 月 16 日他被苏共开除。1991 年 12 月，

[①]　НА СТАРОЙ ПЛОЩАДИ-5. Проверено 27 марта 2013. Архивировано из первоисточника 27 марта 2013.

他在民主改革运动成立大会上宣布反对签署"别洛韦日协议"。

雅科夫列夫在苏联的改革,即戈尔巴乔夫的改革历史中是一个非常复杂、神秘的人物。他在世和去世后,关于他的活动和对他的评价都充满矛盾和分歧。

在对雅科夫列夫的负面评价和批评中,最严重的是指责他背叛"苏维埃祖国",蓄意削弱和瓦解苏联和苏共体制。前苏联国家安全委员会(克格勃)主席弗拉基米尔·克留奇科夫在自己的《私人档案》(1994)一书中写道:"我从未听雅科夫列夫说过一句对祖国亲切的话,也没发现他对我们在伟大卫国战争中的胜利有过丝毫的自豪。这使我感到十分震惊,因为他本人参加过这场战争,并且在战争中受了重伤。看来,破坏和毁灭一切的心理超越了正义、人的最自然的感情以及对祖国和本国人民最起码的尊重。"①

2004年4月8日,雅科夫列夫接受《新消息报》记者的采访,在随后发表的《用不着高喊热爱祖国》的文章中,他在驳斥"反爱国主义"的指责时说:"爱国主义不需要喧闹。这在某种程度上应该是每个人的隐私。热爱自己的国家——这意味着认识到它的缺点并让全社会都不要去做那些不应该做的事情。"他本人认为,1985~1991年是以解放社会力量以便完成新的历史创造为目的的社会改革时期。②

2001年,雅科夫列夫在回忆自己的活动时承认:"改革初期,我们不得不口是心非地说了一些谎话和假话——没有别的办法。我们必须这样做,因为改革极权制度的特点就是摧毁集权制的共产党。"③

在俄文版《共产主义黑皮书》出版序言中,雅科夫列夫谈到这个时期时说:"我曾经大量和认真地研读马克思、恩格斯、列宁和斯大林、毛等马克思主义经典作家,以及新宗教——鼓吹仇恨、复仇和无神论宗教的奠基人的著

---

① В. Крючков«Личное дело», М.：Олимп；ТКО АСТ，1996. ч. 1，стр. 289.

② Яковлев А. Н. Большевизм ~ социальная болезнь ХХ века. Вступительная статья. «Чёрная книга коммунизма» Москва，издательство «Три века истории»，2001 год，2-е издание

③ Деятельность коммунистов в интересах власти//«Архитектор перестройки» в эксклюзивном интервью «Вести. Ru»，подготовленном Владимиром Нузовым. – «Вести. Ru». Ежедневная интернет - газета. 2001，6 августа. Также опубликовано в газете «Демократический выбор»，2001，No 32，9 – 15 августа. См. Периодика//Новый мир，2001，No 12.

作……很久以前，40多年前，我就明白了，马克思列宁主义——这不是科学，而是政论作品，是宣扬血腥的作品。由于我生活和工作在体制的最高层，包括戈尔巴乔夫时期在苏共中央政治局这个最高层，我清楚地看到，所有这些理论和计划都是一派胡言。最主要的是，这个体制是依靠官僚机构，依靠干部、人才、活动家支撑的。有各种各样的活动家：聪明的、愚蠢的、糊涂的，但全部都是厚颜无耻的人。所有的人，也包括我在内。当众崇拜假偶像，仪式很神圣，但是真正的信仰藏在内心深处。"

"二十大以后，我们在最亲密的朋友和志同道合的自己人小圈子里讨论了国家和社会民主化问题。我们选择列宁晚期的'思想'作为宣传手段……一些真诚的，而不是虚伪的改革家们制订了（当然是口头上的）下列计划：用列宁的威信来打击斯大林；然后，在取得成效的情况下，再用普列汉诺夫和社会民主主义去打击列宁，用自由的、道德的社会主义打击革命主义……摧毁苏联集权制度只能通过公开性和党的集权化的纪律，靠完善社会主义的利益来掩饰这一切……回头看看，我可以自豪地说，用集权机构反对集权制度的这个巧妙的，却又非常简单的策略终于奏效了。"[1]

2003年，雅科夫列夫说，早在1985年他就向戈尔巴乔夫提出了变革计划，但戈尔巴乔夫回答说"为时尚早"。雅科夫列夫认为，戈尔巴乔夫当时还没有打算"放弃苏联体制"。[2] 雅科夫列夫还指出，他要克服党内机构强大的抵抗力，就必须妥协和说假话。他本人也不止一次地说假话，嘴上说"革新社会主义"，而实际上内心非常清楚自己最终的目标。

苏联解体后，雅科夫列夫于1992年1月担任戈尔巴乔夫基金会副主席。1992年年底，被任命为俄罗斯联邦总统直属的"政治迫害牺牲者平反委员会"主席。

2005年，雅科夫列夫说，虽然改革过程中出现贫困，边境地区出现战争、

---

① Яковлев А. Н. Большевизм-социальная болезнь XX века. Вступительная статья. «Чёрная книга коммунизма» Москва，издательство «Три века истории»，2001 год，2-е издание ↑

② «Я говорил про обновление социализма，а сам знал，к чему дело идет »// Независимая газета，2 декабря 2003.

难民、失业，出现新俄罗斯人，但如今的国家比 15 年前要好多了。①

雅科夫列夫获得过各种荣誉称号：1984 年起为苏联科学院通讯院士；1990 年起为苏联科学院院士；多次获得苏联政府的嘉奖和奖励，如二级"祖国功勋"奖章、十月革命勋章、红旗勋章、一级卫国战争勋章、劳动红旗勋章等。

雅科夫列夫于 2005 年 10 月 18 日逝世。

五 阿·卢基扬诺夫——与戈尔巴乔夫从战友到反对派

卢基扬诺夫·阿纳托利·伊万诺维奇（Анатолий Иванович Лукьянов）——苏联党务和国务活动家，俄罗斯政治家，苏联最高苏维埃最后一任主席。与苏联第一任也是最后一任总统戈尔巴乔夫的关系非常微妙，最初是戈尔巴乔夫的战友，后来成为戈尔巴乔夫的反对派。

卢基扬诺夫 1930 年 5 月 7 日出生于斯摩棱斯克市一个军人家庭，父亲在前线阵亡。1943 年卢基扬诺夫 13 岁时就开始到工厂做工。他以优异成绩中学毕业，1953 年在莫斯科大学法律系毕业，1953～1956 莫斯科大学法律系研究生毕业。1956～1961 年在苏联部长会议法律委员会任高级顾问。1957 年被派到匈牙利任法律顾问，而后又被派往波兰任法律顾问。1961～1976 年在苏联最高苏维埃工作，在苏维埃工作局任高级职员、副局长。1976～1977 年参加起草 1977 年苏联宪法。1977～1983 年任苏联最高苏维埃秘书局局长。1983～1985 年任苏共中央总务部副部长，1985～1987 年任部长。1987～1988 年任苏共中央行政机关部部长。1979 年获得博士学位。1985 年当选苏共中央委员。从 1985 年起当选俄罗斯联邦最高苏维埃代表和立法委员会主席。1987 年 1 月 28 日至 1988 年 9 月 30 日任苏共中央书记；1988 年 9 月 30 日至 1990 年 7 月任苏共中央政治局候补委员；1988 年 10 月至 1989 年 5 月任苏联最高苏维埃主席团第一副主席。1990 年 3 月 15 日，戈尔巴乔夫在人民代表大会上当选苏联总

---

① Александр Яковлев, «С Ничтожествами Изямыне Вылези», http：//www. pressmon. com/ru/a/ru/1959132.

统，卢基扬诺夫当选苏联最高苏维埃主席。

社会上普遍认为，卢基扬诺夫与戈尔巴乔夫是同学，俩人关系密切，卢是戈尔巴乔夫的战友，但是实际上，在苏联改革后期，卢基扬诺夫与戈尔巴乔夫之间的隔阂日益加深，主要是政治观点和立场有很大分歧。这在 1991 年的"8·19"事件中表现最为明显。卢基扬诺夫没有正式参加 1991 年"8·19"事件，不是"国家紧急状态委员会"的成员，但是他支持"国家紧急状态委员会"采取的行动。因此在"国家紧急状态委员会"的计划失败后，卢基扬诺夫也被逮捕并被羁押。1994 年 2 月 23 日，俄罗斯国家杜马宣布对"8·19"事件所有参加者实行特赦，案件随即终止。

苏联解体后，卢基扬诺夫参加国家杜马选举，是前三届国家杜马议员。他还参加了俄罗斯共产党。从 1994 年至 2000 年是俄共中央主席团成员，2000 年当选俄共中央顾问委员会主席，从 2008 年起任顾问委员会名誉主席。

与此同时，卢基扬诺夫还在莫斯科大学法律系从事教学工作。妻子是生物学博士、教授、俄罗斯医学科学院通讯院士。有一女，子承父业，也是法学博士、教授，在俄罗斯高等经济学院教授法律课程。

六　瓦·梅德韦杰夫——戈尔巴乔夫忠实的追随者

瓦·梅德韦杰夫（Вадим Андреевич Медведев）——苏联经济学家、政治家。1929 年 3 月 29 日出生于雅罗斯拉夫州。1986～1990 年任苏共中央书记，1988～1990 年任苏共中央政治局委员，属于戈尔巴乔夫身边最亲近的人之一。

从 1944 年起，瓦·梅德韦杰夫一直生活在列宁格勒。1951 年毕业于列宁格勒大学经济系，毕业后从事教学和科研工作，曾经担任列宁格勒工学院教研室主任。1968～1971 年走上党务工作岗位，担任列宁格勒州委书记。1971 年调到莫斯科，先后担任苏共中央宣传部副部长、苏共中央社会科学院院长、中央科学教育部部长、苏共中央社会主义国家联络部部长。1986～1990 年任苏共中央书记，主管苏共中央意识形态委员会。

瓦·梅德韦杰夫 1968 年获得经济学博士学位，1984 年当选苏联科学院通讯院士，1991 年为俄罗斯科学院院士。

苏联解体后，从 1992 年 1 月起他一直是戈尔巴乔夫基金会研究员，同时任俄罗斯科学院经济研究所研究员。

戈尔巴乔夫改革年代，梅德韦杰夫不是最活跃的改革派之一，但是与戈尔巴乔夫关系密切，又是经济学家，因此对戈尔巴乔夫有一定的影响。由于改革过程中出现各种利益集团和派别，而且在戈尔巴乔夫改革中经济改革的时间很短，被后来的政治改革大潮所冲淡，所以瓦·梅德维杰夫的实际作用并不被经常提及。他在改革年代著有经济学教科书，成为当时大学的重点教科书。

关于当年的改革，梅德韦杰夫认为，刚开始改革时，并没有认识到改革的深度，认识是逐步清晰的。1987 年的六月全会是经济改革开始的时期。全会奠定了一个好的开端，但是在实际工作中没有得到落实。作为戈尔巴乔夫的亲信，他认为，政府在这方面有责任。[①]

对戈尔巴乔夫改革苏共，梅德韦杰夫的态度是："政党只应该履行它应该履行的意识形态和政治职能，不应该取代国家政权。"

七 瓦·博尔金与苏共中央总务部

博尔金·瓦列里·伊万诺维奇（Валерий Иванович Болдин）1935 年 9 月 7 日生于雅罗斯拉夫尔州图塔耶夫市，2006 年 2 月 14 日逝世。苏联党务活动家，曾经任苏共中央委员（1988～1991 年）。

博尔金毕业于莫斯科季米利亚杰夫农业科学院经济系（1955～1961 年），曾经短期在《真理报》供职，从 1961 年起一直在苏共中央工作，曾经担任苏共中央总书记助手，1987～1991 年任苏共中央总务部部长，从 1990 年 3 月 22 日起任苏联总统委员会成员，1990 年 4 月 17 日至 1991 年 8 月 22 日担任苏联总统办公厅主任。

博尔金在苏联改革年代并不是著名人物，但是他对戈尔巴乔夫和苏共体制非常熟悉，深刻了解戈尔巴乔夫改革过程以及许多历史细节，也了解戈尔巴乔夫本人，包括其经历、性格。

---

① Независимой Газете от 18. 05. 2010.

1991 年 8 月，他积极参与了"8·19"事件全过程。8 月 18 日，四人小组从莫斯科飞赴戈尔巴乔夫的休假地福罗斯，与戈尔巴乔夫会谈实施紧急状态事宜。他是四人小组的成员，其他成员是苏联国防委员会第一副主席巴克拉诺夫、苏联国防部副部长瓦连尼科夫和苏共中央书记舍宁。"8·19"事件失败后，博尔金也被关押在莫斯科"水兵寂静"监狱。

博尔金在狱中开始写作有关改革历史的书籍。1995 年，一部《宝座的坍塌——戈尔巴乔夫肖像》出版。[①] 博尔金在书中以在苏共中央工作的经历深刻揭示了许多关于苏共决策的内幕和戈尔巴乔夫的情况。戈尔巴乔夫对此非常气愤，二人从此分道扬镳。

瓦·博尔金长期担任苏共中央总务部部长。这是一个非常独特的为中央决策服务的机构。

苏共中央总务部内设七个局、两个工作组、一个秘书局。

第一局：负责为苏共中央代表大会、中央全会、政治局会议服务，并组织文件的统计、起草、分发和监督文件收回等工作。

第二局：负责为苏共中央书记处服务，并组织文件的统计、起草、分发和监督文件收回等工作。

第三局：负责接收、统计给苏共中央报送的文件和材料，检查这些文件和材料是否符合标准；组织把这些文件和材料及时送到苏共中央机关，并针对这些文件和材料的具体情况撰写一些分析报告和参考资料。

第四局：负责接收、统计和分发给苏共中央的密码电报，并监督这些文件的回收，利用密码电报与地方党委联络并指导地方工作人员完成有关工作。

第五局：负责研究地方党委文件处理和文秘工作问题，指导、总结和传播先进经验。

第六局：负责接收、统计、处理苏共代表大会、党的中央全会和政治局会议文件，并将其存档，以及就这些文件撰写必要的分析报告和参考资料。

第七局：负责接收、统计和处理苏共中央书记处、中央各部、苏共中央监察委员会的文件并存档，以及就这些文件撰写必要的分析报告和参考资料。

---

① 中文版为《戈尔巴乔夫沉浮录》，1996 年由中央编译出版社出版。

督察组负责监督文件在苏共中央办公厅传阅的情况，与中央各部一起检查苏共中央决定和中央书记交办任务的执行情况，并保证定期汇报决定和交办事宜的完成进度。

技术保障组负责保证苏共中央文件的处理，包括增印、印刷版式设计和有关文件的缩微胶卷拍摄。该组负责利用电子等技术完善文件处理工作，以及负责总务部所拥有的技术手段的调配。

总务部秘书局负责打字和速记工作、物资技术保障、安排落实给各种文件盖印章、发送邮件等组织技术工作。

总务部的工作虽然很琐碎，但是非常重要，关系到党的决策进程和质量。因此，主持总务部工作的人一定要忠诚可靠、严谨高效。博尔金正是在主持苏共中央总务部工作期间对戈尔巴乔夫和苏共决策机制有了透彻的了解。他对戈尔巴乔夫性格和能力的描述对于研究苏共和苏联体制以及戈尔巴乔夫在苏联解体过程中的作用具有重要参考价值。

八　切尔尼亚耶夫——苏共中央机关里的两面人

切尔尼亚耶夫·阿纳托利·谢尔盖耶维奇（Анатолий Сергеевич Черняев）1921年5月26日生于莫斯科。1986～1991年任苏共中央总书记助手，后来任苏联总统国际事务助手。

切尔尼亚叶耶夫1947年毕业于莫斯科大学历史系，是历史学副博士、副教授、英国历史专家。1941～1945年在苏联军队服役，参加过卫国战争，负过伤。在军队历任排长、连长、营参谋长和团副参谋长。1942年加入苏共。1950～1958年在莫斯科大学教授近现代历史，曾任教研室代主任。1958～1961年在布拉格的《和平与社会主义问题》杂志工作。1961～1986年就职于苏共中央国际部，曾任苏共中央国际部副部长。1976～1981年任苏共中央监察委员会委员。1981～1986年当选苏共中央候补委员，1986～1990年当选苏共中央委员。1989～1991年当选苏联人民代表，是苏共推荐的人民代表。1986～1991年任苏共中央总书记、苏联总统戈尔巴乔夫的国际事务助手。

历史当事人和史学家均认为，切尔尼亚耶夫是戈尔巴乔夫身边著名的自由派代表。苏联解体后他在戈尔巴乔夫基金会供职，是"改革文献历史、改革时期对外政策"项目负责人。

切尔尼亚耶夫获得过许多嘉奖，包括列宁勋章、一级和二级卫国战争勋章等。

关于切尔尼亚耶夫，与他共过事或接触过的人有各自不同的评价。前英国驻苏联和俄罗斯外交官罗德里克·波莱怀特（Rodric Quentin Braithwaite）在评价切尔尼亚耶夫时说："他作为苏共中央机关的工作人员，与著名'智库'的政治学学者、经济学专家、国际事务专家保持联系，与那些具有自由主义倾向的艺术家、戏剧家、音乐家也保持联系，他们不是持不同政见者，但是他和他们都是为'新思维'出力的知识界代表。"[1]

同样曾经在苏共中央国际部供职的闵什科夫指出："从切尔尼亚耶夫后来写的回忆作品可以看出，他在中央工作期间就是两面派，私下里宣传反社会主义观点……戈尔巴乔夫当选总书记后让切尔尼亚耶夫做自己的助手，不是偶然的。"[2] 切尔尼亚耶夫本人在接受《欧洲言论报》采访时坦言："我不仅没有原则，我也没有信仰。不错，我有 48 年的党龄，但是我从来不是有信仰的共产党人。"[3]

在改革后期，切尔尼亚耶夫是戈尔巴乔夫身边最亲近的人之一。据他介绍，"8·19"事件期间他与戈尔巴乔夫一同在福罗斯休假，而且"在 4 年时间里，我始终陪同苏联总统去休假：随时完成他交代的事情并保证国家首脑得到各种信息"[4]。

切尔尼亚耶夫在对内对外政策方面对戈尔巴乔夫有很大影响。了解这个人对于了解戈尔巴乔夫的思想转变过程具有重要意义。苏联解体后，在戈尔巴乔夫身边的人大都集中到戈尔巴乔夫基金会工作。

切尔尼亚耶夫在 20 世纪 90 年代撰写了几部回忆性质的书籍，最著名的有《与戈尔巴乔夫一起的六年》（1993），《我的生活和我的时代》（1995）以及《1991 年：苏联总统助手日记》（1997）。

---

[1] Брейтвейт Р. За Москвой – рекой. Перевернувшийся мир. М. , 2004. С. 101.

[2] New Page 1.

[3] http：//www.e-slovo.ru/241/6pol1.htm.

[4] Московские новости，18 08 2006.

九　谢瓦尔德纳泽——有争议的外交部部长

谢瓦尔德纳泽·爱德华·阿姆弗罗西耶维奇（Эдуард Амвросиевич Шеварднáдзе）（1928 年 1 月 25 日至 2014 年 7 月 7 日）是苏联和格鲁吉亚的政治家、国务活动家。

谢瓦尔德纳泽的从政之路可以说是一帆风顺。1957～1961 年他担任苏联格鲁吉亚共青团中央第一书记，1958 年在苏联共产主义青年团第十三次代表大会上认识了戈尔巴乔夫。1964～1965 年他担任过格鲁吉亚维护社会秩序部副部长，1968～1972 年担任格鲁吉亚内务部部长，拥有内务部队少校军衔。

1972 年，谢瓦尔德纳泽成为苏共格鲁吉亚中央第一书记。他的执政风格很有特点，上任后立刻宣布进行反腐败和反"影子经济"的斗争。对干部队伍进行大清洗。半年内撤换了 20 名部长、44 名区委书记、3 名市委书记、10 名区执委会主席和副主席，腾出的位置大都任命给克格勃、内务部队的人以及技术官僚。据有关资料透露，他在格鲁吉亚执政的前 5 年时间里逮捕 3 万多人，其中一半的人是苏共党员，有 4 万人被解职。[①]

谢瓦尔德纳泽政治生涯中最重要的活动是在担任苏联外交部部长时（1985～1889 年）的工作。当时，他作为外交部部长人选是有争议的。老外长葛罗米柯对这个人选并不积极甚至不支持。他认为，谢瓦尔德纳泽完全没有外交工作的经验，应该选择其他人担任外交部部长。但是，戈尔巴乔夫非常满意这个人选。在戈尔巴乔夫改革过程中，谢瓦尔德纳泽始终是戈尔巴乔夫的战友。在有关改革的重大问题上，尤其在对外关系方面，谢瓦尔德纳泽成为贯彻戈尔巴乔夫政策的得力助手。

改革年代，苏联对外政策发生了巨大变化。这一切都是与谢瓦尔德纳泽的名字联系在一起的。谢瓦尔德纳泽担任外交部部长的第二年访问了朝鲜，苏联与朝鲜签署了关于划分经济区和大陆架的条约；1987 年谢瓦尔德纳泽访问美

---

① Николай Александрович Зенькович. Самые закрытые люди: энциклопедия биографий. – Olma Media Group, 2002. – C. 638.

国，与美国达成关于就减少和终止核试验开始进行谈判的协议；1988 年他访问联邦德国，双方就发展和加深经济和工业领域合作协议延长 5 年以及双方在德国慕尼黑和苏联基辅互设领事馆达成协议；同年 4 月，谢瓦尔德纳泽与美国国务卿舒尔茨签署关于阿富汗局势的国际保障协议，等等。

谢瓦尔德纳泽在国际舞台上的活动得到西方国家的赞赏，但也受到俄罗斯国内，尤其是军方的指责，指责他没有维护苏联的权益。谢瓦尔德纳泽对自己当年的外交生涯做出过评价。他在 2006 年说："担任外交部部长的 6 年期间都做了什么呢？所做的工作不仅是我一个人，还有戈尔巴乔夫，就是那时结束了'冷战'……正是那时两个德国实现了统一，东欧获得解放，从阿富汗完成撤军……这是少还是多？我认为相当多。我并不是说我有多大天才，只有我才能够完成这些工作。只不过是那时苏联和美国都打算思考建立新的关系。"①

对谢瓦尔德纳泽的外交活动在苏联有完全不同的评价。苏联解体后，对他的评价更是复杂而充满矛盾。

苏联解体后，谢瓦尔德纳泽回到格鲁吉亚，最终成为独立后的格鲁吉亚总统。但是，他注定成为不仅是格鲁吉亚，而且是俄罗斯的历史人物。

十 强力部门领导人及其特殊地位

强力部门领导人，这里主要是指国家安全委员会即克格勃和苏联武装力量的领导人。这两个部门由于职能的特殊性，与国家领导人形成了特殊的关系。这种关系不是私人关系，而是有关苏联共产党决策机制和治理国家及实施对外战略的重要组成。

苏联国家安全委员会——万能的克格勃

苏联国家安全委员会（Комите́т госуда́рственной безопа́сности СССР）是苏联保证国家安全的管理机关，其职能和人员渗透从中央到地方的各级权力部

---

① Бывший президент Грузии Эдуард Шеварднадзе: "В Грузии оппозиция слабая. Пока слабая", Новости Политики – Новости@ Mail. Ru.

门和单位。"克格勃"是国家安全委员会俄文缩写词的音译。该机关从 1954 年到 1991 年一直使用这个名称。

克格勃的主要功能是：对外情报活动，反间谍活动，搜查行动，保卫苏联边界，苏共和苏联政府领导人的安全保卫，组织和保证政府通信，以及与民族主义、不同政见、犯罪行为和反苏维埃行为做斗争。克格勃的任务还包括保证向苏共中央和苏联最高国家权力机关和管理机关提供所获得的涉及国家安全和国防、社会经济形势，以及有关机构执行党的对内对外政策方面的信息。

苏联克格勃的结构包括：苏联加盟共和国国家安全委员会，自治共和国、边疆区、州、个别城市和区、交通部门的地方国家安全机关；边防军、政府通信部队、军队反间谍机构、教学和科研机构以及苏维埃机关和企事业单位著名的"一处"。

克格勃在苏联国内最著名的活动就是与持不同政见者的斗争。而在国外，克格勃参与许多著名事件，如 1956 年的匈牙利事件、1968 年的布拉格事件以及后来的阿富汗战争，触角遍及世界各个国家和地区。

安德罗波夫担任克格勃主席期间，克格勃的地位明显上升。其主要表现为：其一，安德罗波夫成为政治局委员、中央书记，最后成为苏共中央总书记；其二，克格勃的政治地位提高，1978 年，克格勃从苏联政府所属机关变为苏联国家安全委员会。[1]

戈尔巴乔夫改革时期，苏联克格勃发生很大变化。尤其是在 1990 年 3 月取消苏联宪法第六条后，克格勃系统内部出现很大波动。克格勃中央机关各基层党支部争论国家安全机关是否应该"非党化"。克格勃党委领导坚决反对取消克格勃系统内的党组织，但是某些基层党支部，包括克格勃第一总局党委书记都支持"非党化"。1991 年 5 月 16 日，苏联颁布了《关于苏联国家安全机关》的法律。法律规定了苏联克格勃在国家管理机关的地位以及安全机关活动的法律基础、权限和义务，而且确定国家安全机关工作人员在工作中只服从

---

[1] О Совете Министров СССР : закон СССР от 5 июля 1978 года（рус.）//Ведомости Верховного Совета СССР: сб. – 1978. – № 28. – С. 436.

法律要求，不得服从任何政党和运动，包括苏共的决定。①

1991 年 8 月，时任克格勃主席克留奇科夫参与 "8·19" 事件。事件失败后，克格勃遭遇有史以来最大的改组。克留奇科夫和数名副主席以及大批克格勃高级将领被追究法律责任。1991 年年底，苏联国家安全委员会停止存在。

几十年间，克格勃始终是服从苏共中央的国家机关。苏联《关于苏联部长会议国家安全委员会的条例》明确规定：国家安全委员会在苏共中央直接领导和监督下开展工作；所有克格勃工作人员必须是共青团员和共产党员，克格勃的座右铭是 "忠于党、忠于祖国"。

在戈尔巴乔夫改革后期，尤其在苏联解体前，克格勃与苏联领导人戈尔巴乔夫的关系出现裂痕，"8·19" 事件实际上是针对戈尔巴乔夫及其活动的，因此被戈尔巴乔夫称为 "政变"。

苏联国家安全委员会停止活动后，其机构进行了很大的改组，有些职能转到其他部门，比如负责保卫国家领导人安全的九局，改称为总统办公厅保卫局；克格勃军队转入内务部队，等等。

苏联武装力量与 1991 年维尔纽斯事件

1990 年 3 月 11 日夜，以兰兹贝吉斯为首的立陶宛最高苏维埃宣布立陶宛独立。立陶宛是苏联各加盟共和国中第一个宣布独立的国家。其独立后宣布，苏联宪法终止在立陶宛发挥效力，同时恢复立陶宛 1938 年宪法。当时苏联中央政府没有承认立陶宛独立的事实。

1990 年 3 月 22 日，苏联总统颁布命令《关于在立陶宛苏维埃社会主义共和国领土上保障苏联公民权利、维护苏联主权的补充措施》。命令中要求收缴立陶宛居民和组织中的武器。同日，立陶宛方面发表《告各族人民、政府和友好人士书》，指出 "外国" 正在谋划 "针对立陶宛共和国及其公民" 的暴力行动，请求各方以抗议行动阻止可能使用暴力的行为。

---

① Союз Советских Социалистических Республик. Закон от 16 мая 1991 года №2159 – 1. Об органах государственной безопасности в СССР（рус.）//Ведомости Верховного Совета СССР: сб. – 1991. – № 12. – C. 321.

当天，苏联空降兵抵达立陶宛首都维尔纽斯市政府大楼。3 月 24 日，占领高级党校……从 4 月 18 日起，开始对立陶宛实行能源封锁。①

4 月 27 日，大批群众在立陶宛最高苏维埃大楼前举行集会，抗议"苏联占领"，当时 500 名青年当众烧毁军人证，"以示不为占领军服役"。②

1991 年 1 月 7 日，立陶宛进行价格改革，食品价格大幅度上涨。立陶宛内独立派和亲苏联派开始对立。

1991 年 1 月 8～9 日，"阿尔法"特种部队和普斯科夫空降师等部队的军人被空投到立陶宛维持秩序。1 月 10 日，苏联总统戈尔巴乔夫要求取消反宪法行为，恢复苏联宪法的效力。1 月 11 日，苏联军队占领了维尔纽斯市里的出版大楼等公共设施。立陶宛，尤其是首都维尔纽斯的形势异常紧张。据文件记载，苏共中央民族政策部部长米哈伊洛夫向苏共领导人汇报了在立陶宛发生的一切。

1 月 12 日夜里，两支苏联装甲部队在"阿尔法"特种部队的协助下向维尔纽斯市中心开进，在冲击电视塔的过程中有 13 人死亡，140 人受伤，死亡者中包括"阿尔法"成员沙茨吉赫。

这个事件在苏联解体过程中具有重要意义。第一，维尔纽斯事件加速了苏联加盟共和国的分裂情绪，坚定了波罗的海国家独立的信心；第二，苏联总统戈尔巴乔夫和苏联军方的关系中出现裂痕和不信任倾向。

维尔纽斯事件发生后，苏联官方谁也不愿意承担责任，都在推卸责任，包括戈尔巴乔夫本人。内务部部长和国防部部长声明自己与该事件无关。苏联总统戈尔巴乔夫声明，说他根本不知道苏联武装力量搞这个行动。据曾经任戈尔巴乔夫新闻秘书的格拉乔夫回忆，戈尔巴乔夫后来说，有人向"阿尔法"成员展示了戈尔巴乔夫用铅笔写的命令，然后就把命令撕碎了。③

据"阿尔法"特种部队军官后来回忆，这件事对苏联军人的打击非常大，他们觉得自己被出卖了，被抛弃了。从此，戈尔巴乔夫和军方的关系开始缺乏互信，而根据宪法他是苏联武装力量的总司令。

---

① Егор Гайдар. Деньги и судьба империи Независимая газета (3 июля 2006).
② Хроника Блокадной Литвы，Журнал《Власть》(30.04.1990).
③ Андрей ГрачевГорбачев. – М.：Вагриус，2001. – ISBN 5 – 264 – 00573 – 7.

　　戈尔巴乔夫与强力部门领导人的关系非常微妙。按照苏联和苏共的决策机制，苏联国家安全委员会、国防部部长和外交部部长具有特殊的地位和待遇，他们可以直接向总书记和总统报告工作，并接受指示。因此他们之间是一种特殊的工作关系和人际关系。但是，戈尔巴乔夫欣赏的大都是具有自由主义倾向的助手或顾问。1991年"8·19"事件期间，强力部门领导人都站在戈尔巴乔夫的对立面，试图阻止他搞垮苏联，但是事与愿违，这却加速了苏联的解体。

小　结

　　戈尔巴乔夫周围聚集了苏联共产党的精英，他们主管着关系国家发展前途和命运的关键部门。但是他们对改革的态度是不一致的，对国家发展前途的认识是不一致的，对众多历史问题的立场也是不一致的。随着改革的深入，他们之间的分歧和矛盾逐渐加深，并逐渐转为不同社会利益群体的代理人。戈尔巴乔夫没有能力团结这些人，只能在这些人及其背后势力中间进行摇摆，同时也在"不知不觉"中被羽翼逐渐丰满的新的社会力量所利用。

第十七章　戈尔巴乔夫对历史问题的态度
及其对改革进程的影响

历史问题在戈尔巴乔夫改革进程中始终是非常重要的问题，对改革进程产生很大影响。戈尔巴乔夫在一系列历史问题上的态度、观点和立场变化过程，反映了苏联后期改革的重要特征。

这里所谓的历史问题，包括对苏共意识形态的认识和态度，对苏联经济体制的认识，对斯大林历史作用的评价，对一系列历史问题的反思，等等。

一　苏共意识形态的演进过程

意识形态是苏联共产党赖以生存的基础之一。正是通过共产主义的意识形态，可以将 1900 万苏共党员团结在苏共中央周围；正是通过共产主义的意识形态，可以超越民族把 15 个加盟共和国和 100 多个民族凝聚起来；正是通过共产主义和国际主义的意识形态，苏联才能够实现对共产主义大家庭的领导，与以美国为首的西方相抗衡。因此，意识形态关系到苏共的团结，关系到苏联的统一，关系到苏联社会经济体制的性质和效率，关系到共产主义运动的前景，关系到苏联的国际地位，也关系到每一位苏共党员和苏联公民的前途。

苏共意识形态最重要的内容之一是对社会发展阶段的定性，而这项工作是通过党纲完成的。

苏共历史上总共通过 4 个党纲，苏共二十八大前的 3 个党纲对于苏共和苏联的发展都发挥了重要作用。

　　苏联共产党党纲是苏共的基础理论文件，阐述党的最终目的和一定历史时期最重要的任务。党纲是所有党组织必须遵守的纲领，它要求明确分析社会发展阶段的性质和特点，并在此基础上确定党的任务。

　　苏共历史上通过了 4 个党纲。1903 年俄国社会民主工党第二次代表大会上通过的俄国社会民主工党纲领是第一个党纲，是指导俄国社会民主党人争取社会主义革命——十月革命胜利的纲领，从普列汉诺夫到列宁都为这个纲领的诞生做出了贡献。

　　第二个党纲是 1919 年 3 月俄国共产党（布）第八次代表大会上通过的纲领。这个纲领明确阐述了资本主义发展到帝国主义阶段决定了无产阶级革命和无产阶级专政的必然性，肯定了十月革命在俄国实现无产阶级专政的事实，确定了布尔什维克党从资本主义到社会主义过渡时期的任务。第二个党纲指出："无产阶级的社会革命以生产资料和流通资料的公有制代替私有制、有计划地组织社会生产过程来保证社会全体成员的福利和全民发展，定将消灭社会的阶级划分，从而解放一切被压迫的人们，消灭社会上一部分人剥削另一部分人的一切形式。"[①] 在经济方面，党纲规定："坚持不懈地把已经开始并已经基本上完成的对资产阶级的剥夺进行到底，把生产资料和流通资料变为苏维埃共和国的财产，即变为全体劳动者的公共财产。"[②] 在分配方面，第二个党纲指出："苏维埃政权现时的任务，是坚定不移地继续在全国范围内用有计划有组织的产品分配来代替贸易。" 在货币和银行方面，党纲提出："用把银行机关变成苏维埃共和国的统一核算和公共簿记的机关的办法，根本修改和简化银行业务手续。随着把计划的公有经济组织起来，将导致银行的消灭，把它变为共产主义社会的总会计处。""从资本主义过渡到共产主义初期，共产主义的生产和产品分配还未完全组织起来，因此取消货币是不可能的。在这种情况下，居民中的资产阶级分子就会继续利用仍为私有的纸币进行投机、发财致富和掠夺劳动者。依靠银行的国有化，俄国共产党将竭力实行一系列办法，来扩大非现金

────────────

① 《苏联共产党代表大会、代表会议和中央全会决议汇编》第 1 分册，人民出版社，1964，第 528 页。
② 《苏联共产党代表大会、代表会议和中央全会决议汇编》第 1 分册，人民出版社，1964，第 540 页。

结算的范围和准备取消货币。"①

第二个党纲具有几个明显特点。第一，对苏联共产党指导的时间最长，从 1919 年通过到苏共通过第三个党纲（1961 年），历时 40 多年。而且这些纲领性原则基本上是在战时共产主义时期形成的，对苏联社会主义建设以及社会经济体制的形成具有决定性影响。第二，对苏联共产党和国际共产主义运动影响最大。正是第二个党纲的基本精神培育了苏联共产党和国际共产主义运动各政党的理论基础，培育了国际共产主义运动活动家。第三，毋庸置疑，第二个党纲对共产主义阶段的划分和建设社会主义任务的规定具有明显的超前性，脱离了历史发展的实际。不仅如此，第二个党纲的原则对第三个党纲也有决定性的影响。当年斯大林结束列宁倡导的新经济政策，在某种意义上依据的就是俄共（布）党纲。因为按照这个纲领的要求，新经济政策是让步，是倒退。

第三个党纲是 1961 年苏共第二十二次代表大会上通过的。第三个党纲在苏共历史上被称为"建立共产主义社会的纲领"。

在此之前，苏联经过了几个重要的历史时期。1936 年，斯大林在宪法报告中宣布："地主阶级已经因国内战争胜利结束而完全消灭了。其他剥削阶级也遭到了与地主阶级同样的命运。在工业方面已经没有资本家阶级了。在农业方面已经没有富农阶级了。在商品流转方面已经没有商人和投机者了。因而，所有的剥削阶级都消灭了。"②"我们苏联社会已经做到在基本上实现了社会主义，建立了社会主义制度，即实现了马克思主义者又称为共产主义第一阶段或低级阶段的制度。这就是说，我们已经基本上实现了共产主义第一阶段，即社会主义。"③

1952 年联共（布）第十九次代表大会曾经提出修改党纲问题。卡冈诺维奇④在《关于修改党纲的建议》中宣布："我们已经建成了社会主义。"

---

① 《苏联共产党代表大会、代表会议和中央全会决议汇编》第 1 分册，人民出版社，1964，第 546~547 页。

② 《斯大林文集》，人民出版社，1985，第 103 页。

③ 《斯大林文集》，人民出版社，1985，第 107~108 页。

④ 卡冈诺维奇·拉扎尔·莫伊谢耶维奇（1893~1991 年），苏联共产党领导人，曾担任苏共中央主席团成员，苏联部长会议第一副主席。他一生坚信斯大林的政策是正确的，并在自己的回忆录中努力维护斯大林。1991 年 7 月 25 日逝世，享年 97 岁，没有看到苏联的解体。

1956 年，赫鲁晓夫在苏共二十大上再次提出修改党纲问题。代表大会通过了相应的决议。

1961 年通过的第三个党纲是苏联共产党建设共产主义社会的纲领。赫鲁晓夫在谈及苏联所处的社会发展阶段时指出，工人阶级和共产党要经历三个历史阶段，即建立无产阶级专政、建成社会主义和建立共产主义。苏联已经建成社会主义，正处在建立共产主义的阶段。赫鲁晓夫宣布在 20 年内将基本建成共产主义。

勃列日涅夫上台后，纠正了赫鲁晓夫在社会发展阶段方面的冒进行为，提出"发达社会主义"概念。

安德罗波夫担任苏共总书记后，根据国内国际发展现实和苏联社会发展中存在的问题，对勃列日涅夫的理论又进行了修正，提出苏联"处于发达社会主义漫长的历史阶段的起点"。

关于社会发展阶段的定性，在共产党的理论中具有重要意义。苏联体制的形成与第二个党纲奠定的理论基础密切相关。苏联几次改革的中断也与党纲有密切联系。柯西金改革中断的原因之一是社会出现了贫富差距拉大的现象，一部分人的收入性质按照有关社会主义的传统理论无法解释。正是这种政治上、理论上和思想上的压力使改革无法继续进行下去。

戈尔巴乔夫在改革初期曾经提出两个重要的论点：一个是关于利用列宁的粮食税理论；另一个是关于苏联社会主义是发展中的社会主义的提法。虽然这两个提法都没有被写进党的文献，但是足以说明理论上的突破是改革的关键。

苏联共产党历史上最后一次代表大会即苏共二十八大曾经试图通过新的党纲，但是由于党内出现严重分歧甚至分裂，新党纲没有被通过，戈尔巴乔夫在代表大会上做了《走向人道的民主的社会主义》的纲领性声明。这是具有社会民主主义倾向的声明。但是此时，苏联共产党已经失去在国家的领导地位。

苏共意识形态工作有几个教训值得总结。

第一，缺乏与时俱进的创新精神。第二个党纲是 1919 年通过的，基本反映的是"战时共产主义"时期的做法和政策，与后来苏联历史发展和社会发展现实具有明显的不适应性。列宁倡导的新经济政策之所以被迫停止或取消，就是因为它与党纲阐述的共产主义原则相悖。赫鲁晓夫宣布 20 年建成共产主义，这后来成为苏联社会的笑谈。20 世纪 60 年代苏共经济改革之所以没有继续下去，也是因为改革过程中出现的一些现象，如收入差距拉大等，不符合党纲所阐述的原则。勃列日涅夫所宣布的"发达社会主义"的概念也具有超越社会历史发展现实的特点。

第二，教条主义和形式主义导致广大党员和人民群众对共产党的意识形态丧失认同感。共产主义的意识形态、社会主义或苏共称为"科学社会主义"的意识形态、马克思列宁主义意识形态，曾经是苏共和苏联历史教科书的中心内容，是党和国家宣传工作的中心。苏共培养了一大批从事党的宣传工作的干部，但是由于宣传上的形式主义和工作中的刻板教条方法，到 20 世纪 80 年代，共产主义意识形态不过是官方意识形态而已，甚至连部分苏共中央高级官员也不信仰这种意识形态，如作为苏共主管意识形态的官员雅科夫列夫和作为戈尔巴乔夫重要意识形态智囊的切尔尼亚耶夫就是这部分人的代表。切尔尼亚耶夫后来承认，他从来没有信仰。罗伊·麦德维杰夫在《苏联的最后一年》一书中对 20 世纪 80 年代苏共和苏联社会思想状况的描写是很准确的。他说："20 世纪 80 年代，苏共领导层中的绝大多数已经不是社会主义的狂热支持者，他们中的许多人在苏共及其思想理论瓦解的过程中看到了自己的机会。教条主义和苏共干部队伍的普遍腐化使这个党丧失了抵抗力。当马克思列宁主义思想还很强大和享有权威的时候，苏共也相应地成为具有权威的党，因为只有苏共才是这一思想理论的保卫者和诠释者。随着这一思想体系逐渐丧失它的权威，苏共也失去了威望。到 1980 年代初的时候，已经很少有人再相信马克思列宁主义思想理论了，这使表面看似强大的苏共陷入困境。"①

第三，理论与实践相脱节。苏共理论无法深入共产党员的思想意识之中，也无法深入苏联人民的思想意识之中，这是在苏联后期发生的。人民群众疏远苏共理论或苏共意识形态，与苏共和苏联社会的特权现象有密切关系。执政党内的特权现象严重背离了党的理论基础，疏远了党与群众的关系。

苏共和苏联干部队伍的特权和腐化是苏联时期，尤其是 20 世纪 80 年代被群众批评最多的问题。所谓特权，是指苏共机关工作人员按照级别享受的待

---

① 〔俄〕罗伊·麦德维杰夫：《苏联最后一年》，社会科学文献出版社，2014，第 259 页。

遇，如住宅、汽车等，还包括当时紧俏商品的配给，甚至包括苏共各级机关食堂的食品供应。在食品短缺时代，这些特权在社会上产生巨大的负面影响。莫斯科国家百货商店即著名的"古姆"商店内有专门供苏共高级官员享用的特供商品。走进商店，如同进入西方世界，各种日用品、高级饰品一应俱全，而且完全按照官方卢布与美元的汇率购买。这个商店在普通老百姓那里就是一个传说，但却实实在在地存在。①

除制度规定的特权外，腐败之风盛行。送礼之风弥漫全国，从最高领导人到地方领导者以及企业经理，无不在各种庆典、生日之际接受昂贵礼品。博尔金在形容这个时期的风气时说："在发达社会主义的丧葬期，干部队伍的这种状况影响了国家的发展，败坏了本来就已跌入低谷的党的威信。经济情况再次恶化，农业又一次大滑坡……大吃大喝之风又时兴起来，这很像末日来临的寻欢作乐。"②这种风气和思想状况与马克思列宁主义意识形态所宣传的共产主义道德毫无共同之处，宣传与现实之间的巨大反差使改革后期的苏共在社会上已经没有威信可言。

二　对苏联体制的历史评价与改革

苏联体制形成于 20 世纪 30 年代。这里所说的苏联体制，主要是指苏联社会主义制度下的管理形式和管理模式，它与苏联社会主义制度是两个不同的概念，但又是相互联系的。

苏联的社会主义产生于 20 世纪初，作为当时垄断腐朽的资本主义制度的替代制度，在实践中得到历史的肯定，因此在 20 世纪 40 年代得到广泛的普及，并形成与资本主义阵营势均力敌的社会主义阵营。

苏联在社会主义建设的历史过程中，形成了与苏联历史、文化和传统以及发展战略有密切联系的一整套管理体制，包括国家、社会、经济等各个领域的管理体系。这种体制和这套管理体系在历史上曾经发挥重要作用。在国民经济

---

① 笔者曾经光顾该特供商店。
② 〔俄〕瓦·博尔金：《戈尔巴乔夫沉浮录》，中央编译出版社，1996，第 59 页。

恢复时期、战前动员时期以及战争时期，这种体制的优势表现得尤为明显。

苏联体制是一个复杂的系统，它体现了苏维埃国家内部的各种关系：苏联共产党和国家管理体制的关系，军工集团与管理体制的关系，加盟共和国与中央的政治关系、经济关系和民族关系，等等。这些关系的背后是各种复杂的利益集团及其复杂的社会关系。

在这个管理系统中，苏联共产党是核心力量、领导力量、指导力量。共产党通过自己的组织系统和理论基础团结和引领社会实现自己的既定目标。因此，共产党是苏联体制的灵魂，是苏维埃大厦的顶梁柱。

这种体制的优势在战后恢复工作中表现得淋漓尽致，但是这种体制的缺点也是明显的。主要表现在：决策过于集中、忽视市场作用；决策上缺乏民主，主观任意性太强；权力过分集中和缺乏监督制衡机制导致形成各种利益集团，产生腐败；对科技革命成果反应迟钝。在某种形势下，这个体制是有效的、稳定的，但是在另一种形势下，这种体制又是僵化的、低效率的。

在 20 世纪 80 年代，当石油市场行情走低时，苏联体制的弊端显现出来了。结构改革和提高效率成为迫切需要解决的问题。

但是，任何大规模的改革，在某种意义上都是利益的重新分配和组合，都需要有强有力的政治人物领导，这些领导人需要具备远见卓识以及把握方向的智慧和能力。这个历史任务落到了戈尔巴乔夫身上。

三　对斯大林的评价——否定的不仅仅是个人

从赫鲁晓夫开始，苏联历届领导人都是在否认前任的过程中接管权力的。但是对于斯大林的评价是历届领导人都不能回避的问题。实际上，对于斯大林的评价，评价的远远不是斯大林个人，而是整个苏联体制。正因为如此，斯大林问题在戈尔巴乔夫改革过程中始终是所谓的保守派和改革派斗争的焦点之一。

改革年代总体上是以全盘否定斯大林而著称的。关于斯大林问题的争论在某种意义上成为划分政治派别的原则，与此同时，关于这个问题的争论直接冲击着改革的进程。

对社会有重大影响的有关斯大林的评价主要表现在两个方面。

其一，认为斯大林毁掉了党、无产阶级专政、布尔什维克和马克思主义。

这是指斯大林破坏列宁制定的党内民主原则。改革时期出版物上发表了许多这类文章，这里仅列举原苏共中央干部列昂·奥尼科夫归纳的一些事实。他认为，斯大林违反了列宁关于党内民主的原则。列宁认为，"党内的一切事务是由全体党员直接或者通过代表，在一律平等和毫无例外的条件下来处理的"①。斯大林时期第一次出现了针对联共（布）党员的"党的秘密"的概念。斯大林剥夺了党的领导机关成员决定其下属部门工作的权利，而且剥夺了他们自愿参加委员会会议的权利。苏共绝大多数中央委员从十八大（1939 年）到二十八大（1990 年）一次也没有参加过党章规定的从属于他们的政治局会议。

"我不止一次在出版物上用算术的方式证明，党的所有事务不是列宁所想象的那样，由全体党员决定，而是由其中 0.3% 的成员决定。这就是从村委员会到中央委员会的委员和'一把手'及其机关。99.7% 的共产党员无权参与制定党的政策。"②

奥尼科夫指出，斯大林消灭了所有的布尔什维克。从布尔什维克政治局建立（1917 年 10 月）到列宁逝世，政治局委员有布博诺夫、加米涅夫、克列斯金斯基、列宁、斯大林、托洛茨基、季诺维耶夫、索科里尼科夫、李可夫、托姆斯基、布哈林，总共 11 个人。他们的命运怎么样呢？1924 年列宁逝世，其他活着的 10 个人中，7 人被枪决，1 人被刺杀，托姆斯基自杀，只有一个人活下来，就是斯大林。

在第十七次党代表大会上，党的最高机关的 1225 名代表中一半以上是革命前入党的，这些人中有 1108 人被捕，其中大部分人被处决。139 名中央委员和候补委员中有 98 人被镇压和枪决。被镇压和枪决的人中，80% 以上的人是革命前入党的，也就是说，都是布尔什维克。

斯大林说要巩固无产阶级专政，而无产阶级专政首先是大多数人民的专

---

① 《列宁全集》第 14 卷，人民出版社，1988，第 249 页。

② Л. Оников. «КПСС: анатомия распада. Взгляд изнутри аппарата ЦК», Москва, Республика, 1996, С. 169.

政。苏联有 4500 个城市和区，哪个区的权力是由那里的居民掌握的呢？一个都没有。①

其二，关于斯大林在卫国战争中的作用。

这本来不应该是问题，但是在改革年代，领导苏联人民赢得抗击法西斯战争胜利的斯大林几乎被描绘成苏联人民的罪人。媒体，包括学术出版物上大量列举斯大林迫害苏联高级将领的罪行。为了方便起见，还是引用奥尼科夫书中的数字和列举的事实。

当时德国根据《凡尔赛和约》不能拥有超过 10 万人的军队，不能拥有飞机和坦克。1933 年，苏联在军事方面无论在人数上还是装备上，都超过德国数倍。

苏联实行全民兵役制，有国防人民委员部、总参谋部，而德国没有这些机构。按照指挥员的训练素质和才干，苏联红军是世界上的强大之师。

斯大林在战前都做了些什么？大镇压期间，1937～1939 年，大多数指挥员，从元帅到旅长，都被镇压。多数人都知道，5 个元帅中 3 人被枪决，但是许多人不知道几乎所有国防委员会副人民委员都被枪决，85 个最高军事委员会成员中 76 人被镇压。二战期间，在与希特勒德国的战争中，苏联损失了600 名将军，包括阵亡的、伤亡的和失踪的。但是斯大林在 1937～1939 年的战前时期枪决的高级指挥官是二战期间损失人数的 3 倍。军区司令只有一人幸免于难，即布琼尼。战争爆发前，斯大林撤换了 88% 的军级指挥员（军长）、几乎 99% 的师长和旅长、79% 的团长。从 1937 年 5 月至 1938 年 9 月，仅在陆军，还不包括海军，斯大林就镇压了 36761 名军官（командный состав）。这在任何军队的历史上都是史无前例的。

由于这种骇人听闻的镇压，战争开始前一年，在招聘团长时，225 人中没有一个人受过高等军事教育，只有 25 人接受过中等军事教育，其余 200 人只是上过少尉培训班。②

---

① Л. Оников，« КПСС: анатомия распада. Взгляд изнутри аппарата ЦК »，Москва，"Республика"，1996，C. 170.

② Л. Оников，« КПСС: анатомия распада. Взгляд изнутри аппарата ЦК »，Москва，"Республика"，1996，C. 174 - 175.

这里列举的材料都是历史事实。在改革年代，这些材料对苏联大众，尤其是对青年人产生巨大影响，人们开始怀疑自己国家的历史，怀疑苏联社会主义制度，怀疑苏联共产党。

这里有一个令许多人费解的问题：为什么戈尔巴乔夫在改革过程中，在最需要人民统一思想，团结一致的时候，大谈这些有争议的历史问题。当然苏联历史上的空白点远不止这些。

四　卡廷惨案——揭案的时机藏有玄机

卡廷惨案是发生在 70 年前的一桩历史悬案。

1939 年 9 月 1 日，纳粹德国入侵波兰，9 月 17 日，苏联出兵波兰。驻守波兰东部地区的波兰军警及官员约 25 万人被俘。根据目前解密的苏联档案，1940 年，有 2 万多名波兰军官在卡廷森林被苏联政府秘密处决，执行处决行动的是苏联内务人民委员部。根据波兰方面的资料，战前这 2 万多波兰军人大多为工程师、教师、技术员、农艺师、医生、会计师、作家，是国家的精英。2 万多人的失踪成为当时天大的谜。

1943 年 4 月 13 日，纳粹德国宣布在卡廷森林发现上万具波兰军人尸体。德国人根据自己的调查，认定此事系苏联人所为。1943 年 9 月，苏军收复斯摩棱斯克地区，于是组织专家进行反调查，并宣布这是纳粹德国所为。卡廷惨案随之成为 20 世纪最大的历史悬案。

卡廷惨案曝光是在 20 世纪 80 年代末 90 年代初。关于卡廷森林事件的档案密封在苏共中央总务部档案室，上面标示着"永不开启"的字样，后转归苏共中央政治局档案馆，1990 年夏转归苏联总统档案馆，存放在克里姆林宫，1991 年 12 月 24 日由俄罗斯总统接管。

第一个接触到这个档案的是苏联总统戈尔巴乔夫。据当时的苏共中央总务部部长博尔金回忆，戈尔巴乔夫调出这卷档案，看后惊诧不已。他指示："一定要保存好，没有我的同意不许让任何人看。这些材料太敏感了。"[①] 据博尔

---

① 〔俄〕瓦·博尔金：《戈尔巴乔夫沉浮录》，中央编译出版社，1996，第 243 页。

金回忆，戈尔巴乔夫曾经想销毁这些档案，但是考虑到这件事在其他历史档案中也会有所提及，实际上销毁也是无用的。

但是，戈尔巴乔夫改变了主意。1990年4月波兰总统雅鲁泽尔斯基访苏时，戈尔巴乔夫承认卡廷惨案是"斯大林主义的罪行"，并向雅鲁泽尔斯基转交了一部分有关卡廷事件的档案材料。根据档案核实，卡廷惨案中被枪杀的总人数为21857人。1992年4月，俄罗斯向波兰总统瓦文萨转交了关于卡廷惨案的全部档案复印件。

苏联解体后，俄波关系始终磕磕碰碰，卡廷惨案在两国关系中的消极作用难以消除。波兰多次要求俄罗斯公开道歉。

2007年，波兰议会决定将每年4月13日定为卡廷惨案遇难者纪念日，并出资在斯摩棱斯克郊区的那片森林建立"卡廷纪念陵园"。

2010年4月10日，俄罗斯政府和波兰政府决定共同在位于斯摩棱斯克附近的卡廷森林举行卡廷事件70周年纪念活动，以此结束两国关系中这一页不愉快的历史。

4月10日，在俄罗斯斯摩棱斯克北方机场，前来参加卡廷惨案70周年纪念活动的波兰总统卡钦斯基及波兰政府高级代表团乘坐的图－154飞机在降落时坠毁，导致波兰总统夫妇和机上96人全部遇难。这是航空史上空前的悲剧，与70年前的卡廷惨案一样，这又是一个惨剧。

从某种意义上说，卡廷惨案的曝光在道义上沉重打击了苏联及其制度。不仅如此，因卡廷惨案而埋藏在俄罗斯和波兰两国人们心中的阴影将久久难以消除。

五　苏联人民——一个全新的民族称谓

苏联的全称是"苏维埃社会主义共和国联盟"，生活在这个国度的人民被称为"苏联人民"。

按照百科全书的解释：苏联人民具有统一的领土和经济，统一的社会主义生活和多元的民族文化，统一的联邦制国家和建设共产主义的目标，这是人类历史上新的社会的和国际主义的共同体。

实际上，从 20 世纪 20 年代就开始使用"苏联人民"这一词语，用以指生活在苏联的居民。1961 年赫鲁晓夫在苏共第二十二次代表大会上做关于党纲的报告时宣布："在苏联，形成了具有共同特点的不同民族的新的历史共同体——苏联人民。他们具有共同的社会主义祖国——苏联、共同的经济基础——社会主义经济、共同的社会阶级结构、共同的世界观——马克思列宁主义、共同的目的——建成共产主义。在精神面貌和心理方面具有许多共同点。"①

苏联 15 个加盟共和国是按照民族特性以联邦制的形式组建的。由共产党将不同民族以社会主义的思想体系和社会主义建设目标联合为一个新的居民群体，这在苏联这片土地上是破天荒的事情。这个过程是漫长的。苏联有 15 个加盟共和国，170 多个民族。② 每个民族都有自己的历史，大多数民族都有自己的语言和文化，各民族的社会和经济发展水平参差不齐。苏联共产党和苏联政府在培养苏联人民民族认同方面做了大量工作，在发展经济方面力求缩小各加盟共和国的发展差距，用统一的国民经济体系凝聚各族人民，用国际主义和社会主义的价值观把不同民族团结起来。

在苏联几十年的发展历程中，苏联人民由于在卫国战争中的胜利和航天等领域的一系列伟大创举而获得民族自豪感。苏联人民在新的大家园中逐渐获得了新的民族认同。但是应该看到，苏联人民作为一个历史上全新的民族群体，它的存在取决于若干因素：一是共同的社会主义价值观；二是共同的社会主义经济基础；三是共同的社会主义性质的祖国；四是为了建设共产主义的共同目标而团结在一起；五是具有共同的社会主义建设历史；六是使用共同的交际语言——俄语；七是由共产党及其领导的政权凝聚或鼓动起来。在这些因素中，最重要的是苏联共产党和社会主义价值观在起作用。

20 世纪 80 年代改革时期，苏联社会思想状况开始发生变化。这个变化逐

---

① 22 - й съезд КПСС（17 – 31 октября 1961 года）：Стенографический отчет. Том 1. С. 153. М.：Госполитиздат，1962.

② 关于苏联到底有多少个民族始终没有定论。苏联学术界关于民族划分的理论具有独特性，即使这样，每个历史时期的人口统计结果也存在不少差异，如 1929 年的统计结果表明，苏联有 175 个民族，而 2002 年俄罗斯的统计是 182 个民族。参见 http：//www. demoscope. ru/weekly/2008/0319/tema01. php。

渐扩大规模，走向深化，触动了苏联社会的意识形态基础。

而在公开性年代，随着苏联共产党的分化，各加盟共和国的民族分裂倾向日趋严重。人们惊奇地发现，近70年的社会主义大家庭生活并没有弥合各民族之间的矛盾与隔阂。社会主义、共产主义意识形态被动摇，共产党队伍内部出现分裂后，坚如磐石的"苏联人民"之间也出现无法弥补的裂痕。

小　结

共产主义的意识形态是苏共执政的最重要手段之一，它关系到人民的团结、民族的统一、党的战斗力。苏共非常重视意识形态工作，共产主义意识形态深入社会的每个阶层、每个角落，并且渗透每项工作之中。改革时期对苏联历史的再认识过程，不仅仅是针对客观历史问题和对斯大林的批评，也不仅仅是针对斯大林本人和他所犯的那些严重错误，而是针对整个苏联制度。这是苏共反对派的策略：利用列宁批判斯大林，利用普列汉诺夫批判列宁，利用民主社会主义反对苏联社会主义。苏共僵化的、教条主义的意识形态工作为反对派实施自己的策略创造了条件。

第十八章　苏共第十九次全国代表
会议与政治改革的开始

戈尔巴乔夫的改革推进到 1988 年，从一开始的"加速战略"，重点发展机器制造业到进行全面的经济体制改革，出台了一系列措施；但是，经济形势不仅没有得到改善，而且危机迹象日益明显；这促使戈尔巴乔夫着手进行政治体制改革。苏共第十九次全国代表会议是戈尔巴乔夫政治改革的起点。

一　苏联共产党全国代表会议的历史

按照苏联共产党党章规定，苏联共产党全国代表大会是苏联共产党的最高机关，在两次代表大会间隔期间，苏共中央委员会是各州委、边疆区委、专区委员会、市委、区委和大的基层组织的最高领导机关。州委、边疆区委代表会议每 2~3 年召开一次。非常代表会议根据州委、边疆区委和加盟共和国共产党中央 1/3 以上所辖党组织的要求召开。

州、边疆区代表会议和加盟共和国共产党代表会议分别听取州委、边疆区委和加盟共和国共产党中央委员会、检查委员会的报告，讨论党的建设、经济建设和文化建设问题，选举州委员会、边疆区委员会、加盟共和国共产党中央委员会、检查委员会和苏共代表大会代表。

苏共全联盟代表会议是地方党组织和中央机关党组织代表会议。根据苏共党章，在两次代表大会之间可根据需要召开代表会议，讨论迫切的政治问题。全联盟代表会议的召开程序由苏共中央确定。

苏共第十九次代表大会（1952 年）认为，迫切的党的政策问题可以在党的代表大会和中央全会上讨论，因此没有必要召开全联盟党代表会议。由此，历史上有相当一段时间，没有召开过苏共代表会议。苏共第二十三次代表大会（1966 年 3 ~4 月）恢复了党章中关于苏共中央有权召开全联盟党代表会议的条款。

苏共历史上总共召开过 19 次全国代表会议：

第一次俄国社会民主工党代表会议——1905 年 12 月 12（25）日至 12 月 17（30）日；

第二次俄国社会民主工党代表会议——1906 年 11 月 3（16）日至 1906 年 12 月 7（20）日；

第三次俄国社会民主工党代表会议——1907 年 7 月 21 日（8 月 3 日）至 1907 年 7 月 23 日（8 月 5 日）；

第四次俄国社会民主工党代表会议——1907 年 11 月 5（18）日至 1907 年 12 月 12（25）日；

第五次俄国社会民主工党代表会议——1908 年 12 月 21 日（1909 年 1 月 3 日）至 1908 年 12 月 27 日（1909 年 1 月 9 日）；

第六次俄国社会民主工党（布）代表会议——1912 年 1 月 5（18）日至 1912 年 1 月 17（30）日；

第七次俄国社会民主工党（布）代表会议——1917 年 4 月 24 日（5 月 7 日）至 1917 年 4 月 29 日（5 月 12 日）；

第八次俄共（布）代表会议——1919 年 12 月 2 ~4 日；

第九次俄共（布）代表会议——1920 年 9 月 22 ~25 日；

第十次俄共（布）代表会议——1921 年 5 月 26 ~28 日；

第十一次俄共（布）代表会议——1921 年 12 月 19 ~22 日；

第十二次俄共（布）代表会议——1922 年 8 月 4 ~7 日；

第十三次俄共（布）代表会议——1924 年 1 月 16 ~18 日；

第十四次俄共（布）代表会议——1925 年 4 月 27 ~29 日；

第十五次联共（布）代表会议——1926 年 10 月 26 日至 11 月 3 日；

第十六次联共（布）代表会议——1929 年 4 月 23 ~29 日；

第十七次联共（布）代表会议——1932 年 1 月 30 日至 2 月 4 日；

第十八次联共（布）代表会议——1941 年 2 月 15～20 日；

第十九次苏共代表会议——1988 年 6 月 28 日至 7 月 1 日。

从上面列举的时间可以看出，从 1941 年到 1988 年近半个世纪没有召开过苏共全国代表会议。

二　苏共第十九次全国代表会议的背景和筹备

苏共第十九次全国代表会议于 1988 年 6 月 28 日至 7 月 1 日在莫斯科举行。

代表会议召开前一个月，苏共中央在《真理报》上发表了苏共中央关于召开第十九次全国代表会议的提纲，供全党和全社会讨论。提纲宣布了代表会议开会的时间和主要议程，议程包括：一是讨论落实苏共二十七大决议的进程，总结第十二个五年计划前半期的主要结果，提出党组织深化改革进程的任务；二是讨论关于党和社会生活进一步民主化的措施；三是提出了 10 个关于内政和外交问题的重要原则供全党和全社会讨论。

这 10 个原则分别是：

第一，改革创造了全新的社会思想政治形势，应该阐述改革的初步成绩和进一步深化改革的重要性；

第二，1985 年四月全会后党的活动中最重要的任务是经济和社会发展问题，强调振兴停滞的经济的重要性，指出经济发展的最大障碍是行政命令式的管理办法；

第三，改革要求全面和最大限度地利用科学、教育和文化所蕴藏的智力潜力，强调党的经济和社会战略的基础是加速科学技术进步；

第四，苏联共产党改革和加速社会经济发展的方针从一开始就是与苏联社会民主化、与确立人民社会主义自治联系在一起的；

第五，在改革形势下作为苏维埃社会领导和组织力量的苏联共产党的作用将更新，指出应该恢复列宁的组织原则，强调党内民主，领导干部实行任期制和选举制；

第六，社会和国家民主化的主要方向是充分恢复人民代表苏维埃的作用和权力，强调自下而上地将全部权力转交给苏维埃；

第七，在改革政治体制的框架内应该研究和采取措施进一步发展苏维埃联邦制，强调下放权力和最大限度地向所有民族国家和自治地区下放管理职能；

第八，苏维埃社会民主化进程的结果应该是建立社会主义法治国家，强调法律高于一切；

第九，不依靠广大的社会组织，社会主义政治制度就不可能正常运转，强调发挥工会、共青团等社会和学术团体的作用；

第十，苏联改革已经成为具有世界意义的事情，强调新的政治思维反映了当代世界的要求，苏联要继续为缓和国际局势做出贡献。①

苏共中央发表的提纲囊括了当时社会关注的所有问题，从社会经济发展到政治体制改革以及对外政策。实际上，此时苏联社会在所有这些问题上都出现了巨大的分歧，而且是自上而下的分歧。但是，社会上和党内已经无法对这些问题进行有效的讨论了。从历史发展看，这次会议的主要任务实际上是政治体制改革；从历史发展的结果看，这次会议对社会影响最大的两个原则是全部权力转交苏维埃和充分恢复宪法规定的联邦制。

"全部权力归苏维埃"，这是1917年列宁提出的口号。但是此时的苏联早已不是彼时的苏维埃俄国。此时的苏维埃也早已不是彼时的苏维埃。1917年列宁提出的"全部政权归苏维埃"口号是号召无产阶级推翻资产阶级临时政府，夺取政权，建立无产阶级专政的国家。而20世纪80年代，苏联共产党已经执政近70年，苏联社会主义建设事业已经进行了近70年。在苏联社会主义体制中，在苏联国家制度中，苏联共产党是支柱，是管理和决策的核心，是支撑国家统一的意识形态的灵魂，因此，此时提出"全部政权归苏维埃"的口号是非常耐人寻味的。不过在当时，"全部政权归苏维埃"的口号向社会传达的信息是明确的，那就是戈尔巴乔夫将进行彻底的政治体制改革。

历史学家发现，当时召开全国的党代表会议，而不是中央全会，不仅仅是技术性问题，更是政治问题。在1988年，苏联社会和苏联共产党内已经出现

---

① Тезисы ЦК КПСС К XIX всесоюзной партийной конференции, М. 1988, Политиздат.

思想分化，人们在改革方向和改革措施上的分歧已经无法弥合，社会上开始出现新的利益集团，既有经济利益集团，也有政治利益集团，更有民族利益集团。而戈尔巴乔夫和改革的推进者或者是还没有认清这些问题的严重性，或者是有更深远的战略意图，但是有一点很清楚，即改革领导者戈尔巴乔夫的许多设想在苏共中央全会上已经无法得到通过。戈尔巴乔夫认为，改革的阻力恰恰来自官僚利益集团，尤其是苏共内部的利益集团，所谓的"阻碍机制"，指的恰恰是这些人。因此通过召开全国党代表会议，通过非传统的代表人物来推进改革是他唯一的选择了。

三 代表会议的议程、结果和历史意义

1988年6月28日代表会议开幕。戈尔巴乔夫在开幕式上发表讲话，主要谈改革问题，并允诺到2000年实现包括解决住宅问题的人道的社会主义计划。6月29日，会议资格审查委员会报告代表资格和组成。从报告中看出，参加代表会议的代表大都是1964年以后加入苏共的、年龄为40~50岁的党员。

6月30日，戈尔巴乔夫做第二个报告，也是最主要的报告。他在报告中谈到改革权力机关、维护宪法、党的机关与苏维埃机关划分权力的问题。7月1日，代表会议批准了戈尔巴乔夫的报告。苏共第十九次代表会议最后通过了五个决议：《关于苏维埃社会民主化与政治体制改革》《关于与官僚主义做斗争》《关于民族关系》《关于公开性》《关于司法改革》。

苏共第十九次全国代表会议在苏联共产党历史上具有划时代的意义，或许当时参加代表会议的代表并没有认识到此次会议的深远影响。

戈尔巴乔夫在代表会议上的报告面面俱到，谈到了国内政治、经济、意识形态、民族等方面的形势，代表们在会议上的讨论、争论也很热烈，但是很少有人真正理解此次会议的精髓。戈尔巴乔夫提出的一些政治改革建议得以通过，但并非被大家所理解。比如，戈尔巴乔夫建议改革苏联最高苏维埃的结构和功能，既有常设的最高苏维埃主席团，又实行每年召开一次苏维埃代表大会的措施。过去的最高苏维埃是在履行苏联部长会议、苏共中央通过的决议，扮演"橡皮图章"的角色，现在戈尔巴乔夫希望把最高苏维埃变为苏联议会。

他还建议设立苏联最高苏维埃主席，取代过去的最高苏维埃主席团主席。这个设想的核心内容是希望这个新职务相当于国家领导人。戈尔巴乔夫希望借此削弱苏共的作用。代表会议上几乎没有人反对他，尽管很多人对这样的改革持怀疑态度。

戈尔巴乔夫认为，从1985年苏共中央四月全会起，至今已制定了一系列改革方案，从加速科技进步到涉及经济改革的《国有企业法》《个体劳动法》《合作社法》以及在对外经济联系方面放宽限制，因而国家经济应该得到明显改善。尽管他在各种报告中不停地介绍经济生活中的积极因素，但现实生活表明，经济形势却在不断恶化。戈尔巴乔夫及其周围的人认定，问题出在政治体制方面，而政治体制问题的核心是苏共的地位和作用。回顾这段历史和苏共第十九次全国代表会议所起到的历史作用时，人们才对这次会议的意义有更深刻的认识。召开苏共第十九次代表会议的决定和会议的日程是苏共中央和政治局做出的。

无论历史学家最终如何考证，1988年苏共第十九次全国代表会议以后，苏共以及苏联改革的方向发生了根本性变化，这一点是毋庸置疑的。最重要的变化是苏共地位受到日益严峻的挑战。

苏共第十九次全国代表会议后，苏联按照会议精神筹备人民代表的选举工作。1988年年底，通过了《关于苏联宪法（基本法）的修改和补充》的法律。①修改和补充的内容是关于苏联人民代表苏维埃——人民代表大会和苏联最高苏维埃的条款。该修正案提出人民代表苏维埃的任期（五年）、选举办法、职能等，还规定了新的选举法。

按照该修正案，最重要的决策应该在最高苏维埃或人民代表大会上做决定，而不是由苏共中央做决定。

人民代表的选举将按照比例进行，1/3的代表应该由包括苏共在内的社会组织选举产生。按照法律规定，苏联人民代表大会的代表总共为2250名，其中750名由地域选区选举产生；750名代表由民族区域选区选举产生，其中每

---

① Закон СССР от 1 декабря 1988 г. N 9853-XI, «Об изменениях и дополнениях Конституции (Основного Закона) СССР».

个加盟共和国产生 32 名代表，每个自治共和国产生 11 名代表，每个自治州产生 5 名代表，而每个自治专区产生 1 名代表；750 名代表由全苏社会组织按照苏联人民代表选举法的规定额度选举产生。

按照修正案规定，各级人民代表候选人实行普遍选举，候选人不设名额限制，即绝对的差额选举。

1989 年的苏维埃选举应该是苏联历史上首次差额选举。每个符合条件的公民都可以提出候选人，甚至可以自我推荐。选举激发了全社会的政治热情，甚至在部分居民群体中引起政治狂热。按照这次选举的安排，苏共在数量上是可以赢得优势的，因为至少 1/3 的代表是由苏共和受苏共影响的工会及共青团等社会组织选出的。当时 750 名来自社会组织的代表分配比例是：苏共和全苏工会系统各 100 名代表，共青团系统 75 名代表，其他名额经过竞选产生。选举结果，虽然苏共仍然获得代表大会上的绝大多数，但是著名的民主反对派"跨地区议员团"产生了。他们只有 250 人左右，在 2250 名代表中占 10% 多一点，但是后来的历史发展进程表明，这是具有转折意义的事件。实际上，在代表大会上，苏共代表占绝大多数只不过是就数量而言，由于活跃在各个领域的精英大都是苏共党员，因此占多数完全是在预料中之的。然而，苏共代表们的思想意识和政治信仰已经发生巨大变化，苏共已经丧失了思想上的统一，而组织上的统一也只是形式而已。

四　苏联宪法第六条的命运及其对苏共的意义

苏共第十九次全国代表会议召开后，苏联的改革基本上沿着政治变革的道路发展。

经济改革不仅未见成效，而且造成经济形势更加恶化，市场供应日益紧张，人们的不满情绪不断高涨。在这种形势下，不仅戈尔巴乔夫的威信持续走低，苏联共产党的威信也每况愈下。人民不满意改革的效果，苏共党员不满意党中央机关的不作为，群众普遍对戈尔巴乔夫的夸夸其谈感到厌烦。

1989 年 5 月 25 日召开的苏联人民代表大会，标志着"改革"作为"自上而下革命"的完结。苏联共产党开启的民主化进程脱离了它的控制。至 1989

年夏天，"改革"已经变为千百万人的事业，出现了一批新的领袖，提出了新的任务和目标。政治改革成为衡量改革与否的标准。

1989年春天，在选举人民代表大会代表的过程中，许多人都提出了必须向多党制过渡、实行政治民主化和取消苏联宪法第六条的问题。

苏联宪法第六条的内容是："苏联共产党是苏维埃社会的领导和指导力量，是苏联社会政治制度以及国家和社会组织的核心。苏共为人民而存在，并为人民服务。用马克思列宁主义学说武装起来的苏联共产党确定社会发展的总目标，确定苏联对内对外政策的路线，领导苏联人民进行伟大的创造性活动，赋予苏联人民争取共产主义的斗争以计划性和科学性。所有党组织在苏联宪法框架内活动。"

代表大会上，围绕宪法第六条问题展开激烈辩论。在激烈的争论中，形成了由改革拥护者组成的两个派别，一个是以戈尔巴乔夫为首的温和派，另一个是以跨地区议员团为代表的激进派，其主要领导人是尤·阿法纳西耶夫、加·波波夫、鲍·叶利钦、安·萨哈罗夫等人。跨地区议员团成员领导着国内日益壮大的政权反对派，并要求彻底改变苏联的政治制度。

在代表大会上，激进派提出取消确定苏共领导地位的宪法第六条、承认政治多元化、实行市场经济和管理的非意识形态化等政治要求。其喉舌是《星火》杂志、《莫斯科新闻报》、《莫斯科共青团员报》和《论据与事实》等刊物。

提出取消苏联宪法第六条的倡议者之一是著名的持不同政见者、物理学家安德烈·萨哈罗夫。他坚持把取消宪法第六条的要求写进跨地区议员团的纲领。后来，人们把取消宪法第六条的法案称为"萨哈罗夫修正案"。

在1989年12月12日举行的苏联第二次人民代表大会上，有关宪法第六条再次引起激烈争论。代表大会开幕前，跨地区议员团呼吁举行总罢工，要求取缔宪法第六条。在代表大会第一次全体会议上，萨哈罗夫发言要求将宪法第六条问题列入会议议程。

但是大多数与会者拒绝将此问题列入议程。戈尔巴乔夫成功地说服代表不讨论宪法第六条问题。

1990年2月4日，莫斯科街头发生了不少于20万人参加的集会。这是一次非常大规模的、精心策划的抗议行动，主要口号就是要求取消苏联宪法第六条。

第二天，1990 年 2 月 5 日，苏共中央召开扩大全会。戈尔巴乔夫在全会上声明，必须设立苏联总统制，同时取消苏联宪法关于苏共领导地位的第六条条款，并建立多党制。

阿·索布恰克曾这样评价这次事件："实际上，会上所有发言的人都以否定的态度对待总书记关于取消宪法第六条的建议。不仅如此，他们还激烈抨击'所谓的民主派'，指责他们诋毁党和社会主义，态度非常坚决。"但是，最后却一致投票表示赞成。

根据苏共中央全会的决议，在第三次非常人民代表大会（1990 年 3 月 12～15 日）上，"作为立法倡议"，提出了"修改和补充苏联宪法中关于苏联政治制度问题（苏联宪法第六条和第七条）的法律草案"。

1990 年 3 月 14 日，通过了《关于设立苏联总统职位和苏联宪法修改和补充》的法律。宪法第六条被修改为："苏联共产党、其他政党以及工会组织、青年组织、其他社会组织和群众运动通过自己入选人民代表苏维埃的代表参与制定苏维埃国家的政策和参与国家和社会事务的管理。"

苏联最高苏维埃主席团是国家集体领导的制度，苏联总统制的建立，取缔了这种苏维埃制度，赋予总统很大权力。总统同时是苏联武装力量的最高统帅，有权任命和撤销军队的指挥员；总统有权向最高苏维埃和人民代表大会提出建议，批准或解除苏联政府总理、苏联最高法院院长、苏联总检察长、苏联最高仲裁法院院长以及苏联宪法监督委员会成员。

总统有权宣布战争状态，发布动员令，在个别地区实施军事状态和戒严状态，实施总统临时治理。总统领导国家安全会议，国家安全会议成员经过与最高苏维埃协商任命。一开始还建立了总统委员会，后来因该委员会工作不得力而于 1990 年 11 月被取消。

苏联总统领导联邦委员会，其成员有苏联副总统和各共和国总统。联邦委员会的决议由 2/3 以上多数票表决通过。

虽然根据宪法，苏联总统应该通过全民投票选举产生，但是，第一次"作为例外"，第一任总统由人民代表选举产生。

1991 年 3 月 20 日通过一项法律，取消苏联部长会议，建立新型政府——直属总统的苏联内阁，内阁的地位和职能都比传统的部长会议低。

取消宪法第六条意味着批准建立其他政党。此时苏联已经有不少政党，比较有影响的是具有民主主义倾向的政党——俄罗斯农民党、俄罗斯农业党、俄罗斯人民党、俄罗斯民主党等，它们主张进行政治和经济改革。1990 年 10 月通过《关于社会组织》的法令，承认在苏联实行多党制。

苏联宪法第六条的修改意味着苏联共产党丧失了宪法赋予的执政党地位，意味着它要经过竞选争取执政权力，才能推行社会主义发展战略。

五 戈尔巴乔夫的立场——改革历史上最大的谜团

苏共第十九次全国代表会议宣布的政治体制改革最终导致苏联共产党失去领导权，导致国家管理体制瘫痪。严格地讲，苏共是自己放弃执政权力的。这个拥有 1900 万名党员、执政 70 年的政党，不是被推翻的，所有最重要的决定都是在党的最高决策机关由党的最高领导人提出和通过的。

苏联改革历史上有几个谜团，比如：谁选拔的戈尔巴乔夫？为什么安德罗波夫不得不动用民警来抓违反劳动纪律的人？为什么苏共刚刚宣布"加速战略"又掀起反酗酒运动？1986 ~ 1987 年经济改革措施还未落实到位，为什么又开始政治改革？戈尔巴乔夫的共产主义信仰是何时开始动摇的？谁在左右总书记的思想和行为？

在这些谜团中，最重要的谜团是戈尔巴乔夫本人。戈尔巴乔夫开始改革时是以完善社会主义为目标的，他在就任苏共中央总书记时发表的讲话和誓言，他在苏共第二十七次代表大会以及 1988 年以前发表的讲话中，始终在谈社会主义道路和社会主义选择。但是从苏共第十九次全国代表会议起，情况发生了巨大变化，虽然我们不知道转折点在何处，转折的真正原因何在。苏共中央书记、中央总务部部长博尔金曾经写道："我反复阅读戈尔巴乔夫的报告、讲话和文章中关于对马克思列宁主义理论和世界共产主义运动态度的章节，以及关于我们的社会成就、我国成为世界最强大国家的论述，于是我发现了他的观点发生变化的转折点。1988 年以前他的著作明确主张走社会主义发展道路，对这一点，各级党组织的领导者、普通党员以及许多关心政治问题的公民也都清楚地看到了。"① 苏共第十九次全国代表会议是重要的节点，但是仍然不能说明这就是戈尔巴乔夫观点变化的转折点。博尔金说："历史学家以后会搞清楚戈尔巴乔夫立场骤然转变的时间和原因，并对此做出解释。那么，总书记是如何从社会主义制度、共产主义前途的拥护者变为资本主义发展道路的推崇者的呢？"②

对于戈尔巴乔夫在改革过程中的作用的评价，不仅涉及改革本身，而且涉及对苏共垮台和苏联解体原因的界定。一般地说，权力越是集中，个人在决策中的作用就越大。个人在历史上的作用是个永恒的话题，但是在确定个人在历史上的作用之前，不仅要正确认识历史环境，更要认识个人的信仰、立场、世界观和性格，需要了解他所生活和工作的环境。但是，在具体涉及戈尔巴乔夫时，历史学家和历史当事人还是有许多谜团。

要了解作为苏共总书记的戈尔巴乔夫，首先应该了解他的信仰、他的性格、他的政治意志和魄力，因为对一个超级大国的领导人、一个按照宪法和传统掌握了无限权力的领袖来说，这些素质和因素非常重要。

戈尔巴乔夫作为苏共官僚体系中最年轻的活动家，其仕途可以说是"一帆风顺"。他走过了苏联、苏共官员最经典的从政道路：受过良好的教育，从共青团工作开始，经过各个权力阶梯上升到权力顶峰，在苏共中央机关工作多年，谙熟官场规则，有良好的人际关系。戈尔巴乔夫与所有人一样，也不是无可挑剔，也有政敌，比如根据目前许多历史人物的回忆录透露，推荐戈尔巴乔夫担任苏共中央总书记的过程并非十分顺利，政治局的老人们对戈尔巴乔夫的能力表示过怀疑。

博尔金在2001年接受记者采访时说："当时没有人认为戈尔巴乔夫会成为总书记人选。与戈尔巴乔夫接触过的学者也没有发现戈尔巴乔夫有什么过人的能力。"③

不过，戈尔巴乔夫的弱点却是显而易见的，他没有主见，容易受周围人的

① 〔俄〕瓦·博尔金：《戈尔巴乔夫沉浮录》，中央编译出版社，1996，第127页。
② 〔俄〕瓦·博尔金：《戈尔巴乔夫沉浮录》，中央编译出版社，1996，第127~128页。
③ Коммерсант-Власть，15. 05. 2001.

影响。而在戈尔巴乔夫周围的人中，对他影响最大的恐怕莫过于亚·雅科夫列夫了。

1985 年 12 月，亚·雅科夫列夫给刚刚担任总书记不久的戈尔巴乔夫写了一封信。他在信中对苏联当时政治制度提出质疑。他说："如今问题已经不仅仅在于经济——这是进程的物质基础。关键在于政治制度……由此就需要有……完全彻底的……民主主义……民主——这首先是选举自由。"这封在今天看来很平常的信，在 1985 年出自苏共中央政治局委员之手是非同寻常的。雅科夫列夫后来坦言，他"当时嘴上说更新社会主义，而实际上内心非常清楚自己最终的目标"。[①]

2001 年，雅科夫列夫在回忆自己的活动时坦言："在改革的初期，我们不得不经常撒谎，要两面派手法，弄虚作假——没有别的办法。我们应该——而这正是改革集权制度的特点——摧毁集权的共产党。"[②] 在俄文版《共产主义黑皮书》出版序言中，雅科夫列夫谈到这个时期时说："我曾经大量和认真地研读马克思、恩格斯、列宁和斯大林、毛等马克思主义经典作家，以及新宗教——鼓吹仇恨、复仇和无神论的宗教的奠基人的著作……很久以前，40 多年前，我就明白了，马克思列宁主义——这不是科学，而是政论作品，是宣扬血腥的作品。由于我生活和工作在体制的最高层，包括在戈尔巴乔夫时期在苏共中央政治局这个最高层，我清楚地看到，所有这些理论和计划都是一派胡言。最主要的是，这个体制是依靠官僚机构，依靠干部、人才、活动家支撑的。有各种各样的活动家：聪明的、愚蠢的、糊涂的，全都是厚颜无耻的人，也包括我在内。当众崇拜假偶像，仪式很神圣，但是真正的信仰藏在内心深处。"

戈尔巴乔夫本人的思想转变和内心活动将永远是学术界、历史学家研究的重要题目之一。目前根据戈尔巴乔夫本人的各种回忆作品中关于这方面的表白还不足以对他做出准确的判断。

---

① Независимая газета, 2 декабря 2003. «Я говорил про обновление социализма, а сам знал, к чему дело идет».

② «Деятельность коммунистов в интересах власти», 这是弗·诺佐夫对雅科夫列夫做的独家采访，发表在俄罗斯《民主选择》2001 年第 32 期上。

个人在历史上的作用是一个重要的历史和理论题目，而不仅仅是个一般的话题。权力越集中，个人的作用就越大，因此，在苏共决策机制中，戈尔巴乔夫个人对改革进程和国家解体进程的影响是巨大的。正因为如此，对戈尔巴乔夫在改革年代思想活动的研究还在继续。

小　结

苏共第十九次全国代表会议是苏联政治体制改革的转折点。苏联宪法第六条的命运就是苏共的命运和苏联的命运。在维护苏共领导权的过程中，作为总书记的戈尔巴乔夫最后站到了苏联共产党的对立面。放弃宪法赋予的苏共执政党地位的决定是在苏共中央全会上做出的，绝大多数中央委员反对取消宪法第六条却又支持这一关于取消的决定，充分说明了苏共内部多年形成的思想状况和组织特点。在对苏联宪法第六条的态度问题上，戈尔巴乔夫的表现足以说明他已经放弃了苏联共产党。这个事实对后来苏联事态的发展具有决定性意义。

第十九章 民族问题的激化威胁到国家的稳定与完整

一 苏联的建国理论是列宁关于无产阶级革命和民族问题的理论

苏联是按照社会主义联邦制原则组建的国家，其理论基础是列宁的民族政策及其理论，而这个理论的基础是无产阶级革命理论和民族自决权。

列宁的民族理论是在无产阶级解放斗争中形成的，是对马克思主义民族理论的继承和发展。马克思生活在帝国主义以前的时代，那时民族问题还不那么迫切，涉及的大都是单一民族国家，而且民族解放运动还很薄弱。即使对无产阶级专政的短暂尝试——巴黎公社——也是在单一民族国家进行的。而列宁生活在帝国主义和无产阶级革命时代，生活在多民族的俄国。

对于列宁来说，民族问题已经从理论问题变为争取民主和社会主义革命胜利的实际斗争问题。而针对俄国的实际，列宁在十月革命前夕明确表示："在全俄政治生活中，除了土地问题以外，民族问题具有特别重大的意义，尤其是对居民中的小资产阶级群众更是如此。"[①]

早在 1913 年，列宁就在《关于民族问题的批评意见》中指出："在俄国社会生活诸问题中，民族问题目前已经很突出，这是显而易见的。"[②]

---

① 《列宁全集》第 32 卷，人民出版社，1985，第 272 页。
② 《列宁全集》第 24 卷，人民出版社，1990，第 120 页。

列宁对马克思主义民族理论做出巨大贡献。他指出："应当从历史和经济的角度来提民族问题。"① 列宁还指出："民族是社会发展到资产阶级时代的必然产物和必然形式。工人阶级如果不'把自身组织成为民族',如果不成为'民族的'（'虽然完全不是资产阶级所理解的那种意思'），就不能巩固、成熟和最终形成。但是资本主义的发展，日益打破民族壁垒，消除民族隔绝状态，用阶级对抗代替民族对抗。因此，就发达的资本主义国家来说，'工人阶级没有祖国'，工人至少是各文明国家的工人的'联合的行动''是无产阶级获得解放的首要条件之一'。"②

列宁在解释民族的社会历史本质的同时，还特别强调民族具有共同的领土和语言等特征。马克思列宁主义民族理论原则和方法中最重要的是阶级分析方法和具体历史具体分析的方法论。列宁认为，在阶级对抗的社会，人的群体总是有阶级属性的；每个民族中都有"两个民族"——剥削民族和被剥削民族；每个民族文化都有两个文化——无产阶级文化和资产阶级文化。"在股份公司里，不同民族的资本家坐在一起，不分彼此。在工厂里，不同民族的工人在一起工作。当发生任何真正严肃而深刻的政治问题时，人们是按阶级而不是按民族来进行组合的。"③在每个国家的每个历史发展阶段，民族问题都具有特殊的地位和对社会发展具有特殊的作用。因此列宁一再要求在考察民族问题时要考虑"这个国家在这个时代的民族问题和民族运动究竟有哪些具体特点"。④

正是在对民族和民族关系有深刻了解和研究的基础上，列宁制定了布尔什维克党的民族纲领。布尔什维克民族纲领的出发点是，民族问题的解决是社会民主改造和社会主义改造问题的一部分，同时也是在多民族国家实现这种改造的重要因素。列宁要求把争取社会主义的革命斗争与民族问题的革命纲领联系起来。因此，列宁的民族问题纲领与争取民主和社会主义的基本任务有密切联系，同时还提出了民族拥有自决权，直至成立独立国家的权利。

在 20 世纪初，当筹备建立无产阶级政党时，列宁就强调指出党应该消除

① 《列宁全集》第 24 卷，人民出版社，1990，第 288 页。
② 《列宁全集》第 26 卷，人民出版社，1988，第 75 页
③ 《列宁全集》第 24 卷，人民出版社，1988，第 139 页。
④ 《列宁全集》第 25 卷，人民出版社，1988，第 230 页。

民族性，成为所有民族无产阶级的政党，无愧于"全世界无产者，联合起来"的口号。"党为了消除认为党具有民族性质的种种看法，而定名为俄国社会民主工党，而不是俄罗斯社会民主工党。"① 列宁始终严格贯彻国际主义的建党原则，认为这是保证无产阶级和所有革命力量以及其赢得反对社会和民族压迫斗争胜利的最必要的条件和最重要的前提。不仅如此，列宁认为，各民族代表在"统一的社会民主党组织中共同工作已经 10 多年了……这是无产阶级解决民族问题的办法。唯一的解决办法"②。正因为如此，列宁在自己的著作中用很大的篇幅批评犹太人社会民主主义组织崩得关于"民族文化自治"的观点。综上所述，列宁解决民族问题的理论包括：第一，民族问题首先是阶级问题，全世界无产阶级要实现自身解放，必须联合起来，正所谓"无产阶级无祖国"；第二，无产阶级政党不应该强调民族性，而应该强调阶级性；第三，以国际主义原则解决民族问题是唯一正确的解决办法；第四，坚持民族自决权；第五，反对在无产阶级政党内搞民族文化自治；第六，解决民族问题要考虑不同国家不同时期民族问题的特点。

按照这些原则来衡量，苏联是布尔什维克党解决民族问题的最重要的尝试。正是列宁领导的布尔什维克党鼓动无产阶级和劳动人民为自身解放而与剥削阶级进行斗争，才取得十月革命的胜利；正是遵循阶级的原则而非民族原则，布尔什维克党才使苏维埃政权扩大到广袤的地区，最终形成了苏联。简而言之，苏联的实质是被剥削劳动人民为求得自身解放、打破民族界限而成立的以建设共产主义为目的的无产阶级国家。"苏联人民"就是这个没有阶级差别的崭新的"民族"。

但是，苏联组成的原则是以民族为特征的，苏联共产党的组织结构也具有深刻的民族烙印。在阶级斗争不再是无产阶级政党的主要任务时，在居民群体之间的关系主要不是阶级关系时，在共产党内和社会上出现新的特权阶层时，民族问题的表现形式也发生了巨大的变化。

---

① 《列宁全集》第 10 卷，人民出版社，1987，第 255 页。
② 《列宁全集》第 46 卷，人民出版社，1990，第 243 页。

二 民族国家的法律地位

根据建立苏联的条约,加入联盟国家的共和国统称为加盟共和国。苏联宪法规定了加盟共和国在苏联的法律地位。这些规定确定了各加盟共和国的权利和权限。

以俄罗斯联邦为例。虽然俄罗斯联邦在苏联占有一半以上的人口和77%的领土,它也是一个加盟共和国,在1991年12月苏联解体以前,它的法律地位与其他加盟共和国是一样的。

俄罗斯联邦成为苏联的加盟共和国后,自己的国家法律地位发生很大变化。根据1924年苏联宪法和1925年通过的俄罗斯联邦宪法,加盟共和国国家权力机关的权限是受到限制的。外交、国防、交通和通信的权力归联盟机关。但是,俄罗斯联邦仍然是主权国家,尽管它的自主权受到苏联的限制。

1937年1月21日,俄罗斯联邦又通过新宪法。该宪法规定俄罗斯联邦有16个自治共和国,5个自治州,并且都在宪法中列举出来。1978年4月12日俄罗斯联邦宪法规定,俄联邦有16个自治共和国,5个自治州和10个自治区。该宪法第七十条列举了这些地方的目录。

苏联宪法第七十六条规定:"加盟共和国是主权的苏维埃社会主义共和国,与其他苏维埃共和国组成苏维埃社会主义共和国联盟。在苏联宪法第七十三条规定的权限以外,加盟共和国在自己的领土上独立行使国家权力。"俄罗斯联邦宪法和苏联宪法给予作为主权国家的俄罗斯联邦的权力主要包括以下几点。其一,俄罗斯联邦拥有自己的领土,它在自己的领土内行使国家权力;未经俄罗斯联邦同意,俄罗斯联邦的领土是不可改变的。这充分说明它的领土至上的原则,俄罗斯联邦的领土完整和不可分割原则得到承认。其二,俄罗斯联邦拥有自己的国籍和授予俄罗斯联邦国籍的权利;俄罗斯联邦国籍自动成为苏联国籍,授予国籍是主权的重要标志。其三,俄罗斯联邦主权的重要特征之一是拥有自己的立法机关,可以通过和修改宪法(基本法)。其四,俄罗斯联邦独立建立自己的最高国家权力机关和管理机关。苏联最高国家权力机关不能取消俄罗斯联邦最高苏维埃通过的法律。根据联盟法律高于加盟共和国法律的原则，一旦加盟共和国的法律与联盟法律发生分歧，则实行苏联法律。其五，俄罗斯联邦参与苏联管辖问题的决策，包括苏联最高苏维埃（以及后来的苏联人民代表大会）、苏联最高苏维埃主席团、苏联政府以及其他苏联机关的决策。这一条的具体体现是俄罗斯联邦在上述国家机关中都有自己的代表。其六，俄罗斯联邦有权和外国建立关系，缔结条约和交换外交和领事代表，参加国际组织的活动。其七，作为主权国家，俄罗斯联邦有自己的国家标志：国旗、国徽、首都，俄罗斯联邦的国歌是苏联国歌。其八，俄罗斯联邦的主权与其他加盟共和国的主权一样，受苏联保护。这个原则在 1924 年宪法中有明确规定，1936 年宪法和 1978 年宪法重申了这个原则。

与此同时，苏联宪法还明确规定，加盟共和国参加解决苏联职权范围内的问题，参加苏联最高苏维埃、苏联最高苏维埃主席团、苏联政府和苏联其他机关（第七十七条）；加盟共和国保障自己境内的经济和社会的综合发展，协助苏联职权在自己境内的行使，执行苏联最高权力和管理机关的决议。此外，宪法对加盟共和国内的自治共和国权限也做出明确规定。

苏联宪法中有许多原则性条款是存在矛盾和先天缺陷的。比如，宪法第七十六条规定，加盟共和国是主权苏维埃社会主义国家。但什么是法律意义上的"主权国家"呢？苏联大百科全书的定义是："国家主权——以一定的形式在对内和对外活动中表现出的国家权力至高无上和独立性。"加盟共和国如何在对内和对外政策中体现"至高无上"和"独立性"呢？实际上，宪法中关于加盟共和国是主权国家的论断是很荒谬的。又比如，宪法第八十条规定，加盟共和国有权与外国签署协议，签订条约和交换外交和领事代表，参加国际组织的活动。但是，这个条款从来没有被实践过，也不可能实践。乌克兰和白俄罗斯参加了联合国并拥有投票权，但是它们不过是按照苏联政府的意志投票而已，其他"加盟主权共和国"的情况就更简单了。每个政府里都有一名外交部部长，但是如何在外交政策领域体现国家主权，是非常敏感的问题。加盟共和国的外交部部长是不能够独立于苏联中央政府活动的，只要他或他的政府提出与外国建立外交关系，这个主权国家一定会立刻消失。宪法中始终存在着这种矛盾和荒唐。

另外，宪法第七十二条指出，每个加盟共和国都有权退出苏联。这个条款是从 1924 年宪法移植到 1936 年宪法，又搬到 1977 年宪法的。这个条款的原始基础是列宁的民族自决权理论。列宁关于民族问题的理论是一个整体，不仅仅包括民族自决权，还包括无产阶级革命理论等。孤立地谈民族自决权是非常危险的，但是宪法中并没有系统阐述和系统的措施来保障民族自决权和国家统一的关系。

值得指出的是，虽然苏联宪法规定各加盟共和国是平等的，但实际上各加盟共和国的情况，如领土情况、人口情况和经济规模等是有很大差距的。苏联15个加盟共和国，在宪法中的排序是这样的：

1. 俄罗斯苏维埃联邦社会主义共和国；

2. 乌克兰苏维埃社会主义共和国；

3. 白俄罗斯苏维埃社会主义共和国；

4. 乌兹别克苏维埃社会主义共和国；

5. 哈萨克苏维埃社会主义共和国；

6. 格鲁吉亚苏维埃社会主义共和国；

7. 阿塞拜疆苏维埃社会主义共和国；

8. 立陶宛苏维埃社会主义共和国；

9. 摩尔达维亚苏维埃社会主义共和国；

10. 拉脱维亚苏维埃社会主义共和国；

11. 吉尔吉斯苏维埃社会主义共和国；

12. 塔吉克苏维埃社会主义共和国；

13. 亚美尼亚苏维埃社会主义共和国；

14. 土库曼苏维埃社会主义共和国；

15. 爱沙尼亚苏维埃社会主义共和国。

但是，如果我们按照领土面积排序，则情况是这样的：

1. 俄罗斯苏维埃联邦社会主义共和国，领土面积为1724.76万平方公里，占苏联领土面积的77.39%；

2. 哈萨克苏维埃社会主义共和国，领土面积为272.73万平方公里，占苏联领土面积的12.24%；

3. 乌克兰苏维埃社会主义共和国，领土面积为63.37万平方公里，占苏联领土面积的2.68%；

4. 土库曼苏维埃社会主义共和国，领土面积为48.81万平方公里，占苏联领土面积的 2.19%；

5. 乌兹别克苏维埃社会主义共和国，领土面积为 44.74 万平方公里，占苏联领土面积的 2.01%；

6. 白俄罗斯苏维埃社会主义共和国，领土面积为 20.76 万平方公里，占苏联领土面积的 0.93%；

7. 吉尔吉斯苏维埃社会主义共和国，领土面积为 19.85 万平方公里，占苏联领土面积的 0.89%；

8. 塔吉克苏维埃社会主义共和国，领土面积 14.31 万平方公里，占苏联领土面积的 0.64%；

9. 阿塞拜疆苏维埃社会主义共和国，领土面积为 8.66 万平方公里，占苏联领土面积的 0.39%；

10. 格鲁吉亚苏维埃社会主义共和国，领土面积为 6.97 万平方公里，占苏联领土面积的 0.31%；

11. 立陶宛苏维埃社会主义共和国，领土面积为 6.52 万平方公里，占苏联领土面积的 0.29%；

12. 拉脱维亚苏维埃社会主义共和国，领土面积为 64589 平方公里，占苏联领土面积的 0.29%；

13. 爱沙尼亚苏维埃社会主义共和国，领土面积为 45226 平方公里，占苏联领土面积的 0.20%；

14. 摩尔达维亚苏维埃社会主义共和国，领土面积为 33843 平方公里，占苏联领土面积的 0.15%；

15. 亚美尼亚苏维埃社会主义共和国，领土面积为 29800 平方公里，占苏联领土面积的 0.13%。

而如果按照人口数量排序，情况又有所不同。

按照人口数量（根据 1989 年统计资料）的排序是：

1. 俄罗斯苏维埃联邦社会主义共和国，1.474 亿人，占苏联人口总数的 51.4%；

2. 乌克兰苏维埃社会主义共和国，5170.7 万人，占苏联人口总数的 18.03%；

3. 乌兹别克苏维埃社会主义共和国，1991.5 万人，占苏联人口总数的 6.94%；

4. 哈萨克苏维埃社会主义共和国，1653.6 万人，占苏联人口总数的 5.77%；

5. 白俄罗斯苏维埃社会主义共和国，1020 万人，占苏联人口总数的 3.56%；

6. 阿塞拜疆苏维埃社会主义共和国，703.8 万人，占苏联人口总数的 2.45%；

7. 格鲁吉亚苏维埃社会主义共和国，544.3 万人，占苏联人口总数的 1.90%；

8. 塔吉克苏维埃社会主义共和国，510.9 万人，占苏联人口总数的 1.78%；

9. 摩尔达维亚苏维埃社会主义共和国，433.8 万人，占苏联人口总数的 1.51%；

10. 吉尔吉斯苏维埃社会主义共和国，429 万人，占苏联人口总数的 1.50%；

11. 立陶宛苏维埃社会主义共和国，369 万人，占苏联人口总数的 1.29%；

12. 土库曼苏维埃社会主义共和国，353.4 万人，占苏联人口总数的 1.23%；

13. 亚美尼亚苏维埃社会主义共和国，328.8 万人，占苏联人口总数的 1.15%；

14. 拉脱维亚苏维埃社会主义共和国，268 万人，占苏联人口总数的 0.93%；

15. 爱沙尼亚苏维埃社会主义共和国，157.3 万人，占苏联人口总数的 0.55%。

按照人口密度（人数/每平方公里）的排序是：

1. 摩尔达维亚苏维埃社会主义共和国，128.2 人；

2. 亚美尼亚苏维埃社会主义共和国，110.3 人；

3. 乌克兰苏维埃社会主义共和国，85.6 人；

4. 阿塞拜疆苏维埃社会主义共和国，81.3 人；

5. 格鲁吉亚苏维埃社会主义共和国，77.5 人；

6. 立陶宛苏维埃社会主义共和国，56.5 人；

7. 白俄罗斯苏维埃社会主义共和国，48.9 人；

8. 乌兹别克苏维埃社会主义共和国，44.5 人；

9. 拉脱维亚苏维埃社会主义共和国，41.3 人；

10. 塔吉克苏维埃社会主义共和国，35.7 人；

11. 爱沙尼亚苏维埃社会主义共和国，34.6 人；

12. 吉尔吉斯苏维埃社会主义共和国，21.4 人；

13. 俄罗斯苏维埃联邦社会主义共和国，8.6 人；

14. 土库曼苏维埃社会主义共和国，7.2 人；

15. 哈萨克苏维埃社会主义共和国，6.1 人。

按照经济总量的排序是：

1. 俄罗斯苏维埃联邦社会主义共和国；

2. 乌克兰苏维埃社会主义共和国；

3. 哈萨克苏维埃社会主义共和国；

4. 白俄罗斯苏维埃社会主义共和国；

5. 乌兹别克苏维埃社会主义共和国；

6. 阿塞拜疆苏维埃社会主义共和国；

7. 格鲁吉亚苏维埃社会主义共和国；

8. 亚美尼亚苏维埃社会主义共和国；

9. 立陶宛苏维埃社会主义共和国；

10. 拉脱维亚苏维埃社会主义共和国；

11. 吉尔吉斯苏维埃社会主义共和国；

12. 摩尔达维亚苏维埃社会主义共和国；

13. 土库曼苏维埃社会主义共和国；

14. 爱沙尼亚苏维埃社会主义共和国；

15. 塔吉克苏维埃社会主义共和国。

按照矿产资源开采量排序是：

1. 俄罗斯苏维埃联邦社会主义共和国；

2. 哈萨克苏维埃社会主义共和国；

3. 乌克兰苏维埃社会主义共和国；

4. 土库曼苏维埃社会主义共和国；

5. 阿塞拜疆苏维埃社会主义共和国；

6. 乌兹别克苏维埃社会主义共和国；

7. 白俄罗斯苏维埃社会主义共和国；

8. 塔吉克苏维埃社会主义共和国。

9. 爱沙尼亚苏维埃社会主义共和国；

10. 吉尔吉斯苏维埃社会主义共和国；

11. 亚美尼亚苏维埃社会主义共和国；

12. 格鲁吉亚苏维埃社会主义共和国；

13. 立陶宛苏维埃社会主义共和国；

14. 摩尔达维亚苏维埃社会主义共和国；

15. 拉脱维亚苏维埃社会主义共和国。

这个对比从形式上看很简单，但是在实际生活中，以这种形式组成的联邦制国家会有许多问题。如上所述，苏联的建立是按照列宁的民族理论实施的，这个理论最重要的基础是阶级原则，而不是民族原则。但是，组成苏联的各加盟共和国恰恰是按照民族原则建立的。在阶级斗争逐渐弱化，阶级不再是居民群体中的主要矛盾，特别是当新的管理阶层逐渐形成相对独立的社会阶层以后，以无产阶级解放为主要目的和以建设共产主义为主要生活目标的苏联民族国家理论的影响逐渐减弱，从而为一般的民族矛盾和冲突的出现培育了土壤，为民族危机的发生埋下隐患。

三　苏共的民族干部政策

干部政策始终是苏联共产党重要的政策之一。斯大林就讲过"干部决定一切"。在民族问题上更是如此。

苏联各加盟共和国的发展水平和居民受教育水平有很大差距。为了缩小发展差距，苏联政府和苏共采取一系列措施培养民族干部。这些措施包括在普通教育中为少数民族干部提供优惠条件以及通过党的教育系统提高民族干部素质。

苏联时期，民族干部指的是苏联除俄罗斯族以外的其他民族加盟共和国的干部。苏共和苏联政府曾经制定发展边远地区共和国的规划，包括培养国民经济、科教等领域的民族专家，使他们获得在首都或城市接受教育的机会。

高等学校招生时，首先考虑所谓的"少数民族"、共和国及其技术教育水平低下的边远地区代表。这是国家对这些地区和这类人群的优惠政策。

这项政策的实施有积极的效果，使生活条件差、受教育质量低的乡村子弟和少数民族子女能够接受高等教育；年轻的专家有可能推动各加盟共和国边远地区的发展。

但是，这些政策也有缺陷，也受到批评。主要批评意见包括：一是强调民族特征是一种歧视，俄罗斯人尤其抱怨受到不平等待遇；二是导致大学生质量下降，知识水平降低；三是大学一年级不得不重复教授一些中学的课程，导致高等教育质量下降；四是边远地区的生源学成后并不想回到原籍工作，结果与良好的初衷脱节。此外，大学的技术装备落后，教学与生产脱节，学生在校期间学不到真正的技能，也是学生毕业后不愿返回生产一线和原地工作的主要原因之一。

苏联时期，尤其是在苏联后期，国家稳定所依靠的是苏共的强有力领导，因此强化苏共领导地位和对各级权力机构的控制是主要任务。在干部配备和使用上，苏共有一套完整的体制。

在苏联加盟共和国的权力结构方面，形式上，是地方干部在"执政"，但是在实践中苏联地方领导干部配备原则是这样的：除哈萨克斯坦外，所有加盟共和国党中央第一书记都是当地民族干部，负责人事的第二书记是莫斯科安排的干部；加盟共和国共产党中央各部，部长是民族干部，而第一副部长都是莫斯科派遣的干部；各加盟共和国部长会议主席是民族干部，但是第一副主席是中央派驻的干部。

在加盟共和国，有些职务是不能安排民族干部的，如卫戍司令和军区司令。在突厥语共和国，克格勃主席和边防军司令的职务是不能由地方民族干部担任的。在高加索、波罗的海沿岸地区和摩尔达维亚也是如此。

在所有最高权力机关的会议上，俄语是通行语言，俄罗斯族干部即使在地方工作几十年也没有必要学习当地语言；而民族干部，从村委会（村苏维埃）主席起，必须会讲俄语，否则没有升迁的机会。

根据苏联宪法，苏联是以苏维埃政权为基础的社会主义国家。苏联宪法第七十条规定："苏联是按照社会主义联邦制、根据民族自决和平等的苏维埃共和国自愿联合的原则建立起来的统一的多民族的联盟国家。"但是在现实生活中，苏维埃共和国是通过建立苏维埃政权形成的，这里起主要作用的是阶级原则和无产阶级革命原则。

根据前两部宪法，参加最高苏维埃民族院的都是来自各加盟共和国和自治州的本地民族代表，目的是倾听他们的特殊要求和了解民族问题，但是后来，当地民族的代表也由俄罗斯族人来担当了，特别是来自莫斯科的俄罗斯族官员。

根据1977年宪法，国家最高权力机关是苏联最高苏维埃，但是每个苏联公民都知道，最高国家权力机关不是最高苏维埃，而是党的机关——中央政治局。按照宪法，苏联政府是苏联部长会议，但实际上是苏共中央书记处及其各部。苏联政府的部长是服从苏共中央部长的。

因此，所谓的干部政策主要是由苏共中央来主导人事安排，以保证国家的稳定和发展。

久而久之，民族国家，即各加盟共和国独立的倾向日益严重，即使在改革前的苏联时期，也时有民族问题发生。有些加盟共和国甚至存在秘密的以民族独立为主要目的的组织。因此，各加盟共和国潜在的主权意识日益浓烈。20世纪70年代末，哈萨克共和国发生过一场意义深远的民族纠纷。伏尔加州解散后，有数十万德意志族的人迁徙到哈萨克斯坦。1979年春季，苏共中央决定在哈萨克斯坦建立德意志自治州。加盟共和国领导遵照中央的指示，成立了在哈萨克共和国建立德意志自治州的委员会。委员会主任由库纳耶夫①的第一

---

① 库纳耶夫·金姆哈梅德·阿赫梅多维奇（1912年12月12日至1993年8月22日），苏联国务活动家和社会活动家，1964~1986年任哈萨克苏维埃社会主义共和国共产党中央第一书记。

副手 A. 科尔金担任。根据委员会的决定，未来自治州的行政中心设在阿科莫林州的叶雷门套市。同时还决定将毗邻的帕夫洛达尔州、卡拉干达州、可可切达州的某些区纳入新成立的自治州。

1979 年 6 月 19 日，采利诺格勒（今阿斯塔纳）市中心的列宁广场上聚集了一大批哈萨克青年，他们举着横幅"哈萨克不可分割！""不要德意志自治州！"不久，广场就聚满了人群。演讲者情绪激动，振振有词。他们说，虽然哈萨克斯坦是苏联的一部分，不仅是哈萨克人的祖国，也是俄罗斯人、乌克兰人、鞑靼人等民族的祖国，但是不考虑当地居民的利益，建立国中之国，是错误的和违法的。集会上有人公开谴责克里姆林宫的决定，当局想驱散集会者，但未果。最后，地方领导人向人们保证，不会在哈萨克成立任何自治州，事件才平息下去。

当然，在国家政治、经济和社会形势相对稳定的条件下，这些组织和分裂倾向不可能形成气候。与此同时，生活也表明，在苏联时期民族干部以及处理民族关系的领导干部的素质和能力，远远不能适应不断发展的现实生活。

四　改革过程中的民族问题与民族冲突

改革年代，随着民主化和公开性运动的不断深化，也随着苏联中央权力的日益削弱，淤积多年的民族主义情绪开始露头、强化甚至爆发。苏联民族分离倾向是以支持改革的名义发展起来的，其表现形式不尽相同，既有温和的，也有激进的，但是背后都受到民族利益和集团利益的驱使。

改革年代有一些民族事件必定载入苏联最后的历史和此后获得独立的民族国家的历史之中。

阿拉木图事件

1986 年 12 月 17～18 日，在哈萨克苏维埃社会主义共和国的首都阿拉木图发生了哈萨克族青年抗议活动。

事件的起因是，苏共中央总书记戈尔巴乔夫决定撤销哈萨克斯坦共产党中央第一书记库纳耶夫的职务，同时任命此前从未在哈萨克斯坦工作过的根纳季·科尔宾为第一书记。科尔宾此前任乌里扬诺夫州委第一书记。

骚乱的参加者要求任命当地民族代表为共和国领导人。骚乱很快蔓延到哈萨克斯坦其他城市。哈萨克斯坦的"12 月事件"是苏联最早的反对中央权威的人民集会之一。

苏共第二十七次代表大会期间,库纳耶夫向戈尔巴乔夫提出辞职请求。1986 年 2 月,召开了哈萨克共产党第十六次代表大会,这是库纳耶夫作为第一书记主持的最后一次党代表大会。当时共和国部长会议主席、相对年轻和精力旺盛的纳扎尔巴耶夫被认为是库纳耶夫当然的接班人。库纳耶夫主持哈萨克苏维埃社会主义共和国工作期间对纳扎尔巴耶夫非常赏识,给予很大帮助,同时也从基层提拔了一批哈萨克族青年。但是,不知何种原因,库纳耶夫后来又激烈反对纳扎尔巴耶夫接班。1986 年 12 月 11 日,苏共中央政治局在库纳耶夫缺席的情况下决定接受库纳耶夫的退休请求,并在哈萨克斯坦共产党中央全会上宣布库纳耶夫离职。全会只进行了 18 分钟,这个决定是在库纳耶夫 75 岁生日前做出的。库纳耶夫的生日是 12 月 12 日。

12 月 16 日,集会从和平示威开始。一批哈萨克族青年来到哈萨克首都的新广场(勃列日涅夫广场),要求撤销对科尔宾的任命。莫斯科苏联政府命令内务部立案,驱赶示威群众。阿拉木图市的电话立刻被切断,这群青年被民警驱散,这在当时被称为"暴风雪行动"。为了执行这次行动,从西伯利亚军校调集了特种部队,从地方边防军校抽调了士官生。广场上发生的事件立刻传遍全城,12 月 17 日早晨,勃列日涅夫广场中央大楼前聚集了大批青年,组织者是当地民族爱国主义积极分子。示威者打出的标语和口号是"要求民族自决""每个民族自己选择领袖""结束大国胡作非为"等。集会进行了两天,两次集会都以骚乱结束。为了维持秩序,市内出动了工人执勤队伍。

12 月 17 日,第一批空降兵到达阿拉木图机场,但是遭到阻拦。12 月 17 日,宣布在哈萨克斯坦部分领土实施紧急状态,但是没有在阿拉木图实施紧急状态。12 月 16 ~ 19 日,进入阿拉木图的各个通道聚集了由 5 万名军人组成的行动队,他们来自中亚军区、莫斯科军区、列宁格勒军区以及海军、内务部队等,里海舰队的舰艇封锁了阿克套港湾及其通道。

12 月 17 日,纳扎尔巴耶夫与共和国其他领导人一起面对激情万丈的人群发表演讲,号召青年回到学校和工作岗位。后来有些人在回忆录中暗示,纳扎尔巴耶夫本人很可能参与组织这些骚乱。

继阿拉木图之后，12月19~20日，卡拉干达的大学生也发起这类活动。12月19日晚8时，几所大学的学生，有80~120人聚集在加加林广场，然后向苏维埃大街挺进，但是他们在那里被民警驱散了，有83人被捕。12月20日，近300人聚集在州委办公楼附近的广场，内务部队警察使用了武器。

在这次事件中，根据哈萨克斯坦公布的材料，有8500人被关押，1700多人受到严重伤害，主要是脑外伤，5324人受到检察院的审讯，850人受到克格勃的审讯，900人受到行政处分，1400人受到警告处分，319人被解雇，失去了工作，309名大学生被开除学籍，1400名共产党员和共青团员受到处分。这是一场毫无结果的针对哈萨克知识分子民族主义情绪的斗争。

1987年年初，苏共中央通过决定，称哈萨克斯坦发生的事件是哈萨克民族主义的表现。但是后来，迫于政治形势的压力，当局的立场发生变化。1989年1月9日，任命哈萨克人担任了哈萨克共产党中央第二书记。1989年11月14日，以哈萨克苏维埃社会主义共和国最高苏维埃代表、作家穆赫塔尔·沙汉诺夫为首的一批人上书苏共中央，请求撤掉"哈萨克民族主义的表现"的提法。这个提法随后被撤销。

阿拉木图事件在苏联改革和苏联解体进程中具有重要意义。

首先，1986年"12月事件"是苏联历史上第一次提出反苏口号的大规模群众抗议集会。

其次，处理事件的过程暴露出苏共领导层控制突发局势的能力很低。

最后，为其他地方的民族独立运动开创了先例。

地方不愿意服从中央当局的决定，对苏共中央总书记及其推行的干部政策公开表示不满，中央当局没有能力控制局势，这些都是史无前例的。后来苏联的地方精英都开始利用这次事件。哈萨克民族主义运动的代表开辟了向中央政治权威挑战的先例。虽然无论过去还是现在，阿拉木图事件的原因都还有一些谜团，但是这个事件产生的影响是巨大的。正如苏联总理雷日科夫在回忆中说的那样："阿拉木图事件不论其内幕如何，都不可能不留下痕迹……几年之后，卡拉巴赫和苏姆盖特、费尔干纳、第比利斯、巴库、波罗的海沿岸国家和乌克兰都出事了。"①

纳戈尔诺－卡拉巴赫冲突

纳戈尔诺－卡拉巴赫冲突在戈尔巴乔夫改革时期具有标志性意义。它不仅预示着大规模民族问题的爆发，而且表明苏联中央政府没有能力解决这类问题和冲突。

纳戈尔诺－卡拉巴赫是阿塞拜疆苏维埃社会主义共和国的一个自治州，面积4400平方公里，与亚美尼亚不接壤，但是自治州18万人口中70%以上的居民为亚美尼亚族。1987年10月，纳戈尔诺－卡拉巴赫居民要求与亚美尼亚合并。这个要求遭到阿塞拜疆当局的拒绝。1987年10月，纳戈尔诺－卡拉巴赫州发生大学生罢课，要求纳戈尔诺－卡拉巴赫自治州脱离阿塞拜疆。1988年2月20日，纳戈尔诺－卡拉巴赫自治州苏维埃上书苏联最高苏维埃和阿塞拜疆苏维埃社会主义共和国最高苏维埃，请求把纳戈尔诺－卡拉巴赫转让给亚美尼亚所属。在州府斯捷潘纳克特和亚美尼亚首都埃里温发生了大规模的群众集会。亚美尼亚与阿塞拜疆的关系越来越紧张。这期间，有大批居住在亚美尼亚的阿塞拜疆族人离开亚美尼亚，或者说成为难民。1988年2月27～29日，在阿塞拜疆的苏姆盖特市发生了针对亚美尼亚人的恶性暴力事件。此次事件引发大批难民逃离阿塞拜疆，涌入亚美尼亚。阿塞拜疆与亚美尼亚的关系立刻恶化并引起高加索地区局势紧张。

苏姆盖特是阿塞拜疆第二大城市，据阿塞拜疆首都巴库25公里，是一座新兴城市，是1949年在化工和冶金工业发展中成长起来的城市。

根据苏联总检察院官方公布的数据，在苏姆盖特事件中有26名亚美尼亚人死亡，6名阿塞拜疆人和其他民族人员死亡，伤者有百余人。② 据报道，当时有276名负责维持秩序的军人受到不同程度的伤害。

据当时苏联内务部军官维·科里沃普斯科夫回忆：25万人口的城市中，亚美尼亚人约有1.8万人。城市生活条件很差，数万人住在地下室或自己盖的

① 〔俄〕尼·雷日科夫：《大国悲剧》，新华出版社，2008，第33页。
② «Известия», 3 марта 1988 г.；Научно-информационный центр Горбачев Фонда. Хроника перестройки. 1988 г.；Эмоции и разум. О событиях в Нагорном Карабахе и вокруг него. «Правда», 21 марта 1988.

简易房里。这里的阿塞拜疆人大多是从农村进城的，受教育水平和职业技能都不高，失业率高，犯罪事件、酗酒、吸毒现象严重。当时有人挑唆说，在亚美尼亚的阿塞拜人受到欺侮，引发了当地人对亚美尼亚人的仇视，同时还有人鼓动赶走亚美尼亚人，占据他们的房产、财产等……骚乱随即而起。大批亚美尼亚人逃离苏姆盖特。①

1988 年 2 月 29 日，苏共中央政治局在莫斯科召开会议讨论纳戈尔诺 - 卡拉巴赫问题。苏共中央在没有经过认真调查的情况下把事件定性为民族问题。② 这种轻率的工作作风导致亚美尼亚和阿塞拜疆的关系更加紧张。

据前苏联总理雷日科夫回忆，纳戈尔诺 - 卡拉巴赫问题导致阿塞拜疆人急于离开亚美尼亚，而亚美尼亚人急于离开阿塞拜疆。到 1989 年，外高加索的难民人数已经超过 30 万，联盟中央在冲突中显得很无力。③

维尔纽斯事件，从 1989 年到 1991 年

1989 年是苏联戈尔巴乔夫改革进程中十分重要的一年。在民族关系方面，这一年发生了许多重要的、关系国家前途的事件。

1989 年 12 月，立陶宛共产党代表大会通过退出苏共的决议。这意味着苏联共产党的解体进程开始了。

1990 年 3 月 11 日夜，以兰兹贝吉斯为首的立陶宛苏维埃社会主义共和国最高苏维埃宣布立陶宛独立，同时恢复 1938 年立陶宛共和国宪法。立陶宛成为第一个在苏联领土上宣布独立、终止苏联宪法的加盟共和国。立陶宛的独立没有得到苏联中央政府的承认。

3 月 22 日，戈尔巴乔夫颁布了总统令《关于保护苏联公民权利和在立陶宛领土上保卫苏联主权的补充措施》。总统令要求收缴立陶宛居民和组织的武器。作为回应，立陶宛最高苏维埃通过了《告各族人民、政府和爱好和平的

---

① Кривопусков В. В. Мятежный Карабах. Из дневника офицера МВД СССР. Издание второе, дополненное. - М. : Голос-Пресс, 2007. - 384 с.

② Стенограмма заседания Политбюро ЦК КПСС 29 февраля 1988 г. . - http : //dic. academic. ru/ dic. nsf/ruwiki/54038.

③ 〔俄〕亚·菲利波夫：《俄罗斯现代史（1945—2006）》，中国社会科学出版社，2009，第255 页。

人》呼吁书，指出正在发生其他国家针对立陶宛共和国及其公民的暴力行为，请求大众以自己的抗议行动抵制可能使用暴力的企图。①

当天，苏联空降兵占领维尔纽斯市委大楼。3 月 24 日，空降兵又占领了高级党校等机关大楼。

4 月 18 日，开始对立陶宛实施部分能源封锁。

4 月 27 日，立陶宛最高苏维埃大楼前发生反对"苏联占领立陶宛"的群众集会。其间，500 名年轻人烧毁了自己的军人证，"以示拒绝为占领军服役"。

1991 年 1 月 7 日，普鲁斯科内领导的立陶宛政府宣布大幅度（2.2 倍）提高食品价格。第二天，维尔纽斯公民委员会和亲苏联的共产党组织"团结"运动在立陶宛最高苏维埃大楼前组织集会，要求取消关于主要食品价格提价的决定，要求立陶宛政府下台，集会参加者甚至企图闯进最高苏维埃大楼。最高苏维埃主席兰兹贝吉斯在电台和电视台发表演说时号召独立派组织集会参加者占领议会和政府大楼以及重要的基础设施。

1 月 8 日，在苏联最高苏维埃会议上，民族院主席拉菲克·尼沙诺夫表示对立陶宛的形势非常担心，同时声明，苏联最高苏维埃接到"立陶宛居民发来的许多电报，要求全联盟领导人在共和国整顿秩序"。与此同时，1 月 8 ~ 9 日，特种部队"阿尔法"、普什科夫空降师等被空投到立陶宛。1 月 9 日 16 时，立陶宛最高苏维埃大楼前聚集了许多人，主要是共和国内讲俄语的居民代表，他们提出的口号是："打倒议会！苏联万岁！"

1 月 10 日，苏联总统戈尔巴乔夫要求立陶宛取消反宪法的法律并恢复苏联宪法。1 月 11 日，苏联军队占领了维尔纽斯的出版大楼，位于涅门其纳的电视转播中心和位于维尔纽斯、阿里图斯、夏乌连等地的公共大楼（均属于党产）。立陶宛共和国最高苏维埃领导人兰兹贝吉斯号召群众走上街头，参加到保卫最高苏维埃、广播中心、电视塔、电视台以及立陶宛外交部的行动中来，与此同时，向苏联外交部发出照会，抗议苏联军人在立陶宛共和国领土上的占领行径。当天，在立陶宛共产党中央举行的记者会上，叶尔玛拉维丘斯声

---

① Ведомости Верховного Совета и Правительства Литовской Республики. 1990. № 10. 10 апреля. С. 394 – 395.

明建立立陶宛苏维埃社会主义共和国民族拯救委员会，宣布其为立陶宛唯一合法政权。对此，兰兹贝吉斯声明："任何亲苏联的傀儡政权都没有存在的法律基础，它所通过的任何决议对立陶宛公民都绝对没有约束力。"[1] 苏共中央民族政策部部长米哈伊洛夫向苏共中央领导汇报了立陶宛发生的事件。

"根据苏共中央驻立陶宛的负责人（科久林、乌多维琴科）报告，1 月 11 日，空降兵占领了维尔纽斯市内的出版之家和拥军志愿者协会（ДОСААФ）大楼，边疆区保卫局就位于该大楼内，在考纳斯市占领了士官生大楼。在这个行动过程中总体上没有发生武装冲突……当地时间 17 时，立陶宛共产党中央举行记者会，立陶宛共产党中央意识形态部部长叶尔马丘斯通报说，共和国内成立了立陶宛民族拯救委员会。该委员会接管全部政权。委员会设在无线电器材厂院内，厂长是布尔登科。"[2]

1 月 11 日 20 点，与维尔纽斯连接的铁路交通中断，午夜 1 点，一伙武装士兵占领了边境区保卫局总部，空降兵占领了维尔纽斯电信局，使维尔纽斯与外界的联系中断 30 分钟。

1 月 12 日夜，两路苏联装甲部队在"阿尔法"特种部队的帮助下离开自己的驻防地，开往维尔纽斯市中心。其中一路军队开往有数千人围困的议会大楼，另一路开往电视塔，电视塔周围也聚集了许多人。

据有关资料记载，当天夜里在冲击电视塔的过程中，至少有 13 人死亡，140 人受伤。冲击立陶宛议会的行动没有成功。

苏联领导人中没有人愿意为此事承担责任。内务部部长和国防部部长声明自己与此事无关。苏联总统戈尔巴乔夫声明，他对苏联武装力量的此次行动一无所知，他是第二天早晨才听到汇报的。晚些时候，戈尔巴乔夫又说，"阿尔法"行动队队员看到的"手谕"是有人以他的名义用铅笔写就的，后来这份文件被撕毁了。[3]

后来，"阿尔法"老战士回忆此次事件时指出："'阿尔法'队员在冲击维

[1] Литва: Президент Сделал Ставку На Красное（рус.），Журнал «Власть»（07.01.1991）. Егор Гайдар. Деньги и судьба империи（рус.），*Независимая газета*（3 июля 2006）.

[2] Егор Гайдар. Деньги и судьба империи（рус.），Независимая газета（3 июля 2006）.

[3] Андрей Грачев Горбачев. – М.：Вагриус，2001.

尔纽斯广播电视委员会和电视塔的过程中没放一枪一弹。1991 年 1 月 13 日夜晚他们的行动没有导致一人死亡。"

苏联强力部门在立陶宛的行动受到俄罗斯、乌克兰、白俄罗斯、哈萨克斯坦以及莫斯科苏维埃和列宁格勒苏维埃的谴责。

当时西方在忙于应对科威特危机，但是也针对戈尔巴乔夫发表了措辞严厉的声明。而戈尔巴乔夫则声明他对当天夜里在立陶宛发生的事情"一无所知"。

冲击维尔纽斯电视塔的行动发生后，立陶宛检察院根据立陶宛苏维埃社会主义共和国刑法第八十八条第二款（企图实施政变）立案。侦查确定 23 人有罪，包括苏联国防部部长亚佐夫、克格勃主席克留奇科夫、中央政治局委员兼中央书记舍宁以及立陶宛共产党中央书记布洛克亚维丘斯、叶尔马拉维丘克、瑙久纳斯，以及维尔纽斯卫戍部队司令乌斯霍普契克少将、维尔纽斯特种警察部队司令马库特诺维奇等。1991 年 12 月 17 日，立陶宛最高苏维埃主席团给俄罗斯联邦最高苏维埃主席叶利钦发函，请求协助将嫌疑人移交立陶宛司法部门。

据苏联总理雷日科夫介绍，立陶宛闹独立期间，苏共大多数领导人都认为必须采取武力，保持党的统一。戈尔巴乔夫则说服苏共中央委员会，将波罗的海各加盟共和国局势的问题推迟一段时间再做出决定，先派一个代表团到维尔纽斯，"听听理性的声音"。戈尔巴乔夫曾经在一个由 40 人组成的代表团陪同下飞往维尔纽斯，在那里停留了 3 天。但是他却不能说服任何人。"多半正是从那时起，他默认了立陶宛以及其他波罗的海共和国脱离苏联的可能性。"[①]

1990 年可谓苏联民族独立运动波澜壮阔的一年。立陶宛在 2 月宣布独立，拉脱维亚在 5 月宣布独立。3 月，乌克兰民族主义组织"人民鲁赫"[②] 在选举中充分显示了自己的实力和影响力。

---

① 〔俄〕亚·菲利波夫：《俄罗斯现代史（1945—2006）》，中国社会科学出版社，2009，第 256 页。

② "人民鲁赫"全称为"乌克兰人民争取改革运动"，成立于 1989 年 9 月。在 1990 年 3 月的乌克兰最高苏维埃选举中"人民鲁赫"获得 450 个议席中的 211 席。1990 年 10 月 25 - 28 日召开"人民鲁赫"全乌克兰第二次代表大会时，运动章程明确宣布其最终目标是争取乌克兰独立。

而俄罗斯联邦内的主权运动更是对苏联命运产生了决定性影响。这将在后面的专门章节中进行阐述。

五　人民阵线——民族独立的先锋

人民阵线在苏联改革历史和苏联解体过程中发挥了特殊的作用。

人民阵线最早在20世纪30年代的西欧国家出现，是作为各种不同的政治力量和政党以及各种运动和组织，如工会、青年组织、妇女组织等相互协作的一种形式。主要是左翼组织。

苏联20世纪80年代中期，准确地说，从1988年开始出现人民阵线。那时，在苏联除了苏联共产党没有其他政党存在。苏共领导工会、共青团和所有社会组织。

当时有哪些人参加人民阵线呢？

简而言之，都是改革支持者和普通公民，既有共产党人，也有非党人士。

苏联的人民阵线并不是某些政党和社会组织的联合体，大多数是非正式的，即没有任何人注册的社会运动。人民阵线中的积极分子后来大多成为各类政党的创始人。

人民阵线在全国各地纷纷出现，但都不具备全国规模，个别城市、州或者加盟共和国建立了自己独立的人民阵线，每个地方人民阵线的组成、目标和活动形式不尽相同。

但是，成立人民阵线的原因却是一致的：担心改革夭折，努力推进改革、深化改革、发展改革。1988年的情况表明，改革并非不可逆转。当时在改革问题上，准确地说，在改革的方向问题上存在很大分歧，而改革领导者并没有明确指出改革的方向和原则，因此担心改革触及自身利益和担心改革偏离社会主义方向的人越来越多，反对改革的力量也日益强大。改革派认为，反对改革的势力足以阻止甚至取消改革。

自1985年开始改革以来，尤其是公开性进程启动以来，人们体味到了一种新鲜的社会气息，这与苏联社会几十年的传统是完全不同的。担心改革倒退的人占大多数，主要包括以下几种人。

一是拥护公开性的各种群体。

1987 年苏共中央一月全会实际上开始了苏联社会的公开性进程。

所谓公开性，对于当时许多人来说，就是在现实生活中给大众传媒以自由，就是可以在《星火》杂志、《莫斯科新闻报》上刊登那些反对和揭露斯大林主义和停滞时代的文章，就是允许出版过去被禁止的作品，就是允许放映过去被查禁的影片。

但事实上不仅如此。在当时，公开性还意味着新的方针，即允许自由地公开地发表自己的意见，允许和鼓励公开辩论、讨论、争论，允许就国家的过去、现在和未来发表不同意见。当时流行一种做法——"自由麦克风"。在各种会议甚至代表大会上、会场上、礼堂里设置若干麦克风，每个人都可以走到麦克风前向报告人提问题，而且可以提任何问题，包括与会议主题无关的问题。简而言之，可以随心所欲。

这与以往的政治生活形成巨大反差。在勃列日涅夫的停滞时期，能够自由讨论和辩论的场所只有厨房和吸烟室。而在代表大会、中央全会和代表会议上，报告人的发言和争论中涉及的问题都是经过党的领导人协商的。某些先进生产者的发言是由党委会内专人起草的，先进生产者就是上台读一遍稿子而已。改革时代情况则完全不同了，人们在任何场合都可以自由讲话，而且经常讲些领导者不喜欢的话题和内容，当时在领导者中流行一句话："公开性肆虐！"

1987 年春季，开始出现第一批社会政治辩论俱乐部，参加俱乐部活动的既有共产党员，也有党外人士。俱乐部从一开始的讨论、反思，到谴责和否定斯大林时期以及勃列日涅夫时期的缺点，再到否定国家计划经济的体制，最后转向讨论苏联发展道路的选择问题。

二是持不同政见者运动的代表者和同情者。

这里还可以指出一个现象，在苏联，从某种意义上讲存在着"持不同政见"的传统，苏联的持不同政见者运动一直比较活跃。从批评苏联镇压匈牙利起义、苏联出兵捷克斯洛伐克，到批评书报检查等。持不同政见者基本上会受到不同程度的处理，从开除公职、送进精神病院，到流放和驱逐出境等。在苏联，可以说是"持不同政见者寡，同情者众"。这从当年流行的关于体制和领导人的政治笑话中可见一斑。

三是"影子经济"代表人物。

苏联时期存在大量"影子经济"成分，国家统计资料无法准确反映"影子经济"的数量和规模。这些"影子经济"成分大都具有官商勾结和黑社会性质。这部分人的活动在改革年代部分地被合法化或半合法化。他们当然不愿意回到过去。改革过程中出现的法律真空为他们的活动提供了更大的空间，他们已经形成一定的社会利益集团。

四是地方民族势力。

改革年代，地方民族主义势力日益强大。尤其是在波罗的海沿岸国家，要求民族自决的呼声日益高涨。波罗的海国家人民阵线的主要诉求是公开1939年莫洛托夫和里宾特洛普签署的秘密协定文本。根据这份文件，波罗的海国家成为苏联的势力范围，而波兰成为德国的势力范围。1989年是该秘密文件签署50周年。

在波罗的海沿岸国家，人民阵线大都是经过加盟共和国的共产党中央同意而成立的。

第一个人民阵线是在爱沙尼亚成立的。最早提出成立人民阵线的想法是在1988年，这个想法得到许多人的支持，支持者大都是知识分子。最终成立人民阵线得到爱沙尼亚共产党中央的批准。人民阵线的思想纲领也是在共产党中央的帮助下搞起来的。

但是，除经济纲领外，人民阵线在政治和思想方面的观点是很模糊的。人民阵线很快得到群众的拥护，因为其总是在讲群众关心的问题和群众喜欢听的话题，反映群众的心声，如保护自己的家园，维护民族语言的地位等。人民阵线的领导人中有很多就是苏共党员。人民阵线是一个非常灵活的组织，既没有严密的纪律，又可以与苏共中央、工会、媒体和国外机构的代表自由接触。后来，许多苏共党员退党，加入人民阵线。

波罗的海国家的情况并不完全一样，当然也有相同之处。地方党组织成员的思想在迅速向人民阵线方向转变，有时甚至很难分清党组织和人民阵线的界限。实际上，人民阵线的许多领导人就是苏共党员和苏联人民代表。

人民阵线不仅得到党的支持，还得到企业的资助，包括技术资助和财政资助，实际上它已成为波罗的海沿岸国家最有影响力的组织。1990 年，立陶宛最高苏维埃选举以立陶宛民族主义组织"争取改革运动"（"萨尤季斯"）大获全胜而结束。选举后，立陶宛共产党中央书记坦言，改革后的立陶宛共产党不光是"萨尤季斯"的天然盟友，其实就是它的组成部分。[①]

在一段时间里，人民阵线成为波罗的海国家最有影响力的组织。在 1989 年选举中，波罗的海沿岸国家的大多数人民都支持人民阵线的立场，同时作为苏共党员的人民代表又都保持自己的党籍。当时的苏联人民代表选举曾经被外国观察员评价为相对自由的选举。到 1990 年地方议会选举时，人民阵线代表在地方议会也成为大多数。比如在爱沙尼亚，人民阵线代表在议会中占 33 席，与竞选政治同盟一起在 105 个议席中占一半以上，[②] 而在拉脱维亚的 201 个议席中，人民阵线代表占 131 席，在立陶宛的 141 个议席中，"萨尤季斯"占 106 席。[③]

阿塞拜疆和亚美尼亚因纳戈尔诺 - 卡拉巴赫领土纠纷而发生的严重冲突促进了地方人民阵线的发展。

总而言之，到 20 世纪 80 年代末，苏联的民族问题已经到了失控状态。中央权威日益下降，戈尔巴乔夫的立场和态度照旧暧昧不清，而地方民族主义实力大有乘胜进军之势。国家在分裂，社会也在分裂。

小　结

苏联是按照列宁的民族理论建立起的多民族国家。这个理论的基础是无产阶级革命和苏维埃政权。在反对阶级剥削和压迫的斗争中，无产阶级是没有民族界限的，在没有剥削和压迫的苏维埃政权下，人民是平等的，因此不会出现

---

① Главное ~ мудрость и ответственность перед Литвой//Советская Литва，1990，27 февр.

② Самородний О. Становление многопартийности в Эстонии в 1988 - 1990 годы//Известия АН Эстонии номер 3 с. 212 - 228.

③ Число депутатов увеличивается//Советская Литва，1990．6 марта.

阶级矛盾和民族问题。这个理论的执行者是苏联共产党。如果共产党遵循马克思列宁主义的理论和实践，不滋生出特权阶层和利益集团，这个民族理论和实践是完美的。但是，以无阶级和民族特征建立起来的苏维埃政权和以民族为特征组建的苏维埃国家以及苏联共产党，在苏联社会主义的实践中，则与列宁理论的初衷背道而驰。实际上，苏联各加盟共和国共产党最后大都成为民族独立运动的领导者或推动者。

第二十章　非正式组织的出现与发展

一　何谓非正式组织

何谓非正式组织？这个问题在苏联以及在世界上有各种解释。

一般情况下，非正式组织或团体是指那些游离于主流社会之外的团体。非正式组织或团体在世界各国都存在，其表现形式和性质也具有形形色色的特征。从 20 世纪 60 年代西方的嬉皮士到持不同政见者运动，都属于非正式团体或组织。

20 世纪 80 ~ 90 年代，苏联社会中也出现了各种非正式组织和团体。苏联非正式团体可分为亚文化类、兴趣类和政治类几种。

苏联最早出现的非正式团体的称谓，其含义是贬义的，形容那些具有亚文化特征的青年团体，如留奇异发型、穿奇装异服的青年群体，如同西方的嬉皮士，官方认为这是亚文化或反文化现象。

此外，还有一些兴趣俱乐部之类的非正式团体。主要是在共青团等官方承认的组织之外活动的团体。

政治类非正式组织，最初是指那些持不同政见者团体。

在苏联，非正式组织或团体的出现与苏联的社会环境有密切关系。

所谓的非正式组织或团体最初是在青年中产生的。这些非正式组织的出现有各种各样的原因，但是主要原因之一是信息匮乏，青年的生活单调乏味。在严格的书报检查制度和僵化的宣传手段成为思想工作战线主流的情况下，青年的思想发展问题没有得到应有的重视，青年工作也处于乏味、枯燥、教条主义和形式主义盛行的环境中。青年人的活动通常都被纳入共青团工作范围内，但是共青团并不能包揽所有青年工作和全部青年。青年人的思想非常活跃，兴趣广泛，能量超常，在一般情况下，寻找释放过剩精力的尝试是可以理解的。许多青年非正式组织或团体正是在这种情况下产生的。

这里不去考察那些具有反文化倾向或亚文化倾向的非正式组织，如模仿西方的嬉皮士或纵欲、酗酒、暴力崇拜等团体，而是考察那些具有政治倾向的非正式组织或团体。

在苏联，非正式组织的前身大都是一些非传统的、非正式的、自娱自乐的、自我管理的团体。"非正式组织"一词本身也是媒体用语，而那些组织自己经常自称为"创作小组""兴趣俱乐部""冒险小组"等。

苏联社会学家曾经尝试解释出现"非正式团体"现象。他们认为，理论上，一个人在社会上和国家层面具有三重性：第一，是国家的公民，此时的他与其他公民一样，是没有任何个性的某种抽象体，他至多是受法律和规则约束的社会体；第二，是社会的人，而且同时具有几种社会身份，如家庭、民族、国家和人类的一分子，在这些角色中，他是具体的，具有个性的，在社会中有一定的地位，要承受自己对社会和社会对他的态度，他会受到社会上有形的和无形的、道德的和伦理方面的规则约束；第三，是自身独处时的人，即个人，这时的他，是他的肉体和灵魂的统一体，但是当他沉醉于自己的内心世界，感受灵魂的和肉体的快乐和痛苦时，他就会剥去所有形式上的"外衣"，赤裸裸面对具体的事情，以批评的态度对待周围的世界。正如马克思所说："市民社会的成员……被认为是本来意义上的人……因为他是具有感性的、单个的、直接存在的人，而政治人只是抽象的、人为的人，寓意的人，法人。"① 正是人的这个特性使他本质上总是对周围的现实持批评态度。

社会政治和经济形势越是稳定，潜藏在个人内心深处的这种非正式素质和行为就越稳定，反之，就越活跃。与此同时，每个人都有表现自己潜能的欲望，尤其是年轻人，当他们的过剩能量无处发泄时，他们就会选择采取非正式

---

① 《马克思恩格斯文集》第 1 卷，人民出版社，2009，第 45～46 页。

的形式。

1987 年，莫斯科搞过一次民意调查，结果 52% 以上的工程技术人员、65% 的青年工人、70% 以上的大学生和十年级学生以及近 90% 的技术学校学生承认自己是非正式组织的成员。[①]

根据 1985 ~ 1987 年有关单位的统计调查，在众多的非正式组织中，具有政治倾向的非正式组织约占 10%。[②] 按照这个比例，仅在俄罗斯联邦就有数以百计的非正式组织。

比如，1987 年，一些年轻人建立了自己的独立于共青团之外的非正式组织"社会主义公共俱乐部联合会"（Федерация социалистических общественных клубов，ФСОК），总共联合了 100 多个分支机构。其领导人有安德烈·伊萨耶夫、鲍里斯·卡加尔利茨基和亚历山大·舒宾。虽然该组织存在的时间并不长，但是非正式组织参政的意愿非常强烈。实际上，该组织领导人后来都成为俄罗斯政治舞台上的活跃分子。

在苏联，虽然宪法不禁止言论自由，但是在现实生活中，对书报和各种出版物的检查是非常严格的。图书馆里的图书也是分等级的，有些书报收藏在特别藏书库，远不是所有苏联公民都可以阅读的。而特别藏书库里的图书有时并非因为内容，而是因为作者或年代而收入的。

比如，苏联图书馆特别藏书库保存的图书包括：国内战争时期的非共产主义出版物；1918 ~ 1936 年出版的苏联书籍，主要是那些被称作"人民公敌"的作者的著作，如托洛茨基、季诺维也夫、加米涅夫、布哈林等，而这类作者不计其数；侨民或国外出版社用俄文出版的图书，不管内容如何；外文书籍和报刊。

所有外国书刊被分为两大类：一类是可以普遍阅读的，可以在书店和图书馆公开传播；另一类是供内部阅读的，这类书目分为四个等级。第一等级的图书只有联共（布）中央、克格勃、列宁图书馆和科研院所可以使用，其他人要破例才能够借阅。在特别藏书库中即使第四类书目也只占进口图书的 1/4。

---

① 《Смена》№12 за 1987；《Советская Белоруссия》，1987，1－2 октября.

② Неформальная Россия，Москва，1990，《Молодая гвардия》，с. 4.

1988 年，仅列宁图书馆特别藏书库就有 30 多万种图书、56 万种杂志，100 多万种报纸。

1987 年，戈尔巴乔夫开始倡导公开性。此后，各图书馆特别藏书库的图书开始陆续回归公开借阅库。当时苏联专门成立了书目审查委员会，负责特别藏书库中图书回归工作。据有关资料统计，到 1988 年年底，总共有 7930 种出版物转归公开借阅。与此同时，还有 462 种图书没有解禁，主要是一些"具有明显反苏性质的图书，如含有诽谤列宁、苏共、苏联国家和苏联人民的图书，白匪、犹太复国主义和民族主义的出版物"。[1] 苏联流亡作家的作品当时也没有立刻被解禁，一直与色情和法西斯书刊，以及描述爆炸物质和毒品的书籍一起收藏在特别藏书库中。

直到 1990 年苏联出版保密总局颁发《关于取消特别藏书库》的命令以及取消书报检查制度后，特别藏书库才结束了自己的"使命"。目前图书馆的特别藏书库已经更名为"国外俄文书籍借阅部"，但是人们在日常工作中还是习惯地称它为特别藏书库。

苏联早在 1921 年就实行特别藏书库的制度了，此后是不断完善或强化的过程。在这种体制下，即使研究本国历史也很难获得完整的资料，更别说获得有价值的史料了。

二　共青团与非正式组织

苏联共青团的正式称谓是"全苏列宁共产主义青年联盟"（简称苏联共青团），是苏联的青年政治组织，同时也是苏联共产党领导的青年组织。俄罗斯共产主义青年联盟成立于 1918 年 10 月 29 日。1924 年俄罗斯共产主义青年联盟以列宁的名字命名。1922 年苏联成立后，共青团于 1926 年更名为全苏共产主义青年联盟。

20 世纪 70 年代末 80 年代初，共青团总共联合了 14～28 岁的苏联青年 3600 多万人。

---

① https://ru.wikipedia.org/wiki.

苏联共青团的组织结构与苏联共产党的组织结构很相似。最高机关是苏联共青团代表大会，由各州代表会议选举产生。两次代表大会间隔期间的最高机关是苏联共青团中央委员会。在各加盟共和国、州、区以及基层都有自己的组织，在学校里适龄的优秀学生都被共青团组织吸收进来。

第一次代表大会是 1918 年 10 月 29 日至 11 月 4 日召开的，称"俄国共产主义青年联盟第一次代表大会"。在俄共（布）的领导之下，第一次代表大会把全国零散的具有社会主义和共产主义倾向的共青团组织联合成全国统一的组织。苏联共青团最后两次代表大会即第二十一次和第二十二次代表大会是在 1990 年和 1992 年召开的。1990 年 4 月 11 日召开的苏联共青团第二十一次代表大会的口号是"争取民主社会主义"。

苏联共青团最高领导职务是中央第一书记。但是在 1930 年以前称为责任书记，1920 年以前称为中央主席。苏联共青团的中央执行机构是中央委员会书记处，与苏共的机构设置很相似。

苏联共青团在和平建设时期和战争时期都是苏共领导的一支重要力量。1941 年战争爆发前，苏联有 100 多万共青团员成为"伏罗希洛夫射手"，500多万人通过了军事印刷等军事技术的考试。在苏联卫国战争期间，他们成为"青年近卫军""少年复仇者"，有 3500 人成为苏联英雄，350 万人获得各种嘉奖。专门由女共青团员组成的作战部队中有 20 多万名机枪手、狙击手和其他方面的专家。因在与德国侵略者作战中表现勇敢而获得嘉奖的女共青团员有10 多万人，其中 58 人获得苏联英雄称号。

共青团是对苏联所有生活领域都具有重大影响的群众组织，影响遍及工业和农业、教育和科学、文化和艺术、体育和休闲……每个机关、企业和强力部门都有共青团基层组织。20 世纪 70 年代初，苏联总共出版 131 种共青团报纸，总发行量达 1660 万份，其中全苏联的报纸《共青团真理报》影响最大。共青团组织还出版杂志，有自己的"青年近卫军"出版社，曾经出版了大量脍炙人口的作品，国家还专门设立了列宁共青团奖金。总之，共青团在战后恢复、开垦处女地、建设贝加尔—阿穆尔铁路干线以及各条战线上都是先锋队、突击队。到 20 世纪 80 年代，所有学校的适龄学生都可以加入共青团。在苏联后期，共青团不仅是青年积极分子的组织，实际上已成为大众的组织，60% 以上的适龄青年人都是共青团员。久而久之，共青团员的称号已经不是荣誉和责任的代名词，共青团组织也不是青年的先锋队，而成为一个界限模糊的青年群众性组织。

苏联共青团组织的发展与苏联共产党的发展有密切联系。到后来，共青团组织也出现极端官僚化倾向，与苏联的官僚化体制融为一体。因此，它在青年人心目中的地位也发生了质的变化，它的吸引力和威信迅速下降。

1991年著名的"8·19"事件之后一个月，9月27日，全苏列宁共产主义青年联盟，即苏联共青团召开第二十二次非常代表大会，这是该组织历史上最后一次代表大会。非常代表大会的确不同寻常，正是在这次代表大会上，共青团宣布自行解散，这个日子距共青团成立73周年还差一个月。

苏联共青团第二十二次非常代表大会在宣布苏联共青团自行解散的同时，还成立了善后委员会，清理和分配苏联共青团的资产。

20年以后，2011年，当年苏联共青团的中央书记弗·久金在回忆1991的决定时对《共青团真理报》说，当年无论是苏联中央权力机关还是俄罗斯权力机关的领导都没有表现出保留苏联共青团的政治意志。久金曾经在20年后问过戈尔巴乔夫当时国家领导人对苏联共青团领导人做法的态度。戈尔巴乔夫说："我当时的态度就是让你们自己决定这件事情。"这个答复倒是非常具有戈尔巴乔夫的特点。久金说，即使当时的苏共中央领导有什么其他立场，共青团代表大会也未必会做出其他决定。至于当时的俄罗斯领导人叶利钦，他根本不需要保存一个全苏的组织。如果需要，他完全可以与俄罗斯共青团组织或其他组织合作。

于是，在"8·19"事件后，由于苏共被禁止活动（关于"8·19"事件和苏共被禁止活动，本书后面将专门论述），苏联共青团也处于迷失方向的处境。新组建的俄罗斯共产党中央在"8·19"事件发生的当天曾经邀请苏联共青团中央书记进行了三个小时的谈话，希望苏联共青团中央能够支持俄共，但是苏联共青团中央领导坚决地拒绝了俄罗斯共产党的提议。共青团与俄罗斯共产党关系一直很复杂。俄罗斯共青团中央第一书记在俄罗斯共产党代表大会上发言反对民主集中制，表示共青团不接受共产党的领导；而且俄罗斯共青团在俄罗斯通过新国家标志前就批准了由金色桦树叶与红蓝白三色结合的标志。

实际上，苏联共青团已经不是传统意义上的青年组织。共青团中央及其地方机构已经成为官僚机构和政权的一部分。

苏联共青团也有自己的财产，包括现金、不动产，如各地的夏令营地，旅馆，企业等。苏联共青团中央所在地的房产位于莫斯科的黄金地段。

在第二十二次非常代表大会上成立的善后委员会的任务就是分配共青团的财产。据有关当事人回忆，苏联共青团的财产分配原则是：在各加盟共和国的不动产和实业直接归属当地共青团组织。

耐人寻味的是，代表大会上有人提议保留苏联共青团，但是绝大多数人主张解散共青团组织。代表大会在做出自行解散的决定后就结束了工作。但是大会结尾时不是像往常那样奏苏联国歌，而是全体代表一起高唱"我与共青团永不分离"[1]。

苏联共青团脱离了共产党，也脱离了苏联青年。那些卷入政治斗争旋涡的共青团干部有些人后来成为独立后各国的政治家，有些人成为大商人。

理论上，共青团组织联合了，或者至少是应该联合所有青年。但是现实生活中，总有一部分青年是在青年组织之外的，不仅如此，现实生活中部分共青团员也是"身在曹营心在汉"。这说明，共青团组织不能满足青年人的全部精神追求。苏联非正式组织恰恰是在青年中首先出现的，尤其那些具有亚文化特点的非正式组织，均由那些未加入共青团的青年人组成。严格地讲，非正式组织并不是政治概念，更接近社会心理学概念。但是在苏联，这些最初以性、毒品、酗酒、崇尚暴力、迷恋消费等为特征的青年团体逐渐成为具有社会政治特征的组织，[2] 并在苏联解体过程中被充分利用。

三　苏联工会组织与非正式组织

工会是人们以自己的社会活动特点和共同利益而自愿联合起来的社会团体。但是苏联工会的性质与世界上其他国家，特别是与资本主义国家的工会不同。

---

[1]　С ВЛКСМ распрощались под песню « Не расстанусь с комсомолом », http：//xn-37-1lceeambb1a. xn-p1ai/catalog.

[2]　«Неформальная Россия»，М. Молодая гвардия，1990，стр. 7.

苏联是社会主义国家，理论上不存在劳资冲突，因此列宁认为，工会是共产主义学校，是党和群众之间的"纽带"。在苏联，党组织、工会、共青团组织之间的关系是领导者和被领导者以及互补的关系。

在苏联时期，工会和全苏工会中央理事会的任务是参与制订国民经济计划，领导社会主义劳动竞赛和共产主义劳动运动；听取各工会委员会和理事会的报告以及各部委关于工人和职员生产、劳动和文化休闲服务的报告；有提出有关立法倡议的权利；有参与起草和审议部长会议关于职工工资、保险和劳动保护及文化休息的决定的权利；在国际组织中代表苏联工会，等等。

苏联工会不是独立的工人社会组织，而是党和政府领导下的群众行业组织。历史上曾经有人试图建立独立于当局的工会组织，结果是组织者受到了惩处。

在实际生活中，工会已经成为官僚机构，而不是维护工人利益的组织。所以那些游离于工会之外的、以工人为主体的情趣俱乐部之类的非正式组织相继出现。

1990年3月，在政治改革的高潮中，俄罗斯联邦召开了共和国工会成立代表大会，宣布放弃马克思列宁主义并建立俄罗斯独立工会联合会。当时大多数俄罗斯行业工会和地区工会都加入了独立工会联合会。这说明，传统的工会组织由于没有切实维护工人的利益而被抛弃。1991年年底苏联解体后，全苏联的工会中央理事会解散，而独立工会联合会成为它的继承者。

独立工会是行业协会类型的独立社会组织。这类组织的目标和任务虽然千差万别、各不相同，但是在下列问题上则有共同的特点：首先，它们对官方成立的工会活动都不满意，认为那些组织太依附于国家和政府，太政治化；其次，它们都想努力保护与自己行业的性质、劳动条件和社会地位相近的人的利益；最后，努力联合那些非正式组织的影响力还不够大的企业里的工人。1989年，莫斯科机场调度人员要求提高工资的活动持续了几个月，最终获得胜利。这极大地提高了独立工会的威信。此次活动组织得非常周密，机场并没有因此而关闭。这件事说明，独立工会当时已对传统的官方工会形成巨大挑战。

四　非正式组织的主要类型

在 20 世纪 80 年代后期，苏联非正式组织有各种类型。

最流行的、影响最大的非正式组织无疑是支持改革的各种人民阵线、协会（委员会）、民主运动、劳动人民联合阵线等。它们都是由支持戈尔巴乔夫改革的人组成的团体。在后来的人民代表选举中，凡是得到人民阵线支持的组织都取得不错的成绩。人民阵线是比较松散、意识形态比较模糊且具有弹性的组织。但是它们影响很大，往往是社会情绪的表达者和"晴雨表"。后来有些人民阵线还分化为其他非正式组织，如军人协会；也有些人民阵线成为政党性的组织，如后来的社会党等；在苏联各加盟共和国，人民阵线后来都发展成为主张民族独立的组织。

而劳动者联合阵线则是与人民阵线不同的团体。总体上，劳动者联合阵线的主要参与者不同意"民主社会主义"、资产阶级自由民主价值、议会制和资本主义自由市场。它们的主要意识形态价值是：建立以科学社会主义为基础、以共产主义为前景的社会。它们的成员既反对官僚主义，也反对斯大林主义，主张经济活动应该满足劳动者的需要，而不是追逐利润，主张保证社会各阶层的社会公正。

独立的（非正式的）政党型组织。这类组织具有章程和明确的纲领，希望以执政党或反对党的形式参加国家政治进程。这类组织大都是在 1988～1989 年出现的。主要成员是新的社会阶层，如合作社工作者，承租人，合股人，自由派知识分子等。他们都意识到自己的利益，希望在权力机构有自己的代言人。正是它们的存在反映了苏共的思想危机和政治危机。民主联盟、社会主义工人党（高尔基市）、苏联民主党等就是这样的组织。

非正式的独立的出版物和图书馆。即苏联时期著名的自行出版物。这些出版物在改革前主要表达持不同政见者运动的声音。俄罗斯联邦刑法第七十条和第一百九十条就是针对它们制定的。

这些出版物有自己的记者和编辑队伍，自己解决纸张和印刷等问题。一般都是在手动打字机上打印的。发行量因内容而不等，有发行五六份的，也有发行上千份的，不过大多数自行出版物的发行量只有几十份或数百份。但是在改革年代，这些出版物的影响却不容忽视。

政治俱乐部、俱乐部联合会和各种研讨会、倡议小组等。专家认为，这是独立社会政治运动中最"纯粹的"、经典的非正式组织。这是任何比较成功的群众性政治运动的典型组织形式，甚至是许多正式组织常用的组织手法。

生态协会、小组、团体等以"绿色运动"为特点的"生态保护工作者"在欧洲国家是很著名的，也经常得到群众支持。在苏联，他们（指苏联的生态保护运动代表人物）也是很有威信的，并且这些组织也是最先得到当局承认、可以公开开展活动的组织。尤其在波罗的海沿岸国家，生态组织已经成为政党。1988年，在俄罗斯也出现了社会生态联盟、莫斯科生态联合会……这些组织其实都是以生态问题为掩护从事政治活动、参与国家政治生活。

各种爱国主义和民族主义的运动。最著名的有"纪念"协会，至今仍然在活动。"纪念"协会或运动是俄罗斯激进的民族主义组织。它们的斗争目标和理念是：恢复俄罗斯国家制度；复兴作为人民精神生活基础的东正教；在劳动所有制基础上恢复俄罗斯农民阶层；共同性（聚合性），即宣扬在统一的国家和意识形态基础上把所有俄罗斯固有的土地都联合起来的思想；复兴以家庭教育和学校教育相结合的俄罗斯民族文化和传统等。

在"纪念"运动看来，十月革命和布尔什维克的活动是反民族的，与俄罗斯人民的精神格格不入。但是，就社会理念而论，"纪念"运动也并非铁板一块。有些人信奉社会主义，如"纪念"运动中的俄罗斯人民阵线，俄罗斯文化中心等组织；有些人则信奉君主主义的帝国传统，如"纪念"运动中的民族爱国阵线等。

此外，还有独立的学生运动和大学生运动等。

非正式组织中还有维权运动。维权运动的主要特点是要求保护个性和个人的权利，遵守宪法中宣示的对人权的态度，要求国家机器维护个性的权利。当时最著名的维权组织是莫斯科赫尔辛基小组。

这个小组至今仍然活跃在俄罗斯社会之中。

小　结

非正式组织是一个模糊的和复杂的概念。但是在苏联后期，部分青年人精神上游离于共产主义意识形态之外，组织上游离于共产党和共青团组织之外，寻找思想寄托成为部分青年人的现实问题，而强大的苏共并不能解决这些问题，因而形成最早的非正式组织。以政治为目的或具有鲜明政治色彩的非正式组织大都存在于成年居民中，尤其是部分创作知识分子（作家、音乐家、艺术家等）中。有国外背景的非正式政治组织规模不大，但是影响力很大，尤其是在思想上的影响力非常大，它们在苏联多党制的形成过程中发挥了相当重要的作用。

第二十一章 苏共内部分裂与社会上政治党派涌现

戈尔巴乔夫的改革进行到 20 世纪 80 年代末期，苏共内部分化迹象已经非常明显。苏共第十九次全国代表会议后进行的政治体制改革，实际上是在逐步削弱苏共的力量。取消苏联宪法第六条，等于宣布苏共不再是法定的执政党，而是与其他组织一样的社会组织。此时苏共内部在对党的建设和国家发展前途的立场和观点上产生了巨大分歧，无论是在组织上还是在思想上，党内的统一都不复存在。

实际上，随着取消苏联宪法第六条，苏联多党制时代已经开始。值得指出的是，苏联多党制实际上是从苏共失去或放弃领导权和执政权力开始的；真正的政党也是从苏共分化出来的。苏共的分化实际上并没有违背列宁对政党的分类标准，即阶级标准。任何一个政党的产生和发展最终都是以一定的阶级或阶层为社会基础的。

一 苏共思想上的分裂

从戈尔巴乔夫改革开始，苏共始终在进行思想上的反思，反思党的意识形态工作的得失，为进行中的改革事业扫清理论上的障碍。

在这项工作中，最重要的是对社会发展阶段的认识和对历史的认识。

对于社会发展阶段中发达社会主义的定义，理论界比较一致的意见是：这种提法是超前的，超越了历史发展水平所具有的特征。早在安德罗波夫时期，苏共就修正了这种提法，认为苏联社会是处在发达社会主义的起点。戈尔巴乔夫上台后，也曾经提出发展中的社会主义的说法，但是戈尔巴乔夫时期反思社会主义历史发展进程有两个最显著的特点：其一是全盘否定勃列日涅夫时期；其二是全盘否定斯大林时期，而且是从理论到实践都加以否定，甚至否定领导人本身的个性。

这表明戈尔巴乔夫要在否定斯大林和勃列日涅夫时期的基础上，另起炉灶来确定改革之路。争论的主要问题是多党制和市场经济的可行性。

苏共领导人和主张多党制的精英们在鼓吹多党制时经常引用列宁的论断和列宁时期布尔什维克党的实践。

的确，苏维埃政权建立后，列宁并没有认为建设社会主义社会只能由一个政党即共产党来完成。列宁对其他非布尔什维克政党的态度并非"毫不妥协"。相反，他领导俄国社会民主工党和社会主义革命的全部经验都是在多党制条件下获得的。十月革命前和十月革命后都存在过多党制。列宁允许各种"联盟""集团"存在，允许"共同行动"，而且不仅与具有社会主义倾向的政党，也可以与资产阶级政党（如立宪民主党）"共同行动"，前提是这些政党应该推动社会的进步变革，反对反动势力。

列宁教导布尔什维克要看到每一个政党的细微差别，学习其他政党影响群众的正面经验，及时发现这些政党政治立场的变化。

列宁在苏维埃政权初期并没有否定建立联合政府的可能性，不仅如此，他还说道："我们愿意成立苏维埃联合政府"①，可是社会革命党人和孟什维克不想，因为他们在联合政府中会处于少数。列宁还认为，布尔什维克颁布的土地法"完全是按社会革命党人的委托书照抄的"，这实际上证明，"布尔什维克有极大的诚意，愿意实现同俄国居民大多数的联合"②。

众所周知，从1917年11月中旬起，苏维埃政府是由两个政党组成的联合政府，即布尔什维克和社会革命党人。在两党坚持同一个目标、承认和支持苏维埃政权、宣传十月革命思想的时期，联合政府始终具有生命力。

---

① 《列宁全集》第33卷，人民出版社，1985，第31页。
② 《列宁全集》第33卷，人民出版社，1985，第41页。

苏维埃政权初期，国内不仅只存在两党政府，在苏维埃政权的中央机关和地方，与布尔什维克合作的还有孟什维克、社会革命党人、无政府主义者，这些政党还出版机关刊物。苏联建立多党制进程的中断，过失不在布尔什维克。阶级斗争的逻辑和资产阶级发动的国内战争使资产阶级和小资产阶级政党，包括无政府主义者、右派和左派社会革命党人、孟什维克等，结成统一阵线反对苏维埃政权，最终导致布尔什维克一党制的建立。

新经济政策时期，列宁又不同程度地恢复了多党掌权结构。在与托洛茨基的谈话中、在俄共（布）第十次代表大会的发言以及在《政论家札记》的文章中，列宁都发挥了这个思想。1921 年 3 月 15 日，他在就实物税代替余粮收集制的报告的结束语中说："富农的出现和小资产阶级关系的发展自然会产生相应的政党，在俄国，这些政党是在几十年当中形成起来的，我们对它们都很熟悉。这里要选择的，不是让不让这些政党发展，因为小资产阶级经济关系必然会产生这些政党；我们要选择的，而且只能在一定程度上选择的，只是集中和联合这些政党的行动的形式。"①

列宁当时曾经担心在多党制条件下，布尔什维克党的完整性问题，这也间接说明他要搞多党制。列宁说，由于党不能够反映农民的政治利益，党落入尴尬境地，党内出现矛盾、不稳定因素和各种分裂，而这最终是要断送党的。

列宁当时担心的是：共产党最主要的危险是脱离广大人民群众、自高自大和官僚主义，这会使党染上骄傲自满的毛病。所有这些现象在列宁去世后都在党内出现了，党内滋生了反民主的生活现象，滋生了领袖个人迷信的恶习。

斯大林当政后，在党内残酷的斗争中清除了政治反对派和政治异己，开始镇压曾经参加其他政党的人，然后又利用 20 世纪 30 年代各种"著名的"案件，清洗列宁的布尔什维克党老党员。

在联共（布）第十七次和第十八次代表大会上，斯大林取消了列宁时期建立的中央监察委员会和工农检查人民委员会联合机关。列宁时期独立于中央进行活动的党的监督机关成为服从于党委的执行机构。根据斯大林的指示，党的集体领导原则被取消，民主集中制原则被官僚集中制所代替，实际上被一长

---

① 《列宁全集》第 41 卷，人民出版社，1986，第 67 页。

制所代替。结果，列宁的党的原则被党的机关的行政命令管理方式所代替。党在很大程度上变成了机关党，公开性被秘密性所代替，自觉纪律被恐吓纪律所代替，选举制被任命制所代替，最终形成了苏联模式的管理体制。在苏联发展历史中，这个体制的优越性和弊端都表现得非常明显。更重要的是，这种体制运转几十年后，人们已经形成了与这种体制相适应的观念，以及与这种体制息息相关的干部队伍和与这种体制紧密相连的联盟国家的架构。

赫鲁晓夫"解冻"时期，社会上和党内在列宁民主原则基础上开始进行某些革新：揭露和批判了斯大林的个人迷信，平反了被不公正审判的党员和党外人士，党内恢复了民主集中制的原则，领导工作中出现了集体领导的迹象。但是，赫鲁晓夫并没有放弃苏联管理体制，他只是试图改善这种体制，而且这种努力差点儿导致苏联社会的混乱。

勃列日涅夫上台后，对赫鲁晓夫的改革做了重要调整，虽然没有回到斯大林时代的做法，但是苏联理论界的评价是：斯大林精神在复活。

勃列日涅夫时期是以"停滞"著称的。停滞时期的主要特征是：社会和党内缺乏真正的民主制，教条主义盛行，官僚主义泛滥，个别党的领导干部官僚化和腐败化。这不能不对苏共的威信产生影响，进而影响党的思想的吸引力。到20世纪80年代初，党的威信急剧下降。被开除出党的人数在不断增长就是证明。客观上，党的威信在下降，而意识形态宣传却在大肆宣扬党的作用在提高、党与人民的关系日益密切。这种做法使责任重大的执政党的状况变得更加严峻。

20世纪70年代苏共的主要错误是，不能及时应对科技革命引起的世界形势的根本性变化。苏共没有在社会推广科技革命，而是陶醉于社会主义所取得的成就，提出"全面建设共产主义"和"发达社会主义"的空洞构想。这使党的威信更加降低，党已经堕落为骄傲自满的政党。

戈尔巴乔夫在开始改革时认为，勃列日涅夫时期是停滞时期。"停滞"一词是戈尔巴乔夫在苏共二十七大政治报告中提出的。于是，"停滞"便成为勃列日涅夫时期的代名词。勃列日涅夫后期，苏联经济发展速度的确在稳步下降。第八个五年计划期间，苏联经济年平均增长率为7.5%，第九个五年计划期间为5.8%，第十个五年计划期间为3.8%，而第十一个五年计划的前两年增长率只有 2.5%。

如果说在结束"停滞"的问题上社会中有某种共识的话，那么在国家该走向何方的问题上则存在巨大分歧。妮娜·安德烈耶娃的公开信只是这种分歧的表现之一。

20 世纪 80 年代末，在苏联社会中占统治地位的观点和舆论是民主社会主义，即欧洲社会民主党的发展道路。戈尔巴乔夫是这种理论最热衷的鼓吹者和践行者。但是，苏联的历史文化传统和社会结构并没有为这种选择打下坚实的文化和经济基础。在某种意义上，戈尔巴乔夫改革后期的过程是在试图为这种发展模式或制度开辟道路。

1990 年和 1991 年是改革最关键的年头，也是苏联社会大分化的时期。这时的苏共在思想意识上已经彻底分裂。

二　苏共组织上的分裂

苏共组织上的分裂不是在取消苏联宪法第六条后开始的，其实，在这之前就已经出现分裂迹象。甚至可以说，正是由于苏共在思想上出现了分裂才导致了组织上的分裂。

在苏共分裂的进程中出现的最著名的团体有民主纲领派、马克思主义纲领派、劳动者联合阵线等。此外，社会上出现的绝大多数政党或政党型组织的主要成员都曾经是苏共党员。

苏共内部的民主纲领派—— 激进的改革派。这个团体成立于 1989 年 12 月，是在一些拥护改革和支持戈尔巴乔夫的党内俱乐部和非正式组织的基础上成立的。① 该组织的协调委员会有成员 50 人，其中有一些著名的活动家，甚至包括著名政治反对派组织跨地区议员团的领袖如尤·阿法纳西耶夫、鲍·叶利钦、尼·特拉夫金以及丘拜斯和莫斯科高级党校校长肖斯塔科夫斯基。到 1990 年春季，民主纲领派成员已经达到 60 万人，主要成员是知识分子、科学

---

① «Коммерсантъ»：«"Демократическая платформа в КПСС" -курс на создание новой партии». № 12（12），26. 03. 1990.

家和工程技术人员。

民主纲领派主张对苏共进行彻底改革，把苏共改造成为西方式社会民主主义政党。但是随着党内斗争的加剧，民主纲领派中最激进的成员认为，必须与党内保守派彻底决裂并成立自己的政党。1990 年 3 月 18 ~ 19 日，民主纲领派在莫斯科高级党校礼堂召开协调委员会会议，宣布准备在民主纲领派和跨地区议员团的基础上成立新的政党。同年 5 月，民主纲领派代表召开会议讨论向苏共二十八大提交的文件等有关问题。1990 年 6 月 16 ~ 17 日，苏共民主纲领派召开第二次全苏代表会议，B. 李森科、Б. 丘拜斯、В. 肖斯塔克夫斯基在会上做了报告。代表会议通过了一般性政治决议，向苏共二十八大提出要求：放弃单一的意识形态，放弃作为党活动目标的共产主义，放弃对权力的垄断，改变集权型政党的组织原则。① 苏共第二十八次代表大会后，尤其是俄罗斯联邦共产党成立后，民主纲领派无论在思想上还是组织上都不可能继续自由地、有影响地活动了，因为苏联在分裂，苏共中央的影响在下降，俄罗斯共产党的成立表明，民主纲领派只不过是游离于中央和各加盟共和国共产党之间的已经被逐渐边缘化的组织。1990 年 11 月 17 ~ 18 日，苏共民主纲领派成员在莫斯科宣布成立俄罗斯联邦共和党。

苏共民主纲领派成立的俄罗斯联邦共和党在后来俄罗斯政治事务进程中所起的作用是微不足道的，但是民主纲领派在瓦解苏共的过程中则发挥了决定性的作用。

苏共内部的马克思主义纲领派——青年马克思主义派团体。

苏共内部的马克思主义纲领派是 1990 年年初成立的。从某种意义上来说，这是针对苏共内部的民主纲领派成立的。

马克思主义纲领派是在马克思主义政党俱乐部联合会的基础上成立的。1990 年 4 月 14 ~ 15 日，在莫斯科郊区的贝科沃市召开苏共内部的马克思主义纲领派拥护者第一次代表会议，近 100 名代表出席会议，主要来自莫斯科和莫斯科州。代表会议通过了向苏共第二十八次代表大会提交的题为“马克思主

---

① Новейшие политические партии и течения в СССР（документы и матениалы），Москва，1991，стр. 414 – 415.

义纲领"的文件。马克思主义纲领派在自己的文件中阐述了对党和国家前途的原则立场,包括坚持社会主义前景和共产主义信仰,主张党和社会的彻底民主化,既反对集权制度下人剥削人的现象,也反对私有制形式下人剥削人的现象,在民族平等和民族自决权基础上实现各民族的国际主义团结。马克思主义纲领派作为一项政治运动,其目标是在马克思主义原则基础上促进党的复兴,恢复劳动者对党的信任,建立民主和社会主义政治力量的联盟。

马克思主义纲领派的主要领导人有莫斯科大学经济学教授亚·布兹加林(А. Бузгалин)、А. 普利加林(А. Пригарин)以及莫斯科大学经济学教授А. 科尔加诺夫(А. Колганов)等人。

马克思主义纲领派内部从一开始就有两个派别:一个是以普利加林为首的比较强硬的左翼,主张与劳动者联合阵线(Объединенный фронт трудящихся)和共产党人倡议运动(Движение коммунистической инициативы)结成联盟;另一个是以布兹加林和科尔加诺夫为首的温和派,他们后来组成了"21世纪马克思主义派"。

苏共内部的马克思主义纲领派在苏联共产党内和社会上的影响有限,但是马克思主义纲领派思想的宣传还是取得一定成果,比如在苏共二十八大上,布兹加林、普利加林当选为苏共中央委员,科尔加诺夫后来也进入苏共内部的俄罗斯联邦共产党中央委员会。①

在苏共解体过程中,许多马克思主义纲领派拥护者加入了马克思主义工人党和俄罗斯共产党人党等左翼组织。理论上,马克思主义纲领派作为一个独立组织始终存在,虽然它早已基本上停止活动。它于1992年在俄罗斯联邦司法部注册。

苏共马克思主义纲领派是苏共解体或瓦解过程中的一个插曲,一种现象。它首先反映出苏共内部一部分人的思想状态,他们不想放弃马克思主义,但是他们又基本上否定苏联现实的社会主义;他们想改变或者完善苏联社会主义,但是又千方百计与苏共历史尤其是斯大林划清界限;他们既反对民主纲领派放

---

① Новейшие политические партии и течения в СССР(документы и матениалы), Москва, 1991, стр. 55.

弃社会主义的立场，也反对劳动者联合阵线继续坚持无产阶级专政、坚持斯大林式社会主义的立场。这使得他们或许有许多思想上的支持者，但是绝对缺乏广大人民群众的支持。在马克思主义纲领派中，工人很少，根本没有农民代表。

劳动者联合阵线——戈尔巴乔夫改革的反对派。

劳动者联合阵线是俄罗斯领土上最早出现的群众性组织之一。成立代表大会是 1989 年 9 月 8~9 日召开的，参加代表大会的有来自 33 个城市、自治区和加盟共和国以及科梅罗沃罢工委员会的 103 名代表。劳动者联合阵线的领导机构是协调委员会，主要成员有苏联人民代表 B. 亚林、经济学家阿·谢尔盖耶夫、哲学副博士 B. 亚库舍夫、工人代表尼·波罗沃多夫和《共产党人》杂志前主编理查德·克索拉波夫。

按照社会成分来讲，劳动者联合阵线代表的是劳动者中大部分人的利益。他们担心，国有财产的大规模私有化、向市场过渡以及发展实业活动会导致大多数普通百姓生活水平下降，因此他们坚决反对"资本市场"和"劳动力市场"，认为这必然会加强苏联的资本家政权。

劳动者联合阵线的主要任务是：为改善各民族各阶层劳动人民的生活而斗争，反对腐败的官僚管理者及其意识形态，反对把俄罗斯变为资本主义国家的原料附庸和"垃圾场"，要求切实落实列宁的"被剥削劳动人民权利宣言"。

劳动者联合阵线在苏联解体前以及解体后的俄罗斯政治舞台上是很活跃的，但是作为一个组织在理论上则很薄弱。

俄罗斯自由民主党——神秘产生的政党。

俄罗斯自由民主党，成立之初称为苏联自由民主党。它在俄罗斯政治舞台上具有传奇色彩，皆因该党的主席日里诺夫斯基。

关于苏联自由民主党成立的日期有各种说法。说法一是，成立于 1989 年 5 月，以当时起草党的纲领和章程为主要标志。纲领和章程起草小组是由莫斯科的 B. 博加乔夫领导的。1990 年 2 月，弗·日里诺夫斯基被邀请加入自由民主党。苏联自由民主党成立大会于 1990 年 3 月召开。210 名来自俄罗斯联邦、乌克兰、白俄罗斯、哈萨克斯坦、乌兹别克斯坦、格鲁吉亚、阿塞拜疆以及俄罗斯其他城市的代表出席会议。代表大会选举由 13 人组成的新领导机构，日里诺夫斯基任主席。自由民主党中央主要协调人是 B. 博加乔夫。据自由民主党领导人介绍,召开成立代表大会时,该党有 5000 名成员,主要来自知识分子、工人、农场主、文化活动家、各级苏维埃代表等,该党内不乏法学家、经济学家。自由民主党内还成立了青年组织——青年自由民主派联盟。该党党员的平均年龄为 40～45 岁。

自由民主党党纲指出,该党在政治方面主张多党制,建设法治国家。国家结构为民主的联邦制国家——苏联。国家领导人为总统,任期 5 年,由联盟国家居民以直接的无记名投票选举产生。在经济方面,主张多种经济成分并存,发展市场,实现最低税率,支持发展合作社,主张政教分离,向教会退还苏联时期没收的财产,等等。

随着苏联国内分裂倾向的加剧,苏联自由民主党分化为苏联各加盟共和国自由民主党,俄罗斯则保留自己的称谓。俄罗斯自由民主党成立以来,尤其是日里诺夫斯基担任党的领导人以来,在议会制发展历史中是成绩最显著的政党,参加历届俄罗斯国家杜马选举并每次都成功进入议会,组建自己的党团。

自由民主党是作为政权的反对党而成立的。1991 年 4 月在苏联司法部注册时是苏联除苏共以外唯一的政党。该党存在和发展的历史表明,它在大多数情况下并不是当局的反对派,而是政权的主要帮手。正因为如此,社会上有许多传闻,认为俄罗斯自由民主党是由苏联克格勃成立的。对此,日里诺夫斯基长期以来不置可否,但是后来他在广播电台和电视节目中对此做出澄清,表示该党的成立与克格勃无关,尽管他本人与克格勃领导人有联系。

三 苏联社会的分裂与多党的产生

苏共的分裂是戈尔巴乔夫改革进程中最重要的转折点。这个进程是从苏共第十九次全国代表会议和取消苏联宪法第六条开始的。

苏共的分裂直接导致苏联社会的分裂和民族的分裂。政治体制改革的初期,人民谈论的是提高政治决策的科学性、党内的民主性和社会公正,当改革进行到一定阶段后,更多的是关于多党制的争论,其背后实际上是社会利益和各加盟共和国的民族利益之争。

到 1990~1991 年，6 年的改革历程实际上已经摧毁了苏联集权的发展模式，开始向新的模式过渡。经济改革并没有提高经济效益，也没有改善人民的生活水平，最重要的变化是非国有化和私有化进程的出现。诞生了新的多种经济成分，出现了从前没有的混合型企业，城乡出现了私人生产企业，合作社运动开始发展。

经济领域的巨大变化引起社会结构的变化。

首先是工人阶级结构的巨大变化。掌握熟练技能的、与新技术和科技密集型生产密切联系的工人的利益与传统工人阶级的利益经常是不吻合的。与此同时，有些行业的工人，如矿工、冶金工人、石油工人、运输工人、建筑业工人等，因人数众多而成为各党派争夺的对象。这些工人在当时的形势下发挥了重要的政治作用。哪个党派都希望把这部分工人鼓动起来、利用起来，使其成为自己的支持者，这甚至能决定这些政党的政治生命。这种现象加剧了工人在政治上的分化。

在农村，居民中开始出现新的阶层。土地使用法、关于农村振兴、关于有可能获得农业生产用地等法律的通过，为新的农业生产形式的发展开辟了道路，如家庭农场、个体经济、农业合作社、租赁等。所有这些社会阶层都将迅速发展并在社会中发挥日益明显的作用。更重要的是，他们开始在个人财产关系的基础上关心自己的政治利益。

改革年代出现了一个新的社会阶层——现代管理人才。这部分人的数量不多，但是随着与西方交往的增加，西方企业与苏联合作规模的扩大，这些企业管理人才的数量不断增长，社会地位迅速提高。另外，合资企业工人的利益与传统劳动者的利益也是有差别的。

知识分子中同样存在很大差别。创作知识分子中，除传统阶层外，还有在国外工作的人，在合资企业工作的人，以及在各种社会基金会和合作社工作的人；技术知识分子也区分为新阶层和传统阶层，新阶层包括装潢师、设计师、程序师等，这些都是在市场经济条件下发展起来的，因而他们的政治诉求也有所不同。

最后还应该指出，社会上还存在"影子经济"和形形色色的腐败经济分子以及地下百万富翁。

在社会的最底层，则是盲流和失业者阶层。

此外，还有各种管理阶层——党的、国家的、经济方面的，其人数有数百万之多。他们的利益是多元的，有时甚至是相互矛盾的，与此同时，传统管理机构的代表还在活动，还在发挥作用。

苏联社会阶层状况已经变得相当复杂，各阶层的差别，包括利益差别日益扩大。因此在政治上会出现各种政党、政治运动或团体，以维护或捍卫本阶层的政治和社会利益，这是不足为奇的。

苏联政治多元化有自己的特点。随着民主化和公开性的发展，各种社会组织，包括政治性组织相继出现并蓬勃发展起来。到 20 世纪 80 年代末，全国已经有各类非正式组织和团体 6 万多个。

改革后期，开始出现比较广泛的运动，诸如人民阵线。人民阵线首先是在各民族共和国建立的。一些人民阵线的政治影响日益扩大，其代表人物开始在政治舞台上掌握政权，并极力排挤苏共。

再往后，在这些广泛群众运动的基础上出现了政党的雏形或演变为真正意义上的政党。与此同时，也开始出现自觉反映某个社会阶层（包括传统的和新的社会阶层）利益的政党。比如，某合作社运动领袖 A. 塔拉索夫公开声明，合作社工作人员没有时间专门搞政治，也没有必要这样做，他们准备为在议会或政权机关及政党内维护他们利益的人支付报酬。又如，1990 年年底成立的自由劳动党就是维护企业家利益的政党。

新型政党在寻找自己的社会基础，并为拉拢社会基础而展开竞争，有时几个政党争夺一个社会阶层或阶级，如民主党、社会民主党、共和党等。

值得指出的是，无论俄罗斯政治反对派还是加盟共和国主张民族独立的反对派，其主要力量都是原苏共内部的精英。

总而言之，苏联社会已经分裂。在一个分裂的苏联社会中，政治斗争愈演愈烈，一股反对苏共和国家领导的反对派力量逐渐形成并壮大。

这股反共力量的政治态度有一个明显的演变过程：从开始支持更新社会主义到主张实行资产阶级自由主义；在政治上，从与苏共领导的策略分歧到公开表示要将苏共排挤出政权。

反对派领导人政治立场变化的主要原因是反对派所代表的社会政治势力开

始明确表明自己的阶级利益。这里指的主要是私有资本和买办资本的利益。正是这两种资本在取消对外贸易垄断后最为迅速地发展起来。私人资本和买办资本的发展得到"影子经济"的支持，而在推翻苏共统治的问题上，两股势力迅速合流。这些势力最热衷于改变现存的社会制度，削弱统一的联盟国家，鼓动反对共产主义。这部分反对派曾经精心策划东欧"被窃取的革命"，试图在政治上和道义上彻底搞臭苏共，直至公开组织极端分子进行反对列宁和反对共产主义的行动。

反共势力在策略上采取了三种行动：第一，进行反对共产主义的宣传；第二，诋毁苏联军队；第三，以共和国主权优先的手法瓦解联盟国家。初期这个策略并没有收到显著效果：其一，因为许多反对派自己本身就曾是苏共党员和领导者，群众对他们的反共言行并不认可；其二，军队是苏联人民的一部分，苏联男子大都有服兵役的经历，在大众看来，反对军队就是反对人民；其三，1991 年 3 月 17 日关于保存苏联的全民公决结果对这种宣传也是一个有力的社会回应。

在战略上，反对派试图依靠私有者"健康的本能"来对抗国家和社会利益。

严格地讲，反对派的战略和策略在实施过程中都不太顺利，因为他们低估了广大苏联人民在 70 年社会主义实践中形成的价值观的作用和俄罗斯传统的影响。俄罗斯是一个欧亚国家，而不是纯粹的欧洲国家。在以俄罗斯文化为基础的苏联，自由和平等与个性和村社的传统是混杂在一起的，纯粹欧洲自由主义的价值观在苏联很难被大众接受。

于是，反对派开始调整战略和策略。温和的反对派领袖意识到，他们低估了几代苏联人民对社会主义理想的信仰。他们做了一些微调，力图逐渐在政治和经济领域"扎根"，等待新的民主化浪潮，利用议会斗争手段，制定新的更加"先进的"在全国夺取政权的意识形态。而激进的反对派领导人则准备建立自己的政党，希望能在短期内夺取政权，把总统及其班底都排挤出权力机构。这部分反对派的领袖与民主俄罗斯（Демократическая Россия）、民主大会（Демократический конгресс）等组织合作密切。

可以说，此时的苏联已处于生死存亡的关键时刻。

综上所述，当时有三股力量试图寻找摆脱危机的出路：第一股力量试图走回头路，用当时的流行语表示就是"回到斯大林主义，回到集权体制"，持这种立场的有马克思主义工人党（Марксистская рабочая партия），号召再次进行"十月革命"；第二股力量试图公开走资本主义发展道路；第三股力量持中间立场。

问题是没有太多的时间犹豫和徘徊了！必须同时解决经济、政治、社会问题，解决联盟结构问题，解决在国际社会中与其他国家的关系问题。苏联领导人和中间派认为：应该在向市场经济过渡、建立多元化政治体制、建立公民社会、形成新的联盟的条件下保证全体苏联人民的福祉。

在思想观念方面，中间派的战略属于新政治思维框架内的构想，即主张在西方文明框架内解决问题，反对庸俗的阶级立场。

中间派的政治目的是在全人类价值的基础上保证全民族和谐，即要求坚持人的自由、法治国家、混合经济，就是所谓的民主社会主义。

在经济方面，中间派政策要求详细制定向市场过渡的纲领，制订能够保证人们对食品、商品、住宅以及社会保障最基本需求的现实计划。[①]

但是，在苏联，包括在俄罗斯，中间派有一个显著的特点，那就是喜欢"夸夸其谈"。当他们还在理论上阐述国家应该向哪个方向发展的时候，另一股势力已经在谋划和操作具体的战略了。

小　结

20 世纪 80 年代末是苏共内部和苏联社会思想异常活跃并出现分化的时期。苏共内部出现了形形色色的思想流派，而且大都对苏共传统意识形态持批评态度。苏共内部发生严重的思想分裂，而思想分裂必然导致组织分裂。这个时期，苏联共产党实际上已经不再是统一的组织。此时社会各阶层都出现分化，各个利益集团开始为自己争取政治地位。苏联和苏共处于命运的十字路口。

---

① Новейшие политические партии и течения в СССР（документы и матенналы），Москва，1991，стр. 42.

第二十二章　苏共第二十八次代表
大会及其作用

1990 年，苏共中央计划召开第二十八次代表大会，讨论国内局势，阐述党的新纲领，通过新党章并选举新的领导机构。苏联共产党第二十八次代表大会是苏共历史上最后一次代表大会。

一　代表大会前夕苏联及苏共内部的形势

戈尔巴乔夫的改革进行到 1990 年，无论是苏联社会还是苏联共产党内部都已经发生天翻地覆的变化。

戈尔巴乔夫后来把 1990 年视为改革和苏联共产党全面危机开始的一年，而叶利钦则认为 1990 年是俄罗斯年。

在这一年里，在跨地区议员团基础上形成了反戈尔巴乔夫的激进反对派。根据 1989 年通过的有关决议，跨地区议员团已经被定性为反社会主义的组织，其纲领包括向改革派共产党人提出更激进的要求：建立新的社会经济和政治发展模式，走社会民主主义道路，取消苏联宪法第六条等。这意味着要取消苏共一党制。

1990 年 1 月，跨地区议员团成立了竞选联盟"民主俄罗斯"。这个竞选联盟参加并领导了立法机关——俄罗斯联邦人民代表大会的选举运动。这个竞选联盟的代表在全国各地巡回演讲，宣传取消苏共一党制，认为一党制是集权制度的象征。

在反对派的压力下，根据苏共中央全会决议，1990 年 3 月 12～15 日召开了苏联第三次非常代表大会，会上取消了苏联宪法中确立苏联共产党执政地位的第六条。因此，从法律上讲，苏联共产党已经不是原来的政党，不再依法享受唯一执政党的权利。

与此同时，苏联国内市场无序，商品匮乏，货币流通失控，企业效益低下……总之，政治、经济、社会、民族形势一片混乱。美国驻苏联大使马特洛克曾经在自己的书中写道："改革的目的自然是完善苏联经济，但是，戈尔巴乔夫选择的方法却破坏了共产党政权和军工综合体对国家的管理。"① 可见，连美国驻苏联大使都看出了问题的症结所在。

苏共思想上的分歧更加严重。确立苏联共产党领导地位的苏联宪法第六条被取消后，苏共内部的思想分歧更加公开和明朗。"左派"和"右派"之间的斗争更加激烈。为了方便起见，这里所使用的"左派"与"右派"的术语都是按照当时历史条件下的理解。在苏联历史上，似乎左派都是代表先进的，而右派则是代表落后的，因此当时民主改革派称自己为"左派"，而称反对戈尔巴乔夫改革的人为"右派"。②在当时，所谓的"右派"，是指希望回到改革前时代或者只是对旧体制进行某些调整的保守派，而所谓的"左派"，则是指主张放弃旧体制或对旧体制进行重大改革的人。

右翼反对派，即批评戈尔巴乔夫激进改革政策的人，在各级权力机构和各个社会阶层都存在，这是非常普遍的群体，但是没有形成强大的利益集团。"劳动者联合阵线"就属于这一派别集团。后来成立的俄罗斯联邦共产党也属于这个阵营。

左翼反对派的主要代表是苏共内部的民主纲领派。他们要求对党进行彻底改革，把苏共改造成为议会型的社会民主主义政党。值得品味的是，1990 年年初，叶利钦、阿·索布恰克、加·波波夫都是民主纲领派的成员。按照戈尔巴乔夫的亲密助手切尔尼亚耶夫的说法，戈尔巴乔夫并没有支持苏共内部的民

① Мэтлок Д. Смерть империи. Взгляд американского посла на распад Советского Союза. М., 2003. С. 101.
② 现在俄罗斯社会上对"左派"和"右派"的划分与国际社会趋于一致，社会上称共产党为"左派"，而称反对共产主义的势力为"右派"，如俄罗斯"右翼力量联盟"等组织。

主纲领派，从而使苏共失去了将自己改造成两个政党并在此基础上实现两党政治制度的机会。①

耐人寻味的是，戈尔巴乔夫此时已经在观念上放弃了共产主义，倾向与布尔什维克传统决裂，倾向于在苏联实行多党制，因此对苏共内部的派别组织和社会上出现的政党型组织持容忍甚至鼓励的态度。虽然他倾心的是欧洲社会民主主义，但是在实践上他仍然在与极力主张社会民主主义的政治力量保持距离。1990 年在筹备苏共第二十八次代表大会过程中，一项重要的工作是起草新党纲。这项工作是戈尔巴乔夫的战友、助手们完成的。新党纲完全是社会民主主义性质的。这说明，苏共第二十八次代表大会将是苏联共产党彻底转型的代表大会，无论是在组织上还是在思想上党都已经彻底分裂。此时的苏联共产党不仅在法律上、理论上，而且在实践中已经不是执政党。

在即将召开的苏联共产党第二十八次代表大会上，计划通过新党纲和新党章。代表大会前召开的中央全会，通过了向第二十八次代表大会提交的"走向人道民主的社会主义"的纲领性声明。这个纲领性声明集中反映了戈尔巴乔夫对一系列历史和现实问题的看法。

在对苏联以往历史发展进程的评价方面，纲领性声明说："（20 世纪）30 ~ 50 年代就已经开始的对社会主义理想和原则的背离限制了我们国家的潜力，而在 20 世纪后半叶，当全人类生活都因科技进步和向后工业社会跃进而发生重要转折时，集权官僚体制充分暴露出自己已不能把国家引向一般文明进步的轨道。"这段文字的内容表明，戈尔巴乔夫对列宁以后的苏联社会主义实践和在这个过程中形成的现实社会主义制度基本持否定态度。不仅如此，他认为这个社会主义制度没有把苏联引向文明的轨道。戈尔巴乔夫当上总书记后，只是在苏共第二十七次代表大会上提出过创造性地利用列宁的粮食税思想。在整个改革过程中，他不仅与发达社会主义理论分道扬镳，而且与苏共的马克思列宁主义意识形态逐渐疏远，直到最后决裂。戈尔巴乔夫坚信，共产主义是不民主的，而社会民主主义则是民主的。② 在这个过程中，他的助手们对他发挥了重

---

① История коммунистической партии Советского Союза, РОССПЭН, Москва, 2014, C. 397 – 398.

② 李永全：《莫斯科咏叹调》，东方出版社，2006，第 24 ~ 25 页。

要的"指导和教育"作用。

"走向人道民主的社会主义"的纲领性声明还指出:"与此同时,迫切的根本性变革一再被忽视。脱离人民的党－国家权力结构人为地拖延了长期存在的历史冲突的解决。"

这段话最核心的意思是否定苏共与苏联国家权力融为一体、党政不分的权力结构,并且认为正是这种权力结构和苏共本身应该为内外政策的失误承担历史责任。

对于1985年以来开始的改革,纲领性声明指出:"只有改革明确规定彻底转向革新政策,使国家摆脱与社会主义格格不入的各种社会形式的桎梏。但是,改革也表明,对一个近3亿人口的大国生活的所有方面进行改革是非常复杂的事业。而且最近几年党和国家领导的某些决议和行为——坦率地说——是不周密的、不连贯的,而且还有许多是错误的。"声明还指出:"旧的经济体制已经失灵,而新的经济体制还没有建立。货币流通和市场形势在很大程度上已经失控……民族间冲突遍布全国,道德目标缺失,暴力、犯罪甚嚣尘上。"

"中央委员会、政治局跟不上事态的发展,尤其不能进行自身改革……党正面临复杂的转折关头。放弃过去行政命令体制核心的角色,努力成为文明的社会政治组织的过程伴随着痛苦的内部矛盾激化的现实——观点和立场截然对立,党组织积极性下降,党日益受到全面的激烈批判。"

否定了以往的历史后,在谈到改革年代时也没有找到可以让人们宽心的成绩。旧体制失灵,新体制未建,金融市场混乱,商品市场短缺,道德沦丧,暴力横行,族际冲突遍布全国……而所有这一切的责任都要由中央委员会和政治局,即那个已经失去权力的苏联共产党领导机关来承担。戈尔巴乔夫的责任呢?这里并没有谈,但是,在一个权力和决策高度集中的结构里,个人的作用是显而易见的。

"走向人道民主的社会主义"的纲领性声明还分析了国内政治力量阵营的状况。"一极是保守的教条主义流派,代表人物认为革新政策是违反社会主义原则的,因而鼓吹回到集权主义。这部分人包括那些不能进行改革的官僚机构,它们认为社会民主化会削弱它们的政治影响和社会地位,因此千方百计地阻止变化过程。在另一极,是发展势头很猛的一些运动,它们否认社会主义选择，主张把大量财富转交给私人，主张将教育、医疗商业化。"这显然是指具有极端自由主义倾向的集团。

"社会民主主义流派，虽然不与社会主义思想决裂，仍然拥护对居民的社会保障，但是往往机械地、不顾国情地照搬发达工业国家当代社会经济结构；他们中的许多人不再认为马克思主义是自己的思想基础。"

"苏联各共和国民族主义运动已经具有相当规模。这些运动中除民主主义流派外，沙文主义和民族主义势力日益活跃，搞民族对立，提出各种分裂主义口号，代表的是旧的或企图掌握权力的地方新寡头集团的利益。"

这里值得关注的是，在纷繁复杂的社会运动和政党中，无论是按照意识形态划分，还是按照民族特征划分，抑或按照财产关系划分，似乎都没有戈尔巴乔夫可以栖身的处所。

向苏共二十八大提出的纲领性声明中还谈到党的改革问题。文件指出："虽然多年来党一直是行政命令体制的核心，但是党本身也遭到严重扭曲。超级集中制和压制批评意见对党内关系产生致命影响。许多党的领导者的思想和道德变质也对党造成严重危害。

"诚然，党对国内局势承担政治上和道义上的责任。但是党自己承认了党和国家机关领导人犯的错误，谴责了斯大林暴政的罪行……

"苏共坚决放弃政治垄断，放弃对国家机关和经济机构的取代。变革的现实要求苏共加速改变，以成为在公民社会框架内活动的真正的政党。"[1]

在苏联历史发展中，苏联共产党的作用是独特的，是不可替代的。苏联共产党、马克思主义的意识形态、以军工综合体为代表的军事化管理体制乃是苏联多民族国家和社会赖以存在和运转的基础，而这个链条上最重要的中心环节则是苏联共产党。从十月革命起70多年的苏维埃实践，不仅形成了固定的管理体系，也形成了人们的思想观念，形成了社会主义社会的文化，形成了苏联人民的生活习惯和行为习惯。这些远不是一道命令就能够改变的。

苏共二十八大前夕，戈尔巴乔夫在一次各加盟共和国代表都参加的联邦委员会上发表演讲，阐述党改革的基本立场，包括：党同意全人类的人道主义价

---

[1]　《Правда》，№ 179（26262），28 июня 1990，c. 1 - 2.

值；党放弃意识形态禁锢，愿意与所有进步社会政治运动合作；党承认少数人的利益和他们坚持自己立场的权利；党奉行各加盟共和国共产党自主独立的原则；党愿意与各国各种倾向的共产党人、社会民主党人、社会党人以及其他当代政治和学术流派的代表展开接触。①

这表明，戈尔巴乔夫已经彻底放弃苏联共产党传统的意识形态，转而接受欧洲民主社会主义。但是，苏联的社会政治、经济现实能够接受和消化这种理论吗？更重要的是，到苏共二十八大前夕，苏联共产党已经在组织上彻底分裂了，思想上彻底分裂了，苏维埃国家也几乎彻底分裂了。作为苏联总统和苏共总书记的戈尔巴乔夫此时还能够驾驭得了苏联和苏共吗？

1990 年 5 月 16 日，俄罗斯联邦第一次人民代表大会开幕。俄罗斯联邦人民代表选举结果表明，86% 的当选者是苏共党员。叶利钦在这次代表大会上当选俄罗斯联邦最高苏维埃主席。戈尔巴乔夫曾经想阻止叶利钦当选，提出共产党人波洛斯科夫为候选人。经过三轮投票，最后叶利钦胜出。6 月 12 日，俄罗斯联邦人民代表大会通过《俄罗斯苏维埃联邦社会主义共和国国家主权声明》。并在这个主权声明中宣布，在俄罗斯联邦的领土上俄罗斯联邦宪法和法律高于一切，暂停苏联宪法中与俄罗斯宪法相抵触的法律。

这个声明有几个重要的意义和作用。首先，俄罗斯领导人希望借此与苏共领导的中央权力机关保持距离；其次，在俄罗斯实行非共产主义化；最后，客观上已经架空了苏联中央政权。

在这次代表大会上，还通过了几个针对苏共的重要决议。《关于俄罗斯联邦人民政权机制》的决定明文规定要禁止"国家权力机关和管理机关领导兼任其他职务，包括在政治组织和社会政治组织内的兼职"。②在关于权力的法令中还指出，对政党、党的政治机关和其他社会机构任何非法干涉国有企业、机关和单位活动的行为必须立刻坚决禁止。③所有这些措施显然都是针对苏联共产党的，但是无论是苏共中央机关还是地方组织，都对这些措施束手无策。

正是在这种形势下，苏联共产党第二十八次代表大会召开了。

---

① Горбачев М. С. Понять перестройку…Почему это важно сейчас. М. , 2006. С. 267.
② История коммунистической партии Советского Союза, РОССПЭН, Москва, 2014, С. 396.
③ История коммунистической партии Советского Союза, РОССПЭН, Москва, 2014, С. 396.

二　代表大会的召开与过程

苏联共产党第二十八次代表大会于 1990 年 7 月 2 ~ 13 日在莫斯科举行。代表大会是在苏共和苏联社会深刻危机的形势下召开的。这是苏共历史上最后一次代表大会，也是苏联宪法第六条被取消后的第一次代表大会。理论上，苏共已经不是法定的执政党，因此苏共党员的身份也不再是苏联公民谋求政治仕途的必要条件。严格意义上说，这次代表大会就是一个庞大的社会组织的代表大会。

在代表大会代表组成中有一种奇特的现象：所谓的正统派或保守派共产党人处于绝对少数，而所谓的改革派共产党人，即戈尔巴乔夫的主要支持者已经与苏共离心离德。

各加盟共和国共产党代表团是以复杂的心情和目的参加苏共代表大会的。此前许多加盟共和国共产党已经表明了独立于苏共的立场。苏共实际上已经失去对政权和国家的控制。

苏共第二十八次代表大会召开时，即 1990 年 7 月 1 日，苏共党员总数是1500 万人，大致相当于 1973 年的党员数量。因为近一年半来已有近 420 万人退党。[1]

全党总共选举产生 4683 名代表，出席会议的代表有 4657 人。

代表大会的第一天，戈尔巴乔夫做《苏共中央向第二十八次代表大会的政治报告和党的任务》的报告。他在报告中声明彻底改变党的方针和对社会主义经济的观点，允许各种所有制形式并存。

7 月 10 日，戈尔巴乔夫当选苏共中央总书记。

代表大会上发生了几件值得关注的事情。

首先是叶利钦在代表大会上宣布退出苏联共产党。

苏共二十八大召开时，叶利钦已经当选俄罗斯联邦最高苏维埃主席。在戈尔巴乔夫主持的全体会议上，叶利钦要求大会发言。他走上主席台，向大会宣

---

[1]　История коммунистической партии Советского Союза，РОССПЭН，Москва，2014，С. 400.

布自己退出苏联共产党，理由是他已经当选俄罗斯联邦最高苏维埃主席，应该代表全体人民，不能只履行苏共的决议。说罢，他退出代表大会会场，他的支持者也当场宣布退党。这个场面在全苏联进行了电视直播。

其次是对党章第 22 条的表决。苏共党章第 22 条的内容是："各加盟共和国共产党是独立自主的。它们根据苏共纲领和章程制定各自的纲领性和规范性文件，并根据这些文件处理自己的领导机关与本共和国党组织的关系，决定组织、人事、出版和财务经营问题，在共和国国家建设、社会经济和文化发展等领域制定政治路线，把公民的民族利益和国际主义利益结合起来，培养国际主义意识。各加盟共和国共产党负责与其他政党，包括国外政党和政治运动建立联系。苏共中央主席团和各委员会涉及各加盟共和国共产党的原则性决议的审议应有它们的全权代表参与。如果各加盟共和国共产党中央委员会不同意苏共中央的决议，可以不执行决议并要求苏共中央全会审议争论的问题。"[1]

这个条款实际上是承认各加盟共和国共产党独立。这个条款不过是将现实情况以党章的形式做出明文规定而已，实际上苏共早已经失去对加盟共和国共产党的控制。即使这样，在就党章第 22 条投票时，还是发生了激烈的争论和冲突。第一轮投票这一条款没有获得通过。投票过程和结果是：总共有 4171 人投票，要使该条款获得通过需要 2136 票，但支持该条款的只有 2126 票，反对的有 1930 票，弃权的有 115 票，99 人没有参加投票。要通过这个条款，还差 10 票。[2]

主持会议的阿·卢基扬诺夫宣布投票结果后，会场上吵闹声一片。加盟共和国共产党代表团强烈要求重新投票。于是代表大会对是否就党章第 22 条重新投票问题再次表决。再次投票的结果是：通过该议案需要 2151 票，表决中赞成票为 2619 票，反对票为 1566 票，弃权票为 36 票，收回选票 4221 张，79 人未参加投票。再次投票的建议获得通过。

---

① 《Правда》，№ 179 (26262)，28 июня 1990，с. 1 – 2.

② КПСС. Съезд (28; 1990; Москва) К77，XXVIII съезд Коммунистической партии Советского Союза，2 – 13 июля 1990，Стеногр. отчет. Т. 2. – М.，Политиздат，1990. с. 437 – 438，ISBN 5 – 250 – 01714 – 2 (т. 2).

于是，代表大会就党章第 22 条再次投票。通过该条款需要 2153 票，而表决结果是：总共有 4177 人参加投票，赞成票为 2771 票，反对票为 1343 票，弃权票为 63 票；128 人没有参加投票。①

这个关系到苏联共产党统一问题的条款的通过标志着苏联共产党的分裂不仅成为事实，而且得到苏共代表大会的认可。这个条款的通过还表明，各加盟共和国共产党同时获得了苏共的部分财产。苏共的财产由下列资产组成：建筑、房产、设备、文化教育和保健方面的财产、货币、企业、党的出版社包括出版物和印刷厂，以及党的活动所必需的其他财产。②

此外，代表大会还选举了苏共副总书记。戈尔巴乔夫的战友弗·伊瓦什科当选苏共副总书记。

代表大会通过了一系列决议，如苏共关于经济改革和向市场经济过渡的政策，关于农民状况和土地政策，关于民主的民族政策等。但是这些决议已经没有什么约束力了，因为苏共已经不再是执政党了。代表大会没能通过新党纲，只是通过了"走向人道民主的社会主义"的纲领性声明。

但是，这个纲领性声明具有重要的历史意义。它实际上取缔了苏联共产党1986 年通过的纲领，这说明苏联共产党已经发生质的变化。它不再是马克思主义政党，也没有成为民主社会主义政党，而是变为一群乌合之众。

苏共第二十八次代表大会选举产生了苏共史上人数最多的中央委员会，由 412 人组成。③ 苏共第二十八届中央委员会没有候补中央委员。在二十八大后召开的中央全会上，选举产生了由 24 人组成的政治局。政治局委员中除戈尔巴乔夫外，还有 15 个加盟共和国共产党中央第一书记，以及 O. C. 舍宁、B. A. 伊瓦什科、A. C. 扎索霍夫、Г. B. 谢苗诺夫、Ю. A. 普罗科菲耶夫、И. T. 弗罗洛夫、E. C. 斯特罗耶夫、Г. И. 亚纳耶夫。苏共中央政治局中只有戈尔巴乔夫和伊瓦什科是上届政治局委员，其他全部是新成员。

---

① КПСС. Съезд（28；1990；Москва）. К77，XXⅧ съезд Коммунистической партии Советского Союза，2～13 июля 1990，Стеногр. отчет. Т. 2. — М.：Политиздат，1990. с. 437－438，ISBN 5－250－01714－2（т. 2）.

② 《Правда》，№ 179（26262），28 июня 1990，с. 1－2.

③ https：//ru. wikipedia. org/wiki/Центральный_ комитет_ КПСС.

这个组织结构实际上把苏共联邦化的现实合法化了，政治局实际上变为各民族共产党的机构。

与此同时，中央书记处成员也进行了彻底更新。

三 苏共纲领的变化及苏共二十八大的主要影响

苏共二十八大带来的最大变化是党的纲领的变化。虽然代表大会没有通过新党纲，但是"走向人道民主的社会主义"的纲领性文件已经彻底改变了苏联共产党的性质。

在党的思想理论基础方面，马克思列宁主义不再是指导思想，取而代之的是全人类价值；苏联的发展历史基本上成了一部不光彩的专制统治史，成了背离人类文明轨道的发展历史；实行民主社会主义就是要回归文明。组织上，取消了民主集中制原则，苏联共产党开始实行联邦制，各加盟共和国共产党独立于苏共中央。在国际关系方面，戈尔巴乔夫及其战友们开始根据民主社会主义理论指导苏联的外交实践。1989～1990年，在 A. 切尔尼亚耶夫的影响下制定了新的外交理念。这个外交理念的基础是 A. 萨哈罗夫以及苏联其他持不同政见者在改革前提出的"趋同论"① 思想。

在一片喧闹和混乱中召开的苏共第二十八次代表大会没有解决国家摆脱社会政治和经济危机的迫切问题。苏共在人民中的威信迅速下降。根据苏共中央社会科学院1990年年底1991年年初的民意测验结果，人们不再相信苏共是能够带领国家摆脱危机的政治力量。与此同时，人们对共产主义的信仰发生根本性变化。据这个调查显示，全国只有 3% 的居民相信共产主义的前途，只有9% 的人相信苏共宣布的目标。在首都莫斯科，只有 2%～3% 的人认为党的工作者是正派人。②

苏共二十八大后，苏联形成了两个权力中心：一个是以苏联总统戈尔巴乔夫为首的联盟中心；另一个是以俄罗斯联邦最高苏维埃主席叶利钦为首的俄罗

---

① Шубин А. В. Диссиденты, неформалы и свобода. М. , 2008.
② Рабочий класс и современный мир. 1990. №4. 转引自 История коммунистической партии Советского Союза, РОССПЭН, Москва, 2014, С. 402 – 404。

斯中心。虽然戈尔巴乔夫是苏联总统，但是联盟权力机关在俄罗斯联邦被逐渐架空，而在各加盟共和国，联盟中央的权威也已是强弩之末。

四 苏共党内的分歧与斗争

苏共第二十八次代表大会不仅没有弥合党内分歧，而且加剧了党内斗争。此时苏共党内在路线上的分歧不仅仅限于所谓的正统保守派共产党人和改革派共产党人，而且斗争已经远远超出意识形态之争，关系到了民族的统一和国家的存亡。

值得指出的是，苏共二十八大后，无论是正统派共产党人还是改革派共产党人，抑或来自"左"的和"右"的激进派，都不再支持戈尔巴乔夫。至于各加盟共和国的共产党，则基本上都转入争取民族独立的运动中，彻底脱离了苏共中央。

这是一场维护苏共和苏联统一的斗争。在这场斗争中，俄罗斯的地位和作用以及苏联中央权力机关与加盟共和国的关系是至关重要的。

实际上，各加盟共和国的分离主义倾向早在苏共二十八大之前就已出现，苏共中央最担心的是俄罗斯联邦的独立倾向。叶利钦在各地巡视，宣传独立的思想，鼓励地方的分离倾向。1990 年 8 月 9 日，俄罗斯联邦最高苏维埃主席团通过了《关于捍卫俄罗斯联邦主权经济基础》的决定。8 月，叶利钦到各处巡视宣讲，足迹所到之处，鼓动各地形形色色的分离倾向。在鞑靼斯坦，有人问叶利钦如何评价关于鞑靼斯坦想获得国家主权的辩论。叶利钦回答说："完全正常。我再重复一遍我在人民代表大会当选时讲的话：'权力分配应该自下而上地进行，即从城市到共和国。鞑靼斯坦想要什么样的自主权我们都支持。'"① 几天后，他又到了喀山。在喀山大学演讲时，叶利钦向听众承诺，用两年时间稳定形势，第三年开始提高人民生活水平。我过去这样说，现在还这样说，以后也不改口。当现场有人问："我们有可能在俄罗斯联邦内获得加盟共和国地位吗？"叶利钦肯定地回答："可能。你们自己决定。你们绝对可以

---

① 《Советская Татария》, 8 августа. 1990.

有一切权利决定，自己要多少，给俄罗斯多少。没有人强迫你们。"①

在乌法会见群众并演讲时，叶利钦说："俄罗斯在养活所有的人，俄罗斯始终在做出牺牲。俄罗斯一直在付出，但是，终究要在自家开始搞点儿慈善吧。如果我们确实不能让我们的人民吃饱，让我们的人民穿好，那我们就不应该去为别的国家付出，向其他国家、共和国派送援助……让我们先改善自己人民的生活吧，因为人民已经不能再忍受了。"②

就这样，叶利钦从鞑靼斯坦一直巡视到堪察加，在整个俄罗斯领土上进行了全面的鼓动，说明俄罗斯要主权，俄罗斯的困难都是苏联中央政府造成的，都是苏联共产党的责任。应该说，叶利钦及其拥护者的宣传对俄罗斯人民有很大影响，因为日子的确越来越难过，形势越来越糟糕，社会治安越来越混乱。

二十八大闭幕后，地方分立主义运动不仅没有收敛，而且愈演愈烈。在各加盟共和国，独立运动，或如苏联中央所说的分裂主义运动，可谓蓬勃发展。

7月16日，即苏共第二十八次代表大会结束后，乌克兰苏维埃社会主义共和国最高苏维埃通过了关于乌克兰国家主权的声明。

7月20日，北奥塞梯自治共和国最高苏维埃通过了关于共和国国家主权的声明。

7月27日，白俄罗斯最高苏维埃通过了关于白俄罗斯苏维埃社会主义共和国国家主权的声明。

7月底，俄罗斯与波罗的海沿岸国家高峰会晤中所暴露的信号说明了联盟国家的命运已经岌岌可危。波罗的海国家在会晤中声明，不会参加关于新联盟的谈判，但是愿意开始讨论发展俄罗斯与波罗的海各共和国国家间关系的进程。

8月1日，叶利钦在与拉脱维亚共和国最高苏维埃代表会见时说："我们认为应该发展横向联系。应该摧毁这个垂直的严厉的系统。摧毁它，并建立自由的、主权的、独立的国家间的直接联系，签署非中央强加的条约……拉脱维亚与俄罗斯将签署不附带任何政治或经济条件的条约……不管在联盟层面是否会有联盟条约，也不管是否参加联盟条约，我们都不在这方面设置条件。"

---

① 《Советская Татария》，12 августа. 1990.

② 《Советская Татария》，14 августа. 1990.

这说明，苏共二十八大的召开不仅没有形成凝聚力，反而加剧了苏共和苏联的分化与分裂。

小　结

苏联共产党第二十八次代表大会是苏共历史上最后一次代表大会，也是苏共失去法定执政地位后召开的第一次代表大会。由于代表大会前苏共已经分裂，代表大会注定不会取得什么重大成果，但是它确定了苏共领导人倡议的社会民主主义发展方向，苏共决定变为民主社会主义的政党。这个转变过程没有考虑苏联的历史、文化以及社会经济结构的现实，代表大会不仅没有阻止国家分裂的进程，而且加剧了这种分裂。

第二十三章　经济走向崩溃，社会矛盾激化

到 20 世纪 80 年代末，苏联经济陷入极度困境，实际上已经发生经济危机。这种危机的主要表现是：经济秩序混乱，生产连续下降，市场商品匮乏达到惊人程度，甚至连生活必需品也不能保证供应。由此引发了一系列政治和社会问题。

一　经济改革停滞，管理失灵，市场供应中断

戈尔巴乔夫改革的目的之一是提高生产率、改善人民的生活，他还提出到 2000 年每个家庭都有单独住宅的目标。那些支持或左右戈尔巴乔夫改革的"民主派"及其所控制的舆论也信誓旦旦地表示，只要进行激进改革，彻底与旧制度告别，就可以在短期内让人民过上欧洲式的生活。

而现实却让人们大失所望，商品短缺情况日益严重，不仅过去所谓的紧俏商品，就连生活必需品的供应也出现问题，严重的时候，食糖、卫生纸、香烟等都脱销……居民怨声载道。改革，正受到来自各方面的批评。

苏联人民，即普通百姓以及普通党员在现实生活中切实体会到苏联共产党进行的改革所带来的困难。这些困难正是当局的政策所造成的。1988 年和 1989 年苏联政府预算赤字均是 900 亿卢布，1990 年是 600 亿卢布，预算赤字是靠超发货币实现的。货币发行量迅速增长，1989 年增加 19.5%，1990 年增加 21.5%。结果导致卢布贬值，商店货架空荡荡，公民的收入和存款贬值，劳动积极性下降，工作态度和责任心缺乏……人们认为，所有这一切都是当局即苏共改革派领袖们造成的。但即使这时，大多数苏联居民仍然没有抱怨社会

534

主义制度，而只是责备具体的领导人。

实际上，从20世纪80年代中期开始，甚至更早些时候，国家动员式经济模式的潜力就耗尽了。此前的柯西金改革之所以半途而废，就是因为继续按照既定思路改革将涉及苏共领导地位的问题。不仅如此，还会涉及苏维埃社会的其他原则问题。于是，经济发展又回到原来的传统轨道。传统发展模式导致勃列日涅夫时期所谓的十年"停滞"。

安德罗波夫当政时进行的改革实际上能够感觉到的具体措施就是反对腐败和整顿纪律。应该说这有一定的效果，至于安德罗波夫改革的理论基础和目标，目前学术界只是猜测而已。

对于戈尔巴乔夫的改革，从一开始就有不同的评价。一些人认为，戈尔巴乔夫在致力于社会的民主化；另一些人认为，戈尔巴乔夫改革的主要目的是让自己获得无限的权力；还有人认为，改革是执政精英希望以和平方式克服"国家社会主义"并求得生存的尝试，等等。

但是，改革初期，人们对"改革"这个概念的理解应该是在不触动根本政治制度的前提下，在保存苏联社会主义，或苏联官方和学者称为"行政命令式"社会主义的前提下，赋予社会主义以一些民主和市场关系成分。

戈尔巴乔夫改革的前提条件：一是经济生活中的危机，主要表现为发展停滞，科技进步明显落后于西方；二是政治危机，主要表现为国家机构不能保证经济进步，部分党和国家机关的官吏与"影子经济"和犯罪集团勾结，并在20世纪80年代中期形成一些特大的黑社会性质的集团，尤其在各加盟共和国这种情况更加严重；三是在社会领域，精神生活匮乏，意志消沉，等等。

关于苏联时期的"影子经济"，美国学者的评估是，20世纪80年代，苏联居民25%的食品是在自家宅院旁边的园地生产的，28%～33%的家庭收入不是来自工资，而是自谋生意的收入，灰色经济或"影子经济"领域的从业人员占劳动力的10%～12%，每3个卢布就有1个卢布是给私企老板打工赚取的。当然这都是地下经济。① 俄罗斯学者的评估是，20世纪70年代末80年

---

① http://hvylya.org/analytics/history/v-chastnom-sektore-sssr-byl-zanjat-kazhdyj-desjatyj-rabotajuschij.html.

代初期，苏联"影子经济"的规模达 700 亿～800 亿卢布。[①]

20 世纪 70～80 年代，由于大量出口天然气和石油，获得大量外汇收入，苏联人民的生活水平不断提高，但是道德水平却在下降。1973～1983 年，犯罪案件成倍增长，行贿受贿案件增加 2 倍，仅破获的重大盗窃国家财产案件就增加 4 倍。[②] 发生这样的事情，出现这样的局面，有许多原因，最重要的是法治不健全，监督不力，就连无所不能、无所不在的克格勃系统，也把主要精力用在与持不同政见者做斗争和与资产阶级意识形态做斗争方面；党的各级领导则不受监督。20 世纪 60 年代曾经通过专门决议，严格禁止克格勃系统对各级党的书记使用技术手段进行监督，各级党的领导者只接受党的监督。[③] "影子经济"的出现都有各级领导者的背景，他们是苏共的蛀虫、是苏联体制的掘墓人。

改革初期采取的一些措施曾经使经济生活出现一些活跃迹象。《个体劳动法》和《合作社法》法律的颁布使小企业的活动合法化。个体劳动和合作社的主要活动领域是日用品生产和商业中介活动。合作社运动发展非常迅速，到 1991 年年初，有 5% 的苏联居民从事这项活动。[④] 个体劳动和合作社对消费市场影响很大，对整个经济形势的影响也很大，最主要的在于，正是合作社的发展使一部分从事这个行业的人积累了资金，而这些资金在后来的私有化过程中发挥了重要作用。但是，由于这些改革措施是不系统、不配套、不连贯的，在实施过程中也没有加以监督和完善，因此这些措施对苏联经济的正面影响很快就消失了。

财政问题的恶化是导致 20 世纪 80 年代末苏联危机的重要因素之一。而财政状况恶化的主要原因是，在旧体制下，苏联领导人历来不重视财政问题，只关心生产问题。在行政命令式的旧体制下，财政问题也不是那么紧迫。新形势下，领导者急于实现新的工业现代化，即所谓的"加速战略"，想迅速解决尖锐的社会问题。他们甚至以为，改革旧体制和建立新体制也像在旧体制下一样，通过发号施令就可以实现。掌握政权的改革派们以作风浮夸而著称，实际

---

① Политические партии России, Москва, РОССПЭН, 2000, стр. 518.
② Политические партии России, Москва, РОССПЭН, 2000, стр. 516.
③ 同上。
④ "Перестройка" и крах социалистической экономики，http://studme.org/191105228340/.

上不过是只会空喊一些具有蛊惑性质的口号而已，他们不仅没有解决迫切的经济和社会问题，而且使这些问题日积月累，堆积如山。

此时，经济的外部因素也开始迅速恶化，一些非常规因素的消极作用也开始显现。这些内外部因素主要是：第一，国际市场能源价格下降，而能源收入是苏联外汇和财政收入的主要来源；第二，用于消除切尔诺贝利核电站事故的费用超出预算；第三，亚美尼亚大地震的后果；第四，阿富汗战争的持续；第五，与经互会国家的矛盾逐渐加深，等等。通常情况下，苏联政府预算赤字在2%～3%，利用居民的银行储蓄就可以解决预算赤字问题。但是，20世纪80年代末，苏联政府预算赤字飞速增加，1985年为1.8%，1986年为5.7%，1987年为6.4%，1988年达到9.2%，换算成绝对数字则是1985年预算赤字为180亿卢布，1988年为901亿卢布。[①] 这对当时的苏联经济是严重的冲击。

随着社会经济形势的恶化，苏联共产党的威信和地位在明显下降。苏共已经失去在苏联社会中的主导权，全国各地的民主派都在利用每况愈下的经济形势诋毁苏共，提高自己的政治分量。形式上，实际权力从苏共转向苏维埃，实际上各级苏维埃在政治和社会经济形势的压力下，尤其在矿工罢工浪潮的压力下，也无能为力，只能开始大幅度提高居民工资收入。从1985年至1990年，苏联居民货币收入增加了56%，而居民货币储蓄增加了76%。6年间超发货币96%。与超发货币同步的是卢布的购买力不断下降。

一方面是超发货币，一方面是生产下降、商品短缺，还有在这种形势下势必活跃的各种商业投机活动，居民明显感觉到手中的货币越来越不值钱，抢购之风随即而起，致使商品短缺更加严重，排队现象司空见惯，社会不满情绪与日俱增，当局的威信急速下降。

二 商品短缺导致实行配给制，社会抗议浪潮迭起

商品短缺影响居民的生活，也影响政治斗争的进程。人们本来期盼改革会带来幸福的生活、琳琅满目的商品，但现实却是不断加剧的商品短缺。

---

① "Перестройка" и крах социалистической экономики，http：//studme.org/191105228340/.

在这种形势下，苏联当局不得不部分地实行配给制度，即凭票供应某些紧俏商品和生活必需品。

在苏联历史上，曾经有过实行配给制的情况。在苏维埃俄国，战时共产主义时期也实行过配给制。1921年实行新经济政策时，配给制得以取消。但是1931年1月，根据联共（布）中央政治局的决定，苏联供应人民委员部在全国对基本食品和非食品类商品实行配给制。配给证（购物券）只发放给国有经济部门，即工业企业、国家机关、军事机关、国营农场等单位的职工。不享受这项待遇的是农民和丧失政治权利的人，占全国居民的80%以上。1935年1月1日，取消了面包配给证，10月1日，取消了其他食品的配给证，此后又取消了工业品配给证。

战时实行配给制是比较通行的做法。在苏联短缺经济条件下，食品时常供不应求。最早从20世纪70年代起，苏联就开始出现食品短缺现象，包括香肠、肉类和荞麦等。在一些小城市，有时连黄油也出现短缺。但是，那时没有实行配给制，原因是各企业和单位能够想办法解决部分问题。比如有些企业可以自己为员工解决食品。对于中小城市居民来说，到首都和大城市出差、旅游和度假也是部分解决自己食品问题的手段之一，他们在食品和商品供应相对有保证的大城市，尤其是莫斯科和列宁格勒，定期采购一些商品，而且有时不仅是为自己，也为亲朋好友捎带。有些企业逢年过节前会组织专门人员和车辆到莫斯科采购食品，当时甚至有香肠专列的说法。这个时期出现了一些合作社，按照比市场价格高一倍的价格出售自己的食品，但是这种小规模的合作社并没有使食品充盈。莫斯科、列宁格勒、北方各城市短缺情况虽不那么严重，但是，由于外来人口太多，仍然有排长队购物的情况。

20世纪80年代末90年代初，开始实行配给制是无奈之举，也是苏联经济崩溃的前兆。那时通货膨胀加剧，食品商店的货架上经常空空如也，短缺的不仅是香肠和肉类，甚至连食糖、米、植物油、食盐、肥皂、卫生纸等都需要凭票供应。配给制的实施是这样的：居民一般到企业、户口所在地领取购物券，大学生在宿舍领取。还有些商品购物券则是作为激励机制发放的，如电视机、女靴等。这些物品通常存放在专门的仓库，商店里是没有的。即使在商品这样短缺的时期，还是有些单位和有些人群可以享受与众不同的待遇，比如，苏共中央和国家机关的工作人员可以在单位食堂购买一些紧俏商品，主要是食品，在分配住房，购买汽车、家用电器等方面也能享受一些优惠待遇。这种特权当然在社会上引起更加强烈的不满情绪。而在那些偏远地区，尤其是矿区，即使实行购物券也未必能够保证供应。有一个时期，矿工罢工的口号中竟然有要求保证肥皂供应的内容。煤矿工人从井下上来，居然连洗澡的肥皂都不能保证买到。

应该说，实行配给制的原因比较复杂，每个时期商品短缺的原因也非常复杂，既有制度上的问题，也有人为的问题，尤其在苏联解体前夕，在政治斗争白热化条件下，人为制造短缺的现象时有发生。比如，当时在一些城市，包括莫斯科这样的大都市，居然出现香烟供应中断的现象，导致烟民封锁交通，要求政府在规定时间向商店运送香烟，即著名的"烟民潮"。

2011 年 12 月 11 日，俄罗斯电视台播放专题电视系列片《苏联——帝国的毁灭》。时任苏联总理尼·雷日科夫在节目中透露了当时发生"烟民潮"的深刻原因。雷日科夫在节目中说："戈尔巴乔夫给我打电话问：'叶利钦在我这里，你能来一趟吗？'我来到戈尔巴乔夫办公室。其实我已经知道发生什么事情了。连续几天都几乎要发生暴乱。我说：'米哈伊尔·谢尔盖耶维奇（戈尔巴乔夫——笔者注），您为什么问我？鲍里斯·尼古拉耶维奇（叶利钦——笔者注）在您身边，您应该问他。'我问叶利钦：'鲍里斯·尼古拉耶维奇，我如果没有记错的话，有 28 个卷烟厂，其中 26 个在同一天停产大修。你还有什么说的吗？'戈尔巴乔夫问：'鲍里斯·尼古拉耶维奇，你们根据什么决定共和国烟草工业实际上完全停产？你们为什么这样做？'"雷日科夫认为，这是俄罗斯领导人为了除掉自己的政治对手戈尔巴乔夫而故意为之。他说："如果这不是蓄意怠工和破坏，又是为什么？而这一切都是俄罗斯联邦新政权做的，是为了彻底诋毁和铲除自己的对手戈尔巴乔夫和苏联而蓄意为之的，是为了通过瓦解国家来夺取个人权力。"

在同一个电视节目里，1989～1991 年任苏共莫斯科市委第一书记的尤·普罗科菲耶夫说："有文件显示，波波夫在跨地区议员团内部发言时说，应该制造食品凭配给证销售的局面，以便工人憎恨和反对苏维埃政权。"事实的确如此，1991 年夏天，通往莫斯科的各条铁路上积压着大量装满黄油、奶酪、肉类的车厢，但是被阻止开往莫斯科。可那时经济权力已经不在党组织手中。

尼·雷日科夫在节目中证实了这个事实："满载肉类、黄油的列车开来了。年轻人，多半是大学生们来卸货。可他们在门口被拦住，有人对他们说：'给你们钱，赶快离开这儿。'就是这样过分。他们千方百计使局势恶化。你们看看他们的所作所为。"

值得指出的是，在苏联和俄罗斯的历史上，使用这种手法来进行政治斗争、夺取政权，是有先例的。1917年2月，自由派就是通过官吏怠工和挑衅，在彼得格勒制造面包和食品供应中断来推翻尼古拉二世和沙皇制度的。

作家瓦连京·皮库里在小说《妖术》中描述了1915年冬天彼得格勒这样的场景："不仅没有柴火，也没有面粉，没有肥皂和黄油，煤油也很少有卖的。在俄罗斯历史上俄罗斯人第一次知道什么是'购物券'（对食糖实行特殊购物券）。食品店门前彻夜排起长队！官僚们不能解决问题。到处是各种莫名其妙的委员会和分委员会，好像殡葬所一样，只要有什么创举立刻就会被扼杀埋葬。"①

为什么沙俄首都会出现柴火、面包和食品短缺？虽然处于大战期间，但是彼得格勒并没有被敌人围困。当时沙俄首都的食品威胁是人为制造的，就如同1990～1991年那样。那时沙俄帝国的敌人是沙皇政权系统内的自由派。

皮库里在《妖术》中还描述说，1915年，阿·赫沃斯托夫被任命为内务部部长，他不得不处理此事。"他离开莫斯科，来到给处于饥饿状态的彼得格勒准备的大量食品车辆积压的地方。他利用备用线把食品运到彼得格勒。没有人卸车，他就动员卫戍部队士兵……问题解决了，购买食品的长队消失了。报纸对这位长官大加赞誉。但是，这个部长在其位置上只待了13天就被赶出了内务部。"②

著名的政治学家、政论家卡拉·穆扎在《苏维埃文明》一书中也提到这类历史事实。"1915年，虽然农业大丰收，但是正常的商业流转被破坏，粮食没有被投放到市场。当时规定了固定价格并开始按照这个价格征粮。这些措施

---

① Собрание сочинений в 20 – ти томах. Т. 11. М. : АО «Деловой центр», 1993. с. 164.

② Собрание сочинений в 20 – ти томах. Т. 11. М. : АО«Деловой центр», 1993. с. 167.

首先打击的是农民。"①

卡拉·穆扎在书中还描述道："1916 年 9 月 23 日，政府宣布实行余粮征集制，准备在 12 月 2 日开始实行。到 12 月 31 日，这项措施应该落实到每一个农户。应该上缴的粮食达 7.72 亿普特。这是沙皇政府实行的余粮征集制，与共产党人后来搞的措施相同。但是，沙皇政府搞的余粮征集制没有落实，主要原因是沙皇政府的机关软弱，官员腐败和怠工。"②

卡拉·穆扎是学历史的。他认为，苏联时期搞农业集体化在某种意义上是为了避免重复这样的历史，即不出现第一次世界大战期间自由派搞的无政府状态和市场自发性的不可预测性。那次混乱的结果是爆发了 1917 年二月革命，推翻了君主制，以及战败、国家和军队瓦解、分裂主义盛行和国内战争。

从严格意义上说，上述两部书及其引文不是学术史料，但是它反映的事实是基本存在的。制造饥荒，激怒群众，以便夺取政权，实现自己的政治目的，是自由派惯用的手法。

购物券并不能解决食品和一般商品的供应问题，居民对改革已经彻底失望，当局威信扫地，苏共威信扫地，各种五花八门的抗议活动不胜枚举。

三　煤矿工人大罢工，矛头指向有玄机

在无数的抗议行动中，最引人注目的是煤矿工人的抗议浪潮以及大罢工。

煤矿工人问题不是孤立的，它与苏联所有社会经济问题均有密切联系。

一系列客观原因使苏联经济增长速度从 1970 年起开始稳步下降。这在苏联引发了许多社会问题，使历史上积累的、一直没有解决的问题更加严重，尤其是在煤矿行业积累的问题。这类问题中最突出的就是单一化城市问题，包括矿工城镇。

① Kapa-Mypза C. Г. 《Советская цивилизация》, Книга первая. М. : Изд-во ЭКСМО-Пресс, 2002. C. 307.
② Kapa-Mypза C. Г. 《Советская цивилизация》, Книга первая. М. : Изд-во ЭКСМО-Пресс, 2002. C. 307.

所谓单一化城市，是苏联和俄罗斯特有的现象。在苏联以军工行业领衔的计划经济体系中，全国经济结构一盘棋，分工细致，许多城市就生产一种商品，甚至是某种重要产品的一部分配件。在计划经济时代，这个问题并不突出，而现在则成为严重的发展弊端，因为一旦这个产品出现问题，如销售问题或生产链条中端，就会使整个城市陷入危机。

在苏联时期，尤其是在苏美经济竞赛过程中，煤炭行业是国民经济中举足轻重的部门，实际上，苏联后来在煤炭产量方面已经超过美国。但是在苏联后期，煤炭行业的作用在下降，比如1960年煤炭在燃料开采业中所占的比例为60%，而1980年只占20%。

这导致矿区的社会领域形势不断恶化，苏联中央政府对该行业社会需求的支出逐渐减少。矿区城镇的住宅问题日益尖锐。根据1989年的一项调查资料，在河间矿工城（Междуреченск）居住着10.7万人口，有1万多个家庭排队等待分配住房，许多矿工和家属住在集体宿舍。克麦罗沃州（库兹巴斯煤矿）产值排行占第13位，但是在住宅保证水平方面仅排名第43位。城市中断水断电成为家常便饭。

加拿大学者在1989年撰写的《矿工罢工：印象、评论、分析》一文中，对苏联矿工罢工做出这样的评论：有关部门应该为"拉斯巴茨卡亚"煤矿附近新建的矿业加工厂的数千名工人建设住宅，但是实际上一栋房子也未建。这是很普遍的现象。[1] 可以毫不夸张地说，在很多方面，苏联矿工的生活条件很像苏联早期集体农庄庄员的生活条件，而且执政的官僚们根本不关心普通工人的生活问题。

恰恰是这些问题引发了苏联社会的经济和社会危机，激起了20世纪80年代末煤矿工人的抗议运动。

耐人寻味的是，在苏联的宣传中，矿工是工人阶级"最先进的队伍"，而且矿工的平均月工资为400多卢布，明显高于其他行业的产业工人。不仅如此，在宣传中，矿工的社会地位也很高。

---

① html. Как вызревала забастовка шахтёров 1989 года, http：//www.sensusnovus.ru/analytics/2015/03/03/20302.

在官方看来，国内形势和煤矿工业领域的形势都是一片大好，但是实际情况在迅速变化，而且不是往好的方向变化。矿工的工伤事故经常发生，尽管媒体从来没有准确报道过。

矿区的供应情况更糟，食品、日用品供应经常中断。

机器设备老化现象严重。到 20 世纪 80 年代末，煤炭企业设备老化率达 40%。

环境问题也堪忧。空气质量恶劣，严重影响人们的身体健康，儿童受到的伤害更大，矿区 90% 的儿童患有各种常见病。

煤矿工人基本上不参加有关煤炭行业和工人利益的决策。工人参与国家事务主要是形式上的，表现为其代表参加各种会议、各种官方活动和出国考察等。

理论上，工人阶级特别是矿工，尤其在各种宣传中，是世界上第一个社会主义国家的"先进阶级"。但是在实际生活中，工人阶级没有任何机会参加国家决策、行业决策和企业决策。恰恰是这些"直接生产者"成为改革年代抗议运动的主体，这是值得深思的问题。

改革年代，自由民主派鼓动工人进行抗议活动的主要口号就是揭露工人的无权地位，鼓吹"我们时代的最先进阶级只是苏共意识形态的标签"而已，实际上工人阶级是社会上"最受压迫，最无权的阶级"。① 这种宣传在发动工人进行抗议活动的过程中发挥了巨大作用。

1989 年 4 月 4～8 日，在诺里尔斯克附近的塔尔内镇，"十月""灯塔""共青团""泰梅尔"4 个矿场的 1 万多名矿工掀起了苏联时期最大的罢工潮。3 个月后，爆发了当代俄罗斯历史上第一次地区性群众大罢工，库兹巴斯煤矿209 个企业的 22.5 万人开始罢工。库兹巴斯煤矿大罢工 8 个月后，发生了全俄罗斯矿工行业政治大罢工，罢工者提出改组苏联和签订新联盟条约。这是一个标志性事件之一，标志着罢工者已经从提出经济要求转向提出政治要求。

当时的政治罢工始终在配合改革年代出现的政治组织和政党的政治主张。1991 年 3 月 1 日，乌克兰"红军煤矿"（"Красноармейскуголь"）恢复了 1989

---

① http://www.sensusnovus.ru/analytics/2015/03/03/20302.html.

年"中断"的罢工,理由是乌克兰苏维埃社会主义共和国和苏联没有签订税务总协议。此外,罢工者要求提高工资,要求在中央和乌克兰之间签署新的联盟条约。这个要求实际上与乌克兰官员和民族激进派的要求是一致的,或者说是在反映他们的要求。

几乎与此同时,哈萨克苏维埃社会主义共和国的卡拉干达也出现大罢工,22个煤矿停工,也提出了类似乌克兰矿工提出的要求。

到1991年,俄罗斯以外地区以反对苏联集中制国家为主要标志的大罢工迅速蔓延到俄罗斯。1991年3月,罢工超出了矿业部门和地区。3月3日,诺里尔斯克的矿工以及机器制造业工人、布良斯克机械厂的电焊工、布良斯克和别日茨的铸钢厂工人都开始罢工。3月4日,库兹巴斯煤矿"瘫痪"。同日,罗斯托夫州煤矿工人罢工。俄罗斯矿工实际上是在支持乌克兰和哈萨克斯坦的分裂主张,要求解散苏联最高苏维埃,要求苏联总统下台。这时苏联共产党已经没有权力了,所以政治斗争的目标是苏联中央权力机构。罢工的煤矿达到114个,其中92个煤矿完全停工。在莫斯科中心的马涅什广场,罢工代表开始进行绝食抗议活动。

罢工还在继续,沃尔库塔、因塔煤矿也开始了罢工。4月1日,苏联最高苏维埃主席团主席卢基扬诺夫给罢工者发电报,要求停止罢工行为。4月3日,煤矿工人罢工代表重申了自己的政治要求——苏联总统辞职、解散联盟机关、签署新联盟条约。4月底,罢工者的要求似乎受到重视,尝试签署新联盟条约的"新奥加廖沃进程"开始了。从表面上看,好像罢工取得了预期效果。

其实,苏联煤矿工人大罢工还有其他方面的原因。

社会技术方面的原因。大多数俄罗斯煤矿,不是在第一个五年计划期间开发的就是在沙俄时期开发的,甚至包括1897年的老矿。2/3的俄罗斯煤矿效益不好。在所谓的停滞时期这些矿井尚可以维持,因为苏联经济体制本来就不要求效益,而且从社会政治角度来讲,也必须保持煤矿运转。因此到20世纪80年代中期,煤矿的各种配套设施已经很落后了,尤其是人员老化的情况更加严重。青年人宁愿无事可做,也不去煤矿就职。可以说,罢工的最主要原因之一是社会技术方面的,煤矿技术设备落后,效益低下,没有一个国家领导人愿意往煤炭行业投资。

　　还应该指出社会心理方面的原因。俄罗斯许多煤矿的矿工社会情况非常特殊。大多数矿工都住在矿区或矿工镇上，这些地方就像一个个大的集体宿舍，通行着宗法式关系，工作关系、邻里关系也夹杂在一起。矿工既得不到社会尊重，也得不到领导的尊重，还经常受到各种歧视。以前矿工有各种补贴，20世纪80年代末货币贬值，补贴已经没有意义，实物补贴也不能及时到位且经常被克扣。矿工对现状不满是显而易见的，但是还不至于发展到大罢工的地步。

　　当然罢工的最主要原因还是主观方面的。看看当时矿工提出的要求就可一目了然。

　　罢工者提出的经济要求：给矿业企业经济自主权，改变矿井的产权形式，允许矿业企业按照市场价格出售超产部分的产品，提高煤炭价格，允许企业决定生产定额。

　　罢工者提出的政治要求：改革选举法，保证社会组织有召回自己选举的人民代表的权利，取消由社会组织选举代表的做法；取消苏联宪法第六条，苏共的党组织从企业撤出，民众拥有建立政党的自由，修改示威和集会法，改组全苏工会中央理事会，改变工会的地位，划分工会的财产，取消对媒体的检查制度，撤销克格勃和内务部领导的职务，改组这些部门，等等。

　　罢工者提出的社会方面的要求：提高工资、退休金，改善劳动条件，恢复被非法解雇的工人的工作，修订职业病目录，等等。

　　罢工者提出的管理方面的要求：简化企业管理机关，裁减管理人员，简化技术安全条例，等等。

　　罢工者还提出政治法律方面的要求：1991年3月，罢工者的政治要求开始明确且强烈，包括要求苏联总统、苏联部长会议成员辞职，解散苏联人民代表大会和苏联最高苏维埃，签署新联盟条约，消除苏共在强力部门的影响，将主要媒体转交俄罗斯，通过政治罢工法，俄罗斯退出苏联。矿工还提出将各加盟共和国的实际权力转交共和国领导。

　　此外，还有其他方面的要求，如停止苏联对其他兄弟国家的援助，等等。

　　综上所述，矿工的要求与"在册干部"关于划分权力和财产的要求是一致的。改变煤矿企业的所有制形式就是对煤矿实行私有化，允许向国外出售超计划煤炭就是打破国家对煤炭市场的垄断，在当时条件下提高国内煤炭价格就是解决"启动"资本的问题。要达到这些目的首先需要消除阻力，而这个阻力就是苏共和苏联工会。

俄罗斯共和党北乌拉尔组织和北乌拉尔市人民代表苏维埃主席团支持矿工的要求。矿工的许多政治要求都是被外部势力塞进去的，如在俄罗斯实行人民代表召回制，签署新联盟条约，等等。支持罢工运动的政治力量主要是民主派集团，如俄罗斯民主党、俄罗斯共和党、民主联盟等。当时成立独立矿工工会并不是矿工们的想法，他们想成立的是另一种类型的组织。这是政治家们的想法、战略或谋略。因此，矿工们的罢工过程有许多荒唐之处，矿工们实际上被那些想分裂苏联、瓜分权力和财产的政治家利用了，他们成了社会政治轮盘赌局上的棋子。

四　人民失望，许多苏共党员退党

20 世纪 90 年代初，苏联共产党经历了历史上最严重的党员退党潮。

历史上苏联共产党的党员人数一直在增加，始终处于上升状态。20 世纪 80 年代中期，按照党员人数计算，苏共是继中国共产党后的第二大党。

对于苏共来说，不断补充新党员是执政党的合法性的重要表现，也是其政策得到社会支持的重要标志。但是在 20 世纪 80 年代末 90 年代初，在苏联社会政治危机的形势下，苏共党员人数开始出现下降趋势。与此同时，党的社会成分也发生巨大变化。

1985 年年初，苏共总共有 1870 万名党员，占苏联成年居民的 9.5%，当时苏联人口数量是 27630 万人。

应该承认，在相当长的历史时期内，苏联共产党具有很高的政治威信。这首先是因为一系列现实因素和苏共积极宣传工作的结果。在宣传鼓动的作用下，居民相信，在苏共的领导下，国家取得了巨大的政治和社会经济成就。事实上，在一定的历史时期，苏联在苏共的领导下确实取得了令世界瞩目和认可的成就。总体上，在宣传的引导下，居民关于苏共的信息都是正面的、积极的。

在苏共一党制条件下，党员身份是公民实现自身价值的重要条件，是事业发展的重要因素，是职务升迁的必备条件。因此有些人是为了个人仕途才加入苏共的。苏共党建原则和组织潜力也是苏联公民加入苏共的重要原因，作为全面建设共产主义时期的社会领导和指导力量，加入苏共意味着个人会有更多的机会和更大的发展空间。

苏共的组织结构是根据地域和生产原则设立的，包含所有地区和社会领域。这是 20 世纪 20 年代形成的建党原则，始终没有改变。党的最高机关是党代表大会，代表大会选举中央委员会，中央委员会选举政治局。苏共中央实现对党的全部活动的领导。在加盟共和国也设立中央委员会，在边疆区、州和专区则设立苏共直属的相应委员会，在市和市属区则设立苏共市委和区委。

1985 年年初，苏联总共有 15 个加盟共和国，20 个自治共和国，8 个自治州，10 个自治专区，6 个边疆区，123 个州，981 个共和国边疆区、州、专区所属的市，641 个市属区和 3211 个农村区。在这种行政区划下，苏联总共有14 个加盟共和国共产党中央（俄罗斯联邦没有自己的共产党及其中央），6 个边疆区委，151 个州委，10 个自治专区委员会，880 个市委，641 个市属区委和 2892 个农村区委。市委和区委依靠的是基层党组织，所有企业、机关和单位都设立基层党组织。1985 年年初，苏联总共有 44.05 万个基层党组织[1]。基层党组织根据具体环境和党员人数的不同而分别建立。1983 年，苏共有 48 万个车间党组织和 66 万个党小组。苏联共产党就是通过这些基层组织影响广大人民群众。值得指出的是，苏共党员数量增加最快的时期是 20 世纪 60 年代至20 世纪 80 年代中期，25 年间增加 1 倍以上，从 1960 年的 870 万人增加到1985 年的 1870 万人，苏共党员最多的时期是 1989 年，共有党员 1920 万人。[2]

20 世纪 80 年代末，由于改革的失误和社会政治经济环境的恶化以及人民生活水平的下降，苏共出现党员退党现象。仅 1990 年，苏共人数就从 1920 万减少到 1540 万。而这只是大致的统计，如果加上各加盟共和国共产党已经与苏共中央离心离德，走上民族主义道路，或转向民族独立的斗争，则实际上苏共党员人数的减少要远远高于这个数字。

---

[1]　Динамика численности и состава организаций КПСС в Западной Сибири в период Перестройки（1985 – 1991 гг.），http：//zaimka. ru/kotlyarov-party/.

[2]　Динамика численности и состава организаций КПСС в Западной Сибири в период Перестройки（1985 – 1991 гг.），http：//zaimka. ru/kotlyarov-party/.

关于苏共党员退党的原因，大致可以分为如下几类：一是苏共已经失去对社会的控制，失去宪法保障的执政权利，那些以保证个人仕途为目的入党的人开始退党；二是对改革政策不满，而且对苏共扭转局势的能力失望的党员开始退党；三是戈尔巴乔夫改革的目标是民主社会主义，苏共传统意识形态被摈弃，导致相当一部分人退党。退党的人当中，工人和年轻人居多。

党员大批退党是苏共走向衰落的重要标志。实际上，由于苏共失去了宪法规定的领导地位和执政地位，不再是公民自身发展的重要条件，而且在没有退党的苏共成员中，有真正信仰的人也未必是多数。更重要的是，党的核心领导层中，真正信仰共产主义的人已不多且不能发挥作用了。

五 "500 天计划"——市场狂想征

在苏联经济改革的目标模式方面，经过多年的争论和斗争后，1989～1990年，决策者终于下决心，除国防和重工业外，国民经济所有其他部门都将向市场经济过渡。

但是，在如何向市场经济过渡的问题上，苏联决策层存在两种意见：一种是以总理雷日科夫和著名经济学家阿巴尔金院士为首的人士，主张实施渐进式改革，逐步过渡到市场经济；另一种则是激进改革派，主张与旧体制立刻决裂，快速过渡到市场经济。由于雷日科夫是主管经济的政府总理，所以他责成副总理阿巴尔金制订向市场经济过渡的构想或计划。该构想的基础是"经济租赁化"计划，预计在1991～1995年实现该计划。计划的内容是将20%的工业企业转为租赁式经营，并规定分为两步走：第一步（1990～1992年）既要运用指导性管理办法，也要运用经济杠杆，并逐渐减少行政管理办法，增加经济管理手段的作用；第二步（1993～1995年）经济领导方法将占主导地位。[1]

这个构想和计划遭到激进改革派和民主派的激烈批评。实际上，此时任何改革计划都已经超出经济范围，而变为政治斗争，成为国家发展道路之争。改

---

[1] 〔俄〕亚·维·菲利波夫：《俄罗斯现代史（1945—2006）》，中国社会科学出版社，2009，第243页。

革计划只不过是一种斗争手段而已。在两派争论激烈的形势下，1990 年 7 月，苏联总统戈尔巴乔夫与俄罗斯联邦最高苏维埃主席团主席叶利钦商定：制订一个备选计划。这就是著名的"500 天计划"。

"500 天计划"又称"沙塔林～亚夫林斯基计划"。这是苏联改革后期一项著名的向市场经济过渡的计划，由著名经济学家、俄罗斯科学院院士沙塔林和青年经济学家亚夫林斯基制订，学术界和史学界更喜欢称"500 天计划"为亚夫林斯基计划。这个计划的核心内容是降低国家对经济的干预，发挥人的作用。计划的前沿部分（人、自由、市场）明确指出："任务是：尽量减少国家的权利，尽可能多地将权利转交给人民。"

"500 天计划"包含的主要内容是：国有财产私有化；经济管理非集中化；为私人企业活动创造便利条件。

起草计划的工作小组是根据戈尔巴乔夫和叶利钦的倡议和共同决定而成立的。工作小组坦言，起草这个计划的过程得到他们二人的共同支持。

坊间经常说"500 天计划"的唯一作者是当时担任国家经济改革委员会主席的格·亚夫林斯基，实际上，这个计划是沙塔林院士提交的并由他的写作班子完成的。

写作班子开始工作前，戈尔巴乔夫告诉沙塔林，他是非常认真对待彻底改革苏联经济这件事情的。

沙塔林后来承认，他起草这个计划的基本立场是"承认资本主义"。[①]

1990 年 9 月 1 日前，"500 天计划"和与该计划配套的 20 个法律草案准备完毕，并获得俄罗斯联邦最高苏维埃的批准。俄罗斯联邦把这些文件提交苏联最高苏维埃审议。

与此同时，苏联总理雷日科夫委托著名经济学家阿巴尔金制订了另一个替代方案，即"国民经济发展基本方针"。雷日科夫后来承认，他委托制订的这个计划的基本出发点是按照中国改革模式逐渐对国民经济及其管理体制进行改革。雷日科夫声明，如果该计划得不到批准，他将辞职。

两个政治立场和改革思路截然相反的计划出台后，戈尔巴乔夫再次展示了

---

① 500_ дней_ （программа），https：//ru. wikipedia. org/wiki/.

他的妥协特点或天赋。他在就两个计划表态时说："坦率地说，我更喜欢'500 天计划'。"戈尔巴乔夫建议将两个计划合并成一个计划，即统一的苏联总统计划。

"500 天计划"的作者在自己的分析报告中依据了沙塔林院士签署的来自 21 个部委的咨询材料。下列苏联部委提供了翔实的材料：苏联工业建设银行、苏联储蓄银行、国家银行、农工银行、住宅社会银行、苏联国家统计局、苏联外交部、苏联部长会议粮食和采购委员会等。

还有一些单位没有提供材料，如苏联国家计划委员会、外经银行、苏联国防部、苏共中央、苏联共青团中央、苏联工会全国理事会。有些单位只是提供部分材料，如苏联部长会议，而有些单位提供了一些次要的材料，如苏联财政部、苏联国家价格委员会。

在计划前言的结尾部分，写作组坦言：这个计划中还有不足，但是坚信生活本身会将计划完善，由于只有几个月的时间和缺乏重要的信息，我们不可能做得更完善。

针对这个计划在社会上进行了广泛的讨论，计划的基本观点是对国有财产进行大规模的非国有化或私有化，包括对外经济改革、住宅物业改革、土地改革等。

计划中对私有化过程是这样描述的：地方苏维埃对贸易企业、生活服务业企业、地方工业企业、其他行业的中小企业进行估价；然后检查这些企业的财务状况，在媒体公布这些企业的名单，指出企业私有化的期限和条件；最后在私有化过程完全公开透明的条件下开始出售非住宅房产、小企业……"500 天计划"的宗旨是让人们利用手中的钱购买财产。

博戈莫洛夫院士曾经指出："亚夫林斯基计划的目的是建立各共和国经济联盟，实行统一货币，统一立法，统一国防。与此同时，取缔部长会议，由各共和国政府首脑会议管理经济。这是扩大共和国政府的自主权。"

"500 天计划"的实施阶段：

第一阶段（100 天）对住宅、土地、小企业实行私有化，对大企业实行股份化，在苏联国家银行的基础上成立资金储备系统；

第二阶段（第 101～250 天）——放开价格；

第三阶段（第 251～400 天）——稳定市场；

第四阶段（第 401～500 天）——开始振兴。

"500 天计划"的作者包括斯·沙塔林、尼·佩特拉科夫、格·亚夫林斯基、谢·阿列克萨申科、米·扎多尔诺夫、叶·亚辛等人。

即使在西方严肃经济学家眼中，"500 天计划"也不是一个严肃的计划，况且针对的是苏联这样的大国。他们认为"500 天计划"不过是市场狂想征的表现而已。但是，"500 天计划"作为一个政治计划倒是有效的，因为它的目的是摧毁旧体制。

苏联总理雷日科夫由于与戈尔巴乔夫在改革道路方面存在严重分歧，也由于 1990 年年底苏联经济实际上已经崩溃，在 12 月辞去总理职务。但是"500 天计划"也没能在苏联实行。苏联解体后，俄罗斯在实施"休克疗法"式的激进经济改革时，所遵循的正是"500 天计划"的构想。

小　结

此时苏联的经济困难与政治危机、社会危机和民族危机有密切联系。集中管理体制已经崩溃，市场机制尚未形成，国家经济生活中出现管理真空，这是导致经济危机的主要原因。政治势力、民族势力、各种利益集团利用经济危机和社会危机来实现自己的目的，这是危机加重的重要因素。矿工罢工浪潮已经被政治势力左右和利用。苏共出现历史上最严重的退党潮。"500 天计划"表现出的不过是对经济形势绝望的挣扎而已。

第二十四章　俄罗斯联邦共产党的建立
与俄罗斯领衔的主权进程

众所周知，苏联共产党是按照民主集中制原则组建的。党内实行严格的组织体系和组织纪律。在列宁去世以后，斯大林担任苏共和苏联国家领导人期间，党内和国家的决策是高度集中的。

但是，苏联共产党的组织建设是按照民族特征进行的，苏联有 15 个加盟共和国，有 14 个共和国党组织，唯独俄罗斯联邦没有建立自己的共和国党组织。

一　为什么俄罗斯联邦在苏共内部没有
自己的共和国党组织

这主要是因为，俄罗斯联邦是苏联的支柱，俄罗斯共产党组织无论在人数上还是在组织数量上都在苏联共产党内占据相当大的比重，并在苏共发挥重要作用，因此俄罗斯联邦境内的党组织是接受苏共中央直接领导的。

斯大林时期，苏共内部实行严格的集中化管理，各加盟共和国的共产党中央没有太多的决策权，因此这种组织结构对俄罗斯联邦有否自己的党组织没有什么影响。

赫鲁晓夫当政后，在批判斯大林的运动中，为了满足俄罗斯联邦希望拥有党组织的要求，在 1956 年苏共中央二月全会上成立了苏共中央俄罗斯联邦局，并亲任俄罗斯联邦局主席。勃列日涅夫取代赫鲁晓夫担任苏共领导人后，也兼任苏共中央俄罗斯联邦局主席。

按照当时的设想，成立苏共中央俄罗斯联邦局的目的是对俄罗斯共和国、边疆区、州的党组织和苏维埃以及经济组织的工作进行具体领导，具体解决俄罗斯联邦的经济和文化建设问题。

苏共中央俄罗斯联邦局成立后，在俄罗斯联邦境内需要党组织和部长会议联合发布某些决议和法令时，一般是由苏共中央俄罗斯联邦局与俄罗斯联邦部长会议共同发布。

苏共中央俄罗斯联邦局的机构设置与各加盟共和国共产党中央的机构设置几乎一致，内设领导国民经济各部门的职能局。俄罗斯联邦境内各边疆区和州党组织第一书记大都是苏共中央俄罗斯联邦局的成员。苏共中央俄罗斯联邦局的设立对于稳定俄罗斯联邦境内的党组织和部分党员的情绪发挥了一定作用，但是从领导国民经济和社会发展角度看，这种机构设置具有明显的负面意义，在当时的国家管理体制下，这种设置实际上是多此一举。这不仅导致俄罗斯联邦境内党的机构和苏维埃机构设置重复，还导致中央政府和俄罗斯联邦政府的机构设置重复，这种重复的机构设置加剧了决策效率的低下。1966年，苏共第二十三次代表大会决定撤销苏共中央俄罗斯联邦局。

戈尔巴乔夫改革后期，苏联各加盟共和国的民族分离倾向日益明显，苏共党内在改革方针问题上的分歧日益加大，尤其到1989年，随着苏联中央权力日益削弱，中央和地方的关系日益紧张，俄罗斯部分共产党人，主要是不同意戈尔巴乔夫改革方针的共产党人计划建立俄罗斯联邦共产党。戈尔巴乔夫为了安抚这部分共产党人，阻止建立俄罗斯联邦独立的党组织，在1989年苏共中央十二月全会上成立了苏共中央俄罗斯局。① 全会决议指出，苏共中央俄罗斯局的任务是："协调俄罗斯联邦州和边疆区党组织的活动，实现苏共政策，对执行苏共代表大会和代表会议以及中央全会和政治局决议的情况进行监督。"

苏共中央总书记戈尔巴乔夫兼任俄罗斯局主席。进入俄罗斯局的还有莫斯

① Постановление Пленума Центрального Комитета КПСС «Об образовании Российского бюро ЦК КПСС»//Материалы Пленума Центрального Комитета КПСС, 9 декабря 1989 г. – М.: Политиздат, 1989，с. 38.

科和列宁格勒党组织第一书记普罗柯菲耶夫和吉达斯波夫、俄罗斯联邦最高苏维埃主席团主席沃罗特尼科夫、俄罗斯联邦部长会议主席弗拉索夫以及俄罗斯地方党组织（州委和边疆区区委）的第一书记。此外，进入俄罗斯局的还有苏联科学院副院长科普丘克、乌拉尔重型机械厂钳工队队长科罗廖夫，科斯特洛马亚麻厂纺织女工普列特涅娃，以及苏共中央书记马纳因科夫和乌斯马诺夫。

按照规定，苏共俄罗斯局应该每月举行一次会议。苏共俄罗斯局最后一次重要活动是召开俄罗斯党代表会议。

虽然戈尔巴乔夫成立苏共中央俄罗斯局的本意是阻止俄罗斯出现共和国党组织，维护自己在党内的地位，但是实际上俄罗斯局成立后的主要活动恰恰是协助俄罗斯共产党的成立。

二 俄罗斯联邦共产党的建立

仅仅成立苏共中央俄罗斯局已经不能满足反对派的要求了，来自下面的压力很大，基层迫切要求在俄罗斯成立自己的共产党。1990 年成立的"共产党倡议运动"（Движение "Коммунистическая инициатива"）就是以在俄罗斯联邦建党为目的的组织。"共产党倡议运动"代表大会声明，运动的主要任务之一就是"在马克思列宁主义基础上"团结俄罗斯共产党人，阻止苏共内部的分离主义倾向，维护苏联的统一和完整。①

到 1989 年，不仅苏共失去了领导地位，苏联实际上也已经开始解体，至少苏联解体的过程正是从这时就启动了。不仅各加盟共和国在谈论退出苏联的问题，而且俄罗斯也有人在谈论这样的问题。在苏联第一次人民代表大会上，俄罗斯作家瓦·拉斯普京在针对波罗的海国家代表发言时激动地说："我们俄罗斯人尊重和理解所有民族的民族感情和问题。但是，我们希望自己也能够被理解……在这里，在代表大会上，波罗的海各国代表显然在尝试通过议会途径

① Новейшие политические партии и течения в СССР（документы и материалы），Москва，1991，стр. 77 - 78.

修宪，以便达到与这个国家分道扬镳的目的。在这种场合，我不想提什么建议，你们当然可以根据法律和良心决定自己的命运。但是，按照俄罗斯人的习惯，我在想，既然你们把自己所有的不幸都归罪于俄罗斯，既然俄罗斯的落后和愚笨影响了你们的进步，或许应该让俄罗斯退出联盟？或许那样会更好些？其实，这样也可以帮助我们解决许多问题——现实的和未来的问题。"[1]

　　这样的讲话所反映的社会心理具有普遍性。苏联各加盟共和国在分离主义情绪占主导地位的形势下，都在指责中央政府，抱怨自己在联盟国家中处于吃亏的地位。苏共内部的分离主义倾向也愈演愈烈，加盟共和国共产党逐渐与地方民族主义势力合流。在这种情况下，俄罗斯共产党员的处境十分尴尬，要求建党的呼声日益高涨。戈尔巴乔夫不得不再次做出妥协。1990 年苏共中央三月全会上，戈尔巴乔夫作为苏共总书记和苏共中央俄罗斯局主席在做报告时也谈到这样的问题。他说："鉴于党章草案所包含的解决共和国党组织问题的原则和立场，一个最重要的问题就是在俄罗斯建立共和国党组织。无须赘言，俄罗斯作为苏联强大的支柱发挥着特殊的作用，俄罗斯共产党员在保证苏共统一和完整方面也发挥了特殊作用。今天，大多数州党组织非常坚决地提出了建立俄罗斯联邦共产党的问题。比如在列宁格勒，列宁格勒州委通报说，全民公决过程中，80％的共产党员主张建立俄罗斯联邦共产党。我认为，这个问题应该由共和国的共产党员自己来决定。"[2]

　　1990 年 4 月 21 日，列宁格勒召开了俄罗斯"共产党倡议运动"代表大会。600 名代表出席大会，代表着俄罗斯 37 个边疆区和州的 145.5 万名共产党员。代表大会的决议要求在召开苏共二十八大前成立俄罗斯联邦的共产党组织。

　　1990 年 3 月 16 日，苏共中央全会通过一项决议：在苏共二十八大前召开俄罗斯共产党代表会议。代表会议的代表应该由俄罗斯联邦党组织选举产生，代表会议的代表将同时是苏共二十八大的代表。俄罗斯党代表会议的日期定在1990 年 6 月 19 日。为贯彻苏共中央全会的决议，俄罗斯局成立了由 87 名代表

①　Первый съезд народных депутатов СССР. 25 мая – 9 июня 1989，Стенографический отчет. Том II. М.，1989. С. 458 – 459.

②　Доклад генерального секретаря ЦК КПСС М. С. Горбачева∥Материалы Пленума Центрального Комитета КПСС，11，14，16 марта 1990 г. – М.：Политиздат，1990 г.；с. 14.

组成的代表会议筹备委员会，其中有 15 名工人代表、2 名集体农庄代表、12
名科技教育工作者代表、4 名经济管理人员代表、2 名苏维埃机关代表、21 名
基层党组织书记、2 名党的委员会主席、28 名选举产生的党的工作者（他们
是苏共州委、专区委、市委和区委书记）和 1 名党的机关工作人员。[①]

俄罗斯共产党一开始是作为苏共内部的共产党组织建立的，因此没有自己
的党章。所有在俄罗斯境内的基层组织的成员都是俄共党员。一方面，这使俄
共成立时党员人数就已达到近 1000 万，不过到 1991 年 8 月 1 日只剩下 680 万
人。另一方面，俄共也继承了苏共的所有组织分歧和矛盾，因此从一开始就不
是团结的具有活力的组织。

俄罗斯共产党是在俄罗斯党代表会议上成立的。俄罗斯联邦共产党代表会
议于 1990 年 6 月召开。会议分两个阶段举行：第一阶段是 1990 年 6 月 19~23
日；第二阶段是 1990 年 9 月 4~6 日。

1990 年 6 月 19 日，也就是在俄罗斯共产党代表会议召开的当天，苏共中
央宣布苏共中央俄罗斯局停止履行职责。1990 年 6 月 20 日，在俄罗斯共产党
代表会议第一阶段的第三次会议上，代表会议宣布这次会议是俄罗斯共产党的
成立大会。

在俄罗斯联邦共产党成立大会的第一阶段，代表们讨论并通过了《关于建
立俄罗斯联邦共产党》的决定、《俄罗斯联邦共产党成立大会声明》、《告各加盟
共和国共产党员，告俄罗斯共产党员和人民书》、《关于当前形势和俄罗斯联邦
共产党的首要任务》的决议、《关于苏共第二十八次代表大会的纲领性声明草案
和苏共党章草案》的决议、《关于俄罗斯联邦共产党成立大会对俄罗斯联邦媒体
的态度》的决议。И. К. 波洛斯科夫当选俄罗斯联邦共产党第一书记。

在俄罗斯联邦共产党建党代表大会的第二阶段，即 1990 年 9 月苏共二十
八大召开后，俄共宣布继续忠于改革的社会主义方向，因为苏共二十八大纲领
性文献中已经没有或者放弃了马克思列宁主义原理。从此，俄罗斯共产党与戈
尔巴乔夫分道扬镳了。

---

① Осадчий И. Какова социальная база РКП//Социологические исследования, 1991 г., № 1;
с. 143.

在 1991 年 8 月 6 日召开的俄共中央全会上，波洛斯科夫被解除第一书记职务，8 月 8 日，瓦·库普佐夫当选第一书记。8 月 23 日，即 "8·19" 事件后，叶利钦颁布俄罗斯联邦总统令，暂时停止俄罗斯联邦共产党的活动，同年 11 月 6 日，俄罗斯联邦共产党被取缔。

俄罗斯共产党从成立到被取缔，只存在一年多时间。

对于俄罗斯共产党的成立过程，很难做出准确评价。它是在反对戈尔巴乔夫改革方针和维护苏联统一的口号下成立的，但是它的成立恰恰证明曾经坚如磐石的苏联共产党已经解体，而作为苏维埃大厦顶梁柱的苏共的解体必然导致苏联这座大厦的倒塌。

三　俄罗斯寻求主权——独立于谁？

自从取消苏联宪法第六条后，苏联共产党实际上已失去法定的执政地位，实际权力在转归苏维埃的口号中正在迅速转到改革过程中出现的新一代政治精英、经济精英和民族精英手中。

这个过程显然是权力和利益再分配的过程。政治精英在争夺权力，经济精英在瓜分财产，民族精英在争取独立。政治的、经济的、个人的、集团的、民族的各种利益交织在一起，构成了这个时期苏联政治舞台最纷繁复杂、最扑朔迷离的局面。

在这个过程中，历史学家最难以判断和阐述的是戈尔巴乔夫与叶利钦的关系，因为掺杂在这种关系中的既有个人因素，也有利益集团的因素，且不乏民族因素。从二人关系的历史发展进程看，即使最初他们之间的关系是出于一般政治斗争以及这种斗争结局导致的个人恩怨的话，那么到 1990 年，戈尔巴乔夫与叶利钦之间的矛盾已经超出，甚至远远超出个人恩怨的范围，而上升到了利益集团对立的层面。

1985 年 12 月，苏共中央政治局任命叶利钦为莫斯科市委第一书记。这是叶利钦政治生涯新机遇的开始。他在莫斯科市委第一书记岗位上做出许多轰动之举：解除苏共莫斯科市委许多不得力的领导干部的职务，撤换一批区委书记，数次微服私访商店、检查仓库、乘坐公共交通工具等，赢得莫斯科普通市民的称赞。他制定莫斯科发展规划，在保护历史建筑等方面做了许多工作。1986 年 2 月在苏共二十七大上叶利钦当选为苏共中央政治局候补委员。

但是在莫斯科工作期间，叶利钦不断与苏共中央政治局领导，尤其是与推荐他到莫斯科工作的政治局委员利加乔夫发生意见冲突。在 1987 年苏共中央十月全会上，他批评政治局某些领导的工作作风，批评改革速度太慢，甚至说"戈尔巴乔夫搞个人迷信"。这样的做法在苏联时期未免太另类了。全会做出决议，认为叶利钦的发言是"政治错误"，同时建议苏共莫斯科市委考虑重新选举第一书记的问题。据后来知情者透露，11 月 3 日，叶利钦致函戈尔巴乔夫，对自己的言行表示忏悔并希望能够保留莫斯科市委第一书记的职务。[1]1987 年 11 月 11 日，在莫斯科市委全体会议上，叶利钦再次忏悔自己的错误，但是他仍然被解除了莫斯科市委第一书记的职务，并于 1988 年 2 月被任命为苏联国家建设委员会第一副主席——部长级。1988 年 2 月苏共中央全会解除叶利钦政治局候补委员资格，保留其苏共中央委员资格。

从此，叶利钦在政治生涯中开始与中央产生抵触和矛盾。应该说，那时他在莫斯科市民和苏联普通公民中因反对特权、联系群众而享有很高威信。1988 年，他被卡累利阿党组织选举为苏共第十九次代表会议代表。在这次决定苏共命运的代表会议上，叶利钦又发表了轰动一时的演讲。他猛烈抨击苏共领导人利加乔夫，批评党内精英的特权，认为不能让勃列日涅夫一个人为停滞时期负责，政治局应该集体负责，他还要求撤销十月全会对他的处分，为自己平反。至此，叶利钦与戈尔巴乔夫和苏共中央的对立日益加剧。他在党内高层不断受到批评，而在社会上的威信则越来越高。1989 年 3 月，苏联举行人民代表选举，叶利钦在莫斯科选区以绝对优势战胜苏共支持的竞争对手，得票率为91.53%，而莫斯科的选民参选率接近 90%。[2]但是，在代表大会选举最高苏维埃代表时，叶利钦落选。这时发生了一件俄罗斯历史上值得记忆的事件：当选最高苏维埃民族院成员的阿·伊·卡赞尼克提出放弃自己代表的资格，把这个代表资格让给叶利钦。[3]叶利钦因此进入苏联最高苏维埃。也是在这次代表

---

① А. Е. Хинштейн. Ельцин. Кремль. История болезни. – Москва: ОлмаМедиаГрупп，2006.

② Б. Минаев. Ельцин в серии ЖЗЛ. ~ М.：Молодая гвардия，2010.

③ 后来叶利钦任命阿·伊·卡赞尼克为俄罗斯联邦总检察长（1993 年 9 月至 1994 年 2 月）。

大会上，叶利钦成为著名的反对派组织——跨地区议员团的领袖。

1990 年 5 月，在俄罗斯联邦人民代表大会选举最高苏维埃主席时，叶利钦经过三轮竞争，最后以 535 票对 467 票，即以 68 票的微弱多数战胜克里姆林宫提出的候选人 阿·弗·弗拉索夫①。也就是在这次人民代表大会上，1990 年 6 月 12 日，俄罗斯通过了《俄罗斯苏维埃联邦社会主义共和国国家主权声明》（简称《国家主权声明》），宣布俄罗斯法律高于苏联法律。一年以后，1991 年 6 月 12 日，叶利钦当选俄罗斯联邦总统。在此次总统选举中，叶利钦获得 455.2041 万张选票，得票率为 57.30%，而苏共支持的尼·雷日科夫只获得 16.85% 的选票，不仅如此，苏共提名的 4 名候选人（尼·雷日科夫、阿·图列耶夫、阿·马卡绍夫、瓦·巴卡金）总共才获得 30% 多一点的选票。叶利钦认为，他是俄罗斯全民选举的总统，而戈尔巴乔夫是人民代表大会选举出来的总统，因此叶利钦具有更大的合法性。在与戈尔巴乔夫的斗争中，叶利钦越来越占有明显的优势。他当上俄罗斯联邦总统后，主要口号是反对官员的特权和要求俄罗斯在苏联内的主权。

如果说改革初期叶利钦与戈尔巴乔夫和苏共中央发生矛盾后，叶利钦始终只是想摆脱戈尔巴乔夫，那么在他成为俄罗斯联邦最高苏维埃主席和俄罗斯联邦总统后，他的目标开始转向带领俄罗斯摆脱苏联。

1990 年 6 月 12 日，俄罗斯联邦第一次人民代表大会通过《国家主权声明》。会议表决结果是：907 票赞成，13 票反对，9 票弃权。

《国家主权声明》表示愿意在革新的苏联内建立民主法治国家，此外，声明中还确定如下重要原则：一是俄罗斯联邦宪法和法律优于苏联法律；二是新成立的政党、社会组织和团体，包括非正式组织，均具有平等法律地位；三是实行立法、执行和司法机关分立的原则；四是必须大幅度扩大俄罗斯联邦境内自治共和国、州、专区、边疆区的权利。该声明由俄罗斯联邦最高苏维埃主席叶利钦签署。值得关注的是，俄罗斯人民代表大会的代表中，86% 都是共产党员。

---

① 阿·弗·弗拉索夫（1932 年 1 月 20 日至 2002 年 6 月 9 日），曾任苏联内务部部长（1986 年 1 月至 1988 年 10 月）、苏共中央社会经济部部长、俄罗斯联邦部长会议主席（1988 年 10 月至 1990 年 6 月）。

《俄罗斯苏维埃联邦社会主义共和国国家主权声明》全文如下：

俄罗斯联邦第一次人民代表大会，以对俄罗斯命运的历史责任感，对参加苏维埃社会主义联盟各族人民主权的尊重之意，表达俄罗斯联邦人民的意志，隆重宣布俄罗斯苏维埃联邦社会主义共和国在其全部领土上拥有国家主权并声明在革新的苏联内建立民主法治国家的决心。

1. 俄罗斯苏维埃联邦社会主义共和国是历史上联合在一起的各族人民建立的主权国家。

2. 俄罗斯联邦的主权是具有数百年历史、文化和传统的俄罗斯国家存在的自然和必要条件。

3. 多民族人民是俄罗斯联邦主权的载体和国家权力的源泉。人民在俄罗斯联邦宪法基础上直接地或者通过代表机关行使国家权力。

4. 宣布俄罗斯联邦国家主权的最高目标是保证每个人体面生活的不可剥夺的权利，保证民族语言的自由发展和使用，保证每个民族有自主选择民族国家形式和民族文化形式的权利。

5. 为了在政治、经济和法律上保证俄罗斯联邦主权，兹规定：

俄罗斯联邦拥有充分权利解决国家生活和社会生活的所有问题，不包括它自愿转交苏联处理的问题。

在俄罗斯联邦全部领土上，俄罗斯联邦宪法和俄罗斯联邦法律是至高无上的，苏联法律与俄罗斯联邦主权发生冲突时，暂停其在共和国领土上生效。共和国与苏联的分歧按照联盟条约规定的程序解决。

人民有绝对权利拥有、使用和支配俄罗斯国家财富。

俄罗斯联邦在其他加盟共和国和境外全权代表国家的权利。

共和国有权参与它转交给苏联的权利的实现。

6. 俄罗斯苏维埃联邦社会主义共和国与其他共和国在条约基础上组成联盟。俄罗斯联邦承认和尊重苏联加盟共和国的主权权利。

7. 俄罗斯联邦保存根据联盟条约和以条约为基础的立法规定的程序退出苏联的权利。

8. 俄罗斯联邦领土未经以全民公决为途径所表达的人民意志不可变更。

9. 俄罗斯联邦人民代表大会批准是否有必要大幅度扩大俄罗斯联邦自治共和国、自治州、自治区以及边疆区和州的权利。实现这些权利的具体问题由俄罗斯联邦有关民族国家制度和联邦行政区域制度的立法决定。

10. 居住在俄罗斯联邦领土上的所有公民和无国籍人员享受俄罗斯联邦宪法和苏联宪法以及公认的国际法准则的保护。

居住在俄罗斯联邦的各民族代表，无论是置身自己民族国家界外或者是否在俄罗斯联邦领土上有自己的民族国家，都保证享受合法的政治、经济、民族和文化权利。

在共和国境外的俄罗斯联邦公民获得俄罗斯联邦的保护和庇护。

11. 在俄罗斯联邦全境实行俄罗斯联邦共和国国籍。每一个俄罗斯联邦公民都保存苏联国籍。

12. 俄罗斯联邦保证在俄罗斯联邦宪法框架内活动的所有公民、政党、社会组织、群众运动和宗教团体具有平等参加国家和社会事务管理的法律条件。

13. 立法、执行和司法权力分立是俄罗斯联邦作为法治国家运行的最重要原则。

14. 俄罗斯联邦声明自己忠于公认的国际法准则，愿意与所有国家和人民和平、和谐相处，采取一切措施防止国际关系、共和国间关系和族际关系中的冲突，并维护俄罗斯各族人民的利益。

15. 本声明是制定俄罗斯联邦新宪法，签订联盟条约和完善共和国立法的基础。

俄罗斯联邦最高苏维埃主席

叶利钦

莫斯科克里姆林宫 1990 年 6 月 12 日

俄罗斯宣布国家主权，独立于谁？目的和结局都是清楚的。俄罗斯的主权声明引发了苏联各加盟共和国的主权潮。如果说此前各加盟共和国的独立或分离主义运动还处于试探和局部规模，那么自 6 月 12 日以后情况则发生实质性变化。

四　主权大潮的掀起——苏联走向解体

在戈尔巴乔夫改革过程中，最早宣布国家主权的是爱沙尼亚苏维埃社会主义共和国，时间是 1988 年 11 月 16 日。波罗的海沿岸国家是争取主权和独立比较早的国家。立陶宛于 1989 年 4 月 18 日宣布国家主权，而拉脱维亚是 1989 年 7 月 28 日宣布的。

波罗的海沿岸三国提出国家主权问题是因为三国对历史问题始终有不同立场，历史上多次提出苏联归并三国的合法性问题，戈尔巴乔夫改革过程中的政治环境给它们解决民族问题提供了历史机遇。

其他比较早宣布国家主权的共和国有阿塞拜疆苏维埃社会主义共和国，时间是 1989 年 9 月 23 日；格鲁吉亚是 1990 年 5 月 26 日。阿塞拜疆当时提出国家主权问题实际上是对纳戈尔诺－卡拉巴赫冲突过程中苏联中央政府处理问题的办法表示不满，格鲁吉亚也是因为民族问题上的分歧而对苏联中央政府不满。但是，他们都表示在苏联范围内宣示国家主权，并没有提出要退出苏联、实行民族独立的问题。

1990 年 6 月 12 日，叶利钦在俄罗斯宣布国家主权后，在苏联国内掀起了争取主权的浪潮。

1990 年 6 月 20 日，乌兹别克苏维埃社会主义共和国宣布国家主权。

1990 年 6 月 23 日，摩尔达维亚苏维埃社会主义共和国宣布国家主权，同时宣布将国名改为摩尔多瓦苏维埃社会主义共和国

1990 年 7 月 16 日，乌克兰苏维埃社会主义共和国宣布国家主权。

1990 年 7 月 27 日，白俄罗斯苏维埃社会主义共和国宣布国家主权。

1990 年 8 月 22 日，土库曼苏维埃社会主义共和国宣布国家主权。

1990 年 8 月 24 日，亚美尼亚苏维埃社会主义共和国宣布国家主权，塔吉克苏维埃社会主义共和国也宣布国家主权。

1990 年 10 月 25 日，哈萨克苏维埃社会主义共和国宣布国家主权。

1990 年 12 月 15 日，吉尔吉斯苏维埃社会主义共和国宣布国家主权。

所有的加盟共和国都宣布国家主权了。虽然大部分国家还是在苏联框架内

要求实现国家主权，但是苏联的命运已经十分清楚了。

不仅如此，叶利钦还把这种争取主权的潮流推广到俄罗斯联邦全境。

1990 年 8 月 6 日，叶利钦在俄罗斯联邦的乌法演讲时声明："你们能够吞下多少主权就都拿去好了！"[1] 这句话成了历史名言。此后，俄罗斯联邦内部出现一股争取国家主权的热潮。

请看：

1990 年 8 月 9 日，卡累利阿自治苏维埃社会主义共和国通过关于国家主权的声明；

1990 年 8 月 31 日，鞑靼自治苏维埃社会主义共和国宣布国家主权；

1990 年 9 月 27 日，乌德穆尔特自治苏维埃社会主义共和国和雅库特萨哈苏维埃社会主义自治共和国宣布国家主权；

1990 年 10 月 5 日，楚克奇自治区、阿迪格自治区宣布国家主权；

1990 年 10 月 7 日，布里亚特自治区宣布国家主权；

1990 年 10 月 11 日，克米自治苏维埃社会主义共和国和巴什基尔自治苏维埃社会主义共和国宣布国家主权；

1990 年 10 月 17 日，亚马尔–涅涅茨自治区、戈尔诺–阿尔泰自治区宣布国家主权；

1990 年 10 月 19 日，卡尔梅克自治苏维埃社会主义共和国宣布国家主权；

1990 年 10 月 22 日，马里自治共和国宣布国家主权；

1990 年 10 月 24 日，楚瓦什自治共和国宣布国家主权；

1990 年 10 月 26 日，伊尔库茨克州宣布国家主权。

这是一个极其混乱的时期，从某种意义上说，这种混乱是人为蓄意制造的。俄罗斯联邦内部各共和国争先恐后宣布拥有主权，虽然并没有提出退出俄罗斯联邦搞独立的问题，但是也没有人怀疑，如果任这种事态发展下去，局势完全可能失控。

1991 年 5 月 24 日，俄罗斯联邦又根据主权热潮修改了联邦宪法，取消了自治共和国的称谓，把所有的自治苏维埃社会主义共和国改称为俄罗斯联邦内

---

① Известия, 8 августа 1990.

的"苏维埃社会主义共和国";① 7 月 3 日，又把所有的自治州改为俄罗斯联邦内的"苏维埃社会主义共和国"，只有"犹太自治州"没有改动。所有这些改动都是违反苏联宪法的。②

据有关资料记载，叶利钦这样做不仅是为了在政治斗争中赢得地方政治精英的拥护，而且还打算让这些宣示主权的共和国共同参加戈尔巴乔夫主持的新联邦条约谈判进程。

历史发展到这个时期，苏联共产党已经基本上不发挥作用了。戈尔巴乔夫还担任着苏共中央总书记的职务，但是已经没有任何威信可言。在苏共历史上，这是一位最软弱、最无能的领导人。他的性格决定了他的命运，他的性格也决定了苏共和苏联的命运。叶利钦正是在与戈尔巴乔夫的政治博弈中看到了戈尔巴乔夫的软弱，看清了苏共的弱点，才一次次从逆境中转危为安，变被动为主动。叶利钦在《总统笔记》中坦言："我看清了他（戈尔巴乔夫——作者注）的力量与软弱。"叶利钦也熟悉戈尔巴乔夫的性格："他的基本武器——玩政治游戏、耍政治手腕、搞政治平衡……永久许诺、与各种势力结盟、采取一些出人意料的步骤。"③

到 1991 年春天，戈尔巴乔夫无论在党内还是在社会上都已经没有任何威信了。他与民主派一起取消了苏联共产党的领导权力，但是自己并没有失去权力，他当上了苏联总统。此时，作为苏联总统的戈尔巴乔夫已经没有什么影响力，民主派不再需要他，因为他还要坚持"民主社会主义"，坚持他心仪的、实际上不适合苏联的欧洲社会主义模式；所谓的"正统派"对他"恨之入

---

① Закон РСФСР от 24 мая 1991 № 1326/1 – I«Об утверждении Закона РСФСР"Об изменениях и дополненияхКонституции（Основного закона）РСФСР"»//Ведомости Съезда народных депутатов РСФСР и ВерховногоСовета РСФСР. – 1991. – № 22. – ст. 775. Закон РСФСР от 24 мая 1991 № 1326 – I «Об изменениях идополнениях Конституции（Основного закона）РСФСР»//Ведомости Съезда народных депутатов РСФСР иВерховного Совета РСФСР. – 1991. – № 22. – ст. 776.

② Конституция СССР в редакции от 26 декабря 1990 г. / Глава 10. Автономная Советская СоциалистическаяРеспублика ↑ Закон РСФСР от 3 июля 1991 г. « Об изменениях и дополнениях Конституции（Основного Закона）РСФСР всвязи с преобразованием автономных областей в Советские Социалистические Республики в составеРСФСР»

③ 〔俄〕鲍·叶利钦《总统笔记》，东方出版社，1995，第 19、28～29 页。

骨"，因为他毁掉了苏联共产党和列宁的事业；经济精英们不需要他了，他们需要使自己获得的财产合法化，或者获得更多的财产；只有地方精英们或许还需要他，继续需要他的软弱、摇摆、妥协。

1991 年 4 月，苏共中央召开全会。全会上大多数党员已经对戈尔巴乔夫一味空谈、在各派别之间搞政治平衡、毫无原则立场的做法忍无可忍，他们要求总书记－总统向全会报告工作，代表们批评戈尔巴乔夫没有利用议会赋予他的权力稳定形势。戈尔巴乔夫声明自己可以辞职，苏共中央政治局立刻召开紧急会议，建议不讨论关于戈尔巴乔夫辞职的议题。大多数政治局委员支持这个建议，于是这个问题不再被提起，党的历史上第一次公开针对戈尔巴乔夫的造反就这样毫无结果地结束了。后人称这次行动是"屈膝的造反"[1]。虽然大家对总书记不满，但是党的纪律还在发挥作用，大多数中央委员还是跟着总书记走，没有勇气采取激烈的行动。

不过，此时的戈尔巴乔夫实际上已经是孤家寡人了。苏共中央全会上他受到尖锐批评，叶利钦在 1991 年 2 月已经喊出："必须打倒！我们不可能用合法手段赶走这个总统。"[2] 戈尔巴乔夫被彻底架空，他的苏联总统一职已经徒有虚名。

唯一可以挽救他的是保存苏联的一线希望。

小　结

俄罗斯联邦共产党的成立不仅没有阻止苏联共产党的分裂和国家的解体进程，反而加剧了这个进程。俄罗斯宣布国家主权等于宣判了苏联的死刑。这个过程的内在原因是相当复杂的。到 20 世纪 80 年代末 90 年代初，无论是苏联各加盟共和国的民族独立倾向，还是各加盟共和国内部的新阶层、新阶级都已经初具规模或羽翼丰满，联盟国家和共产党已经成为它们实现自己政治目标和利益诉求的障碍。共产党无力阻止国家分裂的进程，相反，各加盟共和国的共产党还是这个进程的促进力量。

---

① Политические партии России：история и современность，Москва，РОССПЭН，2000，стр. 536.
② 〔俄〕戈尔巴乔夫、斯拉文：《尚未结束的历史：戈尔巴乔夫访谈录》，孙凌齐、李京洲译，中央编译出版社，2003，第 54 页。

第二十五章 "新奥加廖沃进程"与"8·19"事件

1990 年年底至 1991 年，苏联共产党实际上已经没有任何权力，虽然戈尔巴乔夫还是苏共中央总书记，但是他主要是以苏联总统的身份进行决策，此时的苏共以及他所担任的苏共中央总书记职务，对于戈尔巴乔夫来说，不是依靠，而是负担。戈尔巴乔夫与苏共中央和各加盟共和国领导人、尤其是与俄罗斯联邦领导人、与军队和其他强力部门领导人的关系全面紧张。他现在唯一能做的就是以某种方式保存岌岌可危的苏联。

一 "新奥加廖沃进程"：是改革联盟国家的尝试还是被迫之举

1990 年 6 月 12 日，俄罗斯联邦第一次人民代表大会通过了俄罗斯国家主权宣言。这个宣言成为俄罗斯乃至苏联发展的分界线，因为只要俄罗斯是一个联合的因素，苏联就将存在。反之，俄罗斯独立了，苏联也就消亡了。同一天，联邦委员会提出成立由各共和国代表组成的一个起草联盟条约的工作组。联邦委员会建议建立一个综合了联邦制、邦联制和共同体特征的主权国家联盟。俄罗斯代表的选择在很大程度上决定着其他加盟共和国的行为。随着俄罗斯宣布主权，在短短几个月的时间里，乌兹别克斯坦、摩尔达维亚、乌克兰、白俄罗斯、土库曼斯坦、亚美尼亚、塔吉克斯坦和哈萨克斯坦都通过了主权宣言。此时宣布的主权还是苏联范围内的主权。但是民族运动发展的逻辑促使它们最终采取激进的决策——宣布完全独立。

俄罗斯的主权化开创了各共和国绕开联盟中央建立双边关系的先河。7月28日,波罗的海三国领导人与俄罗斯代表团在尤尔马尔会见时声明,它们拒绝参加签署联盟条约的谈判,但是愿意与俄罗斯举行签署双边条约的谈判。叶利钦当时甚至说俄罗斯要与波罗的海国家建立统一战线以对抗中央。

8月,举行了俄罗斯联邦和苏联最高苏维埃两个工作组关于起草新联盟条约的磋商,并且也与其他11个加盟共和国代表举行了磋商。8月30~31日,举行了联邦委员会和总统委员会联席会议。会上决定建立新联盟条约起草委员会,成员有各加盟共和国授权的代表团,团长是各加盟共和国的最高领导人,苏联总统也参加该委员会。此前,8月18~19日,已经把新联盟条约草案发给苏联和各共和国最高苏维埃。9月1日,签署了俄罗斯联邦和格鲁吉亚全面合作的协议。俄罗斯与吉尔吉斯斯坦、哈萨克斯坦、乌克兰、摩尔多瓦签署了关于国家间关系和经济合作的双边协议。在权力的最高层,无论是在莫斯科还是在地方,都担心苏联不可控制地解体会给各族人民带来灾难。

1990年12月,在第四次苏联人民代表大会上讨论了联盟条约草案并承认其可行,条约的准备和签署等下一步的工作将由共和国最高领导人组成的起草委员会负责。

鉴于苏联国内局势的严峻性,1990年12月召开的苏联第四次人民代表大会决定赋予苏联总统新的非常权力:直接领导政府,主管联邦委员会和苏联安全会议。与此同时,代表大会还决定设立苏联副总统一职并在戈尔巴乔夫的提议下批准根·亚纳耶夫为苏联副总统。副总统在总统不能履行职责的情况下可以代行总统职责。

在这次代表大会上还做出一项重要决定:就是否保留苏联问题进行全民公决,并责成苏联最高苏维埃确定全民公决的日期,制定保障全民公决顺利进行的措施。[①] 这实际上是让居民决定是否保存苏联国家的完整性。

全民公决指定在1991年3月17日举行,提交全民公决的问题是:"您是

---

① Постановление СНД СССР от 24 декабря 1990 года № 1856 – 1 «Опроведении референдума СССР по вопросу о Союзе Советских Социалистических Республик»//Ведомости СНД и ВС СССР. –1990. – № 52. – ст. 1161.

否认为必须保留作为革新的平等主权共和国联邦并充分保证所有民族人的权利和自由的苏维埃社会主义共和国联盟。"答案为"是"或"否"。

但是，在组织全民公决的过程中，各加盟共和国的做法有所不同。比如，俄罗斯联邦在1991年3月17日就是否保留苏联问题进行全民公决的同时，也就"是否设立共和国总统职位"的问题在俄罗斯联邦举行全民公决，从而为叶利钦当选俄罗斯联邦总统扫清了障碍。

乌克兰在进行全民公决时也在问卷上增加了一个题目："您是否认为乌克兰应该在《乌克兰国家主权声明》的基础上留在苏维埃主权国家联盟内？"

组织全民公决的共和国有俄罗斯联邦、白俄罗斯、乌克兰、乌兹别克斯坦、哈萨克斯坦、阿塞拜疆、塔吉克斯坦、吉尔吉斯斯坦、土库曼。波罗的海三国的爱沙尼亚、拉脱维亚、立陶宛，外高加索的格鲁吉亚和亚美尼亚，以及摩尔多瓦没有组织全民公决，对全苏全民公决进行了抵制。

全苏全民公决的结果是：全苏1.856亿有表决权的选民中，参加全民公决的有1.485亿人，其中1.135亿人投票拥护保留苏联，占参与投票人数的76.43%。

俄罗斯在全民公决过程中支持保留苏联的占71.3%，支持设立总统的占69.8%，占登记在册的有投票权人数的52.4%。①

苏联全民公决的结果充分反映了人民的意愿。在政治和经济危机日益严重、民族矛盾日益尖锐的局势下，苏联的命运已经岌岌可危。拯救联盟，拯救国家，拯救濒于崩溃的经济，成为当务之急。

1991年4月23日，在莫斯科郊外的新奥加廖沃②，苏联总统戈尔巴乔夫与参加全民公决的9个加盟共和国领导人会见时，通过了关于立即稳定国内局势和克服危机的共同声明。正是该声明开始了所谓的"新奥加廖沃进程"。这就是后来被记者称为"9+1联合声明"的著名文件。声明指出，为了克服危

---

① 〔俄〕亚·维·菲利波夫：《俄罗斯现代史（1945—2006）》，中国社会科学出版社，2009，第263～264页。

② 新奥加廖沃是莫斯科郊外一座19世纪修建的庄园。20世纪50年代成为苏联政府官邸，用于接待外国政府代表团，也是苏共中央的郊外宾馆。从2000年起成为俄罗斯总统官邸，此后一直是普京的官邸。

机，首要任务是在考虑全民公决结果的基础上签署新联盟条约。不过，当时对全民公决结果的解释与其说是保持国家的统一，不如说是巩固共和国主权的革新。几乎所有共和国都已经有了自己的、不受苏共中央领导的民选总统。5月22日，考虑到联盟条约草案中存在的矛盾，苏联最高苏维埃要求修改条约文本使之符合1991年3月17日全民公决的结果。当时成立了新联盟条约起草委员会。而根据这个文件，共和国获得了更多的权利，中央则从管理机构变为协调机构。结果，许多联盟机构，首先是各部、部门、部长会议将受到严重冲击。联盟领导机构的职能只剩下主管国防部、财政部、内务部；所有其他部门都由各共和国管辖。条约明文确定了各共和国对土地、矿藏、水资源的所有权。各共和国有权取缔联盟法律，独立确定国家语言，俄语成为民族间的交流语言。这个协议应该成为新联盟条约的基础。

在就新联盟条约进行谈判的过程中，俄罗斯和各加盟共和国领导人向戈尔巴乔夫施加各种压力，要求扩大各加盟共和国的权力，缩小联盟中央的权力。这些共和国领导人，尤其是叶利钦，非常熟悉戈尔巴乔夫的性格并成功地利用了戈尔巴乔夫的弱点。多年后，叶利钦在回忆录中透露了当时谈判的一些细节："《华盛顿邮报》写道：'苏联总统米哈伊尔·戈尔巴乔夫今天已经改变其政治方针，同那些不容商量的加盟共和国领导人实行妥协，并取得了其主要竞争对手鲍里斯·叶利钦的支持。在与代表们的秘密会见中，叶利钦说戈尔巴乔夫在下放政治和经济权力问题上做出了重大让步。叶利钦指出，因此，现在各共和国能够成为主权国家了。'"[1] 叶利钦还透露，在与戈尔巴乔夫谈判达到主要目的后，他还在新奥加廖沃签署了暂停罢工的协议。"会后，我飞到库兹巴斯，建议矿工们停止罢工。矿工们复工下井了。"[2] 这说明，轰轰烈烈的矿工大罢工实际上是被政治家操纵、服从政治目的的。

"新奥加廖沃进程"有几个显著的特点：其一，戈尔巴乔夫作为苏联总统与其他加盟共和国代表谈判，苏联共产党已经不发挥作用；其二，在未来联盟性质问题上，苏联各界存在巨大分歧；其三，3月17日苏联全民公决结果表

---

① 〔俄〕鲍·叶利钦：《总统笔记》，东方出版社，1995，第31页。
② 〔俄〕鲍·叶利钦：《总统笔记》，东方出版社，1995，第31～32页。

明，大多数苏联公民赞成保存苏联，而"新奥加廖沃进程"并没有能力落实这个民意；其四，"新奥加廖沃进程"形成的新联盟条约，目的已经不是保存作为联邦制国家的苏联，而是维持一个形式上的邦联制结构。这个过程显然不会一帆风顺，必然存在巨大的分歧和冲突，因为这涉及一个超级大国的命运。

虽然是一个邦联性质的条约，也远不是苏联所有加盟共和国都准备签署，不仅波罗的海沿岸三国的爱沙尼亚、拉脱维亚和立陶宛表示坚决不参与这个进程，它们要求取得完全的国家主权和独立，而且格鲁吉亚、亚美尼亚和摩尔多瓦也没有准备签署新联盟条约，甚至乌克兰也在犹豫。在这种背景下，"新奥加廖沃进程"本身就充满了矛盾甚至阴谋。

叶利钦在回忆录中曾经谈道："1991 年 7 月 29 日，在新奥加廖沃举行的会晤具有原则性意义。米哈伊尔·戈尔巴乔夫要去福罗斯休假，等他从克里米亚半岛回来后，要立即在新联盟条约上签字……当涉及一些秘密话题的时候，我突然不吭声了。'你怎么了，鲍里斯？'戈尔巴乔夫感到奇怪。我有一种难以名状的感觉，似乎有人站在我身后寸步不离地窥视。当时我说：'我们去阳台吧，我觉得好像有人在偷听。'戈尔巴乔夫不太坚定地回答说：'得了吧你'，但还是随我出去了。"① 在下面的密谈中，他们谈到联盟条约签署后的人事安排。比如，要撤换总理帕夫洛夫、国防部部长亚佐夫、内务部部长普戈和克格勃主席克留奇科夫，等等。还提出让努尔苏丹·纳扎尔巴耶夫担任新联盟的总理。这些事情戈尔巴乔夫并没有认真考虑，尤其是有关人事安排。但是，他再次向叶利钦做出了妥协，表示同意这个方案。

按照拟议中的新联盟条约，苏联将发生实质性变化。未来的联盟将不再是联邦制国家，而是一个邦联性质的松散联盟。按照几个不同版本的条约内容的表述，未来的联盟国家机构的权力受到极大的限制。这里不仅没有共产党的位置，也没有大多数所谓的"在册干部"的位置，而且未来联盟国家机构究竟是什么样子，还都是未知数。许多问题要待联盟条约签署后才能够明朗。而那又将是一个漫长、痛苦、矛盾、斗争的过程。

---

① 〔俄〕亚·维·菲利波夫：《俄罗斯现代史（1945—2006）》，中国社会科学出版社，2009，第267 页。

新联盟条约起草过程大致有以下几个阶段。1990年12月，最早提出改组苏联的问题。12月3日，苏联最高苏维埃支持苏联总统戈尔巴乔夫提出的联盟条约草案并决定将该草案提交第四次苏联人民代表大会讨论。[①] 1991年3月17日苏联全民公决结束后，起草新联盟条约草案的工作加快进行。所谓的"新奥加廖沃进程"工作小组在1991年春夏制定了签署新联盟条约的草案。新联盟有两个备用名称：一个是"苏维埃主权共和国联盟"（Союз Советских Суверенных Республик）；另一个是"主权国家联盟"（Союз Суверенных Государств）。第一个名称的俄文缩写词与苏联是一致的，即"СССР"，而第二个名称的俄文缩写则是"ССГ"。曾经就起草的联盟条约草案进行过两次草签，1991年4月23日和6月17日。最后确定的文本《主权国家联盟条约》发表在1991年8月15日《真理报》上。按照计划，8月20日将签署新联盟条约。

新联盟条约规定，每一个共和国——条约参加国都是主权国家。主权国家联盟[②]是邦联制民主国家，行使条约参加国自愿赋予它的权力（第一部分第一条）；组成联盟的国家有权自主解决自身发展的所有问题，保证生活在其领土上的各族人民平等的政治权利和社会经济与文化进步的条件（第一部分第二条）。

在对外政策方面，新联盟条约指出，主权国家联盟在国际关系领域作为主权国家、国际法主体——苏维埃社会主义共和国联盟的继承者活动。它的主要目的是巩固和平、裁军、销毁核武器和其他大规模杀伤性武器、国家间合作、与各国人民一道解决人类的全球问题；组成联盟的国家是国际法主体，它们有权与其他国家直接建立外交关系、领事关系、商务和其他关系，互派全权代表，签署国际条约和参与国际组织的活动（第一部分第七条）。

在军事领域，条约指出，主权国家联盟拥有统一的、集中指挥的武装力量。统一武装力量的目的、作用和使用程序以及条约参加国在国防领域的权限由本条约规定的协议协调。条约参加国有权组建共和国武装部队，其功能和人

---

① Постановление ВС СССР от 3 декабря 1990 года № 1809 - 1 «Об общей концепции нового Союзного Договора и предлагаемом порядке его заключения»//Ведомости СНД и ВС СССР. – 1990. – № 50. – ст. 1077.

② ССГ，姑且翻译成"主联"。

数由上述协议确定（第二部分第五条）①。

这里引证的是 1991 年 11 月 27 日发布的条约文本，1991 年 8 月 15 日的文本与此大同小异。

戈尔巴乔夫在与叶利钦等共和国领导人就新联盟条约的主要原则达成一致后，就到福罗斯休假去了。

二 "8·19" 事件：过程与后果

8 月 4 日，苏联总统戈尔巴乔夫开始在克里米亚半岛的福罗斯总统别墅休假。

8 月 16 日，在莫斯科市苏联克格勃的一个秘密地点里，苏联国防部部长亚佐夫和克格勃主席克留奇科夫举行了会见，讨论国内局势。8 月 17 日，他们在同一地点又一次聚会，此次还邀请了苏联政府总理帕夫洛夫参加商讨国内局势和应对办法。他们做出一个惊世的决定，涉及戈尔巴乔夫和苏联的命运。会上决定派几位苏共中央政治局委员去福罗斯面见戈尔巴乔夫，请求立即实行紧急状态并在进行补充全民公决前不签署新联盟条约。总统办公厅主任博尔金等也作为代表去克里米亚面见戈尔巴乔夫。②

8 月 18 日下午，苏联总统办公厅主任瓦·博尔金、苏共中央政治局委员舍宁，苏联国防会议第一副主席巴克拉诺夫，苏联陆军总司令、国防部副部长瓦连尼科夫以及克格勃九局即国家安全保卫局局长普列汉诺夫乘坐一架图-154 飞机赴福罗斯面见戈尔巴乔夫。他们见到戈尔巴乔夫后提出要在国内实行紧急状态。戈尔巴乔夫当然知道这个举动的目的和性质，但是他以自己特有的风格对这一建议不置可否，只是关心紧急状态措施是否也适用于俄罗斯领导人。尽管如此，戈尔巴乔夫内心深处显然是反对和反感这个举动的。18 日夜，以苏联副总统亚纳耶夫，苏联国防会议第一副主席巴克拉诺夫，苏联克格勃主席克留奇科夫，苏联总理帕夫洛夫，苏联内务部部长普戈，苏联农民协会主席

---

① ПРАВДА，27 ноября 1991 года.
② 〔俄〕瓦·博尔金：《戈尔巴乔夫沉浮录》，中央编译出版社，1996，第 2 页。

斯塔罗杜勃采夫，苏联国有企业、工业、建筑业、交通和通信协会主席季贾科夫，苏联国防部部长亚佐夫等人组成的"国家紧急状态委员会"决定在国内实行紧急状态。

8月19日凌晨4点，奉苏联防空军参谋长马尔采夫将军的命令，苏联国家安全委员会塞瓦斯托波尔团封锁了戈尔巴乔夫在克里米亚福罗斯的别墅和当地机场的跑道。晨6点，苏联国防部部长亚佐夫召集各军区司令开会下达有关指示。6点05分，亚纳耶夫发布命令宣布，苏联总统戈尔巴乔夫因健康原因已不能履行总统职务，根据苏联宪法第一百二十七条，由副总统代行总统职务。6点23分，亚纳耶夫致函各国元首和联合国秘书长，重申苏联信守"以前承担的国际义务"，希望"得到各国人民和政府以及联合国应有的理解"。6点25分，亚纳耶夫、帕夫洛夫和巴克拉诺夫三人联合签署《苏联领导的声明》，宣布从1991年8月19日4点起在苏联个别地方实行为期6个月的紧急状态。

6点34分，苏联"国家紧急状态委员会"发表《告苏联人民书》。《告苏联人民书》指出，在我们祖国和各族人民命运面临严峻危急的时刻，我们向你们发出呼吁！我们伟大的祖国面临致命的危险！由戈尔巴乔夫发起并开始的改革政策已经走入死胡同。无信仰、冷漠和绝望取代了最初的热情和希望。各级政权失去了居民的信任。在社会生活中，玩弄权术取代了对国家和公民命运的关心。国家各级机构受到恶毒的嘲讽。整个国家实际上已经失去控制。出现了极端主义势力，奉行消灭苏联、瓦解国家和不惜一切代价夺权的方针，它们利用赋予的自由，蹂躏刚刚出土的民主萌芽。赞成祖国统一的全民公决结果遭到践踏。利用民族感情进行无耻的投机，只是为了掩盖他们的野心。无论是本国人民今天的灾难，还是他们明天的前途，都不能使那些政治冒险家动心。他们制造精神政治恐怖气氛，企图用人民信任的盾牌来掩盖自己……

有些人手中掌握权力，却不把权力用于关心每位公民和全社会的安全和幸福，而把它用来谋求与人民格格不入的利益，用作无原则的自我肯定的手段。滔滔不绝的讲话、堆积如山的声明和许诺只能突出地证明所做的具体工作微乎其微……

权力危机对经济产生了灾难性影响。以混乱的、自发的方式滑向市场经济引发了利己主义，使地区的、部门的和个人的利己主义大爆发。法律战和鼓励离心倾向的做法使几十年形成的统一的国民经济机制被破坏。其结果是绝大多数苏联人生活水平急剧下降，投机倒把和"影子经济"猖獗。早就应该告诉人民真相了：如果不采取紧急的和坚决的措施稳定经济，那么在不久的将来势必出现饥饿和新一轮贫困。只有不负责任的人可以寄希望于国外的某种援助。任何施舍都不能解决我们的问题，只有用我们自己的手才能够拯救我们自己。

苏联"国家紧急状态委员会"意识到破坏我们国家的危机的深度，它担负起了对祖国命运的责任，并决心采取最重大的措施使国家和社会尽快走出危机。[①]

1991年8月19日11点06分，苏联"国家紧急状态委员会"发布第一号决定，要求各级权力机关"确保无条件实行紧急状态"，立即解散非法机构与武装，禁止举行游行和集会。

为了实施紧急状态，苏联"国家紧急状态委员会"动用了克格勃部队、内务部队和作战部队，总共向莫斯科派遣近4000名军人，362辆坦克，427辆装甲车和步兵战车，包括克格勃著名的阿尔法小组、捷尔任斯基师、图拉106空降师、塔曼摩托化步兵师、坎捷米洛夫坦克师等，此外还向列宁格勒、塔林、第比利斯和里加也派遣了军队。与此同时，还进行了信息控制和媒体控制。

"国家紧急状态委员会"成员，除季贾科夫外，都是苏共中央委员甚至是苏共中央政治局委员。

但是，紧急状态的实施遇到巨大阻力。此时，苏共已经不是执政党，已经处于极端涣散状态。戈尔巴乔夫软弱，但是俄罗斯联邦领导人叶利钦极其强硬。"国家紧急状态委员会"遇到叶利钦和许多加盟共和国领导人的强烈抵制。

19日早晨9时，叶利钦在得知"国家紧急状态委员会"的消息后立刻赶到俄罗斯政府大厦，应对并领导抵抗"国家紧急状态委员会"的行动。

就在"国家紧急状态委员会"11点06分发布第一号决定后，11点46分，叶利钦在俄罗斯联邦政府大厦举行记者招待会，宣读《告俄罗斯公民书》。叶

---

① 辛灿：《"8·19"事变后的苏联》，新华出版社，1992，第2~5页。

利钦等人在《告俄罗斯公民书》中声明:"我们过去和现在都认为,这种强力方法是不能接受的。它破坏苏联在世界上的威信,破坏我们在国际社会的信誉,使我们回到冷战和苏联被国际社会孤立的时代。所有这一切迫使我们宣布所谓的'国家紧急状态委员会'是不合法的,因此它所通过的所有决定和命令也是不合法的。"叶利钦要求立即召开苏联非常人民代表大会,并号召举行全国总罢工。

13点,叶利钦走出俄罗斯议会大厦,站在塔曼师110号坦克上,呼吁莫斯科人和俄罗斯全体公民进行应有的反击。莫斯科城里出现几个群众聚集点,军车、军人在俄罗斯议会大厦周围聚集。紧急状态并没有稳定城内的秩序,相反使局势越来越混乱。17点06分,苏联最高苏维埃主席卢基扬诺夫宣布定于8月26日在莫斯科召开苏联最高苏维埃非常会议,以批准在苏联个别地区实施紧急状态的决定。

"国家紧急状态委员会"在个别地区实施紧急状态的决定遭到大部分加盟共和国的抵制,自由派控制的莫斯科和列宁格勒也明确表示不执行紧急状态的命令。进驻莫斯科的军队也没有完全执行"国家紧急状态委员会"的命令。19日夜,苏联总理帕夫洛夫因高血压危重症住院,由第一副总理维·多古日耶夫履行总理职务。

在这期间,明确表示支持"国家紧急状态委员会"及其决定的有苏联退伍军人和退休人员委员会、阿塞拜疆和吉尔吉斯共产党中央委员会等,还有一些共和国领导人态度暧昧,而大多数共和国则持坚决的抵制态度。同日,苏联跨共和国的矿工独立工会执行局决定,从8月20日零时起,库兹巴斯、顿巴斯、伯朝拉等煤矿的工人开始无限期总罢工。

8月20日是关键的一天。莫斯科从早上9点多就有近5万人在俄罗斯议会大厦前聚集。中午,叶利钦向苏联最高苏维埃主席卢基扬诺夫发出呼吁,要求在24小时内安排叶利钦同戈尔巴乔夫会晤;在3日内让世界卫生组织专家对戈尔巴乔夫的健康状况进行医学鉴定;军队立即返回原驻地,立即解散"国家紧急状态委员会"。

20日,西方国家经过一天的观察,开始明确表态支持叶利钦。15点15分,美国总统布什与叶利钦通电话。叶利钦向布什介绍苏联国内局势和下一步

575

行动计划。布什表示，西方七国集团无条件支持戈尔巴乔夫和叶利钦，称赞叶利钦的"勇敢"行动。17点，英国首相梅杰同叶利钦通电话，叶利钦告诉梅杰，克格勃准备进攻俄罗斯议会大厦。梅杰给叶利钦打气鼓劲说：一旦发生这种情况，国际社会将采取最坚决的措施，并说美英都未讨论承认亚纳耶夫政府的问题。

17点48分，叶利钦签署命令，宣布他履行俄罗斯境内武装力量总司令职务，直到戈尔巴乔夫复职。实际上，指挥空降兵部队的格拉乔夫将军始终是既与国防部部长亚佐夫保持联系，也与叶利钦保持电话联系，而塔曼师部分队伍第一天就转到白宫包围者一方，克格勃特种部队阿尔法特别行动组的指挥官也拒绝于20日凌晨进攻俄罗斯议会大厦。

8月20日19点48分，苏联最高苏维埃主席卢基扬诺夫在同叶利钦会晤后，同意把部队从莫斯科撤回原驻地。

8月21日，军队开始撤出莫斯科。12点，苏共中央副总书记伊瓦什科受苏共中央书记处委托，向亚纳耶夫提出立刻同总书记戈尔巴乔夫会见的要求。13点21分，叶利钦在俄罗斯最高苏维埃非常会议上发表讲话称，他已经控制了驻扎在俄罗斯联邦境内的武装力量。16点11分，苏联国防部举行记者会，宣布苏联国防部部务会议决定把部署在实施紧急状态地区的军队撤回原驻地。

16点22分，卢基扬诺夫、伊瓦什科、克留奇科夫、亚佐夫以及季贾科夫飞往克里米亚会晤戈尔巴乔夫。几乎同时，俄罗斯联邦最高苏维埃非常会议决定向"国家紧急状态委员会"发出最后通牒。会议在得知克留奇科夫等人去克里米亚后，也派俄罗斯副总统鲁茨科伊和总理西拉耶夫等人去克里米亚会见戈尔巴乔夫。

21日21点10分，戈尔巴乔夫发表声明，宣布他已经完全控制局势。过几天他就可以完全履行总统职责。苏联第一副总理谢尔巴科夫在记者会上宣读苏联政府声明，表示苏联政府完全执行苏联总统和苏联最高苏维埃的指示和命令。

8月22日，戈尔巴乔夫从克里米亚返回莫斯科。

"国家紧急状态委员会"成员和部分积极支持者被投入莫斯科的"水兵寂静"监狱。

　　在此次事变过程中，苏共中央的表现比较迟缓。只是在 8 月 21 日 19 点，苏共中央书记扎索霍夫在记者会上宣布，苏共中央书记处主张立即举行有总书记戈尔巴乔夫参加的苏共中央全会。此外，苏共中央书记处发布通告，建议苏共中央监察委员会尽快审议参与违宪行动的苏共党员的责任。8 月 23 日，苏共中央监察委员会主席团发表声明，坚决谴责"参与政变活动"的党员，决定把"国家紧急状态委员会"成员开除出党。

　　这次震惊世界的事件实际上只持续了 3 天时间。关于事件的性质和影响至今仍然是历史学家争论的话题。"国家紧急状态委员会"成员在经过司法诉讼程序后，经过大赦都已经走出"水兵寂静"监狱，并大都撰写了回忆作品，回顾那次事件，澄清自己的立场和一些史实。

　　虽然俄罗斯官方对事件已经做出定性，认为这是一场政变。但是社会上，尤其在当时对这个问题的看法始终有分歧。

　　实际上，在"8·19"事件过程中，俄罗斯领导人的一系列决定也是违反宪法的。正因为如此，1993 年 4 月开始的"国家紧急状态委员会"诉讼案以对被告人的大赦而结束。但是，瓦连尼科夫将军不接受大赦，要求法庭裁决。1994 年 8 月 11 日，瓦连尼科夫被宣告无罪释放。判决书中有这样一段话："他在从事被指控的犯罪行为时并不掌握足够的信息判断所发生的事件实际上是违背苏联总统－国家武装力量总司令的意志的。他所做的一切的动机和目的不是出于私利或私欲，而是为了维护和巩固自己的国家，而这符合 1991 年 3 月 17 日全民公决所表达的民意。"[①] 总检察长对法院的判决抗诉。1995 年，俄罗斯最高法院主席团维持无罪判决。

　　"8·19"事件的影响是巨大的。"国家紧急状态委员会"不仅没能阻止新联盟条约的签署，没能阻止苏联的解体，而且加速了联盟国家的解体。如果说此前大多数国家只是宣布国家主权的话，"8·19"事件则促使它们宣布国家独立。"8·19"事件期间和之后宣布独立的国家有：爱沙尼亚（1991 年 8 月 20 日）、拉脱维亚（8 月 21 日）、乌克兰（8 月 24 日）、白俄罗斯（8 月 25

[①]　Варенников Валентин Иванович. Дело ГКЧП，https：//ru.wikipedia.org/wiki/Августовский_путч.

日）、摩尔多瓦（8月27日）、阿塞拜疆（8月30日）、乌兹别克斯坦（8月31日）、吉尔吉斯斯坦（8月31日）、塔吉克斯坦（9月9日）、亚美尼亚（9月21日）、土库曼斯坦（10月27日）。如果包括此前已经宣布独立的国家立陶宛、格鲁吉亚等，几乎苏联所有的加盟共和国都宣布独立了。

三　苏共被查禁、迫害，没有抵抗地退出历史舞台

8月22日，苏联总统戈尔巴乔夫从克里米亚返回莫斯科。他在机场发表讲话，认定这次事件的性质是政变。此外，戈尔巴乔夫还在苏联电视台发表声明，称赞叶利钦等人在与政变分子的斗争中发挥了"卓越的作用"。他说，除了要"惩办这次阴谋的罪魁祸首"外，也要对某些公职人员的所作所为做出评价。[①]

但是，戈尔巴乔夫这番讲话并没有得到叶利钦的回报。8月23日，戈尔巴乔夫被请到俄罗斯最高苏维埃会议上，于是发生了戈尔巴乔夫被当众羞辱的场面：叶利钦在大会主席台上，当着戈尔巴乔夫的面，并且不顾戈尔巴乔夫的反对和阻拦，签署了禁止俄罗斯共产党活动的命令。禁止俄罗斯共产党活动就是在俄罗斯联邦领土上全面禁止共产党的活动，因为俄罗斯联邦领土上的共产党员都是新成立的俄罗斯共产党的党员。

8月23日，根据戈尔巴乔夫、叶利钦和莫斯科市市长波波夫的命令，苏共中央大楼被查封。1991年8月23日18点30分，苏共中央大楼顶上的红旗在反共分子的狂呼声中落地，换上了十月革命前俄罗斯的红白蓝三色旗。

8月24日，戈尔巴乔夫声明辞去苏共中央总书记职务并建议中央自行解散。戈尔巴乔夫在声明中说："苏共中央书记处、政治局没有反对政变。中央委员会没有采取谴责和抵制的坚决立场，没有动员共产党员起来反对践踏宪法的行为。阴谋者中有党的领导者，许多党的委员会和媒体支持国家罪犯的行为。这使共产党人陷入复杂境地……在这种形势下，苏共中央应该通过关于自行解散这一艰难而诚实的决定。各共和国共产党和地方党组织的命运由它们自

---

① 辛灿：《"8·19"事变后的苏联》，新华出版社，1992，第17页。

已决定。我不认为自己可以继续履行苏共中央总书记的职能，因此放弃相应的权限。"① 1995 年，戈尔巴乔夫在接受记者采访时再次回顾通过这个决定的原因。戈尔巴乔夫说："大多数州的党委会……都支持'国家紧急状态委员会'……书记处成员和中央委员基本上都支持'国家紧急状态委员会'。当这一切情况都明朗化后，我宣布辞去总书记的职务，因为我不可能同搞反宪法的武装政变、公开欺骗党和人民的人继续一起合作。"②

戈尔巴乔夫这段自白颇耐人寻味。"大多数州的党委会……都支持'国家紧急状态委员会'……书记处成员和中央委员基本上都支持'国家紧急状态委员会'。"对于戈尔巴乔夫来说，当时辞去总书记职务并建议中央自行解散，是又一次被迫让步还是对谁的报复？更重要的是，既然书记处成员和中央委员基本上都反对戈尔巴乔夫及其方针，为什么没有办法通过正常的途径解决这个问题呢？这个现象所反映的苏联共产党的组织和思想状况值得深思。

8 月 25 日，叶利钦又颁布命令，没收苏共和俄罗斯联邦共产党的不动产和动产，包括货币和外汇账号。③

"8·19"事件后，不仅参与事件的当事人被逮捕，而且还有一批苏共高级领导人遭遇厄运。

8 月 22 日，苏联内务部部长普戈饮弹自尽。前去逮捕他的克格勃人员发现了他的尸体。

8 月 24 日，曾任苏军总参谋长和戈尔巴乔夫军事顾问的阿赫罗梅耶夫元帅在自己位于克里姆林宫的办公室上吊自杀。他在绝命书中写道："当我的祖国在毁灭，我视为自己生命中有意义的一切都在毁灭的时候，我无法苟活。年龄和我的经历赋予我结束生命的权利。我战斗到了最后一刻。"④

---

① Заявление М. С. Горбачева о сложение обязанностей генерального секретаря КПСС（24 августа 1991）- Российская газета - 1991. - 24 авг.

② 〔俄〕戈尔巴乔夫、斯拉文：《尚未结束的历史：戈尔巴乔夫访谈录》，中央编译出版社，2003，第 58~59 页。

③ Указ Президента РСФСР № 90 от 25 августа 1991 года «Об имуществе КПСС и Коммунистической партии РСФСР»//Ведомости СНД и ВС РСФСР. 1991. №35. ст. 1164.

④ Вайс А. Почему ушел из жизни маршал Ахромеев //Аргументы и факты -Долгожитель（приложение）от 25 ноября 2005 .

8月26日，苏共中央办公厅主任克鲁奇纳跳楼自尽。他临死前在遗书中写道："我诚实地度过了一生。我不认为自己是罪犯。"[1]

8月26日，在符拉迪沃斯托克市中心，一名苏共老党员自焚。他说："我用自己的生命和鲜血来证实：伟大的苏共不会解散，伟大的苏联不会解体。列宁永远活在人民心中！"

10月6日，苏共中央办公厅前主任、81岁的格·帕夫洛夫也跳楼自尽。

除这些个人行为外，8月25日，苏共中央书记处在戈尔巴乔夫辞职和建议苏共中央解散后，宣布接受自动解散苏共中央的决定，同时请求苏联总统、俄罗斯联邦总统和各共和国领导人准许在莫斯科举行苏共中央全会或采取其他组织措施，讨论党今后的命运问题。但是，这个呼吁未得到答复。

与此同时，各共和国的共产党相继或被停止活动，或被禁止活动，或更名易帜。

苏联共产党作为一个曾经貌似强大的政党就这样瓦解了！轻易地瓦解了！共产党员还清楚地记得，在1990年苏共二十八大上，总书记戈尔巴乔夫还信誓旦旦地向大家保证：苏共"无论在政治上还是道义上都没有权利放弃自己的作用，脱离社会进步的大道"。一年后，他就背弃了党。

千百万人组成的政党竟然默默地接受了这个禁令。结局只能如此，因为这个政党是按照中央的指令运转的，一旦上级做出了决定，它只能沉默地执行。

四　被侮辱的苏共中央机关工作人员

叶利钦颁布停止苏共活动和没收苏共财产的命令后，苏共中央大楼内一时出现恐慌局面。苏共中央工作人员列昂·奥尼科夫在自己的书中详细地描述了当时的场面：

8月23日，大约午后3点，我房间的内线电话响了。我拿起听筒。

---

[1] Сергей Соколов, Сергей Плужников. Золото КПСС ~ десять лет спустя. Почему «новые русские» капиталисты финансируют коммунистов//Газета «Московские новости» от 08. 05. 2001 г.

"尼古拉·亚历山大维奇，"听筒里传来助手惊慌失措的声音："我们无法从楼内出去了。所有的出口都给封住了，所有门都被封锁了，8号门、9号门、20号门……"

我一开始没明白这位老资格的极端正派的女工作人员说的话是什么意思。什么出口，为什么封锁？我在办公室坐了两个小时，始终不明白这时发生的事情。原来，我憋在办公室写作时，从事技术工作的人员在大楼走廊里忙碌穿梭，他们想走出大楼。他们接到了中央办公厅通过内线电话发布的关于立刻从大楼疏散的通知。女人们拿起自己的随身物品，想冲出大楼。

我是后来才听到疏散通知的，我房间的无线接收机被关闭了。我还没来得及向这位助手问清楚通知的内容，电话听筒里就传来急促的忙音。我从椅子上站起来，打开接待室的房门，想知道发生什么事情了。可接待室里空无一人。我懵懂地回到接待室，听到了克里姆林宫政府专线的通知。这个通知令我莫名其妙。

——赶快离开！我们的人都出去了！立刻离开大楼！

我懵懂地、惊慌失措地放下听筒。胡说些什么啊！

我来到走廊。四周听不见声音，四下里不见人影，仿佛死一般寂静。我向副手的办公室方向走了几步。我开始犹豫，进去还是不进去呢？我果断地推开房门，两个副手的房间都是空的，他们的接待室里也没有一个人。

我返回原处。在这座十层大楼的七层，一个人也没有。人文部的人都到哪里去啦？在拐角处是部长里亚博夫的办公室。那里没有人。我下到六层去找意识形态部的同事。那里也一样空无一人。

看来真是该离开大楼了。我脑海里浮现出东欧国家党中央大楼被占领时的场景……

我手里提着公文箱，来到一楼，立刻落入惊慌失措、熙熙攘攘的人群中。出口处聚集成人海。我们所处的地方是6号门。6号门位于这座中央大楼的中部。出口宽敞的前厅挤满蠕动的人群。街上弥漫着恐惧、惊慌和对周围发生的一切的疑惑。有人小心地将公文包按在胸口。若要走出大

581

楼，需要穿过院子。从这里走出去有两条路线，第一条路线是：向左转，直奔大铁门，门外是古比雪夫大街。第二条路线是：向右转，沿着食堂出去，那里是斯捷潘·拉津纳大街。不时有人三三两两或独自一人尝试离开大楼，结果是徒劳的！大家都返回了，惊恐万状：各个出口都被疯狂的人群堵住了……

我们穿过人群夹道，几乎每一个站在两侧的人都觉得应该侮辱、挖苦我们。女人们尤其卖劲儿，她们对我们那些党的机关的女工作人员泼出的脏话不堪入耳。愤怒的莫斯科妇女几乎要揪住她们的头发。她们饶有兴致地翻看党中央机关这些女工作人员的提包，向哄笑的人群展示包内的东西。她们肆无忌惮地侮辱这些不幸的打字员、秘书、速记员。"婊子""中央的母狗"等脏话不绝于耳……①

1991 年 9 月 9 日，苏共中央工作人员接到通知，到中央大楼签署文件。抱着希望去的人都失望了：他们签署的是解除劳务合同的文件，失业了。

一个强大的共产党就这样瓦解了！一个看似永恒的机构就这样消失了！

小　结

"新奥加廖沃进程"与其说是挽救联盟的最后尝试，不如说是戈尔巴乔夫挽救自己地位的努力。开启"新奥加廖沃进程"本身就说明联盟国家已经在事实上处于解体的状态。准备于 1991 年 8 月 20 日签署的新联盟条约实际上是一个邦联制的方案。"8·19"事件是又一次事与愿违的行动。尽管官方把这次事件定为政变或暴动，但是事件当事人想以此阻止国家解体的意图是明显的，虽然事与愿违。"8·19"事件实际上加速了国家的解体，不仅如此，它还导致共产党被查禁。苏共中央机关工作人员在撤离中央大楼时的遭遇反映了苏共与人民的关系和苏共在人民群众中的威信。这个现象值得深思。

---

① Леон Оников, КПСС: анатомия распада, М. Республика, 1996, с. 148 – 160.

第二十六章　别洛韦日丛林的密谋

"8.19"事件后，戈尔巴乔夫回到莫斯科。他试图收回在"8.19"事件期间被叶利钦夺取的权力。在国家已经分崩离析、共产党已经失去权力、人民已经失去方向的形势下，戈尔巴乔夫维护自己权力的唯一办法就是保持住摇摇欲坠的苏联大厦。可是，此时的戈尔巴乔夫已是孤家寡人：失去了军队的支持，失去了昔日战友的辅佐，失去了人民的信任，在与叶利钦和其他加盟共和国领导人的博弈中，他显得既懦弱又可怜，他已经没有能力和实力与自己的反对派抗衡了。

一　别洛韦日协议的签署

"8.19"事件期间，叶利钦颁布了一系列法律，包括要求全苏机关服从俄罗斯领导，全苏媒体服从俄罗斯联邦出版和信息部，全苏政府通信系统转归俄罗斯联邦克格勃管辖，苏联银行、邮局和电报局等归俄罗斯管辖，等等。实际上，戈尔巴乔夫作为苏联总统已经被架空。

其实，叶利钦颁布的这几项法律是违法的。因此，戈尔巴乔夫力图收权。他还在努力，希望大多数加盟共和国领导人能够参加签署主权国家联盟条约的进程。而多数共和国领导人也表示愿意加入主权国家联盟条约。1991年11月，他们还表态要参加12月签署条约的活动。

对于戈尔巴乔夫来说，只要存在一个联盟，哪怕是松散的、名义上的，也会有他的位置，尽管这个位置也是名义上的。

根据叶利钦的回忆，1991 年 11 月 25 日，各共和国首脑又聚会新奥加廖沃。戈尔巴乔夫通知媒体说，与会者将草签一份条约。实际上并不是所有共和国领导人都来了，乌克兰和阿塞拜疆的领导人并未到会。也不是大家都准备好要签署条约。现实情况是，戈尔巴乔夫迫切需要一个残缺不全的松散的条约，而各共和国领导人却不急于这样做。据叶利钦回忆，在新奥加廖沃的会晤中："苏联总统最初想跟与会者好言相商，后来就变得越来越急躁，越来越激动。不管他说什么，就是没有人听。各共和国领导人执拗地要求中央授予更大的权力。已经尝到自由甜头的各加盟共和国领导人真是软硬不吃，戈尔巴乔夫无能为力。每当戈尔巴乔夫试图坚持自己的某个想法时，我们就异口同声地否定他的提法……大家恍然大悟：这是我们最后一次在这里聚会。新奥加廖沃会议的历史已经走到尽头。"①

12 月 1 日，乌克兰举行了关于国家独立于苏联的全民公决，90% 的人对独立投赞成票。乌克兰领导人克拉夫丘克在全民公决后发表声明说，他的国家将不参加新奥加廖沃协议。这给戈尔巴乔夫的努力一个沉重的打击。

在新奥加廖沃官邸会谈期间，俄罗斯、白俄罗斯和乌克兰领导人就在盘算搞一次没有戈尔巴乔夫的会晤。他们厌倦了戈尔巴乔夫的出尔反尔，也深刻了解戈尔巴乔夫的软弱。白俄罗斯领导人舒什克维奇建议到别洛韦日森林聚会。②

别洛韦日森林是世界上历史最悠久的自然保护区之一，作为自然保护区已经有 600 多年的历史。这里是国家森林公园，里面有各种稀有动物：野牛、野猪、狐狸、野鹿、狼等。这片森林一部分在苏联（现在属于白俄罗斯），一部分在波兰境内，森林的一部分已经被列入联合国世界自然遗产名录。100 多年前，它是沙俄的皇家狩猎场，当年的御道被保存得完好如初。苏联时期，这里也是著名的狩猎场，不过不是为普通人享用的，而是由苏共中央管辖的专门供

---

① 〔俄〕鲍·叶利钦：《总统笔记》，东方出版社，1995，第 129 页。

② Леонид Кравчук: «Если бы мы все были тогда более демократичными и цивилизованными»/ НГ - Политика/Независимая газета, http://www.ng.ru/ng _ politics/2010 - 04 - 20/14 _ kravchuk. html.

苏联领导人和各友好国家领导人使用的狩猎场所。苏联领导人赫鲁晓夫和勃列日涅夫都曾经在这里打猎。密林深处有一栋砖石结构的房子，是供狩猎的领导人休息用的。赫鲁晓夫不喜欢砖石结构的房屋，于是在它的旁边又修建了两座木屋。俄罗斯、白俄罗斯和乌克兰三国领导人就确定在这里会面。对于这个地点的选择，当事人始终没有说明其真正原因，尽管白俄罗斯最高苏维埃主席舒什克维奇在提出这个建议时说：在莫斯科"会被怀疑，在乌克兰也太显眼"。①

别洛韦日森林是一个绝妙的密谋之地。关于到别洛韦日聚会的目的，历史当事人说法不尽相同。但专家们认为，三国领导人选择这个地点聚会的意图很明显，那就是在必要时可以逃跑。这里距苏联和波兰边界只有几公里，步行都可以摆脱追捕。②

参加别洛韦日森林别墅会见的三国领导人及其主要成员有：俄罗斯方面——总统叶利钦、国务秘书布尔布利斯、俄罗斯最高苏维埃代表沙赫赖、副总理绍辛；乌克兰方面——总统克拉夫丘克、政府总理福金；白俄罗斯方面——白俄罗斯最高苏维埃主席团主席舒什克维奇、部长会议主席科比奇。

12月7日，俄罗斯、乌克兰和白俄罗斯领导人在白俄罗斯首都明斯克机场集合后便出发去别洛韦日森林，到达维斯库利官邸已经是晚上了。三国领导人马上开始讨论重要问题，参加讨论的还有乌克兰总理福金、白俄罗斯部长会议主席克比奇和俄罗斯国务秘书布尔布利斯。他们在讨论中得出的一致结论是，苏联解体是不可控的，实际上苏联已经解体，现在的主要任务是国家间保持"军事联系"。解体的是一个核大国，每个国家的领土上都有核武器。正是这个因素，据舒什克维奇回忆，促使三国领导人在一夜之间做出签署惊世骇俗的、后来影响世界历史进程的别洛韦日协议的决定。三国领导人做出这样的决定后，委派一个工作组起草正式文件，而他们自己则去俄罗斯浴室蒸桑拿了。

---

① Леонид Кравчук：«Если бы мы все были тогда более демократичными и цивилизованными»/ НГ - Политика/Независимая газета，http：//www. ng. ru/ng _ politics/2010 - 04 - 20/14 _ kravchuk. html.

② Анатомия распада -Политика - Свободная Пресса-svpressa.ru ，http：//ru - wiki. ru/wiki/ Беловежские_ соглашения.

据白俄罗斯领导人舒什克维奇和乌克兰领导人克拉夫丘克回忆，他们在去别洛韦日森林前，并不知道要签署这样的协议，此前也没有协商过。在维斯库利，他们发现俄罗斯人则是有备而来的。

别洛韦日聚会是在极其秘密的情况下进行的。维斯库利官邸是专门为高级官员修建的，内设通信专线，附近有空军基地。据舒什克维奇回忆，聚会参加者并不担心戈尔巴乔夫会发动"进攻"。但是为了防备万一，还是做了相应的备案。

由于警戒级别太高，官邸的设施又不十分齐全，工作过程中才发现，现场居然没有复印机，起草的文件副本是通过两台电传机交叉制作出来的。

根据当事人的各种回忆，我们可以大致复原当时的场景：1991 年 12 月 8 日晨，专家工作组按照领导人的指示起草了相关文件。维斯库利官邸只有一名打字员，早晨，打字员还没上班。于是这个决定苏联历史命运的文件稿被从门缝塞进打字员的办公室……而三国领导人带着自己的随从们打猎去了！午饭后，三国领导人面对镜头发布了震惊世界的《白俄罗斯、俄罗斯和乌克兰关于建立独立国家联合体的协议》，即著名的别洛韦日协议。

二 独立国家联合体的成立

别洛韦日协议宣布："苏联作为国际法主体和地缘政治实体已经终止存在。"

别洛韦日协议中有一段话是这样阐述的："注意到起草新联盟条约的谈判已经走入死胡同，各共和国退出苏联和建立独立国家的客观进程已成为现实；注意到对本国人民和国际社会负起的责任和实际实施政治经济改革的迫切必要性，我们声明建立独立国家联合体，三方于 1991 年 12 月 8 日签署了关于建立独立国家联合体的协议。"

与此同时，协议明确规定了独联体对原苏联国家的开放原则："本协议对原苏联所有成员国及赞同本文件宗旨和原则的其他国家持开放立场。"

别洛韦日协议签署后，乌克兰、白俄罗斯议会于 1991 年 12 月 10 日立刻批准了该协议，俄罗斯议会也于 1991 年 12 月 12 日以绝大多数票批准了别洛韦日协议。[①]

　　在这种情况下，曾经打算签署新联盟条约的其他国家，尤其是中亚五国——哈萨克斯坦、乌兹别克斯坦、吉尔吉斯斯坦、塔吉克斯坦和土库曼斯坦的立场也发生了变化。这充分说明了三个斯拉夫国家在苏联的作用。1991年12月13日，在土库曼斯坦首都阿什哈巴德市召开了苏联中亚五国总统会晤。五国领导人在会晤后声明，他们同意加入新成立的独立国家联合体，前提是作为解体的苏联主体的平等成员，作为独联体平等的创始国参加这个组织。哈萨克斯坦总统纳扎尔巴耶夫建议各国领导人聚会阿拉木图，讨论问题，通过共同决议。

　　1991年12月21日，11个加盟共和国领导人——阿塞拜疆总统穆塔利博夫、亚美尼亚总统捷尔-彼得罗相、白俄罗斯最高苏维埃主席舒什克维奇、哈萨克斯坦总统纳扎尔巴耶夫、吉尔吉斯斯坦总统阿卡耶夫、摩尔多瓦总统斯涅古尔、俄罗斯总统叶利钦、塔吉克斯坦总统纳比耶夫、土库曼斯坦总统尼亚佐夫、乌兹别克斯坦总统卡里莫夫、乌克兰总统克拉夫丘克在哈萨克斯坦首都阿拉木图举行会晤。格鲁吉亚派代表以观察员身份出席这次会晤。苏联加盟共和国中波罗的海沿岸三国拉脱维亚、立陶宛和爱沙尼亚没有参加这次会晤。这次会晤的结果是：1991年12月21日签署了《关于建立独立国家联合体协议的议定书》和《阿拉木图宣言》。

　　《阿拉木图宣言》重申："随着独立国家联合体的成立，苏维埃社会主义共和国联盟将停止存在，独立国家联合体不是任何国家组织，而是各成员国进行平等合作的协调机构。"

　　阿拉木图会晤和《阿拉木图宣言》的通过标志着独联体成立工作的结束，标志着苏联解体已经成为事实。

　　阿拉木图会晤的11国元首还在签署宣言的当天，即1991年12月21日，联名致函苏联总统戈尔巴乔夫，通知他苏联已经停止存在，苏联总统职位的设置同时取消，要求他把"核按钮"移交给俄罗斯总统叶利钦，把军队最高统

　　[①]　虽然俄罗斯议会以多数票赞成通过该协议，但是，根据俄罗斯联邦宪法第104条，由于别洛韦日协议涉及国家体制的变化，批准这样的条约应该由最高国家机关——人民代表大会做出。1992年4月，也就是说在苏联解体后，俄罗斯人民代表大会连续三次拒绝批准别洛韦日协议，直至1993年俄罗斯议会被驱散，这个条约也没有在人民代表大会上获得批准。

帅权移交给独联体武装力量临时总司令沙波什尼科夫。

在别洛韦日森林，俄罗斯、白俄罗斯和乌克兰三个国家的领导人于一夜之间，甚至在个把小时内就决定了一个超级大国的命运，这个历史情节留下太多的谜团。历史当事人在回忆往事的时候，心情都非常平静，几乎没有人有历史愧疚感，都认为在别洛韦日森林所做的决定是历史的选择，是不可避免的结局。

实际上，如果认真研读关于建立独立国家联合体的声明和戈尔巴乔夫倡导的新联盟条约文本，就会发现两个文件的内容是非常相似的，最大的区别只在于别洛韦日方案中没有戈尔巴乔夫的位置。

三 戈尔巴乔夫——无可奈何花落去

俄罗斯、白俄罗斯和乌克兰领导人带着自己的亲信在别洛韦日森林密谋时，苏联总统戈尔巴乔夫并没有静观势态的发展。

据白俄罗斯最高苏维埃主席舒什克维奇回忆："当我们——叶利钦、舒什克维奇、克拉夫丘克准备去别洛韦日森林时，纳扎尔巴耶夫飞往莫斯科。我们与他的飞机接通联络。鲍里斯·尼古拉耶维奇（叶利钦）作为老朋友招呼他过来。叶利钦说：我们准备解决一些重要的问题，你过来吧。纳扎尔巴耶夫口头上说加完油，我就飞过来，但是实际上他还是去莫斯科见戈尔巴乔夫了。"① 据舒什克维奇回忆，戈尔巴乔夫允诺纳扎尔巴耶夫，如果事情进展顺利，让纳担任苏联最高苏维埃主席。纳扎尔巴耶夫后来多次表示他绝不会在别洛韦日协议上签字。

后来，若干年后，叶利钦、克拉夫丘克和舒什科维奇分别在不同场合回忆了当时的感受。

叶利钦：会谈的紧张程度随着时针的移动不断增强……克拉夫丘克和舒什克维奇表面上看起来挺平静，但毕竟掩饰不住他们紧张的情绪，甚至极其亢奋的心情。看到这些，我不可能不明白，看来我们也许真得给乌克兰和白俄罗斯

---

① Баня, водка, Буш и бардак KM.RU, http://ru-wiki.ru/wiki/Беловежские_соглашения.

提供以条约文本固定下来的与俄罗斯平起平坐的同等地位，永远"解放"它们了。

"在那里，在别洛韦日树林里，一股无名的自由和轻松感突然袭入我的心头。对此，我至今仍记忆犹新。俄罗斯签署了这个协议，也就选择了另外一条发展道路。"

"我知道人们将指责我对戈尔巴乔夫实行报复，说这个单方面的协议只是使戈尔巴乔夫离开权力核心的一种手段，也知道这些责难将伴我度过整个一生。"①

克拉夫丘克：2005 年 6 月 5 日，克拉夫丘克作为乌克兰前总统在乌克兰最高拉达（议会）演讲时说，如果他知道乌克兰后来发生的一切，宁愿砍掉自己的手也不会签署别洛韦日协议。② 但是，后来克拉夫丘克在接受记者采访时又表示，他从来没有后悔签署别洛韦日协议。他说，苏联当时已经要解体了。

舒什克维奇：当年签署别洛韦日协议的白俄罗斯领导人舒什克维奇在苏联解体后，由于货币贬值，退休金一度只相当于每月 1.10 美元。但是，他仍然表示并不后悔当初所做的一切。③

后来的历史资料和当时人回忆表明，关于俄罗斯、白俄罗斯和乌克兰三国领导人在别洛韦日森林的举动，戈尔巴乔夫在莫斯科已经得到克格勃系统的报告。白俄罗斯的克格勃系统在获悉三国领导人的意图后立刻向莫斯科、向戈尔巴乔夫做了汇报并等待命令。卢卡申科也证实了这个事实。戈尔巴乔夫的助手格·沙赫纳扎罗夫也非常肯定地说：戈尔巴乔夫在当天夜里或后来的几天内"还是能够在军队恢复指挥权的，虽然沙波什尼克夫元帅倒向密谋者一边"。但是，据与戈尔巴乔夫亲近的人和戈尔巴乔夫本人说，他害怕可能发生的"流血事件"。④

别洛韦日协议签署的第二天，12 月 9 日，戈尔巴乔夫发表声明说，每个加盟共和国都有权退出苏联，但是多民族国家的命运不可能由三个共和国领导人的意志决定。这个问题只能在所有加盟共和国都参加并考虑到人民意志的情

---

① 〔俄〕鲍·叶利钦：《总统笔记》，东方出版社，1995，第 132 页。

② http://ru-wiki.ru/wiki/Беловежские_соглашения.

③ Станислав Шушкевич: «Я ни о чём не жалею»//Независимая газета，20 апреля 2010.

④ Баня，водка，Буш и бардак KM. RU.

况下才能够解决。他在声明中还谈到必须召开苏联人民代表大会。这个呼吁同戈尔巴乔夫所有的空谈一样，没有得到任何实质性的反应。

戈尔巴乔夫作为苏联总统，理论上他有可能，也有手段阻止苏联解体，但那只是在理论上，而在实际中他已经没有任何办法和能力阻止国家的解体了。

第一，国家的法律已经被践踏得"体无完肤"，没有人遵守法律。

第二，苏共中央被戈尔巴乔夫解散后，他失去了党的支持，已成为孤家寡人。

第三，戈尔巴乔夫作为苏联武装力量的总司令，早已在军队里失去威望，当他在维尔纽斯事件中迫不及待地与军队划清界限时，苏联军队就受到莫大的侮辱，不可能再听从这个"总司令"的指挥了。

第四，苏联人民，此时苏联人民这个概念本身已经不发挥任何作用了，苏联被分裂为 15 个独立的国家，"苏联人民"这个称谓寿终正寝，况且即使普通人也早已厌倦戈尔巴乔夫的懦弱和空谈，戈尔巴乔夫背离了人民，人民也抛弃了他。

第五，戈尔巴乔夫那些"志同道合者"原来并不同道，某些"同道者"后来坦言，她们的策略就是利用戈尔巴乔夫的个性，"用列宁反对斯大林，再用普列汉诺夫反对列宁，用民主社会主义反对苏联社会主义"，戈尔巴乔夫自觉或者不自觉地紧密配合了这个过程。当一切都明朗后，没有哪个势力还再需要他。

据叶利钦的回忆："我从明斯克签署别洛韦日文件回来后，立刻驱车去找戈尔巴乔夫谈话，并第一次提出让他辞职的问题。"我说："联盟已不复存在，这难道您真的不明白吗？也没有回头路，因此必须找出一条摆脱绝境的出路。我们已经找到了，相信其他共和国也会支持它。"

"阿拉木图会晤及签署《阿拉木图宣言》后，戈尔巴乔夫的前途彻底明朗了。他开出了作为'下台'条件的清单。几乎全是物质要求，如相当于总统最后一个月工资的退休金，总统住房、别墅，他自己和妻子的汽车、有关设备及警卫队，尤其是'戈尔巴乔夫基金会'的办公地点和房产等。"①

① 〔俄〕鲍·叶利钦：《总统笔记》，东方出版社，1995，第 142 页。

1991 年 12 月 25 日，戈尔巴乔夫通过广播电视向全体苏联国民和向全世界发布讲话，宣布辞去苏联总统职务。这个仪式持续了 12 分钟。随后，他把按指令可以发射苏联拥有的 2 万多枚核弹头的"核按钮"通过独联体武装力量总司令转交给俄罗斯总统叶利钦。当天 19 点 32 分，凛冽寒风中，飘扬了 69 年、印有象征工农政权的镰刀和锤子图案的苏联国旗从莫斯科克里姆林宫塔楼顶上徐徐降下，19 点 45 分，沙俄时代的白蓝红三色国旗徐徐升上了克里姆林宫上空。就这样，拥有世界 1/6 陆地、面积达 2240 万平方公里的苏联寿终正寝。苏联 15 个加盟共和国成为名副其实的独立主权国家。

1991 年 12 月 25 日，戈尔巴乔夫与时任美国总统乔治·布什通电话，告诉布什自己辞职的消息。布什当场表示："美国欢迎独联体新国家做出的历史性自由选择。尽管存在着潜在的不稳定和混乱的可能性，但是这些事件显然符合我们的利益。"[1]

值得指出的是，在独联体成立的整个过程中，苏联共产党已经失去宪法赋予的权力和权利，不参与决策了。在各国议会供职的昔日的共产党员们，在俄罗斯和新独立的主权国家议会里像以往一样顺从地投票支持一个又一个决议。

曾经创建世界上第一个社会主义国家并引领国际共产主义运动的苏联共产党带着诸多谜团走进了历史，苏联作为一个统一的多民族国家到此终结。

小　结

别洛韦日协议是俄罗斯、白俄罗斯和乌克兰三国领导人以独特的方式为苏联解体过程画上的句号。独立国家联合体的成立宣布了苏维埃社会主义共和国联盟的终结。独联体与戈尔巴乔夫坚持签署的新联盟条约本质上已经没有太大的区别，最大的区别是新联盟条约组建的邦联制国家中有戈尔巴乔夫的位置，而独联体组织中没有他的"席位"。戈尔巴乔夫成为被所有政治力量抛弃的孤家寡人。

---

[1]　«Известия» за 26 декабря 1991 г.

没有苏共的国家与失去国家的苏共（代跋）

实际上，从苏共分裂开始，苏共的领导和指导作用就严重削弱或减弱了；从苏联宪法第六条被取消时起，苏共就不再是事实上的执政党，苏联的指挥系统就失灵了；从戈尔巴乔夫建议苏共中央解散时起，苏联的命运就已经终结了。

实际上，苏联共产党的历史在别洛韦日丛林密谋之前就已经结束了。"8·19"事件后，叶利钦查禁了苏联共产党。苏共曾经请求叶利钦当局（虽然他并不是苏联国家领导人）"恩准"召开党的会议，但是没有获准。

更严格地讲，所谓的"新奥加廖沃进程"已经没有苏共在起作用，几乎是戈尔巴乔夫个人在与 15 个加盟共和国领导人谈论联盟中央与地方的关系。而别洛韦日协议在某种意义上不过是戈尔巴乔夫倡导的新联盟条约的翻版，不同点只在于戈尔巴乔夫本人在未来政治结构中有无位置。

新联盟条约草案有不同的版本，但是在基本原则问题上，内容是一致的。比如，新联盟条约草案前言中指出："参加条约的每个共和国都是主权国家。苏维埃主权国家联盟（简称苏联）是在各平等共和国联合基础上的主权的联邦制民主共和国，在条约参加国自愿赋予它的权限范围内行使国家权力……组成联盟的国家保留独立自主地解决自身发展所有问题的权力。"[①]

而别洛韦日协议中有关条款所阐述的原则是：相互承认和尊重国家主权，

---

① Опубликован в газете «Московские новости», № 33 от 18 августа 1991.

尊重不可剥夺的自决权，在平等和不干涉内政、不使用武力、不使用经济压制手段或其他任何压制手段、协商解决争端等原则以及其他公认的国际法原则和准则的基础上发展相互间的关系。①

没有苏共起作用的苏维埃国家的解体是必然的，因为苏联就是建立在以苏共为核心的基础之上。这个基础既是组织方面的，也是意识形态方面的；既是政治的，也是经济的、民族的。同样，离开了权力核心的苏共，组织上是很脆弱、薄弱和涣散的，1900 万名苏共党员是由权力和利益吸引、纪律约束、意识形态凝聚而联合起来的。经过几十年的执政实践，共产党员作为一个整体，并不是因为具有战斗力而强大，甚至不是因为有人民群众的支持而强大，而是因为它有一整套权力、组织和意识形态系统，所以才能发挥作用。这与十月革命以前，即夺取政权以前的共产党已经完全不同。1917 年二月革命后，布尔什维克走出地下状态时只有 2 万名党员，这是一批真正为真理、为信仰、为人民而奋斗的共产党员。他们在几个月的时间里就动员起千百万大众，推翻了旧制度，建立了苏维埃政权。即使在十月革命前夕，俄共党员的数量也只有 35 万人。而此时苏共的 1900 万名党员只是数字而已，苏共党员没有权利，也就无所谓责任，党籍不过是人们身份的象征和从事某些职业不可缺少的条件而已。

到 20 世纪 80 年代，共产主义，不仅对于苏共普通党员来说已经不是信仰，而且对于党的最高决策精英们来说也不是不能放弃的原则。党的最高领导者戈尔巴乔夫后来坦言，苏联共产主义是不民主的；苏共党内负责意识形态的官员雅科夫列夫更是对共产主义充满仇恨。因此，如果说背叛，不是只有戈尔巴乔夫背叛了共产主义信仰，苏共意识形态精英中的背叛者不计其数。

导致苏共垮台的原因是复杂的，仅仅把原因归于个人是不全面的。当然在苏共体制下，个人的作用是不可忽视的，有时甚至是决定性的。戈尔巴乔夫周围的反共精英们后来并不讳言他们在利用戈尔巴乔夫。他们利用戈尔巴乔夫的政治幼稚和摇摆的性格，成功地进行了一场意识形态和政治的博弈，其手法并不高明，但是却非常有效。这就是：利用列宁反对斯大林，利用普列汉诺夫反

① 《中亚区域合作机制研究（论文集）》，世界知识出版社，2009，第 41 页。

对列宁，利用欧洲民主社会主义反对苏联社会主义或斯大林社会主义。戈尔巴乔夫顺从地，也是心甘情愿地，甚至是笃信地跟着他的顾问们亦步亦趋地推倒了共产主义的大厦。

苏联共产党本来是苏联大厦的顶梁柱，但是问题也恰恰出现在苏共本身，各加盟共和国共产党不仅没有去阻止国家的解体，而且大都成为民族独立的积极推手。

叶利钦与戈尔巴乔夫之间的关系，初期或许具有个人恩怨的成分，但是到改革后期无疑已经是不同经济利益集团和民族利益集团斗争的体现。这种利益集团在俄罗斯的强大必然导致苏共的垮台，各加盟共和国的强大则必然导致国家的解体，而这些利益集团的核心都是由前苏共党员和精英组成的。

当戈尔巴乔夫还在犹豫跟随哪一派"混"有利于巩固自己的权力时，当知识精英还在激烈辩论是民主社会主义还是传统社会主义更适合苏联时，改革年代发家的新兴资本利益集团已经明确地认识到，必须结束共产党的统治和苏联的存在才能够保证自己的资本安全和人身安全。这些资本利益集团的背后是国际资本，这一点是毋庸置疑和无须证实的。

戈尔巴乔夫和叶利钦之间有许多差别，尤其是性格方面的差别。而最后的差别是：叶利钦最终与资本利益集团站在一起，保证了自己的权力和安全，其实他在资本利益集团眼里，也只是一个可以被利用的工具而已；戈尔巴乔夫则在最后的时刻还在犹豫，还在幻想"或许独联体机制内还会有自己的位置"，就像在"8·19"事件期间，他的如意算盘是不管谁获胜，他都可以保持自己的地位。可这一次戈尔巴乔夫彻底失算了！无论是思想界的左中右，还是实业界的大中小资本，都不需要他了，他的历史作用已经结束。无论是在今天的俄罗斯还是在未来的俄罗斯，历史给他的评价都不会高。

20世纪90年代末的一天，戈尔巴乔夫乘车从莫斯科郊外到城里的戈尔巴乔夫基金会上班。这天，正巧他的"座驾"出了点故障，他只好乘坐警卫的伏尔加牌汽车上班。途中赶上叶利钦的总统车队通过。戈尔巴乔夫坐在伏尔加轿车里，在库图佐夫大街旁边停下，与众多的市民车辆一起为总统车队让道。叶利钦总统专车在由奔驰车组成的车队的严密护卫下风驰电掣地驶过，戈尔巴乔夫脸上不由地露出一丝异样的表情……

夫脸上不由地露出一丝异样的表情……

苏联解体了！千百万人在一觉醒来后发现自己已经生活在异国他乡，苏联共产党也不存在了，虽然后来出现了所谓的"共产党联盟－苏共"等组织，但那已经绝不是苏联共产党了。

新兴资本集团及其代理人推翻了苏共，并不是因为它们强大，而是因为苏共实在是不堪一击。夺取了政权的资本集团及其代理人清楚，自己的地位并不稳固，旧势力完全有可能回潮，于是便开始了俄罗斯的私有化进程。

俄罗斯私有化改革的设计师之一丘拜斯2002年曾经直言不讳地说："当时95%的任务是政治方面的，只有5%是经济方面的。"[1] 为了防止共产党制度"卷土重来"，俄罗斯改革过程中"任命"了一些金融寡头，把利润丰厚的国家燃料和原料工业低价出售给"指派"的资本家。苏联解体前夕，罢工浪潮席卷全国，列宁格勒州一位苏共地方领导人站在自己办公室的窗前，望着窗外广场静坐和罢工的人群，默默地说："我们的人民要资本主义啊，那就给你们资本主义，但是我们将是资本家！"一个以超级垄断为特征的新体制出现了，人们从此告别了苏联社会主义。

苏联共产党的历史几乎就是苏联历史，而苏共历史是人类社会发展史中的重要组成部分。这段80多年的历史，在人类历史的长河中是短暂的，但绝不是微不足道的。苏共历史和与其相联系的权力金字塔的形成与坍塌过程留下了无数可以供历史学家绞尽脑汁去寻解的谜团，揭开这些谜团是历史学家的责任。

---

[1] 李永全：《莫斯科咏叹调》，东方出版社，2006，第209～210页。

参考文献

一 经典著作

1. 《马克思恩格斯全集》。

2. 《列宁全集》。

3. 《马克思恩格斯文集》（10 卷本）。

4. 《马克思恩格斯选集》。

5. 《马克思恩格斯列宁哲学论述摘编》（党员干部读本）。

二 中文参考文献

1. 〔美〕奥多姆，威廉：《苏联军队的瓦解》，社会科学文献出版社，2014。

2. 〔俄〕瓦·博尔金：《戈尔巴乔夫沉浮录》，中央编译出版社，1996。

3. 〔美〕布热津斯基：《大棋局——美国的首要地位及其地缘战略》，上海人民出版社，1998。

4. 陈之骅主编《勃列日涅夫时期的苏联》，中国社会科学出版社，1998。

5. 〔俄〕丹尼洛夫、菲利波夫主编《俄罗斯历史（1900—1945）》，中国社会科学出版社，2014。

6. 〔俄〕亚·维·菲利波夫：《俄罗斯现代史（1945—2006）》，中国社会科学出版社，2009。

7. 〔俄〕叶·盖达尔：《帝国的消亡：当代俄罗斯的教训》，社会科学文献出版社，2012。

8. 〔俄〕戈尔巴乔夫：《苏共中央委员会向党的第二十七次代表大会提出的政治报告》，莫斯科新闻出版社，1986 年中文版。

9. 〔俄〕戈尔巴乔夫：《真相与自白：戈尔巴乔夫回忆录》，社会科学文献出版社，2002。

10. 〔俄〕斯·雷巴斯、叶·雷巴斯：《斯大林传：命运与战略》，上海人民出版社，2014。

11. 〔俄〕雷日科夫：《大动荡的十年》，中央编译出版社，2005。

12. 〔俄〕雷日科夫：《大国悲剧：苏联解体的前因后果》，新华出版社，2008。

13. 李永全：《俄国政党史》，中央编译出版社，2006。

14. 陆南泉：《从企业改革入手——戈尔巴乔夫的经济体制改革》，中国社会科学出版社，1989。

15.《马克思恩格斯著作的发表和出版》，人民出版社，1976。

16. 〔俄〕罗伊·麦德维杰夫：《苏联的最后一年》，社会科学文献出版社，2013。

17. 〔俄〕若列斯·麦德维杰夫：《戈尔巴乔夫传——克里姆林宫内幕》，世界知识出版社，1988。

18. 〔俄〕戈尔巴乔夫、斯拉文：《尚未结束的历史：戈尔巴乔夫访谈录》，中央编译出版社，2003。

19.《苏联改革大事记（1982.11~1989.1）》，新华出版社，1989。

20. 〔英〕伦纳德·夏皮罗：《一个英国学者笔下的苏共党史》，东方出版社，1991。

21. 〔俄〕根·亚纳耶夫：《捍卫苏联的最后一搏》，社会科学文献出版社，2012。

22. 〔俄〕叶利钦：《总统笔记》，东方出版社，1995。

23. 张慕良：《列宁民主集中制奥秘初探》，中央编译出版社，2012。

24. 叶书宗：《勃列日涅夫的十八年》，郑异凡主编《苏联史》第八卷，人民出版社，2013。

25. 左凤荣：《戈尔巴乔夫改革时期》，郑异凡主编《苏联史》第九卷，人民出版社，2013。

俄文参考文献

1. Акопов С. С. История России: личность и эпоха. – М. : Наука, 1997.

2. Борисов Ю. С. Исторический опыт и перестройка. – М. : Наука, 1989.

3. Боффа Д. От СССР к России: История неоконченного кризиса. 1964 – 1991. – М. , 1996.

4. Бояринцев В. И. Перестройка: от Горбачева до Чубайса. – М. : Алгоритм, 2005.

5. Ванюков Д. А. Демократическая Россия конца XX – начала XXI века. – М. , 2007.

6. Верт Н. История советского государства. – М. , 2003.

7. Волкогонов Д. Семь вождей. – М. : Новости, 1995.

8. Выступление М. С. Горбачева на встрече в ЦК КПСС с руководителями средств массовой информации//На переломном этапе перестройки. – М. , 1989.

9. Гайдар Е. Т. Гибель империи: уроки для современной России. – 2 – е изд. , испр. и доп⋯ – М. : «Российская политическая энциклопедия» (РОССПЭН), 2006. – 448 с.

10. Головачев Р. М. История России. М. , 1999.

Иванов И. А. История России. М. , 1999.

11. Горбачев М. С. Августовский путч: причины и следствия. – М. : Изд. полит. лит. , 1991.

12. Горбачев М. С. В единстве партии – судьба перестройки//Доклад на Пленуме ЦК КПСС. – М. : Изд. полит. лит. , 1990.

13. Горбачев М. С. Декабрь – 91: Моя позиция. – М. : Новости, 1992.

14. Горбачев М. С. Жизнь и реформы: В 2 кн. – М. : Новости, 1995.

15. Горбачев М. С. Коренной вопрос экономической политики партии// Доклад на совещании в ЦК КПСС по вопросам ускорения научно-технической

революции. – М. : Изд. полит. лит. , 1985.

16. Горбачев М. С. На коренном этапе перестройки//Выступление М. С. Горбачева на встрече в КЦ КПСС с руководителями массовой информации. – М. : Изд. полит. лит. , 1989.

17. Горбачев М. С. Перестройка и новое мышление для нашей страны и для всего мира. – М. : Изд. полит. лит. , 1987.

18. Ельцин Б. Президентский марафон. – М. : изд. АСТ, 2000.

19. Жириновский В. ЛДПР 20 лет борьбы. М. : издание ЛДПР, 2009.

20. Коэн С. Можно ли было реформировать советскую систему. – М. : Анро, 2005.

21. Стивен Коэн. Вопрос вопросов: почему не стало Советского Союза? – М. , 2007. – 200 с.

22. Лингачев Е. К. Перестройка: замыслы, результаты и поражения, уроки. – М. : Наука, 2005.

23. Никаноров Г. Л. Надрыв: правда и ложь отечественной истории XX века. – М. : Наука, 2007.

24. Сазонов А. А. Кто и как уничтожил СССР? （архивные документы） – М. : ИСПИ РАН, 2010, – 564 с.

25. Согрин В. В. Политическая история современной России 1985 – 1994. – М. : Прогресс – Академия, 2001.

26. Соколов А. К. Россия в XX веке: люди, идеи, власть. – М. : Наука, 2002.

27. Белая книга: Документы и факты о политике М. С. Горбачева по реформированию и сохранению многонационального государства. – 2 – е изд. , перераб. и доп. – М. : АСТ, 2007.

28. История Коммунистической партии Советского Союза. М. : РОССПЭН, 2014.

29. Неформальная Россия. – М. : Молодая гвардия, 1990.

图书在版编目（CIP）数据

俄国政党史：权力金字塔的形成与坍塌 / 李永全著
. —— 北京：社会科学文献出版社，2017.1（2017.3 重印）
ISBN 978 - 7 - 5201 - 0117 - 2

Ⅰ.①俄…　Ⅱ.①李…　Ⅲ.①政党－党史－俄罗斯
Ⅳ.①D751.264

中国版本图书馆 CIP 数据核字（2016）第 311160 号

俄国政党史（上下卷）
　——权力金字塔的形成与坍塌

著　　者 / 李永全

出 版 人 / 谢寿光
项目统筹 / 祝得彬
责任编辑 / 张苏琴

出　　版 / 社会科学文献出版社·当代世界出版分社（010）59367004
　　　　　　地址：北京市北三环中路甲 29 号院华龙大厦　邮编：100029
　　　　　　网址：www. ssap. com. cn
发　　行 / 市场营销中心（010）59367081　　59367018
印　　装 / 三河市东方印刷有限公司

规　　格 / 开　本：787mm × 1092mm　1/16
　　　　　　印　张：38.25　字　数：622 千字
版　　次 / 2017 年 1 月第 1 版　2017 年 3 月第 2 次印刷
书　　号 / ISBN 978 - 7 - 5201 - 0117 - 2
定　　价 / 168.00 元（上下卷）

本书如有印装质量问题，请与读者服务中心（010 - 59367028）联系